MW01227947

Historia general de las drogas

CADOSCA
BMURA LA EM

Edición: Marcos Álvarez y Jorge Escohotado
Cubierta: Vladyslav Trenikhin
Diseño de portada: Kike Salvo
Maquetación: Pedro Criado

La Emboscadura pone a disposición de los lectores el correo info@laemboscadura.com para recibir cualquier sugerencia que contribuya al proceso de edición contínua.

Primera edición: octubre de 2018

ISBN: 9781731448965

Impresión bajo demanda en papel con certificación ecológica.

La Emboscadura
Calle Azcona 20, Ático
28028 Madrid
www.laemboscadura.com

Antonio Escohotado

Historia general de las drogas

Tomo II

Índice

PARTE 6: *LA HERENCIA DE UNA REBELIÓN ABORTADA*

Para Albert Hofmann y Thomas Szasz,
que con su amistad y consejo ayudaron
a perfilar lo esencial de esta crónica(*).

Este esfuerzo por conseguir que cada cual apruebe aquello que uno ama u odia es, en realidad, ambición; y así vemos que cada cual apetece, por naturaleza, que los demás vivan según la índole propia de él. Pero como todos no apetecen a la vez, a la vez se estorban unos a otros, y como todos quieren ser alabados y amados por todos, se tienen odio unos a otros.

B. Spinoza, *Ética* (III, Pr. XXXI, Esc.).

(*) Debo también gratitud a Pablo Fernández-Flórez, que desconfió siempre del proyecto aunque acabara escribiendo varias partes, y aportase valiosa documentación para el resto. A Luis Gil, que me orientó decisivamente en la antigüedad grecolatina, además de remediar algunos despropósitos en la fase de pruebas. A Ramón Sala, por hacerme accesibles muchas fuentes sobre el periodo contemporáneo. Y a Mónica Balcázar, mi esposa, que soportó estoicamente el parto de todo el libro, colaborando también en la trascripción mecanográfica.

El Centro de Investigaciones Sociológicas primero, y más tarde el Ministerio de Cultura, permitieron con generosas ayudas económicas una atención incompartida al trabajo en su etapa inicial y última.

Parte 4
La cruzada en su génesis

1

La creación de una conciencia sobre el problema

> «Muchas veces nace la enfermedad del mismo remedio».
> GRACIÁN, *Máximas* (123).

Al examinar los fundamentos de la reacción norteamericana ante el *laissez faire* en materia de drogas hubo ocasión de aludir a un complejo de factores inicialmente autónomos, que van convergiendo como piezas de un solo engranaje. Causas genéricas son el proceso de sustitución del Estado mínimo por el asistencial, el descubrimiento de nuevos psicofármacos gracias a progresos en las técnicas químicas de análisis, y una «nerviosidad» básica del hombre contemporáneo. Entre las específicas se cuentan aspiraciones del estamento médico, presiones del movimiento prohibicionista y una tensión social que se vincula a minorías, inmigrantes y marginales. Todos estos factores están presentes ya desde el último tercio del XIX, pero su conexión se acelera y fortalece con el ascenso de Estados Unidos al estatuto de gran potencia planetaria, provocando finalmente la convocatoria de una cruzada interna y externa.

I. EL ESTADO DE COSAS A PRINCIPIOS DE SIGLO

La *Pure Food and Drug Act* de 1906 no había satisfecho las expectativas de la medicina con vocación institucional ni las del sector llamado de los matasanos («toadstool millionaires»). Apoyada sobre el principio de la información veraz, exigía detallar con toda exactitud la composición de cada fármaco, y aunque eso beneficiaba indudablemente al público no dejaba de perjudicar los intereses de muchos fabricantes[1]. Al mismo tiempo, irritaba a la parte de los prohibicionistas que atendía a drogas distintas del alcohol, atribuyendo también a otros psicofármacos «poderes intrínsecos de engaño». Mientras no se complementara con normas restrictivas quedaba indecisa la guerra entre hipocráticos y matasanos en el terreno crucial, que era el control de las substancias con influencia sobre el ánimo.

En efecto, la situación allí (como en Europa) partía de tres zonas de influencia, correspondientes a las tres ramas profesionales en juego, que eran fabricantes, boticarios y médicos. Comprar morfina, heroína o cocaína en bruto planteaba dificultades idénticas a obtener hoy éter o alcohol puro por litros o hectolitros, pues esos alcaloides salían de los laboratorios ya empaquetados hacia las farmacias, y para obtenerlos sin la dosificación habitual (en viales, cápsulas, sobres, sellos, etc.) resultaba preciso acudir físicamente al lugar donde se prepararan. Algunos fabricantes ofrecían enviarlos por correo, evitando la mediación de detallistas, pero estaban entonces obligados a correr con los inconvenientes de un mal nombre, porque los boticarios respondían al intento de esquivar su intervención recomendando a la clientela que sólo confiara en marcas «respetables». Por otra parte, la mayoría de los productos nunca vio en las farmacias y droguerías un competidor, pues gracias a ellas llegaban al público en dosis mínimas substancias que al peso (como acontecía con los herbolarios tradicionales) disfrutarían de un régimen económico totalmente distinto. Por su parte, los herboristas seguían vendiendo muy baratas drogas como cáñamo, adormidera, solanáceas, datura, peyote e incluso opio casero.

Sin embargo, los médicos se sentían indefensos ante el intrusismo. Su condición económica era muchas veces modesta, debido

---

1.- Véase antes págs. 140-143.

a que el escaso rigor aparejado a los requisitos de titulación desembocaba en gran número de practicantes; evitarlo dependía de una carrera larga, que excluyese a quienes quisieran o necesitaran ganarse pronto la vida. Tan urgente o más que ello resultaba establecer una influencia sobre las otras dos ramas profesionales del estamento. Como vieron con claridad los fundadores de la Asociación Médica Americana, esto último dependía de poder determinar los medicamentos admisibles, y de decidir a qué personas se administrarían. Algo tan «natural» para un contemporáneo había sido impensable en el pasado, y todavía entonces seguía siendo una simple esperanza. Para que esa esperanza se convirtiese en realidad era preciso aceptar las premisas de una medicina estatalizada, renunciando a parte de su antigua independencia —algunos temían que a *toda* su independencia—, e incluso así sería necesario lograr apoyos adicionales, tanto dentro como fuera del gremio terapéutico.

1. El compromiso de principio

Dentro no era fácil, porque la facultad de resolver sobre los medicamentos admisibles e inadmisibles afectaba a las prerrogativas de los fabricantes de drogas, y promoverá disputas durante más de una década. En cuanto a los farmacéuticos, la coincidencia a nivel de principios hipocráticos era más aparente que real. A principios de siglo, la Asociación Médica Americana apenas agrupaba al 30 por 100 de los profesionales, y la Asociación Farmacéutica se oponía de plano a toda colaboración mientras los médicos pudieran registrarse como boticarios y hacer de sus consultas auténticos despachos de fármacos, estableciendo una relación directa con los fabricantes de materias primas. Puesto que renunciar a ello representaba un lucro cesante muy considerable, al que muchos médicos se negaban, los contactos entre una y otra Asociación atravesarán un período de recelos internos. Al nivel de declaraciones programáticas había una perfecta complementariedad, no sólo porque doctores y boticarios luchaban unidos como «científicos» contra el sector informal de terapeutas, sino porque el fundamento de ambas asociaciones para exigir una situación de monopolio era la salud pública; semejante bien exigía personas capaces de controlar la producción de medicinas fiables, no menos que personas capaces de administrarlas con pericia en cada caso concreto. Sin embargo, veremos que a la hora de fijar un régimen para la dispensación de psicofármacos el acuerdo se rompe aquí y allá.

Por lo que respecta a los apoyos extragremiales, ninguno podía compararse en fuerza al movimiento prohibicionista. Dividido durante el siglo XIX en multitud de sectas no siempre coordinadas al nivel de la acción, puede decirse que a partir de 1900 esta actitud accede a su plena autoconciencia. La meta es ilegalizar todo «apetito antinatural», y por apetito antinatural se entiende la ebriedad en cualquiera de sus formas. Si preocupan más el alcohol y el tabaco es porque los usa mucha más gente, no porque las otras substancias con acción eufórica sobre el ánimo merezcan cosa distinta de una reprobación incondicional; salvo el café y el té —que algunas ligas femeninas condenan también—, todos los vehículos de ebriedad conocidos entonces constituyen signos de depravación criminal. En este sentido, es muy importante tener presente que el propio rigor del credo prohibicionista le vedaba perspectivas de un triunfo práctico, entre otras cosas porque su formulación ingenua no sólo tropezaba con el consumidor de drogas, sino con la clase médica en su conjunto. Algunos médicos habían contribuido ya a despertar la alarma de los fundamentalistas ante ciertos alcaloides[2], pero mientras no hubo un verdadero entendimiento entre los líderes de la tendencia institucional (encarnada por los colegios de medicina y farmacia) y los líderes del prohibicionismo faltaron las condiciones mínimas para producir cambios legislativos.

2.- Véase antes pág. 405.

Las condiciones del pacto fueron simples: los doctores y boticarios podrían seguir recetando bebidas alcohólicas como parte de sus tratamientos profesionales en caso de establecerse una ley Seca, y obtendrían un sistema de rigurosa exclusiva para cocaína, opiáceos y cualquier otra droga merecedora —a su juicio— de control. A cambio de ello, la Asociación Médica y la Asociación Farmacéutica apoyarían los postulados básicos del *Prohibition Party*, planteando el consumo de psicofármacos como una epidemia súbita y virulenta, extraña a las esencias americanas, y sanable rápidamente con las adecuadas medidas de fuerza. Como piezas de un solo engranaje, el Pleno de la corporación farmacéutica declara que «las drogas pueden destruir el alma»[3], el Pleno de la corporación médica alude al «diabólico comercio de drogas»[4], y la conciencia prohibicionista acepta que «el poder de los fármacos resulta divino cuando, sin intromisiones, son dispensados por terapeutas responsables»[5].

Junto a este cuadro de aspiraciones y pactos es preciso seguir tomando en consideración los prejuicios que vinculan ciertas minorías sociales y raciales con una u otra droga, dentro de un esquema circular de razonamiento. Por una parte, el hecho de despreciar a una minoría conduce a despreciar los vehículos de cura y recreo más empleados por sus miembros, que son investidos con los rasgos de perversidad o inconveniencia propios del grupo en sí. Por otra parte, el hecho de usar tales o cuales substancias permite incluir a cierto grupo social en unas u otras categorías, justificando la atribución de rasgos de perversidad o inconveniencia. Este modelo se cumple de modo manifiesto para cada una de las drogas que van siendo consideradas peligrosas. Tratándose del alcohol, el razonamiento identifica inicialmente a los irlandeses, que ya en tiempos de Cromwell habían sido vendidos como esclavos en el mercado de Virginia, y más

---

3.- *Proceedings of the Am. Pharm. Ass.*, 51, 1903, pág. 447.

4.- *Journ. of the Am. Med. Ass.*, «Address to the Elected President», 72, 1919, pág. 1767.

5.- *Cfr.* Lewin, 1970, pág. 87.

tarde a los judíos e italianos; son despreciables porque beben vino o licor, pero beben vino o licor porque son despreciables. Tratándose del opio sucede lo mismo, aunque el grupo en cuestión sean los chinos, que para los sindicatos tienen el vicio adicional de trabajar más y por menos dinero. En el caso de la cocaína son los negros, que pretenden igualdad de derechos con los blancos, y en el de la marihuana serán los mexicanos, cuya irrupción plantea resentimientos análogos a los centrados sobre irlandeses, judíos, italianos, chinos y negros. Drogas realmente demoledoras que consumen millones de personas, como los barbitúricos, no llegan a simbolizar minorías despreciables y permanecen más de medio siglo como simples medicamentos, libres de estigma social y legal alguno.

A grandes rasgos, éstas son las coordenadas a principios de siglo en Estados Unidos. Como vimos, a juicio del comité especial del Congreso sobre adquisición del hábito hay unas 250.000 personas dependientes de opio, opiáceos y cocaína en el país, así como un número incalculable de usuarios episódicos. Es el momento donde aparecen una serie de próceres que la sociología norteamericana conoce como *moral enterpreneurs* («empresarios morales»), cuya energía e influencia promoverá decisivas modificaciones.

II. LOS PRIMEROS CRUZADOS

Cuenta un historiador del cuerpo diplomático que «los misioneros americanos en Extremo Oriente tuvieron el papel decisivo a la hora de inducir a los Estados Unidos para que asumiesen la jefatura mundial en el movimiento contra el tráfico de opio»[6]. Puede decirse, además, que la iniciativa de acabar con vicios semejantes guarda una estrecha relación con la doctrina del «destino manifiesto», que

---

6.- A. N. Taylor, 1969, págs. 29-30.

justifica la intervención americana en el Atlántico y el Pacífico[7]. Las metas políticas y comerciales se ligan inextricablemente con pretensiones misioneras en la obra *Nuestro país*[8] del reverendo J. Strong, que vende 170.000 ejemplares —una cifra descomunal por entonces— y contribuye a apuntalar la ya circulante doctrina del destino manifiesto desde metas netamente *wasp*. Strong era uno de los líderes de la *American Evangelical Alliance* y de la *American Home Missionary*, dos organizaciones de alcance nacional y resuelta orientación prohibicionista. Pocos años más tarde, cuando el asesinato de McKinley convierta en presidente al vicepresidente T. Roosevelt, el libro de Strong —unido a los del almirante A. Mahan y el jurista J. W. Burges— servirá para establecer lo que vino en llamarse «corolario Roosevelt a la doctrina Monroe», que en la práctica significaba arrogarse el derecho a intervenir militarmente en América latina y en todo el Pacífico cuando así lo recomendara una «debilidad de las instituciones»[9].

La combinación de metas imperiales y misionales que caracteriza al reformismo americano de la época, tiene uno de sus focos de irradiación en el *International Reform Bureau*. Dirigido por el reverendo W. S. Crafts, este organismo publica en 1900 un libro de

---

7.- El artículo «Manifest destiny», que J. Fiske publica en el *Harper's Magazine* durante el otoño de 1885, marca el momento donde la legitimación de Estados Unidos para intervenir en todo el Continente se hace depender de una responsabilidad «moral».

8.- *Our Country: Its Possible Future and its Present Crisis*, 1899.

9.- Se trataba, en realidad, de una completa revisión de la Doctrina Monroe, cuyo origen son varios escritos de Jefferson a este Presidente (un fiel discípulo y amigo). En la carta de 24-12-1825, por ejemplo, se lee: «No debemos tolerar que Europa se inmiscuya en los asuntos de este lado del Atlántico. América, tanto del Norte como del Sur, tiene un conjunto de intereses propios muy distintos a los europeos, y debe tener un sistema propio, separado y distinto del europeo. Mientras Europa labora para convertirse en el domicilio del despotismo, nuestros esfuerzos deben tender a hacer de nuestro Continente el hemisferio de la libertad […] ¿Queremos obtener para nuestra Confederación una o más de las provincias españolas? Confieso que siempre he tenido a Cuba por la más interesante aportación que podría hacerse a nuestro sistema de Estados. Sin embargo, como no se me escapa que esto no podrá jamás conseguirse sin guerra[…] prefiero desde luego su independencia. No debemos pretender anexionarnos ninguna de estas posesiones, y tampoco oponernos a ningún acuerdo amistoso entre ellas y la madre patria. Pero nos opondremos con todos nuestros medios a la intervención por la fuerza de cualquier otra potencia, y muy especialmente a que sean transferidas por conquista, cesión o cualquier otra forma de adquisición». (Jefferson, 1987, págs. 761-762). La doctrina original se basaba en principios libertarios, anticlericales y no de ingerencia, mientras el reformismo de Roosevelt —simbolizado por su política del «gran garrote»— expresaba metas opuestas.

curioso y largo título: «Bebidas y drogas intoxicantes, en todos los lugares y tiempos. Estudio actualizado sobre la incontinencia en todas las tierras y tiempos, basado sobre una recopilación de testimonios provenientes de cien misioneros y exploradores»[10]. Ese mismo año el reverendo Crafts ha pronunciado un discurso ante la Conferencia Ecuménica para Misiones, donde declara:

> «No se han hecho preparativos para una celebración cristiana de los diecinueve siglos transcurridos. Ningún acto podría ser más adecuado al momento que la adopción —mediante una acción conjunta de las grandes naciones— de la nueva política civilizadora donde es pionera Gran Bretaña, una política de prohibición para las razas aborígenes, en interés del comercio tanto como de la conciencia [...]. Nuestro objetivo, concebido más profundamente, es crear un medio más favorable para las razas pueriles que las naciones civilizadas están intentando civilizar y cristianizar»[11].

Alto funcionario público y clérigo, Crafts expresa con total nitidez los conceptos en juego. Inextricablemente fundidas, razones morales y comerciales aconsejan a las potencias una política de prohibición para las razas pueriles (*child races*), política que culminará las celebraciones acordes con veinte siglos de historia cristiana. Usando a Inglaterra como guía —pues ahora, cuando los chinos han vuelto a cultivar opio, no quiere forzar su importación, sino prohibir la exportación de China a otros países— las naciones occidentales deben imponer su cultura y su fe a todas las otras. Fundamentalmente, se trata de una empresa *cristiana* que, subsidiariamente, promete ser una empresa *rentable*.

10.- Crafts y otros, 1900.

11.- *Ibíd.*, pág. 14.

1. La situación en Filipinas

Pero resulta curioso, y por lo general poco conocido, que la iniciativa americana con respecto al opio se encuentre directamente ligada al propósito de intervenir en el mercado chino. La guerra con España —que marca el comienzo de la expansión imperial americana— se inicia en 1898, y con el modesto saldo de 341 muertos otorga a los vencedores Puerto Rico, Guam, Filipinas y el control absoluto sobre Cuba.

Al principio, los filipinos vieron en los americanos un aliado para conseguir su independencia. Fue al terminar la dominación española cuando el aliado declaró que el país «no estaba preparado para el autogobierno». Comenzó entonces una guerra más dura y larga, concluida en 1902, que sólo pudo ganarse sobornando a la oligarquía local. Los mandos norteamericanos administran un cuerpo de ejército compuesto por 125.000 hombres, y se comportan con inusitada crueldad. Es un testimonio elocuente de ello la proporción de muertos y heridos filipinos; si en las guerras suele haber uno de los primeros por cinco de los segundos, aquí sucede lo inverso: entre los nativos hay 14.643 muertos, y sólo 3.297 heridos[12].

Cuando las hostilidades concluyen, el consumo de opio —antes limitado a la colonia china— se dispara en todos los grupos étnicos y sociales. En Manila hay 190 establecimientos públicos dedicados a vender opio, y ahora no sólo lo consumen algunos filipinos varones, sino mujeres y adolescentes, en algunos casos tras la terrible epidemia de cólera que devasta estas islas en 1902, pues las cualidades astringentes del opio imponían su empleo. Más aún, uno de cada tres soldados americanos usa regularmente esa droga, como coinciden en afirmar varios testimonios de la época[13]. Sumando lo uno y lo otro, las atrocidades y la desmoralización de su

---

12.- Son las cifras oficiales del departamento americano de guerra. Es más realista calcular que murieron unos 200.000 filipinos. *Cfr.* Gamella y Martín, 1991, pág. 31.

13.- *Ibíd.*, págs. 30-31.

ejército, aquella guerra fue el más claro antecedente de la que luego se libraría en Vietnam[14].

Poco antes de estallar la gran epidemia llega para hacerse cargo de la diócesis de Manila el episcopaliano Charles Henry Brent, un hombre animado por la meta de vencer el «azote» opiómano en toda Asia. De Brent se cuenta que, como Crafts, veía en el opio «un asunto fundamentalmente moral». En esto coincidía por completo con otro obispo norteamericano, Homer Stunz, un metodista que presidía la Unión Evangélica. Su iniciativa conjunta influirá de modo decisivo en los posteriores acontecimientos, que comienzan cuando el gobernador Taft —futuro presidente de Estados Unidos— nombre una Comisión para estudiar el asunto del opio en Filipinas[15].

a) El régimen español. La colonia china en el archipiélago —que se remonta al siglo XII por lo menos[16] — nunca fue bien vista por los españoles, probablemente a causa de su prosperidad e independencia de costumbres, así como por el rencor que suele producir en pueblos menos trabajadores y más imprevisores la prudente diligencia del chino. El último gran atropello sufrido a manos de la administración española aconteció en 1814, cuando un gobernador prohibió la importación y venta de opio en las islas, previéndose 6 años de cárcel por contrabando y hasta 4 por consumo reincidente. Parece que esta norma fue muy desobedecida[17], y ya en 1828 una real ordenanza autoriza el cultivo de adormidera para la exportación. Pero la normalización expresa del consumo sólo se producirá tras el tratado de Nanking (1843), que puso fin a la primera guerra anglo-china. Ese mismo año una comisión oficial consulta al principal sinólogo español de la época, el viajero Sinibaldo de Mas, y éste

---

14.- *Cfr.* Wolff, 1961.

15.- *Committee Appointed by the Philippine Commission to the Investigate the Use of Opium Therein.* Su informe se denomina abreviadamente *Philippine Opium Investigation.*

16.- Ching-Hong, 1959.

17.- *Cfr.* Buzeta y Bravo, 1850, vol. II, pág. 246.

responde que por —propia experiencia— «los chinos fumadores de opio trabajan tanto o más que los abstemios»[18]. Con estos argumentos, la comisión aconsejó la legalización bajo un régimen de estanco, aduciendo en concreto que:

> 1. No se conocía a ciencia cierta que el opio causase daño físico y, en cualquier caso, no superaría al causado por tabaco y alcohol.
> 2. La prohibición no sería respetada por la población china, y sólo daría lugar a un aumento de los delitos, y más gastos en justicia y policía. La experiencia demostraba que el contrabando era imposible de evitar en un archipiélago con más de siete mil islas.
> El monopolio sobre el opio convertiría un gravamen en un beneficio para el erario público.
> 3. Perseguir a los chinos por su uso del opio perjudicaría las relaciones españolas con el Celeste Imperio, cada vez más importantes comercialmente para la colonia[19].
> 4. El dictamen de la comisión fue aceptado, y en 1860 hay ya 478 fumaderos públicos[20]. La tónica de los usuarios (unos 15.000) es básicamente la moderación —con una media individual próxima a los 3 gramos diarios[21]—, y sólo se modificará cuando comiencen las guerras contra españoles y norteamericanos. En principio, la compraventa estaba restringida a chinos.

b) El sistema americano. La nueva potencia colonial percibió, con cierto retraso, que el uso del opio estaba creciendo a un alto ritmo, y el gobernador Taft redactó un proyecto de ley pragmático, pensado para frenar la expansión del uso entre los filipinos y el aumento

---

18.- En Gamella y Martín, 1991, pág. 11.
19.- *Ibíd.*, pág. 11.
20.- *Cfr.* Jagor, 1875, págs. 309-310.
21.- *Cfr.* Gamella y Martin, 1991, págs. 22-23.

del contrabando. Sólo se autorizaba la venta a individuos «de total sangre china mayores de 21 años», mediante contratas en las que únicamente podrían pujar empresarios chinos, como en el régimen español; pero quedaban prohibidos los fumaderos, y el consumo debería hacerse en privado, so pena de fuertes multas. Los ingresos resultantes del monopolio estatal se destinarían a fines de educación popular y atención sanitaria.

Presentado por J. Smith, delegado de Instrucción Pública en Filipinas, el proyecto iba a ser remitido al Congreso cuando —en palabras del reverendo Crafts— «resultó electrocutado por el rayo presidencial». El director del *International Reform Bureau* hizo imprimir a toda prisa un «Memorando sobre restricción internacional concertada del tráfico con intoxicantes y opio entre las razas aborígenes», donde se declaraba escandalizado ante el curso de los acontecimientos:

> «Casi por casualidad me entero de este ultraje moral. ¡Un gobierno que alcahuetea con las ansias de opio en razas degeneradas!»[22].

No se enteraba por casualidad, ciertamente, sino por los obispos Brent y Stunz, que en colaboración con Crafts se esforzaron en convocar a sociedades prohibicionistas americanas e inglesas, que bombardeaban a la Casa Blanca con cartas y telegramas. Brent cruzó misivas interesadas con T. Roosevelt, entre las cuales una donde decía que «el opio nunca será nutritivo, señor presidente, mientras el alcohol tiene un alto nivel de calorías»[23]. Pero ahora el asunto resultaba amenazador para el primer mandatario, pues había en Estados Unidos, según Stunz, «un electorado no inferior a treinta millones opuesto inalterablemente al principio fundamental de ese

---

22.- Crafts, 1907, pág. 2.
23.- En Zabriskie, 1948, pág. 71.

proyecto»[24]. Su respuesta fue un telegrama al secretario de Guerra, Eliju Root, gobernador en Filipinas: «Retenga proyecto de ley sobre monopolio opio. Investigación adicional. Muchas protestas»[25].

La investigación adicional será un debate entre Taft y sus colaboradores laicos, por una parte, y Brent y Stunz por la otra[26]. Estos afirmaban que los usuarios de opio deberían ser privados del derecho al voto y al cargo público, pues «quien usa incluso una pequeña cantidad deviene tan absolutamente dependiente de la droga como si la usase en exceso»[27]. Sus adversarios en el debate negaban este punto; alegaban «desconocimiento de los hechos» (tanto clínicos como históricos, empezando por el éxito del sistema español), y afirmaban que cualquier prohibición fomentaría contrabando y corrompería a las fuerzas del orden, «ya enfrentadas a enormes tentaciones». Stunz repuso que acababa de recoger en Manila siete mil firmas de *chinos* opuestos a la legalización. Tras examinar los pliegos, Taft apuntó que era imposible verificar la identidad de los firmantes, ya que entre ellos aparecían numerosas repeticiones, así como el nombre de un general chino fallecido tres siglos atrás. Stunz repuso, indignado, que muchos americanos «llevan orgullosos el nombre de George Washington», y muchos el mismo apellido. Taft añadió entonces que varios chinos encargados de recoger firmas tenían intereses en la importación de opio, y Stunz opuso que sólo cinco entre ellos —«de un total de 200»— colaboraban en la campaña contra el opio; era absurdo negar «el sólido buen sentido de la masa de los chinos de Manila».

Luego veremos hasta qué punto la masa de los chinos de Manila estaba conforme con prescindir del opio. Sí es cierto que un grupo de comerciantes chinos contrató a un abogado americano para que lo representase en la lucha contra el proyecto de ley. En su testimonio ante la *Commission* este abogado admitió que «los clientes preferían la pro-

---

24.- *Cfr.* Gamella y Martín, 1991, pág. 33.

25.- E. Root a W. H. Taft, 14-6-1908, Library of Congress, *E. Root Papers*.

26.- *Cfr.* Taylor, 1969, así como Lowes, 1966, especialmente, págs. 102-106.

27.- *Com. Phil. Com.*, 1906, pág. 21.

hibición al sistema de contratas, porque puede ser burlada con más facilidad»[28]. Sin embargo, Taft vio que arriesgaba imagen ante la opinión pública americana y cedió de una forma política, proponiendo aplazar la legislación para Filipinas hasta que un comité presidido por Brent investigara el status legal del opio en otros países de Extremo Oriente.

Aunque el resultado de la investigación no abonase sus puntos de vista[29], Brent propuso a Roosevelt «un sistema colonial que mejore el británico y evite el trasnochado estilo *laissez faire* de los franceses»[30]. En palabras llanas, una ley que prohibiera todo uso «no médico» del opio a partir de 1908. Para preparar a la población se expidieron entre 1906 y 1907 unos 12.700 carnets de opiómano a otros tantos individuos, y a cada sujeto se le ofreció tratamiento gratuito. Uno de los tratamientos favoritos era la heroína, sola o combinada con otros ingredientes, en la famosa «píldora antiopio»[31].

Sin embargo, de los 12.700 entrevistados apenas media docena mostraron interés en cambiar de hábito[32]. Cuando la prohibición entró en vigor, muchos acudieron a dispensarios y hospitales que no estaban preparados para esa avalancha. Unos se conformarían con tratamientos de abstinencia (gradual o brusca), otros recurrirían a milagrosas píldoras antiopio, y otros promoverían la floración del contrabando. En 1926 hay opio barato y frecuente corrupción policial en Filipinas[33], como acontece también en 1839[34]. En 1959 en-

---

28.- En Taylor, 1969, pág. 37.

29.- En las colonias europeas los sistemas iban entonces del estricto monopolio gubernamental sobre la distribución de opio, como en la Conchinchina francesa y Java, hasta un sistema de contratas muy parecido al español, como el imperante en Singapur y Malasia; *cfr.* Gamella y Martín, 1991, pág. 44.

30.- Brent, en Musto, 1973, págs. 26 y 260, n. 8.

31.- En 1906 la *Materia Médica* de Squibb —uno de los repertorios farmacológicos americanos más influyentes— tiene a la heroína por «remedio muy valioso [...] usado también como analgésico suave, y como sustituto de la morfina para combatir el hábito de esta sustancia».; *cfr.*, Lennard, 1973, pág. 1079.

32.- El mismo resultado experimentaron los japoneses en Formosa, en 1929, cuando ofrecieron tratamiento gratuito a unos 25.000 usuarios, y sólo acudieron a recibirlo dos docenas. *Cfr.* Gamella y Martín, 1991, pág. 46, n. 11.

33.- *Cfr.* Musto, pág. 262, n. 22.

34.- *Cfr.* Taylor, 1969, págs. 273-274.

contrar opio sigue siendo fácil, aunque debe pagarse caro y padece mucha adulteración[35].

Como recuerda un historiador, «nunca ejercieron los misioneros tanta influencia sobre la opinión pública y la política oficial como a propósito del opio»[36]. La política misionera sabe que el infiel no conoce su verdadera conveniencia, y acompaña a la expansión americana en nuevos continentes. Una cruzada planetaria por la salud mental y moral será en lo sucesivo el emblema de su penetración en el mundo. Grecia exportó filosofía; Roma derecho, los Estados Unidos exportarán salud.

2. Pasos conducentes a la reunión en Shanghai

Es el momento oportuno para preguntarse qué acontecía entre China y Estados Unidos por esos años. Tras un período de continuas provocaciones y violencias, a nivel popular tanto como sindical, que suscita diversos disturbios raciales y linchamientos en ciudades como San Francisco y Nueva York especialmente, la tensión entre ambos países alcanza su clímax cuando el Congreso norteamericano excluye la mano de obra china. En una carta no oficial, el propio Roosevelt declara: «Nos hemos conducido bochornosamente con los chinos en este país. Algunas de las atrocidades cometidas por las turbas han sido casi tan lamentables como las de los propios chinos durante el estallido *boxer*»[37]. La excusa de algunos es que esa gente vive en sus malolientes fumaderos, corrompiendo a América, pero la respuesta de los comerciantes chinos a los asesinatos, y a la *Chinese Exclusion Act*, fue decretar un embargo voluntario de bienes americanos que el financiero J. J. Hill consideró «el mayor desastre comercial padecido nunca por América»[38]. Como varios grupos co-

35.- *Cfr.* Zarco, 1959, págs. 86-100.
36.- Taylor, 1969, págs. 29-30.
37.- En Beale, 1956, pág. 230.
38.- *Cfr.* Chailé-Long, 1906, pág. 314.

merciales e industriales urgieron soluciones del gobierno, Roosevelt pidió al Congreso fondos para enviar *marines* a Extremo Oriente.

Fue entonces —el 24 de julio de 1906— cuando recibió una carta de Brent sugiriéndole que organizase una conferencia internacional «destinada a ayudar a China en su batalla contra el opio» y fortalecer su cruzada particular en Filipinas. Era un momento muy oportuno para reducir la tensión entre ambos países, y los asesores del presidente le sugirieron que no dejase pasar la ocasión. Sobre el nexo de esta iniciativa humanitaria con los intereses económicos americanos hablan dos escuetos datos, entre otros muchos. Uno fue que Taft, gobernador aún en Filipinas, apoyara la carta de Brent con una propia donde atribuía el boicot chino a la *Chinese Exclusion Act*, «una ley injustamente severa que amenaza con hacernos perder una de las mayores presas mercantiles del mundo el comercio con cuatrocientos millones de chinos»[39]. El otro fue que el encargado de convocar esta Conferencia la justificase antes así al Secretario de Estado: «Nuestra iniciativa de ayudar a China en su reforma del opio puede usarse como aceite para suavizar las aguas revueltas de nuestra agresiva política comercial allí»[40].

Desistiendo de los fondos necesarios para destacar un cuerpo de *marines*, Roosevelt pidió una pequeñez para tres *Commissioners* que investigaran el problema e hicieran los preparativos oportunos. Uno era H. Wright, un médico joven y ambicioso que acababa de contraer nupcias con una dama de buena sociedad política, cuyo único problema era un consumo inmoderado de alcohol[41]. El otro comisionado era C. C. Tenney, otro misionero en China, y el tercero —presidente de la Comisión— fue el propio C. H. Brent. Una vez más, los clérigos se encontraban en franca mayoría. Tan pronto como ob-

---

39.- En Beale, 1956, pág. 197.

40.- H. Wright a C. Huntington Wilson, 29-11-1909; *cfr.* Musto, 1973, pág. 266, n. 27.

41.- Pocos años después el secretario de Estado, Bryan, escribía al presidente W. Wilson: «El señor Phillips [Secretario de Estado Adjunto] observa también lo que yo le hecho notar en previas ocasiones, a saber, que el aliento del señor Wright apesta a licor». (*Opium*, 21-3-1914, W. *Wilson Papers*, Library of Congress; *cfr.* Musto, 1973, pág. 274, n. 27.)

tuvo su nombramiento, el fogoso Wright obtuvo una audiencia del Congreso y planteó la necesidad de «tener una legislación represiva nacional para salvar la cara en la Conferencia de Shanghai». No en vano llegaría a ser considerado el padre de las leyes americanas sobre estupefacientes.

Con la intención de salvar la cara ante una reunión convocada en realidad por el obispo Brent, el reverendo Crafts, el misionero Tenney y joven abogado con grandes ambiciones políticas, comienza a plantearse una ley federal sobre el opio. Con la promesa del Congreso de estudiar benévolamente el problema —que en principio desbordaba por completo su competencia y requería una enmienda a la Constitución, tarea titánica en términos administrativos— los tres representantes norteamericanos se trasladaron a Shanghai para reunirse con sus invitados. Lo que llevaban en cartera como delegación era básicamente la propuesta de Brent: prohibir todo uso no médico del opio.

Por lo que respecta a la Conferencia, de los 13 países que finalmente aceptaron acudir no compareció Turquía, y Persia envió a un mercader (de opio) no diplomático. Las demás delegaciones mostraron un educado pero distante interés por las propuestas. Los delegados europeos no lograban entender que el más antiguo y extendido remedio para tantas afecciones fuese «maligno e inmoral» si no se empleaba en casos especialísimos, durante breve tiempo y por orden de un médico. Cuando el representante alemán propuso que los Estados Unidos tomasen las oportunas medidas domésticas, si el país lo consideraba oportuno, Wright expuso lo que sigue siendo el lema americano: que sólo un control mundial «defendería a Estados Unidos de la invasión». Sus intervenciones fueron muy vehementes, y acabó insistiendo en que si se aceptaban las propuestas presentadas por su delegación los gastos del servicio de aduanas de los países que firmasen el acuerdo se reducirían notablemente, «pues necesitaremos menos agentes para proteger a cada país del contrabando»[42].

42.- En Murto, 1973, págs. 40-44.

En realidad, las ideas de la delegación distaban mucho de estar claras o, al menos, de poderse transmitir mediante conceptos. Brent, Tenney y Wright mantenían un acuerdo emocional sobre los poderes siniestros del opio, y tras la sugestión de restringirlo a usos médicos latía el propósito de poder acabar ilegalizando pura y simplemente esa sustancia maligna algún día. Pero semejante cosa no era expresable en términos técnicos, ni resultaba oportuno hacerlo en un foro donde la mayoría de los presentes hablaba desde una perspectiva laica, con nociones de farmacología en vez de morales o teológicas fundamentalmente. Además, China —el país al que se pretendía «socorrer»— había resuelto el problema de desobediencia civil y corrupción motivado por la política prohibicionista; temía (justificadamente) un resurgimiento de las sociedades secretas si el opio volvía al mercado negro, y hasta acariciaba la perspectiva de quitar a la India británica su papel de proveedor casi exclusivo en el gran mercado asiático. Los ingleses habían castigado su retorno al cultivo de adormidera plantando enormes extensiones de té en Ceilán y la Península indostánica, cuando desde 1700 importaban esa planta casi exclusivamente de China, y la muy importante merma económica derivada de ello podía compensarse sustituyendo un cultivo por el otro. Como esto suscitaba una amenazante alarma en Inglaterra y Estados Unidos, su delegación se limitó durante la Conferencia a contemporizar con todos, mientras a nivel extraoficial escuchaba las propuestas comerciales de americanos y europeos. Con renuencia, y a cambio de promesas de créditos e instalaciones para acelerar la industrialización del país, aceptó el llamado Acuerdo de los Diez Años, donde se comprometía a reducir drásticamente los cultivos propios de adormidera si la India (esto es, Gran Bretaña) se comprometía a no exportarle opio. China padecía la gran turbulencia social que preparó el experimento republicano, y a su gobierno le sobraban razones para no confiar en planes a largo plazo.

Tras cuatro semanas de sesión (que Wright consideró «decepcionantes» en privado, y «un gran éxito» cuando informó al Congreso), la Conferencia formuló varias Recomendaciones (no Resoluciones, como pidió la delegación americana), entre las cuales sólo dos satisfacían algo las esperanzas de Brent y sus colegas. La Recomendación II instaba a que «los gobiernos tomasen medidas para la gradual supresión del opio *fumado*». La IV proponía que «las naciones no exportasen opio a naciones cuyas leyes prohibieran la importación». Evidentemente, esto llegaba con un siglo de retraso para el gobierno chino; cuando el problema del opio allí no era ni mayor ni menor que el del alcohol en cualquier país europeo, resultaba irónico que los antiguos transgresores de ese principio (Holanda, Francia, Inglaterra y Estados Unidos sobre todo) se sentaran alrededor de una mesa para «recomendar» algo tan inexcusable siempre desde la perspectiva del Derecho internacional.

Descontentos con el resultado de las deliberaciones, los representantes americanos propusieron la celebración de otra en fecha inmediata, pero la sugestión no prosperó. Fue un factor influyente en ello el absoluto desinterés mostrado por Francia y Alemania, la falta de entusiasmo de Inglaterra y que el mayor productor en aquellos años —Turquía— prometiera formalmente no asistir en lo sucesivo a reuniones con misioneros para hablar de economía y farmacia. En cuanto a Persia, que por entonces se acercaba a la India como potencia exportadora, el hecho de enviar a un traficante de opio como único delegado fue tomado muy a mal por algunos. Aunque los otros participantes hubieran aceptado volver a reunirse, la delegación norteamericana se negaba de plano a invitar de nuevo al país en condiciones semejantes.

III. Preparativos para una legislación federal represiva

A pesar del revés sufrido en esta primera experiencia, la causa de Brent ganó nuevo impulso al acceder a la presidencia americana W.

H. Taft[43], un amigo personal suyo, que decidió respaldar la incansable actividad de Wright. Sin perjuicio de seguir esforzándose por lograr una nueva reunión internacional, éste trataba de conseguir una ley federal contra el opio, y creía haber encontrado un modo de sortear la Constitución usando las prerrogativas *tributarias* de Washington.

Lo primero a tales fines era conseguir un *sponsor* en el Congreso, y para ello buscó un diputado sensible a «una legislación que preservase o recobrase la moralidad». En ese momento nadie parecía más indicado que J. R. Mann, a cuyos desvelos por combatir la prostitución, el proxenetismo y actividades afines se debe la retorcida ley Mann —textualmente Ley sobre Tráfico de Esclava Blanca[44]—, una norma de rango federal que prohibía y prohíbe trasladar de uno a otro Estado a mujeres con fines vinculados a la lubricidad. Mann no fue capaz de percibir el inteligente camino fiscal de Wright y presentó en 1908 un proyecto basado sobre la regulación del comercio interestatal. La acción combinada del Ministerio de Agricultura, los fabricantes de drogas y los farmacéuticos derrotó rápidamente su iniciativa.

Dos años más tarde un diputado por Vermont, D. Foster, presentó al Congreso un nuevo proyecto, pensado para prohibir todo tráfico y uso no estrictamente médico de «opiáceos, cocaína, hidrato de cloral y *cannabis*, por mínimas que fuesen las cantidades». Según el borrador, las violaciones se castigarían con «no menos de un año de cárcel y no más de cinco», cosa que implicaba quintuplicar las penas

---

43.- Taft es digno de una breve mención. Vicepresidente con Roosevelt en su segundo mandato, ganó las siguientes elecciones a la presidencia gracias al apoyo de éste. Sin embargo, exhibió tal mezcla de incompetencia y laxitud ante abusos del *big business*, y un grado tan llamativo de incumplimiento de sus propias promesas electorales, que Roosevelt creyó preciso volver a la vida política para impedir su reelección. Desde luego, esto le obligó a lanzarse a la muy incierta aventura de crear un partido nuevo, pues Taft y sus amigos controlaban la maquinaria del Republicano. Pero hasta qué punto los ciudadanos estaban decepcionados con Taft lo prueba el hecho de que Roosevelt lograra vencerle con su improvisada formación política. Lo que no logró fue derrotar al candidato demócrata, W. Wilson, rector de la Universidad de Princeton.

44.- *White slave traffic* se traduce generalmente como «trata de blancas». No deja de ser llamativa, sin embargo, la mención al color de la mujer traficada como elemento relevante.

previstas por la *Pure Food and Drug Act* para adulteradores. Aunque prohibía precisamente el uso «no terapéutico» de tales sustancias, el *Foster Bill* iba apoyado por un informe de Wright[45], donde se presentaba a médicos, farmacéuticos y personal de enfermería como gente poco de fiar, básicamente inescrupulosa, y se aducían estadísticas —sin duda ciertas— estableciendo que el consumo de estupefacientes (*narcotics*) era de ocho a diez veces mayor entre estas personas que en otras profesiones. En cuanto a la cocaína —que todavía no había sido clasificada como «narcótico»— Wright aseguró, sin pecar de originalidad, que «estaba demostrada su conexión directa con el delito de violación de blancas por los negros del Sur, y con la trata de blancas»[46], Era la primera vez que Wright mencionaba esta droga en sus escritos y alocuciones, pero Foster y otros congresistas pensaban que traer a colación un cliché tan operativo en el Sur serviría para convencer a los diputados demócratas de esos Estados, tan reacios siempre a aceptar intrusiones del poder federal. Lo más interesante del informe de Wright, con todo, eran las últimas líneas, donde reconocía indirectamente el verdadero estado de cosas:

> «La meta del proyecto de ley es traer todo el tráfico y el abuso de drogas a la luz del día, y crear con ello una opinión pública contra su empleo»[47].

Efectivamente, estaba claro desde el principio que la opinión mayoritaria no era consciente del «mal», y que por eso mismo no se sentía realmente inclinada a aniquilarlo. Se trataba, como en Shanghai, de *crear* una opinión pública. El usuario de «narcóticos» era presentado como una amenaza antiamericana análoga a comunistas y anarquistas, con rasgos de ruindad afines a los delincuentes sexuales y

---

45.- H. Wright, 1912.
46.- *Ibíd.*, págs. 48-49.
47.- *Ibíd.*, pág. 53.

matices de «cáncer racial». Una vez más, aparecía en circulación —ahora promocionado en el seno del Legislativo— un sujeto capaz de compendiar toda la basura de una sociedad. Gracias a él las buenas gentes podrían sentirse unidas en la piadosa tarea de descontaminar su propio ser liquidando la vida de otro. Nuevamente, la preferencia por algún *phármakon* significaba unirse al elenco de los *pharmakoi* elegidos para el sacrificio ritual reparador.

Sin embargo, la iniciativa volvió a tropezar con dificultades.

1. El debate sobre el proyecto Foster

Como las gestiones de Wright habían logrado convocar una nueva conferencia internacional sobre el opio, que se celebraría en La Haya a mediados de 1912, el presidente Taft se dirigió personalmente al Congreso con un mensaje especial (redactado en buena medida por el propio Wright) donde declaraba que la iniciativa de Foster era «una necesidad apremiante». A consecuencia de ello, el segundo período de sesiones del 61 Congreso, celebrado el 31-5-1910, fue un día de singular actividad. Ante el Comité de Modos y Medios de la Cámara Baja, reunido en trámite de audiencia, se sucedieron intervenciones no siempre alejadas de lo hilarante.

El señor Weast, fiduciario de intereses farmacéuticos, se quejó de que el proyecto presentado era demasiado complejo, de ejecución engorrosa y erróneo en algunos aspectos, pues incluía como droga formadora de hábito al cáñamo y sus derivados; a título de conclusión, pidió una ley que no impusiera «demasiados líos al comercio». Intervino luego el diputado F. B. Harrison, proponiendo que se incluyeran en el proyecto «la Coca-Cola, la Pepsi-Cola y todas esas cosas que se venden a los negros en el Sur». El señor Boutell repuso que una ley severa crearía contrabandistas y no resolvería el problema de la habituación. Harrison disintió, alegando que si hubiese menos venta habría menos consumidores y menos campo para los contrabandistas. Boutell repuso que los consumidores de analgésicos y estimulantes no se modificarían por medidas legales, tal como los enfermos del corazón no se modificarían estableciendo controles sobre la digitalina, y que restringir el mercado abierto crearía sin duda un mercado negro. Harrison insistió en su punto de vista.

Cortando este diálogo de sordos, el presidente de la Cámara —S. Payne— opinó que «una ley severa disuadirá a los boticarios a la hora de vender ese tipo de cosas». Le llegó entonces el turno al doctor Schieffelin, que propuso una comparación entre bebidas alcohólicas y opiáceos. Aunque muchos legisladores ardían en fervor antialcohólico, Schieffelin afirmó que las bebidas no representaban «un verdadero peligro», si bien los opiáceos «conducían casi con toda seguridad a la demencia». El señor Woodruff, un jurista que representaba a seis grandes empresas fabricantes de drogas, negó la indiferencia del estamento farmacéutico ante la salud pública; al contrario, sus representados habían luchado infatigablemente para «arrancar de los traficantes la morfina y la cocaína», y añadió que «el bienestar de este país depende del bienestar de sus fabricantes». Intervino luego el doctor Muir, y empezó advirtiendo al Comité que el día previo se habían reunido en Brooklyn quinientos farmacéuticos con el fin de prepararse para vetar el proyecto si fuese aprobado. Dijo luego que, a su entender, sólo una educación de los ciudadanos podía controlar el problema del abuso de drogas, y que a las informaciones últimamente difundidas sobre la cocaína se debía la visible disminución de su consumo; usando un argumento cuyo origen está en Juan Crisóstomo, Muir sugirió que si se prohibía el opio porque puede hacer daño, a pesar de todo el bien que hace, bien podían prohibirse los vehículos, a pesar de todas sus ventajas, porque pueden atropellar. Esta intervención fue seguida por la de C. B. Towns (de quien algo más adelante hablaremos), inventor de tratamientos para combatir el hábito de opiáceos y dueño de una próspera clínica privada, que preconizó el proyecto si incluía el cáñamo, «pues no hay droga en la actual farmacopea capaz de producir tan agradables sensaciones […] y por eso mismo de todas las drogas terrenales ninguna merece tanto estar prohibida». Como representante del *Bureau of Chemistry* habló el doctor Wiley, apoyando en líneas generales el proyecto, aunque consideró inexcusable incluir la cafeína en la lista de sustancias controladas[48].

Terminado el largo período de intervenciones, por los rumores de pasillo quedó claro que la victoria se inclinaba hacia el criterio defendido por la patronal farmacéutica, la NWDA[49], dispuesta a transigir en teoría, pero sin papeleo, controles severos ni condenas para los boticarios y mayoristas de productos farmacéuticos. Su semanario —el *American Druggist and Pharmaceutical Record*— anunció en el número de marzo de 1911, en primera página y con grandes titulares: «Liquidado el proyecto Foster». Sin duda, uno de los problemas de fondo era el de las *propietary medicines* o fármacos de autor, que obligados ya por la ley de Wiley a declarar su composición se negaban ahora a caer bajo la etiqueta infamante del «narcótico».

48.- Sobre el detalle de los debates, *cfr.* Musto, 1973, págs. 45-48.
49.- National Wholesale Druggists Association.

2

Progresos en la conciencia del problema

«No dudemos, de vez en cuando, en embriagarnos, no para ahogarnos en el vino sino para hallar en él un poco de reposo; la embriaguez barre nuestras preocupaciones, nos zarandea profundamente y cuida nuestra morosidad tanto como cuida otras dolencias. No se llamó al inventor del vino Liber porque liberó la lengua, sino porque ha liberado nuestra alma de las preocupaciones que la agobian, y la sostiene y vivifica, devolviéndole su coraje para afrontar todas sus empresas».

SÉNECA, *Sobre la tranquilidad del alma.*

Todavía sin ley represiva a nivel doméstico, los Estados Unidos lograron convocar una nueva conferencia internacional que se celebraría en La Haya. Para conseguirlo fueron necesarias laboriosas gestiones, que alimentaron las sospechas de Wright y Brent sobre una conspiración planetaria opuesta a la *American Crusade.* Por primera vez formaba parte de la delegación norteamericana un farmacéutico, el californiano H. J. Finger, nombramiento que molestó al abogado y al obispo[1]. Lo farmacológico no había estado presente hasta entonces en el eje de los esfuerzos, y la inclusión de «un mero técnico» les hizo temer por el espíritu de la iniciativa en su conjunto.

I. LAS ESTIPULACIONES DE LA HAYA

La Conferencia (concluida en diciembre de 1911, pero firmada a comienzos de 1912) tampoco satisfizo del todo las esperanzas ame-

---

1.- *Cfr.* Musto, 1973, pág. 50.

ricanas. Como en Shanghai, Turquía siguió negándose a asistir, y Austria-Hungría tampoco acudió. Inglaterra sólo quería hablar de morfina y cocaína, y Alemania protestaba en nombre de sus poderosos laboratorios, alegando que Suiza no estaba presente y aprovecharía las restricciones en su privado beneficio. Portugal defendía su industria de opio en Macao, y Persia sus ancestrales cultivos. Holanda estaba implicada en el tráfico de opio y morfina, y producía miles de toneladas de coca en Java. Francia se encontraba dividida entre los ingresos provenientes del consumo de opiáceos en Indochina y el temor a verse inundada por los productos de sus colonias. Japón fue acusado de introducir masivamente morfina, heroína e hipodérmicas en el territorio chino como parte de sus propósitos invasores, aunque negó cualquier vínculo con semejante cosa. Rusia tenía una considerable producción de opio, pero inferior a la de Siam. Italia, que sólo compareció el primer día, puso como condición para participar que se incluyera el tema del cáñamo, condición rechazada por la mayoría; ya por entonces (como sigue sucediendo hoy) tenía los índices de cocainismo más altos de Europa.

Cuando la delegación americana insistió en no adoptar «recomendaciones», sino «resoluciones», y que el convenio resultante fuese sometido a ratificación por los respectivos legislativos de cada Estado, los presentes —se trataba de 12 países, prácticamente reducidos a ocho, pues cuatro de los fundamentales firmaron bajo reserva[2]— adujeron que se hallaban ausentes 46 naciones. Entre ellas había que incluir a las más comprometidas en el tráfico de opio y cocaína (Turquía, Suiza, Bolivia y Perú). La delegación alemana aprovechó, además, para recordar a la americana que tanto su prisa por poner en marcha el convenio como la severidad pretendida se armonizaban mal con la falta de una legislación represiva propia. Las relaciones germano-norteamericanas eran cada vez peores, por motivos ligados a la próxima contienda mundial.

2.- Francia, Inglaterra, Persia y Siam.

A consecuencia de estos factores el convenio quedó en suspenso, pendiente de que se adhiriesen otros países. Su principal estipulación fue un «control» sobre la preparación y distribución de opio, morfina y cocaína. Quedaban exentos los preparados que contuviesen menos de 0,2% de cocaína y menos de 0,1% de morfina. La heroína —no mencionada en lo demás del Convenio— quedaba incluida como sustancia exenta en preparados que contuvieran menos del 0,1 por 100; naturalmente, esta proporción dejaba fuera fármacos de notable psicoactividad.

1. El detalle de lo acordado

El Convenio limitaba a «usos médicos y legítimos»[3] el opio, la morfina y la cocaína, y «cualquier nuevo derivado del opio o la cocaína que pudiera dar lugar a abusos análogos y tener por resultado los mismos efectos nocivos»[4]. Desde la perspectiva de restricciones futuras, el precepto fundamental era el artículo 20, que rezaba así:

> «Las Potencias contratantes examinarán la posibilidad de dictar leyes o reglamentos que castiguen la posesión ilegal de opio en bruto, opio preparado, morfina, cocaína y sus sales».

No se definía en ningún lugar lo que pudiera entenderse por usos «legítimos», y los países firmantes se comprometían a «tomar medidas» para «impedir la exportación de opio en bruto o preparado a los países que deseen limitar su entrada» (arts. 3 y 8). Se añadía a esto que «las Potencias citadas cooperarán entre sí a fin de impedir el uso de estas drogas para cualquier otro objeto» (del «uso médico y legítimo»), de acuerdo con el artículo 9. Esto implicaba, naturalmente, que había un uso médico y «legítimo» del opio, y que las

---

3.- Art. 9.
4.- Art. 14. *Cfr.* J. Martínez Higueras, 1987, pág. 298 y ss.

distintas naciones sólo se comprometían a no exportar las drogas previstas a países donde estuvieran prohibidas por la legislación nacional. El grado de control interno era una cuestión que quedaba reservada al «examen» de las Potencias contratantes.

La delegación americana estaba satisfecha con la primera parte del acuerdo —relativa a no exportar opio, morfina y cocaína a las naciones donde tales sustancias se hallasen prohibidas (que por entonces eran inexistentes)—, pero se opuso con todo vigor a la segunda parte, en cuya virtud quedaba librado a las legislaciones de cada país instrumentar las medidas oportunas. Para Wright y Brent, semejante provisión equivalía a mantener el *status quo*, cuando lo necesario era establecer un principio de restricciones internacionales y no sólo nacionales.

La escasez de firmantes hizo que el Convenio quedase en suspenso, mientras se convocaban una segunda Conferencia (1913) y una tercera (1914) a fin de incorporar a otros países. Para cuando concluyó esta última (29-6-1914) las presiones norteamericanas en América Latina y el resto del mundo habían logrado que firmasen 44 gobiernos de los 58 reconocidos entonces. Serbia y Turquía seguían negándose, y bastante menos de la mitad —19 concretamente—, ratificaron el pacto[5]. Apenas cinco (Estados Unidos, China, Holanda, Noruega y Honduras) pusieron en práctica sus provisiones. Tres días después de concluir esta tercera Conferencia era asesinado el archiduque Fernando en Sarajevo, y estallaba la Primera Guerra Mundial. La aplicación del Convenio hubiese seguido un ritmo imprevisible de no mediar una inteligente estratagema, sugerida por la diplomacia inglesa. La estratagema fue incorporar los pactos de La Haya como sección 295 del Tratado de Versalles (1919), que ponía fin a la Gran Guerra. Eso hizo que prácticamente todos los gobiernos del planeta suscribieran las cláusulas acordadas por unos pocos en 1912. Por otra parte, las estipulaciones eran sensatas. Se basaban en el prin-

---

5.- España firmó el Convenio el 23-10-1912, ratificándolo el 29-1-1999.

cipio del respeto mutuo: nadie se conduciría en materia de drogas como Inglaterra con China durante el siglo xix. Semejante cláusula resultaba admisible para todos.

Brent y Wright fueron los principales artífices de unas medidas que no satisfacían realmente sus aspiraciones, aunque contuvieran el germen de una posible prohibición futura. Sin embargo, tuvieron desigual suerte. Brent se sintió hasta el final de sus días un victorioso cruzado en tierras de infieles. Wright fue despedido poco antes de la última Conferencia de La Haya, en 1914, debido a sus excesos con la bebida. América era singularmente sensible en esos años a la dipso-manía. El secretario de Estado, Bryan, le convocó para exigir un voto de abstinencia (*pledge of abstinence*), al menos mientras durase la re-unión. Wright, indignado, se negó a semejante humillación, y se dice que expuso su brillante ejecutoría con acentos inflamados por el licor. Bryan le comunicó entonces su cese —ya previsto meses antes por el presidente Wilson— tanto en el Departamento de Estado como en la delegación americana. Dos años después fallecía, presa de la amargura y el hígado a partes iguales. Si Crafts y Brent, apoyados en los demás misioneros, habían perfilado la parte ético-teológica de la argumenta-ción, a Wright debe atribuirse el camino eficaz para consolidarla. Fue él quien concibió la idea de ir presentando al Congreso americano con-venios internacionales como base para reclamar medidas domésticas urgentes, evitando así el trámite de instar una enmienda constitucio-nal. Su instinto jurídico había sido clave para hacer viable la empresa, y aunque pueda atribuírsele ambición política como último fundamento es indudable que contribuyó decisivamente a la cruzada.

II. La ley Harrison

Hemos de volver a los Estados Unidos, a comienzos de 1912. Tras los fracasos de Mann y Foster, Wright ha buscado como padrino para sacar adelante la ley federal a V. C. Harrison, un demócrata norteño, esperando que convenciese a sus colegas del Sur. Para fabricantes y farmacéuticos, este proyecto presentaba el mismo vicio que los previos, al no admitir específicos con pequeñas cantidades de opiáceos y cocaína. Eso era tanto más inaceptable cuanto que el articulado de La Haya no sometía tales medicamentos a fiscalización. Con todo, el clima antialcohólico en América crecía imparablemente. Fumar tabaco en público era ilegal ya en doce Estados, y pronto lo sería en veintiocho; un prócer comentaba que «el cigarrillo es lo más destructivo para el alma, lo más subversivo para las buenas costumbres: la lucha contra el tabaco es una lucha por la civilización»[6]. El país estaba maduro para medidas prohibicionistas, y aunque las asociaciones de fabricantes habían salido victoriosas por dos veces, consideraban inevitable aceptar una legislación fiscalizadora. Para negociar del mejor modo posible crearon dos asociaciones, la NAMP[7] y la NARD[8], orientadas hacia una política de minimización en los perjuicios. La Asociación Farmacéutica Americana adoptó una postura de claro apoyo al principio represor, aunque criticó —como las patronales de fabricantes— los excesivos engorros de registrar cada venta en detalle. La Asociación Médica Americana, que había pasado de 8.500 miembros en 1900 a 36.000 en 1912, decidió apoyar sin reservas la entrada de Washington en esa arena.

Conviene precisar que la alarma no había cundido realmente en el estamento terapéutico, porque hacia esas fechas parecían claras e indiscutibles dos cosas que luego dejaron de serlo: *a*) Que tanto los opiáceos como la cocaína eran agentes terapéuticos de extraordinario valor; *b*) Que químicos, farmacéuticos y médicos eran los *únicos* competentes para definir el «uso científico y médico» de las drogas

---

6.- *Cfr.* Szasz, 1975, pág. 180.

7.- *National Association of Medicinal Products.*

8.- *National Association of Retail) Druggists.*

controladas. Por eso mismo, el desacuerdo se basaba en cuestiones de detalle, vinculadas a intereses particulares.

1. La polémica entre dispensadores de drogas

Desde 1912 a fines de 1914 se produce un interesante conflicto intergremial. Los fabricantes consideraban que la actitud de la Asociación Médica Americana era puro *lobbying* y *public relations* con la Administración para aumentar su esfera de influencia, a expensas de los demás interesados en la cuestión. En 1913, por ejemplo, un editorial de la revista publicada por la NARD lleva por significativo título «Organización Legislativa: Ríase con Nosotros»[9]. El texto arremetía contra el burocratismo y la pretensión de descubrir Mediterráneos en un terreno como la farmacopea, cuyo desarrollo sólo podría salir perdiendo con la alianza de la clase médica y el poder legislativo. La propia Asociación Farmacéutica Americana, donde el prohibicionismo estaba mucho más arraigado, no vaciló en declarar oficialmente que los médicos pretendían usar la proyectada ley federal para montarse dispensarios privados de drogas. Esta desconfianza siguió en aumento, y para hacer frente a la «traición» de la Asociación Médica Americana se convocó la NDTC[10] una Conferencia cuyo comité se encargaría de servir como interlocutor con el Congreso. Así fue, y tras largas conversaciones a nivel subterráneo, la NDTC firmó un borrador de *Bill* que remitió a la Cámara Baja.

Este documento enfureció a Wright, porque el proyecto original había sufrido modificaciones que lo suavizaban notablemente. El registro de recetas era mucho menos estricto; los médicos podían dispensar sin limitación cuando tenían el paciente a la vista[11]; era posible seguir obteniendo en droguerías y por vía postal remedios pa-

---

9.- *Journal of the NARD*, 17, 1913, págs. 73-74.

10.- *National Drug Trade Conference.*

11.- El dato muestra indirectamente que era habitual recetar por correo entonces.

tentados con pequeñas cantidades de opiáceos y cocaína; no se gravaban las drogas al peso, y sólo quedaban sometidos a control el opio, la morfina y la cocaína. El hidrato de cloral (de efectos parecidos a los barbitúricos), el cáñamo y la heroína quedaban fuera de la normativa federal. Como dijo el Comité de Modos y Medios del Congreso, «el proyecto de ley tenía la aprobación de los intereses médicos y comerciales»[12]. Sin embargo, cuando el texto llegó a la Cámara Alta comenzaron nuevos forcejeos de pasillo; con gran escándalo de los farmacéuticos[13], el Senado autorizó que los pacientes solicitasen por vía postal drogas controladas.

Al fin la ley fue aprobada el 14-12-1914, tras apenas unos minutos de deliberación. Una semana justa después, el tercer período de sesiones del Congreso aceptaba un pliego con seis millones de firmas pidiendo la ley Seca. O. W. Underwood, portavoz de la Cámara Baja que había intervenido en la aprobación de la ley Harrison, no vaciló en calificar la condena del vino y los licores con los más duros términos. A su juicio, el intento podría haber sido avalado por cincuenta millones de firmas, pero no por eso dejaría de ser:

«Una maquinación tiránica para establecer la virtud y la moralidad mediante leyes»[14].

Con todo, la ley Seca pretendía en principio ilegalizar cualquier tráfico de alcohol, La ley Harrison sólo trataba —en principio— de reglamentar el registro y tributación de substancias que seguirían fabricándose y usándose, sin otras limitaciones que las previstas por el estamento médico. En otras palabras, la ley Seca deseaba *prohibir* algo a nivel federal, y por eso mismo requería enmendar una

---

12.- *Cfr.* Musto, 1973, pág. 60.

13.- *Cfr.* Beal, 1914, págs. 479-481. Beal hizo especial mención de un típico medicamento patentado —el «Curso terapéutico del Dr. Tucker contra el asma»—, hecho a partes iguales de morfina y cocaína, que se vendía al importante precio de 12 dólares.

14.- En Musto, 1973, pág. 76.

Constitución que declaraba inequívocamente el derecho de todo ciudadano a la libertad y la búsqueda personal de su felicidad; aparentemente, la ley Harrison sólo pretendía *regular* algo, como la normativa vigente sobre pureza de los alimentos, por ejemplo. De ahí que si Underwood hubiese percibido su verdadera finalidad quizá la habría incluido en el elenco de las maquinaciones para confundir moral y derecho. Quien sí percibió con clarividencia los problemas que una y otra norma suscitarían fue R. Pound, uno de los padres de la sociología americana:

> «Cuando la ley defiende la ética mínima necesaria para una conducta ordenada, su aplicación plantea pocas dificultades y sólo requiere un moderado aparato policial. Pero cuando los hombres piden demasiado de la ley, pretendiendo que haga el trabajo del hogar y la parroquia, su aplicación llega a suponer dificultades insuperables»[15].

2. La naturaleza jurídica del precepto

La originalidad de la ley fue presentarse como norma de naturaleza *registral*, que simplemente regulaba la inscripción administrativa de fabricantes y dispensadores de opio, morfina y cocaína, previéndose unas sanciones para el incumplimiento de tales requisitos. Ninguna de sus cláusulas afirmaba que estuviese prohibido poseer, consumir o vender esos productos. En otro caso habría requerido desde luego una enmienda a la Constitución y, hacia 1914 era extremadamente dudoso —por no decir imposible— que el estamento terapéutico y los colegios de abogados le hubiesen prestado su apoyo; más imposible aún habría sido conseguir seis millones de firmas, y las mayorías reforzadas en ambas Cámaras —y en las de todos los Estados— requeridas para modificar cualquier derecho constitucionalmente

---

15.- Pound, 1916, pág. 221.

reconocido. Hacia 1914 no había un solo médico o farmacólogo competente en todo el mundo que considerara «inútil» el opio y sus derivados, y atreverse a prohibirlos como se prohibió el alcohol, un fármaco para el puro esparcimiento, habría producido un clamor de protesta.

Sin embargo, la ley Harrison constituía una norma penal substantiva que pretendía —aunque indirectamente— ilegalizar ciertos analgésicos y uno de los principales estimulantes conocidos. De ahí que en los primeros años de su vigencia encuentre dificultades serias en la esfera judicial cada vez que sus disposiciones «reglamentarias» se manifiesten en su verdadera naturaleza de preceptos sustantivos. Como dijo J. H. Beal, director del *Journal* de la Asociación Farmacéutica Americana, y uno de los principales negociadores de la NDTC, «si la ley Harrison fuese usada para obtener *police powers* sería declarada anticonstitucional de inmediato»[16]. El criterio era compartido por el *Public Health Service* federal[17] y por cualquier jurista con mínimas nociones sobre derecho público norteamericano. Su legitimación se basaba en que los Estados Unidos debían ser fieles a los tratados internacionales suscritos por sus representantes. Pero la Constitución federal —como la inmensa mayoría de las existentes— prevé que ningún convenio con otro país podrá derogar derechos civiles fundamentales, y para mayor ironía el Tratado de Versalles (en cuya letra pequeña figura una adhesión a los Convenios de La Haya) no fue ratificado nunca por el Congreso americano. Además, esos convenios no establecían una normativa prohibicionista, como acabamos de ver.

Se trataba, pues, de un precepto anómalo. Era en realidad *una ley sin legislador*, que si por una parte se sostenía sobre la necesidad de «salvar la cara» ante otros países se basaba, por otro, en que el Congreso autorizase algo distinto de lo que en realidad autorizaba. En

---

16.- *Journal of the Am.Pharm. Ass.*, Editorial, 4, 1914, págs. 4-8.
17.- *Cfr.* Musto, 1973, pág. 273, n. 33.

ningún momento una asamblea de legisladores se había planteado
—con los requisitos preceptivos para legislar sobre cuestiones semejantes— borrar de la farmacopea tales o cuales productos, o siquiera
restringir su disposición por parte del estamento médico.

Curiosamente, tanto la ley Harrison como la Volstead (referida
al alcohol) arrancaban en última instancia del impuesto federal sobre
la renta (*income tax*). Iniciados a principios de siglo y culminados
en 1913, los trabajos conducentes a establecer la imposición directa
crearon una autoridad administrativa —el Departamento del Tesoro— capaz de asegurar su cobro. Para eso fue necesario aprobar la
Enmienda XVI, y sólo gracias a ella comenzaron a existir las condiciones básicas para aprobar, siete años más tarde, la Enmienda XVI-
II o Ley Seca. La ley Harrison esquivó esos complejísimos trámites,
pero el encargado de hacerla cumplir fue el Tesoro, no Justicia, al
igual que en el caso de la ley Volstead. De ahí que tanto los *prohibition agents* como los *narcotics agents* constituyeran funcionarios de
Hacienda, pues aunque su incumbencia fuese represora se trataba de
delitos sin víctima física, finalmente idénticos al contrabando, y por
lo mismo inadecuados para las brigadas de lo criminal. Los *narcotics
agents* sólo se convertirán en policía criminal más de medio siglo
después, al crearse la DEA en sustitución de la FBN.

a) Lo médico y lo extramédico. En esencia, la ley Harrison se hallaba penetrada por el principio de Brent (cualquier uso «no médico»
de ciertas drogas es «inmoral»), y el problema planteado de inmediato al aprobarse el precepto fue determinar qué se podía entender
por «médico» y «no médico». Para empezar, la inmensa mayoría de
los adictos norteamericanos eran yatrogénicos o de origen médico,
entendiendo por tales a quienes contrajeron el hábito usando medicinas recetadas por algún facultativo. En segundo lugar, nadie se
atrevió a discutir siquiera que los médicos y el personal terapéutico
eran el sector más propenso (con mucho) al hábito. Sumadas una

cosa y otra, parecía evidente que los casos de adicción constituían problemas «médicos».

Al mismo tiempo, hasta entrar en vigor la ley era cosa generalmente aceptada que una cierta proporción del cuerpo social no podía existir sin algún tipo de *lenitivo* tal como cierta proporción nacía daltónica, mongólica o con taras de otra índole, y bien fuera por influencia de condiciones sociales desfavorables o por defectos congénitos el médico podía mitigar con la farmacopea un cuanto básico de desasosiego o apatía, prefiriendo desde luego tener un paciente dependiente de un fármaco que un sujeto desesperado o inútil. Esa orientación fue la puesta en práctica por la medicina occidental desde el siglo XVII, y por la pagana durante milenios; en casos graves, tanto somáticos como psíquicos, el médico podría preferir el establecimiento de un hábito como mal menor, y de su ética profesional dependía informar al paciente sobre las consecuencias previsibles. Cosa totalmente distinta era engañarle de un modo u otro, prometiendo curas imposibles, entregándole a una dependencia no anticipada o aprovechándose de él por semejante medio; pero esos casos eran asunto para tribunales de honor o código penal por negligencia, estafa y envenenamiento[18].

Ahora, en cambio, ese cuadro de motivos y circunstancias quedaba sustancialmente alterado. Aunque sin declararlo de modo explícito, el uso de ciertas drogas ya no iba a depender ni del médico ni del usuario, sino de terceras personas ligadas a la policía y a la delincuencia. Para preparar el terreno a semejante transformación, se consagraba algo tan novedoso desde el punto de vista farmacológico como que el opio y la morfina promovían *per se* apetitos criminales, taras genéticas y demencia, mientras otras drogas como los barbitúricos, el éter, el cloral o el bromuro, eran inocuas medicinas. Al uso médico se superponía una «moralidad» que en definitiva proponía el no-uso.

18.- Así, por ejemplo, la *Person Act* inglesa de 1861 castigaba hasta con prisión perpetua a quienes usaran «cloroformo, láudano o cualquier otra droga, materia o cosa narcótica o dominante» para facilitar un delito de violación o abusos deshonestos.

Tras la apariencia de una cuestión técnica o estatutaria se gestaba una alternativa de ética política y una redefinición de las funciones del Estado en relación con el ciudadano. Esto se observa con gran claridad al cumplirse la primera década del precepto. El doctor L. Kolb, que por entonces era director del *Health Service* federal, acudió en audiencia ante el Congreso; cuando se le preguntó sobre el nexo entre los «narcóticos» y el crimen repuso que los principales narcóticos eran el éter, el cloroformo y el gas de los dentistas, y que si bien en Europa habían causado ciertas conductas desordenadas, en Estados Unidos no tenía noticias de abuso. Intimado a que respondiese sobre la conexión entre el uso del opio y el crimen se limitó a contestar:

> «Hay más violencia en tres kilos de alcohol que en una tonelada de opio»[19].

En efecto, Kolb acababa de investigar minuciosamente la vida de unos cien adictos, sin hallar nada que justificase las pretensiones de Brent y Wright[20]. Pero la ley Harrison comenzaba a crear mercado negro y, por lo mismo, delincuencia. Ante la respuesta de Kolb, los miembros del Comité senatorial renunciaron a seguir preguntando y prefirieron relegar a los archivos opiniones tan incómodas. Una década antes los manuales, enciclopedias y libros de texto más respetados consideraban que el opio y la morfina eran el mejor remedio de toda la farmacopea científica, mientras ahora hacían furor métodos para suprimir el hábito de la noche a la mañana. El más famoso con mucho —que convirtió en millonario a su inventor— era un brebaje compuesto por «una parte de ceniza de corteza de árbol, una parte de beleño y dos de belladona, añadiendo estricnina y grandes cantidades de aceite de ricino»[21]. El diputado y luego senador Towns, origen

---

19.- *Hearings before the Committee on Printing*, 3-6-1924, 68th Congress, 1st Sess., pág. 27.
20.- Véase más adelante, págs. 515-516.
21.- Towns, 1915, pág. 71.

de la pócima, carecía de titulación en medicina y representaba claramente al sector llamado de los «matasanos»; sin embargo, pasaron varios años antes de que la Asociación Médica Americana mostrase reparos ante las prácticas de su clínica privada, considerando a nivel oficial que la cura propuesta por este prócer sólo podía producir «diarrea, delirio y ruina física»[22], y que, en efecto, había producido varias muertes. Towns cobraba de doscientos a trescientos dólares por administrar cinco días su extravagante remedio, y se sentía orgulloso de «no haber tenido un resultado negativo *jamás*», cosa probada (a su entender) porque sólo el 1 por 100 de los pacientes regresaban para pedir nuevo tratamiento. El NCD (*Narcotics Control Department*), primer organismo fiscalizador establecido, apoyaba expresamente este sistema, oponiéndolo a la actitud *perverse* de tratar la desintoxicación con métodos de retirada gradual.

b) El problema de la posesión y la dispensación. Al aprobarse la Ley Harrison, la principal cuestión jurídica era saber si las infracciones a ella podrían ser otra cosa que falta de inscripción en el registro especial[23] o negligencia a la hora de llevar libros reglamentarios. Si se trataba de una norma administrativa, esto era lo razonable; y si no era una norma administrativa, sino un precepto penal sustantivo, sus relaciones con la Constitución resultaban muy problemáticas. Durante cuatro años el asunto quedó en suspenso, inclinándose más bien hacia la interpretación restrictiva. Con todo, el espíritu de la norma militaba a favor del prohibicionismo puro y simple. En 1919, cuando se creó el NCD, su director, F. Richardson dijo al tomar posesión del cargo que se sentía «justificado para revocar la autoridad de médicos y boticarios, en lo que se refiere a tratar con drogas y dispensarlas a los adictos»[24].

22.- *Cfr.* Musto, 1973, pág. 192.

23.- A 1-6-1916 había inscritos en ese registro 124.000 médicos, 47.000 farmacéuticos, 37.000 dentistas, 11.000 veterinarios y 1.600 fabricantes, importadores y mayoristas.

24.- *Cfr. Medical World*, Editorial, 33, 1919, pág. 459.

¿Era delito la posesión de las drogas controladas por la ley Harrison? Según el NCD, la sección 8 de la ley determinaba que el poseedor debía probar que los había obtenido «legalmente», y dada esa circunstancia la respuesta debía inclinarse por la afirmativa. Por otra parte, ese tipo de prueba no era admisible en derecho; ya los medievales la habían llamado *probatio diabólica*, porque demostrar una negación supone dificultades extraordinarias e invierte el curso racional del proceso, donde la carga probatoria incumbe a quien acusa. Todo el problema residía en interpretar el adverbio «legalmente», y tanto Richardson como la Asociación Médica Americana parecían inclinarse por una distinción farisaica. Si el sujeto había obtenido la droga tras una consulta rápida y barata, con un médico de clientela pobre, la posesión complacía impulsos inconfensables de *dope fiends*. Si el médico dispensaba a pocos adictos una pequeña cantidad cada vez, con una minuta adecuada a clientelas distinguidas, su conducta podía aceptarse como «tratamiento». En otras palabras, se estaban derivando de una norma fiscal y registral conceptos sobre ética médica, lo cual planteaba una situación de inseguridad jurídica para los ciudadanos en general. Esto hizo reaccionar a algunos juzgadores.

3. Las reservas iniciales del poder judicial

En 1915 un juez de distrito de Kansas City rechazó los cargos de falta de inscripción contra un usuario de opio, considerando que —como tal consumidor— no le estaba permitido registrarse. Era inadmisible —argumentó— acusar de falta de registro a quienes estaban excluidos por principio del registro.

Sin embargo, algo tan evidente ponía en cuestión lo en definitiva pretendido —aunque sinuosamente— a través de la ley Harrison. De ahí que la Fiscalía General cursase de inmediato instrucciones al correspondiente fiscal de ese distrito en Kansas, advirtiendo «lo importante que es para el gobierno no sufrir una derrota en cuanto a la constitucionalidad del precepto»[25]. Instrucciones semejantes recibieron muchas otras fiscalías, porque —en palabras del fiscal general adjunto, W. Wallace— «los jueces americanos sienten dudas sobre la constitucionalidad de la ley, y en la mayoría de los casos parecen opuestos a ella»[26]. Por otra parte, se trataba de reparos exclusivamente jurídicos. El magistrado no se oponía a explicar una norma que prohibiese el consumo de opio, morfina y cocaína; pero exigía que los preceptos se aplicasen de acuerdo con su naturaleza, y la ley Harrison no facultaba para perseguir semejante conducta, ni para que la policía asumiese el derecho de explicar sus deberes a médicos y boticarios.

La situación para el gobierno y el Departamento de Estupefacientes se hizo crítica con el caso de un médico, el Dr. J. F. Moy, acusado de un uso «no médico» de drogas. El alegato fiscal le atribuía recetar algo menos de dos gramos de morfina «no por razones médicas, sino para suministro de un adicto». Por su parte, el paciente era acusado de posesión ilegal. Un juez de distrito —el caso aconteció en Pittsburg— demolió ambas acusaciones con razones simples. Tratándose de cantidades moderadas, no correspondía a la policía determinar qué era médico o no médico; en cuanto al paciente, «no era requisito exigible que estuviese registrado, pues no importaba, producía, comerciaba con, dispensaba, vendía o distribuía morfina, de acuerdo con los términos de la ley [Harrison]». Recurrido el fallo por la Fiscalía, el tribunal de apelación entendió que la ley Harrison era una norma administrativa, y que desbordar esa esfera implicaría «violar las disposiciones de la Constitución de los Estados Unidos».

Ya en medio de un serio revuelo, entre presiones y contrapresiones, el caso fue elevado al Tribunal Supremo federal, que por mayoría de siete a dos confirmó las sentencias precedentes. La más alta autoridad judicial rechazaba sin paliativos los argumentos del

---

25.- *Cfr.* Musto, 1973, pág. 127.

26.- *Justice Dept. Records., National Archives*, b. 7, r.g. 6. Fiscal F. Robertson a Fiscalía General (2-10-1915) y W. Wallace a Robertson (11-10-1915).

gobierno para solicitar *police powers* apoyándose sobre la ley Harrison. El clima imperante en el estamento médico era de satisfacción, y cundía el criterio de que la retorcida norma habría de modificarse. Según el *Journal* de la Asociación Médica de Nueva York, «la ley parece tan plagada de goteras que se hundirá si el Congreso no hace un replanteamiento»[27].

Pero el replanteamiento sólo podía ser una renuncia a determinar policialmente lo médico o no médico, dejando las cosas como estaban en lo demás del mundo, o bien instar una enmienda constitucional. Si lo primero repugnaba a los prohibicionistas, lo segundo parecía inviable. El Tesoro se apresuró a declarar que la falta de colaboración de los magistrados —no las incongruencias de la ley— amenazaba hacer naufragar la más humanitaria de las iniciativas. El *International Reform Bureau*, que tan activo se había mostrado bajo la dirección de Crafts, volvió a definir las aspiraciones del Ejecutivo:

> «Esta sentencia del Tribunal Supremo hace prácticamente imposible controlar el tráfico de estupefacientes por parte de personas no registradas, pues la mera posesión de cualquier cantidad de esas drogas no es prueba de un delito, y el gobierno se ve forzado a asumir la carga de la prueba en cada caso, lo cual resulta difícil de sacar adelante»[28].

En otras palabras, los agentes de la prohibición y los fiscales consideraban abusiva la vigencia de los principios generales del derecho, junto con las garantías sustantivas y de procedimiento vigentes para cualquier otro delito, cuando se tratase de *narcotics*. La posesión de una ametralladora, un cartucho de dinamita, una cepa de viruela, un frasco de arsénico o los planos del subsuelo de un banco no era prueba automática de delito; pero la posesión de dos gramos de

---

27.- N.Y. Med. Journ. 104, 1916, págs. 905-906.
28.- Annual Report, 30-6-1916, mt. Ref. Bur., págs. 24-25.

morfina sí debía serlo. Este ejemplo fue expuesto por el Dr. E. Bishop, de quien será preciso hablar algo más adelante.

Durante tres años, mientras el proyecto de ley Seca va allanando todos los obstáculos opuestos a su paso, la ley Harrison sólo se aplica prácticamente como precepto administrativo, y sus sanciones recaen únicamente sobre importadores sin licencia o expendedurías negligentes a la hora de llevar sus libros o registrar recetas. Entre bastidores, los núcleos del prohibicionismo militante en las Cámaras, el gobierno y los primeros magistrados federales discutían las opciones admisibles. El poder judicial no accedía a comprometerse con una interpretación laxa de la ley si no contaba de modo incondicionado con el apoyo del estamento terapéutico, y esto sólo se consiguió en 1919 con un nuevo presidente para la Asociación Médica Americana, el Dr. A. Lambert. Al tomar posesión de su cargo, Lambert propuso:

«Tomar medidas contra unos pocos miembros de la profesión renegados y depravados que, uniéndose al hampa, permiten la subsistencia del diabólico e ilícito tráfico de drogas»[29].

Ese mismo año dos sentencias del Tribunal Supremo federal aceptan el antes rechazado criterio del Tesoro. Una casa la libre absolución de un médico que había recetado quinientas tabletas de morfina a un paciente[30], y la otra —mucho más importante— declara que la terapia de mantenimiento es «una perversión semántica», indigna de un médico[31]. A partir de 1919 puede decirse que la cruzada sobre los narcóticos tiene luz verde en los Estados Unidos. Durante el primer trimestre no sólo se producen el discurso de Lambert y las sentencias del Tribunal Supremo, sino un artículo del *Times* de Nueva York, que preconiza «cocer en aceite» a los médicos culpables

---

29.- Lambert, 1919, pág. 1767.
30.- *U.S. vs Doremus*, 249, U.S. 86, fallado el 3-3-1919.
31.- *Webb et al. y. U.S.*, 249, U.S. 96, fallado el mismo día.

de proveer a adictos[32]; su autor mantiene que el opio, la morfina y la cocaína son drogas antiamericanas, unas por corresponder a pueblos incivilizados y otras por simbolizar a los vencidos alemanes.

Para fortalecer el cuadro, una encuesta hecha por un comité del Tesoro indica que puede haber un total de 238.000 adictos en los Estados Unidos[33]. Pero al difundir la noticia a la prensa el portavoz del Comité considera que «la cifra real» bien podría elevarse a un millón o más. En efecto, si en 1919 había 238.000 adictos, y 200.000 en 1900, el ritmo de crecimiento del vicio no sólo era inferior al previsto por el Congreso en 1906, sino inferior o igual al crecimiento de la población. Por otra parte, el pueblo americano acepta entonces con el mismo horror un cuarto de millón que un millón. El triunfo de la revolución soviética, la victoria militar de su país en Europa, los conflictos sindicales internos y la inminente ley Seca exacerban a la vez el mesianismo y el nacionalismo. Los atentados de bolcheviques contra líderes e instituciones, los complots anarquistas, las grandes huelgas y los *red raids* desencadenados ese año son fenómenos políticos concomitantes, a los que tampoco escapan algunos usuarios de drogas, incluidos en un cliché complejo de «germanofilia», «barbarie» y «crimen».

III. EL ESTABLECIMIENTO DE UNA LEY SECA

Como antes quedó expuesto, el Congreso americano recibió en 1914 un pliego con seis millones de firmas pidiendo la Prohibición *en materia* de vinos y licores. Esto puso en marcha los trámites reglamentarios para modificar la Constitución. El *Prohibition Party* era una formación insignificante desde el punto de vista electoral, pero controlaba los Senados de algunos Estados, mientras el partido demócrata y el republicano se disputaban los «votos abstemios» de innumerables grupos y sectas.

32.- «Drugs Threaten America», 23-2-1919, pág. 31.
33.- *Cfr.* L. Kolb y A. G. Dumez, 1924, págs. 1179-1204.

Al igual que acontece con el opio, la morfina y la cocaína, sólo que en mayor medida aún, las bebidas alcohólicas recogen clichés sociales y políticos. Un diputado por Alabama, R. P. Hobson, declara que «los licores harán del negro una bestia, llevándole a cometer crímenes antinaturales; el efecto es el mismo en el hombre blanco, pero al estar más evolucionado toma más tiempo reducirlo al mismo nivel»[34]. Como aconteciera en relación con la cocaína, es llamativo observar que los principales líderes negros se unen a la cruzada antialcohólica[35]. El clima general en Estados Unidos queda bien expuesto por el ya mencionado Hobson —héroe de la guerra de Cuba, que ostentaba el título de «hombre más besado de América»—, cuando en un programa radiofónico diario de alcance nacional, llamado «La lucha de la humanidad contra su más mortífero enemigo», exclama:

> «Suponed que se anunciara que había un millón de leprosos entre nosotros. ¡Qué conmoción produciría ese anuncio! Pero la adicción al alcohol es mucho más incurable que la lepra, mucho más trágica para sus víctimas, y se está extendiendo como epidemia física y moral [...]. De lo que resulte de esta lucha pende la perpetuación de la civilización, el destino del mundo, el futuro de la raza humana»[36].

Tampoco conviene olvidar factores políticos. Una vez iniciada la Primera Guerra Mundial, varias asociaciones abstemias se oponen a la actitud de no beligerancia que preconiza el presidente Wilson. Así, por ejemplo, en un llamamiento muy difundido a todo el país, la *Anti-Saloon League* declara que el hábito de beber:

34.- *Cfr.* Szasz, 1974, pág. 181.
35.- *Cfr.* Sinclair, 1964, pág. 29.
36.- *Cfr.* Szasz, 1985, pág. 200.

«no sólo es criminógeno, ruinoso para la salud, corruptor de la juventud y causante de desunión marital, sino germanófilo y traidor a la patria»[37].

El ejército responde creando «zonas secas y decentes» alrededor de las bases militares, y el Congreso multa a quienes vendan bebidas a marinos y soldados; en la playa de Coney Island, muy cerca de Nueva York, algunos reclutas sufren las iras de patriotas civiles y deben ser atendidos en hospitales, cuando disfrazados con albornoz de baño o bañador intentan conseguir bebidas espirituosas en quioscos[38].

El impuesto federal sobre alcoholes está produciendo una media anual de 200 millones de dólares —dos tercios del ingreso neto del Tesoro—, pero las ventajas de una economía de guerra compensaban sobradamente el defecto de ese capítulo en los presupuestos. Si bien los *wasp* llevan el peso de la cruzada como tal cruzada, el estamento terapéutico e importantes sectores de la industria abogan ya por una prohibición que reduzca el absentismo y los accidentes laborales. Según los cálculos del *Prohibition Party* hay casi un millón de leprosos-alcohólicos, prácticamente inútiles para cualquier trabajo y con unas expectativas muy precarias de vida, que provocan incidentes domésticos y extradomésticos constantes. Aun descontando lo estrictamente farmacológico, nadie niega que el alcohol es con gran diferencia la causa más importante de delitos contra la propiedad y las personas, y de la mayoría de los accidentes. Nadie niega tampoco que el alcoholismo constituye una condición más penosa aún, física y psíquicamente, que la morfinomanía o la opiomanía.

En 1919 entra en vigor la Enmienda XVIII, que permite aprobar la llamada Ley Volstead o Seca. En virtud de la excepción que impone al espíritu constitucional, la venta y fabricación de alcoholes se

---

37.- *Cfr*. Sinclair, 1964, pág. 121.
38.- *Cfr*. Szasz, 1974, pág. 181.

castiga en lo sucesivo con multa y prisión —seis meses para la primera infracción y cinco años para la siguiente—, previéndose el cierre durante un año de los establecimientos donde se hubiese detectado el consumo. Sólo el vinagre y la sidra quedan exentos, autorizándose «el uso médico» de las demás y el «uso del vino para la santa misa».

El 17 de enero de 1920 la radio y los periódicos difunden un vibrante texto del senador A. Volstead:

> «Esta noche, un minuto después de las doce, nacerá una nueva nación. El demonio de la bebida hace testamento. Se inicia una era de ideas claras y limpios modales. Los barrios bajos serán pronto cosa del pasado. Las cárceles y correccionales quedarán vacíos; los transformaremos en graneros y fábricas. Todos los hombres volverán a caminar erguidos, sonreirán todas las mujeres y reirán todos los niños. Se cerraron para siempre las puertas del infierno»[39].

1. El aspecto médico del alcoholismo

Cuando Estados Unidos se dispone a tomar estas medidas, los conocimientos sobre la dipsomanía o alcoholismo son numerosos y bastante contrastados. Junto a las limitaciones físicas e intelectuales del borracho habitual[40] deben tomarse en cuenta algunos perjuicios que el fármaco puede producir en su descendencia[41]. Como el cloroformo y el éter, el alcohol pertenece a las substancias capaces de disolver las materias grasas del organismo, alcanzando también el esperma y el óvulo. Experimentos hechos inyectando mínimas cantidades en huevos de gallina fecundados mostraron que el alcohol

---

39.- *Cfr.* Vázquez Montalbán y otros, 1977, pág. 151.

40.- Las orgánicas son graves enfermedades vasculares, hepáticas, cardíacas y renales. De índole «psíquica» son profundos trastornos de la afectividad y la voluntad. De índole más social son incapacidades para el trabajo y violencia.

41.- Extraigo los datos del capítulo dedicado por Lewin al alcohol en su *Phantastica*, que es sin duda uno de los mejores del tratado.

etílico interrumpía el desarrollo del 16 por 100 y creaba un 20 por 100 de monstruos; una solución etílica de esencia de anís producía esos efectos en el 25 y 33 por 100 respectivamente, y una de esencia de absenta el 21 y 62 por 100.

Tratándose de humanos, las tareas más habituales son que los niños nazcan alcohólicos y con trastornos incluidos dentro de la rúbrica de la enfermedad mental (idiocia, epilepsia, psicopatías), aunque también con simples malformaciones orgánicas. De 600 alcohólicos crónicos examinados, el 40 por 100 tenía entre sus padres y abuelos alcohólicos a enfermos mentales, y de 1.000 anormales (oligofrénicos fundamentalmente) el 62 por 100 provenían de padre o madre alcohólicos.

Un experimento alemán notable consistió en seguir la descendencia de Ada Jucke (1740-1804), una alcohólica que acabó siendo ladrona y vagabunda. Varias generaciones más tarde, contando con datos seguros sobre 709 descendientes directos suyos, pudo establecerse que había 106 hijos ilegítimos, 181 prostitutas, 142 mendigos, 64 asilados en instituciones benéficas y 76 criminales, de los cuales siete eran asesinos; en conjunto, la administración bávara descubrió que los malhechores habían pasado ciento dieciséis años en prisión, y que los simplemente desdichados habían sido sostenidos setecientos treinta y cuatro años por la caridad pública. Sólo el 27 por 100 de esos casi ocho centenares de personas habían evitado la cárcel, el manicomio o el asilo.

Estas estadísticas impresionaban ciertamente más en los años veinte que hoy, pues tendemos a atribuir una decisiva influencia a factores de marginación social. Por eso mismo, las correlaciones establecidas entre el alcoholismo y criminalidad (por vía de herencia) sólo pueden admitirse con grandes reservas, pues nuestros conocimientos no permiten hablar —como hacía Lombroso— de criminales innatos. Sin embargo, parece claro que hay una convergencia marcada, incluso *muy* marcada, entre serios perjuicios para la descendencia y abuso del alcohol. A juzgar por el caso de Ada Jucke, raro será el humano que no tenga varios dipsómanos en su genealogía, afectando la dotación genética y amenazando con perturbar su prole de modo bastante imprevisible.

Desde el punto de vista estrictamente farmacológico, el alcohol presentaba aspectos inquietantes, por más que los prohibicionistas rara vez descendiesen a ellos. Lo verdaderamente nefasto a su juicio era la euforia «antinatural» y, en definitiva, el *pecado* de embriagarse, combinado con la «esclavitud» a un hábito.

a) La actitud del estamento terapéutico. Aunque la ley Volstead entra en vigor a principios de 1920, la inminencia de la prohibición se manifiesta con toda claridad en 1916 cuando la *Pharmacopoeia of the U.S.* borra el whisky y el coñac de su lista de drogas medicinales. Poco después el presidente de la Asociación Médica Americana apoya la política de abstinencia completa, a nivel nacional. La cámara de delegados del organismo aprueba una moción que establece lo siguiente:

> «La Asociación se opone al uso del alcohol como bebida. El uso del alcohol como agente terapéutico no debe ser recomendado»[42].

Hasta qué punto la medicina norteamericana del período hereda funciones clericales lo expresa el comentario a esta moción, pues en vez de insistir sobre el perjuicio físico, intelectual y genético padecido por el alcohólico atiende ante todo a «la negrura del vicio» y a «una incontinencia sexual desaconsejable por todos conceptos»[43]. No vacila en afirmar inmediatamente después que «la continencia sexual es compatible con la salud, siendo la forma idónea de evitar enfermedades venéreas». La prohibición del alcohol —concluye—

42.- *Cfr.* Szasz, 1974, pág. 181.

43.- *Ibíd.*

es uno de los métodos mejores para lograr esa profilaxis. Olvidado quedaba el consejo hipocrático de «entregarse al coito cuando se presente ocasión».

Pero la preocupación por el lado moral de las cosas no fue incompatible con ulteriores desarrollos. Tan pronto como ha sido promulgada la ley Volstead, el Pleno de la Asociación Médica decide que no puede seguir manteniendo lo acordado en 1917. Continúa desaconsejando incondicionalmente el uso recreativo de las bebidas alcohólicas, pero considera innegable la eficacia terapéutica de ciertos vinos y licores «como sedantes y en la cura de la neurastenia»[44]. Por lo que respecta a la Asociación Farmacéutica, si en 1917 se habían retirado de la *Pharmacopoeia* todas las bebidas, a los seis meses de aprobarse la Prohibición retornan a ella nueve clases, casualmente varias de las más apreciadas por los bebedores. Antes de que termine 1920 —en los primeros seis meses del año— 15.000 médicos y 57.000 dueños de droguerías y farmacéuticos solicitan licencias para recetar y vender bebidas alcohólicas[45]. Siete años más tarde, en 1928, los terapeutas especializados en ese tipo de tratamientos obtienen unos 40.000.000 de dólares por sus recetas[46], lo cual implica el 20 por 100 del total de las rentas fiscales obtenidas antes de ilegalizar estos productos. En 1931 hay más de cien mil terapeutas inscritos en el registro especial, y este grupo está consiguiendo unos 200.000.000 de dólares, cifra que equivale al 100 por 100 de lo no percibido por el Tesoro en concepto de impuesto sobre alcoholes.

2. El aparato institucional y el público

De los 17.972 *Prohibition agents* encargados de hacer cumplir esta ley, once años después hay 11.982 cuyos expedientes se encuentran

---

44.- *Cfr.* Grinspoon y Bakalaar, 1982, pág. 374.

45.- *Cfr.* Sinclair, 1964, pág. 61.

46.- *Ibíd.*

«sin mácula»; el resto —un 34 por 100 del total— presentan notas desfavorables por una u otra razón. Un 10 por 100 aproximadamente (1.604 para ser exactos) ha sido expulsado y procesado por «extorsión, robo, falsificación de datos, hurto, tráfico y perjurio»[47]. Las cifras cobran su verdadero relieve considerando que durante los cinco primeros años no hubo prácticamente casos de corrupción, concentrándose los delitos en algo más de seis.

A niveles más altos la situación resulta pareja. W. G. Harding llegó a la presidencia al frente de una campaña guiada por el expresivo lema *less government in business and more business in government*. Un providencial infarto, durante el verano de 1923, le ahorró las salpicaduras del mayor escándalo por cohecho y soborno conocido en la historia del país. Su ministro del Interior, A. Fall, fue condenado poco después, al igual que el de Justicia, H. Daugherty, ambos en virtud de conexiones con *gangs* y contrabando[48].

Tampoco entre los ciudadanos se observan grandes progresos. En 1932, a los doce años de estar vigente la ley Volstead, 45.000 personas son sentenciadas a prisión por delitos relacionados con el alcohol, y más del triple a multas y detenciones preventivas[49]. Se calcula que de cada 50 litros de alcohol industrial desnaturalizado cinco se desvían al circuito ilegal para hacer licores. Hay ya casi 30.000 personas muertas por beber alcohol metílico y otras destilaciones venenosas, y unas 100.000 con lesiones permanentes como ceguera o parálisis[50].

El gangsterismo crece «al amparo del monopolio prodigiosamente lucrativo de violar la ley en un sector dado»[51], provocando una turbulencia sin precedentes. Bastaron tres años de Prohibición para crear un sindicato del crimen, que fundamentalmente trabaja

---

47.- *Cfr*. Fort, 1969, pág. 69.
48.- *Cfr*. Tompkins y Salerno, 1973, pág. 52.
49.- *Cfr*. Szasz, 1974, pág. 182.
50.- *Cfr*. Sinclair, 1964, pág. 201.
51.- Schoell, 1965, pág. 233.

para la oligarquía financiera allanando pequeñas dificultades, pero que copa para sí el sector de los vicios en sentido público. La primera «familia» en aprovechar la ley Seca fue la judía, con cabezas como los legendarios *Dutch* Schultz[52], *Legs* Diamond, A. Rothstein (Mr. Roth en *El padrino*) y M. Lansky, apoyándose en importaciones de whisky escocés y canadiense. También algunos irlandeses —como J. Kennedy, padre del futuro Presidente— montaron distribuidoras poderosas. Los italianos quedan fuera al principio, restringidos a explotar la prostitución, y sólo a finales de los años veinte —tras violentas batallas con las otras «familias»— llegan a controlar la mitad del negocio con los alcoholes.

Se sabe que cuando fue admitida a trámite la Enmienda XIX —por la cual se deroga la XVIII— hubo una reunión de jefes provenientes de todo el país, ya sin distinción de nacionalidades originales, donde quedó acordada al fin una política de coexistencia, con escrupulosa distribución de zonas y admitiendo un consejo supremo formado por los principales grupos. Un sector —que pronto arrastró a los indecisos— propuso trabajar la heroína, cuya fabricación acababa de prohibirse en Estados Unidos[53]. Como previó Mr. Roth, esa nueva prohibición iba a salvar la empresa de todos. Algunos propusieron trabajar la cocaína también, pero por aquellos años aparecieron las anfetaminas, estimulantes mucho más poderosos y baratos, vendidos sin receta en las farmacias, que disuadieron a *Crime Inc.* de cualquier esfuerzo en ese sentido.

Volstead había prometido que las cárceles y correccionales quedarían vacíos, cerrándose para siempre las puertas del infierno. Una década más tarde, el intento de ilegalizar un vicio individual con indiscriminadas restricciones generales había producido un sistema para satisfacer ese vicio, profundamente infiltrado en la maquinaria pública, que potenciaba tanto la desmoralización y corrupción de los

---

52.- Fundador de la destilería Seagram's.

53.- *Cfr.* Tompkins y Salerno, 1973, pág. 22.

represores como una tendencia a despreciar la ley en buena parte de los ciudadanos. En 1930 —mientras sigue vigente la prohibición del alcohol, y a propósito del encarcelamiento de Capone— un profesor de la Universidad de Chicago decía a la prensa:

> «Capone ha sido uno de los benefactores de nuestra ciudad […]. Sólo es posible el crimen organizado en el caso de que la sociedad lo pida. La empresa de Capone coincidía con los conceptos morales y legales de la población. La situación era sencillamente ésta: había una demanda de artículos y servicios que no podían satisfacerse de modo legal. En ese momento apareció gente como Sam Torrio y Al Capone, que hizo un buen trabajo»[54].

Desde la cárcel, el propio Capone dijo algo casi idéntico, aunque referido a todo el país y no sólo a Chicago:

> «Soy un hombre de negocios, y nada más. Gané dinero satisfaciendo las necesidades de la nación. Si al obrar de ese modo infringí la ley, mis clientes son tan culpables como yo […]. Todo el país quería aguardiente, y organicé el suministro de aguardiente. En realidad, quisiera saber por qué me llaman enemigo público. Serví los intereses de la comunidad»[55].

54.- *Cfr.* Vázquez Montalbán y otros, 1977, pág. 151.

55.- *Ibíd.*

3

Las dos primeras décadas de la cruzada (I)

«Al sentirse iluminado, ¿quién no siente deseos de iluminar a otros, a su vez? Pero son los más ignorantes y estúpidos quienes demuestran más ardor en la empresa. Es cosa que se ve todos los días».

E. G. Lessing, *Laoconte.*

«¿Usted usa rapé? Quizá esa sea la causa final de que exista la nariz humana».

S. T. Coleridge

Al Estado tradicional le bastaba que sus súbditos pagaran impuestos, mostrasen acatamiento ante los símbolos de las majestades reinantes y cedieran a los varones en edad militar para las guerras. Salvo en siglos marcados por la cruzada contra brujas, no inquietaba a los poderes públicos aquello que privadamente hicieran para modificar su estado de ánimo. Ahora, cuando la seguridad ofrecida al ciudadano incluye normas sobre dieta farmacológica, el interés de un tipo u otro por las drogas experimenta una enorme ampliación. Es como si un río se acercara a su estuario, no sólo ganando fondo y anchura sino bifurcándose en radas y recibiendo toda suerte de afluentes, caudaloso y lento. Si en 1900 únicamente las profesiones terapéuticas parecen interesadas en acabar con la automedicación, para 1920 empieza a insinuarse que ese principio no sólo tropieza con el progreso de un estamento, sino con los pilares del orden social. Tras la vigorosa *iniciativa* norteamericana, los Estados van asumiendo que la salud pública no consiste tanto en evitar las poluciones que amenazan desde fuera al ciudadano como en protegerle de ciertas tentaciones internas, y sobre todo de aquella que le mueve a alterar por medios químicos su modo de sentir el mundo. Esto acontece precisamente en países cuya población goza de un desahogo económico nunca visto, donde hay libertades políticas y se disemina a gran velocidad el ateísmo, o un teísmo refractario a cualquier dogma. Allí el lugar ocupado otrora por la disidencia teológica comienza a ser ocupado por la disidencia farmacológica, siendo las autoridades tan liberales en materia de fe como ortodoxas en materia de drogas.

El cambio delata desplazamientos estratégicos en la física del poder social, obedientes a consideraciones de control político. Sin embargo, la nueva actividad nace de una cruzada religiosa, crece gracias a ella y se sostiene nominalmente con argumentos suyos; su justificación consiste en que hay al menos tanta diferencia entre unos psicofármacos y otros como entre el milagro y la magia negra, el bien y el mal, el agua bendita y el filtro de la hechicera. Amplificada por los germinales *mass media*, esta dicotomía maniquea pone en marcha una cruzada por así decir mixta, cuyo último enemigo es el experimento de individualismo libertario ensayado desde finales del siglo XVIII.

Sin la impronta del fundamentalismo es dudoso que el camino elegido hubiese sido la prohibición. La historia humana no conoce una sola droga que haya dejado de consumirse o desaparecido por ser prohibida, pero muestra que su empleo tiene muchas más probabilidades de hacerse delirante si se prohíbe; lo adherido a la ilegalización (adulteraciones, contacto con ambientes criminales, precios usurarios, inseguridades en el suministro, mitos) erosiona el sentido crítico del usuario, haciendo que tienda a consumirla con menos mesura. Una droga no es sólo un cierto compuesto químico, sino algo cuyos efectos dependen de las condiciones vigentes para el acceso a ella. El café estuvo prohibido en Rusia, con penas de tortura y mutilación, y sus arriesgados adeptos tendían a beberlo muy ávidamente; cuando la policía zarista encontraba a alguno presa de una crisis nerviosa lo atribuía al fármaco, y se apoyaba en ello para aumentar la represión, aunque en buena medida ese irracional uso fuera una consecuencia de la represión misma. Cosa idéntica pasó en Paraguay con el mate, en China con el opio, y estaba sucediendo entonces en Estados Unidos con el alcohol. ¿Había motivo para esperar algo distinto en el caso de los llamados *narcotics*?

Sería un error pensar que esta línea de razonamiento no estuvo presente desde el comienzo de la cruzada. Junto a aquellos que se afanaron por crear una conciencia del problema, hubo desde el principio otros —farmacólogos en su mayoría— que fecharon la aparición del problema en el momento de imponerse medidas prohibicionistas.

I. Los disidentes iniciales

Por su propia naturaleza de reglamento sobre registro de ciertos productos y distribuidores, la ley Harrison pasó prácticamente desapercibida en círculos distintos del terapéutico. Sin embargo, no dejó de suscitar oposición en algunos médicos. El más destacado de ellos al comienzo fue E. Bishop, una autoridad indiscutible en el tema de la dependencia a opiáceos, que en varios artículos[1] trató de combatir lo que llamaba «el estigma moral impuesto al usuario de ciertas substancias». A su juicio, era un método «bárbaro, dañino e inútil» no ya la retirada brusca, sino la reducción gradual de dosis. Al contrario, se imponían un suministro legalizado y barato de drogas a los adictos, cuando menos «hasta disponer de algún remedio mejor». Nadie pasaba a depender de opiáceos sin graves causas previas, de tipo físico o mental, y querer curar la dependencia llamándola en-

---

1.- *Cfr.* Bishop, 1912, págs. 1499-1504; 1915, págs. 399-403; 1915b, págs. 807-816; 1916, págs. 121-128.

fermedad y delito era justamente el infalible modo de convertirla en enfermedad y delito; según Bishop. Si un médico pretendía ignorar estos factores estaba traicionando los principios más elementales de su profesión. Los médicos no eran misioneros, sino, como dijo Galeno, servidores de la naturaleza individual.

En *El problema de los narcóticos*, un libro que recogía colaboraciones en revistas científicas y textos inéditos, se adelantó a todos sus colegas en afirmar que el llamado «problema» era un invento de la prohibición. Superstición y crueldad, disfrazadas de benevolencia y orientación científica, era tratar el dolor de unas personas ilegalizando algunos de sus remedios. Lo verdaderamente lesivo a nivel orgánico para un adicto a opiáceos estaba en someterle a periódicos síndromes abstinenciales. Pero esto era ir demasiado lejos, y poco después de aparecer el libro Bishop fue acusado por recetar un frasco de veinte tabletas de morfina a un agente del *Prohibition Bureau*, que acudió a su consulta fingiéndose adicto. Aunque el caso recibió al principio amplia publicidad, con la consiguiente ruina profesional para Bishop, acabó siendo sobreseído. Según un editorial del *American Medical*, influyó en ello que «el Departamento del Tesoro fuese acusado de intentar silenciar una fuerte postura contraria a la interpretación en boga de la ley Harrison»[2].

Utilizando el mismo punto de partida, pocos meses antes ha aparecido un editorial virulento en el *Medical Record* de Nueva York, que habla de los médicos como cabezas de turco para una sociedad fanatizada. El texto advierte sobre «la creciente esclavización de la profesión médica», y vincula irónicamente la persecución de toxicómanos con la de sujetos que padecen enfermedades venéreas y opiniones políticas radicales[3].

La postura de Bishop fue defendida también por el Dr. A. C. Prentice, miembro del comité para estupefacientes de la Asociación

---

2.- «Resolution Relative to Dr. Ernest Bishop», 28, 1922, págs.720-721.
3.- «The Growing Enslavement of the Profession of Medicine», 99, 1921, pág. 18.

Médica Americana, que en un artículo publicado en su *Journal* llamó «pseudomedicina» el intento de prohibir la adicción en vez de atacar sus causas. Para este médico eran «pseudoespecialistas» todos los que proponían curas distintas del mantenimiento.

> «La prensa médica y la profana han estado corrompiendo de modo deliberado y sistemático a la opinión pública por lo que respecta al vicio de la toxicomanía [...]. La falaz pretensión de que la adicción a drogas constituye una "enfermedad" [...] ha sido apoyada y promovida en volúmenes de "literatura" por autonombrados "especialistas"».

Bishop y Prentice se explayaban sobre tratamientos como el del senador Towns, examinado en el capítulo previo. En línea con su postura estaba también el Dr. W. P. Butler, director de la clínica de Shreveport y abierto defensor del sistema de mantenimiento, que el *Prohibition Bureau* consideró «el *más* sutil oponente a la ley [Harrison] en el sur del país»[4]. En 1922 Butler fue intimado a cambiar de actitud o hacer frente a un procesamiento por conspiración para violar el derecho vigente. Reaccionó escribiendo un artículo en el *American Medical*[5], pero no resistió la tenaz campaña de un periódico local —sufragada por un «comité de moralidad» ligado al Ku-Klux-Klan[6]— donde se le acusaba de repartir opiáceos a traficantes callejeros y prostitutas. Su clínica fue cerrada dos meses después.

No hace falta aclarar que para la policía de estupefacientes Bishop, Prentice y Butler eran simples adictos degenerados, que lograban pingües beneficios «alcahueteando» con prostitutas y otros *dope fiends*. Por su parte, la prensa no especializada servía sensacionalismo puro y simple. Los temas favoritos eran negros cocainizados has-

---

4.- *Cfr.* Musto, 1973, pág. 171.
5.- Butler, 1922, págs. 154-162.
6.- *Cfr.* Musto, 1973, pág. 170.

ta la exasperación, chinos en siniestros fumaderos, mexicanos montando orgías con marihuana, morfinómanos alemanes con afanes de revancha y, al nivel del alcohol, las consabidas acusaciones a irlandeses e italianos. Una excepción a ese tipo de enfoque «amarillo» es un artículo de R. A. Schiess, que adopta una perspectiva insólitamente radical:

> «Creo que la mayor parte de la adicción a drogas hoy en día se debe directamente a la ley Harrison, que prohíbe la venta de narcóticos sin la receta de un médico [...]. Los adictos arruinados actúan como *agents provocateurs* para los traficantes, siendo recompensados con regalos de heroína o suministros a crédito. La ley Harrison creó al traficante de drogas, y el traficante crea adictos»[7].

El malestar que la interpretación oficial de la ley Harrison producía en ciertos sectores de la Asociación Médica Americana suscitó también varios estudios de campo subvencionados con fondos de esa institución o del *Health Service*, que resultan de notable interés.

1. El adicto de los años veinte

Dando un paso adelante en la interpretación jurídico-policial de la frase «uso médico», el departamento del Tesoro americano cursa en 1921 instrucciones a las clínicas del país definiendo cuáles son los tratamientos «permitidos con arreglo a la ley Harrison»[8]. Queda excluida la terapia de mantenimiento, e incluso la lenta reducción de dosis; el sistema del senador Towns sigue siendo uno de los pre-

---

7.- «The drug addict», *American Mercury*, 4, febrero 1925, pág. 198. Igual criterio había defendido un médico inglés: «La Ley Harrison no sólo ha aumentado el número de adictos, sino que al decuplicar los precios ha reducido a esas personas a una situación de abyecta miseria, que imposibilita ganarse la vida honradamente» (Campbell, 1922-1923, p. 147).

8.- *Cfr.* Szasz, 1974, pág. 182.

conizados, junto con otros análogos, en su mayoría sugeridos por personas con formación mínima o nula en medicina. El optimismo oficial sobre sus virtudes terapéuticas es grande, y en clínicas don- de domina la línea del gobierno —como sucede con la de Syracuse (Nueva York)— los médicos afirman tener un porcentaje de cura- ciones superior al 90 por 100[9].

Sin embargo, ese mismo año de 1921 un informe redactado por el Dr. Dumez —miembro del comité especial del Tesoro para asuntos relacionados con la ley Harrison— y dirigido al *Surgeon General*[10] indica que sólo hay un 10 por 100 de curas, y que «nuestros actua- les métodos de tratar la adicción a drogas deben considerarse fraca- sos»[11]. A partir de entonces, únicamente centros privados —y desde luego lucrativos— de rehabilitación mencionan algún progreso. De hecho, la cifra de Dumez resultaba demasiado halagüeña. Las «gran- jas» de Fort Worth y Lexington —en realidad prisiones indiscernibles de las demás— no logran alcanzar el 6 por 100 en los primeros años de su vigencia, y un segundo estudio sobre Lexington mostró que de 453 supuestos rehabilitados sólo 12 (menos del 3 por 100) seguían abstinentes cinco años después[12]. El estudio definitivo, basado en un seguimiento durante doce años, se hizo esperar bastante y resultó de- moledor: de unos quinientos rehabilitados en Lexington todos me- nos diez recayeron; de estos diez tres habían muerto antes de los doce años, tres nunca habían sido adictos (y seguían sin serlo) y los dos últimos continuaban usando drogas ilícitas de modo intermitente[13]. Ni uno solo de los hospitalizados respondió del modo esperado al «tratamiento». Otra investigación, realizada en el hospital Riverside de Nueva York, puso de manifiesto que de 247 personas tratadas el 86 por 100 estaba en cárceles u hospitales tres años después; sólo el 8

9.- *Cfr.* Lindesmith, 1965, pág. 141.

10.- Cargo equivalente a nuestro Director General de Sanidad.

11.- *Records of the Public Health Service*, National Archives, r.q.. 90, f. núm. 2.123.

12.- Duvall, Locke y Brill, págs. 185-193.

13.- Vaillant, 1965, págs. 729 y ss.

por 100 no seguía siendo adicto, y *todos* los sujetos incluidos en ese 8 por 100 declararon no haberlo sido jamás, sino casos de reclusión por mera tenencia[14].

Los resultados de las primeras investigaciones hechas con cierta seriedad, y el fracaso de la operación en Estados Unidos (por contraste con los resultados del modelo ensayado entonces en Inglaterra), motivaron la puesta en marcha de un análisis a la vez médico y sociológico sobre personas dependientes de opiáceos. En efecto, en 1917 el Comité Rolleston, nombrado por el gobierno inglés, había sugerido un sistema que desde entonces aseguró a este país el más bajo nivel europeo de adictos. La receta del Comité era sencilla:

«Morfina o heroína pueden administrarse a adictos en las siguientes circunstancias:

a) Cuando los pacientes se encuentren en tratamiento por el método de retirada gradual.

b) Cuando se haya demostrado, tras un largo intento de curación, que el uso de la droga no puede ser interrumpido completamente sin peligro, vista la gravedad de los síntomas de abstención que produce.

c) Cuando haya sido igualmente demostrado que el paciente, siendo normal si se le administra regularmente una determinada dosis mínima, se convierte en incapaz al interrumpirse de modo total el suministro de droga»[15].

a) Conducta social, laboral y familiar. El modelo británico no podía ser más diferente del que exigía el *Prohibition Bureau* americano. Sin embargo, un informe oficial del gobierno inglés, «elaborado tras un cuidadoso examen de más de 100 personas adictas», sugería que «muchos llevan vidas satisfactoriamente razonables, y no ve-

---

14.- *Conference on Narcotics and Drug Abuse*, White House Proceedings, Panel 2, 27/28 sept., Washington D.C., 1962.

15.- U. K. Ministry of Health, *Report of the Rolleston Committee*, 1918, pág. 14.

mos en consecuencia razón alguna para rechazar la idea del adicto estabilizado»[16]. Justamente esa línea —preconizada por farmacólogos como Bishop, Butler, Prentice y otros— fue la que comenzó a debatirse en la Asociación Médica Americana a mediados de los años veinte. Todos los médicos opuestos a la interpretación gubernamental de la ley Harrison insistían en saber de modo inequívoco, mediante estudios pormenorizados, qué acontecía con los adictos americanos no afectados aún por las restricciones a la disposición de opiáceos. Para proporcionar mayor rigor a esos datos, las investigaciones se hicieron en dos ciudades distintas y por equipos distintos.

La primera, encomendada al entonces director adjunto del *Health Service* federal, L. Kolb, examinó a 119 personas adictas por causas yatrogénicas (recomendación médica) y no yatrogénicas. Del conjunto, 90 individuos cumplían en la esfera laboral con buena calificación, mientras 29 habían adquirido una reputación de seriedad escasa o nula. Comparada con cualquier muestra de alcohólicos crónicos, tanto el estado general de salud como la capacidad para desempeñar trabajos, mantener relaciones sociales y domésticas, etc., resultaban incomparablemente mejores. Según Kolb:

«A juzgar por su trabajo y por sus propias declaraciones, ninguna de estas personas vio reducida su eficacia por el opio. Veintidós trabajaban regularmente, aunque llevasen veinticinco años o más tomando opio; una de ellas, una mujer de ochenta y un años, todavía ágil mentalmente, había tomado un quinto de gramo de morfina durante sesenta y cinco años. Parió y crió seis hijos, llevando sus tareas domésticas con una eficacia superior a la normal. Una viuda de sesenta y seis años había tomado casi dos gramos de morfina diariamente durante

---

16.- U. K. Ministry of Health, *Interdepartamental Committe of Drug Addiction Report*: *cfr.* Schur, 1962, pág. 161.

más de treinta y siete. Se encuentra mentalmente ágil, hace trabajo físico todos los días y se gana la vida»[17].

Los datos de Kolb quedaron confirmados al año siguiente por A. B. Light y sus colaboradores, en una investigación patrocinada por la Asociación Médica Americana. La conclusión de Light fue análoga a la de su colega, y a la del gobierno inglés:

> «La adicción a la morfina no se caracteriza por deterioro físico o lesión de la capacidad mental. No hay pruebas de cambios en las funciones circulatorias, hepáticas, renales o endocrinas. Si se considera que esos sujetos llevaban por lo menos cinco años y algunos más de veinte adiccionados a esa droga, estas observaciones adquieren una gran significación»[18].

Los casos investigados por Kolb y Light correspondían al tipo de adicto existente en Estados Unidos antes de entrar en pleno funcionamiento la maquinaria prohibicionista. Debe tenerse en cuenta que por entonces —en 1928— la *Narcotics Division* de la *Prohibition Unit* sólo tenía 170 agentes en todo el país, número insuficiente para acosar de modo eficaz a buena parte de los habituados. Ese tipo de usuario, llamado a veces «southern white», abarcaba un sector de clases medias formado por rentistas, profesiones liberales, señoras de edad, etc., y hasta que la prohibición no logre marcarlo con su estigma seguirá siendo un grupo de gente normal, cuyos individuos ni siquiera eran detectados en la mayoría de los casos como asiduos usuarios de una droga. Se mencionan casos de médicos que llegaban a tomar la formidable cantidad de siete gramos diarios de morfina «sin perder un solo día de trabajo, tenidos por eminencias en sus comunidades»[19].

17.- Kolb, 1928, pág. 178.
18.- Light y otros, 1929, pág. 115.
19.- Lindesmith, 1947. pág. 61.

Sesenta años después, sin exagerar un ápice, habrá cien veces más agentes dedicados a la represión, y cien veces más usuarios de drogas prohibidas. En las mismas ciudades, una investigación semejante mostrará que la mayoría de los adictos son adolescentes, todos ellos laboralmente nulos y casi el 90 por 100 autores de otros delitos, que por precios astronómicos se inyectan soluciones diez o veinte veces menores en pureza, cuya alta frecuencia de muertes por envenenamiento se denomina eufemísticamente *sobredosis*. La evidencia de aquellos «adictos estabilizados», longevos y sin problemas de socialización, contrasta con la vida breve y la destructividad de los pseudoadictos contemporáneos, consumidores de sucedáneos como parte de un ritual draculino que compra irresponsabilidad, porque las circunstancias impuestas por la ley a la satisfacción de su vicio así lo sugieren. Y, muy curiosamente, esas gentes de mediana o tercera edad que a principios de siglo sobrellevaban un hábito eran *dope fiends*, aunque respetasen escrupulosamente las leyes, mientras quienes ahora cometen parricidios para adquirir maizena o estricnina con vagos rastros de un opiáceo son «inocentes víctimas» del opiáceo precisamente, no del específico sistema que fomenta ese engaño y ese envenenamiento.

Pocos hechos ponen de manifiesto tan descarnadamente lo que tuvo de circular o auto-referencial el programa de los primeros empresarios morales. En realidad, lo decretado inadmisible fue que, sin acoso ni estigma, la mayoría de los habituados a tomar opiáceos y cocaína llevasen vidas «satisfactoriamente razonables», usando los términos del Comité Rolleston. Y, efectivamente, así será primero en Estados Unidos y luego en lo demás del mundo.

II. El cierre de las clínicas

Desde su fundación, la división de estupefacientes de la *Prohibition Unit* quiso clausurar cualquier institución que se dedicara a terapia de mantenimiento o retirada gradual y encarcelar a los médicos que recetasen opio, morfina y cocaína fuera del quirófano, o para casos de gran dolor momentáneo. Para cuando este programa empiece a cumplirse, las relaciones entre el estamento terapéutico y el policial son ya muy tirantes.

Sin embargo, al librar la batalla contra el intrusismo en la profesión, y esforzarse por conseguir un monopolio riguroso sobre los psicofármacos más eficaces, el estamento médico y muy especialmente sus principales gremios no habían vacilado en alimentar toda suerte de supersticiones populares con sugerencias sobre el poder mágico y siniestro de algunas drogas. La Asociación Farmacéutica había apoyado las premisas prohibicionistas desde principios de siglo, afirmando en términos oficiales que los asesinos eran «ángeles» comparados con los dispensadores no diplomados de *fármacos*; también había sugerido expulsar a minorías por sus preferencias farmacológicas[20]. La Asociación Médica había colaborado todavía más con el prohibicionismo estricto, y hacia los años treinta sus compromisos con el aparato estatal fructificaban en substanciales incrementos de poder político y económico.

Mal podían lamentar tales corporaciones que la sociedad hiciera suyo el estereotipo del *dope fiend*, y que en la existencia de estos seres infernales detectase la actividad de médicos diabólicos, dedicados a su sostén. Ninguno de los próceres de una u otra Asociación había explicado que el monopolio de las drogas significaba realmente ponerse en el punto de mira de los prohibicionistas, y que los profesionales en ejercicio padecerán masivamente delitos provocados por policías con disfraz de enfermos. Como en cualquier crimen de puro riesgo, y al igual que en los procedimientos inquisitoriales, la aplicación de la ley Harrison implicaba que los represores podían adelantarse a la comisión de un delito e inducirlo mediante ingeniosas estratagemas.

20.- En 1902 su Comité sobre la Formación del Hábito declara que «si el chino no puede prescindir de su *dope* nosotros podemos muy bien prescindir de él» (*cfr.* Sinclair, 1964, pág. 17). Lo mismo había declarado del peyote y los moradores originales de América.

Y no dejarán de hacerlo, porque si una buena hoja de servicios podía construirse incriminando a médicos traidores tanto como deteniendo a sicarios de Capone, poquísimos optaban por el heroísmo.

Hacia 1920 la media de edad para adictos atendidos en clínicas —sobre un total de 10.000 en el país— era de cuarenta años, superando los hombres a las mujeres por dos a uno. En Atlanta, por ejemplo, la media era de cuarenta y tres y cuarenta y seis años respectivamente. Todas esas instituciones consideraban que los adictos no deberían quedar privados de suministro sin que antes se descubriera algún «verdadero medio de cura», y ya hemos visto que los principales estudiosos de la adicción no consideraban cura la privación. En marcado contraste, el Tesoro entendía que esa postura era *perverse*; más aún, entendía que resultaba especialmente peligrosa al nivel de la opinión pública, pues se había observado que los jurados tendían a exigir algún tratamiento sustitutivo para avenirse a condenar el mantenimiento o la desintoxicación gradual de adictos.

En una operación de intimidación y limpieza de fachada, previa al desmantelamiento de las clínicas, el comisario Porter —jefe de la brigada de estupefacientes en Nueva York— convoca a la prensa para decir que hay en la ciudad 200.000 heroinómanos, de los cuales el 70 por 100 tienen menos de veinticinco años, y que eso es «el mayor problema de la nación». Aunque sean totalmente falsas, el interés de estas declaraciones, hechas en 1919, es que serán del todo verdaderas cuatro décadas después, cuando las leyes sean como Porter pedía. No obstante, la exageración es tan grosera que provoca un desmentido por parte de A. Lambert, el ultraconservador presidente de la Asociación Médica Americana. El desmentido de Lambert es casi tan interesante como el bulo de Porter, pues reconoce como factor causal de la epidemia a su mismo remedio.

«Es evidente que el número de adictos a narcóticos ha sido enormemente exagerado. Aplicada severamente en Nueva

York, la ley Harrison *sólo ha producido* unos 6.000 adictos, en vez de los 200.000 alegados»[21].

Lo mismo piensa el Dr. Hubbard, director del mayor hospital de la ciudad, con comentarios donde expresa su disgusto por declaraciones apocalípticas, pensadas para provocar pánico y desasosiego en las masas, cuando en realidad se trata de un funcionario que quiere obtener más fondos para su negociado. Según Hubbard, las cifras de Porter son «míticas y falaces»[22]. Las posteriores investigaciones de Kolb y Light, ya mencionadas, demostrarán adicionalmente eso mismo.

No es ocioso mencionar, por último, que estas tensas relaciones entre la Administración y un sector de la medicina se producen en un momento donde el estereotipo del *dope fiend* experimenta a la vez un importante reforzamiento, no menos que una importante erosión. El reforzamiento proviene de que la cruzada comienza a calar en la población, haciendo que la creencia pasiva de los prohibicionistas en *dope fiends* pase a ser creencia activa, arraigada en individuos que se autoconsideran *dope fiends*. La erosión proviene de que cobra fuerza el pensamiento psicoanalítico en Estados Unidos, y aparecen profesiones nuevas con intención de integrarse en el estamento terapéutico tradicional (psicoanalistas, psicólogos, asistentes sociales, asesores, etc.), que coinciden en considerar la adicción como consecuencia de una dinámica psíquica compleja, susceptible de aparecer no sólo en seres malignos, sino en cualquiera.

a) Las medidas concretas y su justificación. Mientras la caza de médicos y farmacéuticos está en su máximo apogeo, a altos niveles brilla por su ausencia la esperanza de acabar rápida o siquiera lentamente con el creciente mercado negro de alcoholes y otros estupe-

---

21.- Lambert, 1919, pág. 8. El subrayado no es suyo.
22.- Hubbard, 1920, pág. 1439.

facientes. Ya en 1921 el secretario del Tesoro, A. Mellon, constataba en una reunión a puerta cerrada del Congreso que «el aumento del contrabando de estupefacientes no cesa, y los funcionarios de aduanas parecen impotentes»[23]. A pesar de ello, la *Narcotics Division* mantiene una postura de total intransigencia ante las terapias de mantenimiento, prometiendo al país librarlo de la «infecciosa plaga» cuando logren cerrarse todas las clínicas dedicadas a tratar adictos por semejante método. Al parecer, no tomó en consideración que eso equivalía a acabar con los suministros legales, puros y baratos de opiáceos, entregando el mercado a los contrabandistas.

Así sucumbieron las clínicas de Albany, Houston, New Haven, Atlanta, Shreveport y Nueva Orleans. En Shreveport, por ejemplo, donde recibían tratamiento 129 personas declaradas incurables, los jueces de distrito y condado, así como el sheriff y el jefe de policía, coincidieron en apoyar a su director —el ya mencionado Dr. Butler— ante los ataques federales. La denuncia provino de un agente encubierto, al que Butler describió como «el ser más vil y vulgar con el que haya conversado»[24]. Este agente afirmó que la clínica distribuía droga a revendedores callejeros y la repartía libremente a las prostitutas locales. A falta de pruebas distintas de esa declaración propia, el agente Wouters incorporó una breve memoria sobre algunos de los pacientes del hospital, que merece consideración por expresar las categorías en juego:

«E. W., treinta y nueve años, rotulista en paro. Un dopado, puro y simple.

Señorita M. Pesaba noventa kilos cuando llegó a Shreveport y perdió veinticinco. Tiene un aspecto bueno y saludable, aunque dice sentirse mal si le falta su dosis diaria de morfina. Típica dopada sin medios visibles de vida.

23.- A. Mellon a J. W. Fordney, Comm. of Ways and Means, 67th Congr., 1st Sess., 27-3-1922, House Rept., 52, págs. 19-20.
24.- *Cfr.* Musto, 1973, pág. 170.

Señorita S., treinta y siete años, adicta durante ocho. Una simple dopada rutinaria, con aspecto bueno y saludable.

J. R., cincuenta y cuatro años, morfinómano durante veinte. Un desastre físico. Malo ante un jurado como posible testigo, debido a su penoso aspecto.

B. J., prostituta, treinta y dos años, adicta durante doce. El vivo retrato de la salud, complexión fuerte. A nuestro juicio, una simple viciosa.

W. M., cincuenta y seis años, conocido contrabandista de alcohol y estupefacientes, expulsado por un comité de moralidad pública[25].

M. P., cincuenta y dos años, tendero, hombre respetable. Querría dejar de drogarse, siempre que le pusiesen difícil el suministro.

S. W. H., treinta y nueve años. Ha estado dos semanas sin morfina cuando no pudo obtenerla»[26].

Es significativo que la media de edad de los casos mencionados por Wouters supere los cincuenta años, y que no exista un solo adolescente, pues el año previo el comandante Porter había mantenido que ellos eran la gran mayoría de los adictos. A finales de 1922, presionado por este informe y por las amenazas de asociaciones prohibicionistas locales, la gerencia de Shreveport decide cerrar. Medio año después, en los días 7 y 9 de junio, el *Shreveport Journal* publica sendos artículos donde denuncia la venta de morfina y cocaína en las calles de la ciudad.

Prácticamente lo mismo sucedió en Atlanta, donde eran sostenidos unos doscientos adictos. Disfrazado como enfermo, el agente E. C. Ruth los inspeccionó y extrajo en conclusión que no eran en su mayoría «casos incurables». Tras un período de conversaciones entre

---

25.- Se trata del Ku-Klux-Klan; *cfr*. Musto, 1973, pág. 171.

26.- Informe de H. H. Wouters, agente especial de estupefacientes, a W. S. Blanchard, Comisionado para la Prohibición, 29-9-1922; *cfr*. Musto, 1973, págs. 170-171.

los médicos del centro y la *Prohibition Unit*, se llegó al compromiso de expulsar a la mitad, considerados «curables». Un año después, el director del centro fue intimado a cerrarlo incondicionalmente, cosa que hizo sin discutir, aleccionado por los ejemplos de colegas sometidos a *entrapment* como Bishop y Butler. El agente Ruth fue algo después procesado y expulsado del cuerpo por chantaje y extorsiones tanto a adictos como a terapeutas[27].

Es innecesario aclarar que ni Wouters ni Ruth ni ninguno de los demás encargados de discernir entre casos «curables» e «incurables» poseían titulación como médicos o ayudantes sanitarios siquiera. Para 1925 no había una sola institución que reconocidamente sostuviese a adictos inveterados. Sólo algunos doctores seguían a título individual recetando a pacientes, con evidente riesgo, y tanto los opiáceos como la cocaína empezaron a afluir desde otros puntos, todavía con grados de adulteración no muy altos pero sí con precios que invitaban a delinquir a los usuarios menos favorecidos por la fortuna.

1. Divergente evaluación de los primeros resultados

La lógica prohibicionista se basaba en la premisa de que sin clínicas de mantenimiento, y conservando en estado de permanente intimidación a médicos y boticarios, el problema quedaría zanjado. En otras palabras, bastaría cortar su suministro a unos 10.000 adictos declarados e impedir que los otros 100.000 se aprovisionasen para conseguir la apetecida descontaminación del cuerpo social.

Pero lo que aconteció desde 1925 en adelante fue cosa distinta. Convertidos en negocio para cualquier banda, mitificados por sectores sociales pobres y por parte de los estratos más pudientes —especialmente el mundo del espectáculo y la moda— los opiáceos y la cocaína florecieron más aún que antes de 1914, sólo que ahora apo-

---

27.- *Cfr.* Howard, 1923, pág. 142.

yados sobre una creciente corrupción de los represores, como sucede escandalosamente en el caso del alcohol. Un aspecto pasado por alto en medios de la *Narcotics Division*, aunque no carente de relevancia, era la consolidación de un importante mercado negro. La «impotencia» de los servicios de aduanas mencionada por el ministro Mellon desembocaba en masivas importaciones, ahora libres de arancel, que aprovisionaban a traficantes clandestinos. Da una idea de ello que las cantidades de estupefacientes incautadas por aduanas experimenten entre 1915 a 1930 un aumento global del 400 por 100[28] que, como veremos, coincide puntualmente con el incremento de condenas observado durante el mismo período. Para ser exactos, había sido un aumento casi igual en las importaciones *legales* de opio y hojas de coca lo que tres décadas antes justificara las primeras preocupaciones del Congreso americano; sólo que entonces el comité encargado de investigar no quiso admitir la influencia de cierta tarifa arancelaria, distorsionando los cálculos[29].

Lo cierto es que si en 1919 la autoridad policial exageraba enormemente los términos del problema, elevando a un millón los adictos del país, ahora —en 1930— su comisario jefe, R. Levi Nutt, niega en una comparecencia ante el Congreso que el problema esté creciendo. Es manifiesto que el grupo de usuarios antiguos, formado por blancos de clases medias, mayores de cuarenta años y consumidores de preparados farmacéuticos clásicos, está cediendo lugar a usuarios de heroína, morfina o cocaína de contrabando, en buena medida adolescentes, que se concentran en los suburbios pobres de Nueva York, Chicago, Washington y Puerto Rico, siendo dos tercios de ellos negros y sudamericanos; hay también focos de heroinómanos en un cinturón que sigue a la frontera mexicana, diseminados por Arizona, Nuevo México y Texas. Son consumidores acosados por la persecución y los altos precios, que trafican para subsistir, con

---

28.- *Cfr.* «Hearings before House Appropiation Committee», Treasure Department Appropiation Bill, 29-11-1929, 71th Congr., 2nd Sess., pág. 345.

29.- Véase antes, pág. 527.

índices muy altos de criminalidad común y absentismo laboral. Pertenecen a minorías étnicas segregadas en mayor o menor medida, y si por una parte usan drogas ilícitas para sufrir mejor su miseria, por otra son sujetos que han introyectado el cliché del *dope fiend*.

Negándose a aceptar ese estereotipo, Inglaterra tenía en 1930 escasamente mil adictos, todos ellos controlados. Con sus medidas como cruzado moral, el sistema americano había encarcelado a casi 80.000 desde 1920 a 1928, y se enfrentaba a cientos de miles más, literalmente nacidos de la Prohibición, bien por simple resistencia pasiva a una ley considerada inconstitucional o —más frecuentemente— por los beneficios secundarios derivados de violar sus preceptos. Crafts, Brent y Wright se oponían a la existencia de un grupo de gente mayor y empleada, mientras Levi Nutt y sus sucesores empiezan a enfrentarse a contestatarios políticos y a un ejército de miserables identificados con el agresor, movidos a la vida delictiva por las condiciones impuestas a la satisfacción de una preferencia farmacológica.

Estudiando básicamente este período, dos sociólogos observan algo sin duda pertinente:

«La configuración de la población adicta de una nación puede predecirse con mayor facilidad a partir del conocimiento de la clase de control legal en vigor. El control que se realiza por medio de la prohibición y de la represión policíaca parece asociarse regularmente con la concentración de la adicción en los jóvenes, varones, habitantes de ciudades, de las clases bajas o de los sectores criminales con más fácil acceso a las fuentes ilegales de droga»[30].

a) **Las cifras concretas.** En 1929 la brigada americana de estupefacientes pasó de 170 a 270 funcionarios. La brigada antialcohólica tenía veinte veces más, y no arbitrariamente, pues había muchas

---

30.- Lindesmith y Gagnon, en Clinard, 1964.

más violaciones de la ley Volstead que de la ley Harrison. En 1920, por ejemplo, el alcohol produjo unas 45.000 condenas, y los llamados estupefacientes unas 3.900. Sin embargo, como las penas derivadas del segundo precepto (una norma administrativa) eran mucho más severas que las del primero (una norma penal sustantiva), hacia 1928 un tercio de los reclusos femeninos y masculinos en las prisiones americanas estaban allí por opiáceos y cocaína. El dato es importante, porque prueba que ya a finales de los años veinte la «toxicomanía» aportaba el mayor contingente de reclusos por un solo concepto penal. El número resultaba tan exorbitante a nivel penitenciario que llevó a crear las *narcotic farms* de Fort Worth (Texas) y Lexington (Kentucky).

Será una circunstancia hasta cierto punto colateral, como el hecho de quedar esas instituciones bajo la custodia del *Health Service*, lo que radicalice a su director adjunto, el Dr. L. Kolb, llevándole a estudiar con rigor distintos aspectos del sistema prohibicionista. En 1935 Kolb fue nombrado director de Lexington, donde el régimen de rehabilitación forzosa, en condiciones carcelarias, acabó por manifestársele como algo simultáneamente opuesto a la medicina y al derecho. Gracias a él, y a voluntarios de Lexington, empezará a socavarse el prestigio de los narcóticos y estimulantes lícitos (barbitúricos, anfetaminas, etc.), y hasta jubilarse como *Surgeon General* fue un implacable crítico de la legislación vigente. Dejó prácticamente sentenciado en términos científicos que, a nivel orgánico, para el adicto a opiáceos el mantenimiento en el vicio resulta incomparablemente inferior en lesividad al hecho de atravesar síndromes abstinenciales[31]. Su falta de influencia, incluso ocupando los más altos puestos en Sanidad, indica —una vez más— hasta qué punto fue desatendido desde el comienzo el criterio de los principales médicos y farmacólogos sobre el hábito de unas u otras drogas.

Las escuetas cifras sobre detenciones anuales, desde 1917 a 1928, son las siguientes:

31.- *Cfr.* Kolb y Himmelshbach, 1938.

1917: 1.100
1918: 1.300
1919: 2.400
1920: 3.900
1921: 4.300
1922: 6.700
1923: 7.200
1924: 10.300
1925: 10.300
1926: 10.300
1927: 8.900
1928: 8.300

Los cuatro primeros años suman 8.700, los cuatro siguientes 28.500, y los cuatro últimos 38.200. Las reducciones que se observan en los dos últimos años provienen de un cambio de orientación en cuanto al *entrapment* de médicos, por las razones que se expondrán inmediatamente.

b) Nuevos problemas con la judicatura. La evidente escalada del problema, cuando se tenía por perfectamente atajable años antes con simples medidas represivas, suscita nuevas dudas del poder judicial, a quien la irregular naturaleza de la ley Harrison ha conferido la espada damocleana de declararla inconstitucional. Ya en mayo de 1922 el Pleno de la Asociación Médica Americana condenó la «medicina de Estado», ejercida por individuos sin formación alguna en técnicas terapéuticas. Sus miembros llegaron a aborrecer tanto a los agentes de la *Narcotics Division* que el nuevo comisario jefe del organismo quiso tomar posesión en términos conciliadores, y recomendó a sus subordinados «interrumpir las pesquisas en la botica de la esquina y con el médico de cabecera, para ponerse a perseguir a traficantes e importadores»[32]. Pero entregar a la justicia a estos últimos, que pagaban generosos sobornos y estaban dispuestos a matar a quienes no los aceptasen, resultaba mucho más incómodo que perseguir al boticario y al médico de cabecera. Por eso al terminar los años treinta las estadísticas de Sanidad indican que la ley Harrison ha motivado la detención de 25.000 médicos, de los cuales 3.000 seguían cumpliendo penas de prisión en 1938[33]. El número de farmacéuticos procesados se aproximaba a los 7.000; por la propia diferencia de sus respectivos papeles, el boticario estaba más a cubierto que el médico de operaciones orientadas al «atrapamiento», pues sólo surtía drogas perseguidas a su clientela antigua.

Mirándolo desde fuera, el estamento terapéutico y el policial se disputaban el monopolio sobre los psicofármacos más demandados de la época. En 1932 un alto funcionario de estupefacientes admitió «la justificable queja de los profesionales ante el deseo de algunos agentes nuestros de construirse una buena hoja de servicios a su costa». A ello añadió que «nuestros hombres de brega a veces los han metido en cintura con chantajes»[34]. Como lógica respuesta, J. Volk, diputado por Nueva York, denunció ante la Cámara Baja «una conspiración para privar a la profesión médica de sus derechos legales acostumbrados, consumada por una legislación inconstitucional, interpretada inconstitucionalmente»[35]. Los engorros de ser procesado como violador de la ley Harrison —arguía Volk— eran de tal naturaleza que incluso logrando una final sentencia absolutoria los *Prohibition agents* podían hundir la carrera de un profesional en medicina o farmacia con absoluta impunidad.

32.- «Hearings before the House Appropiation Commitee», Treasury Dept. Apr. Bill, 1933, 72nd Congr., 1st Ses., pág. 376.

33.- *Cfr.* Kolb, 1962, pág. 146.

34.- H. T. Nugent, Supervisor General de la Oficina Federal de Estupefacientes, a la Conferencia Anual de Funcionarios dedicados a la Represión de Drogas, Toronto, 25-8-1932; *cfr.* archivos de la Asociación Farmacéutica Americana, b. 31, págs. 86-87.

35.- «House Investigation on Narcotics», *House Repertory, 258,* 67th Congr. 2nd Ses., vol. 62, pt. 1, pág. 808.

Un indicio de renovadas inquietudes por parte de la judicatura aparece en una sentencia del Tribunal Supremo federal, que condenaba a cierto médico por recetar a un cliente casi tres mil dosis de morfina[36]. La sentencia se dictó por una mayoría de seis a tres, declarando que «la mal llamada receta gratificaba un apetito enfermo, fruto de una voluntad pervertida». Sin embargo, la mitad de los magistrados —incluyendo al Presidente— disintió, porque «el principio de la buena fe protege al acusado, por necios que sean sus actos». Vale la pena observar la insólita forma de enfocar una cuestión totalmente técnica, enseñando al médico qué es «un apetito enfermo». Si por una parte se arroga calificar la prescripción de «mal llamada receta» y «acto necio», por otra recurre al tópico de la buena fe del profesional, forma elíptica de reconocer su competencia en un campo determinado. Para calibrar el fondo de esa intrusión, imaginemos un acuerdo del pleno de la Asociación Médica o Farmacéutica donde se defienda la juridicidad, que califique una decisión judicial de «mal llamada sentencia» y «acto necio», aunque protegido por el principio de la buena fe. Téngase en cuenta que la ley Harrison —y todas las demás en materia de narcóticos— hablan siempre del *uso médico* como excepción a sus disposiciones represivas.

Tres años después sonaba otra vez la alarma para la *Narcotics Division*, cuando el Tribunal Supremo federal casó —esta vez por unanimidad— la condena a un médico por recetar una pequeña cantidad de cocaína y morfina a un informante de la policía. El tribunal fue contundente:

«La Sentencia de 1922 [caso Behrman] no es aceptable como precedente para sostener que un médico obrando de buena fe no puede jamás dar a un adicto cantidades de droga para autoadministración, a fin de aliviar estados producidos por la adicción misma. Poner en práctica unas normas fiscales

---

36.- *U.S. v. Behrman*, 258, U. S., 27-3-1922.

no exige semejante regla drástica, y si la ley Harrison tuviese esa pretensión encontrará sin duda graves dificultades constitucionales»[37].

c) La reacción del prohibicionismo militante. La gravedad de esta decisión unánime hizo que el Tesoro iniciara de inmediato trámites para conseguir una enmienda constitucional. La División de Estupefacientes sometió al Congreso un proyecto de ley en siete puntos, de los cuales destacaban: *a)* prohibir el registro bajo la ley Harrison de médicos adictos, y de médicos condenados por violaciones de este precepto; *b)* prohibir todo tratamiento «ambulatorio», sin excepción alguna; *c)* hacer responsables a los farmacéuticos de la buena fe en las recetas. El principal argumento de fondo para urgir la aprobación de esta enmienda era que los Estados Unidos estaban obligados por el Convenio de La Haya.

Sin embargo, el argumento resultaba insostenible. El Convenio no contenía en ninguna de sus «recomendaciones» nada remotamente parecido a la política puesta en práctica a nivel doméstico por Estados Unidos. En realidad, ni siquiera aceptaba que la «posesión ilegal» fuese un asunto punible[38]. Por otra parte, lograr la aprobación de una enmienda a mediados de los años veinte, cuando la mayoría de los americanos estaba en contra de la ley Seca, resultaba no ya problemático sino impensable, y fueron los sectores del Congreso más inclinados al prohibicionismo quienes recomendaron prescindir de semejante camino. Si esa iniciativa fracasaba, la interpretación gubernamental de la ley Harrison sería considerada contraria a la Constitución de modo inapelable, con el consiguiente retroceso en lo ya ganado. En las amplias deliberaciones previas a la enmienda habría que dar publicidad a unos resultados prácticos poco estimulantes, tanto al nivel de la corrupción provocada en dispensadores y

---

37.- *Linder y U..S.*, 268 U.S., 13-4-1925, pág. 22.

38.- El artículo 20 decía: «Las Potencias examinarán la *posibilidad* de dictar leyes o reglamentos que castiguen la posesión de opio, morfina o cocaína».

represores como en lo referente al mercado negro. Por si faltara poco, el estamento terapéutico se opondría ahora de plano, y sería preciso hacer frente a objeciones sustantivas planteadas por los Colegios de abogados.

De este modo, quedó incumplida la segunda posibilidad de plantear abiertamente la ilegalización de ciertas drogas, siguiendo un trámite de audiencias y discusiones análogo al de cualquier otro precepto con rango legislativo. No habría una tercera oportunidad. El efectivo apoyo a la interpretación de la ley Harrison era la creencia activa y pasiva en *dope fiends*, y fue esta última la que acudió en apoyo del Tesoro. El general W. B. Wheeler, presidente de la *Anti-Saloon League*, afirmó ante el Congreso que «la necesidad de la ley [Harrison] viene probada por las propias dificultades de su puesta en práctica». El comisario jefe Levi Nutt dijo que el problema estaba claramente en vías de solución, y que las *narcotics farms* rehabilitarían sin dificultad a los adictos todavía subsistentes. En apoyo de la línea «dura» se manifestaron varias organizaciones: la WCIAS[39], la INEA[40], la WDNA[41], la NDL[42], el Ejército de Salvación y la WAU[43], que usando como portavoz a su presidenta, la señora Graham Muhall —presidenta también de la FCF[44]— rompió una lanza en favor de la División de Estupefacientes y su política, «en nombre de millones de las mejores madres, esposas y hermanas de la Unión»[45]. También apoyaban esa política los Caballeros de Colón, la Leal Orden del Alce, la Orden de la Gruta, la Orden Mística de los Profetas Velados del Reino Encantado, la Benevolente y Protectora Orden de los Renos y algunas otras[46]; el difunto presidente Harding había sido miembro de La Gruta.

39.- *White Cross International Anti-Narcotic Society.*

40.- *International Narcotic Education Society.*

41.- *World Narcotic Defense Association.*

42.- *National Drug League.*

43.- *World Anti-Narcotic League.*

44.- *Femenine Club's Federation.*

45.- House Judiciary Committee, HR, 12.781, 26-4-1928, 70th Congr. 1st Sess.

46.- *Cfr.* Musto, 1973, pág. 324, 43.

Como en casos precedentes, la respuesta del Tribunal Supremo federal al clima de apoyo popular, y a las presiones del Ejecutivo, fue una sentencia donde por mayoría de seis a tres aceptaba la constitucionalidad de la ley Harrison[47].

Junto a esta buena noticia, que zanjaba los temores de desmantelamiento para su aparato, la *Narcotics Division* cerró el año con cierta amargura. El asesinato de un gángster hizo que la policía de Nueva York descubriese una lista de personas relacionadas con él en el tráfico de alcohol y otras drogas ilícitas. Fue una sorpresa descubrir que entre sus asalariados estaban L. P. Mattingly y R. Levi Nutt, yerno e hijo del comisario jefe respectivamente[48]. El malestar se superó reestructurando el cuerpo y sustituyendo a su cabeza visible. En lo sucesivo sería *Federal Bureau of Narcotics*, y su nuevo director, H. J. Anslinger, iba a permanecer en el cargo hasta 1962. Si Hamilton Wright fue el padre pronto desaparecido de las leyes sobre estupefacientes, Harry Anslinger será el albacea ejemplar que las preserva y amplía, durante una égida de seis lustros. Había empezado siendo un *Prohibition agent* para el alcohol, donde sobresalió entre sus colegas como convencido defensor de medidas puramente represivas. Al aceptar el cargo —según dijo en una entrevista— se le aclaró que sólo había una cosa excluida de antemano: recomendar clemencia para un *dope fiend*[49].

47.- *Nigro vs. U.S.*, 276 U. S. 332, 9-4-1928.
48.- *Cfr.* Musto, 1973, pág. 207.
49.- *Ibíd.*, pág. 212.

4

Las dos primeras décadas de la cruzada (II)

«El imperio que el alcohol ejerce sobre la humanidad se debe a que puede estimular facultades generalmente trituradas por los fríos hechos y las críticas descarnadas. La sobriedad reduce, discrimina y dice no; la embriaguez expande, une y dice sí».
W. JAMES, *Las modalidades de la experiencia religiosa.*

Mientras el estamento médico, el judicial y el represor mantenían estas complejas relaciones en Estados Unidos, parte del mundo comenzaba a acoger la idea de la dieta farmacológica como incumbencia estatal. La Sociedad de Naciones decidió crear organismos permanentes dedicados a la fiscalización del tráfico de drogas, y los países económicamente avanzados fueron acostumbrándose a legislar sobre este nuevo campo. Salvo en el caso norteamericano, donde la situación presentaba aspectos todavía muy conflictivos —sobre todo hasta derogarse la ley Volstead—, en la mayor parte del mundo puede decirse que la perspectiva de legislar en materia de psicofármacos era una realidad que iba diseminándose sin prisa y sin pausa, siempre a instancias de una autoridad internacional que a su vez acogía iniciativas sugeridas por la delegación americana. Arbitro que ha resuelto la Primera Guerra Mundial, Estados Unidos va engrandeciéndose también sin prisa y sin pausa, reconocido en todo el planeta como adelantado de la riqueza, la libertad y la fuerza.

Desde el punto de vista químico, los hallazgos no han dejado de coronar la actividad de los laboratorios. Surgen varias substancias psicoactivas de gran potencia tanto en el campo de los estimulantes como en el de los sedantes, y al no ligarse todavía con grupos marginales o culturas colonizables permanecen como simples medicamentos. Disponiendo de esas drogas sin complicaciones, muchos de quienes solían recurrir a opiáceos naturales y cocaína decidieron —de mejor o peor gana— sedarse y estimularse con los nuevos productos, que eran puros, baratos y prácticamente tan eficaces para las necesidades básicas de paz y energía. A partir de los años treinta, la difusión de esta oferta farmacológica alternativa hace que las farmacias tengan, para la clientela de productos semejantes, tantos preparados con influencia sobre el ánimo como a fines del siglo XIX.

I. EL RETORNO DEL ALCOHOL A LA LEGALIDAD

Hacia 1930, cuando la cruzada contra la bebida cumple una década, las autoridades americanas calculan que de cada cincuenta litros de alcohol industrial desnaturalizado, cinco se desvían al circuito ilegal para hacer licores. Sólo por intoxicación con alcohol obtenido a partir de madera (metílico) fallece al año un 0,05 por 100 de la población[1]. El 34 por 100 de los *Prohibition agents* son sospechosos de aceptar sobornos o permitirse extorsiones, y otro 10 por 100 ha sido ya condenado por ello en virtud de sentencia firme[2]. Resumiendo su estudio clásico sobre la génesis y aplicación de la ley Volstead, A. Sinclair atribuye el éxito de la *Anti-Saloon League* —su principal promotor— a un complejo de factores:

> «La explotación del miedo de las masas [...], la actitud reformista, la eficacia de los grupos de presión, su dominio de la propaganda, la estupidez y el egoísmo de los cerveceros y dueños de destilerías, la debilidad de los políticos».

1.- *Cfr.* Sinclair, 1964, pág. 201.
2.- *Cfr.* Fort, 1969, pág. 69.

La «debilidad» de la clase política es el electoralismo. Con tal de no ceder un solo sufragio al competidor, demócratas y republicanos asintieron a una propaganda calculada para excitar los terrores de las masas, y para hacer del derecho el instrumento de una ética sectaria, entregando la decisión a una minoría exigua como el *Prohibition Party*. Esto se observa con toda claridad cuando el alcohol vuelva a ser legal, y gran parte de los diputados y senadores pasen a beber tranquilamente en público; aunque fuese contrario a su fuero interno cortejar a la *Anti-Saloon League* y asociaciones semejantes, ninguno quiso perderse el «voto abstemio».

Tampoco protestó el estamento terapéutico. La ley Volstead restringía las bebidas alcohólicas de uso legal al vinagre y la sidra, pero autorizaba un «uso médico y religioso» de las demás; gracias a ello, médicos y farmacéuticos podían recetar vinos y licores, y los clérigos procurarse vino para la misa. Al cumplirse la primera década de la cruzada, más de 100.000 médicos y boticarios inscritos en el registro especial ingresaban unos 200.000.000 de dólares cada año, cifra igual a la que había dejado de percibir el Tesoro desde 1919 por el impuesto sobre bebidas alcohólicas[3]. Los *bootleggers* o fabricantes ilegales obtenían diez o veinte veces más.

1. El asunto de la posesión y el tráfico

Aunque la ley Harrison castigaba mucho más duramente que la ley Volstead la posesión y el tráfico, no era una norma penal en sentido estricto, y la incriminación partía de infracciones indirectas a normas sobre registro. La ley Volstead, en cambio, era una reconocida norma penal, aunque no castigaba el uso ni la posesión de alcohol, sino su venta y fabricación. Podríamos suponer que un régimen semejante sólo representaba peligro para quienes traficasen o fabricasen bebidas alcohólicas, y que las docenas de miles de personas

3.- *Cfr.* Sinclair, 1964, pág. 61.

encarceladas cada año eran exclusivamente dueños de destilerías y de bares. Pero el sistema de penar el tráfico y no la posesión de alcoholes constituía una contradicción en los términos.

Como ni el whisky ni el vino pendían de los árboles, al modo de las frutas, faltando el concurso de algún agente sobrenatural resultaba imposible acceder a la droga sin participar en transacciones económicas. Constituidos los inevitables anillos de consumo, cada uno de sus eslabones podía considerarse favorecedor del tráfico, y que así fuese o no dependía fundamentalmente de los *Prohibition agents*; una simple técnica de infiltración en cualquiera de esos circuitos lograba, con paciencia e inyecciones de licor o dinero, desembocar en la incriminación de personas y grupos que por una causa u otra merecieran estigma o chantaje. De ahí que no sólo fuesen acusados o extorsionados en relación con la ley Volstead los fabricantes y vendedores, sino un sector bastante más amplio de simples usuarios y dueños de negocios como restaurantes, hoteles, casinos y empresas afines, que si no se avenían a las reglas del juego quedaban en ruinosa desventaja ante colegas menos timoratos, dispuestos a pagar la impunidad con liberales sobornos. Con matones y leguleyos a su servicio, amparados en sólidos apoyos políticos, la incongruencia del consumo autorizado y el tráfico prohibido se hizo patente en el hecho de que ni un solo gran traficante y productor de alcohol acabó en prisión por ese concepto. El caso de Capone, encarcelado en virtud de fraude fiscal, es un ejemplo entre otros muchos. No ya gángsteres que han pasado al recuerdo como asesinos sino grandes familias hoy muy respetables, como los Kennedy, hicieron su fortuna con abuelos dedicados al *bootlegging*.

El sistema de castigar el tráfico y no el uso logró básicamente dos cosas: *a)* dejar reducidos los fabricantes y vendedores a la verdadera *canaille*, que además de degradar el alcohol (multiplicando su toxicidad) corrompía o mataba tanto a las fuerzas del orden como a sus competidores menos inescrupulosos; *b)* poner a los demás ciudadanos en la disyuntiva de la abstinencia o la frecuentación de ambientes dominados por organizaciones criminales, amparadas en un negocio colosal.

Es cierto que los ciudadanos también podían pagar la consulta con algún médico y obtener una receta de whisky, coñac o vino; pero resultaba tan caro o más, y sin los otros atractivos del *saloon*.

Al cumplirse los trece años de vigencia de la Prohibición, convencido el país de que sus resultados eran «una abrumadora corrupción, la injusticia, la hipocresía, la creación de grandes cantidades de nuevos delincuentes y la fundación del crimen organizado»[4], la Enmienda XVIII es derogada por la Enmienda XXI. Casi medio millón de personas condenadas como criminales pasan, de la noche a la mañana, a ser para la ley ciudadanos irreprochables. No se prevén indemnizaciones, ni para ellas ni para los miles de muertos y heridos en tiroteos, ajustes de cuentas y demás corolarios prácticos de la cruzada. Tampoco se indemniza a otro cuarto de millón de personas envenenadas con destilaciones ponzoñosas, con resultado de muerte o lesiones permanentes. Como sucediera en la cruzada contra brujas, nadie es responsable. La vigencia de la prohibición sólo ha conseguido reducir —en cantidades que se calculan entre un 10 y un 30 por 100— el consumo *per capita* de bebidas alcohólicas en los Estados Unidos. Considerando que esa reducción no compensa los perjuicios indirectos causados al cuerpo social, se deroga la ley Volstead y vuelven a admitirse la fabricación, el tráfico y el consumo de alcoholes en lugares públicos.

2. La cruzada abstemia vista desde Europa

El gran libro de L. Lewin —*Phantastica*— aparece en 1927, y compendia la mezcla de estupor y rechazo que suscita la iniciativa puritana en América. Como cualquier otro tratado de toxicología, ex-

---

4.- *Cfr.* Fort, 1981, pág. 80.

pone un cuadro muy sombrío del alcoholismo. Sin embargo, aclara inmediatamente que el factor subjetivo no puede despreciarse. Resultaría inútil querer fijar la cantidad de alcohol «capaz de marcar a un hombre con el sello del borracho», pues la gravedad de las consecuencias derivadas de beber depende «en gran parte de la tolerancia individual»[5]. Más precisamente, tanto en lo que respecta al alcohol como a los otros fármacos, «la influencia de la individualidad hace ilusoria toda fijación o delimitación preconcebida de los efectos de una sustancia química sobre el hombre»[6]. Sus observaciones merecen citarse con cierta amplitud:

«No conozco ninguna época donde la lucha contra el alcoholismo no se haya ensayado [...]. Unos hablaban a los bebedores con el lenguaje de la religión, otros con el de la razón y otros, por último, con la voz inflexible como el acero de las leyes antialcohólicas [...]. Por razones que ya expuse a propósito de la morfina, todo esto careció de eficacia o la tuvo muy limitada, con la única excepción del Islam quizá, que durante muchos siglos ha tenido a sus adeptos alejados de las bebidas alcohólicas, aunque no pudiese evitar el empleo de sus equivalentes [...]. Actualmente, la antigua y multiforme lucha contra el alcoholismo ha encontrado un nuevo frente de batalla. Mediante procedimientos pseudocientíficos todos sus efectos fisiológicos se han rebautizado como crímenes. Cualquiera que beba alcohol, en cualquier cantidad, es un ser peligroso. Así se ha formado la cofradía de los abstinentes. Su origen se remonta a milenios atrás [...].
El mundo *actual*, en su forma y su actividad ¿a quién debe más, a los abstemios o a los no abstemios? Exclusivamente a estos últimos. Son los no abstemios quienes han creado y desarrolla-

---

5.- Lewin, 1970, págs. 197-198.
6.- *Ibíd.*, pág. 206.

do las ciencias. Les debemos las más bellas creaciones artísticas. Son ellos quienes han ofrecido al humano deleite las obras maravillosas de la imaginación poética, quienes han hecho surgir de las profundidades íntimas de su sensibilidad las producciones más nobles del arte musical, para hacer un presente a los hombres [...]. Por un abuso incomprensible, enteramente falto de justificación, consideran a menudo los abstemios como criaturas inferiores a los hombres que poseen el gusto del vino [...]. A mi entender, no es posible formular una ley ecuánime aplicable al abuso del alcohol, o más bien a la manifestaciones visibles de ese abuso. La más rica experiencia toxicológica está obligada a declararse impotente. Toda intervención directa está abocada al fracaso, pues en ese orden de cosas el éxito consiste en prevenir. Es en la escuela y en el hogar donde conviene actuar para impedir la eclosión del alcoholismo»[7].

Eminencia indiscutible de su tiempo, la opinión de este toxicólogo alemán presenta el interés adicional de mostrar lo que un europeo en los años veinte creía que estaba sucediendo en Estados Unidos. Aunque en 1927, por ejemplo, más de diez mil personas (en buena medida médicos y farmacéuticos) eran encarceladas por opiáceos y cocaína, alguien con la extraordinaria información de Lewin simplemente no lo sabe. Las escasas noticias que le llegan sobre dificultades de terapeutas o pacientes son interpretadas como casos excepcionales de abuso, falsificaciones de recetas o hurtos. Lo que llama «cofradía de los abstinentes» es el *Prohibition Party*, no el grupo específico de Brent, Crafts y Wright. De ahí que ironice, sin percibir su error, sobre el hecho de que sólo el vino y los licores sean perseguidos:

«¿Y por qué este lujo de esfuerzos contra el alcohol únicamente? ¿Por qué no hay una cruzada general contra la morfina, la

---

7.- Lewin, 1970, págs. 192-195.

cocaína, la nicotina, el amor, el juego? La lucha antialcohólica no se funda sobre un juicio claro. Se conduce a partir de prejuicios»[8].

Lewin conoce perfectamente la legislación internacional sobre opiáceos y cocaína. Pero no la interpreta como «cruzada» contra ellos, sino como un esfuerzo por mantener dichas substancias bajo supervisión médica, controlando también su exportación. Y, en efecto, los convenios aprobados hasta entonces no propugnaban otra cosa. Como casi todos los médicos europeos de su tiempo, ignoraba que existiese siquiera la ley Harrison, y se habría echado a reír con sus colegas si alguien les hubiese dicho que décadas más tarde los opiáceos iban a ser declarados «fármacos sin valor terapéutico» en Estados Unidos y, después, en lo demás del planeta. Esto es tanto más notable cuanto que Lewin se distinguió siempre como un enemigo acérrimo de su uso frívolo. Pero una cosa era advertir en el hogar, la escuela y las Facultades de Medicina y otra, muy distinta, atender a la cofradía de los abstinentes.

«Cuando no hay acto delictivo sino sólo exceso de bebida, mi consejo es considerar ese exceso como un asunto de orden puramente privado. Hace tan poco daño a terceros como el estado morfínico o cocaínico voluntario, como embriagarse de cafeína bebiendo demasiado café, o café demasiado concentrado, o entregarse a la pasión del juego, etc. Todo hombre tiene derecho a hacerse daño, y sólo cuando ha sido llamado a filas está permitido recortar ese derecho»[9].

II. EL CÁÑAMO COMO NUEVO ESTUPEFACIENTE

A mediados de los años treinta, había en Estados Unidos fundamentalmente dos maneras de entender el estado de cosas. Desde la pers-

---

8.- *Ibíd.*, pág. 194.
9.- *Ibíd.*, pág. 167.

pectiva de los prohibicionistas, el retorno del alcohol a la legalidad era una catástrofe de incalculables consecuencias, que exigía no desmoralizarse y mantener una postura de intransigencia con respeto a los *narcotics*, para hacer frente a la previsible marea de tolerancia; perdida la batalla contra el vino y los licores, Anslinger sugirió que la mejor actitud era una defensa activa, ampliando cuanto antes la represión sobre estupefacientes todavía no declarados tales. Desde la perspectiva liberal, con el fin de la ley Volstead y la nueva oferta de drogas disponibles sin receta en las farmacias, las necesidades de estimulación y sedación estaban cubiertas de sobra; si a ello se añadía que, en parte por eso mismo, la política de tender trampas al estamento terapéutico se había reducido drásticamente, el horizonte brillaba por su tranquilidad.

Si los *dope fiends* estaban en vías de sucumbir, y la alarmada movilización social empezaba a ser algo sin fundamento, estaba indeciso el futuro para la Oficina Federal de Estupefacientes (FBN). Podía reconocer que los usuarios de opiáceos naturales y cocaína eran ya delincuentes vulgares abastecidos por la Cosa Nostra, estadísticamente insignificantes, y correr el riesgo de que pasasen a ser vigilados por las brigadas de lo criminal, como tales delincuentes. Podía también lanzarse a crear un estigma en torno a los fármacos sintéticos que habían heredado el lugar de los naturales, y eran consumidos cada vez más liberalmente. Podía, por último, encontrar nuevos *dope fiends* en sentido estricto, comparables a los opiómanos chinos y los negros cocaínicos del pasado.

Eligió esto último, volviendo su mirada hacia el cáñamo. Ya el reverendo Crafts había destacado a principios de siglo los aspectos marcadamente paganos y hasta idolátricos de esta planta, denunciada por misioneros en Asia tanto como en África. A ello se sumaba que el Convenio de Ginebra (1925) la había incluido en la lista de substancias merecedoras de control internacional.

1. El fundamento sociológico

Durante los años veinte la emigración mexicana, tanto legal como ilegal, se había multiplicado en un frente que llegaba desde Louisiana a California, penetrando hasta Colorado y Utah; en Texas al menos, más que emigración era un retorno a tierras en otro tiempo propias. Estados Unidos mantenía por entonces muy altas tasas de crecimiento económico, y los mexicanos —como sucediera antes con los chinos— fueron bien acogidos por algunos patronos y denostados por los sindicatos. Pero allí donde se concentraban no tardaba en aparecer alguna mención a la marihuana. El hecho se mantuvo al nivel de un elemento pintoresco, motivo de escándalo desde luego en parroquias y clubs femeninos, hasta que la llegada de la Gran Depresión convirtió esa mano de obra en un excedente indeseable de bocas, desparramado sobre regiones devastadas por el desempleo.

El desasosiego inicial se detecta en Nueva Orleans, mediante una ecuación que une al «aborigen» criminal y desviado con una droga que estimula sexualmente y borra inhibiciones civilizadas[10]; la amenaza de lo uno es amenaza de lo otro, y viceversa. Dos o tres años más tarde aparecen grupos como las Sociedades Patrióticas Aliadas, los Hombres Claves de América y Coalición Americana, que a su deseo de mantener un país moralmente limpio añaden consideraciones de política económica:

> «La marihuana, quizá el más insidioso de los *narcotics*, es consecuencia directa de la inmigración mexicana. Han cogido a traficantes mexicanos regalando cigarrillos a los niños en la escuela. A nuestra Nación le sobra mano de obra»[11].

10.- *Cfr.* Fossier, 1931, págs. 247-251.

11.- J. C. Pierce, «Keep America American», entrevista con C. M. Goethe, *New York Times*, 15-9-1935, pág. 17.

Quien dice esto es C. M. Goethe, líder del grupo Coalición Americana, cuyo lema es «mantenga a América americana». Poco después, en 1936, aparece un folleto editado por una de las principales sociedades prohibicionistas del país —la Asociación Internacional de Educación sobre Estupefacientes— donde se informa al lector que «el consumo de marihuana produce una rápida degeneración física y mental, depravación lujuriosa e inclinaciones irrefrenables a la violencia y al asesinato sin motivo»[12]. El folleto no contenía referencias a literatura científica; en realidad, no estaba informado de que el cáñamo llegó a América con los europeos, ni de las tradiciones védicas, zoroástricas y budistas vinculadas a su consumo. La droga, según otra fuente de la misma época, «es un terrible narcótico, fumado por los criminales y otra gente depravada»[13].

Ese mismo año se producen varias cartas abiertas a la FBN en la prensa de diversos puntos del país, que retrospectivamente han sido interpretadas como iniciativas de la propia FBN. Una de ellas la firma un tal F. K. Baskette, y aparece en el *Courier* de Alamosa (Colorado):

«Desearía poder mostrarles lo que un pequeño cigarrillo de marihuana puede hacer a uno de nuestros degenerados hispanoparlantes residentes. De ahí que nuestro problema sea tan grande. La mayoría de nuestra población es hispanoparlante, débiles mentales casi siempre, debido a condiciones sociales y raciales. Como representante de líderes cívicos y funcionarios de justicia del San Luis Valley, les pido ayuda»[14].

A estos requerimientos responde Anslinger con declaraciones a la prensa como la siguiente:

12.- *Cfr.* Cervera, 1975, pág. 47.

13.- Pérez de Barradas, 1957, pág. 246.

14.- En Musto, 1973, pág. 223.

«Apenas son conjeturables los asesinatos, suicidios, robos, asaltos, extorsiones y fechorías de maníaca demencia provocados cada año por la marihuana, especialmente entre los jóvenes»[15].

2. La Marihuana *Tax Act* de 1937

En 1936, la FBN consideró que era oportuno elevar al Tesoro un proyecto de norma represiva sobre el cáñamo, con vistas a su aprobación por las Cámaras. Naturalmente, no se trataba de instar una enmienda a la Constitución, sino de seguir un camino análogo al de la ley Harrison, que aquí atendía más al elemento fiscal que al registral. Los fabricantes, poseedores y dispensadores debían declararlo así en ciertos impresos y pagar un impuesto. En el caso del cáñamo, los posibles escrúpulos de algunos legisladores quedarían resueltos alegando que la planta y sus derivados se habían incluido ya en un convenio internacional. Concretamente, Anslinger usó como apoyo jurídico una ley reciente (1935) sobre aves migratorias, que aun restringiendo los derechos de los Estados había sido declarada constitucional por ser consecuencia de tratados con México y Canadá.

Aunque no fuese lo mismo restringir derechos civiles que conservar las estaciones de paso para aves migratorias, el punto de vista de Anslinger pareció acertado en una reunión previa de éste con diversas autoridades. Estaban allí representantes del Comité Central Permanente para el Opio (más adelante Comité de Expertos en Drogas que Producen Adicción), así como altos funcionarios del Tesoro y el departamento de Estado[16].

a) La literatura científica de la época. A todo esto, en 1936 sigue sin haber a nivel científico una comunicación que modifique los da-

---

15.- *Cfr.* Kaplan, 1976, pág. 92; y Kaplan, 1971, págs. 433-435.
16.- *Cfr.* Musto, 1973, pág. 225.

tos acumulados sobre el fármaco durante el siglo XIX. Al contrario, el Ayuntamiento de Nueva York está elaborando un estudio sobre la materia —el llamado Informe La Guardia, por el nombre del alcalde entonces—, cuyas conclusiones coinciden con las del elaborado por el ejército inglés en 1894[17]; circunstancias nunca explicadas hicieron que el documento completo sólo viese la luz en 1969, cuando el sociólogo D. Solomon logró encontrarlo cubierto de polvo en unos archivos de la alcaldía.

Pero no se trataba sólo del Informe La Guardia. En 1932 y 1933 el ejército norteamericano había investigado los «efectos sociales» de la marihuana en la zona del canal de Panamá, país famoso por una variedad de la planta (la *Panama red*) que fumaban generosamente los soldados y la oficialidad. Los resultados del estudio, dirigido por un comandante médico, el doctor F. J. Siler, fueron que la planta no suponía amenaza para la disciplina militar. A juicio de los investigadores, «no hay ninguna prueba de que la marihuana, tal y como es cultivada aquí, sea una droga que produzca adicción en el sentido en que se aplica el término al alcohol o el opio»[18]. En consecuencia, terminaba diciendo el estudio, «no se consideran aconsejables los intentos de impedir su venta o su uso». Una década más tarde, cuando el cáñamo se encuentra ya ilegalizado, el ejército sigue pensando lo mismo, y el coronel J. M. Phalen, director del *Military Surgeon*, escribe un editorial llamado «La marihuana como espantapájaros». Allí puede leerse lo siguiente:

> «Fumar las hojas y las flores de la *cannabis sativa* no es más perjudicial que fumar tabaco [...]. Esperemos que en el servicio militar no se monte una caza de brujas alrededor de un problema inexistente»[19].

17.- Véase antes, págs. 370 - 372.

18.- Siler y otros, 1933, pág. 269.

19.- *Cfr.* Lindesmith, 1965, pág. 198.

En Nueva Orleans, la ciudad donde se detectaron las primeras señales de alarma a propósito del cáñamo, un fiscal de distrito realiza un trabajo monumental, revisando fichas sobre unos 17.000 delitos graves y 75.000 leves, a fin de establecer correlaciones entre consumo de marihuana y crimen. Sin embargo, no fue posible fundar esa pretensión, ni demostrar un nexo de causa a efecto entre el uso de la droga y homicidios o delitos sexuales[20]. La misma conclusión se extrajo de un estudio bastante posterior, que repasó 14.954 sentencias de los tribunales de Nueva York. El trabajo fundamental antes de la Segunda Guerra Mundial se debe al doctor Murphy, otro médico militar que, cubriendo una literatura farmacológica y psiquiátrica exhaustiva, termina afirmando:

> «Ninguno de los sujetos estudiados mostró una dependencia física, o tendencia a aumentar la dosis, y la mayor parte de ellos tendían a ser absolutamente moderados en sus peticiones o a reducir la dosis, incluso disponiendo de cantidades ilimitadas»[21].

En 1944, cuando se publica parte del Informe solicitado por La Guardia sobre la incidencia social de la marihuana en Nueva York, vuelve a no hallarse vínculo entre la droga y la delincuencia o la adicción. Intimado por la prensa a responder lo oportuno, Anslinger comenta: «Es un documento realmente desafortunado, cuya frivolidad y falacia denunció de inmediato la FBN. Ese Informe es el arma favorita de quienes hacen proselitismo a favor de los estupefacientes»[22].

b) Trámites para la aprobación del proyecto. La *Marihuana Tax Act* es una norma penal maquillada de disposición administrativa. Sin embargo, lo que en caso de la ley Harrison produjo recelos y

---

20.- *Cfr.* Bromberg, 1934, pág. 302.
21.- En Marcovitz y Myers, 1944, pág. 382.
22.- *Cfr.* Laurie, 1969, pág. 108.

hasta frenazos quedó salvado en esta ocasión por un absoluto consenso entre el poder legislativo, el ejecutivo y el judicial.

El informe proponiendo su adopción fue presentado por el Tesoro y redactado fundamentalmente por Anslinger. La Cámara Baja no convocó al *Public Health Service*, que entonces estaba muy influido por L. Kolb y se habría opuesto al precepto. Del estamento médico fueron invitados a opinar el doctor W. L. Treadway, director de la *Mental Hygiene Division*, y un representante de la Asociación Médica Americana, que fue el doctor W. Woodward. Ante el Comité de Modos y Medios de la Cámara[23], reunido en trámite de audiencia, Treadway estuvo breve, declarando que ninguna de las preparaciones psicoactivas del cáñamo producía dependencia o tolerancia, y que —si la literatura científica disponible no estaba equivocada en bloque— predominaban los usos moderados, sin riesgo para la salud física o mental. El Comité de Modos y Medios del Congreso escuchó sin interrumpir, y no planteó preguntas.

La intervención de Woodward fue más extensa y directa. Empezó diciendo que los datos sobre la marihuana contenidos en el informe de Anslinger eran incompletos e inseguros, cuando no falsos. Intencionadamente, preguntó por qué no estaba siendo consultado el *Health Service*, cuya experiencia en Lexington y Fort Worth podría resultar del mayor interés. Pero más aún le extrañaba, según dijo, que no hubiera sido llamado nadie del *Children's Bureau*, cuando se hablaba del uso de la droga por niños de las escuelas, y del *Bureau of Prisons*, cuando la FBN pretendía que fumar marihuana creaba demencia homicida. Si efectivamente habían sido capturados varios villanos regalando marihuana a la puerta de las escuelas ¿podría la FBN especificar de qué sumarios se trataba, o qué sentencias judiciales habían condenado a personas determinadas por semejante hecho? Y si nadie concreto había sido acusado o declarado culpable de cosa semejante ¿por qué se propagaban infundios? A falta de estudios

---

23.- *Taxation of Marihuana*, «Hearings before the Comittee of Ways and Means», 75th Congr., lst Ses., House, 27-30 de abril y 4 de mayo de 1937, pág. 11.

y datos estadísticos específicos del *Bureau of Prisons*, siguió alegando Woodward, ¿qué base objetiva había para alegar que la marihuana producía irrefrenables inclinaciones a la violencia y la lujuria? ¿Acaso pretendía la Oficina Federal de Narcóticos atender más a unas cuantas cartas aparecidas en los periódicos contra los mexicanos que a la literatura científica acumulada durante siglos, y que a tradiciones milenarias de uso pacífico? Para ilegalizar un fármaco, concluyó, no bastan rumores o prejuicios étnicos, sino «pruebas inmediatas y primarias»[24].

Este alegato le costó la carrera a Woodward, que meses más tarde cayó en una trampa tendida por la FBN y fue acusado de «prácticas ilícitas»[25]. Como Bishop, Prentice y Butler, formaba parte de un sector que la policía de estupefacientes se encargó de confundir con el médico sin escrúpulos.

El Comité del Congreso tampoco tuvo nada que preguntar al representante de la Asociación Médica Americana. El proyecto de ley fue aprobado unánimemente el 1-10-1937. En lo sucesivo, y hasta 1971, *todas* las decisiones del Congreso sobre estupefacientes se aprobarán por absoluta unanimidad[26]; considerando que van a ser varias docenas de normas, la circunstancia muestra hasta qué punto cualquier gesto distinto del máximo rigor será para los diputados y senadores un acto de lesa majestad electoralista y, por tanto, un suicidio político.

Con más nitidez aún —si cabe— que al aprobar la ley Harrison, la «ley sobre tributación de la marihuana» mostraría que razones morales y de conveniencia política postergaban sin contemplaciones el aspecto sustancial o farmacológico, ligado a la comprensión desapasionada de un fenómeno concreto. El proyecto de Anslinger, sembrado de inconsecuencias jurídicas y apoyado sobre una masa de datos fundamentalmente falsos, fue aprobado en escasos minutos, tan pronto como terminaron las formalidades de audiencia. Usuarios

---

24.- *Ibíd.*, págs. 14-15.
25.- *Cfr.* Fort, 1981, pág. 82.
26.- *Cfr.* Szasz, 1981, pág. 113.

y traficantes de cáñamo quedaban equiparados a usuarios y traficantes de opiáceos y cocaína. Todas esas drogas eran *narcotics*. Por un curioso giro de la historia —no infrecuente en esta crónica— a partir de los años setenta Estados Unidos se convertirá en el mayor consumidor y uno de los grandes cultivadores mundiales de esta droga. Atendiendo a la seriedad con la cual su Congreso debatió la ilegalización, se entiende que el Informe La Guardia fuese relegado a un desván de la alcaldía de Nueva York, junto con otras cosas inservibles o desfasadas. Aunque Woodward o Treadway hubiesen podido disponer de él, el criterio de los congresistas no habría cambiado un ápice.

El caso es que el alcalde Fiorello La Guardia, a título personal, se inclinaba incondicionalmente por Anslinger. No satisfecho con la disparidad entre los datos de la FBN y la investigación patrocinada por el Ayuntamiento, sufragó en 1944 una segunda, encargada a la Academia de Medicina de Nueva York. El resultado volvió a contradecir las tesis de Anslinger, pero como la FBN estaba por entonces en mejores relaciones con la Asociación Médica Americana (llevaba casi tres años sin montar trampas a médicos) prefirió no responder directamente. Poco después un editorial del *Journal* proponía justamente lo que Anslinger deseaba oír:

«Los funcionarios públicos harán bien no tomando en cuenta este estudio acientífico y acrítico, y en seguir considerando la marihuana como una grave amenaza allí donde se suministre»[27].

III. La legislación internacional

Aunque había sido su principal propugnador, la delegación americana en la conferencia de Ginebra[28] se marchó dando un portazo

---

27.- *Journ. Am. Med. Ass.*, 127, 1945, pág. 1129.

28.- El nombre inicial era Conferencia sobre Restricción en el Tráfico del Opio, la Morfina y la Cocaína. Se celebró en febrero de 1925.

antes de que terminara. El motivo alegado fue que las otras delegaciones sólo querían discutir problemas de drogas manufacturadas, sin convenir antes un límite a la producción de opio crudo en cada zona. Concretamente, la delegación acariciaba ya lo que habría de cumplirse más adelante: una política de deportación para agricultores, destrucción de cosechas y exfoliación de zonas inaccesibles. Se trataba de decirle a quince o veinte países cuánto podrían cultivar de ciertas plantas, fuesen cuales fuesen sus tradiciones. El motivo alegado era que tales cultivos representaban una amenaza para gentes a miles de millas de distancia.

Eso resultaba impensable entonces, y el hecho de que los Estados Unidos se encontrasen en plena ley Seca suscitaba cierto estupor. De hecho, acercaba paradójicamente sus posiciones a las de algunos países islámicos.

1. El Convenio de Ginebra de 1925

Quedó resuelto, pues, que lo pactado iba a referirse exclusivamente a una «inspección» relacionada con ciertas drogas, sin establecer compromisos sobre cuotas de cultivo. Por lo demás, se mantuvo el principio de La Haya, según el cual las Partes limitarían a «usos médicos y científicos» la producción venta y empleo[29] de los fármacos incluidos en sus cláusulas. La expresión «usos médicos y científicos» no podía entenderse en sentido restrictivo, sino textual, pues a ninguna autoridad distinta de la médica o científica correspondía decidir en cada caso. La Convención no era restrictiva tampoco en otros aspectos, y contemplaba, por ejemplo, una dispensación directa de ciertas preparaciones opiadas.

«Cualquier parte contratante puede autorizar a los farmacéuticos para vender al público, por sí mismos y a título

---

29.- Art. 5.

de medicamentos para usos inmediatos en casos de urgencia, los preparados oficinales siguientes: tintura de opio, láudano de Sydenham, polvo de Dover. Sin embargo, la dosis máxima que puede venderse no debe contener más de 0,25 gramos de opio oficinal[30], y el farmacéutico deberá inscribir en sus libros las cantidades suministradas»[31].

La primera novedad del Convenio fue crear el Comité Central Permanente, un órgano compuesto en principio por «ocho personas que por su competencia técnica, su imparcialidad y su independencia inspiren una confianza universal»[32]. Dos de esos miembros serían nombrados por Estados Unidos y Alemania, y los seis restantes por el Consejo de la Sociedad de Naciones, considerando la importancia de:

«hacer figurar, en proporción equitativa, personas conocedoras del tema de los estupefacientes en los países productores de una parte, y en los países consumidores de otra»[33].

Este órgano consultivo es la primera institución internacional duradera en materia de drogas, y su función de «vigilar constantemente el mercado internacional»[34] será el germen para una vasta red de servicios consultivos permanentes.

La segunda novedad era incorporar a la lista de sustancias controladas la heroína y el cáñamo. Las Partes se comprometían a «prohibir la exportación de resina de *cannabis* a los países en que se haya prohibido su uso y, cuando la autorización esté en curso, a exigir un certificado especial de importación»[35].

30.- Por contraste con el opio en bruto, el adaptado al uso médico por purificación y conversión en soluciones, polvos, granulados, etc.

31.- Art. 9.

32.- Art. 19.

33.- Art. 19.

34.- Art. 24, 1.

35.- Art. 11, *a*.

El Convenio de La Haya se cerraba con un compromiso de los firmantes a «examinar la posibilidad de dictar leyes que castiguen la *posesión* ilegal». La Convención de Ginebra modifica esto, mencionando en lugar de la posesión el *tráfico*. En caso de tráfico ilegal, los firmantes se comprometen «a imponer sanciones adecuadas, e incluso a la confiscación de las substancias»[36]. Ciertamente, la confiscación no resultaba un castigo especialmente temible, y en esto —como en excluir la simple posesión— se percibe la falta de los norteamericanos. Al igual que en La Haya, lo que finalmente se acuerda es no exportar a un país donde esté vigente alguna prohibición, y reservar los fármacos incluidos en su lista a «usos médicos y científicos».

a) La cuestión del cáñamo. Fue la delegación británica quien sugirió incorporar precisamente la resina del cáñamo (haschisch). En principio, esto parecería incongruente con lo que pensaban de esta planta los médicos y farmacólogos ingleses a finales del XIX[37], y con el monumental Informe preparado por su ejército en la India. Lo común en esos investigadores había sido una combinación de asombro ante la falta de toxicidad y la multitud de usos posibles para el fármaco, unida en ocasiones a cierto desprecio por lo que parecía una típica droga «primitiva» comparada con los alcaloides; como hasta mediados del siglo XX nadie consiguió aislar su principio activo (el tetrahidrocannabinol, un compuesto de naturaleza no alcaloide), la planta resultaba químicamente misteriosa.

Pero la delegación inglesa elevó a cuestión esencial incluir el haschisch porque se había convertido en símbolo de una actitud «subversiva» (en realidad, simplemente opuesta a su colonialismo), que comenzaba a cobrar fuerza en todo Egipto y especialmente en El Cairo[38]. Los egipcios enarbolaban su droga contra el whisky y la

---

36.- Art. 28.
37.- Véase antes, págs. 368 -370.
38.- *Cfr.* Laurie, 1969, pág. 17.

ginebra, contra el tabaco en cigarrillos, contra la heroína con la que pagaban los contratistas de obras a los peones[39] y, en general, contra todo lo que representara a la potencia colonial.

Por entonces el único país del mundo que podría haber sentido alarma ante la moción inglesa era Afganistán (que vendía a India y Persia), pero ni Afganistán ni Persia estaban representados en Ginebra. Italia, que ya en La Haya había expresado su deseo de incluir el cáñamo entre las drogas restringidas a uso médico y científico, apoyó incondicionalmente la idea inglesa. Lo mismo hicieron las otras potencias coloniales en el norte de África, que eran Francia y España. España no se significó especialmente, aunque una de las kabilias más tenaces en su resistencia fuese la de Ketama, tradicional fabricante de haschisch. Francia mostró verdadero interés en secundar la iniciativa, no sólo porque amplios sectores de Argelia, Túnez y Libia utilizaban diversos preparados hechos a base de cáñamo, sino en virtud de notables precedentes; aunque de modo transitorio, Napoleón había prohibido el fármaco en todo Egipto, y el recuerdo de los paraísos artificiales denunciados por Baudelaire sugería una actitud vigilante. De este modo, fueron los europeos —donde el cáñamo era prácticamente desconocido como psicofármaco— quienes decidieron clasificarlo junto a los opiáceos y la cocaína.

En Asia y África no era sólo algo vinculado a farmacopeas sino a tradiciones religiosas y usos lúdicos. Sin embargo, Asia y África apenas estaban representadas a nivel de países independientes; Inglaterra firmó por India, Canadá, Australia, Nueva Zelanda y Sudáfrica, Bélgica por el Congo, Francia y España por sus colonias norteafricanas. Sólo Sudán y Siam representaban autónomamente a uno y otro continente, lo cual era demasiado poco. Además, estaba claro que el fármaco no resultaba temible en sí mismo para los europeos, sino sencillamente incómodo entonces para Inglaterra en Egipto. Al incluirlo en la Convención, ésta se aseguraba de que podría prohibirlo

---

39.- *Cfr.* Brau, 1973, pág. 53.

de nuevo en El Cairo, como Napoleón, sin peligro de que otros países aprovecharan este hecho como ella había aprovechado la intransigencia de los emperadores chinos con el opio.

La mayor parte de los países europeos suscribieron y luego ratificaron el convenio. También firmaron unos pocos países de América del Sur. Pero al nivel de las firmas había ausencias muy significativas. Faltaban prácticamente todos los medios y grandes países productores de opio entonces (China, Rusia, Persia, Afganistán y Turquía), y faltaban los mayores productores de coca (Bolivia y Perú), así como los otros países con cocales (Brasil, Paraguay y Ecuador), salvo Colombia.

Faltaban también los Estados Unidos, para quienes aquellos tímidos compromisos constituían un ultraje al «espíritu» de Shanghai y La Haya.

2. La Convención de Ginebra de 1931

Con menos países que en la anterior convocatoria —entre los productores importantes de materias primas seguían ausentes China, Rusia, Afganistán y Bolivia—, pero con la presencia de Estados Unidos, Persia, Turquía y Perú, quedó aprobado un convenio cuya principal finalidad era poner en práctica las directrices del de 1925. Esa puesta en práctica se hizo a través de las llamadas «evaluaciones» de cantidades necesarias para usos médicos y científicos, que cada país se obligaba a presentar todos los años al Comité Central Permanente. Las evaluaciones estaban vinculadas a la condición considerada esencial por los delegados norteamericanos, que era un límite aceptado por cada país para su producción.

Además de la energía exhibida por sus representantes, conviene no olvidar que Estados Unidos era ya por entonces el principal sufragador de la Sociedad de Naciones. Eso le situaba en una posición de fuerza no sólo moral sino técnica, pues el Comité Central apoyaría

LAS DOS PRIMERAS DÉCADAS DE LA CRUZADA (II)

sus criterios incondicionalmente desde entonces. Para ser exactos, todos sus miembros sabían desde el comienzo que la supervivencia del organismo dependía directamente de conservar el *placet* americano. Sin embargo, la cuestión del límite de producción requería el voto de los demás países, y ante la imposibilidad de llegar a un acuerdo sin concesiones mutuas se arbitraron sutilísimas —o, si se prefiere, farisaicas— formas de calcular la «cantidad total» requerida por cada Estado para sus «necesidades lícitas». Así lo atestigua la enumeración de elementos admisibles en la suma:

«*a*) La cantidad requerida para sus necesidades médicas o científicas.

b) La cantidad requerida destinada a la transformación, bien sea para el consumo interior o para la exportación.

c) La cantidad que pueda necesitarse para ejercitar en el curso del año pedidos destinados a la exportación.

d) La cantidad eventualmente necesaria para mantener los depósitos de reservas.

e) La cantidad eventualmente necesaria para mantener los depósitos del Estado»[40].

Comprobar en detalle tales aspectos en todos los países y territorios requería dotar de un complejo aparato al Comité Central Permanente, capaz de elaborar y fiscalizar cada año estadísticas detalladas de todos los movimientos. Eso hizo que prosperase la idea de un organismo análogo en «espíritu» a la FBN americana (aunque sólo consultivo) en el seno de la Sociedad de Naciones, cuya misión básica sería «organizar la lucha contra la toxicomanía, tomando todas las medidas convenientes para impedir su propagación y para combatir el tráfico ilícito»[41].

40.- Art. 6.
41.- Art. 15.

La creación de esta internacional prohibicionista (que acabaría desdoblándose en Comisión de Estupefacientes y Junta de Fiscalización de Estupefacientes, ambas con sede en Viena), así como el compromiso de las «evaluaciones», constituían ya un gran triunfo para Estados Unidos. De ahí que el Congreso se dignara ratificar la Convención —cosa que no había hecho con los compromisos anteriores de La Haya, Versalles y Ginebra—, y que autorizara un generoso incremento de dotaciones destinadas a poner en práctica los acuerdos internacionales.

Prescindiendo de las ausencias, y del enrevesado modo de calcular las cantidades autorizadas de producción por país, el punto escandaloso del Convenio fue quizá la posibilidad de que las potencias coloniales «no asumiesen obligación alguna por la totalidad o una parte de los territorios puestos bajo su soberanía»[42] y, sobre todo, una reserva formulada por Japón (que finalmente no ratificó el tratado). La reserva, incorporada como párrafo II del Protocolo, era que «la morfina bruta, producida en la fábrica del gobierno general de Formosa, no estará sometida a las medidas de limitación». Japón se hallaba una vez más en empresas conquistadoras de China, y según todos los indicios sus ejércitos repartían ingentes cantidades de morfina y heroína en las zonas ocupadas del continente.

3. El Convenio de Ginebra de 1936

Llamado «Convenio para la supresión del tráfico ilícito de drogas nocivas», el resultado de la Conferencia celebrada en Ginebra durante el verano de 1936 es un triunfo personal de H. J. Anslinger, y el comienzo de una perfecta identidad entre los criterios imperantes en Estados Unidos y los defendidos por la autoridad internacional. A pesar de su nombre, se trata de una norma que obliga a los Estados a perseguir no sólo el tráfico sino cualquier implicación en

---

42.- Art. 26.

«drogas nocivas», y que recomienda a todos crear «servicios especializados de policía». Su artículo 2 reza así:

> «Cada una de las Altas Partes Contratantes se obliga a dictar las disposiciones legislativas necesarias para castigar severamente, y especialmente con penas de prisión u otras privativas de libertad los delitos siguientes:
>
> *a*) La fabricación, extracción, ofertas, posesión, ofertas de venta, transporte, importación y exportación de estupefacientes.
>
> *b*) La participación intencionada en los delitos citados en este artículo.
>
> *c*) La confabulación para cometer uno de los delitos citados anteriormente.
>
> *d*) Las tentativas y los actos preparatorios».

Con excepción de Persia y Bolivia, prácticamente todos los países de la Sociedad de Naciones (incluyendo China, Rusia, Afganistán, Turquía y Perú) firmaron el tratado. Con el decisivo apoyo de Anslinger al frente de la delegación americana, y el generoso patrocinio de los Estados Unidos a nivel financiero, desde 1937 la mayoría de las naciones se comprometen a castigar «severamente» la tenencia o el tráfico de ciertas substancias. Nominalmente al menos, la cruzada americana se había convertido en cruzada mundial.

IV. El proceso en España

Como su comercio es libre, faltan cifras sobre producción, importación y venta de drogas en España durante el siglo XIX. Un médico calcula que en 1858 el país viene a consumir unas dos toneladas de opio en bruto[43], pero no aporta datos sobre morfina, codeína y otros

---

43.- Marqués, 1859, págs. 8-10.

productos que van arrinconando cada vez más el viejo remedio.

En 1860, un Real Decreto aprueba las ordenanzas para el ejercicio de la profesión de farmacia, el comercio de drogas y la venta de plantas medicinales. A partir de su entrada en vigor, la elaboración y venta de «medicamentos» se convierte en prerrogativa de farmacéuticos diplomados, si bien la venta de «drogas», tanto al por mayor como al por menor, seguirá haciéndose en herbolarios, droguerías y perfumerías. El comercio con «medicamentos» por parte de personal no farmacéutico se castiga con «represión pública o privada» y, en casos graves, con arresto de 1 a 15 días[44]. Esta es la tónica del Código Penal de 1870, inmodificado hasta el de 1928; sus disposiciones no distinguen el daño causado con drogas psicoactivas del causado con cualesquiera otras substancias químicas[45].

Tampoco sabemos, siquiera aproximadamente, qué número de personas consumía de modo crónico o esporádico psicofármacos. Sólo es indudable que regía un sistema de autocontrol, condicionado únicamente por los precios de cada producto. Hacia 1910, por ejemplo, un folleto de la casa Bayer en España recomienda heroína para un cuadro muy amplio de síntomas —desde su «excelente acción contra la tos, la bronquitis y el catarro pulmonar», hasta sus virtudes para «combatir los estados de confusión, depresión y neurastenia»[46]—, y en 1907 los laboratorios Bonald anuncian no sólo pastillas de heroína («balsámicas, calmantes, anticatarrales»), sino otros varios preparados a base de morfina, codeína y cocaína. La cocaína Merck, propagandeada con el sobrenombre de «La Insuperable», es quizá el preparado más carismático.

Todavía no es un requisito obligatorio la receta médica, y ni en la literatura especializada ni en prensa o novelas hay referencias a una venta callejera de drogas. Tampoco hay un «problema de drogas», al

---

44.- R. D. 10-4-1860, art. 75.

45.- *Cfr.* arts. 351, 352 y 354.

46.- *Cfr.* Usó Arnal, 1991.

menos a juzgar por las memorias anuales que presenta la fiscalía del Tribunal Supremo.

1. El cumplimiento de compromisos internacionales

La firma y ratificación del primer Convenio de La Haya produjo un R. D. de 31 de julio de 1918, que aprueba un reglamento para el comercio y dispensación de ciertas substancias. Este precepto dice bastante sobre la situación del país entonces, pues castiga con multas las negligencias registrales de fabricantes y boticarios, y «la posesión sin receta de preparados que contengan principios narcóticos, anestésicos, antitérmicos, antigenésicos y abortivos»[47].

Al mezclar opio con abortivos y anticonceptivos, el R. D. de 1918 muestra elocuentemente los valores que subyacían en ese momento a la química, y hasta qué punto la planificación familiar constituía algo más escandaloso en España que la ebriedad con vehículos distintos del alcohol. Por una parte, el legislador quiere cumplir los compromisos suscritos en La Haya (que son, en esencia, restringir el uso de opio, morfina y cocaína a fines «médicos y científicos», y prohibir la exportación de esas substancias a otros firmantes del Convenio que las tuvieran prohibidas). Pero faltan en España los estereotipos del adicto y el traficante; de ahí que quien comercie con esos productos en lugar distinto de las farmacias «será denunciado por los subdelegados de medicina como expendedor ilegal de medicamentos»[48]. Por esos mismos años, en Estados Unidos un sujeto semejante no es un simple vendedor sin licencia, sujeto a multa gubernativa, sino un corruptor de almas, más dañino que cualquier homicida, sobre el cual recaerán necesariamente penas de cárcel.

El análisis de este texto, y su exposición de motivos, sugiere que la principal preocupación del legislador era el éter (cuya venta

---

47.- Art. 11.
48.- Art. 14.

se hará en farmacias, exigiendo receta «cuando por la reiteración y frecuencia de los pedidos pudiera sospecharse un empleo abusivo»), y atender a un conflicto de competencias de las boticas con «droguerías, perfumerías y otros establecimientos». Tomar partido por las primeras, exigiendo previa receta de algún facultativo, suponía consolidar un monopolio del estamento terapéutico sobre una amplia gama de productos, cosa que los colegios de medicina y farmacia acogieron con indisimulado beneplácito.

El cambio de situación social, y la necesidad de ratificar el Convenio de Ginebra de 1925, suscitaron una norma algo más técnica[49], donde sigue siendo una destacada preocupación el «uso ilegal de éter», y se equiparan la tenencia y el tráfico. «La mera tenencia ilícita se reputará voluntaria mientras no se pruebe lo contrario»[50], considerándose de máxima gravedad la conducta no ética de farmacéuticos y ayudantes suyos. El cuadro de sanciones económicas era severo:

> «A cada uno de los que intervengan en la producción, importación, comercio o circulación se le impondrán por primera vez una multa de 50 a 100 pesetas por cada gramo de sustancia decomisada. Demostrada la repetición de igual o análoga falta, la multa podrá elevarse hasta 500 pesetas […]. Las mismas sanciones se impondrán a los responsables de mera tenencia o de consumo ilícito»[51].

El espíritu de esta norma se incorpora al nuevo Código Penal de 1928, cuya novedad es prestar una consideración separada a «drogas tóxicas o estupefacientes» y «substancias nocivas para la salud o productos químicos que puedan causar grandes estragos». Su articulado prevé la pena genérica de arresto mayor (que en casos de

---

49.- El R. D.-L. de 30-4-1928, sobre Bases para la Restricción del Estado en la Distribución y Venta de Estupefacientes.

50.- Base 40.

51.- Base 43. El sueldo de un mozo de botica rondaba entonces las 100 pesetas mensuales.

máxima gravedad puede llegar a reclusión de hasta tres años) para la producción y el tráfico ilícito. Con todo, el órgano gestor de la nueva política era una Junta del Servicio de Restricción de Estupefacientes, de cuyos doce vocales sólo uno pertenecía a la policía, cosa que marca un claro contraste con la orientación norteamericana; también expresaba una diferencia notable en orientación el hecho de que quedase librado al facultativo decidir qué sería el uso médico, incluyéndose dentro del mismo la terapia de mantenimiento indefinido para adictos.

2. La realidad social

Aunque esta legislación puede considerarse benévola, e incluso permisiva si se compara con la norteamericana, la tenencia y el consumo de ciertas drogas —antes librada a la discreción de cada adulto— ha pasado a ser algo que cae dentro de la jurisdicción estatal. Se trata de un cambio decisivo, que muy pronto desencadenará consecuencias. Gracias a un trabajo pionero y exhaustivo[52], que recensiona noticias relacionadas con el tema aparecidas desde 1920 a 1930 en periódicos españoles, podemos seguir de cerca esas consecuencias.

El primer efecto del Decreto de 1918 fue una brusca subida de precios para los «medicamentos». Ahora es necesario pagar la consulta del facultativo, y los laboratorios farmacéuticos aprovechan el monopolio para doblar o triplicar sus beneficios. En 1922, el protagonista de una conocida novela —contable de profesión, con un sueldo mensual de 200 pesetas— no puede costear sin grandes sacrificios el tratamiento de morfina prescrito a su mujer, aquejada de cáncer en la matriz[53]. Otro novelista cuenta que en 1923 un gramo de cocaína cuesta en la farmacia 6 pesetas[54].

52.- Usó Arnal, 1991.

53.- *Cfr.* Barea, 1986, pág. 183.

54.- *Cfr.* Sender, 1973, vol. I, págs. 494-496, 524-529; t. II, págs. 99-100, 103-107, 115-116 y 128-129.

Naturalmente, la respuesta popular es un mercado negro muy floreciente. Ya en 1919 otro escritor constata que ofrecen cocaína casi todos los establecimientos públicos de las Ramblas barcelonesas[55], y en 1921 el presidente del Colegio de Médicos de Valencia denuncia el uso de cocaína y morfina en cabarets y *music-halls* de la zona[56]. Según otro escritor, el uso lúdico de morfina es en 1925 «una manía de los "niños bien", que se cura haciéndoles trabajar»[57].

Ese mercado negro se alimenta de desviaciones en los suministros de farmacia, pero también de importaciones cada vez más cuantiosas del exterior, donde los fabricantes no ponen trabas a vender partidas destinadas a la exportación. El tráfico ilegal de cocaína se verifica sobre todo a través de Irún, y entre el otoño de 1924 y el verano de 1925 se decomisan unos diez kilos de dicha sustancia, así como cinco kilos de opio, cantidades nunca vistas antes fuera del circuito tradicional. Es curioso observar que un droguero, a quien se le intervinieron 4.820 gramos de cocaína de contrabando, fue condenado por el gobernador civil de San Sebastián a una multa de 500 pesetas[58]. En efecto, el clima en la magistratura todavía no es favorable a una criminalización, y en la Memoria que la Fiscalía del Supremo eleva al Gobierno en 1921 no hay alusión alguna al consumo de cocaína, morfina, éter, cloral u opio; al contrario, se destaca el «alcoholismo» como una de las principales causas «en el delito de sangre», proponiendo sus conclusiones un cierre anticipado de tabernas, y medidas para reprimir la adulteración de bebidas alcohólicas[59].

Pero está en marcha también un movimiento de cruzada, que tiene al frente «empresarios morales» muy semejantes a los norteamericanos de unas décadas atrás.

55.- Se trata de José Pla; *cfr.* Usó Amal, 1991, pág. 4.

56.- «Una carta del presidente del Colegio Médico», *Las Provincias*, 9-7-1921, pág. 1.

57.- Herce, 1925, pág. 58.

58.- *Cfr. Gaceta de Madrid*, 9-8-1927, págs. 39-40.

59.- Covián y Junco, 1921, págs. 19-21 y 59.

Esto se percibe con claridad en una campaña lanzada por el diario *Las provincias*, órgano conservador por excelencia del País Valenciano, que en primera página publica artículos diarios pidiendo mano dura con el consumo de cocaína y morfina en lugares de esparcimiento. La respuesta no se hace esperar, y aparecen en un diario republicano de Valencia, *El Pueblo*, varios artículos firmados por C. Esplá Rizo, secretario de Blasco Ibáñez y futuro ministro en el gobierno de Largo Caballero[60]. Esplá advierte a la opinión pública sobre la finalidad moralizante que enmascara la campaña iniciada por «la tropa de orden y sotana» contra la morfina y la cocaína, al tiempo que reclama un mayor respeto por la condición y el libre albedrío de los consumidores de esas drogas.

La balanza se inclina decididamente por el lado represivo cuando ocupe el gobierno civil de Valencia un joven y enérgico José Calvo Sotelo. En efecto, Calvo Sotelo amenaza solemnemente a médicos y farmacéuticos que dispensen estas drogas en casos «no absolutamente precisos», y promete clausurar *sine die* cualquier local público donde se consuman[61]. Su orientación cristaliza algo después en una Asociación contra la Toxicomanía, con sede en Barcelona, que preside el gobernador civil de la región, general Joaquín Milans del Bosch. El propio rey se suma al «indignado clamor» contra el abuso de estupefacientes, y dicta el 17 de enero de 1927 una Orden para «lograr el castigo» de cualesquiera infracciones. Dos días después, el nuevo fiscal del Tribunal Supremo dirige a todas las fiscalías de Audiencia una circular ordenando que den:

«Sañuda batalla a una forma de criminalidad refinada, en la que el más frío y despiadado egoísmo fomenta un vicio morboso, destructor de las energías de la raza, ante el que la conciencia pública experimenta viva alarma»[62].

60.- «No es un peligro muy grande», *El Pueblo*, 13-6-1921, pág. 1; «Otra dosis de cocaína», *ibíd.*, 14-7-1921, pág. 1.

61.- *Cfr.* «Noticias del gobierno civil», *Las provincias*, 9-12-1921, pág. 4; y «Noticias del gobierno civil», *ibíd.*, 23-12-1921, pág. 1.

62.- *Gaceta de Madrid*, 22-1-1927, págs. 460-461.

Puede decirse que, al fin, hay también en España un «problema de drogas», o —en otras palabras— una «alarmada conciencia» del mismo. A partir de este momento se detectan los mismos fenómenos que vimos en Estados Unidos: aumentan los juicios contra personal terapéutico y no terapéutico, aumentan otra vez los precios de las drogas y aparece la adulteración; en 1928 la cocaína que puede adquirirse en la calle suele estar mezclada con bicarbonato[63], aunque ninguna autoridad legal establece un nexo entre la presencia de adulterantes y nuevos casos de intoxicación. El vocabulario de los cruzados españoles es prácticamente idéntico al de los cruzados norteamericanos. También la policía se adapta al nuevo estado de cosas, y emplea los mismos métodos del *prohibition agent*: casi todos los farmacéuticos y médicos detenidos son objeto de *entrapments*, donde los agentes se fingen enfermos necesitados de droga. Al mismo ritmo, surge y se consolida un nuevo criminal, que carece de formación toxicológica y vive de traficar «con polvos».

Excitando el alarmismo, vemos al ministro de Gobernación del dictador Primo de Rivera, general Martínez Anido, declarar ante la Asamblea Nacional que no pocos farmacéuticos «han introducido cinco mil kilos de cocaína para la venta, causando la desgracia de otros tantos hombres»[64]. De hecho, Primo de Rivera fue muy criticado por prestar incondicional protección a una bella andaluza, apodada *La Caoba* y acusada de colaborar en el tráfico de drogas[65]. El *affaire* político resultante se saldó con la destitución de B. Muñoz Rodríguez, presidente del Tribunal Supremo, la clausura del Ateneo de Madrid y algunos destierros, entre otros el de Miguel de Unamuno. Desde 1925, cuando aparece *El escándalo*, un semanario sensacionalista, la toxicomanía es un tema de rabiosa actualidad[66].

63.- *Cfr.* Gómez de la Serna, 1970, pág. 116.

64.- *Cfr. Diario de Castellón*, 18-2-1928, pág. 5.

65.- *Cfr.* Usó Amal, 1991, pág. 6.

66.- Por ejemplo: F. Madrid, «La tragedia de los paraísos artificiales. Cocaína, morfina, opio…», *El Escándalo*, 10-12-1925, págs. 4-5.

Hacia 1930, cuando desaparece el Directorio militar, cabe decir que doce años de normas progresivamente severas no han conseguido quebrantar el consumo de cocaína y opiáceos, si bien han logrado modificar —en parte— a sus usuarios, y —por completo— las condiciones de acceso a tales productos. Ahora son incomparablemente más caros e impuros, y los administra un hampa que va del lumpenproletario y el proxeneta a capitostes de negocios turbios, con espionaje y tráfico de armas de por medio. La fascinación por los «paraísos artificiales» no ha cedido un ápice, y en realidad puede afirmarse que ha aumentado muy considerablemente. Por contrapartida, cabe pensar que el consumidor antiguo de cocaína y opiáceos —cliente de botica, droguería y herbolario— ha disminuido mucho, aunque tampoco sea seguro; en efecto, esas drogas eran muy asequibles para el estamento terapéutico, y cabe suponer que médicos, farmacéuticos y otro personal sanitario siguieron disponiendo de ellas, tanto para sí como para sus clientes más apreciados, ahora de una forma más discreta.

Si entre 1924 y 1925 se decomisaron 10 kilos de cocaína y 5 de opio, en 1928 —cuando comienzan las penas de cárcel por asuntos de droga— los decomisos se elevan a 32 y 20 kilos[67], con aumentos del 300 por 100 y el 400 por 100 respectivamente. Esas partidas —y las no decomisadas— tenían por destino final salones de buena sociedad, así como verbenas, cafetines y tugurios. Con todo, para evaluar el perjuicio causado a aquella sociedad española por la cocaína y los opiáceos es fundamental tomar en cuenta la proporción de sobredosis.

Aunque el único requisito para obtener legalmente dichas drogas fuese una receta médica, y aunque apenas una década antes estuvieran bajo un régimen de venta libre, en cualquier cantidad, desde la primavera de 1920 a la primavera de 1930 la prensa española sólo menciona seis casos de muerte segura por sobredosis, y uno más que

---

67.- *Cfr.* Usó Arnal, 1991, págs. 18-19.

quizá lo sea. El caso dudoso es el de una mujer, cuyo paro cardíaco pudo ser provocado por heroína[68]. Hay luego tres suicidios claros con morfina, y otro conjunto —hecho por un hombre y una mujer— con cocaína (si bien fuentes distintas mencionan heroína). El único caso que cabría considerar muerte accidental corresponde a una mujer, que se había administrado gran cantidad de cocaína, y acontece ya en 1927, cuando esta sustancia se adulteraba frecuentemente[69].

Sobre el telón de fondo de esta realidad última, complementada por un par de docenas de intoxicaciones agudas, sin resultado de muerte, cabe evaluar la amplia campaña de alarma, así como los millares de multas y condenas dictadas a lo largo de toda una década.

Una forma de entender ese índice de mortalidad accidental —si se compara con los 50 ó 60.000 casos constatados durante la última década—, es tener presente que en España no había prendido la cruzada a nivel popular, y que ni en las instituciones ni en el imaginario colectivo acababa de sedimentarse el correspondiente esquema guerra-vicio. Por mucho énfasis que pusieran Calvo Sotelo, el monárquico presidente del Colegio de Médicos de Valencia, los generales Milans del Bosch y Martínez Anido, o el propio Alfonso XIII, todos estaban hablando —en un país con males mucho más urgentes— de cosas antiguas y ya asimiladas: el opio era milenario, la morfina centenaria, y la cocaína había cumplido medio siglo. Presentar dichas substancias como poderes malignos sólo funcionaba con los ignorantes.

Pero quizá porque logró que algunos ignorantes se acercaran a ellas —en busca de paraísos artificiales, castigos apocalípticos y puro lucro— no cayó en tierra baldía. Otros ignorantes se contrapusieron a éstos, y del mutuo recelo brotó un duradero odio. En definitiva, una realidad que exigía actos de gobierno —y que los exigiría cada vez más imperiosamente.

68.- *Cfr.* Usó Amal, 1991, pág. 6.

69.- *Cfr.* «Diligencia judicial», *Diario de Castellón*, 14-1-1927, pág. 4.

5

La fase de latencia

«El Duque: —Tú no eres más que un tonto y un bribón, y si existe
efectivamente ese lugar que llaman Infierno,
es un sitio que conviene a los locos como tú.
El Desvergonzado: —Me admira a qué Cielo van los grandes genios,
tales como Milord el Duque, sin que yo tenga ninguna gana de ir a él,
esté donde esté. Son gentes fastidiosas, y es imposible sufrir sus capri-
chos, porque quieren hacer un Infierno por cualquier parte que van»

D. DE FOE, *Historia del Diablo..*

Salvo los países productores de opio y coca, a quienes la legislación internacional acabaría afectando muy considerablemente, y
salvo Estados Unidos, que llevaba veinte años de cruzada, para las
demás naciones el hecho de suscribir los convenios de Ginebra suponía simplemente tomar medidas *preventivas*. En otras palabras, el
problema real allí brillaba más por su ausencia que por su presencia.
Esas medidas se inscribían en una política fundamentalmente humanitaria, indiscernible de esfuerzos por fundar hospitales, alfabetizar,
mejorar el nivel de vida y metas análogas; y junto al aspecto filan-
trópico, dirigiéndolo, el conjunto de la iniciativa aparecía como un
proyecto científico, centrado sobre la preocupación por cuestiones
sanitarias que comenzaba a absorber un volumen cada vez mayor de
la actividad estatal en los países económicamente avanzados.

Conociendo con cierto detalle la génesis del prohibicionismo
norteamericano, y la historia universal precedente, puede ponerse
en duda que las concretas medidas adoptadas fuesen definibles como
algo surgido de la filantropía y la ciencia precisamente. Pero no puede ponerse en duda que para el hombre común, y para los Estados

no comprometidos aún con un verdadero «problema» de drogas, se trataba de una política basada en la salud pública y el progreso científico. Oponerse a ella equivalía a abrazar convicciones no sólo retrógradas sino crueles, y únicamente parte del estamento terapéutico americano estaba entonces en condiciones de decir lo contrario.

I. La formación de una «farmacracia»

Objetivamente, estas iniciativas produjeron una cronificación del asunto. Aunque hasta principios de los años sesenta no haya signos de una desobediencia estadísticamente notable, y el fundamentalismo religioso vaya dando paso a actitudes cada vez más «existenciales», el propósito original de cortar una especie de epidemia pasajera es ya un mecanismo autoalimentado de intervención. Contaba F. Savater, en una conferencia, que cierta hambruna devastó Europa en tiempos de Luis XIV, y que el monarca —hombre previsor y organizado— creó un cuerpo real de alimañeros para combatirla. El cuerpo luchó lo mejor que pudo contra liebres, conejos, comadrejas, zorros, aves de presa y demás enemigos de sembrados y corrales, mientras otras naciones se enfrentaban a la plaga con medidas improvisadas. Pero la hambruna pasó, y con ella sus consecuencias. Pocos años después, la situación parecía superada en toda Europa y los campesinos suspiraron de alivio. Para Francia, en cambio, el futuro era todavía borroso e incierto. Las alimañas estaban bajo control, aunque no dejaban de amenazar. Afortunadamente, el cuerpo real de alimañeros seguía allí para evitar mayores males.

Convertida en algo indefinido, por contraste con lo que sucedió a propósito del alcohol, la legislación sobre estupefacientes consolidaba al menos tres esferas de poder «farmacrático»[1], cada una definida por dinámicas particulares pero *convergentes* de expansión.

1.- *Cfr.* Szasz, 1974, passim.

Por una parte, los firmantes de los acuerdos ginebrinos se comprometían a crear brigadas locales de estupefacientes. Esos cuerpos, que hacia 1940 apenas suman unos centenares de inspectores en todo el mundo, tienen dos décadas más tarde (cuando todavía no ha estallado la rebelión) millares de funcionarios nacionales e internacionales, que defienden una ideología determinada a través de publicaciones periódicas y reuniones. Representan un *sprit de corps* muy preciso —expuesto por Anslinger en su libro *Los protectores*— e inevitablemente se ven expuestos a graves tentaciones. Su fin es vencer las toxicomanías por un camino de alguna manera militar, apresando a los culpables y confiscando las existencias.

Por otra parte estaba el hampa organizado del mundo, con centrales importantes en Estados Unidos, el Mediterráneo y China. Su enemigo natural eran los Protectores, si bien gracias a ellos podían aplicarse a construir un imperio de tráfico ilegal con ventajas monopolísticas, e incluso llegar a colaborar con la autoridad política en ciertos casos.

En tercer término despuntaba un grupo dedicado más bien a prevención que a represión, formado por una mezcla de terapeutas y personas ligadas más o menos directamente a psicología, derecho y ciencias sociales, a quien se encomiendan tratamientos, encuestas, análisis y consejo. Con total sinceridad, el director de la Comisión Nacional sobre Marihuana y Abuso de Drogas puso de manifiesto la tendencia en este sector:

«Hace cuatro años gastamos un total de 66,4 millones para el conjunto del esfuerzo federal en el área del abuso de drogas. Este año hemos gastado 796,3 millones, y los cálculos presupuestarios presentados indican que superaremos la marca dé los mil millones. Cuando así sea, nos convertiremos —a falta de un término mejor— en un complejo industrial montado sobre el abuso de drogas»[2].

2.- A. Sonnereich, 1973, pág. 818.

1. El complejo industrial y la demanda

Flanqueado por estos tres grupos, se observa una evolución clara en los usuarios de drogas ilícitas. La vaguedad farmacológica del concepto «estupefaciente» ofrecía una amplia gama de substancias psicoactivas legales, algunas con un poder narcótico superior a los opiáceos y otras que se podían considerar formas potenciadas de la cocaína. Dadas estas circunstancias, pocos preferían presentarse como perversos adictos cuando podían pasar por usuarios de respetables medicinas.

Al terminar la Segunda Guerra Mundial, por ejemplo, hay en Estados Unidos un número ridículo de heroinómanos, inferior al millar, de los cuales el 42 por 100 son negros, portorriqueños y mexicanos[3]; en 1950, cuando el restablecimiento de las comunicaciones ha permitido reanudar la importación ilícita, la cifra sigue sin llegar a los dos mil[4], aunque los cálculos se basaban en personas pertenecientes a círculos criminales, y pudiera haber un número análogo (o incluso superior) de morfinómanos entre médicos, farmacéuticos, practicantes y personal de enfermería, pues su oficio les permitía pasar desapercibidos con cierta facilidad. Por lo que respecta a la cocaína, los niveles de consumo caen también en picado; si en 1925 se dice que había 80.000 usuarios sólo en París, hacia 1937 —cuando están ya comercializadas las anfetaminas— la cifra no alcanza una sexta parte; lo mismo pasa en las demás ciudades europeas tradicionalmente afectas al fármaco —Viena, Milán, Roma, Berlín, Munich— y en Estados Unidos, donde la amenaza parece haberse esfumado. En cuanto a la marihuana, nunca había sido consumida por un número relevante de personas en Norteamérica o Europa, y seguía sin serlo.

Era un momento especialmente oportuno para que las autoridades internacionales se felicitaran ante la eficacia de su política, y

---

3.- *Cfm.* Laurie, 1969, pág. 35.

4.- *Cfr.* Ball, 1965, pág. 203.

para que los jefes de las brigadas policiales recordasen que «sigue habiendo un grave problema de drogas». La cuestión había logrado plantearse justamente como deseaba el prohibicionismo, pues los opuestos a la dieta farmacológica «blanca» eran minorías étnicas, grupos marginados por la pobreza y otros desechos humanos. Si hasta 1937 en Estados Unidos predominó el adicto blanco, con más de cuarenta años, de origen yatrogénico y posición acomodada, a partir de entonces prolifera el llamado «tipo moderno», con un promedio de edad de veinticinco años, que ocupa las zonas más pobres de Chicago, Nueva York y Washington[5].

Para mantener esa paz farmacrática eran necesarias dos cosas fundamentalmente: *a*) que el *status quo* se mantuviese inalterable, con su amplia oferta de drogas legales alternativas, sin progresos en la organización del mercado negro por parte de grupos mafiosos y sin leyes más severas, que aumentaran los márgenes de beneficio y obligasen a usar menores de edad como vendedores; *b*) que el miserable estatuto del adicto no se convirtiese en un mito estético-literario, con paradójicos beneficios indirectos. Pero ninguno de estos requisitos podía cumplirse. Dentro del complejo industrial montado al amparo de la cronificación era inevitable que el sector preventivo denunciase la existencia de narcóticos y estimulantes sintéticos, restringiendo su disponibilidad, que el represivo reclamase una legislación cada vez más draconiana y que el criminal cosechara los frutos de ambas cosas, infiltrándose otra vez en los círculos de la alta política.

La acción combinada de unos y otros prepara la puesta en escena del drama moral más singular de los tiempos modernos. A partir de pequeños focos obstinados en consumir heroína se gesta una guerra entre la Mayoría y un grupo que obra de modo cada vez más próximo a la suma del mártir cristiano, implorando desesperadamente el perdón del Padre, y un secuaz del Conde Drácula ávido de sangre ajena.

5.- Washington y su área (el Distrito de Columbia) era ya la ciudad con mayor consumo de alcohol del mundo: 47 litros de licor destilado, 32 de vino y 139 de cerveza —un total de 31 litros de alcohol absoluto— por habitante y año; *cfr.* S. S. Rosenberg, 1972, pág. 44.

Poco a poco, este conflicto se irá convirtiendo en teatro privilegiado para representar a nivel social e individual el valor de la existencia en sociedades consumistas, con unos que admiten la postergación de sus goces para conseguirlos a través del trabajo, y otros que lo quieren todo muy barato y ya mismo, impacientes y apáticos al nivel de la lucha, que recurren al lenitivo de un vicio para sufrir su vida. La influencia de este drama interno hará que, con el transcurso del tiempo, el cliché del *dope fiend* quede reducido al traficante, mientras el usuario pase a concebirse como una víctima involuntaria, esto es, como un *enfermo*.

En los años treinta la voz desarraigada es A. Huxley, que expone en *Brave New World* la panacea llamada «soma», definiéndola como cristianismo sin lágrimas, moral en lata. Mientras piensa esta novela, publica en 1932 un artículo donde esboza ya futuras concepciones:

> «Todas las drogas existentes son traicioneras y dañinas [...]. ¿Cuál es el remedio? "La Prohibición", gritan a coro todos los gobiernos contemporáneos. Pero los resultados de la Prohibición no son alentadores. Lo único que justificaría a la Prohibición sería el éxito. Pero no tiene éxito y, dada la naturaleza de las cosas, tampoco puede tenerlo. La forma de evitar que la gente beba demasiado alcohol, o que se haga adicta a la morfina o la cocaína, consiste en suministrarle un sustituto eficaz pero sano de estos venenos deliciosos y (en el imperfecto mundo actual) necesarios. El hombre que invente dicha sustancia se contará entre los benefactores más insignes de la humanidad sufriente»[6]

Por consiguiente, los Estados pretenden ayudar a los ciudadanos entorpeciendo el acceso a lenitivos de sus sufrimientos, sin admitir que la solución realista a esos males son lenitivos *mejores*, vehículos eufóricos

---

6.- «A treatise on drugs», *Pall Mail Magazine*, 3, 1932; en Huxley, 1982, pág. 15.

adecuados a una especie dueña ya de recursos tecnológicos para transformar la faz del planeta. Esa especie no sólo quiere mover montañas, ganar terreno al mar o dejarse seducir por distintas propagandas, sino disponer de recursos igualmente poderosos para combatir la falta de motivación. Si sociedades amenazadas por una monstruosa densidad demográfica van a poder subsistir sin convertirse en puro espanto será multiplicando el espacio *interior* de los individuos. Aceptable como meta para los laboratorios, esto sólo se replanteará seriamente un cuarto de siglo después, cuando la resistencia pasiva a la farmacracia se convierta en resistencia activa. Por el momento, *Brave New World* prefiere concentrarse en la burla, mientras no aparezca —y aparecerá— algo que merezca ser llamado por Huxley «soma».

Las cosas seguían por entonces derroteros totalmente distintos. Se diría que el hecho capital fue la aparición de una subcultura de escritores y músicos, donde las penosas condiciones de vida para el adicto a opiáceos acabaron presentándose como una forma de autenticidad y coraje. Es la peculiar mitología del *junkie* que recibirá un impulso decisivo con la obra de literatos como Burroughs y Trocchi. Desde el punto de vista cronológico, sin embargo, sería una inexactitud creer que los nuevos adictos fueron *anteriores* a decisivos cambios en la legislación americana, y en la delincuencia organizada. Hasta finales de los años cincuenta no se observa un rápido incremento en el número de heroinómanos americanos, y para entonces tanto los represores como los traficantes disponen de instrumentos nuevos para librar sus respectivas batallas. Será oportuno, en consecuencia, atender escrupulosamente a las fechas de cada evento para no establecer infundadas conexiones causales.

2. El sindicato

Divididos por feroces rivalidades, los principales *gangs* norteamericanos sólo alcanzaron una base de acuerdo urgidos por la inminencia de la Enmienda XIX, que derogaba la ley Volstead. En 1934, al año de legalizarse el alcohol, un Sindicato en paz y armonía está ya trabajando la heroína como alternativa, si bien es consciente de que necesita algunos años para montar un monopolio remotamente comparable en beneficios al obtenido con vinos y licores. Las «familias» se han distribuido de común acuerdo tanto el territorio como los negocios, y si en ese gobierno sumergido el ministro de Gobernación es el oriundo italiano 5. Luciano, alias «Lucky», el de Hacienda es el oriundo judío M. Lansky, un hombre de confianza del malogrado S. Rothstein («Mr. Roth») que cuenta con el beneplácito del poderoso V. Genovese igualmente.

Para asegurarse el pequeño mercado inicial, y las futuras perspectivas de ampliación, en 1935 Luciano emprendió un largo viaje a Extremo Oriente y Lansky a Turquía, con importantes escalas en Beirut y Marsella. La meta del primero era asegurarse suministros fundamentalmente chinos, y la del segundo establecer en el sur de Francia y en Líbano refinerías para el opio turco. Quienes controlaban los bajos fondos de Marsella y Tolón eran ya por entonces corsos, aunque dedicados a negocios relativamente vulgares como la prostitución o el chantaje, y acogieron de buena gana la propuesta de Lansky. En cuanto al viaje de Luciano, quizá requiera unas precisiones muy breves.

El Acuerdo de los Diez Años, convenido a regañadientes por el gobierno imperial chino a partir de la Conferencia de Shanghai (1909), implicaba el compromiso de suprimir todos sus cultivos para 1920. Como temía el gobierno, bastó su anuncio para estimular vigorosamente a las sociedades secretas, dentro de una dinámica que al llegar el régimen republicano (1912) produjo una proliferación de señores feudales en las provincias del sur. Concretamente en Yunán —la zona que linda con Birmania y Laos— el apoyo anglofrancés estableció autócratas (primero T'ang Chi-yao, luego Lung Yün) cuya política fue estimular al máximo las plantaciones de adormidera mediante duros tributos de trabajo al campesinado[7]. Por entonces había ya grandes colonias chinas en Saigón, Rangún, Bangkok, Malasia y Singapur, cuyo abastecimiento desde tiempos de la prohibición había provocado siembras intensivas en una zona montañosa y especialmente pobre en recursos agrícolas que hoy se conoce como Triángulo Dorado; esos territorios, lindantes al norte con la meseta de Yunán, producen la adormidera de cápsula más pequeña entre las conocidas, aunque su población esté compuesta por etnias (los meos y los yeos) ancestralmente afectas al opio.

Durante el turbulento período que acabó desembocando en la guerra civil, entre el crisol de posturas representado por Chiang Kai-shek y los comunistas guiados por Mao Tsé-tung, la historia del opio dista de estar clara aún. Parece que la matanza de Shanghai —origen inmediato de la Larga Marcha— fue organizada por multitudinarias bandas de traficantes de opio, que veían en el comunismo un peligro para sus intereses. Es un hecho cierto que Chiang Kai-shek convirtió la droga en monopolio estatal desde 1927 a 1929, hasta verse obligado a derogar nominalmente ese régimen por las protestas de sus valedores occidentales[8]. Al hacerlo repartió salomónicamente el control entre las dos principales sociedades secretas de Shanghai, los Verdes y los Rojos. A «Viruelas» Huang, cabeza de los Verdes y vinculado a los intereses de Francia, le correspondieron los negocios en todo Oriente, incluyendo Estados Unidos; a Chang Hsiao-lin, cabeza de los Rojos y vinculado al Servicio Secreto británico, le correspondieron los del Oeste en general, incluyendo Europa[9]. Semejante reparto no impidió, desde luego, que Chiang Kai-shek pusiera en práctica limpiezas ocasionales de fachada, como una ejecución de 263 personas acusadas de opiómanas en 1934[10]. En honor a la verdad, debe añadirse que el máximo volumen de opiáceos se produce con

---

7.- *Cfr.* Ping-chia Kuo, 1984, pág. 1113.

8.- *Cfr.* Behr, 1981, pág. 133.

9.- *Ibíd.*, pág. 133.

10.- *Cfr.* Mato Reboredo, 1969, pág. 38.

la invasión japonesa (1931), pues en previsión de ello Japón llevaba años siendo el principal cliente del asfixiado centro exportador de Calcuta, y destinando muchos miles de toneladas a la producción de morfina; sus adquisiciones fueron de tal envergadura que la venta de opio bengalí a todo lo demás en Asia descendió a una cuarta parte entre 1920 y 1930[11]. Tras la creación de un Estado títere en Manchuria, su alto mando siguió la política de inundar ése y los demás territorios ocupados con opio, morfina y heroína, «movido por el propósito de quebrantar su moral y su salud»[12].

Luciano tuvo, pues, ocasión de elegir entre distintas fuentes de abastecimiento, y lo más probable es que conferenciase con Huang, o con representantes de algún señor feudal como Lung Yün.

Cuando él y Lansky volvieron a Estados Unidos estaban aseguradas dos líneas distintas de suministro, que funcionaron bien hasta 1939, cuando el modesto pero prometedor negocio de heroína se vio yugulado por la Segunda Guerra Mundial. Al final de la contienda el producto valía setenta veces más que al comienzo, motivando entretanto nuevos viajes del tesorero a México y Cuba. En el país vecino Lansky impulsó cultivos de adormidera en ciertas regiones agrestes, que aún subsisten, y en Cuba logró establecer contacto con representantes de la Bayer I. G. Farben, abastecidos por medio de submarinos alemanes[13].

a) Las alianzas políticas. Sin embargo, la situación se había hecho muy delicada. Luciano acababa de ser condenado prácticamente a prisión perpetua por proxenetismo, Genovese estaba también entre rejas, y la conexión con los alemanes a través de Cuba equivalía a dormirse sobre un polvorín. Fue entonces cuando funcionaron los apoyos oportunos. Luciano despachaba cotidianamente en la

---

11.- *Cfr.* Varenne, 1973, pág. 102.
12.- Goldsmith, 1939, pág. 193.
13.- *Cfr.* Behr, 1981, pág. 143.

cárcel con un nutrido grupo de visitantes, asistido por su abogado M. Polakoff, otrora alto funcionario de la policía y posteriormente de la Fiscalía General. A través de Polakoff, el Servicio Secreto se interesó por la colaboración del Sindicato en dos cuestiones, que eran la prevista invasión de Sicilia (a cambio de una exclusiva para reparto de avituallamientos allí y en toda Italia), y la lucha contra los submarinos alemanes que operaban con demasiada comodidad en la costa atlántica americana[14]. Esto segundo fue una operación de notable ingenio, basada en crear el convencimiento de que los muelles neoyorkinos estaban llenos de espías, y que ciertos pescadores abastecían clandestinamente de combustible a los barcos de guerra enemigos. Como comenta H. G. Behr, los grupos de presión están técnicamente especializados en proteger contra peligros que ellos mismos crean; no sería de extrañar que la información y los suministros de gasolina fuesen hechos por el propio Sindicato, que pagaba así en Cuba su heroína a los nazis, y que en 1942 —cuando recibió la propuesta del Servicio Secreto— decidió terminar esas relaciones peligrosas con un último cargamento de 1.200 kilos[15].

El caso es que la colaboración con el gobierno americano produjo un indulto para Genovese y Luciano. Cuando éste último regresó a Italia fue a título de antifascista y héroe[16]. Su asesor Polakoff se retiró de los negocios del clan, no sin recomendar como abogado del ahora todopoderoso M. Lansky a un curioso heredero, el joven Richard M. Nixon[17], que iría destacando en otros cometidos hasta ascender en 1968 a la presidencia de los Estados Unidos. Naturalmente, el fin de la contienda restableció la conexión francesa y la asiática, devolviendo sus existencias al Sindicato.

14.- *Ibíd.*, pág. 141.

15.- *Cfr.* Wise, 1964; en Behr, 1981, pág. 144.

16.- La lápida del personaje, tal como aparece en el Cementerio de San Juan, en Nueva York, dice así; «SALVATORE CARMELO LUCIANO. Luchó en defensa del orden y la justicia/por la democracia y en defensa de los oprimidos./Socorrió a los pobres y sólo hizo el bien./Prestó grandes servicios a los Estados Unidos».

17.- *Cfr.* Behr, 1981, pág. 149.

Pero eso no representó el fin del auxilio mutuo. Antes de que termine la década, la Oficina de Servicios Estratégicos, poco después Agencia Central de Inteligencia, toma dos determinaciones que fortalecerán al máximo ambas líneas. La primera fue apoyar a los gángsteres corsos para que se hiciesen con el control de los muelles en los puertos del sur de Francia, aparentemente por temor a que los sindicatos socialistas secundaran una política de huelgas propuesta por los comunistas[18]; la maniobra tuvo éxito, y los hermanos Guerini se hicieron con un poder indiscutido en Marsella. La segunda fue proteger a las tropas anticomunistas refugiadas en el Triángulo Dorado —llamadas pomposamente III Ejército del Kuomingtang— cuando la guerra civil china terminó. Alegando que esos grupos podían «estorbar a Mao y hasta reconquistar el país», la CIA montó en 1949 dos líneas aéreas de aprovisionamiento (Civil Air Transport, con sede en Taiwan, y Sea Supply Corp., con sede en Bangkok), «que permitieron crear la principal fuente de heroína para el mercado americano»[19]; a juicio del profesor A. McCoy, que trabajó durante algunos años para la Agencia y tiene publicada una investigación exhaustiva[20], desde el principio mismo se supo que el llamado Kuomingtang cobraba impuestos en opio a los meos, y que comerciaba con esa substancia a través de Tailandia. Para ser exactos, su principal contacto a esos fines era el jefe supremo de la policía tailandesa, el general Phao, hombre de la CIA en el país porque «emplearía sin vacilar su fuerza contra cualquier tentación izquierdista del gobierno»[21]. Pero esto tampoco es todo, pues todavía en 1954, cuando Estados Unidos deciden heredar la difícil posición francesa en Vietnam, la CIA volvió a cooperar decisivamente en una conexión del Triángulo Dorado con Saigón, donde llegan como «apoyo logístico» para la corrupta oligarquía local una docena de gángsters corsos, de los curtidos por

---

18.- *Cfr.* Kwitny, 1987, pág. 45.

19.- *Ibíd.*, pág. 44.

20.- McCoy, 1973.

21.- Kwitny, 1987, pág. 48.

la lucha contra sindicalistas de izquierda en Francia, que suavizan los obstáculos para una exportación sistemática de heroína realizada, entre otros, por Ngo Dinh Nhu, hermano del presidente Diem[22], el hombre impuesto por los norteamericanos.

Todo esto acontece *antes* de que en los Estados Unidos se detecten síntomas de un aumento en el número de heroinómanos.

3. Un cuerpo draconiano de normas

Cuando acabó la guerra, la FBN advirtió que al terminar el primer conflicto mundial muchos soldados se habían vuelto adictos y que bien podría suceder lo mismo entonces[23]. En todo caso, convenía no relajar los controles, porque los sistemas de desmoralización del enemigo alemán y japonés podían haber afectado la fibra moral de prisioneros y tropas de ocupación.

Poco después, el planteamiento de la guerra fría servirá para que Anslinger denuncie ante la nación un complot comunista basado en la exportación clandestina de opiáceos —desde la conexión turco-marsellesa y la Kuomingtang-Tailandia precisamente—, cuyos principales blancos serían los norteamericanos. Para investigar tales hechos se constituyó un comité especial del Senado —el Comité Daniels—, cuyas deliberaciones llevaron a declarar oficialmente que «la subversión mediante drogas adictivas es sin duda una meta de la China comunista»[24]. Nada dijo del patrocinio americano a la mafia marsellesa y a la china, desplazada ahora a Taiwan y dirigida en última instancia por Chiang Kai-shek. Chiang era en esa época el símbolo del aliado heroico de la democracia, que pronto reconquistaría el continente perdido.

Por lo que respecta a las acusaciones del Comité Daniels, nada seguro ha logrado demostrarse hasta el día de hoy. Eso no descarta

---

22.- *Ibíd.*, pág. 50.
23.- *Cfr.* Piel, 1943, págs. 82-94.
24.- *The Illicit Narcotics Traffic*, Senate Rept., núm. 1.440, 84th Congr., 2nd Ses., 1956, pág. 38.

que tanto China como la Unión Soviética hayan podido en algún momento exportar parte de la heroína que se consume en mercados occidentales, no ya como forma de subversión sino para hacerse con unas divisas fáciles y lograr infiltraciones a distintos niveles, como familiares de altos funcionarios, etc. Desde la guerra fría, y ya antes, en las relaciones internacionales la eticidad constituye un asunto tan descartado que todo es posible (e incluso probable), y al mismo tiempo nada acaba de probarse concluyentemente, pues en el peor de los casos, cuando no bastan los privilegios de un Estado para conseguir sin interferencias aquello que al nivel de los particulares constituye una operación arriesgada, compromisos diplomáticos echan tierra sobre lo más escabroso[25]. Es evidente que si un país decide prohibir en su territorio algo producido por otro con el cual guarda relaciones de guerra fría está promoviendo en el segundo una política de exportación. Tratándose de China, los inauditos agravios, chantajes y manipulaciones padecidos en el pasado a manos de potencias occidentales, no sólo durante la época de la prohibición sino después, justificarían sobradamente cualquier represalia. Con todo, parecía y parece probable que no se haya embarcado en empresas semejantes, quizá por temor a su propia población. En contrario sólo se encuen-

---

25.- Una encuesta informal entre traficantes de heroína encarcelados en España me hizo ver que más de la mitad de ellos obtenían o habían obtenido el producto de sirios, algunos adscritos a sus embajadas europeas, y también de libaneses, cuyo país sufre una importante presencia siria. Rusia, que ya tenía una industria de tamaño medio para el opio en los años veinte, aumentó mucho su potencia productora al anexionarse territorios tradicionalmente persas y controlar Bulgaria, pues ambas zonas cultivan adormidera desde hace milenios. Adentrándonos en la pura hipótesis, podría suceder que los soviéticos transformasen una pequeña proporción de su opio en morfina y codeína, para uso hospitalario y farmacéutico, y que exportasen lo demás en bruto —con cargueros adecuadamente protegidos— a Beirut y Damasco, donde se convertiría en heroína más o menos refinada. Una ventaja adicional del sistema sería evitar la presencia de grandes cantidades del producto en territorio soviético, sobre todo en forma de sus alcaloides. Eso explicaría, además, que nunca se hayan capturado cargamentos realmente masivos de heroína (aunque la suma de lo incautado por aduanas y policías europeas oscile entre las tres y las cinco toneladas anuales durante la última década). Las únicas excepciones, muy recientes, fueron un carguero soviético en Rotterdam, donde se descubrieron 220 kilos de heroína. (Cfr. «El mayor alijo descubierto hasta hoy», Reuter, El País, 21-11-1985, pág. 9) y un camión de gran tonelaje retenido por sospechas en la aduana de Berlín, que las autoridades soviéticas se negaron a abrir y finalmente lograron hacer pasar, sin duda a cambio de concesiones. Ambas noticias —publicitada ampliamente la segunda por televisión— dejaron de serlo en veinticuatro horas. Podría tratarse de simples bulos, sobre todo teniendo en cuenta las ventajas que para la Unión Soviética presenta hacer el tráfico a través de otros países.

tran datos aislados e indirectos. Uno es el testimonio del actual descendiente del mítico contrabandista W. Jardine —director de la firma Jardine, Matheson & Co., con sede en Hong-Kong—, que declaró no hace mucho al novelista J. Kessel: «Ahora son los chinos quienes proponen a nuestra compañía exportar opio, pero ésta rehúsa»[26]. Otro es que, según la policía, parece haber unos 800.000 consumidores de opio en Hong-Kong (obreros portuarios sobre todo), lo cual implica cultivos enormes de adormidera en el continente[27], aunque —a mi juicio— esta cifra puede ser muy exagerada.

Así pues, aunque no fuera en absoluto claro que Rusia o China organizasen una «subversión mediante drogas adictivas» —y fuera claro, en cambio, el apoyo directo o indirecto de la CIA a los centros exportadores de Marsella y Chiang Mai—, la intención de Anslinger y su departamento era hacer frente a la amenaza *comunista* por el sistema de elevar sustancialmente las penas para traficantes y usuarios de drogas ilegales.

a) El clima de postguerra en Estados Unidos. Está por entonces en su apogeo una reviviscencia del americanismo duro de los años inmediatamente anteriores a la Primera Guerra Mundial. Con el Programa de Lealtad —que el Presidente Truman promulga en 1947— comienza una operación cuyo objeto es expulsar del país o internar en campos de concentración por «actividades antinorteamericanas» a cualquier persona «respecto de la cual existan dudas razonables de simpatizar con cualquier grupo, movimiento o asociación de personas consideradas totalitarias por el Fiscal General»[28]. Entre otros muchos intelectuales, el novelista T. Mann, que acaba de nacionalizarse americano, no vacila en advertir los nexos de esa actitud con el fascismo y el nazismo:

26.- *Cfr.* O'Callaghan, 1969; en Varenne, 1973, pág. 96.

27.- *Cfr.* Behr, 1981, pág. 136.

28.- *Cfr.* Gubern, 1987, pág. 16.

«Como ciudadano americano nacido alemán, me son dolorosamente familiares ciertas prácticas. La intolerancia espiritual, las inquisiciones políticas y el debilitamiento de la seguridad juridica, en nombre de un pretendido "estado de emergencia", fue lo que ocurrió al principio en Alemania»[29].

Sin embargo, los intelectuales eran los primeros sospechosos. Desde 1950 a 1953 se desarrolla la guerra de Corea y, en junio de este último año (partiendo de frágiles pruebas) fue electrocutado el matrimonio Rosenberg por espionaje. Con un país de nuevo en estado de efervescencia nacional, el coordinador de las inquisiciones es un demagógico senador por Wisconsin, Joseph MacCarthy, que tras algunos años de poder omnímodo cayó destituido por un voto de censura de la propia Cámara Alta. A título de mano derecha suya volvemos a encontrar al abogado de M. Lansky, R. Nixon, uno de los tres congresistas que formaron la mesa del Comité de Actividades Antinorteamericanas. Tal como la FBN y el Comité Daniels denunciaban una invasión farmacológica, MacCarthy y el Comité de Actividades Antiamericanas denunciaban una invasión ideológica. En ambos casos la solución no era solo arbitrar nuevos castigos, sino dejar que las policías especiales librasen su batalla con autonomía, sin depender de instancias ajenas a ellas mismas.

Por otra parte, los síntomas de la «lealtad» a América eran actitudes como la llamada mentalidad de equipo, articulada en torno a pautas de ajuste pasivo, con resonancias de disciplina militar y propuestas de conformidad a las señales distribuidas como orientación por los *media*. Resultaba lógico que junto al esplendor económico y la oleada de orgulloso sentimiento patriótico no sólo apareciesen defensores de los perseguidos por antiamericanismo, sino voces de disidencia más general que veían en el conjunto del Sueño Americano algo a caballo entre el fraude y la pesadilla. Fue la época de

---

29.- *Ibíd.*, págs. 31-32.

máxima fe en los test de personalidad como vehículo imparcial de conocimiento, y también el momento en que empezó a hacerse manifiesto lo tendencioso de sus criterios subyacentes, la clase de ser humano que esas pruebas venían a reclamar. Estudiantes, empleados y directivos sólo se consideraban idóneos cuando su carácter presentaba una mezcla de aburrimiento íntimo, simpleza y autoritarismo; la verdadera cultura, el gusto por la soledad, el sentido crítico y rasgos análogos cerraban en vez de abrir el camino a becas, empleos y ascensos. Lo adecuado y sano psicológicamente era aquello que más tarde se llamaría la unidimensionalidad.

El primer texto de teoría sociológica que se convierte en una superventas es *La muchedumbre solitaria*, cuyo principal autor, D. Riesman, traza con cierta timidez un cuadro de alienación y conformismo como característica básica de la sociedad americana, marcando una divisoria entre el hombre intra-dirigido (*inner directed*) y el altero-dirigido (*other directed*) que surge con la sociedad consumista; el primero progresaba mediante un individualismo apoyado sobre firmeza de carácter y resistencia a la frustración, mientras el segundo buscaba ese progreso en una blanda conformidad a consignas. El mismo año en que aparece el libro de Riesman, 1951, se publican *Fahrenheit 431* de R. Bradbury, *The Organization Man* de W. Whyte y el estudio de C. Wright Mills sobre las nuevas clases medias, cuando las estadísticas indican que comienza a haber más oficinistas y empleados que productores agrícolas e industriales en Estados Unidos. Todos estos libros son saludados por un éxito tan notable como imprevisto, síntoma de alarma ante el progreso de fuerzas socializadoras irracionales, aunque cada vez más sofisticadas e implacables. A nivel sociológico, esta insatisfacción aparece en fenómenos de rechazo generalizado y difuso; son los «rebeldes sin causa» adolescentes y las variantes de «jóvenes airados», que ven en el inconformismo una alternativa ética y estética a la actitud encarnada por héroes nacionales como MacCarthy o Anslinger. Marginarse comenzaba a ser una forma deliberada de vida, al mismo tiempo que lo informal en hábitos, vestuario y gusto se contraponía a patrones adaptativos preconizados institucionalmente. Será algo más adelante cuando un ensayo de N. Mailer[30], publicado en 1957, ponga en circulación el término *hipster*: «uno es *hip* o *square*, rebelde o célula cuadriculada, presa en los tejidos totalitarios de la sociedad americana, condenada a plegarse para triunfar».

b) La ley Boggs y su descendencia. Justamente en 1951 el Congreso aprobó la *Boggs Act*, un precepto que imponía condenas mínimas a dos años de cárcel por primera implicación (léase consumo y simple tenencia, en cualquier cantidad), descartando el perdón de Sala o la libertad condicional en caso de reincidencia. Si lo específico de la interpretación gubernamental de la ley Harrison había sido privar al estamento médico de discrecionalidad sobre el uso médico de ciertos fármacos, lo específico de la ley Boggs fue suprimir la discrecionalidad judicial. En el trasfondo de la norma había algunas insinuaciones de la FBN a las Cámaras, en el sentido de que se observaba una excesiva clemencia de la judicatura con *dope fiends*. Anslinger había insistido en que su departamento hiciera la guerra sin interferencias externas, pues la formación académica de médicos y magistrados les ocultaba no pocas veces la sencillez del asunto.

Como era de esperar, el precepto no sólo sentó mal a la judicatura, sino a las demás profesiones relacionadas con el derecho. Sin demora, la *American Bar Association* —agrupación de los Colegios de Abogados de todo el país— solicitó al Congreso una revisión del precepto, entendiendo que vulneraba principios jurídicos fundamentales y seguía una orientación equivocada. La Cámara Alta aceptó la propuesta y creó un subcomité para «evaluar el problema», cuyas deliberaciones fueron muy lentas. Pero la lentitud no evitó un resultado sorprendente para jueces y abogados. El senador Daniels y sus

---

30.- *Cfr.* J. Stevens, 1987, pág. 117.

colegas consideraron infundados los reparos jurídicos y atendieron a la FBN. Ya no se trataba sólo de drogas provenientes de razas pueriles y degeneradas, o de guettos negros y portorriqueños en las ciudades del nordeste. La permisividad en ese terreno era una maniobra china y rusa para desmoralizar a América.

De las conclusiones alcanzadas por el subcomité nació la *Narcotics Control Act*, aprobada por unanimidad absoluta en 1956. Esta norma —la más severa de cuantas se hayan promulgado a nivel federal en los Estados Unidos— elevaba a cinco años de cárcel la condena por «primera implicación» y facultaba al jurado para imponer pena de muerte a cualquier mayor de dieciochoaños que vendiese heroína a un menor de dieciocho. Los jueces seguían privados de capacidad para adaptar la norma a cada caso específico, y los *police powers* de la Administración federal se elevaban al máximo.

Teniendo en cuenta que el delito de tráfico constituye un crimen de riesgo o de víctima *presunta*, la ley de 1956 permitía encarcelar a perpetuidad o ejecutar a alguien sin averiguación alguna sobre los efectos reales de su acción en personas determinadas. Un informante policial menor de edad que engañara a un vendedor pidiendo heroína para sí, y la obtuviera, podía llevar al primero a la silla eléctrica o la cámara de gas sin necesidad de probar perjuicio concreto alguno seguido para él o para terceros. Aunque conductas semejantes fuesen ya desde el derecho romano casos típicos de delito imposible (como, por ejemplo, matar a un cadáver), donde hay tan sólo la intención y no las circunstancias y medios precisos para llevarla a cabo, el delito imposible de vender droga ilícita a quien por principio va a destruirla (la policía de estupefacientes) se equiparaba al delito real de introducir efectivamente en el mercado agentes venenosos, o al de perjudiciar específicamente la salud de personas específicas. Como en las causas inquisitoriales, con la intención bastaba; bastaba incluso en aquellos casos donde la intención había sufrido la influencia de un complejo plan para provocarla (los *entrapments* practicados asiduamente con médicos y farmacéuticos), y no podía, por eso mismo, considerarse espontánea.

A nivel de garantías sustantivas, el sistema de incriminación simbólica borraba la diferencia entre el resultado efectivo de una acción y su resultado posible, entre mal consumado y mal hipotético. Era irrelevante que lo vendido fuese puro o adulterado, que el comprador fuese inducido o no a comprar, que contrajese o no contrajese hábito a consecuencia de esa venta, que resultara víctima de un sucedáneo tóxico, etc. Por eso mismo, quedaban suprimidas las diferencias jurídicas esenciales entre delito consumado, frustrado y en grado de tentativa, entre autores, cómplices y encubridores. Al igual que en los crímenes políticos, y al igual que en los delitos de lesa majestad siglos antes, resultaba innecesario presentar una víctima real para ese crimen. A falta de otra servía como víctima el propio sujeto acusado de posesión ilícita. Por otra parte, todas esas irregularidades —en contraste con el régimen vigente para el robo, el asesinato, la violación, el chantaje, etc.— eran policialmente imprescindibles, pues la inmensa mayoría de tales delitos no resultaban denunciados jamás, y para encontrar culpables las fuerzas del orden debían literalmente provocarlos, montando variadas operaciones de inducción.

Pero semejantes reparos —repuso Anslinger— debían haberse hecho a la ley Harrison, que la *Narcotics Control Act* se limitaba a desarrollar. A esa objeción, acompañada por los habituales reproches de «liberalismo trasnochado», respondió la *American Bar Association* que no podían equipararse una norma fiscal-registral (aunque interpretada abusivamente por el ejecutivo) y una norma penal sustantiva, y que en un país civilizado no cabe confiar la aplicación de ley alguna a la policía exclusivamente. Ya antes de promulgarse el precepto, un equipo de abogados y sociólogos trabajaba con otro de médicos para contraatacar a la FBN, con un informe pensado para sensibilizar al poder judicial.

Aunque de él hablaremos pronto, antes es oportuno destacar que la ley de 1956 produjo curiosos efectos. Satisfecho con la importante subida de precios, el mercado negro aprovechó para aumentar la adulteración y mandar a la calle como traficantes a menores de edad, salvando con desconcertante fluidez el obstáculo levantado por la norma[31]. A los pocos meses de su vigencia, en 1957, tiene lugar la famosa reunión de los Appalaches, conocida gracias al testimonio del delator J. Valacchi, donde el Sindicato decide prescindir del comercio a pequeña escala y arriesgarse a una política de importaciones masivas, usando como punto intermedio La Habana[32]. Hasta esas fechas la heroína había estado llegando casi regalada, proveniente del Mediterráneo y de Asia, en una maniobra de captación calculada por los clanes mafiosos en sincronía con el progresivo endurecimiento de la ley. A partir de entonces, adquiere carta de naturaleza el *junkie* contemporáneo, y las aduanas informan de un sostenido incremento en las cantidades de drogas aprehendidas. En Lexington y Fort Worth la población de adictos no llegaba en 1956 a los mil individuos de ambos sexos, calculándose que había quizá otros mil en Chicago, Nueva York y Washington.

En 1960 el fiscal especial adjunto a la Fiscalía General, Myles J. Ambrose, declara que «existen unos 55.000 adictos en los Estados Unidos»[33]. El salto es tan brusco que sugiere manipulación interesada de cifras, como aconteciera en los años veinte. Sin embargo, la rentabilidad política de declarar cosa semejante en 1960 era nula, y el cambio de actitud en los tribunales sugiere que, efectivamente, la población de *dope fiends* se había disparado en pocos años. Estaba creciendo muy rápidamente desde la ley Boggs de 1951, aunque el aumento sólo se experimentara algo después. Ahora se daban ya las condiciones para una infección no sólo crónica, sino progresiva.

31.- *Cfr.* J. Fort, 1981, pág. 87.

32.- *Cfr.* Olmo, 1987, págs. 30-31.

33.- *U.S. News and World Reports*, 3-4-1972, pág. 28. El informe preceptivo de Estados Unidos a la Comisión de Estupefacientes de la ONU para 1960 es levemente inferior, y preciso hasta el absurdo: «A diciembre de 1960 había *44.906* adictos en los Estados Unidos». (Cfr. Lindesmith, 1965, pág. 100.)

II. La criatura maligna

Si antes de 1920 puede afirmarse que el 99 por 100 de quienes creen en *dope fiends* son personas que no usan asiduamente opiáceos o cocaína, siendo por eso mismo un típico caso de «creencia pasiva», desde mediados de los años cincuenta apenas hay consumidores de esas drogas que no enarbolen como credo y bandera su condición, haciendo gala de una «creencia activa» en el cliché. El manifiesto gremial, lógicamente anterior a la difusión de la actitud, se localiza en la obra de W. Burroughs[34], presentando ya desde el comienzo una puntual inversión con respecto al heroinómano de principios de siglo. Aquél solía mantener su vicio oculto y emplear la droga para poder cumplir mejor sus deberes laborales y domésticos. Oigamos primero el comentario de un periodista y luego la declaración de un adicto de nuevo cuño:

«Se ha observado que la característica más notable del nuevo tipo de adicto adolescente es su gusto por la publicidad. El investigador que de antemano piensa que le va a resultar difícil encontrar usuarios de la droga se ve inmediatamente abrumado por la exhibición que éstos hacen de sus heridas espirituales, como si fueran mendigos del medioevo, dispuestos siempre a comentar sus asuntos más íntimos de una forma exhaustiva. Está claro que carece de sentido ser heroinómano y no aparentarlo»[35].

«Desde luego que querría llevar una vida decente. Todos nosotros querríamos. Pero ¿no lo ves? Soy un drogota, estoy enganchado, no puedo escapar. No puedo lavarme y ganarme la vida, y levantarme y hacerme el desayuno y pagar los impuestos. Necesito mis inyecciones»[36].

34.- *Junkie* (1952) y *El almuerzo desnudo* (1953).
35.- Laurie, 1969, pág. 61.
36.- *Ibíd.*, pág. 57.

P. Laurie hizo un análisis convincente y matizado de lo que llama «mitología de la adicción», poniendo de relieve el cuadro de beneficios secundarios que se derivan de introyectar la imagen construida por los ideólogos prohibicionistas. En definitiva, el *junkie* no sólo compra un bien socialmente muy precioso como la irresponsabilidad, sino una peculiar administración del tiempo (cuyo eje es conseguir varias veces al día la dosis), una forma de vestir y hablar, un grupo de iguales con quienes relacionarse.

1. El álgebra de la necesidad

Con esta expresión presenta Burroughs la reducción del mundo operada para el adicto contemporáneo al declararse tal. La complejidad de metas, relaciones y valores se simplifica hasta quedar reducida a dos cosas: «trotar la calle» en busca de droga y administrársela, si es posible con todas las ceremonias debidas:

«Un escritor entretenía a sus visitas con el ritual de inyectarse la droga. Hierve una píldora de heroína en un frasco de medicinas. Primera tensión dramática: ¿se romperá el cristal al contacto con la llama? Luego enrolla una misteriosa tira de papel mojada en saliva alrededor del extremo de un cuentagotas, saca una aguja hipodérmica y acto seguido la empuja a través del papel. Absorbe entonces la heroína disuelta dentro del cuentagotas y la balancea peligrosamente en el borde de la mesa. Otra situación de suspense. ¿Se caerá? Pero el intrépido escocés se quita serenamente el cinturón —nueva tensión: los pantalones— para enrollárselo a través del bíceps izquierdo. Apretándolo con los dientes, palpa la venda y con gran delicadeza introduce la aguja. Llegado a este punto, explica las ventajas del cuentagotas: al expulsar el líquido, la presión del índice y el pulgar se equilibra y actúa a través del eje de la aguja, evitando que se salga de la vena. Que parte de la droga no pueda salir del cuentagotas tampoco es una desventaja, porque soltando el cinturón y dejando que el brazo cuelgue, el cuentagotas se llena de sangre. Se inyecta de nuevo, lo deja llenarse y bombea así durante algún tiempo. Luego saca la aguja despacio, permitiendo que un pequeño reguero de sangre le corra por el brazo. Mientras procede a secarse con parsimonia la salpicadura, habla desenfadadamente de otros asuntos»[37].

El hecho de no conocer al entrevistador, a quien recibió sólo como a alguien interesado en conocer cosas sobre el *underground*, ahorró sin duda a éste otras partes del ritual común. Por ejemplo, peticiones imperiosas de ayuda para sujetar el torniquete, con sinceros lamentos por no encontrar la vena. El ceremonial incluye normalmente un complejo de actos que muchas veces terminan con la frustración de haberse salido parte del producto fuera, donde quema y no alivia, o con el triunfo de hacer que otros participen en varias fases de la truculencia, sujetando un adminículo u otro y —por lo mismo— presenciando el detalle de una operación rutinaria, que con testigos sabe a mucho más. Esta celebración se mantiene prácticamente inalterada desde finales de los años cincuenta, como oferta de rito iniciático para los inclinados a incorporarse a la cofradía de los *dope fiends*, y no ha dejado de conmover a toda suerte de turistas.

Sobre la importancia del aspecto mítico-ritual dan cuenta algunos hechos adicionales. Por ejemplo, los adictos preferirán comprar por octavos de gramo (a precio mucho más caro, con calidad muy inferior, y con el engorro de salir cuatro veces al día en busca del producto) a adquirir cantidades que les otorguen autonomía durante semanas o meses, ciertamente más baratas y puras; el indiscutible motivo que subyace a este extraño hábito es el empleo del tiempo o, si se prefiere, el hecho de tener el tiempo «lleno», pues nunca se

---

37.- *Ibíd.*, págs. 62-63.

siente el *junkie* descrito por Burroughs o Trocchi más en sí mismo que cuando se mueve en busca de su *fix*. Del mismo modo, preferirá usar heroína de ínfima calidad a heroína de óptima calidad si se le obliga a usar la segunda por vía distinta de la intravenosa, aunque su pretensión sea necesitar la droga y nada más que la droga.

La influencia de lo puramente alegórico se observa en multitud de casos de toxicomanía fingida, como aquel primer cliente de *Narcotics Anonymous* en Londres, un muchacho de dieciocho años que portaba una gigantesca jeringa cromada de veterinario, en realidad imbecilizado por el uso masivo de barbitúricos y aún virgen en lo referente a la heroína[38], o el caso que citan Zinberg y Lewis de un músico americano de jazz, detenido por embriaguez alcohólica, cuyo argot hizo pensar a los médicos que se trataba de un heroinómano; reaccionó con fuerte desagrado a una dosis inicial de mantenimiento, y una vez descubierto su fraude rogó a los médicos que no se lo dijeran a su mujer o a su familia, pues perdería entonces el *status* de «enganchado»[39].

Un periodista de veinticinco años, convertido en *junkie*, cuenta lo esencial de este rol al decir que «mientras comas y duermas vas por delante en el juego; todo lo demás en esta vida es un extra»[40]. No otro es el credo de la iglesia prohibida, y el interés del testimonio reside en que el sujeto sólo permaneció temporalmente en el álgebra de la necesidad (como el propio Burroughs, inventor del concepto). En sus propias palabras:

> «Lo esencial de la heroína es que uno deja de preocuparse por los asuntos que antes preocupaban. Pero el mero hecho de no estar preocupado acaba demostrando que no es necesario estarlo. Por tanto, después de tomar un poco dejó de hacerme falta, y abandoné su uso»[41].

38.- *Ibíd.*, pág. 57.

39.- *Cfr.* Carstairs, 1954, pág. 220; *cfr.* Laurie, 1969, págs. 57-58.

40.- *Ibíd.*, pág. 64.

41.- *Ibíd.*

Que alguien use un opiáceo para superar una crisis aguda, y luego lo abandone, resulta para el prohibicionismo impensable. Sin embargo, se trata del principal uso terapéutico para el opio y sus derivados desde el origen de los tiempos, y casos tales constituían la regla antes de producirse la ilegalización. Decretados imposibles, hasta los años setenta no habrá un cuestionario que —garantizando de modo satisfactorio el secreto— pregunte en casillas distintas si el sujeto se ha administrado heroína y si se la ha administrado la semana anterior. Nadie había preguntado semejante cosa, porque oficialmente sólo pueden existir como consumidores de opiáceos los *junkies* en sentido ceremonial. Con todo, esta sencilla estadística acabó haciéndose, y —como comprobaremos en su momento[42]— su resultado fue una proporción de dieciséis a uno a favor de lo impensable. Dicho en otras palabras, incluso cuando el estigma social y las condiciones de acceso a estas drogas habían convertido su consumo en símbolo de puro satanismo, los casos de abandono *voluntario* (no consecuentes a un «tratamiento» institucional) seguían superando abrumadoramente a aquellos donde se alegaba un magnetismo irresistible desde la primera dosis.

a) Psicología y sociología del nuevo adicto. El esquema de la FBN se basaba en ignorar cuidadosamente estos aspectos: la existencia del *junkie* se explicaba por una oferta de producto, pues nada más usarlo la persona dejaba de pertenecer al género de los seres con discernimiento racional. Pero la creencia en el inductor-corruptor como elemento causal decisivo comenzó a resultar insostenible a partir de un estudio de campo poco posterior a la *Narcotics Control Act*[43]: el trabajo indicaba que en la inmensa mayoría de los casos el adicto no había sido iniciado por traficantes profesionales, sino por amigos y compañeros de trabajo. También a partir ya de la segunda

---

42.- Véase más adelante, Vol. III, pág. 171.
43.- Leong, Wax y Adier, 1960, pág. 283 y ss.

154

mitad de los años cincuenta empezó a resultar empíricamente indefendible que la causa de su adicción fuese una sustancia determinada e ilegal (heroína, morfina, opio, etc.). Como en el caso del alcoholismo, contraer el hábito «no era en absoluto independiente de la
psicopatología»[44]; la persona propensa a la dependencia de opiáceos
estaba plagada de sensaciones molestas[45], y una de sus características anímicas previas más visibles era tratar de combatir la ansiedad
con soluciones a corto plazo[46]. Ya en 1957 se produce una definición
científicamente correcta del adicto como:

> «Un sujeto con ciertas características psicológicas
> determinadas, que ha elegido este modo de enfrentarse
> con sus problemas por razones diversas, que normalmente
> ignora. Una de estas razones, y no la menos importante, es su
> incorporación a un grupo social donde el uso de la droga se
> practica y se valora»[47].

Y en el gremio de los propios adictos no faltaban algunos con singular elocuencia, como Trocchi, para quien el meollo del hábito
no era tomar o no tomar una cosa, sino andar ocupado con algo
que distrajera del «desierto en el centro de un ser». Tanto él como
Burroughs entendían el sistema vigente con marcada causticidad.
«Sugiero», dijo el segundo, «que la oposición oficial a las drogas es
un camelo, que todas las políticas de la FBN americana —y las de
los demás países que obedecen sus consignas, como recientes repúblicas bananeras— tienen por meta deliberada diseminar el uso de
drogas, empleando como medio leyes irracionales contra ese uso»[48].
En cuanto al primero:

44.- Gerard y Kornetsky, 1955, pág. 457.

45.- Schaumann, 1954, pág. 765.

46.- Nyswander, 1956, *passim*.

47.- Winick, 1957, pág. 9, en Laurie, 1969, pág. 41.

48.- Burroughs, 1969, pág. 62.

«El control penal de ciertas drogas es una causa estupenda para la delincuencia juvenil. Y deja a la mayoría de la gente fuera, ya que no incluye a los alcohólicos. Permite disponer, además, de un conjunto de pobres diablos con aspecto agotado que pueden comparecer ante los tribunales como corruptores de jóvenes. Esto justifica a la policía; y como los adictos han de correr tantos riesgos para conseguir las drogas, su captura es relativamente fácil. Así, la situación permite a una policía heroica practicar espectaculares detenciones, a los abogados hacer sustanciosos beneficios, a los jueces pronunciar discursos, a los grandes traficantes amasar fortunas y a los periódicos vender millones de ejemplares. El buen ciudadano puede sentarse y observar cómo la depravación obtiene su merecido»[49].

Curiosamente, el juicio de Trocchi coincide con las tesis de Durkheim, uno de los fundadores de la sociología, cuando analizaba la función genérica del castigo penal. Muerto antes de que la cruzada farmacológica adquiriese alguna fuerza, a la pregunta de si cualquier norma draconiana (e incluso una penalización leve) en materia de ebriedad produciría delincuencia, Durkheim habría contestado sin vacilar por la afirmativa. Pero a la pregunta ulterior —¿y por qué se promulgan leyes semejantes?— habría respondido con robusto positivismo: «Sin paradoja, cabe decir que el castigo está sobre todo pensado para obrar sobre las gentes honradas, pues cura las heridas sufridas por los sentimientos colectivos»[50].

Sería, pues, una grave miopía pensar que este tipo de precepto intenta *disuadir* a ciertas personas en cuanto al uso de ciertas drogas. Esa es sólo la finalidad aparente. La real se basa en que las «gentes honradas» sientan a la vez temor (ante la perspectiva del estigma) y placer (viendo castigada la desviación). Como la meta es reafirmar a

---

49.- Trocchi, en Laurie, 1969, pág. 176.
50.- Durkheim, 1912, pág. 127.

cierto grupo en sus actitudes, no son leyes para los *dope fiends*, sino autos de fe para cualesquiera otros. De ahí que no importe producir fenómenos multitudinarios de desprecio a la ley, ni una criminalización de sectores enteros, pues todo ello resulta necesario y es en esa misma medida buscado: «Aunque la represión penal no disuada gran cosa [...] ayuda mucho al robustecimiento de las propias creencias»[51].

Pero los reos en potencia empezaban a multiplicarse por dos o tres cada año, y el verdadero motivo no era publicitable sin ropajes. Para ser exactos, era un argumento válido para la Mayoría Moral y no para la mayoría numérica, que se adhería a la represión como modo de evitar —en vez de crear— marginales. Si para no sentirse tentados ni heridos en sus sentimientos ciertos núcleos necesitaban estigmatizar a capas crecientes de la sociedad, otros sectores bien podían disentir (como era el caso de varias corporaciones profesionales), y hacerlo cada vez más estentóreamente.

Para acabar de perturbar el esquema defendido por la FBN, a finales de los años cincuenta se iniciaron investigaciones específicas destinadas a decidir si, efectivamente, ya desde el comienzo los opiáceos producían estados paradisíacos, con inmediatos cambios en el metabolismo que reclamaban tanto a nivel psicológico como orgánico nuevas dosis. Aunque los resultados tardaron algo en concretarse de manera definitiva, se vio pronto que iban a contravenir ampliamente el cliché propuesto. En el primero de estos estudios, hecho sobre 150 hombres sanos, con dosis sucesivas de heroína, resultó que sólo tres admitieron de buena gana recibir una segunda inyección, y que ninguno la solicitó de nuevo[52]. Más tarde, un ingenioso experimento mostró que ni la morfina ni la heroína producían por vía intravenosa una respuesta de euforia en personas jóvenes y saludables, mientras otro grupo de personas con problemas graves mencionaba

---

51.- Castillo, 1984, pág. 14.
52.- Chein, 1964.

sentirse «más feliz» ya en la primera inyección, incluso cuando eran engañadas con un sucedáneo no psicoactivo. Dos años después, la propia *President's Commission* sobre abuso de drogas declaraba, tras un estudio hecho en Harvard, que «el 90 por 100 de los individuos responde a una inyección de heroína con desagrado como síntoma principal»[53].

Resultaba así que la legislación vigente no sólo se oponía al criterio sostenido por los colegios de médicos y abogados, o a la conciencia de algunos jueces y alcaides, sino al conjunto de disciplinas agrupadas como ciencia social, un adversario desde luego incómodo. Viendo tambalearse el celo futuro del Estado, es entonces cuando un sector forma asociaciones de padres para evitar desvíos en «la incansable guerra contra la droga». Estas asociaciones tuvieron pronto tantos miembros como la *Anti-Saloon League*, y luego muchos más. Es significativo que su confederación viese inicialmente en la ciencia social «un enemigo a combatir», y con el transcurso del tiempo «un jefe al que es preciso manipular»[54].

III. LA REACCIÓN LIBERAL

En 1955 comenzaron los trabajos encargados a un comité conjunto de la *American Medical Association* y la *American Bar Association*, cuyas conclusiones fueron hechas públicas en 1958 bajo el título de «Informe Provisional», y posteriormente editadas en forma de libro, con un combativo prólogo de A. R. Lindesmith[55]. En líneas generales, este documento consideraba contraproducente la política seguida hasta entonces, denunciaba los clichés en boga como prejuicios insostenibles, insistía en investigar curas o alivios en vez de castigos

---

53.- *Narcotics and Drug Abuse*, U.S. Gov. P. O., 1967, págs. 145-146.

54.- *Cfr.* Lindblad, 1983, en Comas, 1986, págs. 58-59.

55.- Am. B. Ass. & Am. Med. Ass., 1961.

para la adicción y se lamentaba de una legislación injusta e inconstitucional, carente de requisitos formales y sustantivos propios de cualquier norma positiva en un Estado de derecho. En conjunto, era el más serio ataque sufrido hasta entonces por el prohibicionismo, no sólo debido al prestigio y la fuerza política de las corporaciones intervinientes, sino porque héroes como MacCarthy o Anslinger habían logrado exasperar a los sectores cultos de la sociedad americana. Estaba cristalizando la llamada *New Left*, que quería recuperar los principios originales de la república americana armonizándolos con ideas del pensamiento socialista europeo.

La tesis principal del *Report* era que la cruzada contra las drogas constituía una empresa pseudomédica y extra-jurídica, que en vez de solucionar problemas de marginación los producía. El sociólogo R. K. Merton acababa de publicar su *Social Structure and Social Theory*, uno de los libros definitivos de la época, donde entre otros desarrollaba el concepto de «profecía autocumplida». El Informe se servía ampliamente de este concepto, presentando los resultados de la cruzada farmacológica como consecuencia de un mecanismo circular, donde cierta imagen de la realidad es impuesta a ella y luego presentada como efecto independiente de la imposición. Llamado también Teorema de Thomas, el proceso de la profecía autocumplida se basa en el hecho de que —contando con los medios coactivos adecuados— «si se afirma una determinada imagen de la realidad, esta imagen tiene efectos reales»[56]. Indiscernible en eso de las cruzadas contra la herejía o la hechicería, la cruzada farmacológica creaba y sostenía el problema que pretendía querer solucionar, ignorando la íntima correlación existente entre el «abuso de las drogas» y el hecho de declararlas abusables e ilegales. Según el *Report*, ninguna prohibición podría suprimir el consumo de tales o cuales drogas, como mostraban palmariamente la experiencia china y la americana. Todo cuanto estaba a su alcance era modificar la estructura de la población

---

56.- *Cfr.* Baratta, 1988, pág. 28.

consumidora; en consecuencia, no podía atribuirse a tal o cual sustancia el hecho de que sus usuarios fuesen adolescentes, criminales o indeseables, pues eso sería tomar el efecto por la causa. Que tal cosa aconteciera dependía de la política represiva vigente, no al revés.

El documento incluía dos apéndices. En el primero se alababa el método inglés de tratar a los adictos, tanto por sus resultados prácticos como por sus fundamentos teóricos. En 1960 los adictos británicos podían conseguir gratuitamente morfina y heroína de ciertos médicos adscritos a la Asistencia Nacional, y en otro caso obtener recetas de los demás médicos, al precio de un chelín el medio gramo. De acuerdo con la ley vigente entonces, un adicto atendido por un médico era una persona sometida a tratamiento, y aunque algunos revendiesen la droga —consiguiendo unas dos libras diarias por ello—, la pureza y el bajo coste del producto evitaban muertes por adulteración y delincuencia grave[57].

En el segundo apéndice, centrado sobre la legislación, se describían los inconvenientes del derecho en vigor, se criticaba a los agentes federales que intimidaban al personal terapéutico y se proponía evitar de raíz la criminalidad suministrando a los adictos sus drogas. Confirmando la postura de la Academia de Medicina de Nueva York, el *Report* apoyaba la existencia de clínicas de mantenimiento, y sugería que la decisión de someterse a tratamiento fuese siempre voluntaria.

1. En busca de una solución negociada

La respuesta de la Oficina Federal de Estupefacientes era previsible. Los editores del informe fueron acusados de connivencia con los traficantes, irresponsabilidad y antipatriotismo. A través de su director, Anslinger, la FBN hizo agoreros pronósticos sobre el futuro de

---

57.- En realidad, el sistema resultaba frustrante para el *junkie* en cuanto tal, debido a la comodidad y baratura del suministro.

un país desorientado por liberales bisoños. Ahora no sólo había que luchar contra la plaga de *dope fiends*, sino contra sus defensores en el estamento médico, jurídico y judicial, más atentos a utopías de intelectuales izquierdistas que a los principios del Sueño Americano.

Sin embargo, a pesar de sus ruidosas protestas, Anslinger anticipó que los tribunales iban a producir pronto alguna desagradable novedad, y que en tales condiciones lo mejor era aprovechar el apoyo incondicional del Congreso y el Ejecutivo. Si esas ideas acabaran imponiéndose, arguyó, las necesidades de control se dispararían. Lo apropiado para evitar desmoralización en su Oficina, tanto como pánico en el país, era aumentar drásticamente los medios disponibles. El razonamiento le fue aceptado sin esfuerzo, y desde principios de los años sesenta la FBN pasa de trescientos agentes a tres mil[58], elevándose antes de transcurrir la década a diez mil. Esta orientación y sus frutos fueron el último legado del hombre a quien se llamó «Zar de la Prohibición» por su capacidad para influir a nivel tanto nacional como internacional. Un año más tarde restringía sus desvelos a presidir la representación americana en organismos dedicados a la fiscalización internacional de estupefacientes, usando el tiempo libre para poner por escrito sus memorias.

En realidad, le impulsaba a dimitir una mentalidad que había llegado a dejarse oír en el Congreso, un feudo de prohibicionismo irreductible hasta entonces. S. Fiddle presentó un inteligente informe ante la Cámara Alta, donde se describía la subcultura *junkie* como «ideología de la justificación»[59]. El usuario cotidiano de opiáceos no era un ser diabólico o comunista, que tratara de crear prosélitos infantiles por mero gusto, como las antiguas brujas, sino alguien que precisamente en virtud de esos clichés se justificaba ante la sociedad, ante las amistades, ante la familia y ante sí mismo. Su constelación psíquica le inclinaba a sentirse víctima impotente de su falta de vo-

---

58.- *Cfr.* Musto, 1973, pág. 212.

59.- U.S. Senate, Com. on the Judiciary, Subcom. to Investigate Juvenile Delinquency, *Hearings*, sept. 2021, 1962, pág. 13.

luntad y la persecución policíaca. Reducido a lo esencial «simplemente dramatizaba una acuciante necesidad de ayuda»[60], o «el deseo de que llegue la muerte y la falta de valor para dar el paso decisivo»[61].

En este preciso momento, no había más perspectiva que arriesgar una guerra aún más abierta con el estamento jurídico, médico y científico o hacer ciertas concesiones. En otras palabras, otorgar a dichos estamentos ciertas competencias, procurando no despojar de las suyas a los represores. Es el punto de vista que consagra la Convención Única sobre Estupefacientes de 1961, cuyo preámbulo reconoce que «el uso médico de los estupefacientes continuará siendo indispensable para mitigar el dolor», y afirma que «se garantizará su disponibilidad». Tras firmar Estados Unidos el tratado, no le quedaba en principio a la FBN más remedio que devolver al estamento médico parte de sus prerrogativas, a cambio de que procediera sin escándalo para la gente. En justa correspondencia, la FBN aseguraba que se dedicaría —al fin— a acabar con los grandes traficantes, sin perturbar el trabajo de médicos y farmacéuticos con maniobras de *entrapment*.

Sumándose a la renovación generalizada, el poder judicial americano despenalizó el simple consumo de drogas prohibidas (a cambio de público arrepentimiento, y actos claramente demostrativos del mismo), pues a su juicio dichas personas no eran por naturaleza monstruos criminales sino «enfermos». La sentencia histórica es un fallo unánime, firmado por el presidente del Tribunal Supremo Federal, W. O. Douglas:

> «El adicto no es libre para gobernarse sin ayuda exterior [...]. Si los adictos pueden ser castigados por su adicción, el demente puede también ser castigado por su demencia»[62].

60.- Baselga, 1974, pág. 52.

61.- Behr, 1981, pág. 245.

62.- *Robinson y. California*, 370 U.S. 671, 6-4-1962.

Así, tras varias décadas de situación jurídicamente irregular, el *status* del usuario de drogas ilegales se equiparaba en términos generales al del bebedor de alcohol durante la ley Seca. Desde 1914, el fenómeno se había perseguido como perseguían los antiguos la impureza, considerando contaminado todo objeto próximo a sus manifestaciones. Ahora se consideraba inevitable distinguir traficantes y usuarios.

El factor decisivo en esta transición bien pudo ser los ataques de psicólogos, psiquiatras y sociólogos. Con todo, podían observarse diferencias muy marcadas entre unas críticas y otras. Un grupo no rechazaba el hecho mismo de reprimir el consumo voluntario de ciertas drogas, sino el intento de solucionar la cuestión con métodos sólo punitivos. El núcleo radical sospechaba que los progresos en despenalizar el uso podrían encubrir una sustitución peligrosa, equiparable a colocar a Edgardo Moniz, Premio Nobel por su descubrimiento de la lobotomía, en el lugar de Elliot Ness y Anslinger.

2. La ideología farmacrática

Los radicales mantenían que el uso de tales o cuales drogas es un asunto privado y extralegal de los adultos, como lo demás de su dieta, donde penetraron las leyes por una dinámica equiparable a la persecución de libros, herejes o asistentes al Sabbat. Por tanto, la política a seguir sería desmontar paulatinamente los estereotipos desde las mismas instituciones que los habían difundido (prensa, Gobierno, corporaciones médicas), a fin de serenar la creciente conflictividad social surgida a su alrededor. Por supuesto, los consumidores de drogas que pidiesen asistencia social o tratamiento hospitalario serían tratados con los mejores medios disponibles.

Sin embargo, lo que se abría paso con el cambio —alegaban— ni siquiera era un régimen de hipocresía como el establecido para el alcohol por la ley Volstead. Los bebedores de alcohol no necesitaban ser «rehabilitados» institucionalmente, por lo cual su perjuicio se cifraba en altos precios, adulteración y contacto con grupos criminales de proveedores; junto a esos mismos inconvenientes, el usuario de opiáceos, cocaína y marihuana era declarado un «enfermo», igual por completo a quien sufre úlcera péptica o pulmonía, salvo en que su enfermedad se consideraba epidémica y sería tratada con cuarentenas. El alcohólico era un vicioso, pero el adicto y hasta el simple usuario esporádico de otras drogas no padecían un vicio, sino un ente clínico específico —la «toxicomanía»— hasta entonces desconocido en todos los tratados de patología. En realidad, no figuraba allí por el mismo motivo de que no figuraban tampoco artículos sobre la insolencia, la glotonería, la obscenidad y otros rasgos del carácter.

Si el adicto no era «libre para gobernarse sin ayuda exterior», consciente o inconscientemente prosperaba la vieja propuesta del fundador de la psiquiatría, Benjamín Rush: tratar a la humanidad como algo formado por «locos en sentido amplio». El presidente de la Asociación Psiquiátrica Americana en esos años, K. Menninger, expresaba con edificante convicción la necesidad de acabar con el «crimen del castigo», sustituyéndolo por la «firme resolución del tratamiento». La tesis de *The Crime of Punishment*, su superventas, era que un paternalismo sofisticado debía suceder a los métodos bárbaros de otros tiempos:

> «Cuando una comunidad empieza a contemplar la expresión de conducta agresiva como síntoma de una enfermedad, es porque cree que los médicos pueden rectificar esta situación. Actualmente, los individuos mejor informados creen y esperan eso […]. Sencillamente no es cierto que la mayoría de la gente sea "plenamente consciente" de lo que está haciendo, ni es cierto que no desee ayuda de nadie, aunque algunos lo digan»[63].

63.- Menninger, 1968, págs. 257-261.

Efectivamente, varios lo estaban diciendo con amplio aparato crítico y cáustico estilo. El médico y psicoanalista T. Szasz tenía ya publicado *El mito de la enfermedad mental*, un alegato que completaría años después con *La fábrica de demencia*[64], donde diseccionaba la ideología bautizada por él como «terapeutismo». A su juicio, la oferta de Menninger y sus defensores sólo tenía un barniz humanista, bajo el cual yace, inmodificada, la barbarie más arcaica: el negocio de manipular las vidas ajenas, sumado a la ambición de fundir la Medicina y el Estado.

La primera suposición confortable del terapeutismo —argumentó Szasz— es que el «enfermo» llamado toxicómano desea curarse, y que antes del tratamiento obligatorio sus facultades intelectuales como adulto de la especie humana están obnubiladas por los paraísos artificiales del estupefaciente. Ahora bien, ¿qué sucede si el sujeto no renuncia explícitamente a ese deseo, y es alguien como Freud, por ejemplo, que usa «estupefacientes» de modo regular? Aceptadas las premisas de Menninger, sólo caben dos alternativas: tenerle por delincuente (y castigarle por un delito de pensamiento como «apología de la droga»), o considerarle no ya un simple enfermo sino un demente grave, ante el que procede usar los remedios psiquiátricos tradicionales (coma insulínico, electroshock, camisa de fuerza, reclusión, lobotomía, malarioterapia, etc.). No obstante, el individuo sigue siendo idéntico, y el ejemplo pone de relieve que sencillamente se le pide fariseísmo si no quiere ver desenvainado el sable envuelto en sedas. Sigue negándose lo esencial —que el llamado toxicómano es *alguien que usa ciertas drogas*—, pues si en un principio aparecía como «diablo» ahora se presenta como «enfermo», justificando en ambos casos un avasallamiento de su voluntad.

La conversión religiosa forzada, anticipó Szasz, será sucedida por el cambio forzado de personalidad mediante psicoterapia, con lo cual queda vigente la barbarie nuclear de omitir el derecho a la

---

64.- Szasz, 1970.

responsabilidad propia, corolario inexcusable de la libertad. Con la presunción de que nuestros semejantes «no son plenamente conscientes de lo que están haciendo» un amplio campo de desviaciones —no sólo la automedicación, sino la excentridad sexual, las tendencias suicidas y muchos otros «desequilibrios de la personalidad»— se convertirán también en enfermedades requeridas de tratamiento forzoso. La psiquiatría se ofrece así al Estado contemporáneo para cumplir las funciones desempeñadas en el Estado teocrático por el estamento clerical. Y el humanitario criterio olvida que recibir «tratamiento» por desequilibrios tales muy bien puede llevar la vida entera, pues para ese tipo de cosas no hay más terapia eficaz que la buena fe, una libre y espontánea voluntad de cambiar[65]. En realidad, bastan unas semanas de clínica obligatoria para torturar a cualquier sujeto, arruinando su equilibrio mental con la compañía y la física con el arsenal de recursos psiquiátricos. Además, un tipo de tratamiento semejante produce en la sociedad tanta sospecha y hostilidad hacia quien lo padece como la etiqueta de criminal puro y simple, con la agravante de que se minimizan para él las garantías ordinarias de los códigos penales[66]:

> «De todas las tiranías, la que se practica sinceramente por el bien de sus víctimas puede ser la más opresiva. Ser curado contra la voluntad de uno, y curado de cosas que podrían no considerarse enfermedad, significa ser puesto al mismo nivel que los niños pequeños, los imbéciles y los animales domésticos»[67].

En definitiva, los radicales esgrimían el argumento de Jefferson para introducir la Enmienda sobre libertad religiosa: «las leyes se refieren

---

65.- *Cfr.* Szasz, 1981, págs. 199-207.
66.- *Cfr.* Kitrie, 1971, pág. 17.
67.- Lewis, 1953, pág. 225.

a lesiones provenientes de otros, no de nosotros mismos»[68]. Ninguno criticaba que un adicto acudiese a alguien en busca de ayuda para superar su vicio. Pero se trataba de un vicio precisamente, una flaqueza de la voluntad como la cobardía o el parasitismo, y no una enfermedad infecciosa como la sífilis o el catarro. El problema empezaba cuando en vez de acudir al terapeuta en busca de ayuda el sujeto era obligado a una «rehabilitación», tanto más improbable cuanto menos buscada voluntariamente por él. Una cosa es no abandonar a quien pide ayuda, y otra —por completo distinta— pretender prestársela a la fuerza. El precio de esto último es sencillamente la ineficacia, la escandalosa proporción de fracasos que caracteriza a todas las variantes de «rehabilitación» impuestas de modo coactivo.

a) Cristalización teórica del radicalismo. El punto de vista de la sociología como ciencia —en el sentido de no admitir como explicación de los hechos sociales cosa distinta de hechos sociales previos— alcanza su expresión más acabada en los trabajos de H. Becker, que comienzan con un análisis de los consumidores de cáñamo en Estados Unidos y se redondean luego en una teoría general de la desviación[69], conocida también como «enfoque interaccionista»[70]. Haciendo uso de conceptos como etiquetamiento (*labelling*) e «interpretación», Becker sugirió que no sólo el consumidor de drogas ilícitas, sino otros desviados eran consecuencias precisas de *enseñanzas* impartidas por aquellos mismos que pretendían reprimir la desviación. Por lo mismo, la llamada toxicomanía contemporánea era ante todo un fenómeno de aprendizaje, y cualquier esfuerzo por comprenderlo fuera de esas premisas estaba condenado al fracaso y la incoherencia metodológica. Frente al esquema sociológico tradicional, basado en la desviación como algo inherente al desviado, que

---

68.- Jefferson, 1987, pág. 427.
69.- Becker, 1963.
70.- Sobre la corriente interaccionista, *cfr.* Rubington y Weinberg, 1978.

influía sobre otros comunicándoles elementos desintegradores, Becker puso de relieve que los individuos interiorizaban pautas y valores previos, impuestos por grupos dominantes, siendo ese modo de interiorizar —la «interpretación»— aquello que en definitiva determinaría las características del fenómeno[71]. Era la «etiqueta», *interpretada*, lo que convertía tendencias difusas en cauces definidos de comportamiento.

Pero si la perspectiva de la interacción proporcionaba un modo técnico de analizar profecías autocumplidas, aproximadamente por los mismos años en que Becker elaboraba su teoría de los *outsiders* otro sociólogo y jurista, E. Schur, extraía las consecuencias del punto de vista radical en la idea de los «crímenes sin víctimas»[72]. Ya a mediados del siglo XIX, al redactar su famoso ensayo sobre la libertad política, J. Stuart Mill había dicho que «nadie puede legítimamente ser obligado a hacer o a no hacer porque […] en opinión de otros sería prudente o incluso correcto»[73]. Con este principio como norte, Schur planteó a diversos niveles el nexo entre derecho positivo y moral, proponiendo que violenta la naturaleza de la ley reconocer como delito algo que no genere un daño físico o patrimonial a otro, denunciado por ese otro o por sus deudos. Usar ciertas drogas era sólo uno entre otros muchos crímenes sin *corpus delicti*, donde se convertía en tal un instrumento idóneo, como sucedía con la homosexualidad, el pacifismo, la prostitución, la eutanasia, el juego en lugares no autorizados, la pornografía, etc. Allí no había sino «el intercambio voluntario, entre adultos, de bienes y servicios muy solicitados»[74].

Por consiguiente, puede decirse que en la primera mitad de los años sesenta se hallaba totalmente construido un discurso crítico contra la prohibición, tanto a nivel político y jurídico como socioló-

---

71.- Becker, 1963, págs. 8-9.

72.- Schur, 1965.

73.- Parafraseando a Jefferson, Mills decía que «el único fin que legitima el ejercicio del poder sobre cualquier miembro de una comunidad civilizada, contra su deseo, es prevenir el daño a los demás».

74.- Schur, 1965, pág. 169.

gico y psiquiátrico. En esencia, se trataba de tres argumentos conectados entre sí: *a*) el fenómeno recibe una definición estereotipada, que genera su distorsión; *b*) el Estado no tiene derecho a proteger a los adultos de sí mismos y *c*) la ilegalización de ciertas drogas no sólo es ineficaz, sino contraproducente a efectos de evitar abusos en su administración.

Por contrapartida, a los intereses y valores que aconsejaban mantener el sistema acababa de añadirse el terapeutismo, una posibilidad aún virgen que prometía dar trabajo a una gama prácticamente ilimitada de «expertos». La farmacracia propiamente dicha sólo se constituye cuando a los represores y a las organizaciones de tráfico ilícito se añade este tercer sector, cuyo moderado reformismo irá absorbiendo una parte cada vez más considerable de los fondos que vayan destinándose a combatir el «abuso de drogas».

Pero antes de describir lo que acontece en la segunda mitad de los años sesenta conviene atender a las drogas consumidas desde la ley Harrison hasta la Convención Única de 1961. Sólo así acaba de definirse la polémica entre represivos, terapeutistas y radicales, no menos que la verdadera situación farmacológica.

6

Condiciones de la
paz farmacrática

«En otro tiempo se creía que la coacción en materia de enseñanza
religiosa estaba justificada por el juicio infalible de un Papa; hoy se
supone justificada por el juicio infalible de un Parlamento, y he ahí
cómo —bajo penas de prisión para quienes se resistan— se establece
una educación mala en el fondo, mala en la forma y mala en el orden».
H. Spencer, *Principles of Sociology.*

La solución de compromiso que hemos visto gestarse en Estados
Unidos aparece de modo ejemplar en la Convención Única sobre
Estupefacientes, compromiso firmado por 74 naciones —una cifra
record— en 1961. La primera línea del texto menciona como fundamento de sus provisiones una «preocupación por la salud mental
y moral de la humanidad», que se mantendrá para lo sucesivo en
todos los convenios internacionales. Este instrumento es el modelo
de la orientación represivo-terapeutista que comienza a abrirse paso
como pauta a la vez civilizada y firme en el campo:

«Cada una de las Partes se obliga a adoptar las medidas
necesarias para que la producción, preparación, posesión,
ofertas en general y transporte de estupefacientes [...] se
consideren como delitos, y que los graves sean castigados en
forma adecuada, específicamente con penas de prisión.

No obstante, las Partes podrán en vez de declarar culpables o sancionar penalmente a esas personas, o además de declararlas culpables o de sancionarlas, someterlas a medidas de

tratamiento, educación, postratamiento, rehabilitación y readaptación social»[1].

La esencia del precepto es precisamente formular una amplia propuesta de colaboración con toda clase de «expertos» no policiales:

> «Las Partes prestarán atención especial a la prevención del abuso de estupefacientes, y a la pronta identificación, tratamiento, educación, postratamiento, rehabilitación y readaptación social de las personas afectadas.
> Las Partes fomentarán, en la medida de lo posible, la formación de personal para el tratamiento, rehabilitación y readaptación social de quienes abusen de estupefacientes»[2].

Uno de los aspectos destacables de la Convención es la diferencia entre *use* y *abuse*[3], que se desliga claramente de consideraciones farmacológicas. Alguien podía tomar una sola vez cierta droga, en dosis prudente y sin efectos secundarios indeseables e incurrir en *abuse*, mientras otro podía atiborrarse de ella crónicamente, e incluso fallecer por sobredosificación, y tratarse siempre de *use*. Lo que distingue el uso del abuso de drogas —el «consumo» del «uso indebido», empleando la terminología española— es «la autorización legal»[4] exclusivamente; de ahí que no pueda existir abuso cuando la droga «haya sido entregada a una persona o empresa para uso médico o investigación científica»[5]. En contrapartida, jamás será uso —sólo abuso— el empleo tradicional —que la Convención llama «casi médico»— y el lúdico, llamado en algunos momentos «no médico» y en otros «mal grave».

1.- Art. 36.

2.- Art. 38.

3.- *Use* se traduce oficialmente al castellano por «consumo», y *abuse* por «uso indebido». Por las razones que veremos, es una versión muy fiel al espíritu de la norma.

4.- Art. 32.

5.- Art. 2, 2.

Sumando unas cosas y otras, la Convención Única se presentaba como un texto «progresista», claro producto de la tranquilidad reinante. Como siempre, Norteamérica era quien tenía mayores problemas, ahora debidos a la aparición del *junkie*. Sin embargo, no se oponía a una norma «moderna», con formas alternativas de lucha contra el azote toxicómano, y se había reservado una estipulación concreta para no verse obligada a admitir incondicionalmente el terapeutismo. «No podrá presumirse que está vedado a las Partes», decía esa cláusula, «adoptar medidas de fiscalización más estrictas o rigurosas que las previstas en esta Convención»[6]. Además, el tratado contemplaba la creación de un nuevo organismo, la Junta Internacional de Fiscalización de Estupefacientes, que seguiría contando con una clara mayoría de personal extrafarmacológico. Concretamente, tendría tres miembros «con experiencia médica, farmacológica y farmacéutica» y diez elegidos entre «personas propuestas por los Estados Miembros»[7]. El sector policial no iba a quedar en minoría, o siquiera en igualdad.

Por último, debe observarse que con esta Convención se inaugura el sistema de las Listas. La primera de ellas contenía opio, morfina, cocaína y cerca de ochenta substancias más (incluyendo la metadona) que se asimilaban a los opiáceos, aunque fuesen sintéticas. La segunda contenía ocho —con la codeína como fármaco principal— y exigía medidas mucho menos severas de fiscalización. En la tercera Lista, dispensable sin receta prácticamente, entraban los preparados de substancias de la segunda cuando estuviesen mezclados con otros ingredientes, así como los preparados donde la cocaína, la morfina y el opio no excediesen de cierta proporción. En la cuarta y última, sometida a control extraordinario, por componerla «estupefacientes particularmente peligrosos», figuraban dos opiáceos sintéticos, la heroína y «el *cannabis* y su resina».

6.- Art. 39.

7.- Art. 9.

Es pertinente aclarar que, salvo opiáceos naturales, cocaína y cáñamo, esas noventa y tantas substancias psicoactivas habían venido usándose libremente durante décadas (en ciertos casos más de medio siglo), y muchas de ellas a título de panaceas terapéuticas, como en su día los «estupefacientes» ya tradicionales. Pero antes de aludir a la historia de algunas conviene atender a las drogas *ausentes* de la Convención Única. Eso servirá para calibrar hasta qué punto era o no farmacológico el concepto de droga y el de estupefaciente.

I. Los estimulantes lícitos

Las anfetaminas son sucedáneos sintéticos de un alcaloide de la *ephedra vulgaris*, usada durante milenios por los herbolarios chinos como antiasmático[8]. La producción y comercialización de la primera anfetamina comienza en Estados Unidos hacia 1930, cuando todavía está en vigor la ley Seca, para mantener despiertos a sujetos sobredosificados de hipnóticos o sedantes. Poco después aparecen en las farmacias unos inhaladores recomendados para rinitis, coriza, catarro común y alérgico y todo tipo de congestiones nasales. La bencedrina penetra en el mercado así, bajo la forma de sustituto para la privina y otras gotas nasales, tal como cuarenta años antes la heroína se había abierto camino prometiendo curar la tuberculosis. Algo más tarde se comercializa en forma de píldoras contra el mareo y la obesidad, para luego emplearse en clínica como antidepresivo. Esta picaresca de los laboratorios no proviene de ignorar que venden el más activo estimulante descubierto, sino de los principios farmacráticos que prohíben ofrecer abiertamente los efectos eufóricos, sugiriendo vías indirectas para llegar al usuario.

Tras la bencedrina, aparece en farmacias uno de sus isómeros, la dexanfetamina o dexedrina, y en 1938 la metanfetamina. Atendien-

---

8.- En 1885 el japonés Nagai aisló la efedrina, y en 1926 el chino Chen estudió su empleo clínico.

do a su acción sobre el ánimo, estas sustancias pertenecen al mismo tipo de agentes que la cafeína y la cocaína, a quienes sustituyen con ventaja por potencia. Su efecto es tan parecido al de la cocaína que en la Universidad de Chicago un equipo de investigadores verificó experimentalmente la total incapacidad de cocainómanos inveterados para distinguir inyecciones intravenosas de ambas substancias[9]. Sólo la duración mucho mayor del efecto permitía a los sujetos deducir que habían recibido anfetamina. Como una especie de cocaína fuerte, algo áspera, estas aminas guardan con el hermano menor una relación semejante a la de un vino con un licor; todo lo que se puede decir positiva y negativamente de una puede decirse, amplificado, de las otras. En el lado de lo favorable había que incluir inducción de vigilia y atención, sensación de claridad y fuerza mental, tono anímico alto y resistencia ante la fatiga de todo tipo. En el otro lado se encontraban costes orgánicos y mentales. Sometidos a autopsia, los cadáveres de adolescentes adictos a lo que comienza a llamarse «velocidad» (*speed*) revelarán un deterioro visceral semejante al de ancianos de setenta. Una psicosis tóxica o la muerte pueden producirse con dosis inferiores a un décimo de gramo[10], y el uso crónico produce insomnio, inapetencia y excitabilidad agresiva[11], cuando no una demencia paranoica permanente[12]. A estos inconvenientes se añade la extraordinaria tolerancia inducida. Un consumidor asiduo puede administrarse treinta o cincuenta veces la dosis capaz de provocar un ataque de locura furiosa en un neófito, con las graves consecuencias generales aparejadas a ello, pues el relativo control psíquico bajo esas enormes dosis no evita un correlativo deterioro orgánico y especialmente neurológico. En esto sobre todo —y en el hecho de ser ocho o diez veces menos tóxica— reside la ventaja de la cocaína sobre las

---

9.- *Cfr.* Van Dyke y Byck, 1982, pág. 100.

10.- 100 miligramos de simpatina mataron a un soldado italiano de veinticinco años en 1941; *cfr.* Pontrelli, 1942, pág. 847; en Varenne, 1973, pág. 349.

11.- *Cfr.* Aparicio, 1972, págs. 515-520.

12.- *Cfr.* Connell, 1968, pág. 44.

anfetaminas, pues el consumo de la primera apenas desarrolla tolerancia y el fármaco se metaboliza muy rápidamente, mientras las segundas se metabolizan de modo lento[13].

1. Empleos militares y deportivos

Con las hojas de coca el divino Manco Capac había donado a su pueblo una droga para luchar por la vida en condiciones penosas. Con estas aminas, los Estados Mayores de los principales contendientes en la Segunda Guerra Mundial regalan a sus tropas algo que enmascara la fatiga, prolonga la vigilia y despeja talantes depresivos. Los barcos que avituallan a los bandos en lucha durante la guerra civil española son el primer banco de pruebas, poco después seguido por tropas paracaidistas alemanas en maniobras[14]. Militarmente, el resultado se considera satisfactorio en ambos casos.

Faltan, como es comprensible, datos exactos sobre cantidades usadas por los distintos ejércitos en la contienda. Hay quien dice que Hitler dio órdenes personales de suspender su empleo en algunos campos de batalla, por considerar que causaba estragos superiores a los combates[15]. Según datos oficiales del *Ministry of Supply*, el ejército inglés había repartido ya unos ochenta millones de comprimidos en 1942, especialmente entre aviadores aunque también para las tropas del norte de África; el criterio era no superar los 10 mg. cada doce horas[16], cantidad que equivale a un cuarto o quinto de gramo de cocaína. En la primavera de 1941 los periódicos ingleses lo comentaban abiertamente, y uno llegó a componer su primera página con el titular: «La *Methedrina* gana la Batalla de Londres»[17]. Sin tanta publicidad, la situación es análoga en Italia, donde se mencionan casos de

---

13.- *Cfr.* Varenne, 1973, pág. 370 y pág. 372.

14.- *Cfr.* Laurie, 1969, pág. 83.

15.- *Cfr.* M. Colinon, en Varenne, 1973, pág. 348.

16.- *Cfr.* Laurie, *ibíd.*, pág. 83.

17.- *Cfr.* Brau, 1973, pág. 89.

sobredosis graves y alguno de soldados muertos. Los pilotos japoneses, especialmente los *kamikazes*, vuelan literalmente embalsamados en metanfetamina. A partir de 1943, cuando el futuro parece más halagüeño, Inglaterra reduce las dosis de la fuerza aérea, tras algunos episodios de hiperexcitación en sus pilotos que conducen a errores infantiles en el aterrizaje, e incluso a aterrizajes inconscientes en aeropuertos enemigos[18].

Japón, en cambio, ve que la guerra se pierde y aumenta su producción hasta niveles apenas conjeturables. Al firmar la paz, los excedentes almacenados desaparecen y, en 1950, el país tiene una cifra próxima al millón de adictos delirantes, y varios millones más no tan suicidas[19]. Tras favorecer su empleo durante el glorioso sacrificio imperial, el gobierno se ve ahora obligado a encarcelar a una media de 60.000 personas al año por tráfico ilícito. Más de la mitad de los homicidios son perpetrados por maníacos anfetamínicos, miles de personas son hospitalizadas al año con diagnóstico de esquizofrenia furiosa por esto mismo y un número indeterminado contrae lesiones cerebrales permanentes. La mayoría de los usuarios sin control se inyectaban el producto: un 89 por 100 estaba entre los diecinueve y veintinueve años, correspondiendo al grupo de edad niño o adolescente durante la guerra[20].

Junto a esos usos bélicos, o de posterior y maníaco duelo, las anfetaminas inauguraron el *doping*. Uno de los más conocidos casos fue el ciclista inglés T. Simpson, campeón del mundo, que cayó muerto mientras trataba de escalar un puerto con ayuda de «*maxitón*», una metanfetamina. En ciclismo se dieron los casos más sonados, como

---

18.- *Cfr.* Varenne, 1973, pág. 348.

19.- *Cfr.* K. Morimoto, 1957, y M. Nagahama, 1968.

20.- Jamás se tomó tanta cocaína en Alemania como durante la República de Weimar, tras la derrota en la Primera Guerra Mundial. El caso japonés presenta también ciertas analogías con el chino durante el siglo XIX. En China se trataba de una droga analgésica, mientras en Japón y Alemania eran estimulantes, pero en ambos casos los fármacos habían pasado de la legalidad a la ilegalidad coincidiendo con muy graves conflictos internos y externos. Se diría que las sociedades sólo son «invadidas» por drogas —o dejan de mostrar mesura en el consumo de las tradicionales— cuando factores más básicos alteran su modo de vivir. Y no a la inversa, como viene siendo mantenido.

cuando una vez veintitrés corredores se sintieron enfermos al tiempo, saliendo de Luchon, y el médico de la carrera los vio «babeantes, en un estado desastroso, con todos los signos de intoxicación por anfetaminas»[21]; ese mismo año —1962— «fue preciso poner camisa de fuerza a un ciclista porque sufría crisis demenciales»[22], tras administrarse 100 comprimidos de *Tonedrón* (otra metanfetamina) para correr mejor. En realidad, los inventores del *doping* habían sido los principales contendientes en la Segunda Guerra Mundial.

2. Usos clínicos

Por la naturaleza de sus efectos, estas substancias estaban destinadas a usarse como antidepresivos y fármacos de apoyo para un rendimiento en el trabajo. Pero desde 1945 su prestigio es tal que la psiquiatría comienza a emplearlas por vía intravenosa en el tratamiento de la depresión y la histeria, generalizándose la técnica del llamado *shock* anfetamínico[23]. Ya por entonces hay indicios, luego confirmados, de que la administración en dosis altas puede producir lesiones neurales irreversibles; poco después se comprueba que la administración intravenosa produce al cabo de diez años psicosis paranoica en el 44 por 100 de los casos[24].

Hacia 1950 aparecen en el mercado compuestos que combinan barbitúricos y anfetaminas, reduciendo cada una de las substancias los efectos a la larga insufribles de la otra. Con esas combinaciones los médicos podían diagnosticar y tratar en cuestión de pocos minutos una depresión leve, una inexplicable indolencia o un apetito que desembocaba en obesidad. Las farmacias venden centenares de marcas en los distintos países a partir de entonces, cuando se descubren

---

21.- *Cfr.* Varenne, 1973, pág. 368.

22.- *Ibíd.*, pág. 369.

23.- *Cfr.* Aparicio, 1972, pág. 499

24.- *Ibíd.*, pág. 503.

también sucedáneos muy potentes como la fenmetracina[25]. Pronto las cifras de venta muestran que en Europa y América los consumidores cotidianos se cuentan por millones.

Al mismo tiempo, se descubre que estas drogas aumentan el cociente de inteligencia —medido por tests— en una proporción de ocho puntos, según las pruebas psicométricas simples[26]. En Estados Unidos, cuando todavía no ha terminado la guerra, un par de experimentos hechos con niños perturbados indican que «durante el período de medicación con bencedrina la sociabilidad, la cooperación, la atención y la actividad parecieron incrementarse»[27]. Ocupándose personalmente del tema, uno de los principales psicólogos de la época, H. J. Eysenk, postuló que estas aminas impulsaban al individuo hacia la introversión y disminuían la inhibición nerviosa; por eso las consumirían amas de casa y jóvenes, grupos proverbialmente acosados por el aburrimiento y la falta de motivación.

En ciertas ciudades inglesas investigadas —como Newcastle— el 85 por 100 de los usuarios inveterados son efectivamente amas de casa, aunque en otras áreas el público abarcaba también ejecutivos, hombres mayores y adolescentes. Esto último, que comenzó como moda en Londres y San Francisco hacia 1960, suscitó escándalo y curiosas polémicas. Por aquellos años, cuando se iniciaba una liberalización de las relaciones sexuales, los adolescentes solían reunirse en grupos para pasar el fin de semana en casa de alguno, usando como vehículo de ebriedad anfetaminas en vez de alcohol. Solían ser moderados en la dosis, según una conocida periodista inglesa, que publicó varios artículos defendiendo la costumbre como un progreso respecto de hábitos previos. «Los chicos», alegaba, «quieren niveles superiores de conciencia, no escapatorias. La confianza y la claridad que las anfetaminas les proporcionan son completamente diferentes

---

25.- Comercializada como «preludín», «minilip», etc.

26.- Cfr. Sargant y Blackburn, 1963, pág. 1385; en Laurie, 1969, pág. 201. Freud sostuvo lo mismo sobre la cocaína, haciendo experimentos en 1885.

27.- Cfr. Eysenck, 1964.

de las que obtenían los borrachos pendencieros de las generaciones previas»[28]. Y, efectivamente, la embriaguez juvenil parece haber experimentado por esos años un descenso, tanto en Inglaterra como en Estados Unidos[29].

Sin embargo, la alarma creada por el uso de los jóvenes hace que a mediados de la década empiecen a tomarse medidas restrictivas, entre las cuales destaca por su severidad la *Drugs Act* americana de 1964, centrada específicamente sobre anfetaminas y combinaciones de anfetamina y barbitúrico. El único país occidental que no toma medidas es España, a cuyas farmacias acuden desde toda Europa personas que compran cartones de cajas de anfetaminas, barbitúricos y otros tranquilizantes o hipnóticos. La situación es tan ostensible que todos esos productos comienzan a llamarse no sólo por los consumidores sino en el foro internacional «droga española». Aunque no se incorporan al grupo de los «estupefacientes», ni se incluyen en ninguna reglamentación internacional, las medidas restrictivas producen un importante mercado negro y endurecimiento del uso, que comienza a multiplicar las muertes por sobredosis y los casos de trastorno mental pasajero o permanente. En Suecia, por ejemplo, uno de los adelantados en esa política, se plantea una situación que guarda ciertos parecidos con la japonesa. Tras tener, durante los años cincuenta, las calles y la prensa llenas de anuncios como «dos comprimidos son más eficaces que un mes de vacaciones»[30], las autoridades descubren que unas 100.000 personas, sobre todo jóvenes, se inyectan diariamente en vena, cuando el país tiene apenas seis millones de habitantes[31]. El principal fármaco abusado aquí, como en Alemania, Checoslovaquia, Polonia, Francia, Bélgica e Inglaterra es ahora la fenmetracina, vendida como anoréxico y adelgazante.

28.- A. Sharpley, *Evening Standard*, 4-2-1964, pág. 9, y 6-2-1964, pág. 5.

29.- *Cfr.* Prev Williams, 1965.

30.- *Cfr.* Varenne, 1973, pág. 353.

31.- *Cfr. Informe sobre el vigesimotercer período de sesiones*, Comisión de Estupefacientes (ONU), Doc. E4606-Rev. I y E/CN 7/532/Rev. I (1969), pág. 9.

En los Estados Unidos, tras algunos años de uso «blando» los fines de semana, con la ilegalización rigurosa —penas de perpetuidad para los traficantes desde 1964— aparece el llamado *speed-junkie*, que suele ser un demente paranoico joven y tiene una esperanza de vida muy inferior a los *junkies* de opiáceos. Por otra parte, un gran número de americanos sigue consumiendo estos fármacos como artículos respetables de farmacia, que los psiquiatras y otros médicos dispensan todavía con liberalidad. Para ser exactos, la producción anual norteamericana para uso interno alcanza en 1966 la respetable cifra de 8.000.000.000 de píldoras (35 dosis anuales por cabeza, incluyendo niños), lo cual supone más de quinientas toneladas[32], produciendo casos realmente extraños. El uso de anfetamina en vena fue en 1972 un saludable tratamiento para John Kennedy y su esposa durante sus entrevistas en Viena con Kruschev, y a fin de administrarle las dosis viajó con él un médico de Nueva York, el doctor Jacobson[33]. Meses más tarde el gobernador de Nueva York, N. Rockefeller, dudaba entre la pena de muerte y la de perpetuidad para los traficantes callejeros de la droga con los mismos fines, ante una oleada de indignación de ciertos próceres negros, que pedían «aniquilar por completo a esos asesinos»[34].

3. El caso español

Mientras en el mundo occidental se producen estas reacciones encontradas, tras décadas de difusión masiva y oferta de anfetaminas como remedios inocuos, España está renovando su industria farmacéutica con los superdividendos que le produce ser el único comercializador sin trabas a nivel interno. En 1955 un corresponsal de la prensa española en París comentaba la brusca oscilación en

---

32.- Cfr. *Statistical Abstracts of the U.S.*, 1971, 92nd Annual Edition, pág. 75.

33.- Cfr. *N. Y. Times*, B. Rosenberg, «Amphetamines used by a physician to lift moods of famous patients», 4-12-1972, pág. 13.

34.- Cfr. *Human Events*, «Black leaders demand stiff drug penalties», 17-12-1973, pág. 17.

el consumo de la anfetamina más popular, que en junio —fecha de exámenes— vendía cien mil envases y en agosto apenas alcanzaba la décima parte. Un número considerable de estudiantes se servía de ellas para estudiar, muchas veces aconsejado por el médico de la familia y prácticamente siempre con el beneplácito de sus padres. En 1969, cuando están ya controlados —aunque laxamente— estos fármacos, y su prestigio terapéutico ha descendido notablemente; una investigación sobre 517 estudiantes españoles mostró que el 66 por 100 de los sujetos habían tomado o tomaban anfetaminas, y que el 50 por 100 las había tomado varias veces[35].

La cifra resultaba verdaderamente elevada —en términos relativos casi tan alta como la japonesa o la sueca— y, sin embargo, un 94 por 100 de los usuarios eran totalmente moderados y ocasionales. Además de los exámenes, aumentaban bruscamente la tasa de venta en las farmacias ciertas celebraciones, como los Sanfermines[36]. Pero también los boticarios de Pamplona aclaraban que el consumo cedía bruscamente al cesar la fiesta. El caso, indiscutible, es que nunca ha habido en España ejércitos de *speed-junkies*, ni masiva administración en vena de estas drogas. Y tampoco puede explicarse la falta de problematicidad por algo semejante a un atraso español, como si llegasen al país los problemas siempre más tarde, pues en los años ochenta —cuando ha pasado la fiebre anfetamínica y no resulta fácil conseguir estos fármacos sin receta— sigue sin haber signos de conflicto alguno.

Desde luego, el motivo no ha sido que desapareciesen las anfetaminas de las farmacias. Aunque muchos estudiantes, amas de casa y empleados acabaron recurriendo a varios cafés muy cargados para lo que hacía un comprimido de *centramina* o *bustaid,* en 1979 las boticas españolas vendieron más de seis millones de envases (unos 130.000.000 de pastillas), y algo muy semejante sucedió en 1980[37].

35.- *Cfr.* Calcedo-Ordóñez, 1970.

36.- *Cfr.* Soria, 1954; en Aparicio, 1972, págs. 513-514.

37.- *Cfr.* Aguar, 1982, págs. 54-55.

Esa cantidad habría permitido sostener a cien mil enloquecidos de aguja. Ni antes ni entonces ni luego se ha producido cosa similar, indicando lo que acontece con una droga muy activa cuando coinciden las circunstancias de no recibir estigma, encontrarse pura y barata en las farmacias y no ser objeto de promoción propagandística por parte de fabricantes. Para entender el fenómeno parece oportuno contar también con la permisividad mostrada por los mayores ante el consumo entre los adolescentes, que evitó el *glamour* de lo prohibido en la época proverbialmente rebelde de la juventud. Puede decirse que la mayoría de los adultos españoles conocen bastante bien estos fármacos, y que una ínfima minoría —de personas no alborotadoras— abusa de ellos por problemas personales. De ahí que el mercado negro prácticamente no exista, en claro contraste con otros países menos permisivos.

El influjo de factores extrafarmacológicos en la determinación de una sustancia como droga peligrosa o útil medicina es manifiesta en el caso de estos estimulantes. Sin embargo, la conducta de Estados Unidos merece un breve comentario. Aunque sea allí donde primero se comercializan y fabrican industrialmente, las primeras noticias de abuso provienen de Alemania[38]. En los años cincuenta, cuando Japón sugiere oficialmente al Comité de Expertos de la OMS que estas sustancias se clasifiquen junto a la cocaína «por lo menos», y en realidad como fármacos más peligrosos que la heroína, las dos memorias[39] son recibidas amablemente y archivadas sin dilación. Incluso a mediados de los años sesenta, la FBN americana y las demás brigadas de estupefacientes del mundo, unidas doctrinalmente a ella, llegan a afirmar disparates como que «no producen tolerancia alguna ni tendencia a aumentar la dosis»[40]. Sólo cuando ya no está al frente de este organismo Anslinger caen bajo leyes represivas, e incluso entonces Estados Unidos no apoya

---

38.- *Cfr.* Varenne, 1973, pág. 349.

39.- T. Masaki, 1956; K. Morimoto, 1957.

40.- Todavía en 1968 el jefe de la Brigada Central de Estupefacientes española afirmaba textualmente eso; *cfr.* Mato Reboredo, 1969, pág. 30.

la iniciativa de que se conviertan en drogas sometidas a fiscalización internacional. Esto puede entenderse considerando que son productos sintéticos, exportados a países con subdesarrollo en vez de importados de allí, y capitalizan saneados royalties para los fabricantes americanos. Pero junto a ello está que los usuarios abarcan un amplio espectro de profesiones, sin ligarse a grupos pobres o marginados por otra causa, lo cual evita que se pongan en marcha mecanismos estigmatizadores ligados al prejuicio racial y social.

II. LOS BARBITÚRICOS

Los efectos generales de estas sustancias fueron mencionados antes con algún detalle[41]. Puede decirse que las anfetaminas estaban llamadas a provocar una clara ambivalencia —«público horror por el uso de los grupos adolescentes, pública complacencia por su necesidad en miles de hogares»[42]—, pues eran algo excelente y demoledor a la vez, puro *phármakon*, cuyo beneficio o perjuicio final dependería siempre de la ocasión y el modo de uso; no le faltaron por eso cantores, como antes los tuvieron el opio, la cocaína, el cáñamo o el vino, y entre sus usuarios muy asiduos se contaron pensadores como J. P. Sartre[43]. Pero nadie ha cantado los barbitúricos, porque nadie canta el aturdimiento en sí mismo. Tomando la palabra estupefaciente en su significado conceptual —algo que aturde (*stupefacit*) a su usuario—, podría decirse que los barbitúricos son las drogas con más capacidad para aturdir entre todas las descubiertas, si no fuese porque a finales de los años cincuenta aparecieron los llamados neurolépticos o tranquilizantes mayores, fármacos capaces de disputarles con ventaja tal honor.

41.- Véase más atrás, págs. 342 - 344.

42.- Laurie, 1969, pág. 97.

43.- *Cfr.* Legaroux, 1986, pág. 149.

No obstante, el aturdimiento se revela útil, especialmente a falta de opiáceos, y mucho más si el alcohol está prohibido, como aconteció en Estados Unidos cuando empezaron a invadir el país. Al igual que el alcohol, y al revés que los estimulantes, los barbitúricos son fármacos que excitan la extraversión y desinhiben, apreciados ante todo por introvertidos con dificultades para romper las barreras entre interior y exterior. Su efecto ostensible es una mezcla de embriaguez y sueño, acompañada del placer que para el acosado por su conciencia tiene el embotamiento, y de la satisfacción obtenida por el tímido cuando accede al más incondicional desparpajo.

El hecho de no ser considerados *narcotics* añadió a ese específico empleo el de sustituir a los opiáceos y hasta al alcohol, para usos duraderos que comportaban serios riesgos de adicción. Dado que hay posibilidad de síndrome abstinencial tomando un mínimo diario de 0,4 gramos durante cuatro semanas (siendo las dosis activas 0,1 ó 0,15), los peligros eran evidentes. Y mucho más si las píldoras se presentaban con el honorable título de «hipnóticos no opiados», producto de la moderna química de síntesis, sin los inconvenientes de un «estupefaciente». Atraído por la presentación, y el insomnio, un número ingente de personas pasó a tener un bote en la mesilla de noche siempre; de ese número una parte menor comenzó a usarlo todas las noches, y una parte aún menor comenzó a explorar los efectos de grandes dosis diarias. Sólo estos últimos caerían presa de una dependencia más intensa y perjudicial que la heroínica.

En 1965 Inglaterra tiene unos 135.000 individuos en esta situación[44], de los cuales aproximadamente el 8 por 100 sufre una intoxicación aguda al año. En 1962 un médico americano declara ante el comité especial creado por el presidente Kennedy que puede haber un cuarto de millón de norteamericanos adictos, y «son toxicómanos que ignoran su condición»[45]. En efecto, no era inusual el ingreso en

---

44.- *Cfr.* Bewley, 1966.
45.- Varenne, 1973, pág. 304.

hospitales de individuos completamente ajenos a padecer barbitu-romanías. Uno de los pacientes, ingresado en estado muy violento, sufrió tres ataques de gran mal epiléptico en rápida sucesión tres días después; averiguaciones ulteriores mostraron que había estado tomando amital seis meses, «para calmar los nervios»[46]. En Noruega, hacia 1958, el 75 por 100 de los adictos del país son barbiturómanos[47], y en Suecia el 70 por 100[48], siendo su edad media cuarenta y un años.

Que a comienzos de los años sesenta haya en Estados Unidos un cuarto de millón de barbiturómanos puede incluso considerarse conservador, atendiendo a los simples datos de producción, pues en 1960 el país está fabricando —para uso interno— 371 toneladas de estas substancias, y 400 en 1966[49], lo cual representa 26 tabletas aproximadamente por cabeza y año. En poder narcótico, esas 400 toneladas equivalen a unas 4.000 de opio en bruto. Es pertinente recordar que las primeras voces de alarma en Estados Unidos ante el problema de «narcóticos» se ligaron al descubrimiento de que el país importaba hacia 1900 unas 200 toneladas anuales de opio en bruto[50].

De hecho, con la ilegalización de los opiáceos no sólo el tipo de usuario respetable e integrado, anterior a los años treinta, sino toda la gama de adictos callejeros, pasa a usar crónica o esporádicamente barbitúricos en vena. En Lexington, por ejemplo, un tercio de los heroinómanos empleaban también estas substancias, y algunos dependían en realidad de ellas creyéndose atados a heroína, debido a su frecuente empleo como adulterante o sucedáneo. En los cincuenta y sesenta el mercado negro era ya en Estados Unidos tan turbio como en los ochenta. Según Trocchi:

46.- *Cfr.* Glatt, 1962.

47.- Kass, Rotterstol y Sirnes, 1959.

48.- *Cfr.* Varenne, 1973, pág. 305.

49.- *Statistical Abstracts of the US.*, 1971, 92nd An. Ed., pág. 75.

50.- Véase antes, págs. 435 - 436.

«La heroína se mezcla con toda clase de polvos adulterados hasta que al llegar a manos del usuario sólo queda el tres por ciento. Por lo general, se puede contar con ese tres por ciento. Pero hay veces que la codeína o un barbitúrico sustituyen a la verdadera sustancia [...]. Mientras te aturdan, valen».

A pesar de todo, los barbitúricos tenían buena prensa, y ante el aluvión de suicidios, casos de dependencia y accidentes, los expertos oficiales comentan que «sólo perjudican cuando se utilizan de manera abusiva»[51]. El criterio producía la natural irritación en farmacólogos menos politizados, ya que semejante circunstancia es aplicable a todas y cada una de las drogas psicoactivas, algunas sometidas a regímenes diametralmente opuestos. En Lexington se sabía ya desde los años cuarenta que ninguna dependencia era más destructiva para la personalidad[52]; concretamente, se sabía que los mismos sujetos «sometidos a dosis de heroína y morfina eran sensatos, prudentes, hábiles en sus trabajos y escasamente sexuados, mientras bajo el efecto de barbitúricos se convertían en individuos obstinados, y agresivos, capaces de masturbarse en público, que abrumaban con hipócritas disculpas sobre sus andares tambaleantes y farfulleos al hablar»[53].

También era cosa sobradamente conocida el carácter catastrófico del síndrome abstinencial de barbitúrico, más prolongado y con riesgos mucho mayores de muerte para la persona, tanto en la fase convulsiva como en la psicótica posterior. El individuo se encontraba entonces en la disyuntiva de arriesgar la muerte o conservar un vicio que destruía inexorablemente su vida social y su organismo. De hecho, su capacidad como eutanásicos fue lo único realmente descubierto por el público en general, aunque nunca figurase en los

51.- Varenne, 1973, pág. 295.

52.- *Cfr.* Isbeil, 1950.

53.- Laurie, 1969, pág. 74.

prospectos sin grandes rodeos eufemísticos. A título de último inconveniente, estas píldoras estaban produciendo en Norteamérica una media anual de mil muertes aproximadamente por sobredosis *accidentales*[54]; era el caso de sujetos que las ingerían estando muy ebrios, o que simplemente tomaban algunos comprimidos, se ocupaban un momento de otra cosa, olvidaban haberlo hecho y tomaban otra vez, como pudo acontecer con Marilyn Monroe.

Pero hasta que aparecieron el meprobamato y las benzodiacepinas no había otro recurso legal para «trastornos funcionales e insomnio», y las combinaciones de barbitúrico y anfetamina hicieron furor en las consultas, donde evitaban prolijos exámenes del paciente. Esto puedo atestiguarlo por mi propio progenitor, que recibió un preparado barbitúrico como tratamiento para molestias digestivas (probablemente psicosomáticas), y sin saber siquiera que usaba una droga acabó contrayendo una dependencia intensa, que duró hasta el fin de sus días[55]. No obstante, vale la pena observar que incluso sirviendo de cómodo expediente terapéutico para «los nervios», asequibles para todos, baratos y puros, los barbitúricos hicieron menos daño del que podrían haber causado.

Su imperio durante medio siglo sólo logró que dos o tres millones de occidentales se hicieran adictos y anduvieran el miserable camino ante ellos abierto. La inmensa mayoría de los ciudadanos tuvo durante meses o años el mismo bote de *seconal* o *nembutal* en la mesilla de noche, y lo usó con mesura. Al igual que sucedió con las anfetaminas, los barbitúricos no llegaron a simbolizar minorías sociales o étnicas, y la falta de estigma les mantuvo al abrigo de la pasión por lo prohibido. Salvo casos de engaño, puede asegurarse que quienes hicieron conscientemente un uso inmoderado de barbitúricos y anfetaminas durante el período de la paz farmacrática pertenecían al tipo de persona que tres o cuatro décadas antes abusaba de opiáceos y cocaína respectivamente.

54.- *Cfr. Encycl. Brit.* 5, pág. 1052 e.

55.- Sus familiares nos enteramos años después, al comprobar que el fármaco contenía básicamente amital.

III. Narcóticos semisintéticos y sintéticos

Hasta hoy, ninguna sustancia muy activa como analgésico ha estado desprovista de poderes «adictivos», entendiendo por ello que su retirada produzca un síndrome abstinencial, proporcionado en aparato y gravedad al grado de intoxicación alcanzado antes de interrumpirse la administración. Tampoco se ha descubierto ninguna que sea adictiva de modo instantáneo o realmente muy rápido, pues siempre hacen falta varias semanas —al menos cuatro— de uso asiduo con dosis altas para empezar a alimentar una dependencia, siendo en tales casos leve el cuadro clínico producido por la privación.

Esto se observa en los opiáceos naturales, en los semisintéticos y en los sintéticos. Reciben este último nombre analgésicos fabricados en su mayoría a partir del alquitrán de hulla y el mazout, que aparecen algo antes o algo después de la Segunda Guerra Mundial. Influyó de modo notable en el descubrimiento de bastantes el trabajo de laboratorios alemanes, pues su ejército no quería estar atado a importaciones de opio.

Incontrolados hasta la Convención Única de 1961, pasan desde entonces a ser substancias incorporadas a sus Listas I ó II. De ahí que falten datos sobre producción antes de 1962, cuando la ausencia de fiscalización aseguraba un sistema de venta prácticamente libre. Es elemental suponer que durante esa época se vendieron con mucha mayor prodigalidad prácticamente todas salvo la codeína (clasificada algo arbitrariamente como opiáceo semisintético, al encontrarse en el opio, aunque sea en muy pequeña proporción), pues la Convención deparó a ese fármaco un régimen de favor. En 1968, por ejemplo, la producción legal de los narcóticos semisintéticos más adictivos apenas alcanzaba las 22 toneladas[56], según cifras de la ONU, mientras la de codeína se acercaba a las 150. Después de la etilmorfina, el más usado de los narcóticos semisintéticos fue la paracodina; cuando

---

56.- *Cfr.* Varenne, 1973, págs. 156-191.

Goering fue detenido por los aliados llevaba una maleta con veinte mil tabletas de este fármaco, que tomaba en dosis de veinte por la mañana y veinte por la tarde[57].

1. Algunos ejemplos

Por lo que respecta a los opiáceos sintéticos, la petidina o meperidina fue descubierta durante la guerra y comercializada con el nombre inicial de «*dolantina*». Se introdujo en el mercado legal como un prometedor preparado analgésico sin opiáceos o barbitúricos, aunque desde 1940 los círculos farmacéuticos saben que sustituye sin dificultades a la morfina y provoca síndromes abstinenciales[58]. En 1952 los norteamericanos consumen casi siete toneladas del fármaco. La droga no tiene estigma, pero ese año ingresan *voluntariamente* en los hospitales americanos 457 adictos a ella, incapaces de hacer frente por sí solos a un hábito de origen yatrogénico en el 81 por 100 de los casos[59]. Para 1967 la producción americana se eleva a dieciocho toneladas y media, y el producto se expende bajo unas ochenta marcas[60].

La I. G. Farbenindustrie descubrió —también durante el curso de la Segunda Guerra Mundial— la metadona, un fármaco de cinco a diez veces más activo que la petidina, cuya fórmula consiguieron obtener los químicos norteamericanos por medio de su servicio secreto[61], aunque el ejército alemán acabó renunciando al nuevo fármaco por considerarlo demasiado tóxico. A mediados de los años cuarenta es introducido a gran escala en la práctica médica como analgésico y remedio para la tos. Casi de inmediato se comprueba en

---

57.- *Cfr.* Andrus, 1970, pág. 17.

58.- *Cfr.* F. Reisinger, 1940, pág. 200. También S. Von Brücke, 1940, pág. 845; en Varenne, 1973, pág. 193.

59.- *Cfr.* R. W. Rasor y H. J. Crecraft, 1955, pág. 654.

60.-*Cfr.* Varenne, 1973, págs. 198-199.

61.- *Cfr.* Office of the Publication Board, Dept. of Commerce, *Report*, BP 981, Washington, D.C., 1945.

Lexington que tiene tanto poder adictivo como la heroína, aunque gusta menos a los *junkies*. En 1954, la producción americana es de media tonelada, aunque crece muy rápidamente y en 1954 se acerca a las diez. Desde entonces se vende bajo unas sesenta denominaciones en todo el mundo. En 1953 una cuarta parte de los adictos alemanes usa metadona.

La cetobemidona fue durante algún tiempo el más poderoso de los narcóticos sintéticos, de quince a treinta veces más activo que la petidina. Produce una dependencia física muy rápida y un síndrome abstinencial tan grave como el barbitúrico. El país más afecto a la sustancia parece haber sido Dinamarca, pues cuando la droga figura ya en la lista de fármacos superpeligrosos (con heroína y cáñamo) se producen allí algo más de cien kilos.

La dextromoramida, o *Palfium*, una sustancia de alto poder analgésico (cinco veces más que heroína o metadona) y gran rapidez de acción, se lanzó con gran alarde publicitario en Francia. El escritor Malaparte dijo que su agonía se había visto aliviada de dolores con el fármaco, y al menos tres revistas científicas declararon que «no induce tolerancia», posee «nula toxicidad» y es, en definitiva una droga «manejable, potente y no productora de hábito»[62]. Sin embargo, pronto muere un hombre en Lyon que, sin tener tolerancia a opiáceos, se había administrado nueve pastillas y, en 1956 —dos años después de comercializarse—, estudios con voluntarios de Lexington sugieren que «muestra propiedades adictivas muy intensas». En 1958 el Comité Central Permanente del Opio declara el fármaco «más peligroso que la morfina»[63]. Al cundir las restricciones se ocasiona un mercado negro considerable en Suecia, Bélgica, Holanda, Francia y Finlandia.

Algo muy semejante a lo sucedido con el *Palfium*, por las mismas fechas, aconteció con la normetadona o *Ticarda*, defendida ante

---

62.- *Cfr.* Varenne, 1973, pág. 221.

63.- CCPO, *Informe de 1958*, ONU, Doc. *E/OB114*.

la Junta de Estupefacientes por su principal productor, Alemania, como «sustancia no adictiva»[64], que acabó demostrándose igual en ese sentido a sus hermanos sintéticos.

Se han mencionado dos opiáceos semisintéticos y cinco sintéticos de una lista que excede los setenta en 1961. No se incluyen fármacos muy difundidos que lograron esquivar entonces la fiscalización internacional[65]. Salvo la metadona, que se incorporará en varios Estados a programas de sustitución para heroinómanos, todas estas drogas tienen una historia muy análoga. Primero se lanzan al mercado como sustancias libres de problemas observados en la administración de otras sustancias, luego resulta aparente su adictividad y por último quedan sometidos a prohibición.

En 1968, cuando todos están severamente controlados, y parecen antiguallas peligrosas e incómodas de manejar en comparación con nuevas drogas, las cifras de la ONU indican que el consumo yatrogénico-legal de estos derivados del alquitrán y el aceite pesado se aproxima a las 30 toneladas[66]. Si ese mismo año sumamos el volumen de consumo de opiáceos semisintéticos se obtiene una cifra algo superior a las 50 toneladas. Su eficacia narcótica, medida en comparación con el opio, se obtendrá multiplicando la cantidad por diez (cuando el fármaco tenga una potencia equivalente a la morfina) o por treinta o cuarenta (cuando equivalga a la heroína o la metadona). En términos reales, equiparables a los empleados al considerar el problema del opio en China durante el siglo pasado, por ejemplo, resulta que Europa y Estados Unidos estaban consumiendo al final de los años sesenta una cantidad entre quinientas y dos mil toneladas de opio en bruto. No se incluyen en el cálculo las ciento cincuenta toneladas de codeína, que equivalen a unas setecientas toneladas más de opio.

64.- ONU, Doc. E/3133, E/CN 7/354 (1958).

65.- El dextrometorfán (*Romilar*) y la pentazocina, por ejemplo.

66.- *Cfr.* Varenne, 1973, pág. 243.

Una década antes esa cifra podía ser cinco veces mayor, e incluso en ese caso resultaría pequeña comparada con las cuatrocientas toneladas de barbitúricos y las quinientas de anfetaminas producidas sólo en los Estados Unidos durante las mismas fechas. Pero tampoco los barbitúricos y las anfetaminas son los psicofármacos más vendidos legalmente en el mundo occidental por entonces. Entre 1953 y 1965 son sustancias de tipo algo distinto las que realmente experimentan una vigorosa expansión comercial, pues sus ventas crecen un 535 por 100 durante el período[67]. A ellas conviene hacer una breve referencia para completar el cuadro de condiciones imperantes durante la paz farmacrática.

IV. TRANQUILIZANTES Y ANSIOLÍTICOS

La revolución farmacológica de los años cincuenta se basa sobre todo en sustancias soporíferas, pero empleadas como relajantes y sedantes. Son drogas que se venden «para el *stress* y la angustia de la vida moderna». No crean una corriente de ensoñación como los opiáceos, ni fomentan atención o reflexión como los estimulantes anfetamínicos o análogos, sino que más bien se emplean para acomodar al sujeto en una adormilada indiferencia hacia lo interior y lo exterior. En diseño farmacológico pretenden ser el espécimen perfecto de la droga evasiva honrada, capaz de extraer al usuario del ánimo afligido o nervioso sin llevarle a ninguna otra dimensión de conciencia. Basados a veces en reducir simplemente la cantidad de oxígeno aportada a las células cerebrales, constituyen lenitivos puros, amortiguadores de la intensidad psíquica, que durante un tiempo pretenden volver el mundo uniformemente gris, aunque se vendan por su capacidad para tornarlo color de rosa. Son relajantes musculares, donde en vez de producirse la analgesia emocional del

---

67.- Cfr. *Statistical Abstracts of the U.S.*, 1971, pág. 75.

opio (que fomenta un activo juego de fantasías e imaginación) sé produce una analgesia de tipo intelectual, caracterizada por indiferencia estética y lógica. Ensayados inicialmente para la tranquilización de animales (primero ratas, luego monos y leones), el éxito de esos experimentos llevó a usarlos con seres humanos. A nivel de efectos son como barbitúricos menos tóxicos, que en dosis altas provocan aturdimiento, dificultades para coordinar el movimiento y hablar, estupor, etc.; a largo plazo lesionan la función sexual del usuario. Se desasimilan de modo lento, por lo cual la reacción de retirada puede producirse una o dos semanas después de interrumpir la administración.

Quizá porque constituyen la evasión misma, sin otras pretensiones que acolchar el impacto de las cosas, las autoridades han tendido a no considerar que se trata de «drogas», y los terapeutas a no entrar en disquisiciones sobre ello. El peculiar potencial de conformismo que estos fármacos encierran reside en una embriaguez básicamente pasiva. Sus nombres, superiores al millar, expresan la verdadera oferta que con ellos se hace al usuario: *Oblivón, Equilium, Atarax, Dominal, Procalmadiol, Decontractil, Placidil, Quietal, Dogmatil, Pertranquil, Oasil, Harmonín, Calmirán…* Si otras drogas plantean alternativas a creencias o costumbres, los tranquilizantes operan en sentido inverso; disminuido en ritmo de ideación y reacción, el sujeto sencillamente no se va a preocupar demasiado por nada, siempre que tenga en sangre una concentración suficiente.

Las substancias de este grupo gozarán de un prestigio inigualado en los estamentos comprometidos con la cruzada contra los estupefacientes. Si en 1955 se venden dos millones de dólares de *Librium* en Estados Unidos, dos años más tarde son ya ciento cincuenta[68]; desde mediados de los años sesenta, la producción de algunas de estas substancias supera ya las cifras de barbitúricos y anfetaminas[69].

68.- *Cfr.* J. Stevens, 1987, pág. 91.
69.- *Cfr.* J. Fort, 1981.

Desde los años setenta el volumen fabricado de algunos específicos se eleva a miles de toneladas.

1. Las «píldoras de la felicidad»

El meprobamato es un derivado del petróleo, que se sintetizó como sucedáneo de los curarizantes, para obtener relajación muscular. F. M. Berger, su descubridor, comprobó que además de inducir relajación muscular moderaba la ansiedad y la tensión. El efecto fue llamado «ataraxia o tranquilidad moral» por los fabricantes, canalizándose en Estados Unidos su lanzamiento comercial como *The happy pill*, mientras en Europa se habló de un remedio inocuo para el tratamiento de las neurosis. Dos años después de comercializarse se mencionan casos de adicción[70], y al año siguiente hubo una comunicación en este mismo sentido[71]. En 1958 se despejaron las últimas dudas[72], mediante experimentos que mostraron la existencia de síndrome abstinencial, con aparición de vómitos, temblores, náuseas, gran ansiedad, anorexia, fibrilaciones musculares, delirio de tipo alcohólico-barbitúrico y convulsiones epilépticas de «gran mal». Aunque todos esos informes son norteamericanos, siete años más tarde los Estados Unidos están consumiendo casi seiscientas toneladas anuales del fármaco[73], que sólo pasará a controlarse —de modo muy laxo— a partir de 1971.

Los principales investigadores llegaron a la conclusión de que la dosis límite adictiva (entre 1,2 y 3,2 gramos diarios durante un mes) era muy próxima a la dosis prescrita habitualmente en terapéutica, donde los comprimidos disponibles son de 0,4 gramos. Cuatro de ellos producen una embriaguez de tipo alcohólico. La dosis mortal parece ser del orden de los 16 gramos (40 comprimidos), si bien da-

---

70.- *Cfr.* Lemere, 1956, pág. 205.

71.- *Cfr.* Essig y Ainslie, 1957, págs. 1382 y ss.

72.- *Cfr.* Ewing y Haizlip, 1958, pág. 414; y 1958b, pág. 1181.

73.- *Cfr.* J. Fort, 1981.

tos provenientes de Noruega indican que adictos al meprobamato de una clínica estatal estaban tomando de 50 a 70 píldoras diarias, lo cual indica un poderoso factor de tolerancia[74].

Como acontece con todas las drogas mencionadas en este capítulo, una lógica de expansión farmacrática hace que se difundan como medicinas seguras, infinitamente superiores a las drogas producidas por el Tercer Mundo. En 1965 los meprobamatos comienzan a hacer estragos entre las clases medias y altas de la India[75] y de Indonesia[76]. La misión americana en estos países les pide encarecidamente que supriman la costumbre de usar opiáceos naturales y *cannabis*, mientras ofrece narcóticos envasados propios a cambio[77]. De hecho, en la India atraen tanto a los sectores bienpensantes estos derivados del petróleo como en Estados Unidos empieza a atraer a los contestatarios el haschisch de Cachemira.

Otros tranquilizantes lograron una venta comparable a los meprobamatos, y luego muy superior. Fueron las benzodiacepinas, precedidas por el clordiacepóxido, llamado comercialmente *Librium*. Su efecto y demás características son análogos a los del meprobamato[78]. Su naturaleza adictiva se puso de manifiesto en 1961, después de tratar con la droga a 36 enfermos psiquiátricos durante un período de uno a siete meses[79]. Los privados de la substancia presentaron un cuadro de temblores, náuseas, sudoración, fibrilaciones musculares, cianosis, agitación, anorexia, insomnio, depresión y crisis convulsivas.

Poco despúes apareció el producto que sería hegemónico en el mercado mundial. Comercializado bajo diversas denominaciones (*Valium, Aneurol,* etc.), el *Diacepán* es una benzodiacepina como el

---

74.- *Cfr.* A. Teigen, 1964.

75.- *Cfr.* G. S. Chopra y P. S. Chopra, 1965.

76.- *Cfr.* J. Fort, 1981.

77.- El gigante tradicional en la producción de meprobamato es Dinamarca, que siempre ha producido más del 80 por 100 de las existencias. En 1982, cuando la sustancia está ya fiscalizada y ha perdido casi todo su terreno ante las benzodiacepinas, el país produjo 536.580 kg.; *cfr.* ONU, JIFE, *Estadísticas sobre substancias psicotrópicas para necesidades lícitas*, doc. E/INCB, 1985/W. 15, pág. 18.

78.- *Cfr.* Brauchitsch, 1961, pág. 1669.

79.- *Cfr.* Hollister, Motzenbecker y Desen, 1961; en Varenne, 1973, pág. 343.

Librium, aunque algo más activa. Cuando comenzaba su ascensión, el *Journal* de la Asociación Médica Americana advertía en un editorial que «en algunos enfermos se asocia con síntomas de abstinencia, comprendidas las convulsiones tras la abstención brusca»[80]. Al llegar 1970 las benzodiacepinas logran la proeza de desbancar a nivel mundial las ventas de barbitúricos y las del propio *Librium*[81]. Al mismo tiempo consiguen evitar hasta 1986 su inclusión en cualquiera de las cuatro Listas del Convenio sobre Substancias Psicotrópicas. Ese año un artículo de la revista *Fortune* declara que Hoffman-La Roche, fabricante del *Valium* y otras benzodiacepinas, «es el más ético y mayor productor mundial de psicofármacos [...] y una compañía que actualmente constituye una de las empresas más rentables del mundo»[82]. En efecto, una onza de *Valium* vale bastante más de mil dólares para Hoffman-La Roche, y le cuesta una cantidad irrisoria[83].

2. Los tranquilizantes «mayores»

Los llamados neurolépticos (etimológicamente «sujeta-nervios») o tranquilizantes fuertes son la reserpina y los demás alcaloides de la *Rauwolfia serpentina*, la clorpromacina y las fenotiacinas conexas. Comercializadas con nombres como *Largactil, Meleril, Eskazine* y muchos otros, su sorprendente efecto es poner una invisible camisa de fuerza a quien los consume, produciendo un estado de petrificación («siderismo») emocional que H. Laborit —el primero en experimentar con ellos (1952)— no vaciló en llamar «lobotomía química».

Esa característica ha llegado a hacer de ellos el orgullo de la psiquiatría institucional contemporánea, pues permiten un tratamiento «ambulatorio» que reduce el índice de ingresos en manicomios. Su

---

80.- «Drug Evaluations», JAMA, 189, 1964, pág. 371.

81.- *Cfr.* Kaymakçalan, 1970.

82.- En «Drugs '78», Editorial, *Playboy*, 4, 1979, pág. 162.

83.- *Ibíd.*

prestigio hizo que el malogrado presidente Kennedy los mencionara en uno de sus discursos, aludiendo a que «los enfermos mentales pueden ser tratados rápida y eficazmente en sus comunidades, y devueltos a un lugar útil en la sociedad»[84].

Vendidos libremente en todas las farmacias desde su invención hasta el día de hoy —y usados como adulterantes de drogas ilícitas— los neurolépticos presentan algunos efectos secundarios indeseables, como obstrucción hepática, destrucción de células de la sangre, alergias cutáneas, reacciones neuromusculares semejantes al parkinsonismo y una obesidad característica[85]. También conllevan trastornos profundos y muy duraderos en la función sexual y la capacidad afectiva; el sidéreo individuo que producen se halla siempre al borde de la total frigidez, y algunos psiquiatras ven motivos para temer que la degradación del deseo erótico resulte irreversible[86]. A su juicio, «todo este tipo de medicamentos aumentan el apetito; es como si la libido remontara desde posiciones genitales hasta la oralidad».

Según Szasz, en Estados Unidos mueren al año en hospitales públicos por fallo cardíaco o colapso respiratorio, debido a sobredosis *accidental* con este tipo de fármacos, más personas que por sobredosis (no adulteración) de todos los fármacos ilícitos juntos. En realidad, son drogas adictivas, que tomadas en cantidades altas durante un período lo bastante prolongado provocarán intensos síndromes abstinenciales. Con todo, la adicción pierde relieve por la falta de euforia que caracteriza su efecto. Aunque los químicamente lobotomizados aparecen flemáticos y robóticos, no les abandona un sentimiento básico de tristeza hasta cesar el tratamiento, cuando el cuerpo logra liberarse de la intoxicación.

Lo que en el organismo se resiste es evidentemente, aquello que los antiguos llamaban alma y espíritu, que no admite sin disgusto

---

84.- *Message from the President: Mental Illness and Retardation*, House Doc. 58, 88th Congr., 1st Ses., 5-2-1963, pág. 3.

85.- *Cfr. Encyc. Brit.*, «Tranquilizers», 18, pág. 595.

86.- Schnetzler, 1967, pág. 76 y ss.

desplazar el centro de la libido al estómago y la deglución. De ahí que su eficacia terapéutica dependa de la euforia producida por la *suspensión* de las dosis. Vendidas por centenares o miles de toneladas —la cifra sólo se sabrá cuando pasen a fiscalizarse (cosa improbable en extremo)—, estas drogas hacen realidad el sueño de fármacos adictivos y con tolerancia pero «indignantes». En otras palabras, son drogas admisibles a nivel *moral* para la conciencia prohibicionista.

Ciertamente, se había logrado un progreso en la química neurológica. La farmacopea disponía de substancias para tratar la esquizofrenia furiosa, o la simple furia, provocando una esquizofrenia catatónica, entendiendo por ello tanto una parálisis física como una desintegración emocional proporcionada a las dosis. Para cierto tipo de gente dejó de ser necesario habilitar manicomios: bastaba asegurarse de que tomasen a sus horas la ración prescrita del fármaco.

V. Hipnóticos no barbitúricos

Los derivados cíclicos nitrogenados —constante de este tipo concreto de drogas— se investigaron en busca de un analgésico y soporífero no adictivo, tal como los opiáceos sintéticos y semisintéticos, y los tranquilizantes mencionados. Puede añadirse que el resultado no fue dispar tampoco. Con marcada obstinación se pasaba por alto un pensamiento bioquímicamente inexacto pero lógicamente claro: «La molécula que crea el hábito y la molécula que quita el dolor probablemente sean idénticas»[87]. O, en otros términos, que «lo que provoca acostumbramiento es la impresión de dicha, la euforia ligada a su uso»[88].

La piridiona, llamada también *Persedón*, entre otras denominaciones, es la más antigua de estas drogas, descubierta a principios de

---

87.- Burroughs, 1957, pág. 120.
88.- Jünger, 1974, p. 46.

la Segunda Guerra Mundial. Se comprobó que sus eficaces cualidades hipnóticas eran acompañadas, en caso de abuso, por un cuadro clínico semejante a la barbituromanía: «Embrutecimiento progresivo, movimientos inseguros, confusión y, finalmente, graves crisis epilépticas y delirio»[89].

Al mismo grupo pertenece la glutetimida o *Doridén* (entre otras denominaciones), lanzado con gran aparato propagandístico en 1955 como «alternativa inocua a los sedantes barbitúricos». Entre otros casos que se registran en 1957 está el de una profesora de enseñanza media norteamericana, de unos cincuenta años, a quien la factura mensual del fármaco no le fue admitida por Hacienda como pago deducible del impuesto sobre la renta. Molesta por ello, y por una subida en el valor del medicamento, la señora decidió prescindir sin más del hipnótico. Cuenta el médico de guardia en el hospital[90] que a las dieciséis horas le sobrevinieron los primeros ataques epilépticos.

Otro hipnótico sedante de este grupo fue el softenón, más conocido como *Talidomida*, lanzado en 1957 con grandes alardes publicitarios por la Chemie-Grünenthal, y comercializado por cincuenta compañías en diferentes países con una campaña de lanzamiento basada sobre el «somnífero eficaz e inofensivo». En Alemania, donde al año siguiente se vendían 90.000 envases al mes, apareció incluso una variante infantil llamada *Babysitter*. Los fabricantes recomendaban tomarlo no sólo para dormir, sino durante el día, contra cualquier nerviosismo. El prospecto decía textualmente que el fármaco era «muy conveniente para las futuras madres, sin que presente el menor riesgo para el feto».

La macabra broma mantuvo dos años más el producto en la cúspide de la popularidad. Sin embargo, aparecieron indicios de adultos aquejados por graves trastornos, una inexplicable epidemia de polineuritis y los primeros nacimientos de niños monstruosos. La

---

89.- *Cfr.* Ossenfort, 1957, págs. 516-518.
90.- *Ibíd.*, pág. 517.

revista *Medizinische Welt* encargó entonces una investigación sobre el fármaco, pero como resultó muy negativa, el fabricante sobornó al director y sustituyó el artículo en cuestión por otro, de una doctora que trabajaba en la firma, donde se mantenía la tónica de incondicional alabanza al producto[91]. A finales de 1961 estalla el escándalo, ante la certeza de que por lo menos 3.000 niños habían nacido con irreparables malformaciones. En 1962 un debatido juicio en Lieja absuelve del delito de eutanasia a un médico y cuatro personas implicadas en la muerte de un bebé nacido sin brazos, con dos manos deformes implantadas directamente sobre el tronco. Muchos millares más de mujeres abortan, pública o clandestinamente, para evitar la misma suerte.

VI. LAS CONDICIONES DE LA PAZ FARMACRÁTICA

A grandes rasgos —porque no llegan a una décima parte de las substancias en cuestión— las drogas mencionadas constituyen la reserva de agentes terapéuticos que contraponen las sociedades «avanzadas» a los derivados del cáñamo, la coca y la adormidera. Todas ellas poseen un factor de tolerancia (máximo en las anfetaminas), y todas son adictivas. El discutible síndrome abstinencial de las anfetaminas lo compensa ampliamente la «bajada», seguida de fases delirantes, que su privación induce cuando han sido empleadas con prodigalidad.

A pesar de la celeridad en el diagnóstico y tratamiento, combatir el alcoholismo con barbitúricos, la neurosis con meprobamatos, la histeria con choques anfetamínicos intravenosos, la tuberculosis con heroína, la tos con metadona, el catarro con bencedrina y otras originalidades del negocio médico-farmacéutico fueron un buen

---

91.- Sobre la mentalidad de ciertas industrias farmacéuticas —particularmente de la Chemie-Grünenthal— puede consultarse al periódico belga *Moastique*, núms. 2.226-2.231, sept.-oct. 1968.

procedimiento para establecer dependencias intensas e imprevistas. En realidad, las astucias de los laboratorios habían ido refinándose desde que a principios de siglo sugerían usar cocaína o morfina prácticamente para todo. Contemplada desde cualquier ángulo, la ilegalidad de ciertos productos no acabó con la presencia de drogas adictivas, ni con la dependencia de psicofármacos en general.

Dos conclusiones parecen imponerse:

1.- La sociedad «limpia» que va desde la Segunda Guerra Mundial a mediados de los años sesenta dispone de muchos recursos químicos para procurarse tranquilidad, sueño y estimulación, todos ellos tan «estupefacientes» como los estigmatizados, cuando no más.

2.- La difusión del terapeutismo multiplica el número de personas dependientes de alguna droga por ocho o diez, siendo así que una importante proporción de tales personas ni siquiera sabe muchas veces que depende de un fármaco creador de tolerancia y lesiones orgánicas.

Por consiguiente, el marcado descenso en el consumo de fármacos prohibidos que se observa durante este período no implica una reducción en la «nerviosidad» del hombre contemporáneo. Lo que ha hecho el público es confiar en los gobiernos, y lo que han hecho los gobiernos es sustituir una farmacopea por otra, siguiendo la tendencia de preferir lo sintético a lo natural, lo patentado a lo no patentado, lo manufacturado a lo que crece espontáneamente y puede usarse con mínimas transformaciones.

Cabe afirmar que ha llegado «la sociedad adicta», según la expresión de J. Fort. Pensemos en Norteamérica, por ejemplo durante el año 1960. Sus *junkies* son 44.906, según la FBN, y sus cocainómanos y marihuaneros juntos quizá otro tanto; para un país que se va acercando a los doscientos millones de habitantes, ese número es insignificante. Sin embargo, pensemos en términos farmacológicos reales, preguntándonos qué cantidad de substancias narcóticas y estimulantes análogas a las prohibidas se venden allí. Atendiendo sólo a las narcóticas, y olvidando tanto alcoholes como estimulantes, la suma de opiáceos semisintéticos, sintéticos, sedantes e hipnóticos no barbitúricos, barbitúricos y tranquilizantes ronda los dos millones de kilos. Esas dos mil toneladas poseen una actividad equivalente a veinte o cincuenta mil toneladas de opio, lo cual significa entre tres y siete veces la cifra máxima consumida en China a finales del siglo XIX, con una población cuatro veces superior. Por consiguiente, Estados Unidos están consumiendo entre doce y veintiocho veces *más* substancias narcóticas que consumió China nunca.

Pensemos en estimulantes, ese mismo año. Entre anfetaminas y fenmetracina, se consumen unas quinientas toneladas, que equivalen a unas cuatro mil de cocaína, aproximadamente treinta veces más que en 1910. Pero ese dato no toma en cuenta que ciertos estimulantes muy activos han escapado —y siguen escapando— a cualquier medida de control. Es el caso de la cafeína, un alcaloide algo menos potente que la cocaína, distribuido no sólo en refrescos, sino en una enorme cantidad de preparados farmacéuticos, sobre todo para el dolor de cabeza y la congestión. El *National Prescription Audit* indica que —sumando café y cafeína en estado puro— Estados Unidos consumen al año un cuarto de kilo del alcaloide por habitante y año[92].

Es en estas condiciones farmacológicas cuando el país se lanza decididamente al asalto de los cultivos de coca, adormidera y cáñamo del mundo. Urgido por la gran potencia, el Shah prohíbe bajo pena de muerte el cultivo y uso del opio en su país, creando una catastrófica situación que obliga a suspender las medidas en 1969. El ginecólogo de la familia real, entonces ministro de Sanidad, declara al corresponsal del *Times* que «Irán siente vergüenza ante la resaca de un oscuro pasado oriental»[93]. En el bienio de 1971-1972 el Congreso

---

92.- *Cfr*. National Institute of Drug Abuse, *Report*, 1976-1977.

93.- *Cfr*. Quinn, 1974.

americano recibe 102 proyectos de ley sobre control internacional de drogas, donde se contemplan distintas represalias contra países «opuestos a la cooperación»[94].

Cuando los cruzados medievales invadieron el territorio árabe querían trocar oraciones a La Meca por comuniones los primeros viernes de mes. Ahora quieren borrar la cultura de la adormidera y el cáñamo exportando alcoholes, somníferos y estimulantes sintéticos. También por esos años el ministerio de Agricultura americano se lanza a fomentar el consumo de tabaco en el extranjero, subvencionando generosamente a los estudios de Hollywood para que los guionistas inserten escenas capaces de estimular la costumbre[95]. En 1964 cientos de toneladas métricas que provienen de excedentes en la cosecha tabaquera del año anterior se incluyen como aportación americana en el programa internacional Comida para la Paz[96]. Hace ya décadas que los principales destiladores americanos subvencionan también a Hollywood para que haya en todas las escenas posibles alguien ofreciendo una copa de licor, signo de modernidad y distinción cuando se dispone del apropiado mueble-bar.

94.- Cfr. Szasz, 1974, pág. 47.

95.- Cfr. E. B. Haakison, «Senator Shocked at U.S. Try to Hike Cigarette Use Abroad», Syracuse Herald, 91-1966, pág. 2.

96.- Cfr. N. Y. Times, Editorial, «Bigger Agricultural Subsidies… even por Tobacco», 1-2-1964, pág. 22.

Parte 5
Los insurgentes

7

El complot pagano
y la «gran política»

*«Tenemos derecho a todas las cosas que hasta
ahora han estado más difamadas».*
F. NIETZSCHE, *La voluntad de poder.*

No entraba en los cálculos de quienes prepararon la Convención
Única de 1961 que sus provisiones pusieran en peligro la paz farmacrática vigente desde finales de la Primera Guerra Mundial. Era
una norma de compromiso, que pretendía cumplir varias finalidades al mismo tiempo: mantener y robustecer la punitividad, desarrollar soluciones más acordes con el específico paternalismo del
Welfare State, atender a exigencias de corporaciones relacionadas
con el derecho y la medicina y, por último, moderar la escandalosa
intoxicación de los ciudadanos con sustancias sin estigma de «drogas» pero farmacológicamente indiscernibles de las estigmatizadas.
Quizá eran demasiadas cosas para un solo precepto, y por eso dejó
fuera de sus estipulaciones los psicofármacos más usados entonces (barbitúricos, anfetaminas, tranquilizantes mayores y menores,
otros hipnóticos), clasificando de modo discutible las drogas; el cáñamo, por ejemplo, se incluía en la lista de tóxicos superadictivos,
junto con la heroína y otros dos narcóticos sintéticos.

De momento, las boticas seguían ofreciendo una gran variedad
de sustancias con acción sobre el ánimo, como alternativa decorosa a
la farmacopea maligna. Pero a nivel práctico había tres actitudes no

del todo compatibles. Por una parte estaban la ideología terapeutista y sus «expertos», caracterizados por preconizar vías de rehabilitación más que de represión, aunque sin cuestionar efectivamente esto último ni amenazar el fondo ético-político de la cruzada. Por otra, a nivel propiamente científico existía «una abrumadora unanimidad en afirmar que la cruzada no funciona»[1]. Por último, el estereotipo del *dope fiend* tenía tanto arraigo popular como antes, y las brigadas de estupefacientes muchos más funcionarios.

Había, pues, un desfase casi absoluto entre quienes querían pensar conceptualmente el fenómeno, quienes se aprestaban a vivir del complejo industrial terapeutista y el grupo de quienes atendían las consignas de los «protectores». El apacible divorcio entre unos y otros es lo que ahora entra en crisis, debido a un juego de coincidencias que despierta apasionado interés por el grupo menos atendido de drogas hasta entonces: las que en vez de ofrecer inyecciones de paz o energía suscitan una experiencia de naturaleza visionaria. Ese juego de coincidencias acabará provocando el primer brote histórico de resistencia *activa* al prohibicionismo, y siendo un hecho relevante en la segunda mitad del siglo xx.

Pero antes de entrar a describir los actores y sus acciones conviene tener presentes dos cosas. Una es que el «complot» se gesto en los círculos más cultos, prácticamente subvencionado por las principales instituciones académicas del mundo. La otra es que no puede divorciarse de una reflexión filosófica sobre las sociedades industriales avanzadas, y de un esfuerzo por intervenir en su evolución. Fue un discurso farmacológico, aunque a la vez político y cultural en el más amplio sentido de la palabra. No pretendía hacer política para que las cosas siguiesen más o menos como estaban, cambiando a unos gobernantes por otros, sino en el sentido de lo que Nietzsche llamara Gran Política (*Grosse Politik*), para contribuir a que el hombre —el habitante de la civilización tecnológica, con sus glorias y sus miserias— se asegurase un grado de autonomía y

---

1.- Skolnick, 1968, pág. 260.

distancia crítica ante el medio concreto donde le tocaba vivir. El apoyo químico que ofrecía no era por eso un fin en sí, sino un escalón para retener libertades civiles y un acceso a formas de goce perseguidas o amenazadas por el desarrollo de la civilización.

El proyecto resultará inquietante en extremo para las instituciones establecidas, tanto en el Este como en el Oeste, y cuando sus tesis prendan entre la juventud se considerará que ha surgido la más peligrosa plaga de demencia registrada en los anales históricos.

I. La fase inconsciente

Al principio sólo hay hechos aislados. Arrinconada desde las investigaciones de Heifter, Havelock Ellis y otros a principios de siglo, la mescalina aguarda en frascos de laboratorio volver a usarse sobre humanos; aunque sustancias con cierto parecido —como la MDA— habían sido ya ensayados hacia 1935[2], los trabajos no motivaron especial atención. Por esos años Albert Hofmann, un brillante doctorando en la *Hochschule* Zúrich —cuya tesis describía por primera vez la estructura química de la quitina— era adscrito en la central de Sandoz (Basilea) a la división de drogas naturales, y pronto comenzaba a haber notables descubrimientos investigando los alcaloides del cornezuelo, primero como preparados para la hemorragia post-parto y luego para las cefaleas. Ya antes había mostrado interés por los fármacos de excursión psíquica el ensayista Walter Benjamin, que desde 1926 a 1932 se administró altas dosis de haschisch por vía oral, así como mescalina. Hacia esa época el poeta y prosista Robert Graves usaba hongos psilocibios, que conocía desde la infancia en Gales, y especulaba con su influencia sobre la religión griega arcaica y las precolombinas. También en Alemania otro de los grandes prosistas de este siglo, Ernst Jünger, hijo de un farmacólogo, había mostrado un precoz interés teórico y práctico

---

2.- *Cfr.* Alles, en Abramson, 1959, págs. 169-197.

por la modificación química de la conciencia. El haschisch era mencionado ya en el *Lobo estepario* de Hesse, y hacia esa época aparece el primer libro de ensayos de Aldous Huxley, uno de cuyos textos lleva por título «Se busca un nuevo placer». Aunque no perteneciera a este círculo, es preciso mencionar también aquí a Antonin Artaud —uno de los innovadores del teatro moderno—, que desde 1936 estuvo viviendo algún tiempo entre los tarahumaras, pueblo tradicionalmente peyotero, y relató sus experiencias.

1. Los ensayos de Walter Benjamin

Junto con dos médicos —E. Joel y F. Frankel— y el filósofo Ernst Bloch, Benjamin emprendió un trabajo sistemático del que sólo restan un centenar de páginas, aunque formase parte de lo que en una carta al historiador de la religión G. Scholem el propio Benjamin llamaba «un libro sumamente importante sobre el haschisch»[3].

El estado inconcluso del material no impide momentos de gran belleza, junto a otros de reflexión sutil, como aquel donde dice: «Nadie podrá entender esta embriaguez; la voluntad de despertar ha muerto»[4]. Pero no ha muerto en virtud de olvido —de hecho, «el recuerdo de la embriaguez es sorprendentemente nítido»[5]—, sino por las «inmensas dimensiones de vivencia interior»[6] invocadas. Frente a las propuestas de otras drogas, el haschisch y la mescalina ofrecen «el misterio del viaje». Y el misterio del viaje es que «no tiene en el fondo ningún movimiento adecuado a una meta, ninguna espontaneidad, si no un inescrutable ser arrastrado»[7]. Su «rasgo capital» es por eso «que uno *no está para nada metido en la conformidad*»[8].

3.- Benjamin, 1975, pág. 10.
4.- *Ibíd.*, pág. 105.
5.- *Ibíd.*, pág. 28.
6.- *Ibíd.*, pág. 21.
7.- *Ibíd.*, pág. 104.
8.- *Ibíd.*, pág. 52; el subrayado no es de Benjamin.

Bloch y Benjamin llegan en cierto momento a escribir cada cual por su lado una frase idéntica: «La embriaguez de hoy es a la de ayer como Calvino a Shakespeare. Esta es una embriaguez calvinista»[9]. Se trata del contraste entre religión natural y religión ritual, entre paganismo y puritanismo. La alteración de la conciencia quiere en un caso potenciar la relajación del ánimo, mientras en el otro aspira a olvidar las cadenas impuestas a cualquier espontaneidad:

> «Me inclino a pensar que el haschisch sabe persuadir a la naturaleza para que nos habilite —de manera egoísta— ese despilfarro de la propia existencia que conoce el amor. Porque si en los tiempos en que amamos se le va nuestra existencia a la naturaleza por entre los dedos (como monedas de oro que no puede retener y deja pasar para lograr así lo nuevo), en esta otra circunstancia nos arroja a la existencia con las manos llenas y sin que podamos esperar o aguardar nada»[10].

W. Blake había dicho que «la gratitud es el cielo mismo». El bagaje hiperintelectual de Benjamin, Bloch y sus colegas médicos no es nada propenso a expresiones de tipo místico. Sin embargo, el haschisch suscita «un sentimiento sordo de sospecha y de congoja», que al mismo tiempo promueve «vivencias próximas a la inspiración, a la iluminación»[11]. Para todos ellos, «la mejor descripción procede de Baudelaire»[12].

2. La constitución del primer círculo

Apenas un par de años después de que aparezcan fragmentos de estas notas en publicaciones europeas[13], ven la luz los ensayos reunidos

---

9.- *Ibíd.*, pág. 57 y pág. 60.

10.- *Ibíd.*, págs. 35-36.

11.- *Ibíd.*, pág. 27.

12.- *Ibíd.*, pág. 28.

13.- Primero en la revista *Ubu* en 1930, y luego en el *Frankfurter Zeitung* (1932).

en *Music at Night* por Huxley, uno de los cuales —el ya referido «Se busca un nuevo placer»— expone con una mezcla de elitismo e insolencia lo que para cierta sociedad de la Riviera francesa parecía un tópico de conversación:

> «Por lo que veo, el único nuevo placer posible sería el derivado de la invención de una nueva droga, un sucedáneo del alcohol y la cocaína, más eficaz y menos dañino. Si fuese millonario financiaría a un equipo de investigadores para que buscaran el embriagante ideal. Si pudiésemos diariamente aspirar o ingerir algo que aboliera nuestra soledad individual durante cinco o seis horas, que nos reconciliara con nuestros semejantes en una ardiente exaltación de afecto e hiciera que la vida [...] nos pareciera divinamente bella y trascendente, y si la naturaleza de esa droga permitiera que a la mañana siguiente nos despertásemos con la cabeza despejada y el organismo indemne, la tierra se convertiría en un paraíso»[14].

El comentario no dejó de ser bien acogido en medios farmacéuticos, cuando comenzaba la era de los tranquilizantes, y algunos años después Huxley acabó hablando como ponente en una «Conferencia sobre el meprobamato y otros agentes utilizados en perturbaciones mentales»[15]. Allí afirmó que el *soma* de su neg-utopía *Un mundo feliz* y el embriagante de *Music at Night* estaban ya descubiertos, al menos en lo referente a la mera tranquilización, aunque no permitían despertarse al día siguiente con la cabeza despejada y el organismo indemne. La diferencia era que había desaparecido el tono displicente, y Huxley destacaba lo que cualquier «simple euforizante» tendría de potencial instrumento para la sumisión política.

14.- Huxley, 1982, pág. 20.

15.- Celebrada el 19-10-1956; *cfr. Annals of the New York Academy of Sciences*, 67,1957, págs. 675-689.

Hay un silencio de veinticinco años entre una y otra declaración. Durante ese plazo se produce la primera parte de los descubrimientos químicos. Hofmann era ya un apasionado lector de Goethe y Hölderlin, y un alma paganamente religiosa —aunque perteneciese por familia a la confesión de Zwingli—, cuando inadvertidamente inhaló vapores o absorbió por vía cutánea una sustancia que resultó ser la dietilamida del ácido lisérgico o LSD 25. Experimentó a consecuencia de ello muy extrañas sensaciones, que le sugirieron someterse cuanto antes a un autoensayo, seguido por otros, gracias a los cuales pudo evaluar las características de su hallazgo. En realidad, se trataba de una sustancia lindante con lo portentoso en varios aspectos. Para empezar, era el más potente psicofármaco descubierto con gran diferencia, cuya dosis debía medirse en millonésimas de gramo o gammas; una meta prácticamente invisible producía lo que el *psiquiatra* W.A. Stoll llamó «una experiencia de inimaginable intensidad». Ninguna otra sustancia, natural o sintética, operaba a esa escala sobre el sistema nervioso central. Para ser exactos, la dosis activa en humanos iba de 0,000003 a 0,000001 gramos por kilo de peso[16].

En segundo lugar, ningún psicofármaco era tan remotamente poco *tóxico* como la dietilamida del ácido lisérgico. Entendiendo por toxicidad específica la proporción entre dosis activa y dosis de envenenamiento (el llamado «margen terapéutico»), resultaba que en los licores podía ser de uno a ocho, en la heroína de uno a cinco, en el barbitúrico de uno a cuatro, mientras en la dietilamida del ácido lisérgico superaba con certeza la proporción de uno a seiscientos y bien podría seguir mucho más allá, pues no se conoce un caso de sobredosis letal para humanos.

En tercer lugar, se trataba de un fármaco ¿con grandísima? tolerancia, que al usarse con asiduidad diaria dejaba simplemente de hacer efecto, fuesen cuales fuesen las dosis administradas. No presentaba la más mínima capacidad adictiva. Al contrario, podía decirse que

---

16.- *Cfr.* Hofmann, 1980, pág. 40.

la LSD 25 no se dejaba abusar, pues quien quisiera mantenerse bajo sus efectos administrándose continuamente dosis se haría insensible en un par de días.

En cuarto lugar, constituía un compuesto semisintético, extraído de un parásito de los cereales cultivados en general, aunque también presente en pasto silvestre, muy abundante en Europa y, sobre todo, en la cuenca mediterránea. Su base —el llamado cornezuelo— era un hongo casi ubicuo.

Pero Hofmann no era solamente un químico sino un humanista, que comprendió desde el comienzo la variedad de usos que una sustancia semejante podría tener. Mientras la tensa neutralidad suiza durante la Segunda Guerra Mundial le hacía montar guardia en un puesto fronterizo de alta montaña, aprovechó para continuar con sus autoexperiencias y redactar varias comunicaciones científicas sobre el tema, obteniendo un preparado específico (el *Delysid*) que hacía disponible el fármaco para uso terapéutico[17]. Esas comunicaciones y el apoyo de Sandoz introdujeron pronto la sustancia entre psiquiatras, que hacia mediados de los años cincuenta lo utilizaban para diversos tratamientos. Oscurecida durante décadas por el psicoanálisis, la psiquiatría se presentaba por entonces como *Cinderella science*, gracias a ciertos progresos en la psicología[18] que prometían métodos para abordar con ojos nuevos, sin lastres de moralina y crueldad, el asunto de la salud mental. La mescalina, la dietilamida del ácido lisérgico y la psilocibina algo más tarde, representaban instrumentos de trabajo incomparablemente más refinados que el arsenal químico previo, y fueron acogidos con todo interés.

17.- El prospecto del fármaco proponía dos usos básicos: «*Analítico*: provocar la liberación de material reprimido y suministrar una relajación mental, especialmente en estados de ansiedad y neurosis obsesiva. *Experimental*: tomando Delysid, el psiquiatra puede obtener una visión profundizada del mundo de ideas y sensaciones de los pacientes mentales. El Delysid puede emplearse también para inducir psicosis modelo de duración breve en sujetos más normales, facilitando así estudios sobre la patogénesis de la enfermedad mental».

18.- Con obras como las de K. Goldstein, W. Kohler y K. Lewin.

a) Una heterogénea comitiva. Tras el grupo de Sandoz (Hofmann y Stoll, al que se incorporó pronto Jünger), quien primero «viajó» con LSD conmovedoramente —hasta el punto de considerar que la sustancia constituía el más precioso de los dones espirituales descubiertos por la humanidad— fue un personaje anómalo desde cualesquiera parámetros, llamado Al Hubbard. Tras comienzos humildes en el *Prohibition Bureau*, durante la ley Seca, inició una fulgurante carrera en servicios de inteligencia[19] que le llevó a altos cargos públicos y a la posición de magnate financiero —concretamente en minería y transformación de uranio—, con excelentes relaciones en la clase política de su país. Aunque no fuese médico, de Hubbard deriva la llamada terapia psiquedélica con altas dosis[20] y de su incansable apostolado provino la primera experiencia para miles de personas relevantes por una u otra razón[21]. Trasladándose de un punto a otro en su avión particular, adquiriendo o cambiando por existencias propias toda suerte de drogas psicoactivas, Hubbard llegó a ser un formidable experto al que terapeutas de distintos puntos del mundo esperaban «como la vieja pueblerina espera el catálogo de Sears Roebuck»[22]. Su tesis era que «la mayoría de la gente anda sonámbula: dadles la vuelta, ponedles a andar en dirección opuesta y ni siquiera se enterarán de la diferencia. Pero pasadles una buena dosis de LSD, y comprenderán»[23].

La primera experiencia de Huxley con LSD fue en compañía de Hubbard[24], que compartió «viaje» con políticos, legisladores y has-

---

19.- Fue una de las cabezas en la Oficina de Servicios Estratégicos (OSS), origen de la actual CIA.

20.- Hubbard, en MacLean, Hubbard y otros, 1961.

21.- «Los seis mil viales de ácido que compré inicialmente me costaron unos dos mil dólares», declaró en 1979; *cfr.* Lee y Shlain, 1985, pág. 50.

22.- Eso ha dicho el psiquiatra O. Janiger, uno de los pioneros en terapia psiquedélica, que tuvo entre otros pacientes a Cary Grant.

23.- Hubbard, en Weil y otros, 1973, pág. 83.

24.- «Debemos considerarnos extremadamente afortunados», dijo en una carta de 1955, «por el hecho de que este representante de los Poderes supremos a) le hayan interesado tan vehementemente los alucinógenos y b) sea un hombre tan simpático»; *cfr.* Huxley, 1982, pág. 100.

ta un primer ministro no especificado. Hubbard se encuentra también en el origen de la familiaridad con esta sustancia de Gregory Bateson, por cuya mediación se iniciaría años después el poeta Allen Ginsberg. Aunque dispersas en varios textos[25], las observaciones de Bateson sobre LSD tienen notable interés, y la experiencia con el fármaco puede haber influido en uno de sus pensamientos fundamentales: «Toda tentativa dirigida a *separar* el intelecto de la emoción me parece monstruosa, tal como pretendo monstruoso —y peligroso— querer separar el espíritu externo del espíritu interno. O separar el espíritu del cuerpo»[26].

Muy precoz y sostenida fue también la atención que prestó el poeta belga Henri Michaux a los fármacos visionarios como «mecanismo de infinito»[27]. No existe quizá un relato tan minucioso de viajes químicos en la historia de la literatura, y no puede exagerarse su influencia sobre otros grandes literatos, especialmente Octavio Paz. A grandes rasgos, resume su experiencia un texto de éste:

> «El yo desaparece pero en el hueco que ha dejado no se instala otro Yo. Ningún dios, sino lo divino. Ninguna fe sino el sentimiento anterior que sustenta a toda fe, a toda esperanza. Ningún rostro sino el ser sin rostro, el ser que es todos los rostros. Paz en el cráter, reconciliación del hombre —lo que queda del hombre— con la presencia total»[28].

Junto a estos nombres es preciso añadir en los primeros años el de R. E. Schultes, profesor de botánica en Harvard y luego director de su Museo Botánico. Ya durante la S.G.M. había publicado un estudio sobre los usos étnicos del peyote[29], y desde entonces no dejó de

---

25.- *Cfr.*, por ejemplo, Bateson, 1980, vol. II, págs. 205-222.

26.- Bateson, 1980, pág. 221.

27.- *Cfr.* Michaux, 1956, 1957, 1985.

28.- Paz, 1967, pág. 90.

29.- Schultes, 1940, págs. 177-181.

investigar las plantas visionarias del nuevo y el viejo mundo, tanto al nivel del naturalista en sentido estricto como en su contexto antropológico. Aunque la etnobotánica no nace con Evans-Schultes, puede decirse que sus trabajos le prestaron un definitivo impulso.

Queda por mencionar Robert Gordon Wasson, un banquero vocacionalmente llamado a la etnomicología —y sobre todo a los hongos psicoactivos— con base en su matrimonio con una mujer rusa, experta en ese campo como la mayoría de los rusos. Una experiencia con *Amanita muscaria* en los años sesenta lanzó a Wasson a estudiar exhaustivamente todo lo relacionado con dicha seta, casi en términos de monomanía pero acumulando una muy notable información literaria y etnológica. Apoyándose en investigaciones de filólogos como K. Meuli, Ph. de Felice y G. Dumézil, se convenció de que las religiones antiguas derivaban de cultos arcaicos basados en la comunión con *Amanita muscaria* u otros hongos de tipo visionario. En este camino fue influido notablemente por Robert Graves, que mientras escribía su *Yo, Claudio* le pidió consejo sobre el modo de envenenar con setas y, de paso, le orientó a seguir el hilo de sus especulaciones en México[30]. Efectivamente, Graves fue el primero en interpretar de modo correcto las llamadas piedras-hongo mesoamericanas, y gracias a su específico consejo Wasson descubrió las tradiciones relacionadas con el *teonanácatl*. Aunque sólo entró en contacto con Huxley algo después, Wasson fue el lazo de unión entre Hofmann, Schultes y otros micólogos, antropólogos e historiadores.

b) Simultaneidad en las experiencias iniciales. En 1952, como epílogo a *Los demonios de Loudun*, Huxley volvió a tocar el tema de las drogas psicoactivas, si bien ahora como vehículo de trascendencia, dentro del progresivo interés que comenzaba a mostrar por el

---

30.- Con su habitual gracejo, Graves comentó en una carta «Mi hombre fúngico está exultante porque descubrió efectivamente el oráculo fúngico que le mandé a buscar en México»; *cfr.* M. Seymour-Smith, 1983, pág. 476.

misticismo en sus diversas manifestaciones[31]. Concretamente decía allí que:

> «En sus *Modalidades de la experiencia religiosa* W. James proporciona ejemplos de "revelaciones anestésicas" experimentadas después de inhalar gas de la risa. Los alcohólicos experimentan a veces teofanías análogas, y es probable que en el curso de la intoxicación con casi todas las drogas haya momentos en los cuales resulta fugazmente posible tomar conciencia de un no-yo superior al ego en vías de desintegración. Pero por estos chispazos originales de revelación se pagan precios exorbitantes»[32].

Evidentemente, hablaba de la peligrosa intoxicación con solanáceas, principal vehículo de los untos brujeriles. Pero pensando que ese interés de Huxley por la experiencia visionaria podía enriquecerse con algún fármaco menos tóxico, el joven psiquiatra inglés Humphry Osmond le proporcionó una dosis de mescalina en 1953. Osmond trabajaba entonces en Canadá, y luego sería director del departamento de investigación neurológica y psiquiátrica de la Universidad de Princeton. En realidad, fue Huxley quien entró en contacto con Osmond, escribiéndole a raíz de la publicación de un artículo[33] donde en colaboración con otro colega relataba experiencias de psicoterapia usando esa droga. Un hombre con la erudición de Huxley estaba sin duda al corriente de que por esos años no era la mescalina sino la LSD 25 quien acaparaba el interés de neurólogos, biólogos, psiquiatras y psicólogos; de hecho, ya había más de mil artículos en revistas científicas sobre los efectos y usos de esa sustancia[34], pero

---

31.- En *Time Must have a Stop*, una novela de 1944, aparece ya una experiencia *post mortem* próxima a las descripciones del *Bardo Thodol*, con una aniquilación yoica pareja al efecto de algunas drogas visionarias. Pero Huxley no había experimentado todavía con ninguna.

32.- Huxley, 1982, pág. 41.

33.- H. Osmond y J. Smythies, 1952.

34.- *Cfr.* A. Hofmann, en la Introducción a Huxley, 1982, pág. 1.

EL COMPLOT PAGANO Y LA «GRAN POLÍTICA»

la descripción de Lewin en *Phantastica* le decidió a ensayar con el alcaloide de la planta sagrada para algunas tribus americanas. Por lo demás, era entonces un hombre casi ciego, obligado a leer en sistema Braille o usando una lupa, y la potencia visionaria de la mescalina resultaba especialmente tentadora.

Osmond, a quien se deben la expresión «psiquedélico»[35] y varios trabajos sobre sustancias enteogénicas, iba a convertirse en amigo íntimo de Huxley, y en uno de los focos para la difusión de su pensamiento en medios académicos norteamericanos. Pero resulta llamativo que dos años antes de ese encuentro entre el psiquiatra y el escritor en Los Ángeles se hubiese producido otro encuentro bastante parejo entre Hofmann y Jünger —usando LSD 25—, esta vez en Europa, cuyo resultado fue también un libro del segundo[36]. Hofmann y Jünger se conocían desde 1945, y habían celebrado juntos bastantes sesiones con LSD, mientras Huxley iba a escribir sobre una experiencia singular, donde Osmond sólo intervenía a título de «guía». Con todo, esa diferencia quedaba enjugada sobradamente por la semejanza de las conclusiones. En ambos casos se planteaba como necesidad superar el dualismo platónico-cristiano (carne y espíritu, cielo e infierno, sujeto y objeto), cuya incoherencia fundamental era revelada con especial intensidad gracias al trance visionario:

> «Platón parece haber cometido el enorme y absurdo error de separar el ser del devenir e identificarlo con la abstracción matemática de la Idea. Pobre hombre, no habría podido nunca ver un ramillete de flores brillando con su propia luz interior, casi estremeciéndose bajo la presión del significado [...] una transitoriedad que era vida eterna, un perpetuo perecimiento que era al mismo tiempo puro Ser, un puñado de particularidades insignificantes y únicas en las que cabía ver, por una

---

35.- De *psique* y *delos*: «que amplía la mente».
36.- Jünger, 1952.

inexpresable pero evidente paradoja, el divino origen de toda existencia»[37].

Por supuesto, el fármaco sólo colaboraba a hacer más obvia la incoherencia de ese dualismo, pero «se podía emplear en beneficio de quienes vivían en una sociedad tecnológica hostil a las revelaciones místicas»[38].

Un mes después de la experiencia, Huxley escribió a su agente literario diciendo que preparaba «un ensayo muy extenso» sobre ella, «pues postula multitud de problemas filosóficos, y arroja intensa luz sobre todo tipo de interrogantes en los campos de la estética, la religión, la teoría del conocimiento»[39]. Iba a cumplir los sesenta años, y aunque *Las puertas de la percepción* acabó siendo un texto bastante breve, con título extraído de uno de los mejores poemas de William Blake —núcleo central del más extenso *Matrimonio del Cielo y el Infierno*—, logró una difusión muy superior al velado relato de Jünger. Cierto crítico dijo que «una apología de la mescalina sería considerada sandez o basura, pero el asunto merece un más cuidadoso escrutinio por tratarse de uno de los maestros de la prosa inglesa, hombre de fabulosa cultura que habitualmente demuestra una elevada seriedad moral»[40].

Durante los nueve años que le quedan de vida, Huxley desplegará una energía extraordinaria como articulista y conferenciante para analizar los distintos aspectos de la experiencia e investigar más a nivel personal. Percibe ya connotaciones de peligro político, y aconseja inmediatamente a Osmond «hacer el bien sigilosamente, evitando la publicidad»[41]. Por otra parte, era preciso también exponer la buena nueva farmacológica de un modo aceptable para los poderes sociales,

37.- Huxley, 1977, pág. 17.
38.- Hofmann, 1980, pág. 3.
39.- Carta a H. Smith de 22-6-1953; en Huxley, 1982, pág. 64.
40.- M. Barret, *The Reporter's*, 2-3-1954, pág. 46.
41.- Osmond, 1952, pág. 119.

y antes de que terminen los años cincuenta habrá difundido su entusiasmo a centenares de personas. Entre los literatos se acercan con curiosidad a la autoexperimentación representantes de muy diversas tendencias (G. Bateson, A. Koestler, H. Michaux, A. Nim, A. Watts, W. Burroughs, A. Ginsberg, etc.), mientras un sector del estamento médico emplea LSD como vehículo de conocimiento neurológico, psicoterapia y diagnóstico. La actividad de Huxley se hace tan densa que para seguir la evolución de las cosas en este campo conviene pasar revista a sus principales escritos.

Sin embargo, antes conviene examinar un desarrollo colateral pero relevante para la formación del complot.

II. Armas para la guerra fría

Uno de los primeros pacientes que recibió LSD era una mujer con diagnóstico de esquizofrenia hebefrénica —otro modo de decir loca desintegrada— que se pasaba el día lanzando risitas y unas pocas frases hechas. A la media hora de ingerir 100 gammas adoptó una actitud grave y dijo:

> «Esto que me han dado es serio. Somos gente patética. No jueguen con nosotros»[42].

Muchos casos posteriores vinieron a indicar que la LSD y drogas análogas rompían el precario equilibrio de ciertos sujetos (los llamados «psicóticos») produciendo episodios de delirio agudo. En consecuencia, los terapeutas humanitarios se abstuvieron de usar tales drogas con ese tipo de pacientes. Fue Sandoz quien difundió la idea de que permitían crear «psicosis modelo» de tipo reversible o temporal, conclusión no evidente aunque aceptada sin vacilaciones

---

42.- *Cfr.* Stevens, 1987, pág. 25.

por la mayoría en un comienzo. En efecto, que los etiquetados como esquizofrénicos sufriesen crisis penosas al tomar LSD no significaba forzosamente que esas crisis fuesen desencadenadas por experiencias visionarias análogas a las que produce la droga en personas calificadas como normales; el fenómeno podía interpretarse como un derrumbamiento de la coraza caracterológica y los mecanismos de defensa, siendo lo insufrible ese enfrentamiento consigo mismo y el resto del mundo en forma no automatizada o reducida. Defendido por los más interesados en el estudio de la LSD y sus afines, el criterio de drogas creadoras de psicosis modelo o «psicotomiméticas» fue probablemente un modo velado de introducir en la práctica psiquiátrica estos agentes, proponiendo un uso no conflictivo con los ideales prohibicionistas.

Al mismo tiempo, había un sector que realmente comulgaba con la idea de la psicosis experimental por razones ni místicas ni terapéuticas. En septiembre de 1977, un subcomité del Congreso presidido por el senador Edward Kennedy investigó las actividades secretas de distintos organismos americanos en relación con la LSD, confirmando oficialmente una larga historia. El hecho de «desclasificarse» casi veinte mil páginas de informes y memorandos confidenciales permitió a varios investigadores[43] bucear en esas actividades y describirlas con algún detalle.

1. Los intereses del ejército y la CIA

Por parte norteamericana, la búsqueda de drogas que anulasen el entendimiento o la voluntad comenzó antes de que terminara la S.G.M., estimulada por prácticas semejantes de los alemanes en Dachau. La Oficina de Servicios Estratégicos, origen de la CIA, había ensayado como drogas de la verdad escopolamina, mescalina y un extracto líquido de cáñamo, dentro de un programa para detectar

---

43.- Marks, 1979; Lee y Schlain, 1985.

comunistas en las fuerzas armadas que —al parecer— rindió los frutos apetecidos[44]. El general «Wild Bill» Donovan, su director, formó un consejo secreto para el estudio de agentes químicos del que formaban parte E. Strecker, presidente de la Asociación Médica Americana, el supercomisario H. Anslinger y algunos otros, como el médico nazi H. Strughold, acusado formalmente de participar en atrocidades perpetradas sobre los prisioneros de Dachau[45]. De este consejo provienen las primeras directrices, que sugieren experimentar a fondo con «agentes de guerra no convencional».

Al nacer la CIA, en 1947, su director A. Dulles aprobó una subsección semisecreta conocida como División Química, dirigida por un farmacólogo de Cal-Tech llamado S. Gottlieb, que en 1953 obtuvo una generosa dotación para poner en marcha el proyecto MK-UL-TRA, centrado básicamente sobre la LSD. En efecto, a finales de ese año dos agentes fueron destacados a la central de Sandoz, en Basilea, con un cuarto de millón de dólares y la misión de adquirir todas sus existencias, calculadas por Gottlieb en unos diez kilos (cien millones de dosis). Para su decepción, Sandoz sólo disponía de 40 gramos, aunque se avino a producir más adelante cien semanales, y tener informada a la Agencia de cualquier otra compra masiva. Mientras se producían estas conversaciones, un general americano sugería a Hofmann que pensara modos idóneos para distribuir el fármaco en territorio enemigo, ante el estupor de éste[46]. De hecho, la Agencia tenía personal trabajando en «ataques sorpresa» con LSD contra políticos socialistas o de izquierdas en otros países, con la finalidad de «producir estados indiscernibles de la insania mental»[47]. Castro y Nasser fueron blancos estudiados de modo expreso, y otras secciones montaban programas como la Operación Clímax de Medianoche, un curioso dispositivo experimental —mantenido durante ocho años—

44.- Cfr. U.S. Naval Technical Mission in Europe, Technical Report, n.º 333-345, págs. 239 y ss.

45.- Cfr. Lee y Schlain, 1985, págs. 5-7.

46.- Comunicación personal de A. Hofmann.

47.- Cfr. Lee y Schlain, 1985, págs. 17, 23-24 y 38.

que era un burdel controlado por micrófonos, cámaras y falsos espejos; subvencionadas por el gobierno, las prostitutas deslizaban LSD y otras drogas en las copas de sus clientes, mientras los dispositivos instalados permitían seguir el pormenor de sus reacciones.

Tan ambicioso como los servicios civiles de inteligencia, el Army Chemical Corps conseguía del Congreso dotaciones muy generosas para «desarrollar un incapacitante no letal». El programa mató ya en 1953 a cierto tenista con una sobredosis de MDA, y posiblemente a bastantes más individuos no identificados; implicaba experimentos como administrar un alucinógeno junto con un anestésico local, pidiendo al sujeto que describiera su estado mientras el cirujano le iba rebanando trozos de corteza cerebral[48], y terapias de «recondicionamiento» casi tan brutales. Supervisadas por E. Cameron, luego presidente de la Asociación Psiquiátrica Internacional, estas últimas prácticas han costado 9 millones de dólares al Gobierno americano como indemnización por traumas incurables nacidos de ellas. El código de ética científica aprobado en Nuremberg exige que se obtenga un pleno consentimiento de cualquier persona sometida a experimentos, y es curioso que el doctor Cameron fuese uno de los asesores del tribunal constituido en esa ciudad para juzgar crímenes nazis contra la humanidad. No menos curioso es que formasen parte del consejo superior en estos experimentos el presidente de la Asociación Médica Americana y el super-comisario Anslinger. Hoy sabemos que el número de soldados y civiles usados inconscientemente como cobayas alcanza a decenas de miles de norteamericanos, ya un número indeterminable —pero superior— de laosianos, camboyanos y vietnamitas.

Una vez provista de LSD en enormes cantidades, la CIA decidió seguir diversificando sus investigaciones, y canalizarlas también a través de dos instituciones respetables: la Josiah Macy Foundation y el Geschickter Fund for Medical Research. Como sincronizados por

---

48.- *Ibíd.*, págs. 8-9.

una lógica poética, el mismo mes en que Huxley tenía su primera experiencia con mescalina quedó aprobado el proyecto MK-ULTRA. Huxley —ilegalmente— trataría de contribuir a una emancipación emocional y espiritual del prójimo; la CIA —legalmente— buscaba en esas mismas sustancias útiles destructivos para uso interior y exterior. El psiquiatra H. Abramson, por ejemplo, recibió 85.000 dólares para producir:

> «Materiales operativamente pertinentes, de acuerdo con las siguientes líneas: a. Trastornos de la memoria; b. Desprestigio por conducta aberrante; c. Alteración de pautas sexuales; d. Entrega de información; e. Sugestibilidad; f. Creación de dependencia»[49].

Un encargo muy parejo recibieron los psiquiatras C. Pfieffer y H. Lodge, de las Universidades de Illinois y Rochester. Con todo, la orientación bélica presentó fisuras ya desde el comienzo, pues Gottlieb y sus colaboradores empezaron a experimentar consigo mismos, a veces empleando como conejos de indias a otros colegas. Los ensayos a nivel de directivos culminaron cuando la División Química de la CIA invitó a su análogo en el ejército de tierra, el equipo directivo de Army Chemical Corps, para una reunión de trabajo durante tres días. Al llegar el segundo día, usando un ponche cargado con LSD, los químicos del ejército fueron, sin saberlo, objeto de un experimento que acabó mal, pues uno de ellos —F. Olson— pensó haberse vuelto loco sin causa, y acabó lanzándose por la ventana de un hotel a la calle[50].

El episodio, silenciado durante tres décadas, no dio al traste con el proyecto MK-ULTRA. La Agencia Central de Inteligencia sólo perdió interés por el fármaco en 1959 —cuando comenzaban los ex-

---

49.- En Marks, 1979, pág. 62.
50.- Cfr. Stevens, 1987 pág. 82.

perimentos de Leary en Harvard— tras las conclusiones alcanzadas por un congreso de la propia Josiah Macy Foundation. Fue el antes mencionado Abramson, becario suyo, quien propuso varios puntos de acuerdo general para psiquiatras especializados en LSD:

«1. Es farmacológicamente segura; 2. Pueden usarse grandes dosis sin lesión en los tejidos […] 3. El paciente es consciente, cooperativo, y más capaz de integrar material con significado psicodinámico. 4. El paciente sufre un trastorno esencialmente jubiloso (*elated*) de la función yoica. 5. No hay indicios de adicción. 6. Los pacientes suelen disfrutar con la experiencia en el margen de dosis establecido[51]».

Aunque todo eso era un secreto a voces para Gottlieb y muchos colegas, el rápido prestigio alcanzado por la LSD como sustancia terapéutica —y como fármaco de gran interés para experimentos sobre creatividad, motivación y misticismo— puso fin a los subsidios oficiales secretos. Una droga que en 1953 prometía ser capaz de enloquecer a personas normales había pasado en 1959 a proponerse como modo de fortalecer su cordura. Así no sólo era inservible, sino peligrosa para el interés nacional.

También por esas fechas sufrió un revés la CIA con el Geschikter Fund, su segunda base operativa para investigar con drogas «psicotomiméticas». El viaje de Gordon Wasson a Oaxaca, que culminó en el descubrimiento de cultos nativos centrados sobre el *teonanácalti*, había recibido cierta publicidad gracias a un artículo suyo publicado por la revista *Life*. Fingiéndose identificado con las ideas allí presentadas, un químico de la Universidad de Delaware pidió sumarse al próximo viaje, para el cual aportaría una generosa subvención del Fondo Geschickter. En realidad, la misión que se encomendaba a J. Moore —el químico— consistía en traer consigo ejemplares de hon-

---

51.- Abramson, *Proceedings*, J. M. Found., 22-24 abril 1959, pág. 12.

gos psilocibios para descubrir sus alcaloides y luego sintetizarlos. Parece que el viaje en burro por las sierras fue un martirio para él antes de llegar a su destino[52], y cuando estuvo en la choza de la chamana, obligado a aparentar interés por la experiencia enteogénica, la sesión se convirtió para él en un verdadero infierno[53]. Una semana después, con ocho kilos menos y un paquete de setas, de regreso a Delaware, sólo le quedaba la esperanza de aislar los principios activos y conseguir un modo de producirlos artificialmente. Sin embargo, a finales de ese año A. Hofmann anunciaba el hallazgo, y posterior síntesis, de la psilocina y la psilocibina. La CIA tampoco gozaría de monopolio en relación con tales drogas.

Resulta así que, en su fase inicial, el descubrimiento de la LSD y la psilocibina no produjo un complot sino dos, claramente diferenciados. Pero lo cierto es que constituían caras de una misma moneda, y que lo mismo de ambas era algo tan ambivalente como la veracidad. Los servicios de inteligencia y los resurgidos conspiradores paganos tenían metas bien diversas, pero buscaban ambos una *droga de la verdad*. Aunque unos quisieran extraerla a la fuerza o con engaño, y los otros dejarla brotar, todos estaban implícitamente de acuerdo en que LSD, mescalina y psilocibina se llevaban mal con la reserva y el disimulo, por no decir que con la mentira en general.

III. TÉCNICA Y QUÍMICA

En *Cielo e infierno* (1956) Huxley quiso precisar las relaciones entre el éxtasis químicamente inducido y el misticismo, a la vez que el carácter en modo alguno sólo eufórico del «viaje» químico. Por supuesto, la experiencia visionaria lleva consigo superar diversas

---

52.- «Tenía un catarro horrible, de poco nos morimos de hambre, y me picaba todo»; *cfr.* Marks, 1979, pág. 114.

53.- Según Wasson, «el pobre Moore era como un marino de agua dulce; se mareó y odió todo»; *cfr.* Stevens, 1987, pág. 83.

formas del miedo, y en esa misma medida demanda coraje y sinceridad si el sujeto no quiere «zambullirse en el horror». Pero «en el estado actual de nuestros conocimientos, el aspirante a místico que recurriera al ayuno prolongado y a la autoflagelación obraría de modo tan insensato como el aspirante a cocinero que quemó la casa para asar un cerdo»[54]. Lo nuclear de la experiencia visionaria reside en poner de manifiesto otra vez el más allá en el más acá, la unidad del mundo: «Que la percepción es (o por lo menos puede ser, debería ser) lo mismo que la revelación, que la realidad brilla en toda apariencia»[55].

Un artículo de ese mismo año[56] se concentra en el aspecto político. Considerando los progresos que la química farmacológica ha hecho en el aspecto de la mera tranquilización, es preciso asegurarse de que sus hallazgos no sean empleados como «instrumento de gobierno», pues «dirigida por malos líderes la revolución venidera podría resultar tan desastrosa como una guerra nuclear y bacteriológica». En definitiva:

> «El universo no acostumbra darnos las cosas gratuitamente [...] ¿Podemos sustituir impunemente la autodisciplina sistemática por una sustancia química? Eso está por ver. Pero entre todas las drogas transformadoras de la conciencia las más interesantes son aquellas que, como el ácido lisérgico y la mescalina, abren la puerta a lo que podríamos llamar el otro mundo de la mente [...]. Sospecho que están destinadas a desempeñar en la vida humana un papel por lo menos tan importante como el que ha desempeñado hasta ahora el alcohol, e incomparablemente más beneficioso»[57].

54.- Huxley, 1977, pág. 146.

55.- *Ibíd.*, pág. 115.

56.- «Brave New World revisited», *Esquire*, julio 1956, págs. 33-32.

57.- *Ibíd.*, pág. 32.

Para entonces sabe ya que morirá de cáncer, y en vez de retraerse aumenta su actividad. Diserta en la Academia de Ciencias de Nueva York sobre farmacología, propone abordar el campo con investigaciones interdisciplinarias y trabaja en el diseño de experimentos donde los fármacos visionarios se empleen con ciegos, con artistas y con agonizantes; le parece de singular interés el empleo de la hipnosis para revivir experiencias psiquedélicas pasadas, evitando así el uso material de cualquier droga, y llega a escribir una especie de guía para «psiconautas», basada fundamentalmente en preguntas que van abriendo perspectivas de reflexión y pueden convertirse en un medio de registro objetivo. En 1957 entra en contacto con R. Gordon Wasson[58] y reanuda su relación con el filósofo japonés Suzuki, principal difusor del pensamiento zen en Occidente. Ha iniciado la correspondencia con Hofmann, ha conocido al psicólogo John Lilly —que en estudios sobre privación sensorial emplea LSD— y su pensamiento queda bien referido en una carta a P. B. Smith:

> «La mescalina y la LSD abren una puerta que da acceso a áreas de la mente que habitualmente no conocemos, y donde es posible que encontremos experiencias visionarias, a veces terribles, pero más a menudo bellas y esclarecedoras (si estamos física y psicológicamente sanos). También es posible que encontremos una nueva forma de aprehensión, en la cual se trasciende de alguna manera la relación corriente entre sujeto y objeto [...]. Postulados tales como "Dios es amor" son comprendidos con la totalidad del propio ser, y su veracidad parece axiomática a pesar del dolor y la muerte. Esto se ve acompañado por una vehemente gratitud ante el privilegio de existir en este universo»[59].

58.- En una carta a Osmond (1-6-1957) dice de Wasson: «Ha trabajado mucho en su especialidad, y el material reunido en sus gruesos volúmenes es muy curioso y sugestivo. Sin embargo, como me adelantaste, le complace pensar que sus hongos son de alguna manera únicos e infinitamente superiores a todo lo demás».

59.- En Smith, 1972, págs. 86-87.

1. La ambivalencia de la psicofarmacología

En 1958 —usando ejemplares de teonanácatl proporcionados por el micólogo R. Heim, director del Museo de Historia Natural de París y amigo de Wasson—, Hofmann aísla los principales alcaloides, practica autoensayos con ellos y descubre el modo de sintetizarlos químicamente. Cuatro años más tarde tendrá ocasión de hacer probar sus píldoras a la estupefacta chamana María Sabina, en remotas sierras de México. Tras verificar que ella reconoce la acción de los hongos mágicos en esos pequeños comprimidos (realizando así un experimento sin precedentes en los anales de la farmacognosia), Hofmann tiene tiempo para ensayar personalmente con otras varias drogas de la región, y en Suiza descubre que las campanillas del tipo *Turbina corymbosa (ololiuhqui)* e *Ipomoea violácea (tliltlitzin, badoh)* producen semillas cuyo principio activo es la ergina o amida del ácido lisérgico, presente en el ergot europeo. También por entonces las investigaciones etnobotánicas de Schultes en América del Sur han dado como fruto el redescubrimiento de plantas con alcaloides indólicos, de las que se extraerán las dimetiltriptamina o DMT y la harmina (principio activo del *yagé*), con lo cual el catálogo de sustancias «psiquedélicas» comienza a engrosarse notablemente.

Estos hechos, y el progresivo estrechamiento de los vínculos con investigadores y literatos de casi todo el mundo, llevan a Huxley a publicar un artículo sistemático y ya explícito en el *Saturday Evening Post*, una de las publicaciones más vendidas de la época. Aparte de profetizar una nueva peregrinación a Oriente, que se cumpliría de modo puntual diez años más tarde, el texto merece citarse con cierta extensión:

> «La historia de las modas médicas es por lo menos tan grotesca como la historia de las modas en materia de sombreros femeninos y, dado que se hallan en juego vidas humanas,

considerablemente más trágica. En este caso, millones de pacientes que no tenían necesidad de tranquilizantes los recibieron de sus médicos y aprendieron a recurrir a las píldoras cada vez que tenían un contratiempo, por insignificante que fuera. Esta es una pésima práctica médica, que desde el punto de vista del consumidor de las píldoras constituye un acto de dudosa eticidad y de escaso sentido común [...]. El exceso de tensión y la ansiedad pueden menoscabar la eficiencia del individuo, pero también puede menoscabarla la falta de una y otra cosa. Hay muchas ocasiones donde es muy justo que nos sintamos preocupados[...].

Una droga capaz de hacer que la gente se sienta feliz o indiferente en situaciones donde normalmente se sentiría desdichada sería una bendición, pero una bendición erizada de graves riesgos políticos [...]. En los hospitales psiquiátricos se ha comprobado que el control químico es más eficaz que las camisas de fuerza o la psicoterapia. Los dictadores de mañana privarán a los hombres de su libertad, pero les suministrarán a cambio una felicidad que no será menos real, como experiencia subjetiva, por el hecho de haber sido inducida mediante recursos químicos. La búsqueda de la felicidad es uno de los derechos tradicionales del hombre. Desgraciadamente, quizá la conquista de la felicidad acabe siendo incompatible con otro de los derechos del hombre, el de la libertad»[60].

Huxley está hablando del estado de cosas analizado en el capítulo previo, donde la ilegalización de algunos sedantes y estimulantes desembocó en una fabulosa inundación de otros sedantes y estimulantes, no menos tóxicos o adictivos, aunque legalmente decorosos:

60.- «Drugs that shape men's minds»; en Huxley, 1960, págs. 336-346.

«Sin embargo, es muy posible que la farmacología devuelva con una mano lo que arrebata con la otra. La euforia inducida por medios químicos podría convertirse fácilmente en una amenaza para la libertad individual. Pero el vigor inducido por medios químicos, y la inteligencia aguzada igualmente, podrían convertirse en los baluartes más inexpugnables de la libertad».

Tras examinar algunos otros fármacos entonces investigados, la última parte del artículo versa sobre los problemas religiosos que plantearán los «nuevos transformadores de la mente», siendo ésta la parte más combativa:

«Quienes se sientan ultrajados por la idea de que la ingestión de una píldora puede contribuir a una genuina experiencia religiosa, deberán recordar que todas las mortificaciones autoinfligidas por los ascetas de todas las religiones son también recursos poderosos para alterar la química del organismo en general y del sistema nervioso en particular [...]. La vida de un ermitaño, como San Antonio por ejemplo, tiene muy pocos estímulos externos. Pero como han demostrado recientemente en el laboratorio Hebb, Lilly y otros psicólogos experimentales, un individuo inmerso en un medio limitado, que suministra muy pocos estímulos externos, no tarda en sufrir un cambio cualitativo en su conciencia hasta el punto de oír voces o ver visiones, que a menudo son extraordinariamente desagradables, como lo fueron muchas de las visiones de San Antonio, pero que a veces son beatíficas [...].
    Ahora aparecen sustancias que estimulan las facultades místicas sin ningún coste fisiológico, o con un coste muy reducido, y muchas de ellas no tardarán en salir al mercado. Podemos sentirnos muy seguros de que cuando estén disponibles

la gente las usará en gran escala [...]. Las experiencias premísticas y místicas dejarán de ser raras y se tornarán comunes. Lo que otrora fue privilegio espiritual de unos pocos estará al alcance de muchos. Y eso planteará problemas sin precedentes a los ministros de las religiones organizadas del mundo. Para la mayoría de las personas la religión ha sido siempre una cuestión de símbolos tradicionales y de la propia reacción emocional, intelectual y ética ante dichos símbolos. No es probable que una religión de meros símbolos sea muy satisfactoria para hombres y mujeres que han experimentado directamente la auto-trascendencia. La lectura de una página del libro de cocina mejor escrito no basta para sustituir la ingestión de comida[...].

El famoso renacimiento religioso del que hablan tantas personas hace tanto tiempo no se producirá gracias a las asambleas evangélicas de masas ni a la comparecencia en televisión de clérigos fotogénicos. Será el corolario de descubrimientos bioquímicos que permitirán a grandes contingentes de hombres y mujeres alcanzar una comprensión más profunda de la naturaleza de las cosas. Y este renacimiento será al mismo tiempo una revolución [...]. La religión se convertirá en un misticismo cotidiano que estará subyacente en la racionalidad cotidiana, en las faenas y deberes cotidianos, en las relaciones humanas cotidianas, y que les impartirá sentido».

Con la aparición de este texto puede decirse que el complot pagano ha dejado de ser algo en gran medida inconsciente. A la moda médico-legal que atiborra a los individuos de tranquilizantes y excitantes, con metas de embrutecimiento o continuidad en la explotación de sí mismos, el grupo de quienes conocen otras drogas opone —en nombre de la salud, de la solidaridad civil real y del conocimiento— la aventura del viaje al espacio interior. Dentro de este grupo hay una notable heterogeneidad que abarca desde el platonismo de Gordon Wasson hasta las posturas pragmáticas de Graves o Koestler; desde las inclinaciones orientalistas de Watts y el propio Huxley a las construcciones más aristotélicas de Bateson, Jünger y Hofmann; desde el empleo casi técnico hecho por artistas como Dalí, Paz y Michaux hasta las investigaciones etnológicas de botánicos como Schultes y Heim, o las estrictamente neurológicas, psiquiátricas o psicológicas de Osmond, Delay, Janiger y Lilly. En común sólo tenían experiencias fructíferas con fármacos de esa familia, y un convencimiento expresado concisamente por Jünger:

«El vino ya ha modificado muchas cosas, ha conducido a nuevos dioses y a una nueva humanidad. Pero el vino guarda con estas drogas mágicas la misma relación que la física clásica con la contemporánea»[61].

IV. LA PUESTA EN PRÁCTICA DEL COMPLOT

Si en algo estaban de acuerdo esos literatos y científicos era en la necesidad de conducirse de un modo más bien «eleusino», evitando cualquier tipo de propaganda indiscriminada que lanzase tales fármacos como una novedad más, apta para consumirse como las otras, en un marco de pasatiempo, para desinhibir o excitar simplemente. Las mejores pautas de uso eran sin duda las vigentes en aquellas comunidades donde seguían consumiéndose —especialmente en América Central y del Sur—, con una mezcla de respeto y preparación (ayuno, reflexión previa, etc.) adecuada a la intensidad de la experiencia producida. Como advirtió Hofmann, si esos pueblos se servían de ellos sacramentalmente era porque no resultaban compatibles con disposiciones psíquicas ambiguas, o con un orga-

---

61.- Carta a Hofmann, del 27-12-1962; *cfr.* en Hofmann, 1980, pág. 179.

nismo invadido por otras drogas; los hierofantes antiguos, como los chamanes actuales, indicaban dicha circunstancia sosteniendo que «los impuros se sentirían enloquecer o recibirían un castigo mortal»[62]. Prácticamente lo mismo sostenían Michaux —para quien la confusión entre viaje y mero entretenimiento llevaba consigo el peligro de «perder el alma»[63]— y Graves, que se mostró escandalizado por la «impiedad» del uso incauto[64]. Anaïs Nim —en cuya casa se celebraron varias reuniones psiquedélicas— dijo a Huxley en una de ellas que «nuestras experiencias son esotéricas y deben permanecer como tales»[65].

Sin embargo, Huxley era demasiado notorio, y su entusiasmo demasiado grande para observar esa orientación de cuidadosa reserva. Si en 1955 había defendido en el congreso anual de la Asociación Psiquiátrica Americana su explosiva tesis del «misticismo aplicado»[66], ahora habla directamente de revolución —mientras es *visiting professor* para la Universidad de California en Santa Bárbara— y polemiza con algunas personalidades destacadas del momento como el padre T. Merton y M. Isherwood. Al primero le cuenta que ha tomado dos veces mescalina y cuatro LSD en su vida, que los llamados «malos viajes» son tan útiles para el explorador valeroso como los beatíficos, que no llegan estadísticamente a un tercio de los casos y que «aquí hay un campo propicio para la experimentación seria y reverente»[67]. La carta a M. Isherwood que le había expuesto sus dudas ante cualquier tipo de «regalo», termina indicando que «las gracias gratuitas no son necesarias ni suficientes […] pero pueden resultar muy útiles si resolvemos dejar que nos ayuden»[68]. La primera parte de la misiva declara:

62.- Hofmann, en Huxley, 1982, pág. 3.

63.- Michaux, 1985, pág. 68.

64.- Graves, 1980, pág. 91.

65.- Nin, 1966, vol. 6, pág. 333

66.- «Mescaline and the Other World», *Proceedings of the Round Table on LSD and Mescaline in Experimental Psychiatry*, Atlantic City, 12-5-1955.

67.- Carta de 10-1-1959; *cfr.* Huxley, 1982, pág. 227.

68.- Carta de 12-8-1959; *cfr. Ibíd.*, pág. 228.

«En mi primer ensayo con mescalina tuve una experiencia visionaria puramente estética, pero desde entonces —con LSD y nuevamente con mescalina— he ido *más allá de la visión* y me he internado en muchas de las experiencias de la literatura oriental y occidental: trascender la relación sujeto-objeto» sentirse solidario con todo —sabiendo realmente por experiencia lo que significa «Dios es amor»—, o sentir que a pesar de la muerte y el sufrimiento todo está, de algún modo y en última instancia, perfectamente en orden.»

Ese año de 1959 vuelve a ocupar una tribuna pública en la *Medical School* de la Universidad de California, ahora con ocasión de un congreso cuyo solo nombre; —un enfoque farmacológico en el estudio de la mente—, indica la problemática tratada[69]. La conferencia, donde apenas habla de drogas psiquedélicas, constituye una meditación sobre la técnica y es sin duda una de sus mejores producciones.

1. El manifiesto sobre la «revolución final»

El punto de partida para el hombre de letras es superar «el antiguo dualismo platónico y cartesiano», que asfixia la naturalidad, deforma la visión del mundo y se ha revelado inaceptable desde el punto de vista científico.

«Nuestro problema es adaptar un lenguaje actualmente inadecuado para describir el continuo mente-cuerpo, un universo de continuidad completa [...]. Por ejemplo, poder hablar de una experiencia mística simultáneamente en términos propios de la teología, la psicología y la bioquímica».

69.- «1959 The Final Revolution», *Contact: The San Francisco Journal of New Writing, Art and Ideas*, 2, 1959, págs. 5-18.

Sin embargo, no sólo los hombres de letras sino los científicos y el ciudadano en general están comprometidos en una empresa mucho más urgente que consiste en aplicar la tecnología a los asuntos humanos, tanto en el plano social como en el individual. La tecnología es algo en principio neutro que librado a sí mismo tiende a la eficacia en abstracto, al rendimiento de una operación y el problema decisivo consistirá en canalizarla hacia unas metas u otras, o bien dejar que sus modos de explotar lo existente se autolegitimen en la pura eficiencia[70]:

«La tecnología tiende a crecer y desarrollarse según las leyes de su propia esencia. No se desarrolla en absoluto según las leyes de nuestra esencia. Las dos cosas son distintas, y ahora el hombre se encuentra subyugado por lo que creó y subordinado a sus leyes, que no son en modo alguno leyes humanas»[71].

El riesgo inmediato es que se produzca «por parte de la autoridad central una progresiva usurpación de las funciones que estaban en manos de los grupos sociales». Esto se debe ante todo a dos nuevas técnicas aplicadas a los individuos —la propaganda y el control farmacológico—, que constituyen modos directos de «agresión al ser humano»:

«La propaganda puede definirse por oposición al argumento racional fundado sobre hechos. El argumento fundado sobre hechos pretende producir una convicción intelectual. La propaganda pretende producir, sobre todo, una acción refleja. Apunta a eludir la opción racional fundada sobre el conocimiento de los hechos y llegar directamente al plexo solar, por así decirlo, para afectar el inconsciente.

70.- El principal precedente de esta meditación es la filosofía de M. Heidegger, origen del llamado existencialismo que desde los años treinta —e influido por *El trabajador de* E. Jünger— definió la técnica en diversas obras como «puesta en explotación de lo que es».

71.- Huxley, 1982, pág. 240.

La tecnificación de los medios para llegar al inconsciente constituye una tremenda amenaza para nuestra concepción tradicional de la democracia y la libertad. Parece reducir al absurdo el proceso democrático, que a fin de cuentas descansa sobre la presunción de que los electores toman decisiones racionales basándose en los hechos. Sabiendo que en este país ambos partidos políticos contratan agentes de publicidad para que manejen la maquinaria de sus campañas, nos preguntamos hasta cuándo podrá sobrevivir la tradición democrática en manos de un método técnico cuidadosamente programado para eludir la elección racional»[72].

Lo mismo que acontece con la propaganda sucede con el control farmacológico, en cuya virtud consumir tal o cual sustancia se convierte en un gran privilegio por el que los individuos deben pagar no sólo un coste psicofísico sino social y criminal. Al igual que los progresos en la producción de toda suerte de manufacturas sólo revierten al individuo filtrados por una masiva propaganda que confunde y condiciona, los progresos en la química tienden a quedar restringidos a la difusión de drogas puramente conformistas, o a formar parte de un arsenal militar-policiaco cuya finalidad es «el lavado de cerebro reforzado con métodos farmacológicos».

La última parte del escrito compendia aquello que algunos años después se llamará pensamiento de la «contracultura» representado por ensayistas como H. Marcuse, N. O. Brown o T. Roszalc:

«Se trata de poder gozar los frutos de la tecnología que son el orden, la eficiencia y la profusión de bienes, y poder gozar al mismo tiempo […] de la libertad y la posibilidad de ser espontáneos […]. Nuestro problema consiste en hallar la forma de dejar que aflore esta espontaneidad y que perdure la libertad,

---

72.- *Ibíd.*, pág. 242.

al mismo tiempo que permitimos que la técnica se desarrolle hasta los límites que debe alcanzar. Este es un problema increíblemente complejo y también desmedidamente apremiante[...].

Antaño dejábamos que esos adelantos tecnológicos nos pifiaran por sorpresa. Si nuestros antepasados se hubiesen detenido a pensar lo que iba a ocurrir con el desarrollo del sistema fabril a finales del XVIII y comienzos del XIX, creo que no habrían tenido que someter a millones de seres humanos a una vida absolutamente infernal, en lo que Blake llamaba el taller oscuro y satánico de la época… Y no creo que debamos dejar que nos pillen nuevamente por sorpresa»[73].

A finales de 1959 la orientación ha cobrado carta de naturaleza en las principales universidades americanas. California, Princeton, Chicago, Harvard y Yale, entre otras, abren sus puertas a esa corriente de pensamiento. En Harvard se ha puesto en marcha un ambicioso programa —el Proyecto de Investigación Psiquedélica— que dirige el profesor Timothy Leary, formado en psicología clínica, con sus ayudantes R. Alpert y R. Metzner. Leary era un hombre enérgico, elocuente y entusiasta, y cuando Osmond y Huxley entraron en contacto con él puede decirse que el inicial esfuerzo por trazar los perfiles de la Gran Política se había convertido en el germen de un movimiento subversivo para las instituciones vigentes. En el Club de Profesores de Harvard, mientras almuerzan, llegan a la conclusión de que procede montar sin más demora «un estudio piloto en condiciones naturales» con seminaristas, presos, estudiantes universitarios y toda suerte de voluntarios. En palabras de Leary:

«Se trataría a los sujetos como si fueran astronautas: se les prepararía cuidadosamente, se les suministrarían todos los

---

73.- *Ibíd.*, págs. 245-246.

datos disponibles y después se les pediría que tripulasen sus propias naves, que hicieran sus propias observaciones y que las retransmitieran al control de tierra. Nuestros sujetos no iban a ser pacientes pasivos sino héroes exploradores»[74].

Huxley, que por entonces ha sufrido ya varias operaciones para detener el cáncer, sigue disertando infatigablemente en universidades y fundaciones, concediendo entrevistas y colaborando con Leary en algunas sesiones experimentales donde se emplea psilocibina. Viaja a Zúrich para conocer a Hofmann, sugiere a Leary que ofrezca alguna sustancia psiquedélica a Max Ernst[75], entra en relación con J. Lilly (que por entonces es un alto funcionario en el *National Health Institute* de Washington), declara a la *Paris Review* que con LSD «un proceso que puede abarcar seis años de psicoanálisis puede desarrollarse en una hora» —concitándose así la enemiga a muerte de la Asociación Psicoanalítica Internacional—, graba una larga entrevista en la BBC donde se reafirma en los criterios expuestos hasta entonces, y habla ante los físicos reunidos en Los Álamos ante la Academia Norteamericana de Artes y Letras, ante la Academia Mundial de Artes y Ciencias, con sede en Bélgica, y visita como invitado especial el centro de la NASA.

2. Los dos últimos años de Huxley

Sin embargo, el texto más largo y sistemático es una conferencia sobre «La experiencia visionaria»[76] ante varios centenares de delegados que asisten al XVI Congreso Internacional de Psicología Aplicada. En su última sección, que dedica al «valor» de dicha experiencia dice:

74.- Leary, 1968, pág. 67.

75.- «Su combinación de idiosincrasia psicológica y descomunal talento lo convierte en un caso de singular valor», le dice en su carta de 13-4-1961; *cfr.* Huxley, 1982, pág. 264.

76.- «Visionary Experience», *Proceedings of the XIV Int. Congr. Of Apl. Psychol.*, reimpr. por la International Federation for Internal Freedom, N. Y., 1967.

«Es una manifestación simultánea de la belleza y la verdad, de la intensa belleza y de la realidad intensa, que como tal no requiere ninguna otra justificación [...]. Este tipo de experiencia puede estar desprovisto de todo valor, puede ser como ir simplemente al cine y ver una película interesante. O, por el contrario, si cooperamos con ella, puede contribuir muchísimo a la transformación de nuestra vida, a la transformación de nuestra conciencia, ayudándonos a comprender que hay otras formas de encarar el mundo además de la corriente y utilitaria, y también puede culminar en cambios significativos del comportamiento».

Poco después aparece otro texto, que a pesar de su título —«Explorando las fronteras de la muerte»[77]— constituye una reflexión básicamente política, a caballo entre la amargura y la esperanza. Los líderes políticos del mundo son «prisioneros hipnotizados por la idolatría nacionalista y el dogmatismo»[78], que si en un sentido deben ser considerados victimas de las sociedades neuróticas regidas por ellos, en otro constituyen una de las causas primarias para entender la alienación reinante:

«En otros tiempos, cuando el ritmo de cambio tecnológico y demográfico era lento, las sociedades podían permitirse el lujo de las neurosis colectivas. Hoy es fácil que la conducta política dictada por recuerdos obsesivos del pasado (en otras palabras, por tradiciones venerables que han perdido su razón de ser, y por ideas anacrónicas necias o realmente diabólicas elevadas a la categoría de principios primarios y canonizadas como dogmas) sea fatalmente inadecuada»[79].

77.- *Fate Magazine*, 15, 9, 1962, págs. 36-43.

78.- Huxley, 1982, pág. 303.

79.- *Ibíd.*, pág. 304.

Cuando esto se está escribiendo los Estados Unidos empezaban a enviar los primeros contingentes militares a Vietnam y la crisis de los misiles cubanos era todavía un asunto próximo. Pero más grave aún que la internacional era —para Huxley— la crisis interna en las sociedades desarrolladas. Estados descreídos haciendo valer policialmente los principios de la fe herederos de un legado que no sabían aceptar a beneficio de inventario; orgullosos detentadores de técnicas que en realidad esclavizaban sostenidos por ebrios habituales que temían enloquecer con cualesquiera formas no embrutecedoras de ebriedad. Lo que realmente necesitaban sus miembros no eran *gadgets* infantiles que cambiaran de modelo cada año, sino un arraigo en lo permanente de la condición humana y a la vez —precisamente por eso— el coraje de aventurarse allí donde la novedad trasciende unas telarañas pintadas de purpurina. En una de sus cartas a Leary, que le preguntaba sobre el tantrismo, menciona el lado positivo de la revolución que preconiza.

«Hasta donde se entiende, el Tantra parece ser una extraña mezcla de superstición y magia con una filosofía sublime […]. Me parece que el ideal básico es el más alto de los concebibles: una iluminación no independiente del mundo sino interior a él, mediante los procesos comunes de la existencia. El Tantra enseña un yoga del sexo, un yoga de la alimentación (incluso comiendo alimentos prohibidos y bebidas prohibidas). Su terapia no es sólo para lo anormal, sino para la enfermedad mucho más grave de la insensibilidad y la ignorancia, que nosotros llamamos "normalidad" y "salud mental". Me parece que la LSD y los hongos se deberían usar […] para esa iluminación dentro del mundo de la experiencia cotidiana»[80].

Esta carga revolucionaria se compendia en el último de sus cincuen-

---

80.- Carta de 11-2-1962; en Huxley, 1982, págs. 331-332.

ta libros —la novela *Isla*—, cuya elaboración le ocupó cinco años. Hay allí una escena donde los jóvenes se someten a un rito de pasaje que consiste en ingerir la «medicina-moksha». A propósito de ello se produce el siguiente diálogo:

«—Esto no tiene nada de bienaventurado —espetó Murugan—. Es sencillamente estúpido y repulsivo. Nada de progreso: sólo sexo, sexo, sexo. Y, por supuesto, esta droga atroz que les dan.

—¿Droga? —repitió Wifi atónito—. ¿Qué clase de droga, si aquí no hay adictos?

—La fabrican con hongos. *¡Hongos!* […]. No es real [...].

—Usted es como ese pájaro —dijo el doctor Robert al fin—. Amaestrado para repetir palabras que no entiende o cuya razón desconoce: *No es real. No es real* […]. Le han dicho que sólo somos un grupo de viciosos drogadictos, que nos revolcamos en ilusiones y falsos *samadhis*[81]. Escuche, Murugan […] olvide todas estas tosquedades que le han inculcado. Olvídelas por lo menos hasta el punto de realizar un solo experimento. Ingiera 400 mg de medicina-moksha y descubra por sí mismo sus efectos, lo que puede revelarle acerca de su propia naturaleza, acerca de ese extraño mundo en el que debe vivir, aprender, sufrir y finalmente morir. Sí, incluso usted deberá morir algún día […] y el que no se prepara para ello es un memo»[82].

El proceso de radicalización desemboca en un texto preparado para la primera antología de escritos científicos sobre la LSD, pero que entrega también a *Playboy* y aparece el mismo mes de su muerte[83]. Allí no vacila en reclamar «la experimentación en gran escala»

81.- Liberación o iluminación, en árabe.

82.- Huxley, 1962, pág. 135 y pág. 140.

83.- «Culture and the individual», sept. 1963.

y traza a modo de testamento las líneas básicas de todo el trabajo previo.

«La humanidad ha sobrevivido, y en ciertos campos progresa, gracias a las ideas realistas transmitidas por la cultura [...]. Pero la historia recoge el testimonio de las artimañas fantásticas y generalmente abominables que la humanidad enloquecida por la cultura monta contra sí misma [...].

Sólo pueden aceptar selectivamente una cultura, y en el mejor de los casos modificarla, quienes la han atravesado con su mirada, abriendo boquetes en la valla circundante de símbolos verbalizados [...]. Estas personas no nacen simplemente; también han de ser hechas. Pero ¿cómo?

En el campo de la educación formal, lo que necesita el perforador de boquetes en ciernes es conocimiento. Conocimiento de la historia pasada y presente de las culturas, con toda su fantástica variedad, y conocimiento de los usos y abusos del lenguaje [...].

Pero la capacitación intelectual se debe complementar con el adiestramiento en la experiencia silenciosa [...]. Ser silenciosamente receptivo, he ahí algo que parece pueril a fuerza de sencillo [...]. Mediante la actividad lúcida podemos adquirir un conocimiento analítico útil sobre el mundo [...]. En el estado de pasividad lúcida hacemos posible la aparición de formas de conciencia distintas de la conciencia utilitaria de la vida normal de vigilia[84][...].

El adiestramiento generalizado en el arte de perforar boquetes en las vallas culturales, siempre deseables, es ahora la

---

84.- La idea de que la inteligencia constituye una facultad *reductora* de lo real a utilidad, mientras que la intuición representa lo contrario, proviene del filósofo Bergson, a quien Huxley considera su maestro. Según Bergson, nuestro sistema nervioso y nuestro cerebro no son la fuente de los conceptos, sino más bien una especie de válvula que filtra de la inmensidad real exclusivamente la información necesaria para supervivir. De ahí que la inteligencia formalizada nos permita descomponer o analizar las cosas, con la finalidad de usarlas en nuestro privado beneficio, pero que sólo la intuición permita «entrar» en ellas.

más apremiante de las necesidades. ¿Podrá acelerar y hacer más eficaz dicho adiestramiento el empleo prudente de las sustancias psiquedélicas que tenemos a nuestro alcance, inofensivas desde el punto de vista físico? Sobre la base de la experiencia personal y de los datos publicados, opino que sí [...] ¿Cómo se deberían administrar estas sustancias? ¿En qué circunstancias, con qué tipo de preparación y de cuidados? Se trata de preguntas que deberemos contestar empíricamente, mediante la experimentación a gran escala. La mente colectiva del hombre es muy viscosa y fluye de una posición a otra con la renuente parsimonia de una marea menguante de cieno. Pero en un mundo en plena explosión demográfica, donde el avance tecnológico y el nacionalismo militante son arrolladores, disponemos de muy poco tiempo. Debemos descubrir, y muy pronto, nuevas fuentes de energía para vencer la inercia psicológica de nuestra sociedad, mejores disolventes para licuar la pringosa viscosidad de un estado de ánimo anacrónico [...]. Con su ayuda —y la de la formación intelectual rigurosa— el individuo podrá adaptarse selectivamente a su cultura, rechazando sus infamias, estupideces y desatinos, y aceptando con gratitud todos sus tesoros de conocimiento acumulado, de racionalidad, de misericordia humana y de sabiduría práctica. Si el contingente de estos individuos es suficientemente numeroso, si su calidad es suficientemente elevada, tal vez podrán pasar de la aceptación selectiva de su cultura al cambio y la reforma selectiva».

Coherente con su criterio, Huxley —que llevaba dos años sin usar fármacos visionarios— pidió que se le administrasen como terapia agónica, y murió plácidamente con dos dosis casi sucesivas de LSD[85]. Según un psiquiatra, quiso «cumplir su ideal de integrar la

---

85.- *Cfr.* Laura Huxley, en Huxley, 1982, págs. 362-375.

muerte en la vida, y abandonar el mundo con una atención estimulada psiquedélicamente, en vez de embotada por la morfina»[86].
Como dijo otro genio literario del siglo XX:

> «A la hora de morir no son narcóticos lo exigido por la
> circunstancia, sino dones que amplíen y agucen la conciencia»[87].

Era el 22 de noviembre de 1963, el mismo día que asesinaban a John
Kennedy.

86.- Wells, 1973, pág. 75.

87.- Jünger, 1974, pág. 13.

8

El complot pagano (II)

«Allí donde dos personas se aman, sustraen
una parte de su reino a Leviatán».

E. JÜNGER

Cuenta Anaïs Nin que cuando reprochó a Huxley un quebranta-miento de la reserva mistérica sobre sus reuniones psiquedélicas —pues el Otro Mundo, añadió, siempre sería para el pueblo un atajo inseguro—, este repuso: «Tú eres afortunada teniendo un acceso natural a la vida de tu subconsciente, pero otra gente necesita dro-gas, y debería poder disponer de ellas»[1]. En efecto, Huxley había recomendado muchas veces a otros máxima discreción y paciencia, pero jamás alimentó actitudes elitistas al respecto. En una carta a Hofmann definía su proyecto de «misticismo aplicado» así:

> «El maestro Eckhart escribió que "lo asimilado por contemplación debe ser devuelto en amor". Es esto esencialmente lo que ha de desarrollarse: el arte de devolver en amor e inteligencia lo asimilado a través de la visión y la experiencia de autotrascendencia y solidaridad con el universo»[2].

1.- Nin, vol. 6, pág. 131, 1966.
2.- *Cfr.* Hofmann, 1980, pág. 192.

Bien por dudar de que semejante cosa fuese generalizable, o porque rechazaban perspectivas místicas, Huxley tuvo detractores desde el comienzo, no sólo en sectores de la medicina sino dentro del propio grupo reducido de intelectuales, artistas e investigadores inicialmente familiarizados con los fármacos visionarios. En su libro *Connaisance par les Gouffres*, publicado en 1961, Michaux decía que «las drogas nos aburren con su paraíso; sería mejor que nos proporcionasen algún saber»[3]. También Jünger, escribiendo a finales de ese mismo año, detectaba un error en la base de su orientación:

> «No puedo adherirme al pensamiento de Huxley de que aquí se podría dar a las masas posibilidades de trascendencia. Porque no se trata de ficciones consoladoras sino de realidades, si tomamos la cuestión en serio»[4].

Con todo, la cuestión se estaba tomando muy en serio de varias maneras. Aparte de la tendencia huxleyana específica, la LSD llevaba empleándose clínica y experimentalmente más de una década, con resultados que se entendían halagüeños. Hasta 1966, cuando fue prohibida en Estados Unidos, la investigación en este campo había producido una bibliografía comparable en extensión y variedad a la de todos los demás psicofármacos descubiertos en el siglo juntos. Se utilizaba para tratar hábitos de otras drogas, como terapia para frigidez e impotencia, en psicología profunda, en terapia de grupo, en investigaciones neurológicas, en provocación de psicosis experimentales, en experimentos sobre misticismo, creatividad y arquetipos simbólicos, en terapia agónica y como técnica de diagnóstico psiquiátrico rápido.

3.- *Cfr.* Varenne, 1973, pág. 407.

4.- *Cfr.* Hofmann, 1980, pág. 179.

I. Los usos clínicos

Uno de los primeros trabajos aparecidos[5] planteaba ya la eficacia de la LSD para disolver defensas y situar al individuo en condiciones favorables para psicoterapias convencionales. Poco después apareció la influyente comunicación de Osmond y Smythies, donde se sugería que la causa de la esquizofrenia era la incapacidad del cuerpo para controlar la adrenalina, un neurotransmisor de estructura química muy semejante a la mescalina, con la cual ciertos cuerpos se intoxicaban a sí mismos; el artículo defendía varias posturas insólitas, como la de que «nadie es de verdad competente para tratar la esquizofrenia sin haber experimentado por sí mismo el mundo esquizofrénico [...] y esto es posible con gran sencillez, simplemente tomando mescalina»[6]. También desde los comienzos se supuso que los alcaloides indólicos ayudarían a conocer mejor la química del sistema nervioso central, posibilitando un mayor desarrollo de las facultades cerebrales; una de las hipótesis en boga durante los años cincuenta era que la LSD y sus parientes farmacológicos reducían el tiempo de sinapsis, permitiendo el acceso de un caudal mayor de información a los centros nerviosos.

1. El tratamiento del alcoholismo

A. Hoffer y H. Osmond fueron los primeros en administrar dosis muy altas de LSD a dipsómanos avanzados con la finalidad de hacerles «tocar fondo», liberando recuerdos reprimidos y creando una situación propicia para nuevos procesos de aprendizaje. Aunque los ensayos no incluyeron medidas de seguimiento prolongado, de los casi mil pacientes así tratados en Saskatchewan un número próximo a la mitad abandonó o redujo considerablemente el consumo

5.- Busch y Johnson, 1950, págs. 244-243.
6.- Osmond y Smythies, 1952, pág. 309.

de bebidas alcohólicas[7]. En dosis mayores o menores, solo o combinado con otros fármacos, el sistema fue utilizado con aparente éxito por otros varios terapeutas[8]. Hacia 1968 era habitual en medios psiquiátricos pensar que «los problemas egocéntricos del alcohólico parecen hechos a medida para estas técnicas de disolución y reconstrucción del ego»[9].

Salvo error, no parece haber sido ensayada sistemáticamente la LSD en casos de adicción a otros fármacos —opiáceos, barbitúricos, etc.—, si bien los resultados obtenidos en el caso del alcohol sugerían parejos ensayos. Pero es posible que esta aparente ausencia se deba a motivos extramédicos, y más tarde a la actitud del legislador en materia de LSD.

2. Psicoterapia general

Algunas clasificaciones hablaban de tres modalidades principales de terapia con LSD[10]: psicolítica, psiquedélica e hipnodélica. La primera se servía de dosis medias o pequeñas con individuos y grupos, durante períodos considerablemente prolongados de tiempo, a fin de «abrir» a los pacientes y prepararles para una comunicación mejor con su terapeuta y el mundo. La segunda empleaba altas dosis (de 300 a 600 gammas), y perseguía un rápido cambio de personalidad en una sola sesión o unas pocas, tratando de que la experiencia profunda provocase un no menos hondo estímulo para el cambio. La tercera —con mucho la menos habitual— iniciaba las sesiones hipnotizando al paciente, para poder seguir óptimamente la experiencia.

De estas tres modalidades puede afirmarse que la primera se reveló indiscutiblemente útil, atendiendo a una abrumadora mayoría

---

7.- *Cfr.* Hoffer, 1971.

8.- *Cfr.* Hubbard, 1965; Savage, 1969; Smart, Storm, Baker y Sorlush, 1966; Cheek y Holstein, 1971.

9.- Freedman, 1968, pág. 347.

10.- Levine, 1969.

de testimonios ya a mediados de los años sesenta[11]. A principios de los setenta una segunda revisión de la literatura científica[12] indicó que se habían publicado más de dos mil informes sobre resultados de tratamientos a unos 35.000 pacientes, tanto europeos como americanos, y que sólo una ínfima parte eran negativos. En la II Conferencia Internacional sobre Aplicación de LSD en Psicoterapia, celebrada en Long Island (1965), los ponentes europeos pusieron de manifiesto que el fármaco se estaba empleando en más de veinte centros clínicos, y había una total unanimidad en cuanto al valor y beneficios de esa práctica «para abrir y acelerar la exploración analítica de las relaciones internas»[13]. En otras palabras, hubo acuerdo en que la administración de LSD «permitía que aflorase a la superficie buena parte de lo reprimido en otro caso, revelando nuevas posibilidades terapéuticas y haciendo del paciente una persona maleable en medida bastante para su reestructuración»[14].

Por lo demás, en muchos de esos casos el médico se administraba LSD también, a fin de producir una relación más estrecha con su paciente, «semejante a la relación paciente-paciente en terapia de grupo»[15]. La reglamentación vigente en Checoslovaquia, por ejemplo, exigía que los terapeutas dedicados a este tipo de tratamientos hubiesen presenciado por lo menos treinta administraciones y atravesado personalmente la experiencia al menos cinco veces[16]. De la difusión que llegaron a tener estas prácticas da cuenta que en un país prácticamente aislado por entonces del mundo como España, en un solo año se produjeron tres comunicaciones sobre terapia con el fármaco[17]. En algunos supuestos de pacientes psicóticos llegaba a suce-

---

11.- *Cfr.* Unger, 1968.

12.- *Cfr.* Masters y Houston, 1971.

13.- *Cfr.* Aparicio, 1972, pág. 456.

14.- Wells, 1973, pág. 64.

15.- Blewett, 1971, pág. 32.

16.- *Cfr.* Clark y Nakashima, 1968, págs. 379-381; en Wells, 1973, página. 69.

17.- Sarro Burbano, 1956; Ruiz-Ogara, Martí-Tusquets y González Monclús, 1956; Rof Carballo y González Morado, 1956.

der que sólo el psiquiatra usaba LSD, tratando así de lograr un nivel empático de comunicación con el enfermo.

Naturalmente, los psiquiatras pertenecían a diversas escuelas, y orientaban sus prácticas de acuerdo con cada una. Los freudianos buscaban traumas precoces relacionados con la sexualidad, los jungianos preferían destacar las imágenes del inconsciente colectivo, los adlerianos el complejo de inferioridad, los rankianos el trauma del nacimiento, etc. Pero de la gran masa de investigaciones y tratamientos se derivaba —salvo casos de crueldad manifiesta, tampoco infrecuentes del todo[18]— algo en extremo inusual en psiquiatría, que era contar con el paciente, no sólo a nivel de informarle sobre las características del fármaco y pedir su consentimiento, sino al de confirmarle en una confianza hacia sus sentimientos y valores últimos, en vez de sugerirlos del terapeuta. Como observó uno de ellos[19], la gran mayoría de los psiquiatras con experiencia propia en estas sustancias partían de métodos próximos a la mayéutica socrática, que en vez de «enseñar» esto o lo otro intentaban que el sujeto diese a luz un conocimiento por así decir olvidado en el interior de sí mismo; la perspectiva básica no era tanto lograr una conformidad de cada individuo con ciertas pautas sociales como hacerle ver que justamente el esfuerzo por adaptarse a estilos convencionales de vida podía estar inhibiendo criterios más válidos y menos egocéntricos.

En cualquier caso, la experiencia acumulada permitía estar de acuerdo también sobre el tipo de pacientes o trastornos para los que no resultaban aconsejables fármacos del grupo visionario. En general, parecían inútiles y hasta contraproducentes en lo que vulgarmente se denomina demencia[20], y desaconsejables en los casos de personas

---

18.- Puede considerarse crueldad su administración a psicóticos, o cualquier empleo involuntario, sobre todo en grandes dosis. Un terapeuta, por ejemplo, administraba el día previo a la sesión con LSD una anfetamina por la noche, para mantener insomne al paciente y disponer de él en «un estado de ánimo ansioso y sugestionable» (cfr. Dally, 1967).

19.- Downing, 1969.

20.- Sin embargo, la prestigiosa L. Bender afirma haber tratado con éxito a niños autistas con LSD (cfr. Bender, 1970).

extremadamente deprimidas, histéricas o paranoicas, así como para los que se conocen como eternos adolescentes. En cambio, parecían indicados para toda clase de trastornos de la personalidad y condiciones neuróticas, incluso los casos muy resistentes a tratamiento, y más aún en personas que padecían el acoso de una conciencia moral demasiado severa, falta de confianza y propia estima o anormalidades sexuales, especialmente frigidez o impotencia[21]. Los éxitos quizá más espectaculares se producían entre lo que S. Cohen llama «gente desorientada» (lost people), con cuadros de aislamiento y pérdida de motivación.

Desde 1959 quedó demostrado que las reacciones desfavorables al tratamiento con LSD y fármacos afines podían evitarse con breves entrevistas previas[22], y un vasto sondeo sobre efectos adversos de la experimentación[23] puso de relieve aspectos interesantes. De unas 25.000 dosis de LSD administradas a unas 5.000 personas aproximadamente, parte de ellas normales y otras sometidas a psicoterapia, resultó que de las normales sólo un 0,08 por 100 tuvo visiones persistentes después de la sesión, y que ninguna intentó suicidarse; entre los pacientes, el 0,1 por 100 tuvo visiones que persistieron más de dos días, el 0,1 por 100 intentó suicidarse, y el 0,04 por 100 lo consiguió. Esos porcentajes de suicidio intentado o consumado son inferiores a la media observada en tratamientos psiquiátricos convencionales.

3. Terapia agónica y funciones analgésicas en general

Gran interés suscitó una comunicación que relataba varias series de ensayos con enfermos terminales y otros sujetos aquejados por dolores insoportables[24]. La primera serie estaba formada por cincuenta internos aquejados de cáncer, gangrena y gravísimos accidentes, que

---

21.- Cfr. Aparicio, 1972, pág. 460.
22.- Cfr. Klee y Weintraub, 1959, pág. 475.
23.- Cfr. Cohen y Ditman, 1962, págs. 161 y ss.
24.- Kast y Collins, 1964, págs. 285-291.

o bien recibieron LSD o bien un opiáceo (meperidina y dihidromorfinona). Valorando los efectos a partir de informaciones provenientes de los propios enfermos —y los llantos, alaridos y convulsiones detectados por el personal terapéutico y otros pacientes—, resultaba que la LSD era un analgésico más profundo y duradero que cualquiera de los otros dos.

En una segunda serie, con 128 pacientes no agónicos pero afectados por cánceres que acabarían con su vida en uno o dos meses, volvió a observarse un alivio pronunciado y duradero, así como una notable despreocupación ante el temor a morir, y una reducción en los problemas de insomnio. A diferencia del primer grupo, estos enfermos fueron informados de que se les administraba LSD. El 30 por 100 experimentó reacciones de pánico o angustia, y no quiso repetir la experiencia. El 70 por 100 restante insistió en ello.

En una tercera serie de experimentos, hecha algunos años más tarde[25], se administró LSD a ochenta cancerosos terminales, conocedores de su diagnóstico, con una dosis media (100 gammas). Una vez más, apareció una reducción del dolor, con mejoras en el estado de ánimo y la tasa de sueño durante diez días, como aconteciera con la segunda serie. De los ochenta enfermos, ocho tuvieron reacciones de angustia o pánico y no quisieron repetir la experiencia, mientras los 72 restantes pidieron renovación de la terapia. A juicio del investigador, el motivo principal de la eficacia mostrada por el tratamiento con LSD trascendía los simples efectos anestésicos, y debía explicarse por una suspensión de la monotonía y el aislamiento que caracterizan la existencia del moribundo.

La terapia agónica con LSD fue ensayada por W. Pahnke en 17 enfermos terminales de cáncer[26], con resultados señaladamente parejos. En efecto, un tercio de los individuos —el porcentaje que Huxley consideraba susceptible de «viajes» malos o indiferentes— no

---

25.- Kast, 1971.

26.- *Cfr.* Wells, 1973, pág. 77.

experimentó mejora alguna; otro tercio mejoró en grado considerable, y el último tercio se sintió «dramáticamente aliviado». Los datos fueron confirmados ese mismo año[27]. Algo después se produciría la obra, por ahora definitiva, sobre el particular[28].

II. El «movimiento» psiquedélico

Repasando los archivos policiales americanos, en 1959 aparecen pequeñas comunidades en la costa Oeste —concretamente en Seattle (Washington) y Portland (Oregón)— donde se consume LSD de modo parecido al habitual en la *Native American Peyote Church*, «si bien los comulgantes no son de raza india». Esto suscita «comprensible malestar» y «protestas» en granjeros y clubs femeninos de localidades próximas. Con todo, los extraños fenómenos no crean mayor inquietud hasta que comience a funcionar un núcleo en el Este, que tiene por sede la Universidad más prestigiosa del país, Harvard. Allí, un grupo de psicólogos prosiguen las investigaciones con psilocibina iniciadas en Francia por el profesor J. Delay, que en 1958 emprendió el estudio de las reacciones de todo tipo inducidas por la administración periódica del fármaco a trece individuos jóvenes «y absolutamente sanos de espíritu».

1. El marco académico

El prestigio del director, Timothy Leary, se apoyaba sobre una especialización en campos de vanguardia por entonces —diagnóstico de la personalidad y modificación de conducta—, así como en algunos trabajos de investigación. El más interesante había sido medir la utilidad de la psicoterapia en un gran hospital, contrastando los

27.- Savage, Kurland, Unger y Shaffer, 1969.
28.- Grof y Halifax, 1977.

progresos del grupo de enfermos tratados y los pendientes de tratamiento aunque ya diagnosticados; una proporción igual de mejoras en ambos grupos mostró la perfecta ineficacia de los tratamientos en uso. Al poco de exponer en detalle el experimento, su texto *Diagnóstico interpersonal de la personalidad* obtuvo el premio del Anuario Psicológico al libro más importante de 1955. Luego viajó a España y Dinamarca como profesor invitado, pensando en una obra ambiciosa que por una parte demolería las «técnicas y trucos» de la psicología clínica y, por otra, hallaría cauces metodológicos para «estudiar los eventos naturales tal como se despliegan, sin prejuicios»[29]. Antes de que el proyecto estuviese concretado se le invitó a incorporarse al *Center for Personality Research* de Harvard. Por entonces no le interesaba la psicofarmacología, y producía en sus colegas la impresión de un radical en estado puro[30].

Siguiendo sugestiones de otro profesor, con ocasión de un viaje a México probó hongos psilocibios y quedó fascinado. Algo más tarde Koestler le hizo aparecer en un artículo como el profesor que había aprendido en seis horas mucho más que en dieciséis años[31]. Por esos años el entusiasmo no era en sí una prueba de obnubilación, y un poderoso impulso al interés laico por los fármacos visionarios provino de Cary Grant, el actor, que se sometió a más de sesenta administraciones de LSD con varios psiquiatras. Aunque fuese generalmente un hombre muy circunspecto, al terminar su tratamiento declaró a la prensa algo que produjo sensación en la colonia cinematográfica:

«He nacido otra vez. Atravesé una experiencia psiquiátrica que me ha cambiado completamente. Era un ser horrendo. Debía hacer frente a cosas sobre mí mismo que nunca admití, cuya existencia desconocía. Ahora sé que hice daño a todas

---

29.- Leary, 1968, pág. 13.
30.- *Cfr.* Slack, 1974, pág. 55.
31.- *Sunday Telegraph*, 3-12-1961.

las mujeres que me amaron. Era un puro fraude, un terco aburrido, un sabelotodo muy ignorante»[32].

Poco después «había en Hollywood más experimentación que en ningún otro punto de los Estados Unidos»[33].

a) Teoría y práctica del *Psilocybin Project*. Aunque la MGM trató de evitar que se publicaran, estas declaraciones aparecieron en el otoño de 1959, cuando Leary estaba preparando en Harvard un programa de investigaciones psiquedélicas. El primer experimento fue administrar psilocibina a 175 personas sanas y de muy diversas ocupaciones, con una edad media de treinta años. Más de la mitad de los sujetos se sintieron enriquecidos duraderamente por la experiencia, y el 90 por 100 quiso repetir[34]. ¿Sería este, al fin, un modo de hacer psicoterapia útil? Al experimento siguieron otros varios y, señaladamente, uno con 34 reclusos, donde Leary y sus ayudantes pasaron mucho miedo en principio pero se vieron recompensados con un porcentaje jamás visto de éxito. Para el alcaide y el psicólogo de la penitenciaría era cosa lindante con la magia que delincuentes endurecidos —asesinos y atracadores la mayoría— empezasen a moverse sobre conceptos como amor, éxtasis y generosidad de alma. Nadie ha puesto en duda estos resultados, pero es habitual considerar que se debieron al entusiasmo mostrado por los investigadores a la hora de comprender y apoyar a los presos[35].

Un año más tarde, entre los sujetos experimentales que acudían los fines de semana a reunirse con Leary había cuatro sectores bien diferenciados: *a)* alumnos y postgraduados de diversas Facultades de Harvard; *b)* profesores de las mismas y de otras Universidades del

32.- En Stevens, 1987, págs. 64-65.

33.- Leary, en *Vanity Fair*, abril 1988, pág. 135. Entre los entusiastas estaban John Saxon y Marlon Brando; *cfr.* Watts, 1980, pág. 351.

34.- Leary, Alpert y Metzner, 1963, págs. 566-573.

35.- *Cfr.*, por ejemplo, P. Laurie, 1969, pág. 134.

país; *c*) un grupo de artistas y escritores, ligados al estilo *beat; d*) una selección de personalidades heterogéneas, unidas por la notoriedad y la opulencia económica, como las jóvenes millonarias P. Mellon o M. Pinchot. Algo más indirectamente, en Nueva York, celebraban sesiones con LSD o psilocibina H. Luce, magnate del imperio *Time-Life*, y su esposa Clare, primera dama de la alta sociedad americana.

La actividad de Leary empezó entonces a verse disociada por tendencias opuestas. Una era Huxley, que proponía permanecer dentro del modelo médico estricto y evitar ante todo cualquier mención a lo carnal. «Te recomiendo muy encarecidamente», le dijo, «evitar que se trasluzca nada relativo a la sexualidad; bastantes problemas hemos suscitado sugiriendo que las drogas pueden estimular experiencias estéticas y religiosas»[36]. La otra influencia era Ginsberg, que proponía democratizar su uso, romper con el corsé terapéutico y emplear psilocibina y mescalina para consumar una revolución tanto sexual como política. A diferencia de Burroughs y Kerouac, que celebraron con Leary «viajes» decepcionantes, Ginsberg era un *tripper* entusiasta y cordial, que pasó parte de su primera experiencia tratando de hablar por teléfono con el presidente Kennedy y con Krushchev para instarles a la paz, mientras Leary pensaba en la cuenta que le llegaría el mes próximo.

Pero, en el fondo, la elección entre una línea y otra no dependía ya de él. Estaba en manos de sus propios colegas, y de la mezcla de suspicacia, extrañeza y temor que provocaron con el tiempo sus investigaciones en algunos profesores, para quienes «este trabajo violaba los valores de la comunidad académica». Con dosis medidas de veracidad y humor, uno de los cronistas recientes describe el clima:

«Se parecía a contemplar el despliegue de una novela de ciencia-ficción. La trama era algo como esto: científicos buenos y sólidos se embarcan en un interesante programa de

---

36.- En Leary, 1983, pág. 14.

investigaciones sobre drogas aborígenes. Vuelven balbuciendo cosas sobre amor y éxtasis, insistiendo en que no has entendido nada hasta haber estado allí, en el Otro Mundo, más allá de la Puerta. Se parecía un poco a la *Invasión de los ultracuerpos*, en el sentido de que cada día era mayor la muchedumbre en el pequeño despacho de Leary, todo el mundo hablando con esas voces suaves e intensas y ojos brillantes sobre el nacimiento de un córtex sin censurar»[37].

Tras el aviso de un cónclave docente, que Leary subestimó, la crisis fue acelerada por serios recortes a la autonomía de los investigadores. Aunque el experimento con presos había sido prometedor, la propuesta de investigaciones análogas con clérigos fue descartada de plano, y la autoridad académica puso bajo su control las existencias del fármaco, determinando que sólo permitiría su uso para experiencias concretas, aprobadas previamente por un comité. Aún entonces parecía claro que Leary y sus ayudantes eran «verdaderos científicos», como dijo el director del *Center for Personality Research*[38]. Es por eso significativo que la confianza en su celo profesional sólo cesase cuando desobedecieron la orden de evitar ensayos sobre religiosidad, suministraron psilocibina propia a un teólogo para experimentos con seminaristas en un templo[39], y al mismo tiempo decidieron suspender la supervisión médica en algunos ensayos. Eso atentaba contra la Medicina y la Iglesia a la vez.

Mientras la situación iba empeorando a nivel académico, los recortes a la libertad de investigación cesaron cuando irrumpió M. Hollingshead, un curioso personaje, con un tarro de algo dulce donde había diluido un gramo de LSD. El heterogéneo grupo dejó de depender del suministro oficial, pero el cambio de fármaco supuso

---

37.- Stevens, 1987, pág. 136.

38.- *Cfr.* Varenne, 1973, pág. 414.

39.- Leary, 1964.

un cambio de actitud. Lo que con psilocibina había sido una experiencia centrada sobre el amor dio un paso más y se convirtió en experiencia de muerte y resurrección. El viaje psiquedélico se ahondaba y ampliaba. «Habíamos puesto sobre la misma balanza nuestra fe en la naturaleza humana y la experiencia con la droga [...]. Se había producido un poco de magia pagana», recapituló más tarde Leary[40]. Durante los dos primeros años del Psilocybin Project él y Alpert habían administrado más de tres mi dosis de esa droga a unas cuatrocientas personas.

En la primavera de 1963, meses antes de morir Huxley, ambos fueron invitados a abandonar Harvard «por faltas graves de conducta e incumplimiento del deber»[41]. La medida no constituyó sorpresa alguna, y sin pérdida de tiempo los profesores despedidos —que ya habían fundado la *International Federation for Internal Freedom*— decidieron crear un centro experimental de la IFIF en México, concretamente en una pequeña localidad costera, cuya finalidad expresa era administrar LSD y psilocibina «en un medio social adecuado». Allí, por la módica suma de doscientos dólares mensuales (en concepto de pensión completa y supervisión), una treintena de personas —gente de clase media y profesionales en su totalidad— se reunieron para hacer un experimento de «vida transpersonal», basado en dos sesiones psiquedélicas a la semana. Sin que se sepa del todo bien por qué (según algunos, porque «los inquilinos se paseaban desnudos cogidos de la mano por las calles del pacífico pueblecito»), el gobierno mexicano expulsó a todos al cabo de seis semanas. Pero Leary tenía ya el apoyo de la millonaria Peggy Mellon y su marido, W. Hitchcock, gracias al cual pudo crear la Fundación Castalia e instalarse en Millbrook (Nueva York), usando una lujosa mansión en el campo como nueva base. Para la difusión a distancia de sus ideas disponía de la *Psychedelic Review*. De hecho, sus relaciones llegaban

40.- Leary, 1983, pág. 87.
41.- *Cfr.* Williams, 1967; en Varenne, 1973, pág. 415.

hasta el corazón mismo de la Casa Blanca, porque la bella heredera Mary Pinchot —una de sus iniciadas a la experiencia visionaria— era amante de J. Kennedy, y probablemente dio LSD cuando menos una vez al Presidente[42]. Los días de Leary como ciudadano libre estaban contados, aunque LSD y psilocibina fuesen todavía drogas legales.

2. Las tesis de Leary

Uno de los conceptos fundamentales que extrajo el etólogo K. Lorenz de sus estudios sobre el comportamiento animal fue el de «troquelado» (*imprinting*). El troquelado explicaba un amplio campo de conductas que no podían considerarse ni volitivas ni instintivas, cuya fijación acontecía en fases precoces de la existencia; el primer objeto en movimiento que percibe una cría de oca o de ganso, por ejemplo, se convierte para ella en la madre aunque ni siquiera pertenezca a la especie de las aves, haciendo que todo el cuadro de acciones del animal en lo sucesivo obedezca a esa identificación primaria.

Partiendo del concepto lorenziano, la idea básica de Leary era que los fármacos psiquedélicos permiten deshacer los troquelados determinantes del carácter, posibilitando una *elección* de actitudes y pautas de conducta en principio adoptadas con un total automatismo. Junto a esa idea había un constante paralelo de la aventura por conquistar el espacio externo con la de conquistar el interno, presentando ambas cosas como una sola empresa de expansión humana.

Más difuso era el contenido del intraducible *slogan* donde resumió su propuesta: «*Turn on, tune in, drop out*». De modo ciertamente melifluo, el propio Leary definió su significado así:

«*Turn on* significa trascender tu mente tribal secular para entrar en contacto con los numerosos niveles de energía divina

---

42.- *Cfr.* J. Truit, «JFK had affair with D.C. Artist–Smoked Grass», *Washington Post*, 26-10-1976, págs. 1 y 12. El caso acabó de modo misterioso y trágico. M. Pinchot —que había estado casada con el «número 3» de la CIA, C. Meyer Jr.— fue muerta a tiros por alguien no identificado jamás.

que yacen en tu conciencia; *tune in* significa expresar y comunicar tus nuevas revelaciones en actos visibles de glorificación, gratitud y belleza; *drop out* significa separarte armoniosa, tierna y graciosamente de compromisos mundanos, hasta que tu vida entera esté dedicada a la veneración y la búsqueda»[43].

En un libro de título elocuente, *The Politics of Ecstasy* (1964), Leary presentó las proposiciones huxleyanas de un modo popular, como expresión de un sentimiento espontáneo de rechazo ante formas anacrónicas de vida y organización social, que tenía su principal apoyo en la juventud y sólo adoptaría tintes dramáticos si tratara de frenarse irracionalmente, con simples medidas represivas. La meta era evitar la degradación del medio ambiente, las guerras de agresión, las manipulaciones de la propaganda política, la sumisión del hombre a la tecnología, el imperio indiscutido de la moral *wasp*, el silencioso envenenamiento de la población con drogas embrutecedoras y venenosas, todo ello gracias a un retorno hacia formas sencillas de vida, la liberación del sexo... El cuadro que presentaba esa «política del éxtasis» era tan idílico y apacible para sus adeptos como delirante para aquello que empezaba a llamarse el Sistema (*Establishment*). La ingenuidad de Leary le llevaba a pronosticar triunfos a corto plazo, prácticamente sin lucha:

«El régimen psiquedélico permitirá a cada uno comprender que no es un robot puesto sobre esta tierra para recibir un número de seguridad social y ser agregado a las agrupaciones que son la escuela, la carrera, los seguros, los funerales, las despedidas. Gracias a la LSD todo ser humano sabrá comprender que la historia completa de la evolución está registrada en su cuerpo; todo ser humano deberá recapitular y descubrir los

43.- Declaraciones al *New York Times*, 20-9-1966. Para un análisis pormenorizado, *cfr*. B. Wells, 1973, págs. 114-116.

avatares de esta central y majestuosa soledad [...]. Cuanto más tiempo y atención se reserven para estas exploraciones menos atado estará el hombre a pasatiempos vulgares. Y esto podría ser la solución al problema del ocio. Cuando las máquinas se encarguen de los trabajos más duros y las tareas intelectuales más ingratas ¿qué haremos de nosotros mismos? ¿Nos ocuparemos de construir máquinas mayores aún? La única respuesta a este dilema particular es que el hombre explorará la infinitud del espacio interno, descubriendo los terrores, las aventuras y los éxtasis que reposan en lo hondo de cada uno».

Por otra parte, el camino para establecer ese «régimen» era una mezcla de pacifismo y resolución, apoyada en la fuerza de los argumentos que podían ofrecer sus primeros defensores, pertenecientes a los estratos intelectuales y económicamente privilegiados de la sociedad americana. Como observaba un sociólogo en 1965, «la LSD representa una rebelión tranquila un número cada vez mayor de gente desea otros horizontes, y esto incluye —aunque parezca asombroso— a personas que han tenido éxito en la sociedad y que han recibido las recompensas prometidas por ésta»[44]. En principio, Leary no proponía una contestación agresiva, sino un paciente trabajo ilustrador que acabara logrando las «pequeñas» modificaciones legales necesarias para poner en marcha la utopía. En realidad, bastaba con devolver a los adultos el derecho inmemorial a la automedicación, sin temor a lo que pudiera resultar para el consumo de las otras drogas, pues si el Estado no obstaculizaba el uso del cáñamo y los fármacos visionarios sólo una insignificante minoría seguiría recurriendo a verdaderos estupefacientes. Tras hacer una adaptación para «psiconautas» del *Bardo Thodol*[45], que apareció el mismo año de su *Politics of Ecstasy*, Leary empezó a disfrutar de una popularidad inigualada en los *campus* universitarios.

44.- Blum, 1965; en Laurie, 1969, pág. 151.

45.- Leary y otros, 1964.

El único pensador que despertaba por entonces una atención popular comparable en los Estados Unidos era Herbert Marcuse, cuyo libro *El hombre unidimensional* se publicó también en 1964 y vino a apoyar —a despecho de radicales diferencias con respecto a Leary— la misma perspectiva de una utopía realizable. Las sociedades industriales avanzadas, decía Marcuse, estaban traicionando sus propias posibilidades. No trataban de conseguir «una pacificación de la existencia en el marco de instituciones que ofrezcan más oportunidades para el libre desarrollo de las facultades humanas»[46], sino un nuevo tipo de súbdito inconsciente de su sumisión, abocado a perpetuar falsas necesidades por el hecho mismo de ir perdiendo contacto con una verdadera esfera interior o crítica. Igual que Leary, Marcuse hablaba con horror de «la gente que se reconoce a sí misma en sus mercancías, encuentra su alma en su auto, en su tocadiscos, en su equipo de cocina»[47]. Pero el segundo hacía algo más por el primero, al otorgarle conceptos claros sobre la reivindicación política de fondo, que Leary nunca logró definir con nitidez comparable:

> «Liberación del quehacer servil del hombre: de ahí la ley de la racionalidad tecnológica. Hoy esa racionalidad es presa del aparato de dominio que perpetúa aquella necesidad cuya superación debería posibilitar»[48].

La creciente oposición a la guerra de Vietnam constituye el común telón de fondo y, al igual que Leary, Marcuse apoya formas de desobediencia civil —como quemar las cartillas militares de reclutamiento— basándose en que las leyes y el orden sólo pueden acatarse cuando son fieles a ciertos valores, y «la sociedad existente ha llegado a ser ilegítima, ilegal: ha transgredido su propia ley»[49]. Son años

---

46.- Marcuse, 1964, pág. 220.
47.- *Ibíd.*, pág. 11.
48.- Marcuse, 1967, pág. 7.
49.- Marcuse, 1969, pág. 104.

donde se propone la revolución, una revolución contra los tecnó-
cratas precisamente, y en ciertas partes el discurso del psicólogo con
vocación de sumo sacerdote y el del sociólogo filosófico se hacen
casi indiscernibles:

> «Hay una contradicción flagrante entre la transformación
> técnica del mundo, que posibilita la liberación, con el
> advenimiento de una existencia libre y alegre, y la intensificación
> de la lucha por la existencia. Esa contradicción engendra en
> los oprimidos una agresividad difusa, que si no se desplaza
> sobre un supuesto enemigo nacional odiable y combatible se
> vinculará a cualquier individuo: blanco o negro, autóctono
> o extranjero, judío o cristiano, rico o pobre. Esta agresividad
> corresponde a la experiencia mutilada, a las falsas necesidades,
> que son las de las víctimas de la represión, cuya vida depende
> de la sociedad represiva y que no pueden sino rechazar toda
> novedad. Su violencia es la del orden establecido y se concentra
> en todos aquellos que, equivocada o no equivocadamente, se le
> aparecen como diferentes»[50].

Aunque transitoria, la convergencia entre psiquedelia y Nueva Izquierda se observa con claridad en unas declaraciones de C. Oglesby,
líder del SDS, la principal organización estudiantil norteamericana:
«la experiencia del ácido marca una frontera en tu vida —antes y
después de la LSD— comparable al paso que representa adherirse
a una postura de radicalismo político. Entendimos el cambio como
supervivencia, como la estrategia de la salud»[51]. En realidad, Marcuse y Leary no eran los únicos ensayistas contemporáneos con imprevistos puntos de contacto, pues cosa muy análoga podía decirse de
N. O. Brown —autor de un notable ensayo histórico sobre la men-

---

50.- *Ibíd.*, pág. 71.
51.- En Lee y Schlain, 1985, pág. 132.

265

talidad puritana[52]—y A. Watts, un especialista en religiones orientales convertido en vehemente entusiasta de los fármacos psiquedélicos[53]. Por lo demás, tanto Leary como Marcuse habían tenido que abandonar la docencia por considerarse que su influjo sobre el alumnado era pernicioso, y si Marcuse seguía enseñando en La Joya (California) tras haber sido despedido de Brandeis (Boston) era sólo en virtud de la disposición excepcionalmente liberal del rector de la Universidad de Berkeley.

3. La contribución de Kesey

Pero tan decisiva para el «movimiento» debe considerarse la actividad de Ken Kesey[54], que descubrió la LSD casi por casualidad, presentándose como cobaya para experimentos hechos en un hospital, por los cuales pagaban unos dólares diarios. Alternados con placebos y drogas de efecto atroz (como el ditrán), recibió también fármacos de tipo visionario, que cambiarían su idea del mundo.

> «Todos tenemos gran parte de la mente cerrada. Estamos separados de nuestro propio mundo. Y este tipo de drogas parecen llaves que abren las puertas cerradas»[55].

Tras investigar con todo lo disponible dentro y fuera del hospital —se sometió también clandestinamente a electroshock, para conocer desde dentro los recursos psiquiátricos—, recogió las impresiones en *Alguien voló sobre el nido del cuco*. El libro resultó ser una parábola revolucionaria, donde el tono épico y los minuciosos detalles articulaban las claves de la contestación contracultural. En esque-

---

52.- El libro de Brown —*Eros y Thánatos*— indicaba ya en su título puntos de contacto con una de las primeras obras de Marcuse, *Eros y civilización* (1955).

53.- *Cfr.* Watts, 1962.

54.- Sobre Kesey puede consultarse el extenso libro de T. Wolfe, 1978.

55.- Kesey, en Wolfe, 1978, pág. 56.

ma, un trotamundos alegre y sano, McMurphy, decide fingirse loco para no cumplir unos meses de prisión por una falta, e ingresa en un hospital público. Tras diversas peripecias, su disposición transforma la casa de la apatía y los muertos vivientes en un sitio donde se hacen cosas, suscitando una incomodidad en su controlador —la Gran Enfermera— que acaba convirtiéndose en implacable resentimiento. McMurphy amenaza las reglas de su dominio y será finalmente puesto fuera de juego con una lobotomía. Pero un indio esquizofrénico y gigantesco —Jefe Broom— recobra la razón al ver lo que han hecho con su amigo y rompe el confinamiento, mientras los demás se quedan allí, vegetalizados otra vez.

Escrito en muchas partes bajo los efectos de LSD, peyote y psilocibina, el libro fue aclamado por la crítica y acabó adaptándose al cine en una película que acaparó galardones. Para entonces Kesey era ya el «no-Capitán» de un pequeño grupo de *freaks*[56] y estaba terminando una segunda novela «*A veces un gran impulso*» que algunos críticos consideraron obra maestra y otros acogieron con cierta frialdad, criticando su «desmesura», cuando ya era del dominio público que el escritor frecuentaba drogas con reputación de inducir psicosis. Por lo demás, en este libro —que también se convirtió en película— volvían a resonar los temas del previo: el individualismo, un retorno entre griego y nietzscheano a la naturalidad, las esencias radicales americanas (Jefferson, Whitman, Thoreau, etc.), y el rechazo de la deshumanización impuesta por el Control. Pero el conflicto ya no era administración de la salud *versus* salud real, sino un relato de leñadores donde el héroe venía a ser una familia que luchaba sola por cumplir un compromiso contra el sindicato local de madereros. En vez de izquierdas y derechas, tradición o vanguardia —al gusto de la época—, el dilema allí era guardar la palabra dada o incorporarse a una organización de la

---

56.- *Freak* significa «bicho raro» o más precisamente «monstruo», en el sentido de engendro de la naturaleza.

organización para la organización, sostenida sobre el negocio de vender coactivamente seguridad a otros.

En nombre de la imaginaria compañía Viajes Intrépidos, Kesey compró un viejo autobús escolar y lo acondicionó vagamente para que una quincena de hombres y mujeres, autobautizados como *merry pranksters*[57], iniciaran juntos una excursión química y geográfica por el país; entre ellos estaba Neal Cassady, el mito *beatnik* descrito como Dean Moriarty por Kerouac en su novela *On the Road*, que (como los demás) veía rasgos homéricos en el «no-Capitán». Pronto el interior y el exterior del vehículo se cargaron con sucesivas capas de mandalas fluorescentes, cintas magnetofónicas, altavoces, micrófonos, instrumentos musicales, disfraces, máscaras y jergones saturados de esperma, mientras sus habitantes filmaban miles y miles de metros de una película que se reveló imposible de montar. Los *pranksters* iniciaron el viaje enfundados en monos hechos con tela de bandera norteamericana, como patriotas dispuestos a demostrarlo hasta por fuera, y el destartalado autobús fue desde California hasta Nueva York haciendo grandes desvíos, provocando adhesiones y feroces resentimientos; no omitió una parada escandalosa en Millbrook, donde Leary y sus adeptos ensayaban con lo mismo de muy otra manera, con toques de meditación trascendental y macrobiótica que resultaban hilarantes para la traviesa comitiva. Leary y Kesey no llegaron a verse siquiera entonces.

Cuando el grupo regresó a California, nacieron espontáneamente varias cosas: la forma del festival pagano (llamada «licenciatura en ácido»), una música específica inaugurada por los Grateful Dead y una serie de derivaciones en artes plásticas. Si el grupo de Millbrook se movía dentro de la mística clásica, desde el sincretismo expuesto por Huxley en su *Filosofía perenne*, el de La Honda —casa de Kesey— bebía más bien en algunas figuras del comic y novelas de ciencia ficción, especialmente *Extraño en tierra extraña* de R. Heinlein, *El fin*

57.- «Alegres pillastres», «bromistas joviales».

de la infancia de A. Clarke y *Más que humano* de T. Sturgeon[58]; por entonces estaban elaborándose la saga *Dune* de F. Herbert y las primeras obras de C. Castaneda, que llevarían a sus últimas consecuencias ese específico clima.

A escala de Kesey, el equivalente del experimento hecho por Leary con presos y psilocibina fue un fin de semana de confraternización entre *freaks* y *hell angels*, usando LSD y ríos de cerveza. Superados en una cifra de diez a uno, y empleando una droga desconocida para sus violentos huéspedes (cuyo menú farmacológico eran alcohol y anfetaminas), la celebración suponía un riesgo evidente para los primeros. Sin embargo, el experimento produjo resultados tan alentadores como el de los presos.

«Los *Angels* se volvieron extrañamente pacíficos con el ácido [...]. Escapó de ellos la agresividad; perdieron su característico rasgo de animales salvajes, prestos a estallar con sospechas y cólera ante posibles trampas. Fue una cosa extraña, y sigo sin entenderla del todo»[59].

Quienes no se sentían tan pacíficos eran los vecinos del pueblo más próximo, que hubieran lanzado un ataque en masa sobre la finca de no estar ya rodeada por coches de la policía[60]. Ante los estupefactos ojos de esos funcionarios, centenares de personas semidesnudas o vestidas estrafalariamente bailaban o se demostraban afecto de distintos modos, mientras altavoces montados sobre árboles cubiertos de pintura fluorescente y luces estroboscópicas difundían música de rock o discursos extraños. Era una prefiguración de la futura discoteca, sólo que explosivamente libertaria y gratuita. Los agentes del

58.- *Cfr.* Stevens, 1987, pág. 239.
59.- Thompson, 1966, pág. 238.
60.- En el almacén principal del pueblo hubo propuestas de armarse con hachas, picos y palos. Una grabadora registró parlamentos como: «Por Cristo que ese maldito drogao nos está haciendo morder el polvo. ¡Y no valen un orinal de mierda! Deberíamos ir allí, y limpiar a fondo el sitio». (Thompson, 1966, pág. 232.)

orden debían limitarse a observar y pedir permiso de conducir o documentación a la inaudita fauna que iba llegando por la carretera. El lema de la fiesta —como el de los festivales ulteriores— era una pura provocación:

> «Cuelga tu miedo en el ropero y únete al futuro. Si no te lo crees, haz el favor de frotarte los ojos y mirar».

Un año más tarde, con servicio de seguridad montado por los ángeles del infierno, unas quince mil personas se congregaban en San Francisco para la llamada Reunión de las Tribus, mientras una caseta de salvamento —la *LSD rescue*— reorientaba o sedaba a «viajeros» en dificultades.

Al igual que Leary, antes de que la LSD y sus afines estuviesen prohibidos Kesey fue procesado y encarcelado por posesión de marihuana; aunque aprovechó la libertad provisional para huir a México, al cabo de algún tiempo decidió regresar a la celda. Cuando lo hizo comprobó que el viejo autobús había dado paso a infinidad de furgonetas con aprendices de *pranksters* diseminados por el mundo entero. Urgido por furibundos jueces y por la especie de Eleusis caótico, progresivamente corrupto, en que se había convertido California, sugirió a través del *San Francisco Oracle* internarse por un camino de verdadero descubrimiento interior, prescindiendo del apoyo químico después de usarlo para trasponer los lindes del entendimiento y la existencia rutinaria; pocos creyeron en su sinceridad, y esos pocos se negaron a seguir el consejo. Lo que de él quedaba en el aire era la idea del «santo contragolpe», el rechazo de la Gran Enfermera y sus distintos lavados de cerebro:

> «Un individuo tiene estructurados en su interior todo tipo de intervalos. Uno, el básico, es el sensorial, el intervalo entre el momento en que sus sentidos reciben algo y puede reaccionar.

Una treintava parte de segundo es la duración, si eres un individuo muy atento […]. Todos estamos condenados a pasarnos la vida mirando una *película* de nuestras vidas: actuamos siempre en función de lo que acaba de pasar. El presente que conocemos es sólo una película del pasado, y jamás podremos controlar el presente por medios ordinarios. Ese intervalo hay que superarlo de algún otro modo, a través de algún tipo de ruptura total. Y hay muchos otros intervalos análogos —históricos, sociales—, capaces de mantener a la gente veinticinco o cincuenta años, o siglos, atrás […]. Una persona puede superar todo esto a través de la teorización intelectual, o estudiando historia, y aproximarse así mucho al presente, pero aún tendrá que luchar con uno de los peores obstáculos, el intervalo psicológico. Tus emociones quedan atrás debido a la educación, a los hábitos, a cómo te han moldeado, a los bloqueos, a las obsesiones y demás basura similar, y como resultado tu mente quiere ir por un lado, pero tus emociones no»[61].

Si Leary preconizó la LSD como sacramento de un culto salvífico, Kesey puso en marcha fiestas profanas donde el fármaco «se tomaba porque sí, para experimentar la alegría del movimiento, la vida en la acción»[62]. Junto al extraordinario don de gentes que ambos tenían, el punto de contacto era un común rechazo ante la lógica de dominio indicada genéricamente como Sistema. En lo demás brillaban las disparidades; Leary exhibía elementos de mesianismo, con una oscilación de la academia al templo, mientras Kesey aborrecía lo pedante tanto como lo salvífico. De ahí que tampoco sacralizara ninguna droga específica, pues hasta las más útiles para el eran útiles transitorios, apropiados como una pértiga para quien quiere saltar por encima de un sí mismo aprendido pasivamente.

61.- Kesey, en Wolfe, 1978, págs. 151-152.
62.- Antolín Rato, 1979, pág. 48.

a) Los químicos y la Fraternidad. En el otoño de 1966 una ley californiana ilegalizó la LSD. Desde entonces hasta la primavera siguiente la policía se incautó de casi dos millones de dosis, así como de un enorme camión que era en realidad un laboratorio móvil donde se encontraron ochenta millones de dosis más[63]. La colonia de Haight Ashbury había celebrado la prohibición con una multitudinaria fiesta del té, rememorando el histórico *tea-party* en Boston que inició el proceso de independencia con respecto a la metrópoli británica.

Como la LSD pura que fabricaban Sandoz y los laboratorios Spofa de Praga era incapaz de cubrir la demanda, ya desde hacía tiempo, aparecieron químicos *underground* que elaboraban el fármaco sacramental como mejor sabían, aunque casi siempre con abundantes impurezas. Tras Roseman, uno de los primeros fue el legendario Augustus Owsley, seguido por Scully, Sand y Stark, que fueron fabricando varios análogos de la LSD 25 —una gran partida fue ALD-52, variante psicoactiva desde luego, aunque demasiado «eléctrica» o «anfetamínica»— que bajo el nombre de *sunshine* se regalaba o transmitía a precio de costo[64]. Se dice que sólo R. Stark, por ejemplo, fabricó unos diez kilos. Owsley, que fabricó también enormes cantidades, se puso a disposición de Kesey cuando los *pranksters* regresaron del peregrinaje en autobús, y acabó siendo encarcelado[65]. La responsabilidad de abastecer a las «tribus» recayó entonces sobre un eficaz grupo —la Fraternidad del Amor Eterno—, que importaba toneladas de marihuana y haschisch desde América del Sur y Asia para poder pasar LSD a precios irrisorios, como «caritativa distribución de un sacramento». Descrito por

---

63.- *Cfr.* Stevens, 1987, pág. 209.

64.- *Cfr.* Stafford y Eisner, 1979, pág. 16.

65.- Según el prefecto de policía de San Francisco, capturarle costó más de un millón de dólares en horas y una docena de coches. Owsley fue cogido con 217 gramos de LSD (algo menos de un cuarto de millón de dosis), y se defendió alegando que eran reservas para uso propio. Fue condenado a tres años de cárcel.

quien la conoció de cerca, el origen de esta asociación merece reseñarse:

«Eran un grupo de ocho o diez chavales sin estudios, surfistas de la costa sur —Laguna Beach—, y la cosa es que cometieron un robo a mano armada para conseguir su primer ácido. La mujer del jefe de la pandilla trabajaba en un salón de belleza, y leyó ese artículo sobre los profesores que tenían esa droga, LSD. Allí daban los nombres de todos esos médicos, entre los que estaba el psiquiatra de Gary Grant. Y fueron a esa casa en Hollywood Hills, donde se estaba celebrando una fiesta, y aparecieron con sus máscaras y armas. La gente dijo: —¿Qué quieren?— Y ellos dijeron: —Queremos ácido—. Y para cuando estaban de vuelta a Laguna Beach les subió, y se metieron en el mar, y me dijeron que tiraron las armas en el agua y vieron a Dios»[66].

Fue la Fraternidad quien sufragó una parte importante de la defensa legal de Leary, y quien pasó a encarnar el nuevo enemigo público número uno de los Estados Unidos, a juicio de las autoridades. El estado mayor de la cofradía se estableció en una remota granja californiana, donde vivía con sus familias en teepees indios cultivando frutas y verduras para su propio consumo[67]. El jefe de la organización —John Griggs— murió envenenado sin llamar al médico, diciendo «es un asunto entre Dios y yo», y en un famoso juicio contra algunos de sus miembros el magistrado S. Conti comentó que «un nombre bonito no logrará ocultar metas basadas en la degradación del género humano»[68]. Aunque el grupo original lo componían unos treinta individuos, la acusación federal mantuvo que en un momen-

---

66.- Leary, en *Vanity Fair*, abril 1988, pág. 144.
67.- *Cfr.* Lee y Schlain, 1985, pág. 240.
68.- En Stevens, 1987, pág. 352.

to de apogeo formaron parte de la Fraternidad unas setecientas cincuenta personas, distribuidas por los cinco continentes, y que el tráfico de marihuana, haschisch, aceite de haschisch y LSD les produjo unos doscientos millones de dólares. La llamada «mafia hippie» se fundó con todas las formalidades previstas para una asociación benéfica exenta fiscalmente, a los diez días de prohibirse la LSD en California, con la expresa finalidad de «aportar al mundo una mayor conciencia de lo divino […] a la luz del sagrado derecho de cada individuo a comulgar con Dios en espíritu y verdad, tal como se le revela empíricamente»[69]. A pesar de que sus miembros fueron presentados como comerciantes vestidos estrafalariamente, ni siquiera los fiscales discutieron que una parte muy considerable de sus beneficios se empleó en regalar LSD; se sabe, por ejemplo, que en un solo concierto de rock (el de Anaheim, en California) distribuyeron gratuitamente no menos de cien mil dosis, y que enviaron a Vietnam —para uso de las tropas— varios millones. El precio habitual de la pastilla (con 250 gammas, unas dos dosis) era de dos dólares.

Por lo que respecta a los químicos clandestinos, la historia recomienda hacer unas precisiones adicionales. Owsley y Scully eran talentos reconocidos ya desde la escuela secundaria, que manufacturaron LSD por razones claramente extra-económicas. Sand —que empezó haciendo DMT en la bañera de su casa en Brooklyn— era más desenvuelto en lo financiero, y menos meticuloso en cuanto a la pureza del producto. Al caer preso Owsley, Scully y Sand obtuvieron del millonario W. Hitchcock —el mecenas de Leary— respaldo económico para obtener la indispensable materia prima (ergotamina) y montar laboratorios. Pero cuando estaba empezando a escasear en el mundo entero la ergotamina, recién muerto Griggs, el ritmo de fabricación se mantuvo gracias al misterioso Ronald Hadley Stark. Un día apareció por el rancho de la Fraternidad con un kilo de LSD pura, diciendo que poseía una fuente segura de materia prima y un

---

69.- En Lee y Schlain, 1985, pág. 237.

excelente laboratorio en París. Lo que tenía realmente —como se supo más tarde— era un socio químico llamado R. Kemp, que había aplicado un modo de reproducir el cornezuelo en tanques criógenos, un antiguo hallazgo hecho por Sandoz ya en los años cincuenta, para producir la droga por toneladas si fuera necesario.

En contraste con Scully y Sand, que cayeron presos en 1973, Stark logró desvanecerse en el momento oportuno. Pasaba buena parte de su tiempo en Sicilia, rodeado por amigos mafiosos, funcionarios de distintos servicios secretos y extremistas políticos de izquierdas y derechas, cuando no en el Líbano. En 1975 una denuncia anónima hizo que fuese capturado en un hotel de Bolonia, con unos cinco kilos de morfina y cocaína. Se le encontraron documentos relativos a la fabricación de LSD, y diversas cartas con el membrete de la embajada norteamericana en Londres, dirigidas al laboratorio clandestino que él y Kemp tenían en Bruselas. Una vez en prisión consiguió infiltrarse en las Brigadas Rojas a través de Renato Curcio, y probó su competencia al alcaide advirtiendo con antelación sobre algunos atentados. En el penal recibió continuas visitas de diplomáticos americanos, ingleses y libios, así como del servicio secreto italiano, y entró en contacto directo con el general V. Miceli, luego implicado en una serie de maniobras golpistas relacionadas con el neofascismo. Aunque aparecía como uno de los principales acusados en el proceso contra la Fraternidad, el gobierno americano nunca pidió su extradición, y fue sentenciado en Italia a catorce años por tráfico de drogas. Sin embargo, apeló la sentencia presentándose como Khouri Alí, un revolucionario palestino, y en perfecto árabe explicó que formaba parte de una organización terrorista internacional. Descrito como «genio torturado» por el presidente de la Sala de Apelación, el revuelo inducido por sus declaraciones hizo que el magistrado G. Gori se encargase de investigar el asunto, sólo para morir días después en un «accidente» sospechoso. La fiscalía italiana le acusó entonces de bandidaje, y parecía que iba a ser condenado a prisión perpetua. Pero a los cuatro meses fue excarcelado por orden del juez G. Floridia, basándose su auto en «una impresionante serie de pruebas escrupulosamente enumeradas» sobre su pertenencia a la CIA. En 1982 resultó detenido nuevamente en Holanda —acusado de traficar haschisch, heroína y cocaína— y deportado enseguida a Estados Unidos, sin publicidad, donde tras pocos meses de reclusión en San Francisco fue excarcelado. El Departamento Federal de Justicia renunció a acusarle, basándose en que «había transcurrido demasiado tiempo para proseguir el caso». Dos años más tarde moría, según se dijo, de un ataque al corazón[70]. No se le practicó autopsia.

4. El momento indeciso

Los grupos y comunas que cultivaban la psiquedelia coincidían en reclamar la despenalización para el consumo de cáñamo, que en pocos años había pasado de ser una droga muy infrecuente, usada por sectores de emigrantes pobres, a fármaco favorito de clases medias ilustradas y universitarios. El sociólogo D. Solomon publicó las partes censuradas del Informe La Guardia[71], y en poco tiempo aparecieron muchos libros y artículos reivindicando la inocuidad de su empleo. W. Burroughs, por ejemplo, que se había hecho célebre relatando sus experiencias como adicto a opiáceos, mantuvo en una conferencia organizada por la *American Psychological Society* que los niveles de realidad evocados por marihuana y haschisch eran una positiva ayuda para el desarrollo de la experiencia estética; algo más tarde añadió que no sólo suministraban «una clave para los procesos creativos, sino un camino para métodos no químicos de expandir la conciencia»[72]. Lo mismo afirmaban otros escritos de la

---

70.- Un relato minucioso sobre la vida de Stark puede encontrarse en Lee y Schlain, 1985, págs. 248-251 y págs. 279-287.

71.- Solomon, 1968.

72.- Burroughs, 1964, pág. 134.

generación *beat*, y singularmente A. Ginsberg[73]. Prestigiosas revistas médicas aconsejaban en editoriales «gravar fiscalmente la venta legal de droga en vez de multiplicar su uso ilícito»[74], y el psiquiatra R. D. Laing expresaba un convencimiento extendido al decir:

> «Sería mucho más feliz si mis hijos adolescentes, *sin faltar a la ley*, fumaran marihuana cuando quisieran, en vez de llegar a caer en la situación de muchos de sus padres y abuelos, adictos de nicotina y alcohol»[75].

a) La caza del hierofante. Leary y sus adeptos trataban por entonces de acogerse a la Enmienda sobre libertad religiosa para sus prácticas farmacológicas, exactamente igual que la *Native American Peyote Church*. Tenían planteada su petición ante el Tribunal Supremo federal, cuando una hija suya fue detenida en la frontera de Texas y México con unos gramos de marihuana. En un gesto automático, Leary dijo al aduanero que asumía la responsabilidad por el hecho. Con esos fundamentos, fue sentenciado a treinta años de cárcel en la primavera de 1966. Tratándose de un hombre que por entonces tenía 46, era evidentemente una condena a perpetuidad. Naturalmente, quedaba denegada la petición de acogerse a la Enmienda sobre la libertad de culto para las comunas psiquedélicas.

Mientras Leary apelaba al Tribunal Supremo federal, esta decisión del tribunal de Texas —jurídicamente disparatada— indigno a varios sectores de la sociedad americana, radicalizando a otros. Además de la oposición a la guerra en Vietnam, el gobierno hacía frente entonces a un cuadro más amplio de conflictos internos, que incluía las reivindicaciones de la población negra en cuanto a derechos civiles, las protestas universitarias y hasta algunos grupos terroristas

---

73.- Ginsberg, 1969.

74.- *Lancet*, Editorial, 1963, II, pág. 989; en Laurie, 1969, pág. 103.

75.- Laing, 1964, pág. 7.

muy activos. Según un subcomité del Congreso, entre enero de 1969 y abril de 1970 hubo en Estados Unidos 4.330 atentados con bombas[76]. Junto a un excelente sentido del humor (que conserva intacto), las manifestaciones de Leary tenían visos de payasada teosófica casi invariablemente. Pero ceder en ese caso parecía a la mayoría de los líderes del movimiento negro, de la New Left y de los estudiantes rebeldes una renuncia a derechos constitucionales, y el posible comienzo de una nueva caza de brujas, con consecuencias catastróficas para todas las demás facciones —reformistas o revolucionarias— del momento. De ahí que el ex-profesor se convirtiera en un mártir de crueles inquisidores, para sus adeptos incondicionales, y en un símbolo de la barbarie del Sistema para los demás contestatarios.

Una parte importante de la prensa se hizo portavoz de sus argumentos, que pasaron a ser más agresivos cuando ingresó en prisión, mientras estaba pendiente de que se aceptase su apelación. Al entrar en la cárcel, Leary grabó una cinta de la que se hicieron innumerables copias donde comenzaba diciendo: «We are ecology». También concedió entrevistas, declarando cosas mantenidas en cauta reserva mientras creía posible llegar a un acuerdo con las autoridades. Una de ellas fue que los experimentos con psilocibina y LSD habían hecho abandonar las órdenes religiosas a numerosos seminaristas y clérigos —a pesar de haber robustecido su vocación religiosa—, haciéndoles comprender el absurdo de la castidad y el celibato. A ello añadió lo que faltaba para desatar tanto la prohibición como la adhesión incondicional al movimiento psiquedélico: la LSD no sólo servía para hallar lo divino y descubrirse a sí mismo, sino que era el más potente afrodisíaco jamás descubierto. Perseguir a sus apóstoles y defensores era exactamente lo mismo que perseguir cristianos o paganos, pura intolerancia religiosa con variados disfraces, pues el movimiento —como habían expuesto algunos estudios en detalle[77]—

76.- *Cfr.* Lee y Schlain, 1985, pág. 261.

77.- Spinks, 1962.

era estructuralmente idéntico a cualquier otra reforma religiosa aparecida en el curso de la historia. No contento con ello, acusó a la policía y a las autoridades de promocionar el consumo de heroína y otras drogas miserables, con su persecución de los fármacos visionarios.

Leary salió del penal tan pronto como su apelación fue aceptada a trámite, y durante tres años participó en numerosos actos públicos, de los cuales el más señalado fue la multitudinaria Reunión de las Tribus (*Gathering of the Tribes for the First Human Be-In*). Entre la ironía y la prudencia, preconizaba máxima cautela a los usuarios de LSD y admitía que se trataba de un fármaco cuya disponibilidad no debiera ser libre, sino someterse a riguroso control, como la marihuana. Ese control debía tener —sugirió— los mismos fundamentos que el aplicado a distintos conductores; para usar el cáñamo y sus derivados bastaría una especie de licencia como el carné de conducir coches, mientras para LSD y otros psiquedélicos mayores sería sensato reclamar una mayor capacitación, comparable a la licencia para pilotar un camión o una avioneta.

Algunos no recibieron con sorpresa que el Tribunal Supremo casara la sentencia del tribunal tejano en 1969, con un fallo absolutorio como no se había producido desde los años veinte. Se basaba nada menos que en considerar técnicamente insostenible la *Marihuana Tax Act*. Con tres décadas de retraso —eso sí— la Sentencia dijo que se trataba de un precepto «inadecuado y creador de confusión [...] pues resulta absurdo exigir a alguien que declare y pague impuesto por una sustancia que es ilegal»[78]. Esto causó la comprensible consternación en los medios represivos americanos, provocando en Leary un ataque de entusiasmo maníaco. Al día siguiente anunciaba su candidatura para las elecciones a gobernador de California, representado a un nuevo partido llamado FERVOR (siglas de *Free Enterprise, Reward, Virtue and Order*).

78.- *Cfr.* Stevens, 1987, pág. 354.

Pero las fuerzas del orden tenían un cartucho de reserva para el caso de que todo fuese mal. En efecto, un año antes el sheriff de Orange County dijo haber encontrado en su coche un kilo de marihuana. Resulta difícil creer que alguien pendiente de una apelación donde se juega treinta años de cárcel lleve de aquí para allá en su automóvil un kilo de droga prohibida, cuando podía obtener perfectamente pequeñas cantidades para su consumo en miles de puntos del Estado. Y, en efecto, Leary siempre ha mantenido que fue víctima de un grosero *entrapment*. Con todo, ahora ya no se trataba de casar una sentencia injusta, sino de condenar a la policía por delitos graves —conspiración para incriminar a un ciudadano, falsedad, etc.— o condenarle a él. Por otra parte, el tribunal de Texas decidió procesarle con otros fundamentos de derecho, y con una celeridad inusual le sentenció a diez años de cárcel. Mientras Leary estaba apelando otra vez, le llegó el procesamiento por el asunto de California, con un auto de prisión incondicional donde al cargo del kilo de marihuana se añadía la acusación de ser el «Padrino» de la Fraternidad, con ganancias de millones de dólares anuales desde tiempo atrás.

Fue entonces cuando decidió escapar. Hasta qué punto era defendido y perseguido lo indica la rocambolesca serie de peripecias posteriores, pues aprovechando un traslado de prisión, con los generosos fondos donados por sus correligionarios y la ayuda de un grupo terrorista —los *weathermen*—, Leary es liberado y aparece en Argel, donde está refugiado también otro enemigo público norteamericano: Eldridge Cleaver, líder de los *black panthers*. Tras una breve estancia allí (en realidad, resulta difícil imaginar actitudes más remotas que la psicodelia, los panteras negras y el FLN argelino) salta a Suiza, y bastantes meses más tarde a Afganistán. Nada más desembarcar en el aeropuerto de Kabul es detenido por falta de documentación (el pasaporte acababa de quitárselo el cónsul de su país, diciendo que volvía enseguida), y tras gestiones financieras entre el entonces rey de Afganistán y la embajada americana se acuerda su extradición a California. Los seis años siguientes transcurren para él en la inexpugnable prisión de Folsom. No saldrá de allí hasta avenirse a colaborar con la policía.

Pero en Estados Unidos estallaba por todas partes el fenómeno *hipster*. La propia palabra «*hippie*» se había acuñado el año en que Leary fue hecho preso por primera vez (1966), cuando varios líderes estudiantiles y el grupo de Ken Kesey convocaron el primer *Trips Festival* californiano. Ahora esos quince mil comulgantes eran el medio millón congregado en Woodstock. La costa Este y la costa Oeste veían brotar constantemente centros de la subcultura, que operaban como activos focos de atracción. A caballo entre la comitiva dionisíaca, los mártires cristianos y los peregrinos musulmanes a La Meca, por todas partes aparecían jóvenes resueltos a cumplir el vaporoso *turn-on, tune-in, drop out*. Antes de que terminase 1966 había según el *Sunday Times* cuatro millones de usuarios de LSD en los Estados Unidos[79]. En 1970 una encuesta de la *National Commision on Marihuana and Drug Abuse* elevó la cifra al doble, indicando que fumaban cáñamo unos 26 millones de norteamericanos. Para las autoridades era evidente que «la fiebre psiquedélica constituye la mayor amenaza actual de América [...] más peligrosa que la guerra de Vietnam»[80].

III. LA REDEFINICIÓN DE ESTOS FÁRMACOS

Aunque la cruzada contra las nuevas drogas prende sin dificultad en grandes sectores de la población, el esquema prohibicionista tradicional necesitaba importantes retoques para enfrentarse a la amenaza. Fray Toribio de Benavente había atestiguado en el siglo XVI que «los nativos de Nueva España toman este alimento amar-

---

79.- *Cfr.* Aparicio, 1972, pág. 464.
80.- *Cfr.* Brecher y otros, 1972, pág. 369.

go llamado peyote para recibir a su cruel Dios». Ahora el alimento no sólo no era amargo, sino tampoco perceptible a simple vista; si sus cristales lograban verse sin lupa, la cantidad era sin duda una dosis muy alta, quizá diez o cincuenta veces superior a la media. Con un gramo de ese fármaco —que un químico fabricaba a partir de otros medicamentos y sustancias— podían «viajar» 10.000 personas, y con un kilo viajaría toda Nueva York. Como dijo T. Szasz, el descubrimiento de Hofmann representaba un salto cuántico en psicofarmacología. El intento de controlar la producción y difusión de esa sustancia con procedimientos y argumentos pensados para el opio o la cocaína resultaba ilusorio por completo; no se requerían cultivos, no era una droga de «razas pueriles» exportada a América, y sus primeros fabricantes ilegales trabajaban en los departamentos de química y farmacia de las principales universidades. Se trataba de una droga prácticamente gratuita, que estudiantes avanzados y profesores producían «para alimentar a la tribu».

Sin embargo —evidentemente, porque preocupaba mucho más la investigación científica que el uso callejero de sustancias incontroladas— las autoridades se condujeron como con cualquiera de las drogas previas. Sandoz fue conminado a entregar todas las reservas del producto existentes en suelo americano al *National Institute of Mental Health*, que previamente se había comprometido a no autorizar sino proyectos visados favorablemente por la *Food and Drug Administration*, ésta, a su vez, definió el fármaco como «droga experimental restringida a uso con animales», y por lo mismo prohibida en la práctica médica[81]. Bastaron dos firmas para liquidar décadas de esfuerzos terapéuticos y científicos, orientados a aliviar situaciones indeseables o a acrecentar el conocimiento. La LSD y sus afines eran a todos los efectos fármacos adictivos, demenciadores, terapéuticamente inútiles y faltos de todo interés para investigadores que no los empleasen con ratas o monos. Para completar el esquema, y cerrar el

---

81.- *Cfr.* Wells, 1973, pág. 82 y Varenne, 1973, pág. 417.

EL COMPLOT PAGANO (II)

último resquicio abierto al conocimiento, ese mismo año de 1966 las comisiones responsables de becas y ayudas de investigación aprueban una normativa que excluye automáticamente «cualquier trabajo realizado por científicos tomando como objeto sus propias personas»[82].

Se abrían así las puertas a un mercado negro que ya llevaba funcionando cierto tiempo con imitaciones bienintencionadas, y que ahora comenzó a verse invadido por sucedáneos muy tóxicos, vendidos por verdaderos comerciantes o regalados por gente sin identificar, como la que en el Festival de Monterrey distribuyó un peligroso fármaco usado en veterinaria como si fuese THC, el principio activo del cáñamo[83], con un saldo de muchas intoxicaciones graves. En 1970, por ejemplo, se analizaron 621 muestras de drogas ilícitas recogidas en Ontario, para descubrir que de las 58 sustancias consideradas mescalina ni una sola poseía rastros de tal, y que la LSD se adulteraba en ocasiones con estricnina y anfetamina[84].

Pero eso resultaba episódico comparado con el hecho de que una sustancia había mutado de la noche a la mañana, por decreto legislativo. Como si el empleo correcto o incorrecto de los rayos X en casos precisos permitiera generalizar sobre su pertinencia a título de recurso médico, la LSD se transfiguraba en cosa satánica, igual que la mandrágora se había convertido en signo de tratos diabólicos durante el medioevo, invocando un fenómeno de falsa conciencia en toda la población. Hasta los llamados estupefacientes tenían a su favor la excepción del «uso médico y científico», mientras el orgullo de la psicofarmacología se trocaba de repente en impuro *miasma*, desprovisto de cualquier interés o función.

El comprensible asombro ante estas medidas se reflejó muy bien en la reunión de un subcomité senatorial. Robert Kennedy dirigió los

---

82.- *Cfr.* Deniker, 1966, pág. 37.

83.- *Cfr.* Berg, 1969.

84.- *Cfr.* Marshman y Gibbins, 1970.

debates, y no tuvo inconveniente en aclarar que su esposa había recibído terapia psiquedélica años atrás —bajo la custodia del médico R. Maclean, un hombre muy próximo a A. Hubbard— con resultados completamente satisfactorios. Al iniciarse la sesión preguntó al representante del *National Institute of Mental Health* y al de la *Food and Drug Administration*: «¿Por qué —si se trataba de fármacos valiosos hace seis meses— han dejado ahora de serlo?». Los funcionarios evadieron contestar a esa concreta pregunta, y Kennedy volvió a insistir: «Seguimos caminando en círculos, y me alegraría obtener una respuesta directa. ¿Acaso no entienden mi pregunta?». El representante de la FDA habló entonces de «atender a la integridad científica, a las responsabilidades éticas y morales»; nada de eso era compatible con el hecho de admitir —como admitía la FDA— todos los experimentos realizados por servicios secretos americanos con cobayas humanas inconscientes, pero no fue puesto en cuestión. El representante del NIMH, a su vez, sugirió que «era virtualmente imposible encontrar investigadores deseosos de trabajar con LSD que no fuesen adictos»; eso tampoco era compatible con la naturaleza del fármaco, pero tampoco fue discutido.

Satisfechos los demás miembros del subcomité, Kennedy se limitó a intervenir una vez más, arriesgando ser considerado «pro-droga»:

> «Creo que hemos puesto un énfasis excesivo, y demasiada atención, en el hecho de que la LSD puede ser peligrosa y perjudicar a un individuo que la use [...] perdiendo de vista que puede ser muy, muy útil en nuestra sociedad si se usara apropiadamente»[85].

No es necesario aclarar que la FDA y el NIMH se mantuvieron firmes en su postura inicial, y que el Congreso quedó conforme con la inicia-

---

85.- *Organization and Coordination of Federal Drug Research and Regulatory Programs: LSD*. Hearings before the Subcomm. on Executive Reorganization of the Comm. on Government Operations, U.S. Senate, Mayo 24-26, 1966, págs. 72-75.

tiva de declarar «carente de uso terapéutico» el fármaco. Sin embargo, las intervenciones del malogrado hermano del malogrado Presidente sugieren que pudieron haber sido introducidos a la sustancia en algún momento previo, o que al menos confiaban en la opinión de personas con experiencia propia. Ese mismo año Paul McCartney —el último de los Beatles en probar LSD— declaraba a *Life*: «Me abrió los ojos, me hizo un ciudadano mejor, más honesto y tolerante»[86].

Mientras preparaba su libro sobre drogas, P. Laurie demostró rigor intelectual sometiéndose —con mucho escepticismo y nula preparación— a una experiencia con LSD antes de terminar el capítulo sobre el fármaco. Compró lo que le dieron en el mercado callejero y lo compartió con su esposa en un pequeño apartamento de Londres. Su extenso relato termina así:

> «Es difícil explicar lo larga, lo áspera y lo insatisfactoria que fue la experiencia con LSD. Durante varios meses la usamos como comparación para cualquier suceso desagradable. Sin embargo, los resultados no fueron en absoluto malos. Nos hizo más sensibles a la forma y al color, y más desapasionados con respecto a otras experiencias y relaciones, más directos respecto de nuestras intenciones cotidianas. Ninguno de esos efectos fue profundo, pero la LSD nos impulsó hacia una mayor madurez […] Fue como una dura expedición de la que uno sale diciendo: "Si puedo hacer frente a esto, puedo hacer frente a muchas cosas" […] Para mi mujer, y para mí, esa experiencia fue menos importante que la estructura mental que nos permitió descubrir»[87].

Casi coetánea fue la experiencia del novelista P. Mathiessen —uno de los fundadores de la *Paris Review*— con su compañera, ejemplo típico de un viaje aterrador. Según Mathiessen:

86.- En Lee y Schlain, 1985, pág. 181.

87.- Laurie, 1969, págs. 133-132.

«Ella empezó a reír, y su boca se abrió de par en par, y era incapaz de cerrarla; su armadura se había desintegrado, y todos los vientos nocturnos del mundo la recorrían aullantes. Volviéndose hacia mí, vio disolverse mi carne, mi cráneo convertirse en calavera. Pero más tarde comprendió que podía liberarse haciendo frente al miedo a la muerte —esa rabia demoníaca ante la propia inermidad—, desprendiéndose de una acumulación de defensas que asfixiaban la vida. Y aceptó el peligro de la búsqueda mística: que no había marcha atrás posible sin hacerse daño. Muchas sendas aparecen, pero una vez emprendido el camino hemos de seguir hasta el final»[88].

Estos testimonios de experiencias difíciles —el primero de alguien que no expresa deseos de repetir, y el segundo de una pareja que siguió experimentando— contrastan con los de quienes omiten una relación directa. Pero estos últimos presentan el interés de mostrar las categorías en juego.

1. Las actas de acusación

Veamos en primer término una comunicación sobre HaightAshbury:

«La "iglesia" es un almacén muy grande, con fachada a la calle, donde campea el rótulo "Su lugar". En el escaparate resplandece un gran Cristo crucificado y se exponen textos de proselitismo. Durante el día la extraña iglesia permanece cerrada. Sólo se abre desde las nueve de la noche hasta la madrugada, y entonces ¡qué espectáculo! Una muchedumbre de *hippies* melenudos yace en el suelo. En medio del lugar una

---

88.- Mathiessen, 1979, pág. 46.

cruz de gigantescas proporciones pintada de negro reposa en el suelo. Las parejas se tumban promiscuamente sobre ella y a su alrededor. También pueden verse dúos o incluso tríos, los negros mezclados con los blancos. Hablan muy bajo o duermen, rozándose en la oscuridad. Todo está sumergido en una penumbra propicia. Las parejas enlazadas sobre la cruz son iconoclastas. Los promotores del movimiento afirman que el amor en todas sus formas, incluso la fornicación, no tiene por qué sorprender a Cristo, que es a la vez amor y encarnación. Practican cultos barrocos, donde se santifica con LSD en vez de la hostia, donde se adora al dios Sexo. Y osan pedir al Tribunal Supremo que reconozca la constitucionalidad de estas costumbres»[89].

Este texto presenta conexiones estructurales con el de un jurista inglés[90], basado en el uso de la marihuana:

«Scotland Yard nunca ha tenido conocimiento de un delito tan vicioso, tan cruel, tan despiadado y tan bien organizado. El cáñamo es un asunto realmente hediondo. "Estamos tratando —me dijo uno de los inspectores— con los hombres más depravados que jamás hayan existido". Las victimas son jovencitas inglesas y, en menor proporción adolescentes masculinos. Los culpables son en un 90 por 100 gente de color.

Como resultado de mis pesquisas, comparto el temor policial de que existe un peligro social enorme de que esta locura llegue a convertirse en la peor amenaza conocida por el país. El otro día fui a un vistoso club de West End, introducido por un miembro que es un informante útil para mí y para la policía. Las bebidas no eran más fuertes que café templado, naranja-

---

89.- Labin, 1969, pág. 19.
90.- Johnson, 1952.

da o cerveza. Los que bailaban eran seis blancos, incluidos el informante y yo, veintiocho hombres de color y unas treinta chicas blancas. Las chicas y los acompañantes de color bailaban con un abandono casi salvaje, fascinante y escandaloso. Mi contacto me indicó algunas fotos que estaban en las paredes, mostraban chicas con ropas exiguas o casi transparentes, y me aclaró que habían sido asiduas del club. Salimos. Ya había visto bastante en mi primer antro, con los traficantes negros y las jovencitas semidementes. Llegará el día en que este país esté todo revuelto, si no lo vigilamos. Solamente habrá medias castas».

Tras el testimonio de la periodista francesa y el abogado inglés es interesante el de un toxicólogo oficial belga:

«Los Estados Unidos han sido escenario de experiencias psiquedélicas *colectivas*, pretendidamente científicas, donde intervenían personas que pasaban por sanas de espíritu. Por desgracia, esta persecución desenfrenada de un mejor autoconocimiento no arrastra a la aclaración mental sino a la neurosis. Estos Sócrates aficionados acaban debatiéndose contra sí mismos como diablos en agua bendita»[91].

El toxicólogo ha examinado poco antes los ensayos hechos por personas con indiscutible «formación científica». Su juicio es el siguiente:

«Es posible que la curiosidad científica, la auténtica, les empuje a la imprudencia. ¿Acaso saben si son verdaderamente inmunes a la acción traidora de las drogas?»[92].

91.- Varenne, 1973, pág. 413.

92.- *Ibíd.*, pág. 412.

Dejaba así en claro que su opinión «especializada» no difería de la opinión del hombre de la calle y la policía de estupefacientes, convencidos todos de que ciertas sustancias psicoactivas —las prohibidas— son droga en sentido moral, con capacidad de «traición», y ciertas otras sustancias psicoactivas son droga metafóricamente, pues en realidad constituyen artículos de alimentación o medicinas. Pero con estos y parejos argumentos se activaba el mecanismo de profecía autocumplida. Cualquier conducta delirante, que en otro tiempo hubiera llevado a tildar a un sujeto de loco, empezó a explicarse cómoda y rápidamente como resultado de tomar algún fármaco psiquedélico, prescindiendo de la historia anterior del sujeto y de la naturaleza química de lo ingerido por él. Pronto la etiqueta arraigó en algunos de los propios usuarios, que tras omitir precauciones mínimas sobre ocasión y compañía acababan luego sucumbiendo a temores más o menos conscientes de volverse locos, y entrando en experiencias de intenso pánico.

Como la etiqueta de loco transitorio producía una irresponsabilidad igual o mejor que el *status* de heroinómano, no faltaron miles de aspirantes al título de «adictos» a la LSD, aunque ya desde 1956 experimentos hechos con voluntarios de Lexington hubiesen mostrado que al cabo de pocos días los individuos fueron incapaces de percibir que seguían recibiendo una fuerte dosis de LSD cada mañana[93]. Otros no osaban representar la farsa de una «adicción», y simplemente acudían a hospitales diciendo que tras la experiencia visionaria tenían derecho a subvención institucional, porque habían perdido todo interés hacia el trabajo, como sucedió concretamente con un *jockey* y un estudiante de derecho[94]. Siguiendo el mismo surco, un hombre asestó un centenar de puñaladas a su madre, y fue absuelto por «trastorno mental transitorio» cuando dijo haber obrado

93.- *Cfr.* Isbell, Belleville, Fraser, Winkler y Logan, 1965, pág. 468.
94.- *Cfr.* Ungerleider, Fischer y Fulle, 1966, pág. 389; Aparicio, 1973, pág. 476.

bajo el influjo de LSD[95]; se refiere también el caso de otro que mató a su acaudalada esposa y logró un veredicto de homicidio en vez de asesinato, alegando que ambos «viajaban» con LSD[96]. En ninguno de estos supuestos consideró necesario el tribunal una prueba de que se hubiera realizado una ingesta efectiva del fármaco, o siquiera que el sujeto dispusiera de existencias.

Antes de ilegalizarse, amplios sondeos[97] habían indicado que en uso psiquiátrico la LSD era un medicamento tan seguro como el que más, según atestiguaban las fichas de unos 35.000 pacientes. Por lo que respecta al uso religioso, las prácticas semanales de los miembros de la *Native American Peyote Church* —un cuarto de millón de personas— demostraban y demuestran el abrumador predominio de usos totalmente pacíficos de fármacos visionarios muy activos. Pero a partir de 1966, tras el encarcelamiento de Kesey y Leary, hay innumerables noticias en los periódicos sobre personas que saltan por las ventanas, matan y enloquecen permanentemente debido a la dietilamida del ácido lisérgico, el peyote, la psilocibina, etc. Junto a los asesinatos del clan Manson se habló de un médico suizo que por poco se ahoga en un lago, de una noruega que apuñaló a su seductor y de diversas personas que perdieron el juicio de originales maneras.

En efecto, Manson mantuvo que experimentó la crucifixión de Cristo durante un viaje de ácido, sintiéndose justificado a partir de entonces para declararse «omnipotente Dios del Joder». No sólo él, sino un número indeterminable de otros individuos, montaron sistemas de vampirismo mental y «dominio del ego»[98] sobre jóvenes desorientados, que acudían a California en busca de iniciación a la psiquedelia. Pero no es menos cierto que en este orden de cosas hubo una instrumentalización interesada, y que los asesinatos del clan Manson tuvieron su contrapartida en crímenes atroces perpetrados

---

95.- Louria, 1968.

96.- Bergel y Davis, 1970; en Wells,.1973, pág. 161.

97.- Cohen y Ditman, 1962; Masters y Houston, 1971.

98.- Gaskin, 1980, pág. 51.

al amparo del prejuicio social. El caso más nítido fue el asesinato de una mujer embarazada y sus dos hijas pequeñas, atribuido por el padre y esposo de las víctimas —el médico militar J. MacDonald— a «un satánico grupo de *hippies* drogados». Efectivamente, en una de las paredes y escrito con sangre de los muertos podía leerse «ÁCIDO ESTUPENDO, MATEMOS A LOS CERDOS», y la noticia produjo un alud de ira en todo el país. Sin embargo, el capitán MacDonald fue condenado años después como único culpable de esa monstruosa acción; imaginarle escribiendo el mensaje con sangre de sus propias hijas introduce a densos climas morales de raíz *wasp*.

Entre los responsables de la salud pública nadie quería comprender que la prohibición del uso médico y el religioso promovería la difusión de cualquier veneno, y que incluso en los raros supuestos de fármacos puros, el estado de cosas hacía imposible evitar que llegasen a manos de cualquiera, y que fuesen consumidos en situaciones espantosamente inadecuadas muchas veces. En los grandes festivales —Monterrey, Woodstock, Altamont, Wight— hubo docenas de intoxicaciones debidas a «cortes» de atropina, estricnina y fenciclidina, pero el hecho pudo probarse porque quedaron muestras sin consumir de esas sustancias; cuando se trataba de intoxicaciones en otras circunstancias, sin restos analizables, las autoridades daban siempre por supuesto que el intoxicado había enfermado por recibir una sustancia psiquedélica pura.

En su *LSD-Mein Songenkind*[99] cuenta A. Hofmann cómo durante años él o sus amigos y colaboradores se desplazaron de un lugar a otro, tratando de comprobar sobre el terreno las circunstancias en que habían acontecido estas desgracias, y cómo prácticamente en todos los casos las noticias se disolvían en brumosos «supongo» y «creo» de testigos desinformados, cuando había testigos siquiera. Hofmann no pretende, desde luego, descartar un número indeterminado de administraciones que desembocaron en episodios infortunados, e

---

99.- *Sorgenkind* puede traducirse como «problemática criatura».

incluso en suicidios o crímenes, pero conviene recordar el número de actos salvajes que se cometen bajo la influencia del alcohol, o los suicidios propiciados por sedantes y somníferos. Sin exageración alguna, la cifra de estos crímenes y suicidios en un solo día excede largamente la de los actos análogos atribuidos a la LSD durante más de diez años, incluso atendiendo a las informaciones más alarmistas. Esta constatación cobra su auténtico relieve considerando que hacia 1970 por lo menos quince millones de personas en el mundo habían usado el fármaco alguna vez.

a) Las catástrofes más célebres. D. B. Louria, jefe de laboratorio en el hospital de Bellevue (Nueva York) ha sido quizá el profesional más destacado en la recopilación de tragedias debidas a fármacos psicodélicos, y el que con más firmeza sostuvo su naturaleza patógena. Según Louria, la LSD no sólo puede provocar una psicosis temporal sino duradera, aunque el usuario sea una persona sin historia clínica previa, perfectamente sana, y la experiencia acontezca en un ambiente adecuado. Junto a los episodios antes referidos y algunos más —como un sujeto que se mató en coche después de ingerir semillas de ciertas trepadoras, que los aztecas llamaban «ololiuhqui» y «badoh»—, Louria narra un caso que dio la vuelta al mundo a comienzos de 1968 y merece atención. Este médico sitúa el suceso en California, cosa inexacta, pero no varía el contenido original de la noticia.

A principios de enero de 1968, el gobernador de Pennsylvania, R. P. Shafer, anunció a la prensa que seis estudiantes de bachillerato se habían quedado ciegos por mirar directamente al sol mientras estaban bajo la influencia de LSD. Su declaración provenía de un informe suministrado por el doctor N. Yoder, delegado de la Oficina de Invidentes del *Pennsylvania State Welfare Department*. Los periódicos de todo el país registraron este sensacional suceso, que provocó la comparecencia inmediata de varios periodistas e investigadores, interesados en conocer la identidad de los muchachos, y el grado de lesión sufrido por cada uno. Esa curiosidad no quedó satisfecha, y adelantándose a las previsibles informaciones el gobernador Shafer —que luego sería presidente de la Comisión sobre Marihuana nombrada por Nixon— distribuyó la siguiente nota a la prensa:

> «El Gobernador, que ayer se declaró convencido de la veracidad de la noticia, dijo que sus investigadores habían descubierto esta mañana que el incidente fue "un invento" (*fabrication*) del doctor Norman Yoder [...]. Dijo también que el doctor Yoder no estaba para declaraciones (*unavailable for comment*), aunque había admitido el camelo (*hoax*). Las autoridades oficiales quedaron asombradas por la declaración del Gobernador. Coinciden en calificar al doctor Yoder como un funcionario público altruista, querido y digno de confianza»[100].

Como semejante conducta suponía para el doctor Yoder uno o varios delitos, dada su condición de funcionario público, la nota del *New York Times* incluía unas declaraciones del Fiscal General del Estado, W. C. Sennet, donde se calificaba su conducta de «distraída y enfermiza», provocada por «su preocupación ante el uso de LSD por parte de niños»[101]. No sería necesario hacer más comentarios sobre la costumbre de cumplir personalmente las propias profecías, de no ser porque al día siguiente B. R. Donolow —senador por Pennsylvania y antiguo detective en la brigada de estupefacientes—, rompió una lanza en favor del doctor Yoder, internado por entonces en el *Philadelphia Psychiatric Center*. Según el senador,

> «Yoder fue duramente presionado para que identificase a los estudiantes alcanzados (*stricken*), y bien pudo tratar de pro-

---

100.- «Governor Shafer calls LSD story a hoax», *New York Times*, 19-1-1968, pág. 22.
101.- *Ibíd.*, pág. 22.

tegerles y sacrificar su carrera llamando camelo a su relato. Es la clase de persona capaz de sacrificar un porvenir con tal de proteger a seis muchachos. Su moral es intachable»[102].

El aserto del senador Donolow indicaba algo casi tan interesante para el historiador como el del doctor Yoder. En vez de advertir a sus compañeros y a los demás norteamericanos sobre los peligros de una droga demenciadora, los seis muchachos preferían quedarse ciegos impunemente, y comprometer a un funcionario público, antes de revelar sus nombres propios, pues el estigma de haber usado LSD —un fármaco ilícito— era más indeseable que cualquier otra cosa. Ante el conjunto del fenómeno, es difícil no coincidir con lo que piensa Szasz:

«El Dr. Yoder dijo exactamente lo que todos *querían* oír y creer»[103].

Lo que todos querían oír y creer se reproduce en relación con el tema de las alteraciones cromosomáticas. Tras analizar esperma de individuos sometidos a experiencias periódicas con LSD, algunos médicos declararon a la prensa que el fármaco poseía efectos teratógenos, productores de malformaciones genéticas. La prensa mundial se hizo eco de ello inmediatamente, y aunque algunas revistas especializadas lo negaron sus informes no obtuvieron publicidad alguna. Uno de los primeros investigadores en rechazar el criterio fue la neuróloga L. Bender, que llevaba años trabajando con la droga en niños autistas[104]. Pero desde 1969 a 1971 el NIMH (*National Institute of Mental Health*) realizó 68 estudios separados, de los cuales se dedujo que: *a*) la aspirina, los tranquilizantes, el catarro común y,

---

102.- «Senator denies LSD story a hoax», *Syracuse Herald-Journal*, 20-1-1968, pág. 2.

103.- Szasz, 1974, pág. 133.

104.- *Cfr.* Wells, 1973, pág. 211.

especialmente, el alcohol producen claras alteraciones cromosomáticas; *b)* que un número indeterminado de otros fármacos e incluso alimentos podrían producirlos, si bien nadie había sido subvencionado para ponerlo en claro; y *c)* que no hay prueba alguna de efectos teratógenos atribuibles a la LSD cuando se administra en dosis terapéuticas y sin empleo de medicación complementaria[105]. Resumiendo estas investigaciones, la revista *Science* declaró:

«La LSD pura ingerida en dosis moderadas no lesiona cromosomas, *in vivo*, no produce lesión genética detectable y no es teratógena o carcinógena para el ser humano»[106].

El asunto quedó definitivamente aclarado al saberse que las informaciones iniciales sobre efectos teratógenos de la LSD no provenían de simples usuarios, sino precisamente de un grupo de *alcohólicos* sometido a tratamiento con ella. De hecho, buena parte de esos datos obraban en poder del comité senatorial encargado de estudiar la posible ilegalización de las drogas visionarias[107], y es significativo que uno de sus miembros, el senador A. Ribicoff, saliera al paso de meticulosas distinciones entre realidad y fantasía. Ribikoff mantuvo algo básicamente análogo al motivo por el cual el senador Donolow defendió la mentira del doctor Yoder:

«Sólo cuando un asunto es sensacionalizado se consigue una reforma. Ustedes los científicos pueden saber algo, y un senador puede saber algo. Pero sólo conseguiremos reacciones cuando la prensa y la televisión entren en juego, tratando el asunto a su manera»[108].

105.- *Cfr.* Stevens, 1987, pág. 359.
106.- *Science*, 172, 1971, págs. 90-91.
107.- *Congressional Hearings*, House Rept., mayo 1966, P.1., pág. 15.
108.- R. King, en Stevens, 1987, pág. 276.

b) Psiquedelia y promiscuidad. Antes de que la LSD y sus afines se convirtieran en amenaza social, era común creer que ni estimulaban ni inhibían, limitándose a modificarla conciencia de acuerdo con las expectativas del usuario, el ambiente y la dosis[109]. Los investigadores coincidían en pensar que si bien no eran afrodisíacos en sentido usual, podían ser de utilidad «en el tratamiento de la frigidez, la timidez, las inhibiciones y las relaciones sexuales pobres»[110]. Lo más específico en ese sentido eran unos pocos datos etnobotánicos, concretamente tradiciones de Centroamérica sobre los poderes afrodisíacos del *ololiuhqui* y otras de la cuenca amazónica sobre el *yagé*, que algunas tribus consideraban capaz de causar distensión clitoridiana y erección en el falo[111].

Cuando se formaliza la contestación, los farmacólogos alineados en el criterio oficial coinciden en negar las facultades afrodisíacas del fármaco, pero al mismo tiempo en afirmarlas. Uno de ellos, por ejemplo, acusa a Leary de mentir cuando pronostica copulaciones maravillosas con la droga, y un momento después mantiene que es útil «para hacer a la víctima vulnerable a la actividad orgiástica»[112]. Otro no se detiene en la paradoja y dice: «Contra la opinión de Leary, la LSD no influye sobre la libido, aunque una vez sugerida la idea del sexo los consumidores se entregan a orgías inconcebibles»[113]. Un tercero prescinde de distinciones y afirma que «la presencia de terceros no cohíbe en absoluto los juegos de esos drogados; tienen relaciones íntimas en los parques públicos, en habitaciones repletas de gente o entre varias parejas compartiendo la misma cama»[114]. El doctor Louria incluye en este orden de cosas el caso de una mujer joven que tras tomar LSD se tumbó en la calle con las piernas abiertas, llamando a Dios para que viniese a fornicar con ella.

109.- *Cfr.* Barron, Jarvik y Bunnell, 1964, págs. 29-33.

110.- *Cfr.* Stafford y Golightly, 1967, pág. 146.

111.- *Cfr.* Cohen, 1966.

112.- Louria, en Wells, 1973, pág. 138.

113.- Varenne, 1973, pág. 416.

114.- J. B. Williams, en Varenne, 1973, pág. 416.

Sin embargo, se diría que estaban siendo mezcladas cuestiones diferentes. Una cosa es el efecto afrodisíaco de ciertas sustancias, y otra la orientación de la psiquedelia en materia de sexualidad. Es evidente que, desde el comienzo, dichos grupos adoptaron en este orden de cosas una postura sencillamente no *cristiana*, entendiendo por tal la condena de la carne en nombre del espíritu. Escribiendo sobre la vida en el distrito de Haight-Ashbury (San Francisco) a comienzos de 1970, la periodista H. Sperry comentaba el regocijo con que las jovencitas contemplaban la copulación de perros en la calle; pero no lo atribuyó a hallarse demenciadas por el uso de ciertos fármacos, sino a una filosofía más general de la vida. Los principios de esa filosofía, por lo demás, carecen de misterio alguno. Según los sociólogos, que estudiaron una subcultura específica:

«Aunque las relaciones sexuales fuesen promiscuas de acuerdo con la mayoría de las definiciones, no eran en modo alguno indiscriminadas. Sencillamente, el sexo era algo que se suponía consecuencia natural del afecto. En la filosofía de los *hippies* el sexo no era la base del código ético. La base era el amor, y el sexo constituía una de las maneras de expresar la amplitud del amor»[115].

Fuese o no amplio ese amor, el principio básico era no establecer compromisos con alguien sin comprobar antes el nivel de contacto sexual con esa persona, costumbre que finalmente ha acabado por arraigar en la mayor parte de las sociedades occidentales como modelo de sensatez.

En lo que respecta a las cualidades afrodisíacas de la LSD y sus afines, parece oportuno atender al resultado de los cuestionarios respondidos anónimamente por universitarios americanos en 1969 y 1970, aunque se refiriesen al cáñamo. La gran mayoría de los interro-

---

115.- Smart y Jackson, 1969, pág. 70.

gados dijo que la droga no tenía un efecto erótico automático, si bien dotaba de rasgos nuevos y muy agradables al orgasmo; los sujetos del sexo femenino insistían especialmente en esta apreciación[116]. Entre los investigadores con experiencia de primera mano tampoco faltan quienes consideran simples mitos las orgías causadas por ingestión de fármacos visionarios. A semejante conclusión llegó, por ejemplo, el comité asesor del gobierno inglés sobre abuso de drogas en 1971[117].

IV. EL SIGNIFICADO GENERAL DE LA DESOBEDIENCIA

Desde mediados de los años sesenta a mediados de los setenta el consumo de ciertas drogas se vincula con cuestiones de índole mucho más amplia como el retorno a la vida rural, la insistencia en problemas de medio ambiente, la liberalización del sexo, el pacifismo, la corriente humanista de psiquiatría, la «contracultura» y, globalmente hablando, un abandono simultáneo de ideales burgueses y proletarios en nombre de una especie de individualismo pagano —teñido, por lo demás, de rasgos cooperativistas—, que pide para el hombre poder usar el progreso tecnológico en vez de ser usado por él. Si 1966 puede considerarse el año crítico, 1968 será el que quede en el recuerdo como paradigma; es la época donde el superávit económico en los países ricos lanza a millones de jóvenes como peregrinos por el mundo, y a otros tantos a marginarse sin desplazamiento geográfico, prefiriendo unos y otros vivir de las sobras que ceder a los cebos del consumismo promovido por el «Sistema». En 1970 el estado de ánimo lo describe con elocuente franqueza A. Szent Gyorgyi, que acaba de recibir el Premio Nobel de medicina, cuando un periodista le pregunta qué haría si tuviese veinte años:

116.- *Cfr.* Goode, 1969, págs. 19-20; y Tart, 1971, págs. 41-44 y 66-68.
117.- *Cfr.* Schofield, en Wells, 1973, pág. 140.

«Yo compartiría con mis colegas y alumnos el rechazo de todo el mundo en su actual configuración, sin excepciones. ¿Tiene algún sentido estudiar y trabajar? La fornicación: he ahí al menos algo bueno. Fornicar y tomar drogas contra este terrible linaje de idiotas que gobierna el mundo»[118].

La previsible respuesta del presidente Nixon es reforzar el complejo industrial represivo-terapeutista. En 1971 el Congreso americano aprueba —por 366 votos a 0— «un ataque federal al abuso de drogas cuyo costo se eleva a mil millones de dólares»[119]. Con la guerra de Vietnam en su apogeo, Nixon declara ese año que «el enemigo público número uno de América es el abuso de drogas»[120], y el año siguiente que «el abuso de drogas es el enemigo número uno de América»[121]. Hasta este momento, las drogas habían dado lugar a subculturas, pero nunca a una alternativa cultural prácticamente completa, defendida por millones de personas, que de vez en cuando demostraban su poder de convocatoria con actos como los de Woodstock o Wight. Parece difícil que sin la LSD y sus afines hubiera existido el movimiento *hipster* y, a la inversa, que sin él esas sustancias hubiesen ingresado en la farmacopea infernal, con restricciones más severas aún que los estupefacientes oficiales. Sin embargo, se trata de un fenómeno sociológicamente complejo, quizá demasiado próximo aún para admitir análisis ecuánimes.

Con la pequeña distancia proporcionada por el paso de los años, es comprensible la mezcla de pasmo, furia e impotencia experimentada por los sectores puritanos, vaticanistas y policiales. La famosa John Birch Society lanzó una campaña contra el álbum *Sargeant Peppers* de los Beatles, entendiendo que «muestra una comprensión

---

118.- *New York Times*, 20-2-1970; *cfr.* Broasted, 1971, pág. 359.

119.- *Cfr.* Szasz, 1974, pág. 211.

120.- «The new public enemy no. 1», *Time*, 28-6-1971, pág. 18.

121.- *Cfr.* Wald, Hutt, De Long, 1972, pág. 28.

de los principios del lavado de cerebro [...] y forma parte de una conspiración comunista internacional». El gobernador de Maryland, Spyro Agnew, luego vicepresidente americano, dirigió en su Estado una cruzada para prohibir la canción «With a little help from my friends», porque mencionaba «ponerse alto» (*getting high*), y la BBC prohibió efectivamente la canción «A day in the life» (del álbum antes mencionados de los Beatles) por decir «me gustaría colocarte» (*I'd love to turn you on*). Pero no sólo ese grupo sino prácticamente todos los grandes de la música entonces actuaban como incondicionales propagandistas de la psiquedelia.

Fue como si de repente el *Club des haschischiens* hubiese abierto infinidad de sucursales en las sociedades avanzadas, y como si todas ellas conspirasen de modo inmisericorde contra el orden y los valores reinantes, siendo al mismo tiempo un sector muy creativo y pacífico, que producía rentables novedades en música, artes plásticas, literaturas, atuendo, oficios, modas, lenguaje, ceremonias y trato interpersonal.

De hecho, eran tan rentables que sólo fueron rechazadas pasajeramente, y poco después se adoptaron a nivel masivo, tan pronto como cupieron en un marco de consumo suntuario. Eso sucedió cuando el efecto de las medidas de austeridad decretadas por la crisis del petróleo (1973) redujo de manera sustancial los excedentes disponibles para lanzarse al «camino» con mínimas garantías de sobrevivir, y cuando la comitiva psiquedélica padeció la infiltración de una masa básicamente miserable, atraída por las promesas de gurús e irresponsabilidad. Protegida al comienzo por el estupor de los represores y un gran número de simpatizantes, el ocaso de la sociedad «afluente» marcará el ocaso de su alternativa.

La psiquedelia fue una opción algo pueril, con un formidable éxito al nivel del gusto. Es posible que esa asimilación propiciara el posterior desvanecimiento, gradual y sin grandes holocaustos, de sus principales comunidades. En contra no sólo estaba el conservadurismo tradicional, sino el sector que se llamaba progresista y veía allí una deserción del compromiso político. Tras una primera época de incondicional acuerdo entre psiquedélicos y radicales políticos, ya en 1967 un simposio sobre Dialéctica de la Liberación propuso —a través del antipsiquiatra D. Cooper— «no dar LSD a Che Guevara; podría dejar de combatir»[122]. En cuanto al hombre de la calle, aquellas gentes eran para él inexplicables mutantes, aunque poseyeran considerable magnetismo. Y si fueron realmente numerosas en términos absolutos, no por ello dejó de ser su estandarte el de una revolución en buena medida impopular. Una orientación de la técnica hacia metas emancipadoras y no manipuladoras, una demolición de los apoyos institucionales a la mentalidad autoritaria, una efectiva condición de libertad y dignidad individual: esos eran —desde Huxley— los puntos básicos de un programa claro y oscuro a un mismo tiempo, demasiado radical para la mayoría.

Ya en 1970 el director de la *Free Medical Clinic* del distrito de Haight-Ashbury, rebautizado como «Psychedelphia» por sus moradores, indicaba que la población estaba padeciendo una oleada de inmigrantes indeseables, atraídos por la propaganda de los represores, que para empezar ni siquiera tomaban fármacos visionarios aunque imitasen el aspecto externo de quienes sí lo hacían, por la sencilla razón de que era gente neurótica, violenta y alienada, mucho mejor satisfecha en sus necesidades por la heroína, el alcohol, los barbitúricos y las anfetaminas[123].

Sin embargo, de los años de peregrinación y comuna, o simplemente de conocer por experiencia propia la LSD y sus afines, quedaban dispersos por el mundo varios millones de lo que en Estados Unidos se llamaban *acidheads*. Aunque reabsorbidos antes o después por el «sistemas», su actitud hacia las cosas había cambiado en alguna medida para siempre.

122.- *Cfr* Lee y Schlain, 1985, pág. 199.
123.- *Cfr*. Smith, Luce y Dernburg, 1975, págs. 98-101.

Parte 6
La herencia de una rebelión abortada

30

La nueva ley internacional

«Ahora estamos en posición de entender la verdadera razón para la condena de los alucinógenos, y por qué se castiga su uso. Las autoridades no se comportan como si quisieran erradicar un vicio dañino, sino como quien trata de erradicar una disidencia. Como es una forma de disidencia que va extendiéndose más y más, la prohibición asume el carácter de una campaña contra un contagio espiritual, contra una opinión. Lo que despliegan las autoridades es celo ideológico: están castigando una herejía, no un crimen».

O. PAZ, *Corriente alterna.*

A pesar de sus leyes contra algunas drogas —en realidad, gracias a ellas—, de los años treinta a los sesenta se despliega el paraíso de la farmacopea registrada. Poco puede extrañar que en 1964, cuando empiece a haber una leve alarma en torno a la LSD, un estudio hecho en Inglaterra sobre la población femenina por encima de los cuarenta años descubra que más del 25 por 100 toma todas las noches uno o varios comprimidos de barbitúrico[1], siendo por eso mismo dependiente de la droga. Cosa idéntica acontece en mayor o menor medida con la larga lista de sustancias mencionadas en el capítulo 26. De ahí que a finales de los años sesenta los mal adaptados, los incautos y la gran familia de los insatisfechos cotidianamente con su estado de ánimo perteneciese al bando de los psicofármacos decorosos («medicinas»), y que aun abusando de ellos sin piedad etiquetara como degenerados a consumidores de psicofármacos indecorosos («drogas»). Este tranquilo imperio farmacrático es lo que se desequilibra cuando los contestatarios denuncian el envenenamiento sistemático de la población con estupefacientes legales, proponiendo una farma-

---

1.- McGhie y Russel, en Aparício, 1972, pág. 537.

copea que no era ni la decorosa ni la indecorosa entonces, en nombre de una salud y una emancipación humana que —a su juicio— ciertas sustancias potenciaban y otras ayudaban a postergar.

Hubo ocasión de verificar que la batalla ritual se planteaba farmacológicamente, pero la batalla real oponía las reivindicaciones del movimiento de derechos civiles a la tradición autoritaria. El desenlace iba a ser la disolución del movimiento contestatario y, en contrapartida, un duro ataque al emporio farmacrático como empresa racional o norma de sensato gobierno. Semejantes a dos duelistas que se hirieran al mismo tiempo, uno cae fulminado por la acción represora mientras otro recibe impactos en una zona tan etérea pero esencial como la credibilidad. La credibilidad nunca la había tenido en sectores vinculados con la investigación científica propiamente dicha, pero a partir de ahora la pierde al nivel de grandes estratos sociales, que o bien consumen algunos de los «estupefacientes» sin padecer los infernales perjuicios profetizados, o bien simplemente han dejado de creer en la orientación represiva, por considerarla corruptora para las fuerzas del orden y lucrativa para las organizaciones criminales.

Esto no significa que un sector muy considerable haya prescindido de etiquetas como la del *dope fiend*. Sin embargo, se adhiere a ellas como en la Alemania de entreguerras se adhería el ciudadano medio a la desconfianza ante los judíos, o como puede adherirse a la expulsión o represión de extranjeros un grupo en cuyo territorio acampen; en virtud del poderoso y universal mecanismo de cura proyectiva, cualquier localización del «mal» en un segmento definido proporciona a los otros un medio de unirse y descontaminarse simbólicamente de sus respectivas miserias. A pesar de ello, quizá no son ya mayoría quienes consideran el asunto resoluble por los medios legales hasta entonces empleados. Por otra parte, una lógica burocrática de autorreproducción hace que muchos millares de funcionarios dedicados a la represión de estupefacientes, y otros tantos traficantes de dichas sustancias, insistan con todas sus fuerzas en el mantenimiento del *status quo*.

A la creación y exacerbación del problema, manifiesta desde 1914 a 1970, sucede un intento de estabilización. Se trata de algo decididamente crónico, que los responsables de las decisiones políticas confirman como tal y que a fin de no agravarse requiere periódicas declaraciones de pública preocupación, periódico aumento de plantillas policiales y periódicos nuevos subsidios para rehabilitación de toxicómanos. Lógicamente, al otro lado de la calle no faltan quienes conciben el conjunto de la operación como un puro «pretexto, traído por los pelos y cada vez menos creíble, para extender el poder policiaco sobre áreas de oposición efectiva o en potencia»[2].

Pero ilegalizar las drogas visionarias requería un nuevo instrumento internacional, y el abuso observado en la prescripción y consumo de las drogas legales sugería tomar alguna medida de control al respecto, aunque fuese casi simbólica.

I. El Convenio de 1971

Las condiciones farmacráticas se verán modificadas por el Convenio sobre Sustancias Psicotrópicas, que se firma en Viena. Esta norma no afecta a la legislación anterior sobre «estupefacientes» (la Convención Única de 1961), y añade al cuadro de sustancias controladas o rigurosamente prohibidas numerosos fármacos más.

Según vimos, tanto el cáñamo como la cocaína estaban clasificados como *narcotics*, y al promulgar una ley sobre drogas no narcóticas parecía oportuno retirar a uno y otra de la normativa precedente e incorporarlos como sustancias «psicotrópicas». Así lo propusieron muchos farmacólogos, pues el Convenio de 1971 incluyó a las anfetaminas (fármacos muy análogos a la cocaína), y también al principio

---

2.- Burroughs, 1964, pág. 127.

activo del cáñamo o THC (tetrahidrocannabinol). Sin embargo, retirarlos de la legislación sobre «estupefacientes» implicaba reconocer el error o abuso de la clasificación previa, y tras algunas discusiones a puerta cerrada se decidió dejar las cosas como estaban.

El preámbulo del Convenio es casi idéntico al de la Convención de 1961, si bien la palabra «estupefacientes» se convierte en la expresión «sustancias psicotrópicas». Los Estados se declaran «preocupados por la salud física y mental de la humanidad», al mismo tiempo que decididos a «no restringir indebidamente la disponibilidad de sustancias psicotrópicas para usos médicos y científicos». Aunque el artículo 1 define «los términos empleados» por el precepto, no hay definición de *sustancia psicotrópica*. Será tal «cualquiera incluida en las Listas I, II, III y IV».

De las cuatro listas, la I comprende las drogas usadas por los representantes de la contracultura[3]. La II incluye los derivados anfetamínicos y análogos, y la fenciclidina o «polvo de ángel», también conocida como PCP[4]. La III enumera algunos barbitúricos y un fármaco afín[5]. La Lista IV incluye algunos otros barbitúricos, el meprobamato y algunos hipnóticos no barbitúricos[6].

1. Naturaleza farmacológica y régimen legal

Con excepción de la STP, insuficientemente investigada, en la Lista I todos los miembros son drogas que no crean adicción ni tolerancia, con una toxicidad (proporción entre dosis activa y dosis letal) anormalmente baja.

Las sustancias comprendidas en la Lista II no son homogéneas, y por eso resulta oportuno distinguir entre las anfetaminas, que crean

---

3.- Concretamente: DET, DMHP, DMT, LSD, mescalina, psilocina, psilocibina, parahexilo, STP y THC.

4.- Anfetamina, dexanfetamina, metanfetamina, metilferuidato, fenciclidina, fenmetracina.

5.- Amobarbital, ciclobarbital, glutetimida, pentobarbital, secobarbital.

6.- Anfepramona, barbital, etclorvinol, etinamato, meprobamato, metacualona, metilfenobarbital, metilprilona, fenobarbital, pipradol, SPA.

muy altos índices de tolerancia pero no adicción en sentido estricto, la fenmetracina (comercializada como «*Preludín*», «*Minilip*», etc.), que además de gran tolerancia induce síndromes abstinenciales, y la fenciclidina, un fármaco empleado en veterinaria que puede considerarse tan venenoso y demenciante como las daturas. En el caso de la fenciclidina la tolerancia y la adictividad pierden relevancia, pues se trata de un violento alucinógeno en sentido estricto —su usuario olvida haber tomado un psicofármaco cuando éste comienza a hacer efecto—, y bastante bien librado saldrá quien lo tome si no acaba pronto en un hospital. Admitidas estas importantes diferencias, puede decirse que los fármacos incluidos en la Lista II tienen en común ser drogas de muy alta toxicidad (en realidad, su abuso provoca quizá el máximo deterioro orgánico observado), cuyo empleo crónico produce sin lugar a dudas delirios persecutorios prolongados o permanentes.

Las sustancias incluidas en las Listas III y IV tienen en común todas ellas crear tolerancia e inducir una dependencia física intensa, con aparatosos síndromes abstinenciales, cuando menos tan graves como la morfina y en algunos casos —el de los barbitúricos— bastante peores. El deterioro orgánico que inducen es apenas inferior al de las drogas de la Lista II, y su toxicidad bastante superior, motivo por el cual son el medio químico favorito para suicidarse en nuestra cultura, desde hace más de medio siglo.

Las sustancias incluidas en las Listas II, III y IV —estimulantes y narcóticos sintéticos— aparecen agrupadas en el artículo 5.2, que prescribe:

«Cada una de las Partes limitará a fines científicos y médicos, por los medios que estime apropiados, la fabricación, la exportación, la importación, la distribución, las existencias, el comercio, el uso y la posesión de estas sustancias».

Evidentemente, estas sustancias serán fabricadas, exportadas, importadas, distribuidas, comerciadas, almacenadas, usadas y poseídas, sin otros limites que los entendidos como «apropiados» —discrecionalmente— por cada Parte.

Para las sustancias de la Lista I el estatuto es algo distinto. A tenor de lo dispuesto por el artículo 7, a:

> «Las partes prohibirán todo uso excepto el que con fines muy limitados hagan personas debidamente autorizadas en establecimientos médicos o científicos que estén bajo la fiscalización directa de sus gobiernos».

No se menciona fabricación, importación, exportación, distribución, existencias, comercio o posesión. Y como no se autoriza la producción, incluso los temerarios investigadores que osen emborronar su hoja de servicios solicitando a los correspondientes jefes de gobierno licencia para estudiar esos fármacos se toparán con un problema burocrático previo, pues ningún laboratorio legalmente registrado se atreverá a iniciar los complejos y costosos trámites necesarios para poder sintetizarlo, cuando la final resolución administrativa tiene mínimas probabilidades de ser aprobatoria; lo mismo puede decirse de los «establecimientos» donde habrían de verificarse las experiencias. El significado del precepto, a nivel de distintas sustancias psicotrópicas, se pone de manifiesto atendiendo a la situación española en 1982, por ejemplo. Si un equipo de químicos y neurólogos quisiera investigar algún aspecto farmacológico del hongo *Psilocybe cubensis* —que, por lo demás, crece espontáneamente en los prados de la ciudad universitaria madrileña— necesitaría el patrocinio de algún organismo público dedicado a la salud y una autorización expresa del Consejo de Ministros, mientras Sandoz (que hubo de entregar a distintos Estados sus existencias de psilocibina) vende ese año doce millones de comprimidos de optalidón, un combinado de anfetamina y barbitúrico, Smith & Kline unos sesenta millones de cápsulas de dexedrina[7] y Roche no menos de quinientos millones de píldoras tranquilizantes de distintos tipos, investigando sus laboratorios tales sustancias con perfecta autonomía.

De este modo, la comunidad internacional aceptaba una vez más las directrices norteamericanas, que habían sido sencillamente prohibir el uso médico de los fármacos visionarios y hacer imposible en la práctica cualquier tipo de experimentación científica con ellos. En una operación de limpieza de fachada, la «fiscalización» no se refería sólo a la LSD y sus afines sino a algunas drogas hasta entonces libres de control. No obstante, el régimen previsto para unas y otras era tan diametralmente distinto que equivalía a considerarlas cosas de naturaleza por completo dispar.

Y en efecto lo eran. Las rigurosamente prohibidas carecían de tolerancia y carácter adictivo; tenían una toxicidad irrisoria comparada con las otras, y tanto sus usuarios como miles de científicos las pretendían «ampliadoras de la conciencia». En su contra estaba el peligro del uso frívolo en condiciones de mercado negro, cosa evidentemente no achacable a dichos fármacos, sino al hecho de impedir la ley su uso por parte de profesionales y grupos experimentados, en condiciones razonables, preparando cuidadosamente a los sujetos y descartando a los inadecuados. Pero, ante todo, las sustancias de la Lista I eran científicamente prometedoras, no sólo a nivel terapéutico inmediato sino para conocer mejor el sistema nervioso humano, mientras las sustancias de las Listas II, III y IV no eran finalmente sino sucedáneos mejores o peores de cocaína y opiáceos.

Hubiera sido por eso más veraz declarar que algunos fármacos se consideraban espiritualmente subversivos y se prohibían por eso —fuesen o no prometedores para el progreso del conocimiento humano, y aunque su investigación resultase apoyada por algunos de los hombres más destacados del siglo—, en vez de pretextar que la fisca-

---

7.- *Cfr.* «El negocio de las drogas legales», *El País*, Efe, 14-8-1993, pág. 23.

lización sobre los «estupefacientes» tradicionales se extendía ahora también a las sustancias «psicotrópicas». Primero, porque quedaron fuera de esa etiqueta muchos psicofármacos creadores de tolerancia y en algunos casos de adicción —cafeína, antihistamínicos, tranquilizantes distintos del meprobamato y neurolépticos—, que por entonces eran (aparte del alcohol, el café, el té y el tabaco) precisamente las drogas más vendidas en el mundo. Segundo, porque se incumplía la expresa declaración del preámbulo del Convenio, al «reconocer que es indispensable y no debe restringirse indebidamente la disponibilidad de sustancias psicotrópicas para fines médicos y científicos»; lo declarado en el preámbulo simplemente no era compatible con la restricción establecida por el art. 7 de fármacos de la Lista I.

II. LA EVOLUCIÓN SEMÁNTICA DE LO PROHIBIDO

Lo esencial del Convenio de 1971 era poner fuera de la ley en términos absolutos cualquier fármaco relacionado con «expansión de la conciencia», fuesen cuales fuesen sus efectos primarios y secundarios, su toxicidad o su naturaleza química. Pero tan esencial como eso resultó que para prohibir fármacos no adictivos ni creadores de tolerancia, y tampoco exclusivos de razas «atrasadas», dio un paso implícito en Brent, Crafts, Wright y los primeros empresarios morales, aunque no plasmado hasta entonces con perfecta explicitud en texto legal alguno. En el Convenio esa ampliación de los deberes estatales aparece de modo un tanto indirecto, al aludir a qué tipo de nuevas sustancias podrían incluirse en lo sucesivo bajo sus prescripciones, pues bastará comprobar que logran:

> «resultar en trastornos de la función motora o del juicio o del comportamiento o de la percepción o del estado de ánimo»[8].

8.- Art. 2, 4, *a.*

Al parecer, ni el alcohol ni la belladona ni el café ni el *Valium* ni el pentotal ni los tranquilizantes mayores, por ejemplo, pueden motivar ningún tipo de trastorno análogo. Sin embargo, cuando se produce esta declaración hay un par de centenares de sustancias que sí se consideran capaces de cosa semejante, y conviene hacer un repaso de las sucesivas definiciones de *droga* y *drogadicto* hechas por la autoridad internacional.

1. El concepto de estupefaciente

Un estupefaciente en el sentido de los primeros empresarios morales es algo imbecilizador, que produce sorda extrañeza, sueño e insensibilidad. Cuando este concepto —que traduce el inglés *narcotic*— tuvo su vigencia indiscutida, a principios de siglo, la campaña por librar al hombre de sus vicios farmacológicos era sincera y completa, ya que incluía en sus planes de ilegalización no sólo el opio y sus derivados, la cocaína y el cáñamo, sino el alcohol, el tabaco, los somníferos de entonces (cloral, paraldehído) y los anestésicos. Salvo los barbitúricos, que nunca gozaron de estigma moral, esta lista cubría prácticamente todos los psicofármacos entonces empleados en abundancia.

Al convocarse las reuniones de Shanghai y La Haya, la delegación americana tenía muy claro qué era un estupefaciente, entre otras cosas porque no contaba con ningún farmacólogo. Sin embargo, había químicos y médicos en las delegaciones de otros países, y el matiz ético-teológico que cobraba de repente la muy antigua expresión «narcótico» les pareció «tan falto de cualquier rigor científico»[9] que ni en los protocolos de Shanghai ni en los de La Haya se emplean términos distintos de «droga» o los nombres de cada sustancia concreta. Eso no fue óbice para que la primera ley propiamente represiva —*la Harrison Act* (1914)— emplease constantemente la expresión *narcotics*

9.- *Cfr.* J. Segarra, 1974, pág. 23.

para referirse al opio, la morfina y la cocaína. Singularmente asombroso era que la cocaína se considerase una sustancia inductora del sueño; pero tan insólita era —desde el punto de vista jurídico— la ley Harrison que ese detalle resultaba al fin y al cabo episódico. Fue la literatura criminológica francesa la que a principios de los años veinte comenzó a traducir ese término por *stupéfiants*, que poco después pasó al castellano como «estupefaciente».

Cuando la Convención de Ginebra de 1925 creó el Comité Central Permanente, que luego se convertiría en Comité de Expertos en Drogas Adictivas[10], compuesto al principio por ocho miembros inspiradores de «confianza universal por su competencia técnica y su imparcialidad»[11], su tarea teórica era definir *adicción*, ya que eso definiría también «estupefaciente» en términos farmacológicos o técnicos. Pero para la siguiente Convención de Ginebra (1931) el concepto no había logrado precisarse satisfactoriamente en el seno del Comité, y ese instrumento siguió una vía de compromiso, pues si bien incluyó la palabra *narcotics* en su título —«Convención internacional sobre la fabricación y distribución de estupefacientes», el articulado no usa el término, llama a cada una de las sustancias incluidas por su nombre habitual en farmacia, y a título de aclaración teórica dice que «por droga se entenderán las mencionadas a continuación»[12].

Desde esta fecha, el Comité rehuye pronunciamientos sobre la insistente pregunta que le formulan diversos farmacólogos: ¿Qué significa *droga adictiva*? En sus comunicaciones e informes prefiere hablar de drogas «lícitas» e «ilícitas», con la única excepción de los trabajos preparatorios del Protocolo sobre Adormidera y Opio (1953), donde no vacila en designar los derivados de la adormidera como «alcaloides estupefacientes». Pero estas elusiones no carecían de motivo. Drogas adictivas son las capaces de inducir «una conjun-

---

10.- La traducción oficial de Naciones Unidas para *addictions* es «toxicomanía».

11.- Art. 19.

12.- Art. 1.

ción de hábito, tolerancia y dependencia física»[13], esto es, aquellas que exigen dosis crecientes para lograr el mismo efecto, y cuya privación a partir de cierto grado de hábito produce un síndrome específico, detectable mediante instrumentos y manifiesto para cualquier observador.

Aunque la definición fuera sencillísima, no era tan sencillo incluir en ella la cocaína y el cáñamo, o excluir de ella el alcohol y los barbitúricos. Por consiguiente, los ocho Expertos pertenecían a una comisión internacional cuyo justo nombre debía ser «Comité de Expertos en algunas drogas de las que producen adicción y en algunas otras no adictivas». Como eso no era de recibo, o bien se defendía el binomio estupefaciente-adicción o bien se rechazaba, y ambas cosas volvían a plantear el mismo problema básico: si los Expertos eran imparciales y competentes, y centraban sus atención en drogas adictivas, estaban obligados a declarar que varias drogas llamadas narcóticas o estupefacientes no lo eran, y que algunas otras no llamadas narcóticas o estupefacientes sí lo eran, y en grado eminente.

2. Adicción, hábito y dependencia

Con otras palabras, el Comité debía definir en términos teóricos una situación puramente fáctica; la tarea para su *expertise* era descubrir el rasgo común capaz de explicar sus propios actos, que se iniciaron cuando estaban prohibidas tres sustancias (opio, morfina, cocaína), mientras en 1970 manejaban listas restrictivas de 223 sustancias distintas, luego elevadas a bastante más del doble. Si para las brigadas de estupefacientes distribuidas por todo el mundo su deber era cuidar la salud física y moral de la humanidad; la incumbencia de los Expertos era demostrar que eso se había hecho y se hacía sobre fundamentos científicos claros. Como para un farmacólogo son fundamentos claros aquellos que pueden apoyarse en datos biológicos, neurológicos y

---

13.- Himmelsbach, 1937, pág. 7.

químicos, el asunto estaba en una vía muerta. El Comité se veía abocado a definir lo *prohibible* cuando en realidad estaba comprometido en la defensa de una lista de cosas prohibidas *ya*.

Ante las diversas presiones, se arbitró como solución un concepto «actualizado» de *addiction*, expuesto en un pronunciamiento de la OMS en 1957, durante el séptimo período plenario de sesiones[14]. El Comité de Expertos consideró oportuno distinguir drogas productoras de hábito y drogas productoras de adicción.

La adicción se definió como:

> «Estado de intoxicación crónica y periódica originada por el consumo repetido de una droga, natural o sintética, caracterizada por:
> 1.- Una compulsión a continuar consumiendo por cualquier medio.
> 2.- Una tendencia al aumento de las dosis.
> 3.- Una dependencia psíquica y generalmente física de los efectos.
> 4.- Consecuencias perjudiciales para el individuo y la sociedad».

Por contrapartida, el mero hábito era «un estado debido al consumo repetido de una droga», un «deseo» en vez de una compulsión —con «poca o ninguna tendencia al aumento de la dosis y cierta dependencia psíquica, pero sin dependencia física»—, caracterizado por efectos que «caso de ser perjudiciales se refieren sobre todo al individuo».

El Comité no encontró mejor modo de acallar las críticas de incoherencia científica sin lesionar los intereses de la legislación vigente. Al hablar de «tendencia» a la tolerancia, y de «dependencia» *física* o *psíquica*, trataba sin duda de no dejar fuera del concepto de adicción

---

14.- *Serie de los Informes Técnicos*, núm. 116, 1957.

los derivados del cáñamo y la cocaína. Por supuesto, el Comité defendía que las drogas no prohibidas eran productoras de simple «hábito», sin dependencia física y con perjuicios sólo para el individuo.

Pero el expediente resultaba objetable, no sólo para las bebidas alcohólicas, sino para anfetaminas, barbitúricos, meprobamato y otros varios sedantes e hipnóticos considerados drogas «con mínimo potencial de abuso». Era, por ejemplo, absurdo negar que los narcóticos legales producían miles de veces más accidentes de circulación y otras violencias intra y extrafamiliares que los ilegales; era ridículo clasificar las anfetaminas en el grupo de drogas «con poca tendencia al aumento de las dosis», y era groseramente inexacto negar el carácter adictivo de todos los somníferos y sedantes lícitos.

Simplemente, nada de ese pronunciamiento parecía técnicamente admisible, aunque su vehículo formal fuesen las «series de informes técnicos». No era farmacología, y tampoco era ciencia social o derecho, pues las definiciones de adicción y hábito carecían de requisitos lógicos mínimos, prejuzgando donde debían presentar variables cuantificadas, y procediendo por suma de características en vez de exponer el punto de partida común o diferencial. Tanto la distinción entre «compulsión» y «deseo» como la distinción entre «tendencia» y «poca tendencia», o la distinción entre «intoxicación crónica» y «estado debido al consumo repetido», eran evidentes arbitrariedades cuando no meros juegos verbales. Había que pensar, por ejemplo, que los millones de adictos al circulo infernal anfetamina-barbitúrico no sufrían una «compulsión a continuar consumiendo por cualquier medio», no se encontraban «intoxicados» y experimentaban «poca o ninguna tendencia» a aumentar sus dosis, mientras los usuarios de cáñamo se hallaban por fuerza en la situación exactamente inversa.

Como el pronunciamiento del Comité de Expertos acontece en el momento álgido de paz farmacrática, cuando Estados Unidos fabrica anualmente unas mil toneladas de barbitúricos y anfetaminas para uso interno, la reacción que produjo en medios especializados fue de escándalo. La distinción entre adicción y hábito resultaba tan ideológica que equivalía a una diferencia entre sucio y limpio, cuando se pedía de los Expertos en farmacología algo distinto de una ética parda. Indudablemente, estaban sometidos a presiones, tanto de los gobiernos que les habían propuesto como por parte de las patronales farmacéuticas. Pero nada les impedía declarar la verdad o dimitir. De ahí que los propios especialistas oficiales de distintos países considerasen la «actualización» como expediente «impreciso, equívoco y de corto alcance»[15]. Hasta un experto oficial como G. Varenne, de inquebrantable fervor prohibicionista, quedó estupefacto ante la declaración de 1957 y se sintió movido a decir:

> «Por extraño que parezca, el fenómeno del abuso de drogas nunca ha recibido una explicación científica satisfactoria. Ni siquiera se han formulado hipótesis. No es posible definir con claridad lo que no se concibe bien»[16].

Cuatro años después de formularse el concepto «actualizado» de adicción se firma en Nueva York la Convención Única sobre Estupefacientes, donde no se define la adicción «por creer las Partes que ya se encargarán de hacerlo las autoridades nacionales». Evidentemente, el Comité había decidido lanzar el balón sobre otros tejados. Sin embargo, las protestas de algunos farmacólogos dentro de la propia OMS comenzaban a adquirir caracteres tumultuosos. Resultaba inaudito que en medio siglo de aplicar una legislación planetaria sobre drogas adictivas (estupefacientes) y adictos no hubiese sido posible producir una definición mínimamente aceptable de adicción (y estupefaciente). Forzado por unos y otros, el decimotercer informe del Comité de Expertos en Drogas que producen Adicción, reunido

---

15.- Varenne, 1973, pág. 39.
16.- *Ibíd.*, pág. 27.

en Ginebra el otoño de 1963, explicó que no consideraba oportuno «insistir» en la adicción como fundamento legislativo:

> «Al hacerse cada vez más manifiestas las dificultades, se han realizado varios intentos para tratar de encontrar un término aplicable al abuso de drogas en general. El elemento común a los distintos abusos parece estar constituido por un estado de dependencia, ya sea física o psíquica, o ambas a la vez [...]. El Comité de Expertos recomienda sustituir los términos "adicción" y "hábito" por "dependencia"»[17].

Habían bastado seis años para que la distinción propuesta en 1957 fuese desaconsejada por sus propios propugnadores. Ahora quedaba borrada la distinción *farmacológica* entre drogas lícitas o ilícitas, entre medicinas y estupefacientes, entre fármacos decorosos y fármacos intolerables. Pero eso no significaba que los prohibidos dejasen de estarlo, y que los autorizados no siguiesen siendo generosamente dispensados. Significaba sólo que la máxima autoridad internacional no se sentía obligada a explicar científicamente sus recomendaciones y decisiones. El problema teórico de fondo se convertía en un problema terminológico, que con la extraordinaria amplitud de la «dependencia» permitía abarcar todas las drogas y ninguna, esto es, obrar de un modo absolutamente arbitrario en la materia.

3. El nexo entre biología y medidas de gobierno

Sin embargo, ya el pronunciamiento en favor de la «dependencia» contenía elementos nuevos, ligados a cierta autonomización del Comité con respecto al sufragador americano, tanto como a una recepción de las tesis terapeutistas, aderezadas con elementos radicales. Aun admitiendo que la palabra *adicción* sugería «la necesidad de un

---

17.- *Ser. Inf. Tec.*, 237, 1964.

control», mientras la expresión *dependencia* no lo dejaba tan en claro, H. Halbach, jefe de división de farmacología y toxicología de la OMS en Ginebra, secretario de la reunión que preconizó el «cambio de terminología» añadía que:

> «Es imposible establecer una correlación automática entre datos biológicos concretos y las medidas administrativas que han de tomarse»[18].

Era un modo sibilino de declarar que la biología y las medidas administrativas constituían cosas con fundamentos distintos, yendo así al corazón mismo del asunto. No habían sido farmacólogos, químicos o siquiera médicos quienes, atendiendo a razones químicas o farmacológicas estrictas, pusieron en marcha la legislación prohibicionista. Por eso mismo, era ya hora de aclarar —a quien quisiera entenderlo— que nunca podría justificarse con la «biología» en general. Aunque el término «dependencia física o psíquica» era de una vaguedad desconcertante, no había nada mejor que abarcase el elenco de drogas ilegales vigentes. E incluso la «dependencia psíquica» pareció en aquel entonces —1968, cuando había unos quince millones de norteamericanos fumadores de marihuana, muchos de ellos gente respetable— un término inadecuado para describir la relación de los usuarios con ciertos fármacos ilícitos.

Por otra parte, el sector más incondicionalmente prohibicionista se sintió alarmado porque «dependencia» no subrayaba la nocividad intrínseca de los estupefacientes (*narcotics*), sin comprender del todo —por la propia brusquedad del cambio propuesto— que el Comité había liquidado pura y simplemente ese concepto a nivel científico, ligándolo a «medidas administrativas». Tal como en 1957 se dejaba guiar por la ideología prohibicionista robusta, en 1968 preconizaba una perspectiva fenomenológica (*descriptive approach*) en perjuicio

---

18.- Halbach, I, 4, 1968, pág. 46; en Varenne, 1973, pág. 46.

de la moralizante tradicional, que apoyaba con todas sus fuerzas la distinción entre hábito (propio del consumo crónico de drogas decentes) y adicción (propio del consumo crónico e incluso esporádico de drogas indecentes). Halbach tuvo la audacia de seguir yendo al fondo y explicar:

> «La relativa lentitud con que se incorpora el nuevo término "dependencia" a los textos legales y las reglamentaciones se debe en gran parte al carácter "formal" de estos. Cuando la actual actitud hacia la adicción haya evolucionado, pasando de punitiva a terapéutica, el fenómeno será reconocido en todas partes como una cuestión de *psicosociopatología*, y así se reflejará en el lenguaje legislativo»[19].

a) La psicotoxicidad. Estas manifestaciones marcan el comienzo de una disparidad de criterios en el seno de Naciones Unidas. Oponiéndose a la sugestión de la OMS, el presidente de la Comisión de Estupefacientes se apresuró a declarar:

> «El término adicción posee una gran fuerza y figura en numerosos textos de valor jurídico, por lo que algunos autores temen que un nuevo cambio de terminología dé lugar a grandes complicaciones»[20].

En Ginebra, el Comité de Expertos representaba a las *palomas*, que abogaban por un «cambio de mentalidad [...] basado en adoptar una postura positiva en vez de punitiva»[21], arrastrando las «grandes complicaciones» anticipadas por el grupo de los *halcones*, concentrados en Viena, alrededor de la División de Estupefacientes, la Co-

---

19.- Halbach, 1968, pág. 47.
20.- Mabileau, 1965, pág. 189.
21.- Segarra, 1974, pág. 26. *Cfr.* Goldstein, 1972.

misión de Estupefacientes y la Junta Internacional de Fiscalización de Estupefacientes (JIFE). Para la JIFE fue un golpe bajo la decisión del comité de llamarse Comité de Expertos en Drogas productoras de Dependencia, pues eso dejaba en el aire el nombre mismo de las centrales vienesas. Además, el grupo ginebrino apoyó —en su decimosexto Informe (1969)— una definición de *dependence* peligrosa por aséptica, y por retener el único elemento objetivo esbozado en todas las definiciones previas:

> «Estado psíquico, y en ocasiones también físico, debido a la interacción de un organismo vivo y un fármaco [...], caracterizado por varias reacciones, entre las que se encuentra la compulsión a volver a consumirlo de forma continua o periódica».

A *sensu contrario*, el simple deseo de repetir ocasionalmente una experiencia con algún psicofármaco —tanto legal como ilegal— no constituía problema médico o jurídico. La dependencia no era consumir un «estupefaciente» (por definición adictivo), sino la incapacidad de un individuo para dosificarse cualquier tipo de drogas, cosa demostrable sólo tras un examen de cada caso singular. Por tanto, no era «heroinómano» el que tomase heroína, ni «cocainómano» el que tomase cocaína, sino sólo aquel que hiciese un empleo compulsivo de tales fármacos.

El conjunto de la actitud resultaba intolerable para la FBN americana y la JIFE, que no modificaron su apoyo al concepto de los «estupefacientes», ni su fe en que sólo los fármacos clasificados expresamente como tales lo fueran. La definición de «droga» suministrada por la OMS también en 1969 —«sustancia que al introducirse en el organismo puede modificar alguna de sus funciones»— era no menos intolerable por la falta de juicio crítico peyorativo. Sólo quedaba asegurarse de que ninguno de estos pronunciamientos tuviese reflejo en la realidad legislativa nacional o internacional, y defender un concepto de aspecto prometedor como el de *psico-toxicidad*.

Puesto que el Comité de Expertos desertaba del punto de vista ético-legal para atenerse a una perspectiva al fin farmacológica en su noción de droga y dependencia, los otros organismos internacionales aconsejaron retroceder a algunas de las primeras construcciones teóricas de la OMS. Allí destacaban las ideas expuestas en 1952 por P. O. Wolff, jefe de la sección de drogas adictivas. Según Wolff, las drogas psicoactivas podían ser: a) *fatalmente* productoras de necesidad imperiosa; b) *jamás* productoras de necesidad imperiosa; c) dependientes del factor psíquico individual[22]. Un aprecio parecido mostraban por la clasificación de A. Porot, que distinguía:

«Las *grandes* adicciones o adicciones *mayores* (opio, cáñamo, cocaína, etc.) y cierto número de pequeños hábitos familiares en relación con algunas sustancias inofensivas en su uso habitual y moderado (alcohol, tabaco, café, etc.)»[23].

Mejores o peores, estas clasificaciones reafirmaban la distinción entre adicción y hábito hecha por la OMS en 1957, y tenían en común con el espíritu prohibicionista original —antes del terapeutismo— «relegar lo más posible al olvido la constitución psíquica del drogado»[24]. En definitiva, hacían posible conservar el concepto *afarmacológico* de las drogas, considerando a unas malignas, a otras benignas y a otras indiferentes, con independencia de la biología, la ocasión y la persona. Como cualquier otro neologismo, la «psicotoxicidad» presentaba ciertas resonancias técnicas, y permitía seguir creyendo en estupefacientes *per se*, intrínsecamente tales, aunque no produjeran dependencia física o siquiera tolerancia.

22.- *Cfr*. Durand, 1955, pág. 10; en Varenne, 1973, pág. 58.
23.- Porot, 1953, pág. 112. El subrayado es de Porot.
24.- Varenne, 1973, pág. 62.

Sin embargo, los psicotóxicos no hacían sino resucitar textualmente la problemática de los «venenos del alma», fundamento tradicional de la censura teológica y política en sus diversas manifestaciones, apoyadas siempre sobre la pretensión de proteger el entendimiento ajeno de un error u otro. Se trataba por eso de un neologismo, aunque no de un concepto nuevo. El café, por ejemplo, era psicoactivo, mientras el haschisch era psicotóxico. «Psicotóxico» no quería decir neurotóxico —concepto determinado, que requiere probar una lesión en puntos definidos del sistema nervioso—, sino cierta forma indeseable de influir en el comportamiento o el raciocinio. Por su parte, la declaración de «indeseabilidad» era prerrogativa de autoridades gubernativas, sin nexo alguno con el sentimiento de los usuarios o el criterio de los científicos.

4. La categoría de sustancia psicotrópica

Cuando la controversia mundial en torno a las drogas alcanza su punto crítico, a finales de los años sesenta, este concepto de psicotoxicidad se convierte en el de *psicotropía*, unificando las restricciones impuestas a nuevas drogas por el Convenio de 1971. A costa de hacerse todavía más abstracta o vaga que la noción de sustancias psicotóxicas, la noción de sustancias psicotrópicas —*tropos* en griego significa movimiento, cambio— presentaba la ventaja de ser en principio neutral. Una droga psicotrópica no es en principio mala ni buena, sino simplemente capaz de alterar «el juicio, el comportamiento, la percepción o el estado de ánimo»[25].

Pero el Convenio incorporaba una mención a «uso indebido y efectos nocivos», que restablecía la discrecionalidad puesta en cuestión por los pronunciamientos del Comité de Expertos en 1965 y 1969. Habrá uso indebido cuando el usuario no cuente con la autorización de alguna autoridad, y efectos nocivos cuando las autoridades policiales

---

25.- Art. 4.2.

así lo estimen. Aunque caracteriza a toda la legislación internacional sobre drogas la tendencia a establecer aquello que los penalistas llaman «normas en blanco» —aplicadas por el represor y el juzgador a su arbitrio—, el Convenio de 1971 representa un hito singular en esta dirección, ya que no fija parámetros objetivos de actuación a los encargados de ponerlo en práctica; el legislador convierte allí a los poderes ejecutivos en legislativos, haciendo que su práctica sea la única teoría.

En efecto, para que una sustancia sea incluida en alguna de las Listas es preciso que a juicio de la OMS sea efectivamente psicotrópica, cree un estado de dependencia y «haya pruebas de que constituye un problema sanitario y social que justifica la fiscalización internacional»[26]. Pero en ese mismo artículo la mención a «uso indebido y efectos nocivos» socava el principio de legalidad, pues la declaración acerca de ese decisivo aspecto no corresponde a la OMS sino a jefaturas gubernativas. Si podía oponerse al concepto de sustancias psicotrópicas ser un puro cajón de sastre (¿acaso no son sustancias psicotrópicas las cartas de amor, las letras de cambio, los símbolos de diversos tipos, etc.?), en la indeterminación total de lo «indebido» y lo «nocivo» se completaba el círculo vicioso inherente a la psicotoxicidad. De ahí que sustancias como la psilocina, incapaces por definición de crear «dependencia» y prácticamente no consumidas desde su descubrimiento por más de un centenar de personas en todo el planeta —lo cual excluye todo «problema sanitario y social»— estuviesen desde el principio incluidas en la Lista I de fármacos superpeligrosos, simplemente porque su parecido químico con la LSD implicaba una automática presunción de sustancia psicotóxica.

Lo esencial de la reacción prohibicionista que cristaliza en el Convenio de 1971 fue confirmar el deber/derecho estatal de intervenir en la esfera íntima. Si en 1920 se hubiese sugerido otorgar a los Estados y a la Liga de Naciones la defensa «del juicio o el comportamiento o la percepción o el estado de ánimo» de los ciudadanos, ante *cualquier*

26.- Art. 2.4.

tipo de fármacos, la iniciativa habría producido una mezcla de estupor e hilaridad. Los ciudadanos sólo necesitaban ser protegidos de ciertas sustancias específicas, y precisamente porque producían *adicción*.

La historia de las definiciones de «adicción» tiene el interés de mostrar cómo se colma ese paso a nivel legislativo. Semejante a un objeto que va desapareciendo al aumentar la atención puesta sobre él, a la hora de comenzar a prohibir los *narcotics* parecía claro qué eran; va dejando de parecerlo cuanto más perentoriamente es reclamada una definición, y finalmente el término se esfuma como idea científica para ceder su puesto a cualquier cuerpo químico capaz de modificar alguna función del sistema nervioso central.

Pero esfumarse como idea científica no implicaba desaparecer como categoría ético-legal. El Convenio de 1971 dejó inmodificadas las listas de estupefacientes prohibidos por la Convención Única de 1961, y añadió cierto número de «psicotropos», reservando a la comunidad internacional incluir cualquier otro con uso indebido y efectos nocivos, a tenor de lo que sugirieran las brigadas encargadas de reprimir el tráfico y consumo de estupefacientes en cada país. La iniciativa de un sector del Comité de Expertos para convertir la actitud punitiva en «psicosociopatología» quedó abortada de raíz. De las sustancias psicotrópicas se encargarían los mismos *Prohibition agents* encargados de las demás, y estaba claro que parte de ellas (las de la Lista I) eran estupefacientes en sentido máximo, y la otra parte estupefacientes en sentido mínimo, «medicinas».

La pregunta ¿qué drogas son peligrosas y merecedoras de control? tiene ya una respuesta terminante. Son peligrosas y merecedoras de control aquellas cuyo consumo alarme a las fuerzas del orden en cada territorio. Drogas peligrosas son las drogas prohibidas. Es la prohibición aquello que determina la naturaleza farmacológica de algo, en vez de ser esa naturaleza lo que determina su prohibición. Aparentar lo contrario, durante sesenta años, había sido un modo de preparar a la sociedad para que aceptase el inevitable crecimiento de la administración pública.

III. Un ejemplo de palomas y halcones

Para cerrar este somero análisis de avances y retrocesos, dudas y reafirmaciones que van jalonando la evolución legislativa, puede ser enriquecedor extractar el punto de vista de la OMS y la JIFE, tal como se refleja en publicaciones especializadas a finales de los años sesenta y principios de los setenta. En efecto, se observan dos actitudes casi polares por no decir rigurosamente incompatibles, que sin embargo coexisten a partir de entonces en los propios organismos sanitarios, políticos, jurídicos y hasta policiales de cada país.

Una es el prohibicionismo robusto, excitado por la lucha contra la psiquedelia, y otra el terapeutismo avanzado, que interpreta a la inversa la contestación. Para mostrar el contraste pueden servir dos textos españoles parejamente notables, como mi número extraordinario de la *Gaceta Médica* dedicado a «las drogas», y el *Curso monográfico sobre drogas nocivas* editado por la Dirección General de la Guardia Civil. El ejemplar de la *Gaceta* constituye un largo coloquio entre cuatro destacados profesionales[27]. El Curso recoge conferencias de cinco destacados profesionales también[28].

1. La polémica en cuanto al fundamento

La postura del *Curso* es que:

> «El Estado futuro se basará en la policía. Las enfermedades sólo se curan con médicos, y el policía o guardia es el médico del cuerpo social, enfermo ahora gravemente de drogas»[29].

27.- El número de la *Gaceta* recoge manifestaciones del farmacólogo J. Segarra, el psiquiatra J. Guimón, el sociólogo E. Baselga y el penalista A. Beristain, jesuitas los dos últimos.

28.- El jefe de la Brigada Central de Estupefacientes, J. M. Mato Reboredo, un alto funcionario de la Dirección General de Sanidad, A. García Andújar, el magistrado J. Carnicero Espino, el director de la Jefatura de Especialistas Antidroga de la Guardia Civil, I. Rueda García, y el titular de Ética y Sociología en Madrid, el clérigo F. Vázquez.

29.- P. Francisco Vázquez, pág. 108.

Por otra parte, el peligro viene ya del mundo animal, pues:

> «Algunas hormigas mantienen ciertos parásitos con el único fin de chupar o libar sus secreciones para embriagarse [...] gran vicio de la virtuosa, de la casta, sobria, austera y laboriosa república»[30].

Acontece, con todo, que en el mundo contemporáneo la amenaza no es sólo moral sino política, pues consumir fármacos ilícitos va unido a la subversión:

> «Unido a la droga van el erotismo, la pornografía y la violencia, muchas veces disimuladas bajo la capa del farisaico pacifismo de ciertos melenudos, antes antisociales, nihilistas y portadores del virus que puede dar al traste con nuestra civilización [...]. Es fácil comprobar la nefasta influencia de la droga-comunismo. Hace unos días Interpol-Londres informó haber detenido a tres ingleses traficantes de droga complicados en actividades promaoístas, y entre cuyos objetivos figuraba el fomento del consumo de tóxicos. ¿Quién puede olvidar esos movimientos huelguísticos o de rebelión estudiantil o de desenfrenado pacifismo que explotan sistemáticamente casi a la vez en el mundo? ¿Es que acaso no tienen todos ellos un origen común?
>
> Mas China, en tanto que logra emponzoñar al mundo occidental gracias a la claudicante complacencia de nuestro mundo cómodo y egoísta, adopta medidas para erradicar la plaga de su suelo. En una sola jornada, en Cantón, son fusilados 275 toxicómanos. Con una cura tan expeditiva, seguros están los chinos de que no habrá una nueva recaída»[31].

30.- J. M. Mato Reboredo, págs. 14-15.
31.- Mato Reboredo, 1969, págs. 37-38.

Según el magistrado, la perspectiva a adoptar es por eso mismo más pragmática que conceptual, ligada a soluciones tan simples como sea posible:

«La teoría de la enfermedad es menos relevante que su terapéutica. En esta materia más trascendente que la búsqueda del concepto es el cuidado en la práctica de la medida o remedio que se utilice para su eliminación. Estamos ante una sanación del espíritu del hombre [...].

El uso de estupefacientes se halla unido inexorablemente al cuadro del delito. El proxenetismo es consustancial a él. Robos y muertes, y lo mismo el homosexualismo, tienen lugar frecuentemente entre los adictos [...] pues la pérdida de los resortes morales y el estado anímico de inhibición que produce la droga son campo abonado para la materialización de acciones delictuosas. Este es el gran mal de la droga»[32].

El nexo entre droga y anormalidad sexual aparece con diversos matices:

«Una menor, cuando cree que los padres no le permiten vivir con arreglo a su capricho, concierta con un melenudo su boda, sin importarle que sea invertido, impotente o neutro [...]. Este ejemplo creo que puede arrojar luz suficiente sobre la podredumbre que se agita en el fondo de toda esta lacra que hoy se extiende mucho más rápidamente de lo que se piensa en nuestro solar»[33].

Según el alto funcionario de Sanidad:

«Entre los psicotrópicos de que se valen, de "Psichedelic" (estado de gran calma) destaca el *Cannabis* [...] que tomado

---

32.- Carnicero Espino, 1969, pág. 135 y pág. 144.
33.- Mato Reboredo, 1969, pág. 42.

en dosis tóxicas produce la muerte por parálisis respiratoria. Al parecer, se rebaja de tal modo la voluntad que provoca el deseo sexual con afán brutal. Se le denomina hierba del amor; y si no es un afrodisíaco, su utilización lleva al individuo a la orgía sexual»[34].

Puede decirse que hay perfecto acuerdo en cuanto al fundamento del problema entre los autores del *Curso*, y que puede resumirse en el singular empleado por todos para referirse a los psicofármacos. No se trata de algo plural, sino siempre y en todos los casos de *la* droga.

Por contraste, los reunidos en la *Gaceta Médica* hablan siempre de las drogas. Sus opiniones en cuanto al fundamento del problema son también distintas. Según el farmacólogo:

«Se vislumbra ya la evolución que va a experimentar la problemática que comentamos, es decir, el enfocar el problema de las "drogas" desde un punto de vista científico (social, médico, farmacológico), adoptando una postura positiva más que punitiva»[35].

La opinión del sociólogo, ante una pregunta sobre «lo positivo» de las drogas, resulta instructiva, sobre todo porque habla de las incluidas en la Lista I del Convenio de 1971:

«La LSD parece que ha dado buenos resultados en la lucha contra el alcoholismo. Otras drogas producen una sana euforia y confianza en sí mismo. En bastantes casos, las drogas se han utilizado para estimular la creatividad, el sentido religioso y, en general, la sensibilidad [...]. Los datos pa-

---

34.- García Andújar, 1969, pág. 53 y pág. 58.
35.- Segarra, 1974, pág. 26.

recen mostrar que en la mayoría de estas comunidades (San Francisco) está muy desarrollado el sentido de la hermandad bondadosa y filantrópica, que no se da en otros grupos […]. Los alucinógenos en concreto, y en particular la marihuana, suelen facilitar mucho las relaciones humanas, a la par que estimulan la sensibilidad para percibir la belleza de la naturaleza, en particular de la música y pintura, temas que se repiten con frecuencia en largas horas de conversación que dejan en el interlocutor una impresión agradable de acogida y benevolencia»[36].

El criterio del psiquiatra sobre males y ventajas de los psicofármacos en general es igualmente instructivo:

«El abuso de tranquilizantes y somníferos (por no hablar del alcoholismo) es sin duda el problema más importante. Es necesario subrayar que la inmensa mayoría de estas sustancias pueden producir dependencia física o adicción, con la característica necesidad de aumentar la dosis para producir los mismos efectos (tolerancia) y con el desencadenamiento de aparatosos síntomas físicos (síndrome de abstinencia). En este sentido sus peligros son mayores que los producidos por la marihuana y otras drogas más o menos análogas, que no crean adicción […]. En cualquier caso, tanto estas drogas tranquilizantes como las otras, al margen de sus potenciales peligros, han colaborado y seguirán colaborando al bienestar de la Humanidad. Son muchos los investigadores que en el mundo persiguen encontrar sustitutos inocuos de estas sustancias. Es un camino de esperanza el que tales intentos lleguen a un feliz término»[37].

36.- Baselga, 1974, pág. 126.
37.- Guimón, 1974, págs. 142-143.

Por lo que respecta al penalista, su postura presenta matices de claro radicalismo. Considera que la incriminación, las instituciones judiciales y la propia ley son «factores causales» decisivos en el «abuso y tráfico de drogas», básicamente a través de tres vías:

1.- *Hipertrofia punitiva. Incriminación excesiva*[...].

En la sociedad actual, dirigida excesivamente por militares y hombres de guerra, predominan las legislaciones represivas, especialmente en lo que afecta a las drogas, y se van ocultando dos verdades fundamentales: *a*) El hombre sólo es hombre en cuanto que es libre; *b*) El hombre, por naturaleza, procura romper las barreras que le obligan exteriormente a avanzar por tal o cual camino.

Los excesivos controles legales sólo engendran desprecio a la ley [...].

2.- *Incriminación arbitraria.*

Algunos legisladores describen las figuras delictivas referentes a las drogas con poca o ninguna precisión. Suelen formular tipos abiertos, o leyes penales en blanco [...] abiertas y con penas más o menos indeterminadas, además de lesionar el principio de legalidad, produce inseguridad en los ciudadanos y efectos criminógenos [...]. La reincidencia en la criminalidad por drogas se debe, con relativa frecuencia, a la incriminación arbitraria en este área.

3.- *Incriminación con finalidades políticas.*

A veces se tipifican acciones y conductas por razones de política, sin (o en contra de) razones de política criminal [...].

En ciertos momentos críticos, los políticos necesitan encontrar un chivo expiatorio. Esta víctima brota como producto de estrategias políticas, más o menos conscientes, especialmente cuando los fundamentos de la autoridad se debilitan [...]. En nuestros días, el poder suele utilizar los medios de comunicación para exagerar la peligrosidad del supremo enemigo, y así consigue tres resultados: *a*) Restablecer la solidaridad social, que estaba debilitándose; *b*) Apartar la atención pública de los problemas reales y desviarla hacia problemas «montados» por la propaganda; *c*) Crear admiración y gratitud hacia las personas e instituciones que combaten contra los adversarios del bien común [...].

No raras veces el poder necesita vocear con toda clase de megáfonos ciertos delitos de drogas para así lograr la (discutible y quizá injusta) unidad y aceptación de los valores políticamente defendidos. Y para silenciar otros delitos más graves, por ejemplo, de fraudes fiscales, de urbanismo, de corrupción pública, etc»[38].

2. La polémica en cuanto a prevención y represión

Tras el desacuerdo entre el *Curso* y la *Gaceta Médica* en cuanto al ¿qué pasa? la disparidad sigue manifestándose al nivel del ¿qué hacer? Debe aclararse que en la transición de los años sesenta al setenta, el asunto en España resulta relativamente sencillo. No hay un solo *yonki* en prisión, y de los 1.497 morfinómanos o heroinómanos censados en 1965 (médicos, personal sanitario, familiares suyos o pacientes con dependencia debida a largos tratamientos) se ha pasado en 1970 a 884. De ahí que «en esta materia el problema no existe»[39]. Tampoco hay problema alguno con la cocaína, pues las farmacias del país venden libremente toda suerte de anfetaminas y otros estimulantes, y los muy escasos «coqueros» son gente de la alta sociedad. La batalla se libraba, por eso, contra los usuarios de marihuana, haschisch y LSD, que de 391 detenidos en 1969 pasan a 1.280 en 1973. Era un problema de respuesta institucional a la contracultura psiquedélica o —como exponía el *Curso*— de hacer frente a «los *hippies* (puesto que "*hippies*" viene de la abertura por detrás de la nalga, por donde se inyectan la morfina)»[40], según opina el entonces titular de Ética y Sociología de la Universidad madrileña.

38.- Beristain, 1974, págs. 77-79.

39.- Baselga, 1974, pág. 94.

40.- Vázquez, 1969, pág. 104.

En cuanto a la teoría de la prevención y punición, el magistrado pasa revista a las leyes vigentes —que arbitraban de seis a doce años de condena para fabricación y tráfico, pudiendo elevarse hasta a veinte en casos de apología y reincidencia— y extrae a título de conclusión:

> «El cuerpo de normas penales no es todo lo vigoroso y fuerte que el mal exige. Quiero remarcar que deben agravarse considerablemente las penas que castigan el tráfico ilícito de alucinógenos. El toxicómano debe ser tratado, en primer término, como un enfermo, por medio de las medidas de seguridad sanatorias para su espíritu. Pero al propio tiempo debe ser condenado a penas privativas de libertad para que comprenda asimismo que su conducta es contraria al orden de una sociedad sana y normal, y que la libertad que Dios le ha dado, y la sociedad le fomenta, no puede ser utilizada en la destrucción de la personalidad»[41].

Para el jefe de Especialistas Antidroga «la acción queda limitada a poner en práctica unas normas preestablecidas contra aquellas personas que están actuando al margen de lo mandado»[42]. Sin embargo, sería a su juicio conveniente recoger en la legislación algunas prescripciones adicionales, y concretamente las siguientes:

> «Aplicar la pena de delito consumado a los actos preparatorios, a la tentativa y la frustración.
>
> Incluir como categoría de estado peligroso el mero consumo ilícito de drogas nocivas, sin exigencia de habitualidad.
>
> Considerar al toxicómano como un enfermo, sin que ello presuponga, en modo alguno, su irresponsabilidad.

41.- Carnicéro Espino, 1969, págs. 155-156.

42.- Rueda García, 1969, págs. 159-160.

La anotación como consumidor o traficante de drogas en su pasaporte y documentos de identidad.

Pérdida de ciertos derechos civiles.

Tenerlo en cuenta cuando pasen a cumplir el servicio militar o se coloquen para desplegar su actividad, oficio o profesión»[43].

El punto de vista de Beristain no puede ser más dispar:

«Los penalistas tenemos el tejado de vidrio en este sector [...] pues carecemos de las instituciones necesarias y nuestras leyes en bastantes puntos importantes resultan improvisadas, deficientes y criticables [...]. Deseamos una política criminal que respete al máximo la libertad individual y pretenda educar a los ciudadanos para usar y disfrutar (*homo ludens*) todos los bienes hasta el límite que permita la convivencia»[44].

A su juicio, el artículo del Código penal relativo a las drogas ilícitas debería formularse no como delito de peligro abstracto sino de «peligro concreto, y nunca como tipo penal en blanco». La redacción que propone es la siguiente:

«Quienes fomenten el uso indebido de drogas que producen dependencia, y por ello pongan en peligro concreto la salud de alguna persona, serán sancionados con la pena de privación de libertad o multa de un mes a un año.

Las penas de este artículo se impondrán en su grado máximo *a*) si los destinatarios son menores de dieciocho años; *b*) al facultativo que prescribiere o despachare tales drogas, sin cumplir los requisitos formales»[45].

43.- Rueda García, 1969, págs. 173-174.

44.- Beristain, 1974, pág. 136 y pág. 137.

45.- *Ibíd.*, pág. 137

La disparidad se observa comparando los criterios del penalista con los del Jefe de Especialistas Antidroga:

> «Si salimos convencidos del peligro que supone el terrible mal de las toxicomanías [...] y poseemos este espíritu que juzgamos indispensable para poderlo transmitir a los demás, triunfaremos»[46].

Y con los del magistrado:

> «Que Dios nos proporcione la exoneración de este gran peligro mundial de la droga. Que España siga siendo un espejo de virtudes para el Universo»[47].

Los grupos del *Manual* y de la *Gaceta Médica* muestran con nitidez los puntos de desacuerdo, y las nociones recurrentes de cada actitud. En realidad, por todo el mundo prolifera una polémica que puede finalmente reducirse a la expresada por estos profesionales. Se diría imposible que hablen de lo mismo, pero así es.

46.- Rueda García, págs. 174-175.
47.- Carnicero Espino, 1969, pág. 156.

10

La exportación de la cruzada

«Puesto que la envidia anida en el corazón, no en el cerebro, ningún
grado de inteligencia ofrece garantía contra ella».
H. Melville, *Moby Dick*.

Aunque la Convención Única en 1961 sobre Estupefacientes podía
enorgullecerse de que Persia y Turquía —los mayores productores
mundiales de opio— firmaran sin reservas, algunos otros países se
reservaron el derecho a mantener sus tradiciones en materia de drogas. Tras solicitar —vanamente— incorporarse al grupo de países
reconocidos oficialmente como productores de opio, Afganistán no
firmó el tratado. Bangladesh declaró que «permitiría temporalmente en su territorio el uso de opio con fines médicos, y el del cáñamo
en diversas preparaciones con fines no médicos», así como el de algunos otros fármacos clasificados como estupefacientes. Birmania
se reservó el derecho de «permitir a los adictos fumar opio por un
período transitorio de veinte años […] y producirlo para esa finalidad». India advirtió también que permitiría «temporalmente» el
uso del opio con fines cuasi médicos, el del opio para fumar, el de
los distintos preparados del cáñamo y la fabricación de diversos fármacos clasificados como estupefacientes. Lo mismo se reservó Pakistán. México no firmó lo relativo a la limitación de la producción
de opio, y Perú se opuso a las prerrogativas prácticamente policíacas
atribuidas a la Junta Internacional de Fiscalización de Estupefacien-

tes, considerándolas incompatibles con «sus funciones como órgano de coordinación de los sistemas nacionales de fiscalización».

Por consiguiente, lo acordado de modo general fue que:

> «*d*) El uso del opio para fines cuasi médicos debería ser abolido en un plazo de quince años [...]; *e*) La masticación de hoja de coca quedará prohibida dentro de los veinticinco años siguientes [...]; *f*) El uso del cáñamo para fines que no sean médicos o científicos deberá cesar lo antes posible, pero en todo caso dentro de un plazo de veinticinco años»[1].

Considerando que prácticamente toda Asia y América del Sur, no menos que buena parte de África, usaban adormidera, coca y cáñamo, era evidente que la firma de 79 países constituía un triunfo para la farmacracia occidental. La vida de algunos cientos de millones de personas iba a quedar afectada en mayor o menor medida por una operación que comprendía tres etapas básicas: *a*) destruir las cosechas de drogas ilícitas en toda la superficie de la tierra, aunque se tratase de plantas no sólo cultivadas sino silvestres, que seguirían creciendo por sí solas en sus respectivas áreas; *b*) exportar con idéntica amplitud las drogas lícitas; *c*) lograr que las legislaciones de los demás países se adaptasen a criterios «civilizados».

I. EL CASO DE LA ADORMIDERA

Sería demasiado prolijo detallar el proceso en los diversos territorios, y por eso mismo bastará mencionar dos casos sobresalientes, que pueden ser el persa y el laosiano.

Como fue mencionado de pasada antes, el esfuerzo modernizador del Shah y su alianza con Estados Unidos implicaba tomar me-

---

1.- Art. 49.

didas contra las plantaciones de adormidera allí establecidas, mucho más antiguas que las cepas de Borgoña o los cafetales de Arabia. Persas fueron Avicena y Rhazes, dos de los más grandes médicos islámicos, que preconizaron el opio no sólo como antídoto general y remedio para trastornos localizados, sino como costumbre saludable para cualquiera en la tercera edad. A principios de 1955, cuando todavía estaban pendientes de firma los contratos de suministros militares norteamericanos a Irán, y el régimen para el transporte de sus crudos, el Ministro de Sanidad —el Dr. Jehanshaw Saleh, antiguo ginecólogo de la familia real, formado profesionalmente en los Estados Unidos— saca adelante una ley que prohíbe el uso de opio en su país, y justifica el precepto como modo de borrar «la resaca de un oscuro pasado oriental». Dentro de las coordenadas de su cultura, era como si un Ministro de Sanidad español sacase adelante la pena de muerte para bebedores de jerez, a fin de borrar «la resaca de un oscuro pasado latino».

En efecto, es sabido que no sólo el campesinado de ciertas zonas sino las altas clases de Teherán e Ispahan tenían en sus hogares una habitación destinada a fumar el fármaco, y que en el propio parlamento iraní había un salón dedicado a tal menester[2], del mismo modo que en las Cámaras de los países occidentales hay un bien surtido bar. Restringido a los varones, como tantas otras cosas en el mundo islámico, el consumo (habitual u ocasional) del opio se acercaba al 60 por 100 de la población adulta con edad superior a los cincuenta años. El corresponsal del *New York Times Magazine* comentaba al respecto que el fármaco «no tenía estigma»[3], cuando más bien habría debido aclarar que —como acontece en los países devotos de bebidas alcohólicas— el estigma se adhería a no saber tomar una droga sinónima de madurez, o no atreverse a ello.

2.- *Cfr.* Szasz, 1985, pág. 49.

3.- Kamm, 1973, pág. 44.

Tratando de avergonzar a quienes seguían tales costumbres, y sintiéndose personalmente humillados por esa muestra de depravación en su pueblo, los sectores modernistas iraníes ilegalizaron rigurosamente el opio desde 1955 hasta 1969, cuando el florecimiento de un enorme mercado negro —y conflictos políticos con ciertas regiones— movieron a una derogación del régimen preconizado por Saleh. En su lugar apareció una norma contemporizadora y severa a la vez, por la cual quedaba autorizado el uso «médico» del opio, y reintroducido el cultivo «bajo estricta supervisión», mientras la ley se reservaba el derecho de «suministrar programas de tratamiento ulterior» (los aliados americanos aconsejaron metadona), y la facultad de poner ante el pelotón de fusilamiento a los traficantes ilegales. En efecto, 160 fueron fusilados tras juicios sumarísimos entre 1971 y 1973, mientras algunos millones de personas obtenían como tratamiento o como veneno la droga en cuestión[4].

No tan conocido resulta que desde la encubierta legalización el precio del opio en farmacias se elevó en un 1.000 por 100, ni que en lo sucesivo toda Persia se vio inundada por heroína del tipo llamado 4 (heroína propiamente dicha) y del tipo 3 (material de desecho, conocido también como «heroína del Tercer Mundo»), siendo *vox populi* en el país que ambas modalidades constituían un monopolio de los Pahlevi. Al parecer, la policía suiza encontró 1.400 kilos de la droga en la finca del Shah en Saint Moritz, solventándose el engorro con compensaciones petrolíferas[5]. Un año después, en 1971 —cuando habían pasado ya por los pelotones persas de fusilamiento 89 traficantes menores— una tía del monarca, la princesa Ashraf, entonces presidenta de la Comisión para los Derechos Humanos de la ONU, fue incomodada brevemente por aduaneros de Ginebra en relación con una maleta facturada a su nombre, donde se hallaron 60 kilos de heroína pura;

4.- Kamm, 1973, pág. 44.
5.- *Cfr.* Behr, 1981, pág. 188.

la noticia, aparecida en *Le Monde*[6], provocó el anuncio de una demanda por difamación que sus abogados no presentaron nunca.

Con el derrocamiento del Shah por el fundamentalismo islámico la política de rigor se agudizó, convirtiéndose en una batalla sin cuartel con centenares de muertes anuales, tanto en el sector del campesinado y los mercaderes como en el de las policías encargadas de reprimir cultivos y uso. Hace relativamente poco, el representante iraní en la JIFE aclaró que su gobierno «estaba haciendo grandes sacrificios sin vocearlos indebidamente, pues más de cien agentes represores habían muerto en los primeros meses de ese año asesinados por traficantes»[7]. La postura oficial desde 1979 ha sido «prohibir totalmente en el Irán el cultivo de adormidera, por lo cual en la actualidad no hay cultivo lícito ni ilícito de dicha planta en el país»[8]. Aunque el régimen jomeinista reniega de todo cuanto no sea tradición islámica, es evidente que en este aspecto prefiere atender a pautas finalmente norteamericanas, bien porque teme el rechazo de un bloque árabe unánime en su deseo de occidentalizarse farmacológicamente, o bien porque ha encontrado en el *Corán* apoyos para considerar que el consumo de la adormidera estimula el ateísmo y la corrupción. De hecho, Persia es actualmente un país donde no resulta sencillo determinar si la religión es el opio o el opio es la religión.

Su difícil agricultura —en extensiones separadas por abruptas montañas y sembradas de desiertos, con gravísimas dificultades para el transporte— había sido compensada por tradiciones milenarias de cultivo para un bien apreciado desde Portugal hasta China. Ese bien era una adormidera con un inusitado contenido en morfina, doble o triple que el de la cultivada en Extremo Oriente, así como procedimientos peculiares de recolección y producción. Adherirse a la

---

6.- *L. M.*, 5-3-1972, págs. 1 y 12.

7.- ONU, Consejo Económico y Social, Comisión de Estupefacientes, *Informe sobre el trigésimo primer período de sesiones* (11-20 febrero 1985), Supl. 3, E/CN.7/1985/22, pág. 26.

8.- Informe de la JIFE, *Demanda y oferta de opiáceos para las necesidades médicas y científicas*, E/INCB/1985/1/Supl., pág. 28.

legislación internacional representó suprimir una de las principales
fuentes de riqueza del país —el 30 por 100 de las rentas por exportación, según el documentado informe que preparó una comisión de la
Sociedad de Naciones antes de la Segunda Guerra Mundial, cuando
la venta de petróleo estaba empezando—, con la consiguiente ruina
para innumerables campesinos.

La obstinación del pueblo por cultivar la planta prohibida sugirió ya entonces operaciones de deportación en masa, presentadas
ante el foro internacional como iniciativas humanitarias. Una moción de esa índole, planteada en el seno de Naciones Unidas por el
Comité para Prevención del Delito y Lucha contra la Delincuencia,
ha sido considerar —junto a la política de «cosechas alternativas»
y «sustitución de cultivos»— opciones de «migración forzosa» para
«moradores no propensos al cambio»[9]. Tras el eufemismo de la poca
propensión al cambio se oculta, sin embargo, un hecho agrícola destacable y reconocido hasta por los propios funcionarios internacionales: en zonas donde resulta imposible el regadío, cultivar la adormidera proporciona una media de 2.000 dólares al año por hectárea,
mientras lo más aproximado en rendimiento —el tabaco— apenas
alcanza 450[10]. De ahí que Australia —como ciertas partes de España
o Hungría— se dediquen intensivamente hoy a sembrar adormidera
destinada a usos lícitos. Pero Australia, al igual que España o Hungría, no son lo que Anslinger llamaba la despensa del vicio, sino países de Occidente.

Pasemos un momento al sudeste asiático. En Laos, por ejemplo, el alcalde de la aldea de Nam Keung —vinculada a la etnia
thai, que consume opio desde tiempo inmemorial— declaró en
1972 a una delegación conjunta de funcionarios norteamericanos
y laosianos:

9.- ONU, Doc. E/AC. 57/1986/CRP. 2, págs. 14-15.
10.- *Cfr.* Behr, 1981, pág. 250.

«Es difícil para mi pueblo entender que debe dejar de cultivar opio porque se dice que mata americanos a miles de kilómetros, en un país extraño»[11].

El opio se conocía en Laos como «medicina floral», y según el corresponsal del *N. Y. Times* las medidas civilizadoras y humanitarias no lograron ser comprendidas sin cierta insistencia:

«Sometido a intensa presión por parte de la Embajada de los Estados Unidos, incluyendo la amenaza de cortar la ayuda americana, el laosiano derogó el año pasado su política tradicional y puso fuera de la ley la producción, venta y consumo de opio»[12].

El premio específico otorgado por el cambio de actitud fueron «2.900.000 dólares». Bastante más —36 millones anuales— se ofrecieron ese año a Turquía a cambio de lo mismo, aunque perdió en ingresos por exportación más de 300[13]. Al igual que el de Ankara, el gobierno de Laos contrajo los compromisos adicionales de admitir «expertos» norteamericanos, encarcelar a algunos mercaderes locales y abrir una clínica de desintoxicación basada sobre tratamientos con metadona. En los años de la Administración Nixon —volcada en favor de este narcótico como alternativa «digna» de la adicción a opiáceos naturales—, la protección americana se hacía sentir con mano de hierro y dedos de napalm en toda la antigua Indochina francesa. La información termina relatando cómo el equipo formado por altos funcionarios de Vientiane y expertos estadounidenses confraternizaron con el alcalde y algunos próceres de Nam Keung gracias a unas buenas botellas de *bourbon*, modo sencillo de susti-

---

11.- E Butterfield, «Laos'opium country resisting drug laws», *The New York Times*, 16-10-1972, pág. 12.

12.- *Ibíd.*

13.- *Cfr.* Fort, 1981, pág. 14.

tuir el abuso asiático de drogas por las correctas ceremonias occidentales con euforizantes no psicotóxicos.

II. EL CASO DE LA COCA

A finales del siglo pasado se calculaba que unos diez millones de indios mascaban coca en América del Sur. Sin embargo, los datos sobre producción y consumo serán escasos y poco fiables hasta después de la Segunda Guerra Mundial, cuando la creación de Naciones Unidas impulse los primeros esfuerzos estadísticos. Hasta entonces, prácticamente nadie en América creía que ese hábito fuese más nocivo que beber café, té o mate, o que mascar cat, cola o betel. De ahí que la coca no resultara mencionada por ninguna de las leyes internacionales sobre estupefacientes hasta la Convención Única de 1961. Fue uno de sus apartados el que estipuló un plazo de veinticinco años para suprimir la masticación de sus hojas.

Llegar a ese compromiso requirió varios pasos intermedios. En 1950 un voluminoso informe —redactado por especialistas y funcionarios de Naciones Unidas— acababa concluyendo que masticar las hojas «no producía una auténtica adicción», si bien tenía «efectos profundamente perjudiciales»[14]. Esta última frase sólo logró imponerse por exigua mayoría de votos en la comisión de estudio, pues C. Monge —director del Instituto Nacional de Biología de Perú— y varios otros farmacólogos se mantuvieron firmes en la convicción de que «la coca no tiene efectos perniciosos»[15], de acuerdo con una línea que se remonta a Mariani y Golden Mortimer, por no decir que al Inca Garcilaso. A pesar de ello, el Comité de Expertos de la OMS declaró en 1953 que «la masticación de coca puede considerarse una forma de adicción»[16]. En 1954 la Comisión

---

14.- *Cfr.* Dormont, 1953.

15.- *Cfr.* Monge, 1952.

16.- OMS, *Serie de los Informes Técnicos*, 76, 1954.

de Estupefacientes obtuvo la «gran victoria de lograr que Perú, Colombia, Bolivia y Argentina reconocieran el carácter adictivo de la coca»[17], si bien el representante de Bolivia reservó para su gobierno el derecho a «solicitar nuevas experiencias para determinar la *intensidad* de esa adicción». Se trataba evidentemente de una gran victoria, no sólo sobre los productores de la planta sino sobre la farmacología misma, pues en términos técnicos declarar «adictiva» a la coca es lo mismo que declarar adictivo el té o el café.

En 1963 el gobierno boliviano manifestó a la Comisión que su producción había descendido a tres millones de kilos anuales, aunque la Comisión consideró que la cifra real no era inferior a los veinticuatro. Ese año Perú declaró una producción de nueve millones de kilos. Faltaban datos sobre Colombia, Ecuador, Paraguay, Brasil, Chile y Argentina. Vale la pena tener en cuenta que por entonces el consumo mundial de cocaína era mínimo, y que la cruzada por modificar la costumbre de los nativos sudamericanos no se apoyaba —como más tarde sucederá— en destinarse una parte importante de la producción a obtener ese alcaloide. De ahí que faltara el principal argumento esgrimido ante el alcalde de Nam Keung o los campesinos iraníes, esto es, las victimas producidas en países distantes por refinado y transformación de la planta. Se trataba exclusivamente de una polémica entre partidarios de la modernización y partidarios de la no ingerencia en asuntos ajenos; como observan estudiosos modernos del tema[18], en el siglo XIX y a comienzos del XX la coca era apoyada incondicionalmente por médicos y farmacéuticos, mientras los viajeros y antropólogos desaprobaban a veces su uso, a partir de conceptos etnocéntricos. Al establecerse la era farmacrática, en cambio, quienes desaprueban el consumo son los médicos y farmacéuticos, mientras prácticamente todos los arqueólogos, botánicos y etnólogos denuncian los clichés etnocéntricos y el imperialismo

---

17.- Comisión de Estupefacientes, *Informe sobre el noveno período de sesiones*, doc. E/CN. 7/283, 1954.

18.- Grinspoon y Bakalaar, 1982, pág. 327.

ideológico disfrazado tras las tentativas de prohibir semejante costumbre.

Así, por ejemplo, algunos consideran que la masticación de esas hojas es «una forma odiosa y tentacular de genocidio perpetrado contra la población»[19], y otros que la prohibición efectiva «equivaldría a un desprecio tan grande de los derechos humanos como el intento de prohibir la cerveza en Alemania, el café en Oriente Medio o el betel de la India»[20]. Por lo que respecta a los propios afectados —la población indígena—, su opinión unánime es que no se distingue de la costumbre de tomar café o té, o la de mascar tabaco[21]. Las estadísticas de Naciones Unidas —tanto de la Comisión de Estupefacientes como de la UNESCO— indicaban que hacia 1970 aproximadamente la mitad de la población rural adulta de Perú y Bolivia (un 25 por 100 de la población total) mascaba hojas de coca, siendo un hábito propio de las clases trabajadoras. Un 60 por 100 de esos consumidores, predominantemente masculinos, eran analfabetos, mientras sólo el 19 por 100 de los trabajadores no coqueros lo era. Evidentemente, la coca es un fármaco estimulante, con los efectos característicos de las sustancias afines, que son un aumento de la vigilia, mayor resistencia a la fatiga y reducción del apetito, entre otras cosas. Aunque como estimulante sea una droga indiscutiblemente leve o suave —unas mil veces menos potente a unidad de peso que la anfetamina, por ejemplo—, constituye ya desde las leyendas incaicas un «opio del pueblo», en el sentido de algo que ayuda a trabajar para otro a quienes no tienen ganas de hacerlo ni poseen siquiera el estado nutritivo idóneo para realizar grandes esfuerzos físicos. De ahí que los indios puedan sentir aprecio por la modificación del ánimo inducida al ingerirlo, pero mucho más por las ventajas prácticas. Así lo describe una de las coplas andinas:

19.- Puga, 1951, pág. 51.

20.- Martin, 1970, pág. 424.

21.- *Cfr.* Woods y Downs, 1973, vol.I, pág. 130.

«No coqueo por vicio
Ni por el juicio
Sino por el beneficio».

1. El efecto y la causa

El Informe preparado por la UNESCO sobre masticación de la hoja de coca muestra también que en ciertos sectores laborales donde se produce un consumo considerable o incluso alto —como el sindicato boliviano de mineros— no hay ningún tipo de mitología favorable al fármaco, aunque sí la firme postura de vetar restricciones al uso si no son acompañadas por mejoras en la alimentación. Poco después de acabar la Segunda Guerra Mundial, el primer médico que llamó «adictos» a los coqueros, C. Gutiérrez-Noriega, dijo que «empiezan por tomar coca porque no comen bien, y no comiendo porque toman coca»[22]. Amparándose en la insostenible clasificación de la coca como «estupefaciente» —sugerida por Gutiérrez-Noriega—, las Naciones Unidas acabaron declarando «adictiva» esa planta. Pero eso implicaba desvirtuar la cuestión real y el propio planteamiento de este notable farmacólogo. En efecto, Gutiérrez-Noriega se limitó a asociar todo un cuadro de trastornos por subalimentación con el consumo de la coca, acusando a los grandes plantadores y hombres de negocios peruanos de amasar fortunas a costa de los indios, pues gracias a esa planta mantenían a millones de personas desnutridas trabajando; tan exacto fue su juicio que tuvo que exiliarse del país, abandonando su puesto en la Universidad de Lima y viendo cómo se desmantelaba el Instituto de Farmacología fundado años antes por él mismo[23]. Citar a Gutiérrez-Noriega como luego haría el Comité de Expertos de la OMS en los años cincuenta —para sostener que la coca *producía* desnutrición— es un despropósito se-

---

22.- Gutiérrez-Noriega, 1948, pág. 73.
23.- *Cfr.* Grinspoon y Bakalaar, pág. 16.

mejante a mantener que los egipcios están desnutridos por tomar café, o los paraguayos por beber mate, tomando el efecto por la causa, para poder poner en marcha luego los mecanismos de profecía autocumplida que hemos visto funcionar para otras drogas.

El camino preconizado por Gutiérrez-Noriega, y por cualesquiera investigadores sin mala fe en este campo, era mejorar las condiciones de vida de los indios, o al menos no forzarles a trabajar como acémilas para hacerse con un mal sustento, dado el latifundismo y la especulación a nivel alimenticio impuesta por las oligarquías latinoamericanas. Como pone de relieve la actitud del sindicato boliviano de mineros, lo inadmisible es pretender que se conserve una situación de expolio y explotación *sin* la coca, pues eso equivale a querer un círculo cuadrado, un trabajador que apenas se alimenta y es encima despojado de su sustituto. En 1962, el Servicio de Percepción Fiscal del Monopolio del Coca, organismo peruano, presentó un informe donde calculaba que la desaparición del consumo de esa planta —en los términos exigidos por Naciones Unidas y Estados Unidos— llevaría al paro a 200.000 personas, y en 1980 esa cifra puede elevarse al doble. Al igual que en Bolivia y Colombia, este arbusto era en Perú una de las riquezas esenciales, como el té para Ceilán o la nuez de cola para África Central. Ni el más incondicional prohibicionista ha sugerido hasta hoy que el té de coca —una mercancía perfectamente legal— constituya una droga nociva, y tampoco nadie ha pretendido que mascar ocasionalmente hojas produzca deterioro físico o mental alguno. El posible —y todavía discutible[24]— perjuicio se sigue de mascar *continuamente* coca. Pero eso es cosa que en realidad sólo hacen los pobres de necesidad, y que muy probablemente dejarían de hacer con semejante frecuencia si tuviesen condiciones laborales mínimas, y una correlativa salud.

Sin embargo, semejante aspecto de la cuestión queda como mucho reservado a declaraciones programáticas, mientras los fondos

---

24.- Hay un amplio examen de la cuestión en el cap. 6 de Grinspoon y Bakalaar, 1982.

económicos disponibles se emplean en represión de pequeños cultivadores. Tal como en Laos la ayuda norteamericana se destinaba a pagar la persecución de campesinos, desde 1971 Perú y Bolivia reciben del gobierno norteamericano un subsidio anual de veintiún millones de dólares por arrasar cosechas y encarcelar vendedores callejeros[25]. Ni un solo centavo se destina a mejorar la vida del indio. Los derechos de la comunidad internacional, como en Laos o Persia, se encauzarán a privarle de su tradicional consuelo para una amarga suerte.

III. PANORAMA GENERAL A MEDIADOS DE LOS AÑOS SETENTA

La cruzada extramuros, como quedó dicho, se despliega en un triple frente: destruir ciertas plantas en diversos puntos de la tierra, exportar los psicofármacos lícitos y adaptar las legislaciones tradicionales de otros países a la modernidad occidental. Aprovechando gobiernos títeres, chantajes políticos y la autoridad de una farmacología supuestamente científica —en realidad gobernada por criterios extrafarmacológicos— los Estados Unidos preconizan para el Tercer Mundo una importación de drogas, patentes, laboratorios y agentes especializados en «narcóticos», cuyo acompañamiento son incendios de plantaciones, exfoliación de selvas, plagas botánicas, fumigación de las cosechas con venenos, deportaciones masivas y otras calamidades, tanto ecológicas como políticas. El compromiso con la metadona que se impone en Irán y Laos sirve como botón de muestra, aunque lo realmente pretendido fuese introducir fármacos todavía más decentes, consumibles sin fiscalización alguna.

Todo el asunto se presentaba como filantrópica iniciativa del foro internacional, que exigía erradicar una infección curable si se

---

25.- *Cfr.* N. Gage, «Lack of treaties hinders U.S. effort to curb drugs», *New York Times*, 24-4-1975, págs. 1 y 26.

usaran los agentes cauterizadores adecuados, con las últimas y más avanzadas técnicas. No importaba romper con ello pautas culturales ajenas, ni dejar en la más absoluta indigencia a millones de campesinos, ni hacer que miles o cientos de miles más fuesen ejecutados o encarcelados por seguir costumbres milenarias en sus respectivos pueblos. Apoyados por el sector de los «halcones» de Naciones Unidas —subvencionado por el propio gobierno norteamericano— esta política se pone en práctica para Vietnam, Laos, Camboya, Tailandia, Irán, Turquía, Perú, Bolivia, Colombia, Ecuador, Brasil y México, por mencionar sólo algunas zonas de intervención, maquillada como «ayuda cultural» y «autodefensa» del mundo civilizado. Cabe suponer la reacción de la Casa Blanca si los árabes decidiesen arrasar las cepas californianas por las amenazas que representan para el buen musulmán, o si una *razzia* aérea israelí destruyera los mataderos de Chicago porque sus matarifes no respetan los preceptos bíblicos sobre carne *kosher*, y latas de esas conservas podrían llegar a Tel-Aviv.

A nivel del derecho, la política exportadora de la cruzada logró que al comenzar la década catorce países del mundo tuviesen en vigor la pena capital para delitos relacionados con drogas, y que esos países fuesen en su mayoría los de regiones tradicionalmente productoras. Presionada por los americanos, Nigeria puso en vigor la prisión perpetua para el cultivo de cáñamo, y la pena de muerte para casos de tráfico considerable con esta droga[26]. También Polonia se sumó a esta lista, aunque sea una excepción entre los países del bloque soviético[27]. De hecho, si algo se observa con claridad a partir de este momento es que entre Rusia y Estados Unidos cesan las suspicacias a nivel farmacológico. Arrastrando a sus respectivos satélites, ambos participan generosamente no sólo en el esfuerzo por vencer la «adicción», sino en exportar a los demás del planeta las medicinas

26.- *Cfr.* Beristam, 1974, pág. 100.
27.- *Cfr.* Ancel, 1968, pág. 66 bis.

alternativas. Opuestos formalmente en tantos aspectos, las drogas legales y las ilegales son idénticas en ambos imperios. Los usuarios de estas últimas son objeto de idéntico tratamiento; si ponen su psiquismo en manos de la autoridad obtendrán «agentes antidepresivos» y «agentes sedantes», y si aspiran a la automedicación serán psicópatas desalmados, que necesitan un cambio de personalidad psiquiátricamente impuesto. En Checoslovaquia, que antes del Convenio de 1971 era uno de los países más avanzados del mundo en terapias con LSD, el remoto eco de los *happenings* californianos liquida de raíz las investigaciones.

Sólo cinco entre las quince repúblicas de la URSS sancionan penalmente el simple uso de alguna droga ilícita, pero en todas es obligatorio el internamiento hospitalario por períodos que van desde dos años a perpetuidad, como acontece en Georgia[28]. Hace poco los periódicos occidentales dieron amplia publicidad a la carta de una ucraniana —publicada en *Pravda*— que se quejaba de la falta de «centros especializados» para este tipo de tratamientos; la mujer aclaraba que uno de sus hijos había muerto por pasar casi doce años en instituciones penales y hospitalarias «ineficaces para curar su adicción al cáñamo». Que semejante protesta llegase al periódico oficial ha sido interpretado como parte de la renovación en curso, y también como un indicio de crecientes problemas de resistencia pasiva en la población, sobre todo desde la invasión de Afganistán. Pero el problema de criminalidad colateral —delitos cometidos por «adictos» para poder adquirir droga— era todavía mínimo a principios de los años setenta[29].

Desde el estallido de la contestación psicodélica, el mero uso o tenencia —sin presunción de ser «tenencia para el tráfico»—, pasó a ser delito grave en varios países europeos y americanos. Aunque es-

---

28.- *Cfr.* Zdravomislov y otros, 1970, pág. 579.

29.- En 1970 y 1971, por ejemplo, el número de acusados por tráfico sólo llegó al 0,3 por 100 del total, y los acusados por tenencia o producción al 0,1 por 100 del total.

candalizara a algunos jurisconsultos[30], eso prescribió la ley alemana, y lo mismo se aprueba en Brasil y Portugal con respecto al «vicio es entorpecedor», provocando muy semejantes reparos entre algunos penalistas[31]. En Francia, el Código de la Salud Pública de 1970 determina que quien consuma estupefacientes «puede quedar exento de pena si acepta el régimen de tratamiento»; una de sus particularidades es distinguir entre el tráfico ilícito de sustancias venenosas (castigado con prisión menor) y el de sustancias psicotrópicas (castigado con prisión mayor). En el área no occidental el uso suele estar menos castigado que el tráfico o la fabricación, aunque lo decisivo sea la «implicación» en asuntos semejantes. El *Misuse of Drugs Act*, vigente en Singapur desde 1973, contempla como pena subsidiaria al encarcelamiento la flagelación con cinco o diez golpes de *rotan*[32].

1. El acuerdo farmacrático Este-Oeste

Dentro de esta general agravación para las medidas represivas, que se observa desde el brote de rebeldía acontecido a mediados de los años sesenta, es conveniente seguir de cerca lo que acontece con el mercado de las drogas-medicina, tanto aquellas incluidas en regímenes de favor por el Convenio sobre Sustancias Psicotrópicas de 1971 como las que lograron evitar su inclusión allí. Faltando datos oficiales sobre producción de estas segundas, cuanto cabe decir es que la elaboración de los principales específicos —*Valium, Rohipnol, Tranxilium, Meleril*, etc.— está básicamente en manos de multinacionales farmacéuticas.

Por lo que respecta a las sustancias psicotrópicas en sentido legal, el estado de cosas resulta instructivo. El bloque soviético produce una parte muy considerable de fármacos incluidos en las Listas

---

30.- *Cfr.* Kaiser, 1973, pág. 247 y ss., y Jeschek, 1972, pág. 636.

31.- *Cfr.* Fayet de Souza, 1971, págs. 72 y ss.

32.- *Cfr.* Kohn, 1972, pág. 53.

II, III y IV, no sólo como consumidor sino fundamentalmente como exportador al Tercer Mundo y a otros países. Por ejemplo, a la República Democrática Alemana le incumbió elaborar el 80 por 100 delas «necesidades lícitas» de anfetamina en el mundo[33]. Hungría se convirtió en el gigante planetario de hipnóticos no barbitúricos; en 1977 estaba produciendo 60 toneladas de metacualona[34]un fármaco muy apreciado por jaraneros e insomnes, y vendido bajo muchos nombres (*Mandrax, Quaaludes, Torinal, Dormidina, Pallidán*, etc.). La URSS —con alguna colaboración de Polonia, Checoslovaquia y Hungría— pasó a ser el mayor productor y exportador mundial de barbitúricos (concretamente de amobarbital, ciclobarbital, pentobarbital, fenobarbital y barbital), acercándose paulatinamente a las mil toneladas, que en poder narcótico, potencial adictivo, toxicidad y lucro equivalen a diez millones de kilos de opio como el persa o turco.

La producción y exportación de las otras drogas comprendidas en las Listas II, III y IV —y sobre todo de las no incluidas en el Convenio de 1971—, correspondía a los países del bloque capitalista. Francia cubría el 20 por 100 de la producción mundial de anfetamina, y una importante proporción de la dexanfetamina, que en su porción restante correspondía a Estados Unidos. La metanfetamina quedó como un monopolio práctico de Estados Unidos, con aportaciones de Suiza, y lo mismo sucedió con la fenmetracina, en este caso apoyados por la República Federal Alemana. También a Estados Unidos se encomendó producir la parte no cubierta por Hungría de ciertos hipnóticos no barbitúricos. Dinamarca se mantuvo como elaborador casi único del meprobamato[35].

Puede decirse que desde principios de la década el acuerdo farmacrático entre los USA, la URSS y Europa estaba prácticamente a

---

33.- ONU, *Estadísticas de sustancias psicotrópicas para necesidades lícitas*, JIFE, doc. E/INCB/W15, pág. 6.

34.-*Ibíd.*, págs. 15-19.

35.- Sobre Dinamarca véase vol. II, pág. 775.

cubierto de fisuras. La eficacia de la cruzada extramuros se hizo especialmente visible en el caso de China, que empezó a producir cientos de toneladas de barbitúricos y meprobamato[36], equivalentes en potencia narcótica y adictividad a las máximas importaciones de opio impuestas en el siglo pasado por Inglaterra y sus aliados occidentales. La población era mucho mayor, pero conviene no olvidar que ya por entonces los narcóticos y estimulantes incluidos en el Convenio de 1971 eran sólo la punta de iceberg en materia de estimulantes y narcóticos efectivamente dispensados.

Este reparto por zonas de influencia fue la filantrópica oferta del mundo civilizado, para aliviar el problema de las razas aborígenes y las naciones atrasadas con sus viejas drogas naturales. Tanto como esas drogas eran una amenaza para el progreso del planeta, podía asegurarse que los fármacos sintéticos —las verdaderas medicinas— colaborarían a consolidar el avance de los países pobres sobre bases de bienestar y orden.

36.- *Cfr.* ONU-JIFE, doc. E/INCB/1985/W. 15, págs. 17-19. Concretamente, 140 toneladas de barbital, 120 de fenobarbital y 100 de meprobamato.

11

El retorno de lo reprimido (I)

> «El derecho represivo permite, como ningún otro, cerrar filas a las conciencias rectas: gracias a él, les es dado separar el trigo de la cizaña. De donde se desprende [...] que el establecimiento, imposición y ejecución de la pena se dirige, de hecho, más a la gente de orden que a los infractores de la norma».
>
> E. DUREHEIM, Las reglas del método sociológico.

En un grupo social, la medida de su propensión a la ebriedad por medios químicos es el cuanto de energía, paz o excursión psíquica demandado en cada momento de su existencia. Aunque esa magnitud puede ser afectada por el poder político —con estímulos y castigos—, no es posible realmente suprimirla sino sólo desplazarla, porque depende de condiciones sociales e individuales fijas (como desnutrición y necesidad de hacer trabajo corporal, por ejemplo, o aburrimiento y desasosiego), y no se deja apaciguar hasta verlas modificadas. Por consiguiente, toda restricción en la disponibilidad de una droga excitante, sedante o visionaria producirá el desplazamiento de sus usuarios previos —y de los que vayan surgiendo por simples transcursos del tiempo— a otras, y no sólo a otras sino a drogas *tan análogas como sea posible* a nivel del efecto. Sólo ulteriormente, por readaptarse a la etiqueta ligada con cada fármaco, comenzarán a cobrar decisivo peso los aspectos ceremoniales de dicho consumo, y las demás repercusiones aparejadas a la restricción.

La consecuencia de prohibir ciertas drogas ha sido por eso promocionar otras, y a nivel mundial se observa ante todo una extraordinaria multiplicación en el consumo de bebidas alcohólicas. El gusto por el alcohol se explica atendiendo a la amplia gama de sus efectos sobre el ánimo, que van desde la estimulación en un comienzo a la cálida desinhibición posterior y al final aturdimiento. Podrían inducirse efectos hasta cierto punto parejos con otras drogas o combinaciones de drogas, pero ninguna ha llegado a ofrecerse con parejas facilidades y tan persistente promoción. Como durante el siglo xx los intentos de ilegalizar la bebida se restringieron a los años de vigencia de la ley Seca en Estados Unidos, y a un esfuerzo finlandés —todavía más breve— para sustituir vinos y licores por cerveza, es indudable que si no voluntaria sí al menos *objetivamente* la persecución de otras drogas favorece una ebriedad de alcohol, aderezada con café y tabaco. Al iniciarse los años setenta, sin contar con las fermentaciones y destilaciones hechas por campesinos para consumo propio, la producción mundial de vino embotellado alcanzó 30.000 millones de litros, la de cerveza 70.000 millones y la de licores unos 20.000[1]. Eso otorgaba a cada uno de los terráqueos entonces vivos 34 litros de bebidas alcohólicas por año, junto con unos mil cigarrillos y una docena de kilos de café y té.

Pero el alcohol, a pesar de su ductilidad, no basta siempre para colmar todas las aspiraciones, pues la restricción de una droga no sólo provoca un aumento en el consumo de otras, sino en el de drogas tan análogas a ella como sea posible. Si la paz farmacrática se basaba en el fácil acceso a opiáceos y estimulantes sintéticos, las limitaciones que comienzan con la Convención de 1961 y culminan en el Convenio de 1971 estaban llamadas a provocar un claro aumento en la demanda de productos afines. Con todo, los productos afines por excelencia eran precisamente los imitados desde los años treinta por sedantes y excitantes sintéticos, esto es: opiáceos naturales y cocaína. Cuando para los occidentales empezó a no ser tan sencillo obtener en las farmacias los sucedáneos del opio y sus derivados, y los sucedáneos de la cocaína, cabía sospechar que se produciría un

---

1.- *Cfr.* U. N., *Statistical Yearbook*, 1970, pág. 225.

marcado incremento del interés por los originales en cuestión. Había ya un mercado legal alternativo con nuevos fármacos de paz (los «tranquilizantes») y nuevos fármacos de energía (preparados a partir de cafeína, catina, etc.), todavía no sometido a restricciones, pero la readaptación exigía algo de tiempo, y en el ínterin el terreno estaba abonado para el retorno de las viejas drogas infernales.

Por otra parte, contribuía vigorosamente a ello la batalla contra sustancias visionarias, que debilitó la credibilidad de los criterios farmacráticos oficiales en grandes sectores de la población. Por si eso no fuese bastante, a nivel gubernativo el regreso de la heroína pareció a muchos algo casi deseable, capaz de desactivar posiciones relacionadas con resistencia civil a órdenes de reclutamiento militar, apoyo a la política de los derechos civiles y generalizado desafío a la autoridad.

I. La heroína otra vez

En 1972 el Fiscal General Adjunto de los Estados Unidos, M. L. Ambrose, reconoció que si bien el problema de la LSD seguía siendo gravísimo no era el único desafío al que se enfrentaba la sociedad americana. Aprovechando que las fuerzas del orden concentraban sus esfuerzos contra las huestes psiquedélicas, aparecía una nueva e imprevista amenaza. De acuerdo con sus propias palabras:

> «En 1960 la Oficina Federal de Estupefacientes calculó que teníamos una cantidad de adictos próxima a los 50.000. Actualmente se considera que la cifra es de 560.000»[2].

Durante la década transcurrida, la administración federal americana había gastado unos mil millones de dólares anuales en «repre-

---

2.- *Syracuse Herald Journal*, 17-11-1972, pág. 2.

sión y rehabilitación», montando también un sistema de alarma —el llamado DAWN[3]—distribuido por todo el territorio para detectar cualquier abuso de estupefacientes. En el lugar con más heroinómanos por metro cuadrado —Nueva York—, el gobernador N. Rockefeller había completado los generosos fondos federales con la más fabulosa dotación conocida hasta entonces para hacer la «guerra a la droga», que implicaba añadir mil doscientos cincuenta millones más cada año, dentro de un plan quinquenal[4]. Precisamente en 1973 declaraba M. R. Sonnenreich, cabeza de la Comisión Nacional sobre Abuso de Drogas, que «nos hemos convertido —a falta de término mejor— en un complejo industrial montado sobre la toxicomanía»[5]. Pero esas iniciativas no habían logrado evitar que por cada 10 adictos de aguja en 1961 hubiese 125 en 1971. Con una década de retraso aproximadamente, se observa el mismo proceso en países europeos; en España, por ejemplo, donde había a principios de los setenta 884 adictos, todos personas de mediana edad, mantenidas por suministros legales y sin una sola incidencia delictiva[6], a principios de los ochenta hay algo más de 100.000, responsables —según el ministro del Interior— de la mayoría de los delitos cometidos[7].

Ante los resultados que ofrece el emporio surgido para prevenir, reprimir y rehabilitar, los asesores de Rockefeller —responsables del plan— hablan de «un revés imprevisible en la incansable batalla», y proponen un segundo plan, ahora bienal, «que mantenga una supervisión más estrecha de sus medidas». Antes de que se ponga en marcha, el Departamento de Policía de la ciudad reconoce que se han «perdido» en sus dependencias alijos de heroína y cocaína valorados en varios millones de dólares, y soporta estoicamente el chaparrón de la prensa, que no vacila en llamar «traficantes» (*pushers*) a sectores

---

3.- Siglas de *Drug Abuse Warning Network* («Red de Alarma para Abuso de Drogas»).
4.- *New York Times*, Editorial, «Governor's Plan on Drug Abuse», 2-2-1973, pág. 13.
5.- Sonnenreich, en *Vilanova Law Review*, mayo 1973, pág. 15.
6.- *Cfr.* Baselga, 1974, pág. 94.
7.- Datos de la Brigada Central de Estupefacientes; *cfr.* Laraña, 1986, pág. 93.

del Cuerpo[8]. Manteniendo el paralelismo, poco después de aprobarse en España el ambicioso Plan Nacional Antidroga cesa el Fiscal General para estos asuntos, por desavenencias con las fuerzas represivas:

> «El hecho de que el fiscal trasladara varios expedientes a las audiencias provinciales en varias poblaciones sobre la presunta implicación de funcionarios de policía en la *desaparición* de droga decomisada a traficantes parece que colmó el vaso de las discrepancias entre la policía y él»[9].

1. Causas concretas del auge

Por razones que probablemente no se conocerán nunca hasta sus últimas ramificaciones, Estados Unidos y Europa reciben desde 1964 a 1972 aproximadamente suministros de heroína barata y pura o casi pura, como no se habían visto desde los años cuarenta y como no volverían a verse. Se trataba de heroína blanca, altamente refinada, y en Europa quienes disponían de ella eran sobre todo franceses, vinculados al clan corso-marsellés, mientras en Estados Unidos parecía detentada por grupos ligados al sindicato gangsteril. A principios de los años sesenta la heroína era una droga poco codiciada, pues quienes deseaban permanecer dentro del orden usaban opiáceos de farmacia, y los contestatarios sentían un desprecio olímpico hacia toda suerte de narcóticos.

Sobre su valor de cambio en el mercado entonces habla elocuentemente el jefe de la Brigada Central de Estupefacientes española, al indicar que el kilo de heroína valía en 1969 unas 300.000 pesetas, y el de haschisch de 100,000 a 200.000[10]. Diez años más tarde esta proporción de tres a uno y medio se habrá convertido en una proporción

---

8.- *New York Times*, Editorial, «Police as Pushers», 21-12-1973, págs. 1-32.

9.- *El País*, Redacción, 29-11-1983, pág. 15.

10.- *Cfr*. Mato Reboredo, 1969, pág. 40.

real (descontando la adulteración) de 400 a 1,5 aproximadamente. Cosa similar puede decirse de Estados Unidos diez años antes.

La pasividad inicial de las fuerzas represivas americanas se pone de relieve teniendo en cuenta que la red DAWN estaba funcionando desde 1965, y a partir de ese año hasta 1970 sus ramificaciones indicaban un incremento muy rápido. En 1968, por ejemplo, los mecanismos de notificación del sistema indicaban que se habían reclutado 158.000 nuevos miembros para la iglesia de la aguja, y en 1970 que los iniciados durante el año eran 248.000[11]. Sin embargo, las detenciones y capturas mostraban una clara preferencia por las drogas psiquedélicas. La lentitud con que la Fiscalía General americana lanza sus señales de inquietud no es sino el reflejo de la situación allí; en 1978, cuando la red DAWN indica que hay 584.000 heroinómanos trotando varias veces al día las calles en busca de dinero para conseguir su dosis[12], la policía realiza 445.000 arrestos relacionados con marihuana[13] y menos de una quinta parte de servicios relacionados con todas las otras drogas juntas[14]. En realidad, ya desde 1967 se produjeron los primeros casos de algo que en lo sucesivo no dejaría de repetirse ocasionalmente. Los *black panthers* recurrieron a la policía neoyorquina para detener a cinco traficantes que vendían heroína anormalmente barata en ciertos barrios negros, y la sorpresa vino al descubrir que los cinco eran agentes del FBI[15]; sin embargo, aunque fueron sometidos a proceso y expulsados del cuerpo ninguno declaró lo que E. Cleaver mantuvo: que usaban la droga como medio para neutralizar el radicalismo.

Cabe poner en duda esta pretensión, pero no que vendiesen heroína y fueran agentes federales. Si los usuarios de marihuana preocupaban en principio más que los *junkies* se debía a un complejo de

---

11.- Sobre las cifras de Resultados Globales del DAWS-SMSA, *cfr.* Comas, 1986, pág. 67.

12.- *Cfr.* Comas, 1986, pág. 67.

13.- *Cfr.* Grinspoon y Bakalaar, 1982, pág. 101.

14.- *Ibíd.*

15.- *Cfr.* Behr, 1981, pág. 176.

factores, donde lo político se atempera con lo económico y profesional. Con una onza de marihuana puede vivir un día el cultivador y, a duras penas, un revendedor; con una onza de heroína viven una semana veinte personas. Además, el círculo de quienes rodean a la heroína —por la propia mística *del junkie*—, facilita operaciones de «infiltración» y un alto control policial a través de informantes, pagados con droga y patente de corso, que devuelven el obsequio con periódicos «servicios» o delaciones. El heroinómano-tipo no quiere cambiar el mundo sino más bien borrarlo de la existencia, mientras los usuarios de marihuana cuestionaban en su base misma el régimen vigente; sus características reducían drásticamente el número de personas que por unos medios u otros pueden vivir de la droga ilegal, porque con ellos como única epidemia no se vislumbraba la posibilidad de que los puros represores fuesen complementados por una corte de confidentes, terapeutas y reeducadores. Era un grupo vinculado a una forma de contestación nada rentable para la disuasión y el tratamiento institucional, mientras el de los heroinómanos admitía ser tratado como algo a caballo entre la sabandija y la pobre víctima, satisfaciendo a un tiempo las premisas del prohibicionismo puro y las del terapeutismo. Por último, la adicción podía exportarse a zonas pobres y por eso mismo conflictivas, convirtiendo una potencial explosividad política de *guettos* y suburbios miserables en problema de «inseguridad ciudadana» que, como dijo Beristain, restablece una solidaridad social debilitada, desvía la atención de otros problemas y crea admiración hacia quienes combaten contra los adversarios del bien común[16].

a) **La situación en el sudeste asiático**. Pero a este conjunto de razones —o pretextos— es preciso añadir como factor probablemente decisivo, no sólo para Estados Unidos sino algo después para Europa, la guerra de Vietnam. Prescindiendo del sentimiento de de-

---

16.- *Cfr.* Beristain, 1974, págs. 78-79.

solación y miedo que participar en ese conflicto inspiró a muchos norteamericanos —hasta el extremo de conseguir que un número indeterminable de individuos recurriese al salvoconducto de hacerse heroinómano—, el influjo del conflicto de Vietnam en el tráfico de heroína parte de fundamentos mucho más concretos.

Desde 1949 los servicios de inteligencia americanos apoyaban los restos de unidades militares anticomunistas chinas refugiadas en el Triángulo Dorado, avituallándolas con líneas aéreas montadas por la CIA y cerrando los ojos a su verdadera ocupación allí, que no era tanto combatir a Mao como cobrar impuestos a los moradores originales (pueblos montañeses de las etnias meo y yeo), pagados desde el principio en opio. Cuando la retirada francesa de Indochina sugirió a Estados Unidos adoptar la posición de nueva potencia colonial, el valor «estratégico» de los mercenarios que pomposamente se denominan Tercer Ejército del Kuomingtang y Ejército Shan Unificado (en realidad, formados y dirigidos ambos por jefes chinos casi indiscernibles, pues se llaman de un modo cuando están en unos territorios y de otro cuando se desplazan)[17], pasó a considerarse «vital». Desde ese momento la política de cerrar los ojos se convirtió en política de colaboración, con dos consecuencias inmediatas: que los transportes aéreos no sólo comprendían el traslado de mercancías desde otros puntos al Triángulo, sino desde allí a otros puntos, y que serían toleradas refinerías para el opio local. En otras palabras, los aviones no sólo repostarían agua, sino cargamentos de heroína pura con destino a Saigón, Bangkok, Phnom Pehn y otros puntos donde fuese preciso abastecer a leales anticomunistas, como el general Phao que estaba al frente de la policía tailandesa, o el hermano del dictador Ngo Dihn Diem[18]. El grueso de las expediciones seguía llegando por tierra a Chiang Mai, en el norte de Tailandia, pero el sistema de envíos urgentes servía para casos de este tipo y para desplazamientos más largos.

17.- *Cfr.* Mills, 1987, pág. 1095.
18.- *Cfr.* Kwitny, 1988, pág. 50.

Años después el director para Extremo Oriente de la *Drug Enforcement Administration* (DEA), J. J. O'Neill, declaró respecto de una de esas compañías aéreas: «Negociaban con el Kuomingtang, y el Kuomingtang se dedicaba a la heroína. No tengo dudas de que Air America fue utilizada para transportar heroína»[19]. También J. Nellis, senador y miembro del Comité del Congreso sobre Estupefacientes, ha declarado hace poco —no entonces— que «la CIA ayudó efectivamente a traer heroína muy fuerte y barata de Vietnam desde los Estados Shan, en el norte de Birmania, a cambio de radioescuchas y espionaje»[20]. El jefe de la CIA en Saigón entonces era W. Colby, luego director general del organismo, cerebro de la sangrienta Operación Fénix —responsable de ejecutar a unos cuarenta mil civiles sudvienamitas por «revolucionarios»— y persona de quien podremos hablar más adelante como abogado asesor de un curioso banco, metido también en alto tráfico de drogas[21]. Hacia 1970, como en la actualidad, el Triángulo cultivaba todo cuanto permitían esos agrestes parajes, con un rendimiento medio anual próximo a las quinientas toneladas de opio[22], mientras campesinos en el resto de Indochina eran encarcelados o fusilados por hacer lo mismo. Como dijo uno de los portavoces del gobierno americano en Saigón, los meos y yeos tenían sobre ellos la ventaja de ser «pro-occidentales, heroicos y aliados»[23], Unos merecían expoliación de tierras y deportaciones, lo mismo que otros buenos fosfatos y medallas.

Para 1972 el 60 por 100 del cuerpo expedicionario norteamericano destinado en Vietnam fumaba marihuana tailandesa, y el 20 por 100 usaba regularmente heroína[24]. El mando militar era tan consciente de ello que hacía pasar las unidades de Vietnam por «cuaren-

---

19.- O'Neill, en Kwitny, 1987, pág. 51.

20.- Nellis, en Kwitny, 1987, pág. 51.

21.- Colby fue cesado por el presidente Ford, debido a un asunto de escuchas ilegales. Le sustituyó al frente de la CIA un hombre de su confianza, G. Bush.

22.- *Cfr.* Behr, 1981, pág. 213.

23.- En Kwitny, 1988, pág. 50.

24.- *Cfr.* Behr, 1981, pág. 170.

tenas» en Europa y otros continentes (sobre todo Australia), antes de permitir su regreso a casa. Parece que en buena medida fueron algunos de estos soldados quienes montaron las primeras redes independientes —no ligadas a mafias dirigidas por la central corso-marsellesa— para distribuir heroína en Alemania, Italia, Inglaterra, Bélgica, Holanda y España[25]. La preocupación del Estado Mayor americano quedó de manifiesto al poner en marcha la Operación Flujo Dorado —nombre suave para designar un programa de análisis de orina masivos que costó cincuenta millones de dólares— a fin de distribuir mejor esas cuarentenas entre las distintas unidades[26]. Por entonces la católica *Ramparts* denunciaba envíos hechos desde Vietnam a la base aérea de Norton (California) usando como vehículo cadáveres de soldados repatriados, que se abrían y cargaban en origen con unos veinticinco kilos por cuerpo.

En su articulado conjunto, la operación por la cual el gobierno americano no sólo llegó a promover el tráfico de heroína, sino a tomar medidas para que ese tráfico permaneciera secreto, fue narrada con fantástico lujo de detalles por A. McCoy, profesor de historia de Asia que durante algún tiempo colaboró como experto de la propia CIA[27]. Aclamado hoy como un clásico, el libro era demasiado extenso y meticuloso para convertirse en un *best-seller*, y demasiado grave en sus puntualizaciones para que un ciudadano bienpensante osara estudiarlo. A grandes rasgos, la justificación del asunto era financiar grupos y movimientos leales a América, obteniendo con el tráfico de drogas y armas los recursos que el Congreso denegaba —o previsiblemente denegaría— al Ejecutivo para llevar adelante la imprescindible «guerra sucia». Una vez puesto en marcha el mecanismo, los cebos económicos ayudaron a limar escrúpulos particulares. También por estas fechas la CIA tenía varios colaboradores dirigiendo el

---

25.- *Cfr.* Behr, 1981, pág. 171.

26.- *Cfr.* Fort, 1981, pág. 15.

27.- McCoy, 1972.

gran tráfico de cocaína, como veremos en su momento. Todos ellos eran, desde luego, «fervorosos anticastristas».

2. El resultado de los primeros sondeos nacionales

Cuando el sistema de señales indicó que unos trescientos mil americanos habían sido iniciados en un año a la heroína, concretamente en 1970, el Congreso americano instó la formación de un cuerpo asesor llamado *National Commission on Marihuana and Drug Abuse*, para investigar el estado de cosas e informar al ejecutivo y al legislativo, así como para sugerir soluciones prácticas. Como integraban esa comisión algunos farmacólogos y científicos sociales de prestigio, refractarios a presiones, la administración Nixon tuvo la prudencia de crear simultáneamente la *Special Action Office on Drug Abuse Prevention*, poniendo al frente de ella a un hombre de su entera confianza, el psiquiatra J. H. Jaffe, que para la prensa se convirtió en el nuevo «Zar de la droga». Jaffe era una síntesis de prohibicionismo robusto y terapéutico, que se apoyó en M. Nyswander —una colega de los años cincuenta— para preconizar a nivel nacional e internacional la metadona como alternativa. Al igual que ésta, consideraba la heroína como un paraíso instantáneo y perfecto, pues «la intensidad de ese placer (la inyección intravenosa) excede probablemente la de cualquier otro conocido por los no adictos»[28].

El nombramiento de dicho colaborador resultó providencial, pues la Comisión actuó como se temía, proponiendo un replanteamiento de toda la política vigente en materia de drogas. Sólo la alternativa metadona permitió —tanto al Congreso como a Nixon— tildar sus consejos de «liberalismo trasnochado» (*outdated laissez-faire*). En efecto, la Comisión se tomó en serio el trabajo de informar a los poderes públicos sobre el consumo de drogas en los Estados Unidos, y propuso un gran número de cuestionarios donde se consultaba al

28.- Nyswander, 1956, pág. 98.

azar, cuidando de conservar el anonimato en los interrogados, qué drogas habían tomado *la última semana*. Sus resultados, que sembraron un agudo desconcierto, fueron los siguientes[29]:

TABLA 3. Resultados del sondeo realizado en 1970 entre la población de Estados Unidos sobre las drogas consumidas lo última semana.

	Adultos	Adolescentes (12 a 17)
Alcohol	78.080.220 (53%)	5.977.200 (24%)
Tabaco (cigarrillos)	53.114.120 (38%)	4.233.850 (17%)
Marihuana	22.363.840 (16%)	3.486.700 (14%)
Sedantes con receta	13.977.400 (10%)	1.494.300 (6%)
Psicoactivos venta libre	9.784.180 (7%)	1.396.400 (6%)
Estimulantes recetados	6.988.700 (5%)	966.200 (4%)
Psiquedélicos mayores	6.429.604 (5%)	1.195.440 (5%)
Cocaína	4.472.768 (3%)	373.575 (2%)
Inhalantes	2.935.254 (2%)	1.593.920 (6%)
Heroína	1.817.067 (1%)	149.430 (1%)

Al fin el país disponía de un cuadro amplio y pormenorizado a la vez sobre preferencias farmacológicas. Sin embargo, desde la perspectiva de la Mayoría Moral prácticamente todo era inaceptable. Para empezar, ni el alcohol ni el tabaco ni las medicinas recetadas o vendidas en las farmacias sin receta eran «droga». Más inaceptable aún —manifiestamente «increíble» a nivel oficial— resultaba que psiquedélicos mayores y menores (cáñamo) hubiesen sido consumidos en los siete días previos al sondeo por el 21 por 100 de la población adulta y el 20 por 100 de la adolescente; un porcentaje semejante sobre la población total igualaba o superaba el número de votos obtenido en la mayoría de las elecciones por el partido per-

---

29.- *Cfr.* Fort, 1981, pág. 90.

dedor (republicano o demócrata), desbordando con mucho el de cualquier otra «minoría cualificada» existente en el país.

En cuanto a la heroína, los casi dos millones de adultos usuarios durante la semana anterior simplemente no podían ser reales. En efecto, o bien había dos millones de adictos, o bien sólo una cuarta o quinta parte de ese número —la detectada por el sistema DAWN— «abusaba» del fármaco, mientras tres cuartas o cuatro quintas partes sencillamente lo usaban de modo ocasional. ¿Quién podía pretender que hubiera usuarios ocasionales de heroína? ¿No era una droga irresistiblemente adictiva? Puestos a negar, era mejor seguir negando la posibilidad de *uso* (afirmando como única posibilidad el *abuso*) que negar el número de consumidores, y fue en ese preciso momento cuando Jaffe sugirió a Nixon no ponerse a la defensiva, sino lanzar un contraataque en todos los frentes. Lo primero era promover «métodos más positivos de tratamiento y rehabilitación», hubiese los millones que hubiese de adeptos a la heroína y fuesen o no adictos propiamente dichos, con ayuda del *Drug Abuse Treatment Act*. Lo segundo era aumentar la represión sobre el consumo contracultural de drogas, montar algunos servicios espectaculares e insistir en el concepto de «guerra a la droga en todos sus reductos».

El servicio espectacular fue ofrecer como rápida solución al problema de la heroína el golpe de Estado contra el presidente Demirel (inspirado y sufragado por la CIA, como es de dominio público), que poniendo al país en manos de generales aseguraba el fin de las plantaciones turcas de adormidera. Con admirable cinismo, Nixon declaró en un programa televisivo que el 90 por 100 de la heroína consumida por el país provenía de Marsella y Turquía, cosa aceptada por toda la prensa a excepción del *Washington Post*. Ni siquiera *La política de la heroína en el sudeste asiático*, el libro de McCoy, aparecido el año mismo de su declaración ante las cámaras, suscitó aclaraciones o investigaciones oficiales. Meses después se publicaba *Mercaderes de la muerte*, libro de una periodista becada y asesorada por una organización llamada Congreso para la Libertad Cultural, donde todo sucedía a la inversa: el Kuomintang luchaba con todas sus fuerzas contra el cultivo de opio en Asia, mientras los comunistas chinos y vietnamitas lo cultivaban para subvertir el mundo libre; mermó algo su credibilidad el hecho de que el CLC —un simple despacho en Ginebra— resultase estar directamente vinculado con la CIA[30]. Otro organismo patrocinado por la Agencia —la Liga Anticomunista Mundial— había publicado en mayo de ese año un libro-folleto llamado *Confabulación de los comunistas chinos para narcotizar al mundo.*

Pero los sondeos a gran escala volverían a perturbar el tranquilo convencimiento prohibicionista. Siete años después de que la *National Commission* entregue sus inadmisibles resultados y recomendaciones (mantenimiento en heroína, abandono de los estereotipos sobre el cáñamo, restablecimiento de la posibilidad de investigar médica y científicamente con LSD y sus afines, etc.), el *National Institute for Drug Abuse* (NIDA) hizo público otro, presentando los datos por porcentajes de la población total. Los resultados fueron[31]:

Tabla 4. Resultado de un sondeo sobre el consumo de drogas en Estados Unidos realizado en 1977.

Adolescentes	*Alguna vez*	*Mes previo*
Alcohol	53%	31%
Tabaco (cigarrillos)	47%	22%
Marihuana / Haschisch	28%	16%
Sedantes con receta	7%	2%
Estimulantes recetados	5%	1%
Psiquedélicos mayores	5%	2%
Cocaína	4%	1%
Inhalantes	9%	1%

30.- *Cfr.* Behr, 1981, pág. 170.
31.- *Cfr.* Fort, 1981, pág. 91.

Heroína	1%	—
Otros opiáceos y metadona	6%	1%
Jóvenes	*Alguna vez*	*Mes previo*
Alcohol	84%	70%
Tabaco (cigarrillos)	68%	47%
Marihuana / Haschisch	60%	28%
Sedantes con receta	31%	5%
Estimulantes recetados	21%	2%
Psiquedélicos mayores	20%	2%
Cocaína	19%	4%
Inhalantes	11%	—
Heroína	4%	—
Otros opiáceos y metadona	13%	1%
Mayores	*Alguna vez*	*Mes previo*
Alcohol	78%	55%
Tabaco (cigarrillos)	67%	39%
Marihuana / Haschisch	15%	3%
Sedantes con receta	6%	1%
Estimulantes recetados	5%	1%
Psiquedélicos mayores	3%	—
Cocaína	3%	—
Inhalantes	2%	—
Heroína	1%	—
Otros opiáceos y metadona	3%	—

a) La proporción de usuarios y adictos. La ventaja de este sondeo sobre el previo fue mostrar la difusión del consumo de opiáceos sintéticos y metadona, que superaba los veinticinco millones de usuarios ocasionales («alguna vez») y los dos millones de consumidores más frecuentes («mes previo»). En semejantes condiciones, el consumo de heroína no podía sino decrecer, y para la categoría de consumidor más frecuente —mes previo— ninguno de los grupos de edad alcanzó la cota del 1 por 100 (establecida en algo más de un millón para el grupo de los adultos jóvenes y para el de los adultos mayores, y en unos 150.000 para los adolescentes).

Sin embargo, los datos volvían a mostrar la falta de una correlación alta o siquiera discreta entre uso de esa droga y adicción. Para ser exactos, el 5 por 100 de todos los adultos y el 1 por 100 de los adolescentes en general —una cifra próxima a los ocho millones de pesetas— declaraba haber tomado heroína «alguna vez». Por su parte, los cálculos del sistema DAWN y la policía sobre heroinómanos no alcanzaban en 1977 el medio millón. Eso significaba que sólo el 6,2 por 100 de quienes habían consumido el fármaco ocasionalmente habían llegado a consumirlo asiduamente.

Yendo un poco más al fondo, los cálculos del DAWN (basados sobre ingresos en hospitales y casos de hepatitis B fundamentalmente), eran fiables hasta cierto punto, mientras los de la policía podían considerarse «hinchados» en virtud de bastantes razones. La escueta realidad era que en 1977 estaban sometidas a tratamiento de desintoxicación tan sólo 14.746 personas[32] del medio millón. Eso no se debía a faltar camas en clínicas, ni terapeutas dispuestos a ofrecer opiáceos sustitutivos o buenos argumentos en favor de la templanza, sino a que los demás individuos reputados «adictos» no cooperaban con la curación ofrecida, más allá del período de su reclusión forzosa en cárceles o psiquiátricos.

En sentido estricto, esas 14.746 personas eran las que dependían de la falta de disponibilidad del fármaco para no caer en tentaciones. Pero ese número representaba el 2,9 por 100 del total de heroinómanos calculado entonces por las instituciones públicas y —cosa mucho más significativa— el 0,18 por 100 del número de los americanos que declaraba haber consumido heroína en alguna ocasión. Como no hay motivo racional para dudar de este último dato (si acaso para creer

---

32.- *Cfr.* Kozel, 1985; en Comas, 1986, pág. 66.

que algunos de los encuestados negó haber usado la droga a pesar de haberlo hecho), la política oficial en materia de heroína apoyaba al 0,18 por 100 de sus consumidores, que representaban aproximadamente el 0,0018 por 100 de la población del país. Para defender a ese porcentaje del cuerpo social, único conforme con el tratamiento ofrecido, el país tenía montado un costosísimo sistema de disuasión y rehabilitación que promovía la principal fuente singular de delitos.

En 1979, dos años después, se realizó un nuevo sondeo en todo el territorio —el *National Survey on Drug Abuse*— cuya principal novedad fue suprimir la mención a opiáceos sintéticos, que tan escandalosos resultados había ofrecido en el previo. Los datos sobre consumo frecuente de heroína indicaban que continuaba en declive, proporcional a los mantenidos con opiáceos sintéticos. Pero las cifras sobre usuarios ocasionales se mantenían idénticas[33]: un 5 por 100 del conjunto de adultos (8.000.000 de personas aproximadamehte) y un 1 por 100 de los adolescentes (150.000 aproximadamente). Ese año las fuentes oficiales hablaban de 420.000 adictos a la droga, y de 17.174 personas atendidas en tratamientos prolongados de desintoxicación. Seguía siendo un hecho innegable que sólo pedía ayuda institucional el 0,18 por 100 de los consumidores del fármaco, esto es, el 0,0018 por 100 de la población total.

Todos los demás, usuarios o no de drogas ilícitas, sufragaban por medio de impuestos y atropellos sufridos a manos de *junkies* el coste de la protección, tan generosamente dispensada y tan ingratamente rechazada por sus propios beneficiarios.

II. Evolución del consumo y los consumidores

Tras la etapa inicial de heroína barata y pura, que en Estados Unidos acontece básicamente a mediados de los años sesenta y en Europa

---

33.- *Cfr.* Fort, pág. 92.

algo después, el producto se encarece rápidamente. Los elementos mítico-rituales del vicio se refuerzan en justa proporción. Movidos por el deseo de anticiparse a una situación como la norteamericana, varios países europeos han adoptado medidas contra la terapia de mantenimiento, siguiendo recomendaciones hechas por Estados Unidos a través de la ONU. De modo concomitante, se forman allí estables mercados negros.

Podemos atender a dos ejemplos. En España el sistema de mantenimiento, que desde 1965 a 1970 había visto reducirse de modo drástico la población dependiente de opiáceos naturales, queda suprimido a mediados de los setenta. En 1973 no había un solo delincuente entre los adictos, que eran personas en la segunda o tercera edad. En 1974 todavía no hay un caso de atraco a farmacias para obtener alcaloides narcóticos, y las aprehensiones policiales apenas llegan a 26 gramos[34]. Cinco años más tarde las capturas se elevan a casi veinte kilos, y hay 1.900 atracos a farmacias[35]. A partir de entonces la progresión es geométrica hasta principios de los ochenta, donde el número de adictos —unos cien mil, según el Gobierno— presenta visos de remansarse. Sin embargo, su vicio parece estar en la base del 85 por 100 de todos los delitos cometidos cada año, según jueces y autoridades policiales.

En 1972, cuando Inglaterra conserva todavía el sistema de mantenimiento, el coste de la heroína en farmacia es 67 centavos de dólar el gramo[36]. En Nueva York se está vendiendo —muy fuertemente adulterada— a 100 dólares. Para los radicales americanos era un lugar común decir que el método inglés no sólo hacía ruinoso el negocio para traficantes ilegales, sino muy incómodo para la mística *junkie*; un investigador comentaba que Inglaterra no ofrecía el ambiente apropiado para manifestar su «rasgo autodestructivo»[37]. Pero el esta-

---

34.- *Cfr.* Comas, 1987, pág. 95.

35.- *Cfr.* Laraña, 1986, pág. 93.

36.- *Cfr.* Wald, Hutt y DeLong, 1972, pág. 28.

37.- Laurie, 1969, pág. 61.

do de cosas empieza a cambiar ahora, pues la puesta en práctica de la oferta con metadona induce recortes en el estatuto previo. Ya desde 1973, «la cantidad que los médicos recetan a los nuevos pacientes es tal que el sistema no puede considerarse justificadamente como un sistema de mantenimiento, sino como un sistema orientado a la abstinencia»[38]. A finales de la década el país se enfrentaba con un número de adictos prácticamente igual al de otros países en términos proporcionales. Al percibir el brusco aumento en el número de adictos, y el profundo cambio experimentado por esta condición (antes pacífica y luego criminal, antes higiénicamente soportable y luego calamitosa) la revista *Lancet* deploró el cambio y argumentó a favor del viejo sistema; también algunos médicos presentaron comunicaciones en tal sentido a la IV Conferencia Internacional sobre Abuso de Drogas[39]. Con todo, el gobierno se hallaba ya comprometido con la perspectiva norteamericana, y no dio marcha atrás.

Cabe pensar que el cambio observado en estos dos países no obedece sólo a que fuesen suprimidas las terapias de mantenimiento con morfina y heroína, o a la pretensión de imponer el uso de metadona como único narcótico admisible. Puede decirse, por ejemplo, que el retorno del «junkismo» habría tenido lugar de un modo u otro, como una moda o epidemia dependiente de factores más generales, o totalmente arbitrarios. Si nos detenemos a reflexionar sobre ello, es indudable que había factores coadyuvantes: el período inicial de droga barata y pura, el hecho de estar las policías demasiado ocupadas con marihuana y LSD, el acceso más difícil a narcóticos-medicinas, el descreimiento ante las consignas de la cruzada antidroga, el desencanto de muchos contestatarios al pasar la fiebre triunfalista inicial, el comienzo del período de austeridad inaugurado con la crisis del petróleo, etc. Sin embargo, no dejarán de ser factores coadyuvantes, mientras la subsistencia o desaparición del régimen de

---

38.- Hawks, 1974, pág. 53.

39.- *Cfr.* Bayer, 1978, pág. 300.

mantenimiento concierne a un aspecto crucial del fenómeno, que es su vertiente propiamente mítica. Mientras haya heroína en las farmacias, y los médicos puedan recetarla muy barata a quienes la soliciten, faltan los ingredientes esenciales para componer el cuadro del *dope fiend* y su mundo. Cuando la heroína desaparezca de esos lugares reaparecerá en las esquinas y descampados, alimentando con toda energía ese cuadro.

1. Las condiciones del mercado, o los beneficios de la maldición

Los sondeos habían puesto sobre el tapete la delicada cuestión del nexo que existe entre consumir la droga adictiva por excelencia y depender de ella. En realidad, habían mostrado por tres veces consecutivas que incluso en el caso de la heroína la correlación no sólo no era automática, sino tampoco alta en términos estadísticos. Esto representaba ya un serio correctivo para el estereotipo tradicional. Sin embargo, quedaban algunas otras certezas, y especialmente tres: que los etiquetados como heroinómanos consumían en efecto dicha droga; que se trataba de jóvenes, captados ingenuamente por corruptores; que morían con alguna frecuencia de sobredosis.

a) La composición del producto. Hasta 1973 las autoridades sanitarias americanas no consideraron de interés averiguar los porcentajes de heroína contenidos en las muestras incautadas por la policía en la calle. Desde ese año, hasta 1986, el análisis de lo vendido al por menor como tal droga muestra que su proporción media es del 5 por 100, siendo el 95 por 100 restante muy diversas sustancias (estricnina, etanol, quinina, opiáceos y tranquilizantes de farmacia, lactosa, borato de sodio, raticida, cacao, etc.). Concretamente, el año de máxima pureza fue 1976, con una concentración media del 6,3 por 100, y el de mínima 1980, con una concentración media del 3,8 por 100[40]. Prácticamente la misma cosa acontece en Europa, si bien las informaciones al respecto se han hecho esperar mucho más; sólo en 1987 reconoció el ministerio español del Interior que la heroína callejera rondaba el 5 por 100 de pureza media. Sin embargo, las declaraciones de un comisario-jefe de la Brigada de Estupefacientes, hechas en los sesenta, muestran que los cuerpos represivos estaban al tanto de esta circunstancia y la consideraban un mal menor:

«La droga va doblando el precio al mismo tiempo que se va adulterando, y *afortunadamente* al llegar al consumidor sólo contiene un 10 o un 15 por 100 de heroína. El resto es alguna sustancia inocua. Cuando las partidas poseen un contenido más rico en droga se producen muertes por exceso de dosis»[41].

Con el tiempo se hará sumamente dudoso que haya sustancias «inocuas» por vía intravenosa, y también que la mayoría de las muertes sean producto de «un contenido más rico en droga». En realidad, el adverbio «afortunadamente» sólo parece aplicable a los traficantes, pues la falta de un mercado legal les permite vender —con precios cinco veces superiores a los del oro— una mercancía adulterada al 95 por 100.

Pero más insólito es que ninguna autoridad oficial haya extraído las consecuencias elementales que se derivan del categórico hecho, ni se las haya dado a conocer a los ciudadanos como elemento primordial de juicio. La graduación alcohólica de los vinos oscila de 12 a 14, y la de los licores destilados de 30 a 60. Si ese porcentaje se redujera al 5 por 100, para obtener la embriaguez derivada de una botella de vino sería preciso beber tres, y para lograr los efectos de un cuarto de botella de coñac sería preciso tragar dos. Lo mismo puede decirse de cualquier droga conocida y por conocer, pues actúan por concentración de su principio activo en los tejidos orgánicos.

40.- Datos de la Tabla de Resultados Globales del NIDA; *cfr.* Kozel, 1985.
41.- Mato Reboredo, 1969, pág. 40.

Unido al silencio de las autoridades, el halo sobrenatural que rodea a la heroína tiende a velar que es preciso administrarse 40 miligramos diarios durante cuatro semanas cuando menos para contraer una leve dependencia física[42], y que la interrupción entonces provoca algo semejante a una gripe sin fiebre durante dos días. Una dependencia intensa, con un síndrome abstinencial grave, exige dos meses y dosis bastante mayores. Sin embargo, en las condiciones *reales* del mercado norteamericano y europeo, lograr esa situación de dependencia constituye una tarea titánica o, para ser sinceros, lindante con lo imposible.

Los 40 miligramos diarios de heroína, ese mínimo, requieren del usuario administrarse al día como un gramo, cuyo valor rondará los 250 dólares, y lograr una dependencia propiamente dicha —con un síndrome abstinencial agudo— demanda dos o cuatro gramos (quinientos o mil dólares diarios). Naturalmente, ningún *junkie* se acerca a esa cuantía, entre otras cosas porque moriría de inmediato debido a la enorme proporción de adulterante. El caso es que la mayoría de los adictos americanos y europeos de principio de siglo[43] se administraban dosis diarias —puras— que iban del gramo a los cinco gramos[44]. Para que alguno de sus émulos actuales pudiera administrarse efectivamente cinco gramos de diacetilmorfina (heroína), comprándola al por menor en el mercado negro, necesitaría adquirir la sideral cifra de 25, equivalente a unos cuatro mil dólares diarios.

En consecuencia, hemos de deducir que los llamados heroinómanos no consumen actualmente heroína, sino mínimas cantidades de ese cuerpo químico mezcladas con ingentes proporciones de otros cuerpos químicos. Las excepciones son verdaderos traficantes y mayoristas, que rara vez usan la droga para sí mismos.

42.- Por ejemplo, *cfr.* Kolb, 1928, pág. 177 y ss.

43.- *Cfr.* Light y otros, 1929.

44.- *Cfr.* Kolb, 1962, pág. 19, y Light, 1929, pág. 115.

b) Edad y disposición psíquica del usuario. Tampoco resulta más cierto que los llamados heroinómanos sean adolescentes corrompidos por traficantes sin escrúpulos, que regalan la droga a la puerta de los institutos de segunda enseñanza. Esto ya se lo había hecho saber al presidente Johnson una comisión que le entregó sus conclusiones insistiendo en «descartar el mito del diabólico corruptor que espera en los colegios»[45], y volvió a decírselo a Nixon la Comisión Nacional sobre Marihuana y Abuso de Drogas. Pero más irrefutables aún han sido las conclusiones del complejo sistema de notificación norteamericano, de las cuales la cuarta indica que «los usuarios de heroína, incluidos los nuevos iniciados, son en la década de los ochenta más viejos que los usuarios de las dos décadas anteriores»[46]. Para ser exactos, «tres cuartas partes de los usuarios en tratamiento había pasado ya por un tratamiento anterior», de acuerdo con la conclusión tercera.

En países que mimetizan las pautas americanas con retraso, como los europeos, la incidencia del consumo adolescente es mayor. Sin embargo, los propensos a declararse heroinómanos son un porcentaje bastante fijo del cuerpo social en todas partes —tan fijo al menos como los propensos a ingresar en organizaciones terroristas, o visitar al psiquiatra— y el factor sociológico que matiza y amplifica esa constante son los «compañeros de viaje» de la contracultura, esto es, un grupo de personas que sin compenetrarse con la psiquedelia se adhirió a ella por motivos distintos de «ampliar la conciencia», más ligados a la novedad o a ventajas colaterales. Ya al final de los años sesenta eran el sector «duro» de los desviados, y quince años más tarde —con edades entre los treinta y tantos y los cuarenta y tantos— acabarán siendo el principal mercado para la reventa de heroína.

Tal como este grupo conoce por experiencia propia la sustancia barata y pura que entró a toneladas antes de convertirse en mero

---

45.- President's Commission, *Narcotis and Drug Abuse*, 1967, pág. 146.
46.- *Cfr.* Comas, 1986, pág. 66.

símbolo, los adolescentes carecen de término comparativo y se identifican por completo con el cliché social imperante. Tanto en Estados Unidos como en Europa son el sector que consume la droga adulterada hasta sus últimos límites, y el que mediante robos dentro de la familia o en establecimientos públicos sufraga el negocio. Su constelación psicológica difiere poco de la expuesta en los años cincuenta por Burroughs o Trocchi —que también consumían sucedáneos en buena medida—, si bien se apoya en la transición del prohibicionismo clásico al terapeutismo contemporáneo para presentar con más intensidad su vertiente de victimación.

Al igual que el *junkie* de los años cincuenta, el contemporáneo preferirá inyectarse agua con leves rastros de morfina y buscar afanosamente cada día cuatro o cinco dosis a disponer del alcaloide puro en forma de supositorios, por ejemplo, porque su vicio es un papel capaz de conferir identidad social e individual, y poco tiene que ver con la dependencia orgánica de un alcaloide determinado. A partir de los años setenta ya no se limita a los guettos de las ciudades, o a pequeños grupos de músicos y literatos, aunque siga teniendo su masa de apoyo en los sectores sociales menos favorecidos. Casi todas las familias tienen ya alguien que corteja el paraíso prohibido, a quien los demás esconden como a un apestado y protegen como a un paralítico, pagando fortunas para que se cure en instituciones donde todo salvo el cobro es deficitario. Ofuscado vengador de injusticias sociales, raciales y morales —entre las que destaca la homosexualidad—, se arma con la simbólica azagaya de la hipodérmica para intimidar a unos represores que en realidad viven muy bien de él.

Su vicio es un salvoconducto para declararse inimputable de cualquier vileza, y a cualquier vileza le empuja un mercado donde en vez de una sustancia apaciguadora obtiene bicarbonato o matarratas a precios astronómicos, inducido a hacerse informante policial y traficante callejero para acabar de cumplir su rol. Con él resucitan los ritos de la misa negra, el beso infernal y la adoración de espíritus sulfurosos, concentrados en la truculenta ceremonia periódica de no encontrarse la vena, traicionar a los suyos, robar o matar por dinero, incumplir todos los dictados de la buena fe y la razón. Le conviene hacerlo, porque mientras así sea los tribunales le considerarán pobre víctima. El rito iniciático a la cofradía sigue siendo el «mono» o *cold turkey*, cuyo número atesora cada miembro como el vaquero del cine muescas en las cachas de su revólver, inventario de los duelos vencidos; y, en efecto, junto a las inhumanas condiciones impuestas para la satisfacción de un hábito, lo realmente depauperador para el adicto —cuando consigue serlo— son los síndromes abstinenciales, que en pocos días ocasionan deterioros equivalentes a años de mala vida.

c) Las intoxicaciones. Esperaríamos entonces que los atraídos por el rol draculino muriesen pronto, ahogados en un frenesí de pinchazos y abstinencias forzadas. Sin embargo, dada la concentración real de heroína, los llamados síndromes abstinenciales son casi siempre escenificaciones, y los casos llamados sobredosis en su mayoría envenenamientos con algún sucedáneo. Aunque parece existir cierta correlación entre cantidades decomisadas y fallecimientos, que se observa incluso a nivel europeo, un análisis más preciso, hecho en Estados Unidos, mostró que quizá la más alta tasa de mortalidad registrada fue del 17,4 por 100.000, y tuvo por sede la ciudad de Washington en 1981[47]. Los principales factores responsables eran quinina y etanol, no heroína, como probaron los análisis de sangre *post-mortem* de los supuestos «sobredosificados». Por otra parte, el nexo entre sucedáneo y precio de la droga ha llegado a hacerse tan estrecho que basta conocer la proporción de cada adulterante para predecir con bastante aproximación el número de muertes[48]. Tal como sería absurdo pretender que alguien es alcohólico por beber de vino al día lo que cabe en un dedal de costura, es absurdo preten-

---

47.- *Cfr.* Ruttenber y Luke, 1984.
48.- *Cfr.* Comas, 1986, pág. 75.

der que alguien pueda morir de intoxicación etílica con semejantes dosis. Pero si, a pesar de todo, siguiesen muriendo individuos al beber esa cantidad efectiva de alcohol, diluida en cambiantes líquidos, atribuiríamos indudablemente la causa a algún otro elemento químico.

Las muertes podrían deberse también a que los usuarios —acostumbrados a recibir heroína al 5 por 100— se inyectan en la misma proporción una remesa pura. Es innegable que esto acontece, y tenderá a crecer al ritmo en que crezca a nivel popular el convencimiento de la estafa adulteradora; el mercado no tiene mejor modo de negarla que producir ocasionalmente sustancia menos impura. Con todo, esos casos seguirán siendo mucho menos usuales que su contrario, por obvias razones económicas, mientras no se produzca una fuerte retracción de la demanda (o una gran ampliación de la oferta). Desde finales de los años sesenta, la mayoría de las llamadas sobredosis parecen provenir de adulteraciones indiscriminadas, o de una manipulación que apunta hacia individuos determinados.

En el mundo de la venta y reventa del producto, presidido por el engaño y la traición, el abuso dentro de tales coordenadas se paga siendo envenenado. No se ha descubierto todavía en este siglo un medio parejamente impune de asesinar; el forense diagnosticará sobredosis, y el juzgado archivará el caso en la sección de suicidios. Quizá no sea ocioso recordar que mientras la heroína fue artículo de venta libre apenas había un caso cada varios años de sobredosis *accidental*, mientras el régimen vigente convierte esa excepción en regla.

A pesar de todo, la experiencia muestra que la proporción de nuevos aspirantes supera siempre a la proporción de asesinados. Se diría que en función de las modas, y las disponibilidades de equivalentes sintéticos, su núcleo básico aumentará o disminuirá con el transcurso del tiempo. Por un mecanismo de justicia natural, poética, mientras el estigma diabólico pese sobre esas personas su autodestructividad será siempre inferior a la destructividad referida a lo ajeno. Son personas que se sienten cotidianamente lo bastante mal como para abrazar algo que la mayoría de ellas mismas considera vehículo de una ruina física y ética; sólo las defiende un instinto de conservación, que convierte esa renuncia en algo a pagar fundamentalmente por los demás.

Pero los demás contribuyen en no escasa medida a montar el melodrama. La periodista Janet Cooke, del prestigioso *Washington Post*, obtuvo un Premio Pulitzer por el artículo llamado «Adicto de 8 años vive para conseguir su dosis»[49]. Como en el caso de los estudiantes cegados por mirar al sol bajo el influjo de la LSD, la curiosidad de distintas personas provocó una serie de episodios embarazosos, que culminaron con un reconocimiento público de falsedad por parte de la laureada. En palabras del *Post*, el reportaje constituyó «algo totalmente inventado». Pero el director del periódico, B. Bradlee, no atribuyó el fraude a ambición sino a enfermedad mental, tal como el Fiscal Jefe de Pennsylvania atribuyó a eso mismo el falso testimonio del alto funcionario de Filadelfia[50] sobre los estudiantes cegados. En una entrevista concedida a propósito de ello declaró: «Nos cuidaremos de Janet. Nos ocuparemos de que consiga ayuda profesional»[51].

Poco antes el gobernador de Nueva York, H. Carey, decide resucitar viejos fantasmas de la guerra fría, creando «una nueva comisión para combatir la amenaza de la droga […] pues la epidemia de tirones a collares y pulseras de oro en la ciudad es el resultado de un plan comunista para hundir a América, inundando la nación con mortífera heroína»[52]. Poco después de esta noticia, y de la referente a la ganadora del Premio Pulitzer, aparece una tercera que guarda importantes paralelos con ambas:

49.- El título del artículo fue «8-Year-Old Heroin Addict Lives for a Fix». *Fix* es un vulgarismo indicador de dosis inyectadas, que en castellano sólo puede traducirse por expresiones como «fije» o «chute».

50.- Véase antes, págs. 693-696.

51.- *Cfr.* T. Szasz, 1981, pág. 302.

52.- A. Greenspan, «Gold-chain grabbers? Carey blames Soviet heroin-war strategy», *New York Post*, 26-9-1980, pág. 10.

«El Proyecto Perla es un esfuerzo por introducir de contrabando un millón de biblias en la China continental. Lo respalda una organización misionera con base holandesa, llamada "Brother Andrew International". Las biblias son producidas por Th. Nelson Publishers con un presupuesto de 1,4 millones, pesan 232 toneladas y se embarcaron hacia Hong-Kong para ser distribuidas por contrabandistas. Al filtrarse el proyecto a algunos medios de información, se han recibido numerosas llamadas de posibles donantes, deseosos de financiar un contrabando masivo de nuevas biblias a China o a los países del Telón de Acero»[53].

Quizá los traficantes de libros ilícitos tienen en la China comunista una condena comparable a los traficantes de opiáceos ilícitos en lo demás del mundo. Si así es, se anuncia allí para la palabra impresa un mercado subterráneo tan floreciente como el establecido para la heroína en el bloque capitalista.

III. LA ALTERNATIVA INSTITUCIONAL

El conjunto de datos y problemas relacionados con la heroína hizo que a comienzos de los años setenta se produjese en Nueva York una propuesta combinada de la medicina y la abogacía, muy similar en casi todos los aspectos al *Report* de 1958. Intervinieron la *New York Country Medical Society*, la *Academy of Medicine*, la *New York State Bar Association* y el *New York City Comptroller*, entre otras instituciones, pidiendo que se estableciera un suministro legal y barato a adictos, semejante al inglés de entonces, y que se descartaran planes grandiosos e inútiles de guerra a la droga como el del gobernador

---

53.- «Risky rendezvous at Swatow», *Time*, 19-10-1981.

Rockefeller[54]. La iniciativa motivó una contestación por parte del propio presidente Nixon:

> «El concepto de mantenimiento en heroína representa una concesión a la debilidad y la derrota en la cruzada contra la droga, que sin duda conduciría a la erosión de nuestros más preciados valores sobre la dignidad humana. El mantenimiento en heroína condenaría a un número indeterminado de nuestros ciudadanos —necesitados desesperadamente de ayuda— a una vida de degradación y adicción, cuando otros métodos más positivos de tratamiento y rehabilitación están haciéndose rápidamente disponibles»[55].

Los métodos más positivos eran metadona. Lo excluido por principio para heroína —suministro legal y barato, mantenimiento indefinido— quedaba autorizado para este fármaco, llamado por Nixon «arma de Estado» y «droga contrarrevolucionaria»[56], que a partir de entonces experimentó una sostenida promoción en todo el país, y en muchos otros influidos por Estados Unidos. En vísperas de la Segunda Guerra Mundial —con el nombre de «*Dolofina*», para celebrar el nombre del Führer—, la metadona había sido ofrecida al ejército alemán como analgésico idóneo, que permitía independizarse del opio. Tras unos meses de experimentos, el ejército alemán rechazó la droga por considerarla «demasiado peligrosa»[57]. En efecto, es un opiáceo sintético, cinco veces más adictivo que la morfina, que en tolerancia y toxicidad resulta equivalente a la heroína. Sin embargo, los narcóticos naturales permanecen en el cuerpo de tres a cinco días tras la retirada, mientras la metadona permanece unas

---

54.- *Cfr.* Robinson, 1978, pág. 15

55.- *Ibíd.*

56.- *Cfr.* Olmo, 1987, pág. 33.

57.- *Cfr.* Varenne, 1973, pág. 201.

dos semanas[58], siendo por eso mismo considerablemente más grave su síndrome abstinencial. El informe del ejército alemán, coincidente a grandes rasgos con investigaciones hechas en Yale mucho después, mantuvo que era «una verdadera cárcel química»[59].

1. Móviles y efectos de la sustitución

Al declarar que el mantenimiento en heroína constituiría «una concesión a la debilidad y a la derrota en la cruzada contra la droga», mientras el mantenimiento en metadona rescataba de «una vida de degradación y adicción», el presidente Nixon estaba produciendo un argumento curioso. Como comentó de inmediato un conocedor: «decir que los adictos serán curados de la heroína usando metadona es como decir que un alcohólico ha sido curado del whisky usando ginebra»[60]. Y el ejemplo es exacto hasta en sus detalles, pues tal como el whisky pasa menos factura que la ginebra, la heroína tiene menos efectos secundarios indeseables que la metadona. Por otra parte, el adicto callejero, toma casi siempre el llamado *brown sugar* —una morfina muy tosca, altamente adulterada, con mínima capacidad adictiva aunque míticamente idéntica a la heroína farmacéutica— y sustituir la (supuesta) heroína por metadona desemboca en una marcada multiplicación de la dependencia real, ya que no recibe simplemente ginebra en lugar de whisky sino muchas botellas de ginebra por la antigua de whisky. En 1973 las muertes por sobredosis con este narcótico en Nueva York superaron las atribuidas a heroína[61], y aunque más tarde volvieron a quedar por debajo, la mayoría de los fallecimientos vinculados a heroína son casos de intoxicación por adulterantes, mientras todos los atribuidos a metadona corresponden realmente a ese fármaco.

58.- *Cfr.* Landis, 1988, pág. 37.
59.- *Ibíd.*
60.- Burroughs, 1964, pág. 148.
61.- *Cfr.* Landis, 1988, pág. 37.

La principal ventaja que se atribuyó a la metadona es una buena asimilación por vía oral, y poseer en altas dosis una acción muy prolongada, de hasta cuarenta y ocho horas. En otras palabras, el gobierno afirmaba que no requería inyectarse, y que bastaría administrarla diluida tres veces a la semana para cubrir todas las necesidades del adicto. Pero el realismo de la sugestión era sólo aparente. En supositorios o cigarrillos, por ejemplo, la morfina y la heroína tienen buena asimilación, y si resultaban casi siempre inyectadas en vez de inspiradas nasalmente, fumadas o administradas por vía rectal no se debía a razones farmacológicas en sentido estricto, sino a economizar un producto de precio exorbitante y, sobre todo, a cumplir un ceremonial iniciático preciso. En segundo lugar, todos los programas de sostenimiento con metadona de larga duración fracasaron de inmediato, por una razón previsible que expresa el señor La Porte, responsable último de los programas neoyorquinos:

«Probamos a administrarla en dosis muy altas, tres veces a la semana, pero no funciona. La gente necesita el contacto con la clínica [...]. Aquí es donde ven a todos sus amigos. Es el acontecimiento principal para ellos»[62].

En tercer lugar, había que atender a la naturaleza precisa del efecto producido por la metadona. Desde luego, interrumpe el síndrome abstinencial de morfina y heroína (que, por supuesto, interrumpen el síndrome abstinencial de metadona). Con todo, es un analgésico romo psíquicamente, mucho menos satisfactorio o euforizante para el adicto-tipo. Por tanto, la mayoría de quienes recurrieron a ella lo hicieron como mal menor, para hacerse con los bonos de comida y ventajas análogas concedidas a quien obedeciera las sugestiones oficiales, aunque en su gran mayoría estuviesen siempre dispuestos a cambiar su dosis de narcótico legal por otra del ilegal. Cuando

---

62.- En Landis, 1988, pág. 38

se instauró el sistema de obligarles a consumir su dosis a la vista del personal clínico se produjo de inmediato una ampliación en la gama de tóxicos consumidos. Apenas hay individuos mantenidos en metadona que no traten de reorientar su estado con grandes dosis de alcohol, estimulantes y sedantes, pues unos potencian el efecto y otros liman sus lados desagradables. Como cuenta Vinny, un ex-contestatario de Nueva York venido a menos:

> «Te coloca, pero de un modo frustrante, con lo cual buscas otras drogas. Píldoras que te gustaban —en mi caso la codeína— se hacen más divertidas en el zumo [de metadona]. Incluso las que odiabas cambian. Yo no soportaba los *Valiums* —me limitaba a vendérselos a estúpidos fumadores de pasta base de coca— pero si los tomo con el zumo es como si tuviese una fábrica de niebla en el cerebro. Siempre que tomo zumo me inyecto coca»[63].

A pesar de todo, hacia 1977 hay unos cien mil norteamericanos mantenidos estatalmente en metadona[64], con niveles de adicción diez o veinte veces superiores a los de los *junkies* callejeros. Una parte importante de estos se niega a abandonar sus jeringas por unas pastillas de notable poder narcótico y escaso valor eufórico, cuyo empleo les obligaría a convertirse en verdaderos dependientes físicos, y a prescindir de lo que en realidad más buscan, la peculiar mezcla de irresponsabilidad y ocupación aparejada a trotar varias veces al día la calle en busca de una «dosis». En abstracto, parece mejor depender de una droga barata, pura, legal y de larga duración que de otra cara, adulterada, ilegal y de duración breve; pero esas simplificaciones no valen para la compleja sociología de la heroína en nuestras sociedades.

63.- *Ibíd.*
64.- *Cfr.* Fort, 1981, pág. 15.

Evidentemente, la meta del tratamiento con metadona no era acabar con la dependencia de ciertas personas, sino poner en práctica algo que evitase a los poderes públicos reconocer su incapacidad o equivocación en la política previa. Con un sucedáneo sin resonancias diabólicas, la Administración americana se curaba en salud de manera hipócrita pero eficaz. Ante el desinformado público aparecía de repente con una panacea milagrosa, capaz de suprimir en poco tiempo la adicción. Ante los médicos y juristas otorgaba algo parecido a aquello que llevaban décadas exigiendo: un narcótico potente, legal y barato. En realidad, no era sólo barato sino gratuito, para quien estuviera dispuesto a «curarse» por semejante procedimiento.

Como era previsible, dicha cura produjo desde el principio decepciones. La primera experiencia piloto, iniciada en 1966 con promesas de suprimir la heroinomanía en Nueva York, terminó con una previsible metadonamanía en todos los sujetos. J. S. Moskowitz, el ingenuo teniente de alcalde de Brooklyn entonces, acusó a E. Ramírez, director de la *Addiction Services Agency*, de haber perpetrado «un total fraude»[65]. Pero el fraude venía de mucho más arriba, y el señor Ramírez se limitaba a cumplir su pequeña parte en el asunto. Además, las ventajas farmacráticas resultan evidentes. Los laboratorios encargados de fabricar la droga alternativa estarán sin duda de enhorabuena, pues la necesidad de evitar filtraciones al mercado negro exige controles extraordinarios, con los consiguientes gastos extraordinarios, y sus pastillas o jarabes se venderán al Estado con fuertes recargos debido a ello. Lo mismo debe decirse de los médicos y farmacéuticos autorizados para vender el narcótico en exclusiva.

Una vez más, el ejemplo español puede servir como punto de referencia. Al montarse inicialmente, el sistema fue conceder un «carné oficial de extradosis», con cuya ayuda acudía el individuo a un médico. Éste —cobrando entre cuatro y ocho mil pesetas por la consulta— le recetaba metadona para cuatro días. Algunos meses

---

65.- *New York Times*, C. Bennet, «Addiction Agency called a "fraud"», 12-2-1968, pág. 47.

después un informe de la Consejería de Salud y Bienestar madrileña afirma que «los médicos autorizados pueden ganar anualmente unos mil millones de pesetas», y que «el 90 por 100 de sus pacientes son traficantes que revenden la droga en el mercado negro»[66], mientras la policía afirma «investigar un aumento superior al 1.000 por 100 en el consumo de metadona»[67]. Cambiando de métodos, los defensores del sistema argumentaron que la solución era dispensarla cada día y asegurarse de que los sujetos la ingirieran en el propio dispensario. Sobre estas bases, con el correlativo incremento en los gastos de plantilla, se estableció en Asturias una «experiencia piloto». Sin embargo, los propios responsables del proyecto reconocen que en tales condiciones «el tratamiento tiene menos atractivo» y —cosa peor— que deja fuera precisamente «el sector más marginal y peligroso para la seguridad ciudadana»[68], tratado en clínicas privadas o simplemente no tratado.

2. La redefinición farmacológica

El ya mencionado Jaffe, «zar de las drogas» durante el período nixoniano, consideró que para implantar duraderamente los programas de metadona convenía ir al fondo y modificar la literatura científica. En el tratado de toxicología más usado por los estudiantes norteamericanos de medicina y farmacia, la sección «Morfina y otros alcaloides del opio» se abría con el párrafo siguiente:

«En 1680 Sydenham escribió: "Entre los remedios que el Todopoderoso tuvo a bien conceder al hombre para alivio de sus sufrimientos, ninguno es tan universal y eficaz como el opio". Este elogio no ha perdido actualidad. Si fuese necesario

---

66.- *El País*, Redacción, 19-11-1985, pág. 15.

67.- *Ibíd.*

68.- *Cfr.* Laraña, 1986, pág. 109.

restringir la elección de drogas a muy pocas, la gran mayoría de los médicos pondría en cabeza de la lista los alcaloides del opio, y especialmente la morfina. La morfina no tiene igual como analgésico, y se encuentran bien definidos sus usos indispensables en medicina y cirugía»[69].

Desde la edición de 1970 el capítulo ya no está escrito por su autor original, ni por algún farmacólogo, cirujano o anestesista. Lo ha redactado un psiquiatra —el propio Jaffe—, que empieza modificando el nombre de la sección (ahora se denomina «Analgésicos y narcóticos») y suprime las frases desde «Este elogio…» en adelante. A cambio de ello hay un texto donde los opiáceos naturales se consideran totalmente superados por «nuevos agentes». Sin embargo, el texto no justifica su afirmación en términos técnicos, exponiendo las virtudes diferenciales precisas de esos otros agentes, porque las ventajas se centran en evitar «el abuso de drogas». Calmar el dolor no es tan importante cuando hay el peligro de sugerir a las personas una repetición de la experiencia en otro momento, sin la excusa válida de aliviar cólicos nefríticos, quemaduras, traumatismos, etc. En tales casos es mejor que el paciente sufra, conformándose con analgésicos menos eficaces pero menos tentadores o «euforizantes». De terapia agónica no habla la nueva sección, sin duda por considerar que el tema resulta delicado en exceso.

Sin embargo, el criterio de los farmacólogos propiamente dichos es que los productos sustitutivos de la morfina y la heroína descubiertos hasta hoy presentan más inconvenientes que ventajas[70]. Por otra parte, Jaffe preconiza pura austeridad, y sus consecuencias acabarán motivando un interesante documento de la OMS donde se pide a los médicos y autoridades «mayor conciencia ante el problema del

69.- Goodman y Gilman, 1940, vol. I, pág. 186.
70.- *Cfr.* Behr, 1981, pág. 232.

dolor, un tema de salud pública tan importante como descuidado»[71]. A juicio de la OMS, del 50 al 80 por 100 de los enfermos ingresados en hospitales «no recibe suficiente medicación analgésica para evitar su sufrimiento […] pues el tratamiento se limita a administrar un opiáceo débil […] por culpa de restricciones legales o de otro tipo, omitiendo el empleo de opiáceos enérgicos»[72].

Así, la cruzada contra usuarios de ciertas drogas acaba comprometiendo el alivio de tormentos para un incontable número de personas distribuidas por todo el mundo. En el caso de cancerosos y otros enfermos terminales el temor a provocar adicciones es sencillamente ridículo; y en el caso de sufrimientos agudos, pero inferiores a algunas semanas o diez días de duración, tampoco hay riesgo de dar el alta a un enfermo que haya contraído siquiera una leve dependencia. Cabe imaginar lo que habrían pensado todos los grandes médicos de una política que para evitar abusos en una proporción estadísticamente mínima de la humanidad condenase a la miseria de un sufrimiento inútil, evitable sin dificultad alguna, al conjunto de los demás. Y más aún teniendo en cuenta que las drogas prohibidas proliferan, simplemente más caras e impuras, mientras quien padece una amputación o se ha abrasado debe aullar de dolor, para evitarse irresistibles tentaciones propias o para reducir las ajenas, acatando los «nuevos analgésicos» impuestos por razones extrafarmacológicas. Como comentó un psiquiatra visceralmente opuesto a los recursos intimidadores de su profesión, «pedir a Jaffe un capítulo sobre el opio y sus alcaloides en un manual de toxicología es como pedirme a mí un capítulo en un manual de psiquiatría sobre el uso de electroshock o el internamiento forzoso»[73]. Pero esa penetración directa de la ideología en los manuales venía preparándose durante décadas, y corre el riesgo de pasar desapercibida sin una señal de atención. Por

71.- *El País*, J. M.: «El dolor de los pacientes se puede aliviar, según la OMS», 10-5-1988, pág. 33.

72.- *Ibíd.*

73.- Szasz, 1985, pág. 13

ejemplo, buena parte de los monumentos nazis se hicieron con hormigón armado, y se comprende que su estética no satisfaga el gusto actual de muchos; con todo, el estudiante de arquitectura quedaría estupefacto si —en el manual clásico sobre resistencia de materiales— la parte correspondiente al hormigón armado fuese reescrita por un agente del Mossad israelí, y en vez de examinar sus características concretas propusiera prescindir de dicho material debido a tales monumentos, alegando la existencia de «nuevos medios» para la construcción. *Mutatis mutandis*, esto es exactamente lo que acontece cuando en la parte dedicada al estudio de los medios analgésicos descubiertos por la humanidad irrumpen consideraciones ideológicas, aunque el estudiante haya sido condicionado para no percibir la incongruencia del caso.

Si desde los años veinte el criterio prohibicionista pretendía restringir al uso médico y científico los alcaloides del opio, ahora propone —e impone, tanto directa como indirectamente— la falta de uso médico y científico para esos productos. Al igual que aconteciera con la LSD y sus afines, objeto de una brusca transubstanciación farmacológica, los derivados de la adormidera experimentan ahora un destino idéntico aunque llevasen milenios siendo un don divino contra el sufrimiento. Diez años más tarde, con las evidentes ventajas que la falta de «uso médico» supone para toda suerte de comerciantes sin escrúpulos, la iniciativa conduce a que aproximadamente la mitad de los seres humanos mueran padeciendo sensaciones *evitables* de dolor. Como ha acabado comentando la Organización Mundial de la Salud, «conviene insistir en que es posible aliviar a millones de enfermos abrumados diariamente por dolores que nadie mitiga»[74].

Desde la perspectiva de Nixon y Jaffe, su sacrificio ofrece el consuelo de «no erosionar nuestros más preciados valores sobre la dignidad humana». Tampoco erosiona, desde luego, el margen para traficantes y revendedores de drogas ilícitas. A partir de Nixon la

---

74.- *El País*, 15-5-1988, pág. 33.

política pública se basará en algo expuesto por B. Besinger, director de la *Drug Enforcement Administration* bajo Ford, Carter y Reagan, hoy presidente de Bensinger, Dupont & Asociados, una floreciente compañía que asesora a la empresa privada en materia de narcóticos. Según Bensinger:

> «Hay dos cosas fundamentales para luchar contra las drogas: una es reducir la pureza, y otra elevar el precio»[75].

75.- En R. García «Cómo erradicar las drogas en la empresa», *El País*, 9-5-1989, pág. 76.

12

El retorno de lo reprimido (II)

> «La brusca aparición del neocórtex se ha visto seguida por su crecimiento
> a una velocidad sin precedentes en la historia de la evolución. Una de
> las consecuencias de este proceso explosivo es el conflicto crónico entre el
> cerebro reciente, que dota al hombre con facultades de razonamiento, y
> un cerebro arcaico gobernado por instintos y emociones. Resultado: una
> especie desequilibrada mentalmente, afligida por una tara paranoica
> que su historia antigua y actual manifiesta de modo despiadado».
>
> A. KOESTLER, *Janus. A Summing Up.*

Los años setenta se inauguran con un aumento espectacular en el
consumo ilegal de heroína, cáñamo y cocaína, por más que los motivos sean algo distintos en cada caso. La marihuana y el haschisch
representan aún la contracultura y sus valores, el eco de la *affluent
society* haciéndose progresivamente más débil, pero consolidándose
en un sistema de mínimos que no acepta ceder, y no cede, a las inti-
maciones del poder político. La cocaína representa más bien el tránsito de época, o el momento donde lo antes llamado Sistema vuelve a hacerse hegemónico e indiscutible, como droga de integrados
y triunfadores que no quieren cambiar el mundo, aunque tampoco
comulgan ya con el híbrido de control policial y puritanismo ideológico que la cruzada representa.

Sin embargo, su retorno tiene en común con el de la heroína
el principio que podría llamarse de la sustitución o desplazamiento,
por el cual las restricciones al consumo de cualquier droga producen
una inmediata oscilación a otras tan análogas como sea posible en
su efecto. El cáñamo aparece ligado inicialmente al empleo de psiquedélicos mucho más potentes, y sólo se hace muy habitual cuando
comienza a decaer el interés por la LSD y sus afines, que con bastante

rapidez empiezan a parecer «demasiado» para los nuevos tiempos; la marihuana queda entonces como señal y sucedáneo de una década que declina tan rápidamente como surgió. Por lo que respecta a la cocaína, su impulso inicial proviene de limitaciones en la disponibilidad de anfetaminas, que devuelven a la sustancia un mercado rentable; reaparece entonces como alternativa a los fármacos de paz y a los de excursión psíquica, cuando la rebeldía está aún de moda hasta cierto punto, a título de droga «adulta» e incluso «cortés».

I. LA MARIHUANA

La posición que defienden las Naciones Unidas, y prácticamente todas las legislaciones, sobre esta planta y sus diversos preparados ha sido descrita por expertos oficiales como G. Varenne:

«En las Indias Orientales no es raro ver a un hombre ebrio de cáñamo correr por las calles sin rumbo fijo, con un *kriss* en la mano, golpeando a todo aquel con quien tropieza. El hombre *amok* está dotado de una fuerza colosal, y hay que abatirlo donde sea si se hace demasiado peligroso. En ocasiones, el *amok* termina en una auténtica catástrofe. Por ejemplo, en 1886 el barco Frank-N-Thayer hacía el recorrido de Manila a Boston. Dos marineros malayos que habían fumado cáñamo, en pleno *amok*, apuñalaron al capitán y quemaron la nave. Este ejemplo es uno solo entre los numerosos que podrían citarse en respuesta a aquellos que muestran demasiada tendencia a exculpar a la marihuana [...]. James C. Munch publicó en 1966 una larga lista de crímenes cometidos en los Estados Unidos bajo la influencia de la marihuana. Hay en ellos testimonios emocionantes, incluso terribles, cuya lectura aconsejamos con todo interés, sobre todo a aquellos que todavía alberguen dudas. Citemos como ejemplo a un hombre de treinta y nueve años que fumando cigarrillos de marihuana con un compañero de habitación lo mató de un tiro porque le había pedido prestados veinte dólares. El asesino metió el cuerpo en un baúl. "Después de haber fumado esos cigarrillos, no tenía miedo a nada; sin ellos no habría podido hacerlo", declaró. O a ese otro que, una hora después de haber fumado marihuana, mató a su víctima después de haberle mutilado las caderas y la cabeza con una cuchilla de afeitar, y a continuación se castró»[1].

En efecto, J. C. Munch publicó en el *Boletín de los Estupefacientes*, editado por Naciones Unidas, un artículo donde figuraban varios casos más de furia criminal causada por la marihuana[2]. Sensible a tantos datos, la patria del *amok* —Malasia— puso en vigor una ley que condena con pena capital la posesión de marihuana por encima de 200 gramos; algo después había ejecutado a 31 personas y tenía pendiente el ajusticiamiento de cuatro europeos, con las previsibles protestas diplomáticas[3]. Recientemente, a finales de 1987, un matrimonio francés logró evitar la horca (a cambio de prisión perpetua) cuando una balanza de precisión mostró en la sala del juicio que tenían 198 en vez de 201 gramos, como indicó el pesaje inicial de la droga.

Con todo, quizá lo más grave que se haya dicho contra el cáñamo como psicofármaco aconteció en el juicio seguido al teniente Calley por una matanza consumada en My Lai (Vietnam). La defensa alegó que «el oficial, varios días antes de la masacre, hubo de pasar algún tiempo en una habitación donde otros habían estado fumando marihuana horas antes»[4]. El exterminio de casi cien personas indefensas

---

1.- *Varenne*, 1973, pág. 418.

2.- XVIII, 2, 1966.

3.- *Cfr.* W. Branigin, «Malysia's war on drugs faces key test», *International Herald Tribune*, 11-11-1985, pág. 5.

4.- *Cfr.* Behr, 1981, pág. 166.

—todas ellas ancianos, mujeres y niños— no se hubiese producido sin la insidiosa presencia de esa droga en el ambiente.

Sin embargo, la marihuana tenía defensores también, cuya actitud podría resumirse en asertos como éste:

«Quiero afirmar algo de modo tajante: la evidencia científica acerca de la inocuidad de la marihuana es abrumadora, y no hay probablemente un solo producto del vademécum que haya sido analizado y estudiado más detenida y cuidadosamente»[5].

En efecto, aún prescindiendo de los muchos informes y estudios ya referidos, al menos tres países —Estados Unidos, Inglaterra y Canadá[6]— habían encargado por esos años investigaciones cuya conclusión apoyaba la inocuidad. Por su contundencia destacaba el dictamen de la *National Commission on Marihuana and Drug Abuse*, que aconsejó despenalizar el consumo, apoyándose en diversas razones y en el dato de existir unos 25.000.000 de usuarios (el 16 por 100 de los adultos y el 14 por 100 de los adolescentes). Un lustro más tarde, en 1977, una nueva encuesta nacional proporcionó datos todavía mucho más altos. En efecto, el 68 por 100 de los adultos jóvenes había fumado tabaco alguna vez, y el 60 por 100 de ellos había fumado también alguna vez marihuana o haschisch; el 47 por 100 había fumado tabaco el mes previo, y el 25 por 100 marihuana. Los adolescentes, en cambio, mostraban más clara preferencia por el tabaco (47 por 100 alguna vez y 22 por 100 el mes previo) que por el cáñamo (28 por 100 y 16 por 100, respectivamente). El grupo de adultos mayores contenía porcentajes sensiblemente más bajos (el 15 por 100 había usado cáñamo alguna vez, y sólo un 3 por 100 el

---

5.- Lamo de Espinosa, 1983, págs. 6-7.

6.- En Inglaterra el *Inter-Departmental Committee on Drug Addiction Report* (1961). En Canadá el *Interim Report of the Canadian Government Commission of Inquiry* (1971). En Estados Unidos el *Task Force Report: Narcotics and Drug Abuse* (1967), elaborado por la Comisión Presidencial sobre Represión y Administración de Justicia, y el *Official Report of the National Commission on Marihuana and Drug Abuse* (1972).

mes pasado). Pero dos años más tarde el *National Survey on Drug Abuse* mostraba que el número de usuarios seguía creciendo[7], y que en el grupo de los adultos mayores los porcentajes se habían elevado al 20 y 6 por 100 respectivamente, mientras más de dos terceras partes de los adultos jóvenes (el 68 por 100) habían usado cáñamo alguna vez, y un 35 por 100 el mes previo. También los adolescentes habían aumentado proporcionalmente algo, aunque no tanto como los otros grupos.

Por otra parte, esos treinta y cinco o cuarenta millones de usuarios no producían incidencias delictivas demostradas, y según la red de alarma DAWN las intoxicaciones con resultado fatal brillaban por su ausencia. Entre mayo de 1976 y abril de 1977, por ejemplo, los cálculos oficiales del *National Institute on Drug Abuse* (NIDA) hablaban de diez personas muertas por sobredosis —probablemente tras ingerir aceite de haschisch— mientras a la metadona se atribuían 310, a la codeína 420, al alcohol 2.530, a los barbitúricos 2.700, a la *Aspirina* 390 y al *Valium* 880. Concretamente este último fármaco había sido el principal causante de ingresos en unidades de vigilancia intensiva: 54.400. Sólo la cocaína tenía aún menos casos de fallecimiento o intoxicación que la marihuana.

1. La reivindicación del empleo

Estaba claro que un número muy elevado de americanos fumaba ocasionalmente. Incapaz de abastecerse con las grandes plantaciones de Jamaica, México, Panamá, Colombia y Brasil, el gigantesco mercado importaba también marihuana de Tailandia, así como haschisch de Afganistán, Nepal, India, Pakistán, Turquía, Líbano y Marruecos. Pero seguía habiendo una fuerte demanda, que llevó a cultivar domésticamente la planta, sobre todo en los Estados Unidos de la costa oeste y Hawai, con resultados espectaculares en cuanto

---

7.- *Cfr.* Fort, 1981, pág. 91.

a rendimiento del terreno y calidad del producto. La posibilidad de cultivar la planta en interiores, con luz artificial, multiplicó más aún las existencias.

Hacia 1976, cuando comienza su carrera hacia la presidencia J. Carter, Estados Unidos se estaba convirtiendo en uno de los mayores *productores* mundiales, provisto además con los tipos de marihuana más apreciados (la «california sin semilla» y la «maui»). Eso explica que la propia Casa Blanca de G. Ford, tras la expulsión de Nixon, se mostrase por primera vez en su historia favorable a un cambio de actitud en lo relativo a dicha droga, y en menor medida incluso en lo relativo a alguna otra como la cocaína. Naturalmente, esto produjo gran alarma en la central represiva americana, en los organismos internacionales, en las asociaciones prohibicionistas privadas y en el grupo de quienes —a partir de Nixon— preferían el nombre de «mayoría silenciosa» al anterior de «mayoría moral». Pero las declaraciones de los aspirantes a primeros mandatarios eran cautas y se hacían fundamentalmente a través de sus respectivas esposas, en momentos y lugares bien escogidos. Ni Ford, que trataba de conservar un puesto logrado por una imprevista concatenación de azares, ni Carter —que trataba de ganar para los demócratas— olvidaban la parte considerable que había tenido en la destitución de Nixon su oposición a la contracultura; aunque podía verse que la psiquedelia propiamente dicha empezaba a estar en retirada, ambos candidatos pretendían captar bastantes millones de votos con un programa «distinto».

De ahí que en la prensa apareciesen noticias inconcebibles con Nixon, donde Rosalynn Carter y Betty Ford competían en cauto liberalismo:

> «La esposa del candidato presidencial demócrata ha dicho que sus tres hijos mayores fuman marihuana. "Ellos me lo contaron", añadió. Las declaraciones de la señora Carter, bastante parejas a otras hechas por la señora Ford, son —según

aclaró un ayudante de los Carter— coherentes con su postura previa de que la marihuana debería despenalizarse, aunque no legalizarse»[8].

También Gerald Ford había declarado algo casi idéntico al *Boston Globe*[9], tras las conclusiones del Libro Blanco sobre Abuso de Drogas en los Estados Unidos[10], obra de una comisión presidencial que —como las previas— fue acusada de «radicalismo», pero que ahora parecía digna de ser escuchada por el primer mandatario.

De hecho, ya en 1972 una iniciativa de *hipsters* y progresistas californianos había obtenido notable éxito al solicitar la despenalización para el uso y tenencia de marihuana, incluyendo el cultivo para uso propio. Prácticamente sin fondos y luchando contra una oposición «vigorosa y bien financiada», el grupo LEMAR (*Legalize Marihuana*) obtuvo los cientos de miles de firmas necesarios en todo el Estado para que la propuesta fuese sometida a plebiscito. La llamada Proposición 19 —Iniciativa de California sobre la Marihuana— no logró triunfar entonces, aunque sí obtuvo el 33 por 100 de los votos emitidos[11]. A partir de esas fechas, y sobre todo desde 1976, la posesión de cáñamo deja de constituir delito en California, donde los tribunales rechazan detenciones policiales justificadas por ese concepto. Aunque no fuese reconocido oficialmente, el cultivo privado de marihuana pasa a ser una de las explotaciones agrícolas habituales, dentro de ese Estado y la nación en general.

Un signo ostensible de la fuerza que llegó a cobrar la tendencia fue que la asociación NORML —abocada a obtener una «normalización absoluta en el consumo de marihuana»— demandó judicialmente en 1977 al Ejecutivo federal, acusándole de sobornar con cuarenta millones de dólares al gobierno mexicano si rociaba cosechas

---

8.- *The New York Times*, «Three Carter sons told mother of drug use», 3-9-1976, pág. 38.

9.- «President's response to White Book conclusions», 27-12-1976, pág. 1.

10.- *Cfr.* Grinspoon y Bakalaar, 1982, págs. 100-101.

11.- *Cfr.* Fort, 1981, pág. 111.

destinadas al consumo americano con un tóxico (el gramoxone o paraquat). En vez de rechazar la demanda como un absurdo, y montar acciones represivas contra la dirección de NORML —como hará la Administración Reagan con grupos análogos—, hubo incluso una investigación oficial. Sus resultados indicaron que, en efecto, la *Drug Enforcement Administration* (DEA), heredera de la FBN, había entregado toneladas del producto y material rociador a los mexicanos, si bien los supuestos perjuicios para el sistema pulmonar humano resultaban más imaginarios que reales. Al menos esto fue lo que dedaró P. Bourne, Ayudante Especial de la Presidencia para asuntos relacionados con abuso de drogas[12].

a) **Efectos de la despenalización.** Por estos años, aunque el cáñamo seguía clasificado como uno de los más peligrosos estupefacientes en las legislaciones nacionales e internacionales, la batalla médico-policial contra la marihuana parecía perdida en varios países. Se aliaban a esos fines un consentimiento cada vez más generalizado en la población, y un número de usuarios descomunal para pensar en castigar la mera tenencia. En España, por ejemplo, cuando la transición política empieza a consolidarse, hacia 1979, se calcula que un 30 por 100 de los adolescentes y de los adultos jóvenes usan ocasionalmente haschisch, y que un 7 por 100 es fumador asiduo[13]. Al acceder al gobierno el partido socialista, en 1982, sus dirigentes no ocultan simpatías personales por el cáñamo como droga recreativa. La mayoría absoluta en el legislativo les permite modificar el artículo 344 del Código Penal, reduciendo de prisión mayor a prisión menor las penas por tráfico de estupefacientes[14], y despenalizando su mera posesión. Cuando se ultiman los preparativos del Plan Nacional sobre Drogas, algunos cálculos cifran en millón y

---

12.- *Cfr.* Stickgold, 1978, pág. 162.

13.- *Cfr.* Comas, 1987, pág. 92.

14.- La Exposición de Motivos de la Ley 8/1983, que modifica este artículo, alude a que «no es necesario poner en peligro la seguridad jurídica» para proteger la salud pública.

medio o dos millones los consumidores habituales, destacando la falta de estigma social adherido a su costumbre.

Pero es pertinente observar ciertos cambios en el consumo y la actitud de los consumidores, que se vinculan directamente con el nuevo régimen. Al producirse la admisión social de su empleo hay como una difusa aceptación de las ideas contraculturales. Por otra parte, eso se ha convertido en cuestión de estilo y moda, que cuando pide menos restricciones no alega el derecho a la automedicación y al uso lúdico, sino ventajas farmacológicas de la marihuana sobre la mayoría de las otras drogas, legales e ilegales. El cáñamo es una droga «blanda» —dicen ahora muchos particulares y autoridades—, mientras los opiáceos o el alcohol, por ejemplo, son drogas «duras». Esta forma de clasificar las drogas ignora la ambivalencia esencial de todo fármaco —cuya «dureza» o «blandura» depende incomparablemente más del uso subjetivo que de unos parámetros objetivos—, pero viene de la mano con un claro cambio de actitud. A finales de los años sesenta la Prohibición se rechazaba como una injustificable intrusión del Estado en la vida privada, que suplantan arbitrariamente el discernimiento de los adultos. A finales de los setenta ya no se rechaza *per se*, como una aberración jurídica y ética, sino por incluir algunas sustancias que no merecen condena. Mirándolo más de cerca, en los países donde se produce esta despenalización —teórica o práctica— del cáñamo, como acontece con los Estados Unidos, Holanda, Dinamarca, Canadá o España, lo que empieza a observarse es un progresivo desinterés de los usuarios antes inveterados.

En España, por ejemplo, el fenómeno se puede comparar con la liberalización de las publicaciones eróticas, que durante los primeros años de régimen democrático produce una fabulosa venta para revistas como *Playboy* o *Penthouse*. Sin embargo, el impulso inicial va perdiendo fuerza como un globo pinchado, y cinco años después hay incomparablemente menos público para ellas. Algo similar sucede con los derivados del cáñamo. Faltos de su connotación política e ideológica previa, el haschisch y la marihuana empiezan a convertirse en cosas de poca importancia, productoras de aburrimiento y hasta de «mal rollo», sobre todo en contraste con novedades como la cocaína; muchos incondicionales durante lustros se retiran del consumo, y sus provisiones se empolvan en el cajón de la mesilla de noche, junto al analgésico, las píldoras para dormir y el valium. Sin su aura de trasgresión y modernidad —cada vez más adulterado ya en Marruecos o por sus importadores— el haschisch deja de ser divertido, heroico y herético. Y al perder esos ingredientes pierde buena parte de su valor ceremonial.

2. Los desarrollos ulteriores

Pero si el éxito enfría a los prosélitos del cáñamo, los enemigos de los «estupefacientes» siguen siendo quienes son, tan firmes en sus postulados como siempre, y los permisivos años setenta concluyen con la llegada de R. Reagan a la Casa Blanca. Apoyado expresamente por los grupos fundamentalistas, que han sufrido con indisimulable repugnancia la fiebre contestataria, Reagan marca un punto de brusca inflexión en la política liberal del ejecutivo americano, tanto en materia de drogas como en lo demás, si se exceptúa el *laissez faire* para los grandes negocios.

El cambio se hace ostensible en 1980, cuando aparece el octavo informe anual llamado «Marihuana y Salud». Los siete previos habían sido básicamente favorables, mientras este documento hacía honor a los postulados del obispo Brent o el supercomisario Anslinger. Su conclusión fue que el cáñamo producía tolerancia e incluso adicción física, según probaban experimentos científicos incontrovertibles. A su vez, los experimentos incontrovertibles consistían en dosis gigantescas de THC (tetrahidrocannabinol) aplicadas en salas de hospitales a pacientes convencidos de recibir otra cosa. Sobre esas experiencias dijo uno de los principales farmacólogos americanos:

«La forma en que fue realizada la investigación —con dosis hasta cien veces superiores a las autorizadas por el usuario normal— convierte sus conclusiones en algo totalmente irrelevante. También plantea serias preguntas éticas la experimentación con seres humanos, y el derroche de rentas federales que han financiado la así llamada investigación»[15].

Efectivamente, tanto la central represiva americana (DEA) como algunos organismos de la ONU llevaban años patrocinando proyectos de «investigación» sobre el cáñamo, cuyo rasgo común era orientarse a «demostrar sus efectos indiscutiblemente nocivos». En consecuencia, si alguna de estas pesquisas descubría por casualidad algún efecto positivo (como la utilidad del cáñamo para ciertas afecciones de la vista, por ejemplo), quedaba automáticamente archivada. Con criterios tan imparciales se gastaron millones de dólares para probar que la marihuana arrastraba al crimen sin motivo, a la conducción temeraria de vehículos, al consumo de heroína, al cáncer pulmonar, a la desunión marital, al gusto por la pornografía y hasta al satanismo religioso.

Sin embargo, los experimentos con THC merecen una breve mención. Para medir su irregularidad jurídica y científica, conviene recordar que esta sustancia fue incluida desde 1967 en la Lista I de drogas superpeligrosas (junto con la LSD y otros psiquedélicos «mayores»). Quedó rigurosamente prohibido fabricarla, y se dispuso que todas las existencias serían entregadas inmediatamente al *National Institute of Mental Health*. Como consecuencia inmediata de ello, en 1967 quedaron interrumpidos o fueron desautorizados más de doscientos proyectos científicos y específicamente médicos con THC y drogas afine[16]. Desde entonces ni un solo investigador obtuvo autorización, sustancias o fondos para usar tetrahidrocan-

---

15.- Fort, 1981, pág. 64.
16.- *Cfr.* Wells, 1973, pág. 82; y Varenne, 1973, pág. 417.

nabinol con seres humanos. No obstante, el NIMH cambió de criterio al recibir la memoria de un proyecto destinado a probar que el cáñamo creaba tolerancia y era adictivo; para esa iniciativa no sólo se otorgaron generosas dotaciones económicas sino existencias más generosas aún, pues usaría una cantidad —3.600 gramos— superior a todo lo producido hasta entonces en el planeta. Es curioso observar que el informe estadístico de la Junta Internacional de Fiscalización de Estupefacientes indica «un brusco incremento en la producción THC en Estados Unidos desde 1980 debido a objetivos de investigación médica»[17]. Administrar a sujetos inconscientes de ello dosis enormes de una droga que los investigadores consideraban desastrosa para el ser humano era acorde con la medicina y la ética científica; en cambio, investigar sin preconceptos la eficacia de esa droga para cualesquiera otras funciones, en dosis moderadas y con voluntarios, o experimentando el científico consigo mismo, era médicamente inadmisible. De nuevo, la autoridad farmacológica nacional e internacional daba claras muestras de ecuanimidad científica.

Como cabía prever, los resultados de la investigación produjeron una mezcla de ira y burla en ambientes académicos. Los responsables del proyecto no parecían tomar en cuenta que la marihuana y el THC guardan una relación de actividad comparable —sin exageración alguna— al clarete y el éter etílico. Sólo juzgando el efecto del clarete por la acción del éter cabía aceptar que se juzgase el de la marihuana por la acción del THC. Pero lo que estaba detrás de esas distorsiones apareció con toda crudeza poco después, en una sentencia del Tribunal Supremo federal. Dictado en 1982, el fallo confirmaba la decisión de un juez de Virginia, que dos tribunales de apelación habían casado por «consideraciones de humanidad y desacuerdo con la Constitución». Tal como apareció en la prensa, la noticia refiere que el Supremo federal:

17.- ONU-JIFE, doc. E/INCB/1985/W. 15, pág. 2.

«Defiende la validez de una sentencia a cuarenta años de prisión dictada contra un virginiano por poseer y distribuir nueve onzas (225 gramos) de marihuana, valoradas en unos 200 dólares. La decisión, sin firma, anula las decisiones de dos tribunales inferiores que casaron la sentencia, por considerar que su severidad violaba la Enmienda XVIII, por la cual se prohíben castigos crueles e inhabituales»[18].

En 1982 era de dominio público que once Estados de la unión americana cultivaban cáñamo a nivel industrial. Los cálculos más conservadores cifraban la producción anual en dos millones de kilos[19], mientras otros hablaban del triple. La tabaquera Virginia, *Old Dominion*, patria de Washington, Jefferson, Madison y Monroe, cuna del espíritu liberal moderno, adoptaba así la vanguardia de su opuesto. Jefferson había considerado ridículo que el gobierno soñara con recetar a los ciudadanos sus medicinas. Madison y Monroe, fieles continuadores, contribuyeron decisivamente a redactar la Constitución. Como prueba el *Diario*, Washington cultivaba en sus tierras, con dos siglos de anticipación sobre California, la marihuana «sin semilla». Tuvieron suerte viviendo en otro tiempo, porque el tribunal virginiano responsable de esa sentencia les habría atribuido tanta o más culpa. Washington sería acusado como productor de estupefacientes y los demás por actividades antiamericanas, incluyendo en el caso de Jefferson una expresa apología de lo aborrecible por excelencia: la automedicación.

II. La cocaína

Tras casi medio siglo de oscurecimiento, la cocaína reaparece a la vez que sus competidores legales —la anfetamina, la dexanfetamina,

---

18.- *New York Times*, «Supreme Court roundup: 40-year term held legislative prerrogative», 13-1-1982, pág. B-15.
19.- *Cfr.* Olmo, 1987, pág. 40.

la metanfetamina y la fenmetracina— pasan a ser sustancias controladas, primero por la legislación norteamericana y algunas europeas, y luego por el Convenio de 1971. Aunque estos compuestos pasaron a la Lista II —que permite la producción, el comercio y la dispensación con recetas ordinarias— el reconocimiento público de que eran «drogas», en vez de simples «medicamentos» para adelgazar o combatir el desánimo, supuso un gradual pero sostenido descenso en la fabricación. Hacia 1975 la producción mundial puede considerarse diez veces inferior a la de 1955. Francia, Estados Unidos, Suiza y Alemania del Este se reparten unas setenta toneladas anuales para «necesidades lícitas», que representan unos catorce mil millones de dosis[20]. Hacia 1975 debe calcularse al menos en otro tanto la producción ilícita, pero incluso así las existencias circulantes apenas alcanzan un 20 por 100 de las antes disponibles. El 80 por 100 restante —su mercado en potencia— es lo que empieza a ser absorbido por la cocaína (a nivel ilícito) y por preparados con cafeína y nuevos fármacos (a nivel lícito). Innecesario es decir que las aminas estimulantes son idóneas para «cortar» la cocaína, tanto por el gran parecido de sus efectos como porque poseen diez o quince veces más actividad: un gramo de anfetamina se aproxima a las 200 dosis, y un gramo de cocaína a las 20. Con cien gramos de cualquiera de estas aminas, otro tanto de los anestésicos utilizados por el dentista (benzocaína, lidocaína, procaína) y el resto de algún excipiente puede confeccionarse un kilo de cocaína que asombre por su «calidad» a cualquier consumidor sin serios conocimientos en la materia. Considerando que la síntesis de la cocaína no es rentable por su alto costo, y que la síntesis de estos otros estimulantes resulta barata y sencilla, cabe suponer que —a la larga— volverán a producirse en volúmenes cada vez mayores, y que ellos o nuevos fármacos análogos (ya descubiertos, por lo demás) desplazarán nue-

---

20.- *Cfr.* ONU-JIFE, *Estadísticas...*, E/INCB/1985/W. 15, págs. 6-15. La dosis habitual en pastillas de anfetamina es de cinco miligramos.

vamente al alcaloide de la coca en volumen de producción e incluso en el favor del público[21].

1. El redescubrimiento en Estados Unidos

Junto al brusco descenso en las cantidades que circulan de estos estimulantes, tres factores ayudan a explicar el vivo interés que comienza a mostrar el mercado americano por la cocaína.

El primero, como en el caso de la heroína, es cierta lentitud o negligencia de las fuerzas represivas, que desde 1965 concretan sus esfuerzos en combatir la circulación de cáñamo y LSD. Esto permite distribuir estratégicamente algunas toneladas de producto puro y no prohibitivo a nivel de precio. Hacia 1970 el mercado americano es muy sensible a cualquier oferta farmacológica alternativa, y durante algunos años —mientras el aparato policial se adapta al «nuevo desafío»— la importación de cocaína desde distintos puntos de Sudamérica constituye un negocio rentable para particulares no mafiosos, que haciendo un viaje anual o dos, y comprando pequeñas cantidades, logran subsistir con cierta holgura[22].

El segundo factor es la creación de una poderosa red de contrabando y distribución apoyada en los anticastristas, que se extiende a otros latinoamericanos de distintos puntos del país y conecta con los grandes fabricantes peruanos, bolivianos y colombianos. Estos clanes son la exacta contrapartida de los pequeños contrabandistas antes mencionados, pues funcionan profesionalmente, no vacilan en recurrir a toda suerte de violencias, adulteran fuertemente el producto y emplean formas de soborno a todos los niveles para no ser molestados. En 1975, por ejemplo,

---

21.- Contribuye adicionalmente a ello que algunas de las principales drogas aparecidas en los ochenta —la MDA y la MDMA («éxtasis»), por ejemplo— son compuestos de efecto «psiquedélico», pero elaborados sobre moléculas de dexanfetamina o metanfetamina.

22.- Una instructiva descripción de esos años y esos empresarios es la novela de Sabbag, 1985.

la cocaína de la costa oeste es más pura y barata que la de la costa este, ya que no está monopolizada todavía por los cubanos[23], aunque esta situación durará poco. Los primeros traficantes de consideración detenidos son altos funcionarios del gobierno de Batista en el exilio, que por su condición conocen a las grandes familias de América andina y sirven de puente entre ellas y los importadores en Estados Unidos[24]. Poco después empieza a sugerirse una intervención de la CIA, que como en el sudeste asiático sigue aquí la política de apoyar directa o indirectamente a grupos de reconocida lealtad americana, fueren cuales fueren sus negocios y métodos. A partir de entonces la policía de Florida «apenas detiene a un traficante de cocaína o de armas sin toparse con la pretensión, a menudo cierta, de conexiones con la Agencia Central de Inteligencia»[25]. La investigación sobre drogas quizá más importante de toda la década —el caso de la World Finance Corporation—, donde se hallaban comprometidos docenas de agentes federales y estatales, se sobresee al cabo de algún tiempo por quejas de la CIA al Departamento de Justicia; concretamente, se alega que perjudica al «interés nacional» y que una docena de destacados criminales son «importantes» para el servicio secreto[26].

El tercer factor es más genérico, y se vincula con una erosión de los valores autoritarios en las clases medias americanas, un creciente respeto hacia la cultura negra (donde la cocaína sigue gozando de excelente acogida), y un deseo en el gran público de imitar a marginales y vanguardistas con una droga que no amenaza llevar de «viaje». En este orden de cosas, lo fundamental es el aura de cosa usada por ricos y triunfadores, que toman los artistas, los ejecutivos y los políticos para mantenerse donde están.

23.- *Cfr.* Ashley, 1976, pág. 139.

24.- *Cfr.* «Ex-Cuban government official in cocaine arrest», *The New York Times*, 25-8-1973, pág. 9. También fue extraditado el director de la brigada chilena de estupefacientes, por complicidad en tráfico de cocaína, y acusados cuatros altos funcionarios chilenos más, que lograron huir.

25.- Kwitny, 1987, pág. 96.

26.- *Ibíd.*

Como se ha observado, la penetración de la cocaína en Estados Unidos debe bastante a la crítica de los postulados prohibicionistas hecha por la contracultura y la psiquedelia; pero esa penetración marca al mismo tiempo la liquidación de aquel clima y sus esperanzas.

> «El lugar reservado a la cocaína en nuestra sociedad es el símbolo de la muerte de la contracultura, en la medida en que esta no fue simplemente una creación de los medios de masas (tanto *underground como* ortodoxos). Cuando menos, es la señal de que la contracultura ha sido asimilada por la sociedad americana, y todo el antagonismo que separaba las actitudes en el pasado se ha reducido a escaramuzas de orden jurídico»[27].

En otras palabras, se utilizan los argumentos del movimiento de derechos civiles, y los del radicalismo político en general, para justificar la legalización de una droga que no ha perdido la impronta elitista atribuida a su origen botánico por los incas, y que las gentes toman para parecerse a Kissinger, el hombre fuerte de Nixon, o a los diez agentes de la bolsa de Chicago, que son arrestados por posesión del fármaco en 1974[28]. Tal como la heroína representa una «socialización del malestar», la cocaína expresa una «socialización del bienestar»[29] al nivel más ostensible, en el espejo sobre el que se mira quien la aspira usando un tubo de oro o un billete de cien dólares, sintiéndose persona introducida en una selecta atmósfera de placer, lujo y mundanidad. Si la marihuana o la LSD habían sido y eran aún consumidas por gente disconforme con las pautas del consumo de masas, la cocaína constituyó desde su renacimiento un puro consumo de masas. Ese mismo año de 1974 el testimonio de un antiguo

---

27.- Grinspoon y Bakalaar, 1982, pág. 98.

28.- *Cfr.* Arnao, 1980, pág. 104.

29.- *Ibíd.*, págs. 24-25.

junkie de heroína, sostenido en metadona por el Estado de Nueva York y mercader de cocaína, exhibe las coordenadas en juego:

«Trafico coca porque permite tratar con gente legal. La vendo a jefes, profesores, hombres de negocios, chulos. No tengo por qué dejarme jorobar por piojosos colgaos, amuermaos sin una perra que suplican siempre por las sobras [...] Tengo mi Mark IV, mujeres a discreción y un negocio legal en Miami. No tengo problemas ahora»[30].

a) **Represión y promoción.** Pero ese deslizamiento del radicalismo al consumismo no se limitó al cliente habitual de seriales televisivos y prensa amarilla. También en 1974 los periodistas Crittenden y Rubypublican en el *New York Times Magazine* publican un artículo donde falta muy poco para recomendar un uso generalizado de cocaína; el argumento es que los nuevos consumidores son «veteranos de la guerra civil de los sesenta», conscientes de la irracionalidad de las leyes y políticas en materia de drogas.

De hecho, el fármaco logra en poco tiempo una espectacular aceptación social. El Libro Blanco que el presidente Ford ordenó preparar sobre drogas abusadas por los norteamericanos consideraba la cocaína «un problema menor», sólo comparable al de la marihuana, definiéndola como una sustancia mucho menos peligrosa que las demás drogas ilegales, desde luego menos nociva que el alcohol, los barbitúricos y las anfetaminas. En 1972 el primer sondeo de nivel nacional indicó que el fármaco había sido consumido «la semana previa» por unos cuatro millones y medio de adultos (3 por 100) y algo menos de cuatrocientos mil adolescentes (2 por 100). A partir de entonces esas cifras no dejan de crecer. En 1977 los datos del NIDA indican que han tomado cocaína un 22 por 100 de los adultos, número bastante superior a los treinta millones de personas. En 1979 el *National Survey on Drug Abuse* toca techo con el 32 por 100 de

---

30.- En Soloway, 1974, págs. 95-96.

todos los adultos como usuarios ocasionales y el 10 por 100 como usuarios más asiduos, con una incidencia del 6 por 100 entre los adolescentes[31].

A pesar de estos datos, la exuberante actriz Linda Blair es procesada por tenencia ilícita del fármaco en Fort Lauderdale (Florida), corazón mismo de su tráfico, y el magistrado le ofrece como alternativa ingresar en prisión o

> «convertirse en cruzado contra el abuso de drogas como parte de su libertad condicional, tras declararse culpable de conspirar para poseer cocaína»[32].

El sistema no era malo para aumentar el ejército de los cruzados, y fue puesto a prueba con otros nombres conocidos como Keith Richards, uno de los Rolling Stones, si bien el carácter un tanto indócil de este último sugirió pedirle simplemente que diese un concierto gratuito, cuyos fondos se destinarían a propaganda contra el uso de drogas ilícitas. Iniciativas parejas resultaban especialmente prometedoras, considerando que si la policía decidiera emprender un seguimiento individual treinta o cuarenta millones de norteamericanos podrían ser extorsionados de modo parejo. El inconveniente estaba en que algunos parecían instalados desde tiempo atrás en la propia mansión presidencial, o en el Congreso. Forzado a dimitir por haber recetado cierto hipnótico a una de sus secretarias, el asesor especial de Carter y director de la Oficina de la Casa Blanca sobre Política para el Abuso de Drogas, el Dr. P. Bourne, se despide lleno de resentimiento diciendo a la prensa que «en la Casa Blanca hay una alta incidencia de consumo de marihuana […] y uso ocasional de cocaína»[33]. Recetar esa misma sustancia[34] —incluida en la

---

31.- *Cfr.* Fort, 1981, págs. 90-91.

32.- «People», *International Herald-Tribune*, 7-8-1979, pág. 16.

33.- *Cfr.* T. Szasz, 1974, págs. 284-285.

34.- Metacualona, un derivado cíclico nitrogenado, que en España se llama *Dormidina, Torinal y Palli-*

Lista III del Convenio de 1971— hará que un profesor de psiquiatría en Harvard, el Dr. L. Macht, sea multado y pierda su licencia para dispensar psicofármacos, cuando David Kennedy se suicide con una sobredosis de tres drogas distintas tomadas a la vez[35]:

«El fiscal de distrito de Middlesex County dijo que firmó al menos cincuenta recetas para el joven Kennedy durante un período de dos años y medio»[36].

El sector bienpensante no tomaba en cuenta que Kennedy tenía veinticuatro años por entonces, y que había sufrido la amputación de una pierna, entre otras desgracias. Algo más tarde, la conducta del doctor Macht es juzgada así por el alcalde de Nueva York, E. Koch:

«"Kennedy fue asesinado por un traficante de drogas. Creo que quien le vendió esas drogas es culpable del asesinato". El Dr. Koch dijo que quería pena capital para crímenes semejantes, a nivel nacional»[37].

Privada virtud y vicio público, desde entonces la situación adquiere tintes de irrealidad o hiperrealismo, dependiendo del punto de vista que se adopte. En 1983 la DEA declara que cada día hay 5.000 personas iniciándose por primera vez a la cocaína en el país, que se han decomisado 45 toneladas del fármaco ese año, que el volumen del negocio clandestino ronda los 25.000 millones de dólares y que —a pesar de la ayuda del FBI, de 2.500 agentes suyos y de todas las policías locales, con penas que van de quince años a prisión perpetua— la batalla parece imposible de ganar «porque no hay estig-

---

dán, y en Francia *Mandrax*.

35.- *Demerol* (un opiáceo sintético), *Meleril* (un neuroléptico) y cocaína.

36.- «People», *International Herald-Tribune*, 21-1-1980, pág. 16.

37.- «Koch urges death penalty for drug dealers», *Syracuse HeraldJournal* 5-1-1984, pág. A-2.

ma»[38]. También en 1983 el hijo de J. V. Lindsay, previo alcalde de Nueva York, es condenado a seis meses de cárcel por vender un dieciochoavo de gramo de cocaína a un policía disfrazado[39]. Lo mismo acontece un poco antes con el activista Abbie Hoffman, si bien en su caso la maniobra de atrapamiento venía de relaciones con laboratorios dedicados a informar al público sobre composición de drogas vendidas en la calle[40]. R. Kennedy Jr. —hasta entonces fiscal de distrito en Nueva York— se declara culpable y pide clemencia ante una acusación basada en tener heroína para uso propio[41], como algo antes aconteciera en Boston con C. Lawford, hijo del actor y de P. Kennedy[42]. El senador B. Goldwater cuenta de su hijo, el diputado B. Goldwater Jr., que «admitió haber fumado marihuana, lo admitió; y admitió esnifar un poco de cocaína»[43].

Por otra parte, hasta que aparezca la cocaína del pobre (*crack*), los casos de intoxicación aguda o crónica que detecta el sistema DAWN son despreciables. Para ser exactos, ocupa la posición 20 en la lista de drogas productoras de episodios agudos atendidos por hospitales americanos. En 1920 cierto médico censaba una sola muerte atribuible a la cocaína el año anterior, frente a 51 debidas a opiáceos. Sesenta años más tarde, en las estadísticas de la *City and County Coroner's* de San Francisco hay 80 muertes atribuidas a heroína, 137 causadas por barbitúricos, 553 por alcohol, 10 por anfetaminas y ninguna por cocaína[44]. Algo después un censo hecho en 24 zonas metropolitanas, detecta seis muertes debidas a cocaína, sobre un total de 4.668 fallecimientos debidos a intoxicación con psicofármacos legales e ilegales[45].

38.- *Cfr.* «Crashing on cocaine», *Time*, 11-4-1983, págs. 24-33.

39.- «NYC ex-mayor's son is jailed», *Syracuse Herlad-Journal*, 1-10-1988, pág. A-9.

40.- *Cfr.* Cohn-Bendit, 1987, pág. 33.

41.- «Robert Kennedy Jr. admits he is guilty on heroin count», *The New York Times*, 18-2-1984, pág. A-48.

42.- *Cfr.* «People», *International Herald-Tribune*, 17-12-1980, pág. 16.

43.- «Goldwater says his son smoked pot, sniffed coke», *Pittsburg Press*, 22-4-1983, pág. A-27.

44.- *Ibíd.*, pág. 167.

45.- *Cfr.* Fort, 1984, pág. 72.

2. La economía de la prohibición

Con el rápido incremento de la demanda no hay un correlativo aumento en la pureza de esta droga, sino lo contrario. En 1974 los laboratorios PharmChem de Palo Alto (California) examinan cuarenta muestras de drogas circulantes en el mercado clandestino, y determinan que la media de pureza ronda el 60 por 100[46]. Pionera en estos estudios, la *PharmChem Research Foundation* acabó encontrando problemas imprevistos para cumplir el aparentemente inocuo propósito de defender al consumidor; según una circular de la DEA, «ese laboratorio no está autorizado para publicar datos sobre la composición química de las muestras de drogas ilícitas cedidas por donantes anónimos»[47]. Con todo, cuesta negar que PharmChem salvó vidas, evitando en ciertos casos la difusión de partidas adulteradas, y advirtiendo en otros a los ciudadanos sobre los peligros concretos de cada momento y lugar; sus publicaciones contribuyeron, por ejemplo, a que los traficantes menos inescrupulosos empleasen como «corte» procaína y novocaína en vez de lidocaína y benzocaína, que siendo sustancias un 70 por 100 más tóxicas añadían dificultades de solubilidad, haciendo más peligrosa su administración por vena.

No puede decirse cosa pareja de los millones anuales gastados por la DEA en «información y educación popular». A pesar del enunciado, nada de las dotaciones previstas con tales fines se destinó a proteger realmente a los ciudadanos (con indicaciones sobre dosis, efectos de cantidades pequeñas, medias y altas, modos de detectar adulteración, remedios inmediatos en caso de intoxicación aguda, naturaleza de las existencias en cada zona, etc.). Pretendiendo defender a toda costa la salud del ciudadano, ese organismo hizo y hace pasar por información y educación un conjunto de clichés alarmis-

---

46.- *Cfr. PharmChem Newsletter*, 3, 2, 1974; y 3, 8, 1975.
47.- *Cfr.* Grinspoon y Bakalaar, 1982, pág. 85.

tas, habitualmente contraproducentes en la juventud y buena parte de los receptores. Una década después, en 1984, cuando Pharm-Chem e iniciativas semejantes han sido diezmadas por una política de *entrapments*, la pureza media de la cocaína en Estados Unidos se ha reducido a la mitad, con el concomitante beneficio adicional del 100 por 100 para los gangs y sus productores. En California, donde tradicionalmente tenía más calidad, apenas alcanza el 32 por 100 de pureza[48], y el país está inundado por venenos como la «pasta base» y el «crack», cuya difusión deriva de las dificultades creadas por la DEA a los fabricantes en Sudamérica, logrando que desde allí se exporte «pasta» en vez de cocaína[49].

3. La política de la cocaína en Sudamérica

Por lo que respecta a la situación en los países productores, las calamidades ecológicas y humanas montadas para erradicar el cultivo del arbusto de la coca no logran evitar que cada año aumenten las extensiones cultivadas, en una zona que ahora abarca desde Ecuador y Venezuela hasta Chile y Paraguay, incluyendo partes de la cuenca amazónica. En julio de 1986 dio la vuelta al mundo la noticia de que algunos enclaves selváticos bolivianos habían sido atacados por tropas norteamericanas, transportadas y apoyadas por helicópteros de combate. El presidente del país, Gastón Encinas, se apresuró a aclarar que ningún órgano oficial boliviano había sido informado siquiera del *raid*, mientras en la Cámara Alta de Washington varios senadores se congratulaban del hecho y proponían operaciones semejantes en otras partes del mundo. Pero ni siquiera el factor sorpresa, los sofisticados mecanismos de detección y la potencia destructiva de esas unidades lograron en Bolivia sino resultados lindantes con el ridículo. Hay un elemento de revanchismo

---

48.- *Cfr.* Siegel, 1985, págs. 7-8.

49.- Véase más adelante, págs. 801 - 803.

en la actitud de toda América del Sur hacia el amenazador vecino septentrional, que de palabra presenta la cultura de la coca como resaca de un oscuro pasado indígena, pero en la práctica aprovecha gustosamente su prohibición. Desde principios de los años setenta una parte importante de América Latina está comprometida no sólo en el cultivo del arbusto de coca sino en la producción de cocaína.

Brasil, Paraguay y Chile poseen instalaciones de refinado, además de plantaciones, pero sobre todo Colombia, Bolivia y Perú viven casi básicamente de la planta y el alcaloide. Colombia no es un productor a gran escala, aunque —como sucede en Tailandia con el opio— importa pasta base, la transforma en cocaína y la exporta luego a Estados Unidos y Europa. Su policía política, el llamado DAS (Departamento Administrativo de Seguridad), constituye una importante central de tráfico desde 1972[50], la corrupción cunde en su Policía Nacional[51] y hay una impresionante frecuencia de militares comprometidos en operaciones de contrabando[52]; su servicio diplomático se ha visto envuelto en numerosos escándalos, de los cuales quizá el mayor aconteció con su valija en la embajada de Madrid, remitida periódicamente con cargamentos de cocaína directamente por la secretaría particular del presidente Betancur. Ya en 1979, *Time* decía que la factura exportadora global de marihuana y cocaína superaba ampliamente la de todos los demás productos del país. En Bolivia el valor de las exportaciones de esta última sustancia supera también al de todas las demás, incluyendo el estaño. Perú, tradicional productor de la cocaína de mejor calidad, depende en no menor medida de la planta, y es el único de estos tres países que en foros internacionales sigue reclamando una solución justa para los campesinos afectados por las medidas propuestas. En cómico contrapunto, es la

---

50.- *Cfr.* Arnao, 1980, pág. 153.
51.- *Ibíd.*; el texto exhaustivo es Mills, 1987.
52.- *Cfr.* Antonil, 1978, págs. 80-112.

delegación colombiana quien se muestra partidaria de considerar «crimen contra la humanidad» el tráfico de estupefacientes[53].

Sobre la filantrópica actitud norteamericana sirve de muestra algo propugnado hace poco ante la Comisión Internacional de Estupefacientes:

> «En relación con el proyecto A.3, "Investigación científica", el representante de los Estados Unidos instó a que la Sección de Laboratorio de la División de Estupefacientes en Viena realizase actividades acordes con los generosos recursos puestos a su disposición [...] desarrollando agentes químicos eficaces para la destrucción de cultivos ilícitos de arbustos de coca. Debía otorgarse alta prioridad a esa actividad»[54].

4. La penetración de lo ilegal en la ley

En los países productores hay una complicidad inextricable entre traficantes e instituciones. La versión de un inglés que estuvo preso durante algún tiempo en La Paz sería escandalosa si no fuese extremadamente veraz:

> «Toda la farsa de la "guerra a la drogas" nace de una deliberada mistificación de la realidad política. Cuando se subraya la amenaza a las instituciones que supondría la estructura de poder "paralela" de la delincuencia, la opinión común busca negar lo que ya es completamente obvio, esto es, que los intereses del contrabando han prevalecido ya, han logrado ya penetrar, corromper y subvertir el entero tejido del Estado [...]. La situación real es que ningún gobierno puede permitirse renunciar al control sobre el tráfico de la droga, y que en casi

---

53.- ONU, Comisión de Estupefacientes, *Propuestas recibidas de los gobiernos sobre un proyecto de convención contra el tráfico ilícito* (E/CN.7/1986, pág. 27).

54.- ONU, Com. Est., *Estrategia internacional de fiscalización* (EICN.7/1984, pág. 31).

todos los casos donde se ha dado amplia publicidad a un episodio de corrupción individual era para encontrar un chivo expiatorio o adquirir alguna ventaja moral sobre adversarios políticos»[55].

En Colombia, por ejemplo, la institución de los llamados «tribunales especiales militares» no sólo parece ligada a una arrogación del derecho a definir la legalidad en materia de tráfico, sino a la necesidad de sostener mecanismos de arbitraje para conflictos internos entre las principales organizaciones. Más exactamente:

> «La campaña antidroga ha servido solamente como cortina de humo para esconder un incesante y vasto proceso de monopolización del tráfico [...] gestado en el seno de las mismas organizaciones que se proponían combatir la "amenaza". La consecuencia es que el período de mercado libre en Colombia constituye un mero recuerdo, y en su lugar se desarrolla un nuevo tipo de *cártel* de la cocaína, bien engrasado y altamente eficaz»[56].

Tanto en Colombia como en los demás países comprometidos con la erradicación de la coca y sus derivados ha llegado a montarse lo que Arnao llama una «política de represión selectiva», orientada a liquidar el pequeño tráfico y la producción artesanal. Las ventajas del sistema son evidentes, ya que el periódico descubrimiento de alijos y laboratorios proporciona a las fuerzas policiales y militares una fachada de respetabilidad y observancia de los compromisos internacionales, mientras a la vez consolida precios monopolísticos para el gran tráfico. Por una triste aunque previsible ironía, los beneficios de la prohibición siguen sin rozar a los cultivadores indíge-

---

55.- Antonil, 1978, pág. 95.

56.- *Ibíd.*, pág. 79.

nas, que deben soportar plagas químicas y condenas a perpetuidad cuando no venden la materia prima del negocio a precios irrisorios, para que el cártel oligárquico-militar de cada país perpetúe sus privilegios.

Por lo mismo, «el intento de ilegalizar un vicio individual se ha resuelto en la creación de una ilegalidad estructurada para el disfrute de ese vicio, y en la infiltración de la ilegalidad en las instituciones»[57]. Puede servir de ejemplo, entre la infinidad de noticias aparecidas sobre el particular, una de Venezuela, país marginal en la producción y distribución de cocaína. Cierto magistrado ha sido destituido por poner en libertad a siete traficantes que detentaban 106 kilos de cocaína, y habían exportado ya más de 40 a Estados Unidos, cuando estaban cumpliendo una larga condena.

> «El ministro de Justicia, José Manzo, dijo al respecto que él elaboró un informe al presidente Jaime Lusinchi en el que denuncia más de 400 casos ocurridos últimamente, análogos al que acaba de protagonizar el magistrado Silva Garrido»[58].

Pero no hace falta ir a Latinoamérica para hallar casos semejantes. En España todavía está fresco el recuerdo de un juez de instrucción y un magistrado del Tribunal Supremo que fueron separados de la carrera judicial —el primero sólo temporalmente— por poner en libertad al mafioso Bardellino. Más recientes aún son acusaciones hechas por la policía y la magistratura sueca, que implican al gobernador civil de Sevilla y a miembros de la Brigada de Estupefacientes de la Costa del Sol con un confidente suyo, de nacionalidad alemana, acusado de introducir en Suecia 20 kilos de cocaína[59]. Una

---

57.- Arnao, 1980, pág. 75.

58.- L. Vinogradov, Caracas, «Juez venezolano pone en libertad a siete narcotraficantes», *El País*, 22-9-1987, pág. 26.

59.- *Cfr.* E. Roig, «Un general investiga las acusaciones sobre la relación de guardias civiles con el tráfico de drogas», *El País*, 3-7-1987, pág. 14.

sentencia dictada en Estocolmo considera hechos probados que los servicios del confidente «se pagaban con partidas de cocaína decomisadas por la policía española, luego comercializadas en Suecia y en la RFA»[60]. Algo después un subcomisario de policía es detenido con un kilo de esta sustancia, en un asunto que implica a un senador socialista y al delegado del Gobierno de Melilla[61]. No sería difícil acumular docenas de casos análogos en otros países europeos. Por lo que respecta a Estados Unidos, es difícil encontrar un solo día sin alguno. Entre la apertura y la conclusión del sonado juicio contra D. Steinberg, por ejemplo, a quien se acusó de introducir unas mil toneladas de marihuana en el país, el fiscal fue separado dos veces del cargo (la primera por barbitúricos y conducción en estado alcohólico, la segunda por consumo de cocaína) y el principal policía responsable de su detención fue expulsado del cuerpo por sugerir a un colega el tráfico de cocaína, cuando en años anteriores había «perdido» un kilo y luego kilo y medio de dicha sustancia[62].

Sin embargo, en América central y meridional la situación no puede equipararse a la europea o a la norteamericana, ni cualitativa ni cuantitativamente. No es lo mismo cerrar los ojos —por dinero, desde luego— al tráfico de un bien que se exporta y cerrar los ojos al de un bien importado, pues lo primero proporciona divisas y lo segundo las enajena. Tampoco es análogo prohibir algo espontáneamente que prohibirlo en virtud de chantajes políticos. La peculiar relación que guardan América del Norte y América del Sur a partir del primer Roosevelt perpetúa un cuadro de rencores y desprecios, apoyado a nivel estadounidense por el esquema de comprar materias primas baratas y devolverlas en forma de manufacturas caras, sosteniendo gobiernos de fuerza que impidan movimientos políticos

---

60.- R. Romero, Estocolmo, «La red introducía droga en Suecia y la RFA», *El País*, 3-7-1987, pág. 15.

61.- *Cfr.* A. Torres, «Petición de cuatro años de cárcel para un policía por tráfico de cocaína», *El País*, 28-5-1988.

62.- *Cfr.* Mills, 1987, págs. 442 y 1093-1099.

de signo socialista o radical en su vecindad. El gigante económico y militar norteamericano ha promovido sistemáticamente la corrupción desde el Río Grande hacia abajo, y ahora recoge la cosecha de esa siembra. Su cruzada imperial contra ciertas drogas ofrece a los débiles un imprevisto ojo por ojo, que entienden de igual manera Bolivia y Nicaragua, Cuba y Costa Rica, Colombia y Panamá, México y Brasil. Latinoamérica es sencillamente ajena a la constelación *wasp*, ajena al apostolado de Brent y sus sucesores, lo cual significa que se aprovechará de ella tal como aprovechó Inglaterra la prohibición china.

Dada la extendida corrupción y el fuerte tráfico de marihuana, pasta base de coca y cocaína que caracteriza prácticamente a todo el hemisferio sur americano, un razonamiento elemental deduciría que las leyes son permisivas o siquiera poco severas con esta cuestión. Pero una ecuación inexorable —y, a la postre, muy comprensible— liga el gran comercio de drogas ilícitas con la severidad legislativa, pues cuando los traficantes están imbricados en la propia maquinaria estatal se protegen de competidores menos recomendados con un derecho draconiano. Esto es manifiesto entre los principales productores de opiáceos en Oriente —Siria, Turquía, Persia, Afganistán, Pakistán, Birmania, Tailandia, Indonesia y Malasia aplican la pena de muerte—, y se observa igualmente en Latinoamérica con los productores y exportadores. Argentina, Bolivia, Brasil, Chile, Colombia, Costa Rica, Ecuador, México, Perú y Venezuela no sólo castigan duramente la producción y el tráfico, sino la simple tenencia y el consumo[63]. En Venezuela, por ejemplo, donde el propio ministro de Justicia reconoce unos cuatrocientos casos de soborno entre magistrados «últimamente», la posesión puede ser punible con condenas de hasta diez años, y el cultivo o tráfico con veinte; en Argentina y Costa Rica las penas pueden llegar a los quince años, y en México, Bolivia o Colombia el traficante tiene muy altas probabilidades de morir antes

---

63.- *Cfr.* García Méndez, 1987, págs. 143-146.

incluso de llegar a prisión, si no posee los debidos salvoconductos, expedidos por la autoridad en funciones. En realidad, esto último puede extenderse a todos los países del hemisferio, donde quizá sólo la posesión de un pasaporte norteamericano protege en cierta medida.

Aunque Estados Unidos siga esgrimiendo como tesis básica la «invasión» padecida a manos de extranjeros, es curioso que sea el país con más nacionales encarcelados en Latinoamérica por tráfico de drogas ilícitas. Ya antes de comenzar los años ochenta unos 2.000 norteamericanos se encontraban en dicha situación, y la DEA expresaba un ferviente aunque equívoco deseo de «rescatarlos»[64]. Un nivel máximo de corrupción y una severidad máxima de las leyes florece con nitidez en los propios Estados Unidos; Arizona y Florida, los dos Estados que reciben más importaciones de drogas ilegales, son los únicos que tienen en vigor pena de muerte para el tráfico. En el caso de Florida al menos, la eficacia de esa medida para grupos distintos de las verdaderas mafias no acaba de ser perceptible para nadie: sus ciudades se encuentran sencillamente atiborradas de cocaína.

Por otra parte, para los países situados al sur del Río Grande, suspender la exportación al vecino septentrional representaría una catástrofe, aunque la mayoría de esos beneficios acabe en bancos europeos, cuando no reinvertido en Norteamérica. El informe de la *Operation Cashflow*, hecho en colaboración por la DEA, la CIA y el NSC (National Security Council) en 1985, sugiere que México y Colombia obtienen «el 75 por 100 de sus ingresos totales por exportación de la marihuana y la cocaína»[65]. Panamá —principal banquero inmediato de las divisas resultantes— recibe cada año miles de millones de dólares en depósitos. La cocaína parece haber unido a anticastristas y castristas, sandinistas y Contras, guerrillas y oligarquías. Se diría que para América Latina la tragedia es no acabar de

---

64.- *Cfr.* «The role of DEA overseas», *Drug Enforcement*, 4-3-1977.
65.- *Cfr.* Mills, 1987, pág. 1134.

enriquecerse tampoco con este colosal negocio, cuya parte principal se distribuye dentro de un círculo que en vez de colaborar con el progreso de cada país conspira contra él.

a) **Un apunte sobre las riendas del asunto**. Allí donde ha sido posible descubrir redes de grandes traficantes —como la de A. Sicilia-Falcón y la de A. Rivera— han aparecido embarazosas conexiones no sólo de esos *gangs* con los más altos peldaños políticos de sus respectivos Estados, sino con servicios secretos que llegan en sus ramificaciones hasta la Casa Blanca. Estas conexiones podrían deberse a un ánimo inmediato de lucro, pero quizá son explicables también como la conducta de quien se limita a aceptar algo considerado inevitable, a fin de poder orientarlo hacia una meta defendida hace mucho tiempo, como sostener grupo antirrevolucionarios haciendo fluido el intercambio de drogas por armas e influencia.

Esto es lo que acontece con la heroína en Afganistán, Pakistán, el Triángulo Dorado y Tailandia. Todo indica que acontece igualmente en América Latina con la cocaína. Sicilia-Falcón, por ejemplo, fue originalmente un anticastrista que luego renovaba su pasaporte en Cuba, invertía en bancos suizos y rusos, estaba infiltrado por la CIA y se movía con perfecta impunidad en México con un carnet de agente especial de Gobernación, el superministerio del que han solido ser titulares todos cuantos luego accedieron a la Presidencia. Quien montó las primeras operaciones escabrosas en relación con cocaína y financiación del anticastrismo fue T. Shackley[66], director de la división de operaciones secretas de la CIA y segundo de W. Colby en este organismo. Ambos habían intervenido en operaciones semejantes cuando estuvieron destinados en Saigon, y ambos colaboraron en echar tierra sobre el asunto de la World Finance Corporation en Florida. El siguiente director general fue G. Bush, cuyo asesor particular para asuntos de seguridad nacional ha sido acusado de actuar

---

66.- *Cfr.* Kwitny, 1987, pág. 97.

como contacto entre Washington y el cártel de Medellín, en un intercambio de financiación a la Contra nicaragüense por salvoconductos para introducir cargamentos de cocaína desde Colombia a Estados Unidos[67]. Una extraña empresa llamada Arms Supermarket —donde participaban, entre otros, el Mossad israelí, el general Noriega y el teniente coronel O. North, agente del selectísimo Consejo de Seguridad Nacional americano— fue el primer proveedor de la guerrilla antisandinista, antes de montarse la famosa conexión Irán-Contra. Se conserva, por ejemplo, una nota autógrafa de North —el 12 de julio de 1985— con las palabras: «cuando Supermarket termina mal, $14 millones para financiar de droga»[68]. Pero Bush era y es un miembro del Consejo de Seguridad Nacional también, y cuando Estados Unidos trató de expulsar a Noriega de Panamá parecía inminente su caída hasta que un día el general panameño convocó a la prensa para decir escuetamente: «Tengo a Bush cogido por las pelotas»[69].

Poco después, la arrogancia —o el peligro de tener a Noriega en libertad— provoca la sangrienta invasión del país, que destruye barrios enteros de la capital y termina con la captura del dictador. Quien se instala como nuevo hombre fuerte de Panamá —el voluminoso Guillermo Endara— será pronto acusado por la DEA de conexiones con el narcotráfico, y el país sigue siendo un líder mundial en el blanqueo de ese dinero.

Sea como fuere, el subcomité de Relaciones Exteriores del Congreso americano, presidido por el Senador J. Kerry, ha dicho que tiene varios testimonios «comprobados» sobre el detalle de las operaciones hechas antes y después del *Irangate*. Según Kerry, «está muy claro que en el abastecimiento a la Contra hubo dólares del narcotráfico»[70]. Los pilotos identificados hasta ahora introducían en Estados Uni-

---

67.- *Cfr.* R. Parry y R. Nordland, 1988, pág. 24.

68.- *Ibíd.*, pág. 25.

69.- *Ibíd.*

70.- Efe, Washington, «Un protegido de la CIA llevaba armas a la "contra" y volvía con cocaína», *El País*, 94-1988, pág. 2.

dos —usando itinerarios y pistas facilitados por la CIA— avionetas cargadas con quinientos kilos de cocaína en cada viaje. Desde 1982, Bush dirige el plan llamado *Estrategia Federal contra las Drogas*.

Es posible que en este terreno el tiempo depare revelaciones todavía más sorprendentes, y lo hasta hoy conocido acabe siendo una menudencia. Dicen que en 1986 se descubrió un enorme complejo agrícola mexicano, con más de siete mil campesinos siervos y casi diez millones de kilos de marihuana almacenados[71]. Una cantidad semejante —ocho veces superior a la producción anual del país, a juicio de la DEA hasta entonces—, no parece posible sin artillería antiaérea, ejércitos informales y mucho apoyo político en todas las esferas. Por otra parte, en México la Procuraduría General de la República acaba de declarar que «nuestro país dedica casi una tercera parte de sus fuerzas armadas y más de medio millón de dólares diarios para poner freno al tráfico de drogas, que está reconocido aquí como la principal amenaza contra la seguridad nacional»[72]. Debe añadirse, quizá, que según los mexicanos el negocio de la marihuana está controlado por el ejército precisamente, y el gobierno por la CIA.

Militares o no, empresarios de este calibre ascienden pagando impuestos a corporaciones (como Jardine los pagaba a Bulwer Lytton y Palmerston), y caen a consecuencia de impuestos que las corporaciones se pagan unas a otras, de tanto en tanto. En Colombia, donde los grandes traficantes son enemigos de la DEA pero amigos de la CIA, sus grupos paramilitares asesinaron en 1988 a unas 3.300 personas por asuntos de droga, según American Watch, una filial de Amnistía Internacional[73].

71.- Mills, 1987, pág. 1139.

72.- En A. Caño, «El Senado de EE.UU. descalifica la lucha de México contra la droga», *El País*, 13-4-1988.

73.- Reuter, «Masacres del cártel colombiano», *El Listín Diario de Santo Domingo*, 13-4-1989, pág. 31.

13

La era del sucedáneo

«Suprimid el opio [...]. No impediréis que haya almas destinadas al veneno que fuere, veneno de la morfina, veneno de la lectura, veneno del aislamiento, veneno de los coitos repetidos, veneno de la debilidad enraizada del alma, veneno del alcohol, veneno del tabaco, veneno de la asocialidad. Hay almas incurables y perdidas para el resto de la sociedad. Quitadles un recurso de locura, e inventarán otros mil absolutamente desesperados».

A. ARTAUD.

La industria química y farmacéutica produce docenas de nuevos psicofármacos cada día y —a juzgar por las declaraciones de neurólogos y bioquímicos— nos hallamos en el umbral de trascendentales descubrimientos sobre las proteínas del cerebro, que pueden convertir el arsenal médico-psiquiátrico hoy disponible en algo casi prehistórico. Tras el hallazgo de unos treinta neurotransmisores, el de los llamados neuropéptidos ofrece, al parecer, perspectivas de modular el psiquismo hasta límites impensados[1]. No obstante, quienes hoy trabajan con entusiasmo en esos proyectos podrían tropezarse con problemas, si su ingenuidad les hace creer que descubriendo sustancias cuya administración no produzca «consecuencias biológicas indeseables» habrán salvado las restricciones impuestas por la legislación vigente.

Hoy no sólo corresponde a los gobiernos evitar la difusión de drogas adictivas y tóxicas, sino proteger el «ánimo y el juicio» de las personas contra paraísos artificiales para el desánimo, la vaciedad o el dolor. La circulación de cualquier proteína cerebral con poderes euforizantes provocaría una inmediata respuesta represiva, aun-

---

1.- *Cfr.* Iversen, 1980; y Snyder, 1980. Sobre el reciente entusiasmo, *cfr.* J. E. Mayo, «El lenguaje del cerebro», *El País*, 29-7-1987, pág. F-3.

que su toxicidad sea inferior a la de la patata, no cree dependencia y carezca de estigma social previo. El caso del cáñamo, que continúa clasificado como droga superpeligrosa (Lista I), el de la MDMA o éxtasis (que se aborda más adelante), o la inalterada calificación de *narcotic* que sigue correspondiendo a un estimulante como la cocaína, muestran que la lógica del sistema es prohibir por principio *toda* euforia inducida mediante fármacos. Naturalmente, eso no parece realista, porque ciertas sustancias psicoactivas seguirán considerándose medicinas decentes y artículos de alimentación. Sin embargo, el lema de la cruzada actualmente es «SÍ A LA VIDA, NO A LA DROGA», indicando que quizá algún día hasta el café y los aguardientes serán racionados.

Son una circunstancia y otra —los progresos de la psicofarmacología y los progresos en la censura farmacológica— el rasgo más característico de los años ochenta. Y, como en décadas previas, la orientación del sistema censor tropieza con adversarios de peso. Olvidando momentáneamente la corrupción de las instituciones encargadas de velar por su funcionamiento, y las protestas de un grupo radical considerable, uno de los problemas es que las drogas ilegales han llegado a formar parte de los ritos iniciáticos para la juventud. Otro es la propia civilización contemporánea, donde cuesta imaginar que consideraciones morales de raíz puritana vayan a disuadir en el futuro más de lo que disuadieron en el pasado. Pero lo propiamente nuevo es la puesta en práctica de algo tan evidente como que «la naturaleza suministra pautas moleculares para millones de drogas con potencial de abuso, y la más leve modificación química puede producir una droga legal y potente»[2]. Esto ya se sabía a nivel teórico, y el estado de cosas ha venido a activarlo. Si grandes masas humanas quieren comprar «drogas nocivas», y si ciertas corporaciones legales e ilegales monopolizan su uso, elevando vertiginosamente los precios, el mercado tradicional apoyado sobre plantaciones y desplaza-

2.- Shafer, 1985, pág. 67.

mientos a través de fronteras está llamado a la caducidad. En vez de usar como punto de partida la agricultura, los nuevos fabricantes se lanzan a buscar sustancias psicotrópicas donde realmente prometen encontrarse en abundancia: jugando con radicales, átomos y compuestos de uso habitual en la industria.

I. Las «designer drugs»

Con este nombre de difícil traducción —«drogas a escala», «drogas de diseño», o «drogas a medida»— se conocen un conjunto de sustancias sintéticas. Hacia 1980 apareció en Estados Unidos una variedad de opiáceo que la policía y los consumidores empezaron a llamar *china white*, supuesta heroína a la que se atribuyeron setenta muertes y varios casos de lesiones cerebrales graves en California. Usando un equipo sumamente complejo, químicos de la DEA lograron aislar muestras de un compuesto análogo al citrato de fentanil, un anestésico empleado hace tiempo en los quirófanos por sus formidables propiedades analgésicas. Vinculado a nivel de estructura con la meperidina —otro opiáceo, comercializado como *Demerol*—, el fentanil se encontraba incluido ya en la Lista I por esas fechas. Sin embargo, lo circulante en California ni era heroína ni fentanilo, sino alfametilfentanil o alfentanil, un compuesto patentado bastante antes y aún a la espera de lanzamiento farmacéutico[3]. Pero errores en la preparación o purificación de algunas partidas desembocaron en una síntesis de la neurotoxina MPTP (1,2,3,6-tetrahidro-1-metil-4-fenilperidina), que se degrada por reacciones enzimáticas *in vivo* formando MPP+, una versión dihidro de la MPTP. En 1982 este compuesto produjo los primeros síntomas de tipo Parkinson observados en jóvenes, y —cosa notable— permitió su identificación como tal neurotoxina, suscitando nuevas hipótesis sobre el origen

---

3.- Sobre la *china white*, *cfr.* Shafer, págs. 60-67.

del parkinsonismo «regular», pues la MPTP es un subproducto industrial común, que hace muchas décadas contamina nuestros hábitats.

La alarma cundió rápidamente, y en 1984 la Comisión de Estupefacientes incluyó el alfentanil junto al fentanil, en la Lista I, a propuesta del Comité de Expertos de la OMS[4]. La DEA, más libre de trámites formales —pues su director puede incluir con una simple firma (a justificar en el plazo de un año) cualquier nuevo compuesto a la lista de drogas prohibidas—, no sólo incorporó el alfentanil sino 26 compuestos análogos y de probable síntesis sucesiva. Luego montó una operación jurídicamente singular, pues disfrazados de bomberos y pretextando un falso fuego varios agentes pudieron irrumpir sin orden judicial en el domicilio del sospechoso, y sustraer inadvertidamente una muestra de polvo blanco. Tras analizarla, quedó claro que se trataba de parafluorfentanil, un opiáceo sumamente poderoso pero desconocido, que no permitía acusar penalmente a su propietario. De esta frustración nacería la *Designer Drugs Act*, un precepto revolucionario, pues en vez de especificar sustancias inaugura el principio de que todo lo no autorizado está prohibido.

1. El álgebra de la posibilidad

Según las fuentes policiales —sin duda exageradas—, una inversión de quinientos dólares en equipo, usando luego productos relacionados con la industria más común (alfametilestireno, formaldehído, metilamina) se puede producir una taza de *china white*, cuyo valor inmediato de venta ilegal ronda los dos millones de dólares. Para llegar a ese cálculo no hace falta tener en cuenta el 5 por 100 de pureza exhibido como media por la heroína del mercado negro, sino que ciertos derivados del fentanilo constituyen drogas veinte o cuarenta veces más activas que la heroína, consiguiéndose su efecto con

---

4.- Desde 6-2-1984; *cfr.* E/CN.7/1984/13, pág. 49.

algunas gammas o millonésimas de gramo. Una tableta de aspirina, por ejemplo, pesa unas 300.000 gammas (0,3 gramos), y la dosis callejera de *china white* oscila de 50 a 80 gammas. En otras palabras, la millonésima de gramo se vende a medio dólar. Eso explica que de 29 laboratorios clandestinos desmantelados en 1972 (cuando trataban de producir LSD sobre todo), la policía norteamericana haya llegado en 1980 a descubrir 236, básicamente orientados a la fabricación de opiáceos y estimulantes sintéticos. Para hacer frente a esa amenaza la DEA ha inventado compañías imaginarias que ofrecen equipos químicos al público mediante anuncios, y cuando acuden clientes procede a encarcelarlos por conspiración para violar las leyes sobre estupefacientes[5].

Pero las informaciones indican que el ritmo de síntesis ilegal no decrece, y que junto a las heroínas artificiales han empezado a aparecer cocaínas artificiales, hechas a partir de estimulantes como la catina (alcaloide del cat) y otros, que al ingresar en el mercado reciben nombres como *coco snow, crystal caine* y *synth coke*. Por lo demás, tampoco está claro que las drogas de diseño sean realmente causa de las muertes por sobredosis; «sigue siendo un misterio cómo mata la *china white*», dice un farmacólogo, «pues sobrevive sin lesión un grupo que toma cantidades cincuenta veces superiores a las halladas en supuestas víctimas de sobredosis»[6]. Los anestesistas usan fentanilo porque su margen terapéutico resulta superior al de la morfina (y al de la heroína), como corresponde a una droga activa en dosis tan homeopáticas. Aunque con *china white* las sobredosis de verdadero narcótico sean más probables, no debe descartarse la acción de adulterantes. Con todo, a esos peligros se añade ahora el de haber producido sin querer un compuesto distinto.

Cualquiera de los psicofármacos clásicos fue un agente terapéutico reconocido, ensayado cuidadosamente en condiciones de

5.- Cfr. L. M. Werner, «Agency sells kit, then arrests buyer», *The New York Times*, 11-8-1983, pág. A-1.

6.- Shafer, 1985, pág. 63.

laboratorio y producido por químicos competentes. Su abuso podía matar, aunque no su uso. La situación contemporánea, en cambio, se apoya sobre cocinas domésticas que con un leve error pueden producir venenos en vez de compuestos asimilables, y cuyos productos llegan al usuario tras varios escalones, gobernados a veces por analfabetos o asesinos. Si la situación persiste es gracias a un complejo de factores, que a nivel sustantivo son la necesidad de analgesia y el papel del heroinómano, complementados en no escasa medida por el progreso del conocimiento humano. Si en tiempos de Galileo se hubiese prohibido la fabricación de lentes —para evitar telescopios que cuestionasen la inmovilidad de la tierra en el concierto cósmico—, entre los ópticos europeos no habrían faltado quienes siguieran fabricándolas clandestinamente. Pero en el caso de los analgésicos la tentación resulta todavía superior, pues al atractivo de desafiar un tabú se añaden no sólo un extraordinario beneficio económico sino el nivel de la técnica. Aunque el fentanilo y sus análogos son por ahora el más potente analgésico descubierto, hay otras varias sustancias semisintéticas o sintéticas —con innumerables análogos—, de potencia superior a la heroína[7], que pueden extraerse sin dificultades de fármacos legales usando productos de droguería. Cada año habrá más, y nuevos procedimientos de obtención.

II. LA COCAÍNA DEL POBRE

La elaboración de cocaína en laboratorios selváticos pasa por obtener primero pasta base de coca o «base», macerando las hojas con keroseno y compuestos sulfurados, que lavada luego con sustancias altamente volátiles (éter y acetona) se convierte en clorhidrato de cocaína o cocaína propiamente dicha. El uso de la llamada base no

---

7.- Entre ellas pueden mencionarse el *Dilaudid* (dihidromorfinona) y el *Numorphan* (14, hidroxidihidromorfinona); *cfr.* Siker, 1984, vol. 12, pág. 842 c.

ha sido hasta hoy objeto de investigaciones hechas con el rigor exigible a los experimentos científicos, por lo cual faltan datos cuantitativos o cualitativos realmente fiables. Sin embargo, constituye una sustancia más nociva que la cocaína. Sus impurezas hacen que no sea administrada por vía intravenosa o intramuscular, que abrase la mucosa nasal y que tenga poca actividad y graves efectos secundarios por vía digestiva, haciendo que su uso se restrinja a cigarrillos, pipas y otras modalidades de empleo por vía pulmonar. Juzgando por lo que dicen algunos consumidores, esa vía no se elige porque la «base» deje de ser un abrasivo para los bronquios, ni un entorpecedor para la circulación —capaz incluso de producir a la larga gangrena en las extremidades—, sino porque antes de hacerse ostensibles esos efectos pueden pasar semanas, meses o años, dependiendo de la frecuencia e intensidad del empleo. Pasta base es lo que fuman los indios cuando pisan las hojas empapadas en keroseno, sin calzado y durante largas jornadas, como parte del exiguo jornal que su colaboración recibe.

El «crack» es pasta base amalgamada con bicarbonato sódico, un polvo blanco muy barato que venden todas las farmacias y droguerías para múltiples usos, entre otros como remedio para la acidez de estómago. A fin de entender el éxito alcanzado por este tosco fármaco lo esencial es tomar en cuenta su composición. Dependiendo de los «cocineros», hacen falta tres, cinco o hasta más kilos de base para hacer uno de cocaína, lo cual implica que el producto es mucho más barato, pues no sólo se obtiene un peso muy superior sino que el proceso de elaboración queda reducido al mínimo, y es innecesario —entre otras cosas— obtener éter y acetona, sustancias explosivas y muy caras en Latinoamérica actualmente. Sumando lo uno y lo otro, el productor puede exportar base en vez de cocaína a precios diez veces inferiores por unidad de peso, con el mismo beneficio. Pero esto no es todo, pues la sustancia se mezcla luego al 50 ó 60 por 100 con bicarbonato, un compuesto casi gratuito, cosa que implica una nueva y radical reducción del precio. Actualmente, un vial con piedras de crack vale en la calle de tres a cinco dólares[8].

1. La mística de la miseria

Por lo que respecta a las reacciones subjetivas, se dice que el bicarbonato potencia —o al menos no amortigua— los efectos estimulantes de la base. En los fumadores inveterados tales efectos se asemejan por intensidad y brevedad a la inyección intravenosa de cocaína, efusión efímera —experimentada con desagrado por la mayoría de las personas «normales»— que exige renovarse a los pocos minutos para no caer en una especie de sobreexcitación depresiva.

Comparado con el mundo de los usuarios de cocaína, ligado a desahogo económico y metas lúcidas que suelen excluir un empleo abusivo, los ambientes relacionados con el *crack* y la pasta base tienen en común con el de los heroinómanos un marcado elemento de autodestructividad. Los sujetos propenden a dramatizar una dependencia irresistible semejante a la del *junkie*, son incapaces de dosificarse el producto y, como el alcohólico, toman y siguen tomando hasta que la droga se agota o les rinde la fatiga (a veces tras no dormir durante días). Por eso mismo, no resulta fácil determinar si son las pautas de uso y el tipo de consumidores, o bien la nocividad intrínseca del propio fármaco, el motivo de que haya una frecuencia notable de intoxicaciones agudas, con episodios delirantes y cuadros de gran depauperación psicosomática. A juzgar por ellos, se diría que sólo los afectos al uso intravenoso de anfetaminas poseen un vicio tan lesivo orgánicamente, y tan demenciador. Se dice que durante los seis primeros meses de 1986 murieron en Estados Unidos unas 600 personas por intoxicación aguda[9]. El dato cobra interés recordando que en 1976 no hubo un solo caso de intoxicación fatal por cocaína.

8.- *Cfr.* Lamar, 1988, pág. 12.

9.- *Cfr.* F. Basterra, «El "crack" del 86», *El País*, 20-7-1986, pág. 2.

Moda en drogas nuevas, el tratamiento que los *mass media* han dado al *crack* puede considerarse un modelo de lo que impera como información en este campo. Siguiendo la mecánica «epidemiológica», el hecho de que algo semejante haya aparecido en el mercado norteamericano se presenta como cosa análoga al SIDA y de próxima exportación al resto del mundo. Quedan así en la sombra los factores causales del fenómeno. Uno son las restricciones creadas a la disponibilidad de disolventes, por iniciativas de la DEA que la legislación internacional acabó consagrando[10]. El segundo es el próspero negocio de montar una cocaína del pobre en países desarrollados. Ya antes de que las Naciones Unidas se decidieran a entorpecer el uso de precursores para la fabricación de distintas drogas ilícitas, en los países de América del Sur que producen la mayor parte de la cocaína —industrialmente poco desarrollados— era más costoso obtener y almacenar los productos químicos básicos para la transformación que hojas de coca.

Tampoco exige mucha reflexión comprender que un sucedáneo potente de la cocaína, ocho o diez veces más barato, tendría buena acogida en sectores económicamente desfavorecidos de países prósperos. Si la cocaína era ya el lujo de los ricos y triunfantes, la base y el *crack* iban a ser el lujo de los miserables, expediente idóneo para que una franja social antes excluida pudiera incorporarse a la frenética búsqueda del estimulante no cafeínico que caracteriza a los años ochenta. De ahí que junto a la poderosa mafia de la cocaína surgiese otra más descarnada, capaz de rascar el bolsillo de los pobres con la misma eficacia que la otra arañaba el de los ricos.

Con todo, las informaciones de la policía y los *media* coinciden en presentar el fenómeno como una plaga imprevisible, basada sobre

---

10.- En 1985 la Comisión de Estupefacientes propuso «ejercer una especial vigilancia en el caso de efedrina, efedrol, fenilpropanona, ergotamina, ácido antralínico, piperidina, éter etílico y anhídrido acético, que se usan frecuentemente para la fabricación ilícita de anfetamina, metanfetamina, LSD, metacualona y fenciclidina (PCP), así como de cocaína y heroína» (Commission, *Report on the Thirty - First Session*, E/CN.7/1985, pág. 2). La propuesta fue acogida con beneplácito por el Consejo Económico y Social de la ONU.

preferencias espontáneas de los consumidores. Por el mismo argumento, la proliferación de alcoholes metílicos y otras destilaciones venenosas que se produjo en Estados Unidos durante la ley Seca debería considerarse una plaga imprevisible, basada sobre preferencias espontáneas de los bebedores. Ese modo de abordar la información revela hasta qué punto el usuario actual de drogas lícitas considera al de las ilícitas un oligofrénico con tendencias suicidas, y no como alguien estafado por comerciantes sin escrúpulos. No se le ocurre, en consecuencia, preguntarse qué proporción de los usuarios seguiría comprando *crack* si pudiera obtener por el mismo precio cocaína. Sin embargo, basta hacerse esta pregunta para rozar una respuesta objetiva. Admitiendo que algunos buscan con el *crack* un estatuto de irresponsabilidad parejo al del heroinómano —y seguirán por eso mismo recurriendo a él—, es indiscutible que la gran mayoría prefería cocaína sin vacilar un segundo (entre otros motivos porque los principales focos de usuarios están en guettos negros, donde la cocaína posee un prestigio casi mítico todavía). Eso significa que la inmensa mayoría usa *involuntariamente* una copia en vez de un original, y se encuentra en una situación por completo análoga a la de quienes consumían los licores de garrafa distribuidos por la mafia irlandesa, judía y siciliana como bebida selecta desde 1917 a 1933. Semejante situación pasa por ser lo mejor para la salud pública.

a) Efectos de la persecución. A partir de 1985, cuando las medidas contra precursores produzcan la «imprevisible» consecuencia de inundar Estados Unidos con pasta base en vez de clorhidrato de cocaína, las penas draconianas aplicadas a los traficantes de drogas ilícitas están a punto de producir otro fenómeno imprevisible, aunque bastante repetido en nuestra historia. A mediados de los cincuenta, cuando la *Narcotics Control Act* contempló penas de prisión perpetua e incluso muerte para ventas a menores, el efecto inmediato del precepto fue que los adultos dejaron de asumir la parte del *peddler* («camello») en los intercambios. La edad

436

media de los heroinómanos descendió bruscamente, y sumado eso al encarecimiento de la oferta un mercado negro hasta entonces minúsculo halló las condiciones idóneas para su crecimiento. La situación volvió a producirse durante la égida de Nixon, experimentando un retroceso en los años liberales de Ford y Carter. A partir de Reagan, nuevamente con castigos draconianos y un constante bombardeo de paranoia desde los *media*, la cocaína del pobre suscitará un gran número de delincuentes no ya juveniles sino infantiles.

En Nueva York, Washington, Los Angeles, Detroit y otras ciudades empieza a observarse que hay un meritoriaje casi rígido para acceder al tramo mercantil con los mayoristas de esta droga. Los chicos de nueve a diez años pueden hacer hasta 100 dólares diarios en buenas zonas, alertando a los que venden sobre presencia de peligro en los alrededores. Los llamados corredores —que pueden hacer quizá el doble de dinero— suelen ser algo más crecidos, y transportan la droga desde los puntos donde se «cocina» el *crack* hasta quienes lo venden. De trece a quince años son ya los verdaderos *dealers*, reyes de la calle, que pueden hacer hasta un millar de dólares en puntos realmente buenos[11], como ciertos enclaves de Nueva York y Los Angeles. Desde la guerra a la droga reaganiana —cuyo inicio puede fecharse en 1981— los traficantes menores de dieciséis años se han multiplicado de modo instructivo. En Washington, por ejemplo, los arrestos pasan de 315 a 1.894 en seis años; en Los Angeles de 41 a 1.719; en Nueva York de 349 a 1.052[12]. En Detroit la situación es tal que aconseja a las autoridades municipales inaugurar programas de tratamiento adaptados a niños desde los seis años. En Manhattan tres grandes institutos de enseñanza media prohíben a los estudiantes portar piedras preciosas, objetos de oro y pieles, pues junto a coches deportivos —muchas veces con chofer, para evitar peticiones de carné— son el acompañamiento habitual de los afortunados traficantes

---

11.- *Cfr.* Lamar, 1988, pág. 10.

12.- *Ibíd.*, pág. 11.

infantiles, y las autoridades escolares entienden que ese despliegue de lujo puede provocar deseos de emulación en los demás colegiales.

La sociedad se rasga las vestiduras ante esta imprevisible tragedia, mientras la Casa Blanca declara que el asunto es una «emergencia nacional». Naturalmente, los menores de edad no pueden ser ingresados en prisión, sólo en reformatorios, y cuando tienen menos de doce años ni siquiera eso. Pero las declaraciones de Reagan y la DEA, curiosamente, no mencionan otros aspectos. Por ejemplo, que muchos vendedores infantiles y juveniles lo hacen para ayudar a familias castigadas por la pobreza, que están entre los más inteligentes (considerando su aprovechamiento escolar antes de entrar en esa profesión), y que bastantes de entre ellos —dando muestras de insólito buen juicio— no tocan lo que venden. Tampoco mencionan que el nivel de desempleo para muchachos negros se ha elevado desde la llegada del reaganismo al 37 por 100; que las cárceles y los reformatorios están sobresaturados; que el salario mínimo, ajustado al nivel de la inflación, se encuentra en su punto más bajo desde 1955; que el número de obreros misérrimos ha pasado de 3 a 15 millones entre 1979 y 1987; que las becas y ayudas escolares han bajado un 16 por 100 durante ese mismo período, mientras el precio de la educación se ha doblado prácticamente; y que, en general, el presupuesto para programas de formación y empleo —básico para jóvenes desfavorecidos— ha sido congelado (cuando no drásticamente recortado) en favor de otros gastos.

Si se mira con detenimiento, parece difícil producir un mejor caldo de cultivo para aquello que dice quererse evitar a cualquier precio.

III. LA SUCEDANEOMANÍA COMO NORTE

Desde una perspectiva histórica general, lo relevante en el *crack* — no menos que en las demás «designer drugs», narcóticas o psiquedélicas— es surgir directamente de la prohibición. Las otras fueron primero legales y luego pasaron a la ilegalidad, mientras este grupo surge desde el comienzo como oferta alternativa a los originales excluidos del tráfico abierto. Si bien la licitud de la cocaína, el opio, la heroína, la marihuana, la LSD, etc., no produciría una inmediata crisis de usuarios, el favor otorgado a las nuevas drogas depende en enorme medida de las restricciones impuestas a los psicofármacos que imitan. Nacieron de la prohibición, y existen gracias a ella casi exclusivamente. Pero al mismo tiempo miden la capacidad de respuesta que el mercado negro y la imaginación rebelde pueden oponer a medidas represivas. Es innegable que en apenas una década ha logrado varios sucedáneos potentes, baratos y sencillos de producir para cada uná de las drogas ilícitas previas.

Tan relevante es esta transición que podría definirse la década de los ochenta como el momento donde la toxicomanía se convierte en *sucedaneomanía* a nivel planetario. No se trata sólo de que la monopolización del tráfico por organizaciones clandestinas imponga una impureza cada vez mayor a los fármacos prohibidos, sino de que los prohibidos se prolongan en sustancias con efectos análogos. Por primera vez, el conjunto se convierte en un emporio comercial montado sobre combustibles psíquicos que alcanza —o supera— en beneficios al de los combustibles fósiles y nucleares, erigiéndose en el negocio singular más sustancioso del mundo, si junto a las drogas ilegales y sus sucedáneos se incluyen las legales.

1. Progresos en la indefensión

La sucedaneomanía ha venido a demostrar también que no es sostenible la suposición del «excipiente inocuo», preconizada por las distintas policías e implícita en la legislación represiva. Si los porcentajes de heroína, cocaína, LSD, etc., iban reduciéndose en el curso del tiempo, y si realmente eran esas sustancias la causa de los males, cabía esperar que cuando alcanzaran niveles medios del 10 por 100 o menos para el conjunto, como acontece hoy, la salud pública estaría mejor guardada que antes. Sin embargo, la suposición pasaba por alto lo esencial del mecanismo de realimentación puesto en marcha con las medidas represivas. Las estadísticas indican que cada año aumentan —no sólo en Estados Unidos sino en Europa y los demás continentes— los casos cubiertos bajo el eufemismo de sobredosis, hasta el extrema de que en algunos países como España los propios partes policiales emplean ya la expresión estandarizada «sobredosis o adulteración», mientras el gremio forense decide ahorrarse autopsias y declara que en sus informes técnicos sólo figurará la expresión «muerte por heroína»[13], fuere cual fuere la causa precisa del fallecimiento, si los jueces no solicitan aclaraciones.

Puede decirse que los consumidores de drogas ilícitas tienen merecida cualquier desgracia, ya que desobedecen. Parece difícil discutir, con todo, que la prohibición se estableció para lograr su defensa y no su exterminio. Al cumplirse los setenta años de la prohibición —medida relativa a tres sustancias al principio, y hoy a muchos centenares— el resultado de su puesta en práctica no escapa a la paradoja. Un ejército internacional de terapeutas y represores se enfrenta a otro, no menos internacional, de traficantes y productores; entre ambos, inventando mitologemas a partir de su propia resistencia pasiva, una renovada masa de personas consume día a día más adulteración y se intoxica más gravemente. Esa desobediencia civil, unida al clamor de protesta en el sector que practica la obediencia, mueve a los Estados Unidos a apostar más fuerte por una victoria cada vez más problemática.

Como creyendo que al oprimir uno de los lados de una membrana no se formará un abombamiento en el otro, debido a un principio físico de acción y reacción, la política de proteger la salud pú-

---

13.- *Cfr.* F. Bayarri, «La pureza de la heroína, según los forenses», *El País*, 13-10-1987, pág. 29.

blica prohibiendo el consumo de ciertas drogas ha desembocado en un fantástico negocio para criminales y funcionarios corruptos, no menos que en un complejo de circunstancias indeseables. Dentro del estado de cosas, destaca la indefensión cotidiana y el envenenamiento para millones de individuos, que sirven como cobayas de un comercio siempre en alza, cuando no se ven instigados también a convertirse en confidentes policiales o en gangsters, y cuando no son objeto de agresiones por parte de aquellos a quienes la vicio justifica para atracar o robar. En efecto, unas tres cuartas partes de todos los delitos cometidos desde hace tiempo en las sociedades prósperas se relacionan directa o indirectamente con drogas ilícitas[14], cuando hace setenta años —antes de prohibirse— su consumo no motivaba incidencia delictiva alguna.

IV. La MDMA o éxtasis

La síntesis de ciertas moléculas con dexanfetamina y metanfetamina produce fármacos sin relieve como estimulantes, y de escaso o nulo poder visionario, pero capaces de inducir una densa experiencia emocional, que por así decir funde las etiquetas e inhibiciones habituales, creando en los sujetos un ánimo no pocas veces descrito como sentimiento difuso de amor y benevolencia. Ya en 1935 un investigador se administró (±)-N,α-dimetil-3,4-(metilenedioxi)fenetilamina (MDA), sufriendo una reacción subjetiva notable, aunque sus experimentos no despertaron interés en la comunidad científica. Gracias a los trabajos de Alexander Shulgin y otros, culminados a principios de los años setenta, este específico grupo se incremento con varias sustancias[15], entre las cuales destaca la 3,4-metilendioxi-

---

14.- En tres penales de Cataluña —Trinidad, Wad-Ras y Lérida I— donde se realizaron sondeos específicos la media se aproximó al 75 por 100; *cfr*. Romaní, pág. 35.

15.- La metilenedioxifenilanfetamina, la metilenedioxifenilisopropilamina y, poco después, la dimetoximetilanfetamina o STP, que se incluyó en la Lista I del Convenio de 1971. *Cfr*. Thuiller, 1970,

metanfetamina (MDMA)[16]. Lo «psiquedélico» de estos compuestos se relaciona con alteraciones en la esfera sentimental más que en la perceptiva, si bien esa distinción demanda relatividad; los fármacos propiamente visionarios ejercen también un profundo efecto sobre la emoción (quizá más destacable aún para el usuario que los juegos de luces y formas), y es innecesario aclarar que un cambio al nivel del sentimiento produce casi invariablemente un cambio en el modo de percibir lo real.

Disuadido de antemano por las autoridades sanitarias, académicas y policiales, el estamento médico sólo comenzó a utilizar psiquedélicos alternativos hacia mediados de los años setenta, y diez años más tarde apenas uno de ellos —la MDMA— comenzaba a adquirir cierto prestigio terapéutico. Algunas de estas sustancias, como la MDA, la DMA (dimetoxianfetamina) y la peligrosa DOB (dimetoxibromoanfetamina), habían aparecido ya en el mercado negro y estaban pendientes de prohibición internacional, mientras la MDMA era usada por varios terapeutas y podía aspirar a cierto estatuto de respetabilidad. L. Grinspoon, profesor de psiquiatría en Harvard, mantuvo y mantiene que «ayuda a la gente a ponerse en relación con sentimientos habitualmente no disponibles», y R. Ingrasci, profesor de Cambridge, que usó la droga con más de quinientos pacientes, la consideraba útil sobre todo para «curar el miedo»[17]. Uno de los pocos profesionales que había publicado sobre la sustancia, el psiquiatra G. Greer, definió la terapia con ella como «modo de explorar sentimientos sin alterar percepciones», sugiriendo que «facilita una comunicación más directa entre personas reunidas por algún vin-

---

pág. 346.

16.- Un editorial de *New Focus* («MDMA: A psychoactive drug with a schizophrenic reputation», 9-9-1985, pág. 12) mantiene que «la MDMA fue sintetizada por los laboratorios Merck de Alemania en 1914 como anoréxico, aunque nunca comercializada», pero lo cierto es que fue sintetizada en 1910 por Mannish y Jacobsen; y no probada en humanos. El compuesto es 3,4-metilendioximetanfetamina. Su estructura molecular se parece mucho a la del safrol —principio activo del aceite de sasafrás y la nuez moscada— y también a la de la mescalina (*cfr.* Legaroux, 1986, pág. 149).

17.- *Cfr.* Adler, Abramson, Katz y Hager, 1985, pág. 46.

culo»[18]. A su juicio, una de las consecuencias inmediatas de la MDMA es incrementar la propia estima, y uno de sus mejores campos de acción el de «parejas que se quieren conocer a sí mismas para desarrollar su personalidad», sin restringir la administración a casos patológicos. Entre los principales defensores de su empleo se encuentra también el psiquiatra Stanislas Grof, una autoridad en empleo médico de LSD y terapia agónica, que desde el Esalen Institute, de Big Sur (California), ha contribuido a catalizar algunos postulados de los años sesenta. Antes de que la sustancia ingresara en el elenco de la prohibición, cuando apareció el libro de M. Ferguson[19], un grupo de científicos, escritores y artistas celebró el evento en Big Sur tomando precisamente MDMA[20].

Sin embargo, del mismo modo que aconteció con la LSD, el elemento contracultural no pudo mantenerse sin proselitismo. A partir de 1983 es el enteógeno preconizado por el movimiento Nueva Era (*New Age*), de estirpe originalmente californiana, que enfatiza lo transpersonal y defiende un ecologismo generalizado. Este grupo produce y difunde la sustancia, entregando a cada persona provista de la misma un folleto llamado «guía para neófitos» (donde en siete apretadas páginas describe aspectos farmacológicos, modos de administración, contraindicaciones y sugestiones generales). A veces se añade la fotocopia de un artículo de T. Leary, donde la MDMA se considera «la droga de la década»[21]. El fármaco no se designa ya por su interminable nombre químico, ni por su sigla, sino con la variada terminología que el uso ha ido creando. Ahora es *adam, clarity, love pill, euphoria, venus* y hasta *zen*, aunque su denominación más habitual sea *ecstasy* o XTC. De acuerdo con Leary:

«Las drogas tipo XTC son legales hoy. ¿Por qué? Porque no existen casos de abuso. La droga no es adictiva. No distorsiona

---

18.- *Ibíd.*
19.- Ferguson, 1983.
20.- Comunicación personal de Albert Hofmann.
21.- Leary, 1985, pág. 75.

la realidad ni lleva a una conducta destructiva o antisocial. No hay un solo caso registrado de mal viaje».

El mayor inconveniente —añadiría Leary con humor— es el «síndrome de matrimonio instantáneo». Y, efectivamente, desde 1984 proliferaban en algunas Universidades camisetas con el slogan *Don't get married for 6 weeks after XTC*. Poco más tarde la DEA toma cartas en el asunto. Su decisión es incluirla sustancia en la Lista I, lo cual equivale a hacerla inasequible no sólo para el público sino para el propio estamento médico.

1. La polémica médico-legal

La iniciativa provocó críticas. Un psiquiatra de Nueva York afirmó que la MDMA permitía en ciertos casos hacer la terapia de un año en dos horas. Cierto monje benedictino declaró a la prensa que «los frailes se pasan toda la vida cultivando la conciencia despertada por esa sustancia», y un grupo de psicólogos californianos publicó un manifiesto donde se afirmaba que «tiene el increíble poder de lograr que las personas confíen unas en otras, desterrar los celos y romper las barreras que separan al amante del amante, el padre del hijo, el terapeuta del paciente»[22]. En apoyo de la DEA sólo salió al principio el *National Institute on Drug Abuse* (NIDA), aunque con la desdichada ocurrencia de afirmar que la droga era «una grave amenaza para la salud nacional, pues produce problemas idénticos a los creados por las anfetaminas y la cocaína»[23]. Una declaración semejante implicaba admitir total ignorancia sobre los efectos reales del fármaco, y aprovechando esa brecha arreciaron las críticas. Si el NIDA no tenía siquiera una vaga idea del asunto, ¿a partir de qué fundamentos obraba la DEA? ¿Acaso se había detectado un solo

---

22.- Abramson y otros, 1985, pág. 46.
23.- *New Focus*, pág. 13.

caso de intoxicación aguda, o crónica? ¿Qué datos científicos concretos podía aportar en apoyo de su iniciativa?

Presionado por la prensa, el italoamericano Frank Sapienza, director de la DEA, hizo unas declaraciones donde destaca la franqueza. «No teníamos la menor idea de que los psiquiatras usasen esta droga, en sesiones de terapia», empezó diciendo. Ni la red de alarma DAWN ni las fuerzas de orden público, prosiguió, habían recibido todavía señales de abuso o delincuencia ligada a ella. Sin embargo, el uso médico de la droga no había sido aprobado nunca por la *Food and Drug Administration* (FDA), «y esa es la definición que usamos para clasificar las sustancias». Un periodista preguntó entonces si todo lo no autorizado expresamente debería considerarse prohibido, o más bien al revés, y Sapienza repuso lo esencial del caso:

> «La ley vigente no hace depender el abuso de que existan efectos psíquica o físicamente dañinos, sino de cuántas personas quieren usar una droga, y parece haber un número considerable de personas deseosas de usar la MDMA. Esta gente puede no llamarlo abuso —puede llamarlo uso recreativo, o terapéutico—, pero la ley no distingue lo uno de lo otro. Aunque la MDMA acabe siendo una sustancia con usos médicos, lo cierto es que no había estudios en tal sentido antes de aparecer en las calles. Por consiguiente, debemos decir que carece de uso médico y ha de ir a la Lista I»[24].

De este modo, una sustancia que era siempre pura y se regalaba pasó a ser mercancía cara y envenenada con distintos adulterantes, excusa para vender en su nombre fenilpropanolamida, procaína, niacinamida, aminobutanos y estricnina, según los análisis efectuados en California meses después de tomar Sapienza su decisión[25]. Gracias a

---

24.- *Ibíd.*
25.- *Cfr.* Siegel, 1985, pág. 7.

la DEA, los planes del movimiento Nueva Era quedaban potenciados y anulados a la vez, Poco antes de que la sustancia fuese entregada al mercado negro, Leary había dicho:

«Nadie quiere que se ponga en marcha una situación como la de las sesenta, con tipos ruines que venden píldoras falsamente llamadas XTC a aburridos busca-emociones en los dormitorios de colegios mayores universitarios. Apenas hay probabilidad de obtener XTC siguiendo los canales comunes de distribución. Los gángsters colombianos y los inductores mafiosos no tienen interés en vender una droga de paz, amor y conocimiento»[26].

Pero gángsters y mafiosos pasaron a interesarse de inmediato por el ilegalizado XTC, trasladando su órbita de empleo a discotecas con una propaganda de afrodisíaco genital para la sustancia —convertida, desde luego, en supuesta sustancia— que al parecer funciona satisfactoriamente para conseguir algunas intoxicaciones agudas, e incluso casos de personas que se declaran víctimas de un hábito irresistible.

Sin embargo, el paso de la DEA podía anularse logrando que la autoridad internacional no incluyera la MDMA en la Lista I. Los esfuerzos del sector médico disconforme se orientaron, pues, a conseguir que la OMS situara el fármaco en la Lista II o en la IV, haciendo posible una fabricación legal controlada y una administración por parte de terapeutas profesionales. La argumentación en este sentido —que quedó encomendada a Grof— se basaba fundamentalmente en hacer ver al Comité de Expertos que la sustancia poseía propiedades únicas, y en especial una capacidad comprobada para demoler las barreras opuestas a la comunicación intersubjetiva, mitigar los traumas psíquicos y facilitar el acceso a información psicológica re-

---

26.- Leary, 1985, pág. 76.

primida. Cuando al fin se celebró la reunión, en Ginebra, el Comité empezó reconociendo que:

> «No hay datos disponibles sobre la propensión al abuso clínico, ni sobre problemas sociales y de salud pública, ni epidemiológicos, ligados al uso o abuso de esta sustancia. No existe un uso terapéutico bien definido, pero bastantes profesionales norteamericanos afirman que posee un gran valor como agente psicoterapéutico»[27].

En otras palabras, seguía sin haber pruebas de que la MDMA causara estragos entre médicos o entre pacientes, y de que se produjeran problemas de ningún tipo a nivel colectivo, mientras un sector de la medicina —precisamente el único familiarizado con el fármaco— reivindicaba sin reservas su utilidad. Pero el párrafo inmediatamente posterior, sin más aclaraciones, dice:

> «Sobre la base de los datos antes esbozados el Comité estuvo de acuerdo en incluir la metilenedioximetanfetamina en la Lista I».

Los «datos antes esbozados» eran la falta de «epidemia», la ignorancia del Comité en lo referente al fármaco y el apoyo de quienes no eran ignorantes al respecto. Resultaba extraño que «sobre la base» de estos datos pudiera decirse algo distinto de una investigación a fondo. De ahí lo sugerido por el último párrafo:

> «Es preciso añadir que el Comité mantuvo extensos debates sobre la utilidad terapéutica atribuida a la MDMA. Si bien el Comité consideró sugestivos los informes, se consideró que

---

27.- Informe de la Vigésimo segunda Reunión del Comité de Expertos (22-26 de abril de 1985), *cfr.* ONU, Consejo Económico y Social, doc. E/CN.7/1986/5, pág. 17.

los estudios carecían del diseño metodológico necesario para verificar la fiabilidad de las observaciones. No obstante, hubo interés suficiente como para estimular investigaciones sobre estos hallazgos preliminares. A este fin, el Comité insta a las naciones a emplear las provisiones del artículo 7 del Convenio sobre Sustancias Psicotrópicas para facilitar la investigación sobre esta interesante sustancia».

Resolviendo lo mismo, la respuesta de la OMS fue más amable —y menos sincera— que la de la DEA. En realidad, nunca antes había parecido «interesante» una droga incluida en la Lista I, y la recomendación de emprender investigaciones resultaba no menos inusitada. Sin embargo, las «las provisiones del artículo 7» resultan prácticamente incumplibles, como se encargaron de indicar inmediatamente varios médicos; si el Comité hubiese querido «instar» semejante investigación habría bastado incluir la droga provisionalmente en cualquiera de las otras listas, como solicitaba Grof.

Por otra parte, esa XXII Reunión mostró que a la falta de franqueza la autoridad farmacrática internacional seguía añadiendo su habitual falta de ecuanimidad científica. Tras resolver la cuestión anterior, los Expertos examinaron un amplio grupo de sustancias relacionadas más o menos de cerca con las anfetaminas. Su criterio fue incluir en la Lista I a todos los compuestos con perfil psiquedélico —estuviesen o no en el mercado negro[28]— y llevar a otras listas las demás[29], aunque fuesen contrabandeadas masivamente, y crearan casos de intoxicación aguda y crónica.

Al revisar el análisis de cada sustancia se observa lo mismo que en el caso de la MDMA, esto es, que carecer de «datos clínicos y

---

28.- Entraron también entonces la PMA (parametoxianfetamina), la DMA (dimetoxianfetamina), la DOET (dimetoxietilanfetamina), la MMDA (metoximetilenodioxianfetamina) y la TMA (trimetoxianfetamina).

29.- Catina, catinona, etilanfetamina, fencamfamina, fenetilina, fenproporex, levanfetamina, levometanfetamina, mefenorex, propilhexedrina y pyrovalerona.

de salud pública» no modifica el criterio de incluir siempre a algunas en el elenco de lo prohibido, mientras otras —en algunos casos muy presentes en el mercado negro, como la fenetilina[30]— quedan siempre también en el terreno de lo controlado solamente. El hecho de comercializarse como descongestionante nasal, por ejemplo, hizo que el Comité incluyera la levometanfetamina en la Lista II, pues descongestionar la nariz es un uso médico, pero intensificar la comunicación intersubjetiva no; curiosamente, los derivados del isómero óptico de la dextroanfetamina (levometanfetamina) incrementan claramente la agresión entre animales y elevan la letalidad grupal[31], cosa no observada usando MDMA con los mismos animales. Mejor librados aún quedaron el fenproporex y el mefenorex, análogos de la anfetamina usados hoy por todo el planeta, que fueron incluidos en la cómoda Lista IV debido a su respetable uso médico como anoréxicos. Con toda certeza, el transcurso del tiempo hará de ellos drogas mal vistas como el *Preludín*, la *Dexedrina* o la *Centramina*; pero su nombre está limpio aún, y proporcionan saneadas rentas a la farmacracia oficial. Esto basta para ingresar en la Lista IV.

2. El clima en la calle

A pesar de las declaraciones sobre lo «sugestivo» de la MDMA, desde que la Comisión de Estupefacientes elevó el informe del Comité de Expertos al Consejo Social la sustancia no sólo constituye una droga superpeligrosa en Estados Unidos sino en el mundo entero; España, por ejemplo, ilegalizó el fármaco en julio de 1986, y al año siguiente la policía informaba de las primeras capturas. La consecuencia inmediata fue un aplazamiento indefinido de su conoci-

---

30.- Cuando se celebró la reunión INTERPOL llevaba ya incautados unos 20.000.000 de dosis de fenetilina; *cfr.* UN, Commission on Narcotic Drugs, *Implementation of the International Treaties*, doc. E/CN.7/1986/5, pág. 20.

31.- Los datos obraban en poder de la propia OMS. *Cfr.* el Informe de la XXII Reunión del Comité de Expertos, doc. E/CN/1986/5, pág. 21.

miento. Cargado de adulterantes en el mercado negro, y prohibido su uso clínico, no será posible aseverar si el XTC es algo próximo a la panacea o una droga con efectos secundarios muy dañinos. Era el aparato institucional quien podía despejar las incógnitas, y ha preferido no hacerlo. Esto puede explicarse considerando que si las investigaciones arrojaran resultados positivos la autoridad internacional se vería obligada a hacer una declaración como la de la DEA: no se prohíbe una droga porque sea nociva, sino porque muchos parecen estar deseando tomarla.

Sin embargo, con este grupo de psiquedélicos acontece lo mismo que con las otras «designer drugs», en el sentido de que basta cambiar mínimos aspectos de su molécula para obtener compuestos nuevos, y legales mientras no se produzca su inclusión en la Lista I; desde mediados de 1986, hay ya en Estados Unidos análogos —como el llamado *climax*— que a juicio de algunos usuarios mejoran considerablemente el XTC. Sólo del subgrupo de las triptaminas, por ejemplo, a las que corresponden fármacos muy visionarios como la DMT, pueden diseñarse unas mil variantes[32], varias de las cuales podrían ser sustancias de potencia casi irreal, superiores en psicoactividad a la LSD. Mientras el estado de cosas siga siendo sistemáticamente enrarecido por aquellos a quienes correspondería asegurar su transparencia, es un negocio seguro para cualquier químico casero producir millones de dosis de cualquier análogo. Los ciudadanos en general seguirán siendo el banco de prueba.

Por lo que respecta a los *mass media*, su cobertura informativa sobre estas sustancias es prácticamente idéntica a la observada a propósito del *crack* o la pasta base de coca, con lo cual puede bien llamarse cobertura desinformativa. Partiendo del despropósito de considerarlas «anfetaminas alucinógenas», cuando no son ni lo uno ni lo otro, el rasgo común es ignorar que su aparición se relaciona con un retorno de las tesis contra-culturales —«conspiración de Acuario»,

---

32.- *Cfr.* Legaroux, 1986.

usando los términos de M. Ferguson, o complot pagano, usando el concepto aquí empleado—, cuyo caballo de batalla son *sucedáneos* suaves de la LSD, la mescalina y los demás fármacos visionarios de los años sesenta. Aunque presenta rasgos psicofarmacológicos peculiares, la MDMA no adulterada es como una LSD sin aristas cortantes, con un «viaje» que a cambio de no inducir miedo tampoco lleva lejos, salvo —a veces— en el terreno emocional. Pero esta información no aparece sino en casos excepcionales. Tampoco se encuentran indicaciones sobre la impureza del producto actualmente vendido en las noticias difundidas por *mass media*, y el resultado viene a ser un galimatías de datos contradictorios donde lo de menos es conocer por experiencia propia aquello de lo que se está hablando, o situar histórica y sociológicamente un fenómeno.

Cierto semanario, por ejemplo, publica una extensa información llamada «La droga del amor triunfa en España», mientras otro titula el reportaje «Éxtasis, paraíso mortal». Un periódico presenta como «Pólvora de amor y éxtasis» informaciones recogidas en discotecas de Ibiza, y otro presenta en titulares «Poco afrodisíaco, un alucinógeno crea dependencia y graves trastornos mentales»[33]. Este último artículo merece citarse como contrapeso a cualesquiera alabanzas:

> «Los efectos son creer que se es el mejor, el más preparado, y que todos los que te rodean se siente atraídos por ti. Pese a esta propaganda, la realidad es que las personas que están alrededor del alucinado se encuentran con alguien aburrido, que *[sic]* le cuesta hablar, que desvaría y que, en definitiva, se hace pesado. En el extranjero se han producido diversos casos de agresividad y violencia. Así, lo que se ha recibido como «polvo de amor» bien pudiera denominarse "elixir del odio". Los efectos del éxtasis, según han explicado a *ABC* médicos

---

33.- E Marhuenda, 1987, pág. 52.

especialistas en estos temas, son peligrosos y producen una gravísima deflexión de neurotransmisores».

V. LOS TRANQUILIZANTES

Al igual que sucediera a finales de los años sesenta, la inclusión de sustancias psicotrópicas de tipo psiquedélico trajo consigo una limpieza de fachada que puso bajo fiscalización internacional también a algunas de las drogas realmente abusadas por millones de personas, gracias a su aura de inocuas medicinas. En 1971 le había tocado el turno a algunas anfetaminas, a los barbitúricos y a ciertos hipnóticos no barbitúricos. En 1985 le tocará el turno a las benzodiacepinas —de las cuales la más conocida es el diazepam o *Valium*— y a la pentazocina, fundamentalmente.

La pentazocina fue lanzada al mercado por su fabricante en 1967, con una extraordinaria campaña publicitaria donde el fármaco era presentado como el analgésico ideal, potente y no adictivo. El presidente de los laboratorios tuvo el buen juicio de hacer el lanzamiento ante una conferencia de policías dedicados a la represión de estupefacientes, celebrada en Louisville. Dijo allí que «la pentazocina abre una nueva era médica, que asistirá pronto a la desaparición del tan extendido abuso de estupefacientes»[34]. Desde el año siguiente comenzaron a aparecer casos de sujetos idiotizados por el uso masivo[35], con síntomas de síndrome abstinencial, y aunque la droga logró escapar a la clasificación de sustancia psicotrópica en 1971, para 1984 la Comisión de Estupefacientes de Naciones Unidas consideró que «el uso indebido de la pentazocina había adquirido dimensiones mundiales»[36].

34.- T. C. Klumpp a la I.N.E.O.A., *Eight Annual Conference Report*, 1969, págs. 31-32.

35.- *Cfr.* Varenne, 1973, págs. 255-257.

36.- ONU, Comisión de Estupefacientes, *Informe sobre el octavo período extraordinario de sesiones*, doc. E/CN.7/1984/13, pág. 6.

Cuando se reunió para deliberar sobre el problema, la Comisión estaba dividida entre el criterio de países tercermundistas, inundados por ella, que proponían incluirla en la Lista I, y el de los países menos pobres —con el fabricante norteamericano a la cabeza— que proponían insertarla en la cómoda Lista IV. Una primera votación logró lo segundo, pero indignadas reacciones de algunos países —Turquía y Pakistán, por ejemplo, declararon que «seguirían considerando la droga como si figurara en la Lista I»[37], sugirieron una solución de compromiso, consistente en llevarla a la Lista III, también cómoda. En el trasfondo de los debates estaba, sin duda, la ironía de prohibir a países de Medio y Lejano Oriente la fabricación de sus analgésicos tradicionales, y luego exportarles una larga serie de analgésicos sintéticos patentados, pretendiendo que allí sean de venta libre.

1. El caso del Valium y sus afines

En otro lugar[38] se han examinado las características de las benzodiacepinas, que Huxley comparó con el «soma» de su novela *Un mundo feliz*. Acomodan al usuario en una adormilada indiferencia hacia lo interior y lo exterior, amortiguando la intensidad psíquica sin impulsar ninguna otra dimensión de conciencia; especímenes perfectos de drogas evasivas, la analgesia emocional del opio se torna en ellos analgesia mental, libre de ensoñaciones y reflexividad.

Como cabía esperar, el debate sobre el *Diazepam, Valium* y otras 33 benzodiacepinas fue más denso, ya que el volumen de producción y consumo mundial arrojaba en 1984 —y hoy— las cifras más elevadas que jamás haya alcanzado una categoría de drogas. Eran vendidas bajo más de ochocientas denominaciones, y las consumían con regularidad unos seiscientos millones de personas ya en 1972[39].

37.- *Ibíd.*, pág. 7.

38.- Véase 615 - 617.

39.- *Cfr.* L. Bernfiel, 1973; en Behr, 1981, pág. 53.

Derivados del petróleo, muy baratos de producir, son el alquitrán vendido a precio de platino en nuestro tiempo, pues cubren a nivel planetario el vacío abierto por la ilegalización de opiáceos, y por las restricciones al consumo de barbitúricos. En 1985, cuando comienza su fiscalización internacional, el volumen de fabricación anual se calculaba conservadoramente en unas cinco mil toneladas, que —en comprimidos de 5 miligramos— equivalen a un billón de dosis. Como son fármacos que desarrollan rápida tolerancia y poseen baja toxicidad, muchos individuos consumen diariamente diez y veinte veces la dosis activa por un neófito sin trastornos manifiestos. Con todo, a partir de ciertas dosis la suspensión puede provocar un incómodo síndrome abstinencial.

Al iniciarse la reunión, uno de los primeros en tomar la palabra fue el representante de Irán, que «puso de relieve la utilidad médica de las sustancias, aunque indicó también que habían surgido problemas de uso indebido (*abuse*)»[40]. Por su parte, el representante de Malasia dijo que «no habiendo prueba clara de uso indebido, las pruebas clínicas apuntaban hacia un posible uso indebido»[41]. En efecto, las benzodiacepinas son indiscutiblemente narcóticos —cuya potencia se compensa con un amplio margen terapéutico—, pero desde el punto de vista social constituyen medicinas legítimas que, por eso mismo, no imponen a sus usuarios las condiciones del mercado negro, ni confieren la correlativa irresponsabilidad del heroinómano; cuando alguno de los usuarios entra en la espiral del adicto, o trata de suicidarse, su problema sigue siendo un problema privado que no requiere rehabilitación institucional forzosa. La paradoja del delegado malayo —que la naturaleza del *Valium* hace esperar abusos, aunque falten— no es sino una forma inconsciente de atestiguar el peso de la etiqueta sobre las cosas etiquetadas.

40.- ONU-CE, *Informe sobre el octavo período extraordinario de sesiones*, doc. E/CN.7/1984/13, pág. 8.

41.- *Ibíd.*, pág. 9.

Tras intervenciones de Pakistán, Nigeria, Senegal y Corea del Sur, favorables a la inclusión de los 33 fármacos en la Lista IV, habló el delegado norteamericano para proponer que el fármaco no necesitaba someterse a fiscalización internacional, ni siquiera en la flexible Lista IV. A su juicio, «faltaban datos clínicos y preclínicos convincentes sobre la tendencia al uso indebido». A la delegación no le parecía convincente que las benzodiacepinas hubiesen sido durante la última década el principal motivo de ingresos en unidades de vigilancia intensiva por intoxicaciones agudas, y sugirió «esperar a que hubiese pruebas suficientes de uso indebido o tráfico ilícito»[42]. Más liberal aún se mostró el representante de Bélgica, que empezó llamando a su país «un gran consumidor de dichas sustancias», aunque no las produjese, y que su gobierno —a instancias de un grupo de expertos— estaba estudiando «la posibilidad de eximir ciertos preparados de benzodiacepina de la reglamentación vigente sobre expedición de recetas»[43]. Sin llegar a tanto, Alemania Federal, Inglaterra, algunos otros países europeos y Brasil estimaron que la inclusión sería administrativamente engorrosa y falta de fundamento, pues las drogas en cuestión no creaban «problemas sociales o de salud pública».

Distinta opinión expusieron otras delegaciones, como Yugoslavia, Egipto y Suecia. El observador chino, que asistía por primera vez a una reunión de la Comisión de Estupefacientes, estuvo de acuerdo con la política de control, y aclaró que su país seguía adelante con una sustitución sistemática del opio medicinal por narcóticos sintéticos[44]. El debate estaba indeciso, y el representante de Portugal dijo entonces lo que quizá inclinó la balanza a favor de la fiscalización, la simple verdad de que «se estaban utilizando dichas sustancias como

---

42.- *Ibíd.*, pág. 9.

43.- *Ibíd.*, pág. 10.

44.- Poco después, en el mismo foro internacional, el observador chino aclaró que «el gobierno había preconizado el uso de drogas sintéticas por suponer menos riesgo de dependencia»; *cfr.* doc. E/CN.7/1985/22, págs. 29-30. Sin necesidad de ir más lejos, conviene recordar que la metadona —una de las «drogas sintéticas» aludidas luego por el delegado— es cincuenta veces más adictiva que el opio, y cinco veces más adictiva que la morfina.

sustitutos de la heroína»[45]. El delegado quiso indicar —pues es cierto— que la adulteración de la heroína se hacía, al menos en parte, con estos narcóticos legales; pero su afirmación resultaba verdadera también en un sentido más general: el *Valium* ocupa en las sociedades contemporáneas el lugar que ocupó la heroína en las sociedades de principios de siglo. Sometido a votación si las benzodiacepinas seguirían sin fiscalización internacional o si se incluían en la Lista IV, fue esto segundo lo que quedó acordado por mayoría simple. A partir de 1985 constituyen «sustancias psicotrópicas».

En 1989 las benzodiacepinas son el narcótico consumido en el 90 por 100 de los casos por los presos españoles, y probablemente de toda Europa. Los reclusos ingieren dosis masivas, que en vez de producir somnolencia suscitan casi todos los episodios agresivos. Aunque formalmente sean «psicotropos», las benzodiacepinas pueden comprarse libremente en el Tercer Mundo por cartones —un centenar de envases— como comprobé personalmente en Guinea y Camerún. Los prospectos, que elabora para la zona francófona Produits Roche, de Neuilly Sur-Seine Cedex, no mencionan propiedades narcóticas ni adictivas de estos fármacos. En lugar de ello indican al final: «No es cuestión de tomar muchos medicamentos. Es cuestión de tomar los medicamentos que usted necesita».

45.- ONU-CE, doc. E/CN.7/1984/13, pág. 9.

14

Investigar, legislar, reprimir

«Los hombres están capacitados para la libertad civil en exacta proporción a lo dispuestos que estén a encadenar éticamente sus propios apetitos […]. La sociedad no puede existir sin que haya en alguna parte un poder hegemónico sobre la voluntad y el apetito, y cuanto menos exista dentro del individuo más tendrá que existir fuera».

E. BURKE (1791).

De modo tangencial, han aparecido en esta crónica tres aspectos que merecen una consideración menos indirecta. El primero concierne a la parte del esfuerzo público que se orienta a un análisis desapasionado de las cuestiones. El segundo es la perspectiva adoptada por la autoridad internacional en materia de drogas. El tercero se centra en la evolución experimentada por las estrategias policiales durante la última década.

I. LA INVESTIGACIÓN CIENTÍFICA DEL PROBLEMA

Al imponerse —al comienzo de los años sesenta— la idea terapeutista del consumidor de drogas prohibidas, que se caracteriza por concebirle como enfermo y víctima, quedaban puestas las bases para una colaboración de los poderes represivos y la ciencia social en sentido amplio, entendiéndose que con ayuda de psicólogos, sociólogos, antropólogos, asistentes sociales, economistas, estadísticos y otros expertos profesionales sería posible comprender y prevenir mejor el uso de sustancias ilícitas. Esta línea partía del axioma *saber*

457

es poder, y recibió generosos fondos, que para Estados Unidos empezaron concretándose en varios organismos —sobre todo el *National Institute on Drug Abuse*— y un complejo «sistema de indicadores», diseminado por el territorio como una red de radar, que captaría cualquier señal de epidemia. En principio, no había nada ideológico en el planteamiento, salvo la presunción de que el *uso* de drogas prohibidas desembocaría prácticamente siempre en *abuso*; de ahí que a fin de lograr su detección y análisis bastara preparar un formulario para vivos en estado crítico, y otro formulario para muertos.

Observándolo un poco más atentamente, había una segunda suposición quizá más contagiada de ideología aún, aunque no tan manifiesta. Era la propia perspectiva «epidemiológica», por virtud de la cual los distintos fenómenos ocurridos en este orden de cosas deberían percibirse como brotes irracionales de atracción hacia tal o cual sustancia nociva, finalmente idénticos a explosiones infaustas e indiscernibles de plagas rurales, pestes, etc. A esta idea del mal, que irrumpe bruscamente en virtud de ira divina o capricho de la naturaleza, han venido a oponer la ciencia política y la teoría sociológica una íntima correlación entre aquello que los grupos humanos son y lo que les acontece, elevando a premisa metodológica que las causas de los hechos sociales y las decisiones políticas deben buscarse en decisiones políticas y hechos sociales previos.

1. El detalle de la red norteamericana

El llamado sistema de indicadores requería un sistema de «notificación de episodios» —el ya referido DAWN—, gestionado por «agentes cualificados» en las secciones de ingresos urgentes de centros clínicos. Rellenando formularios relativos a los cadáveres o a personas con intoxicaciones agudas, esos expertos debían cumplir los ambiciosos objetivos siguientes:

«—Identificar la amplitud del uso de drogas peligrosas para el individuo o la sociedad.

—Identificar las nuevas drogas o combinaciones de drogas que aparezcan en el mercado.

—Cuantificar la evolución de las tendencias de uso.

—Determinar las modalidades de uso.

—Evaluar los riesgos para la salud de tales usos.

—Recomendar la adopción de medidas en función de la distribución social y espacial del uso de drogas»[1].

Pronto se comprendió que —a pesar de sus muchas casillas— los dos formularios iniciales serían más eficaces completados con otros cuatro no menos detallados, prolongando el DAWN en un CODAP[2]. La extraordinaria prolijidad del CODAP, cuya ejecución pasa por cuatro fases subdivididas en veintitrés operaciones —de acuerdo con la OMS[3]—, cada una encomendada a un servicio específico, se justificó por «la necesidad de construir modelos matemáticos predictivos y explicativos». Esa necesidad hizo desarrollar como capítulo específico el indicador HPI[4], que utiliza seis variables[5], de las cuales la 1 se obtiene del CODAP, la 2 y 3 del DAWN y las tres restantes del «sistema no cualificado de notificaciones», nombre técnico que reciben los archivos y declaraciones policiales.

1.- *Cfr.* Comas, 1986, pág. 61; del trabajo de Comas se extraen prácticamente todos los datos de este subepígrafe.

2.- *Client-Oriented Data Adquisition* («banco de datos orientado al cliente»).

3.- Concretamente: «1. *Planificación inicial* (Determinar la necesidad del sistema, precisar las finalidades, definir los objetivos, escoger el tipo de sistema, determinar su viabilidad, obtener la colaboración de las instituciones); 2. *Concepción* (Precisar los objetivos, precisar los elementos de partida, elegir los elementos de información, establecer los formularios, redactar las instrucciones, elegir los organismos de notificación, fijar los criterios de notificación, definir los métodos de tratamiento de los datos, definir los métodos de control de calidad, definir los métodos de análisis); 3. *Puesta aprueba* (Ensayos prepilotos, estudios pilotos); 4. *Puesta en marcha* (Asegurarse la participación continua de los organismos, formar al personal, mantener el sistema, comunicar e interpretar los datos, continuidad del sistema); *cfr.* Rootman y Hugues, 1983.

4.- *Heroin Problem Index.*

5.- Admisiones de heroinómanos en programas de tratamiento (I), número de urgencias en hospitales relacionados con heroína (II), muertes relacionadas con heroína (III), precio de la heroína en la calle (IV), pureza de la heroína en la calle (V), cantidad de heroína decomisada (VI).

Para supervisar el conjunto del sistema se creó el DARP[6], destinado a medir los resultados de las TC[7], las AT[8] y los MMP[9]. Pero como el DARP reveló «carencias metodológicas» se creó el TOPS[10] con objetivos paralelos, seguido luego por el NYPS[11], igualmente basado en extensos formularios, ensayos prepilotos, estudios pilotos y demás funciones especializadas para personal altamente cualificado.

Llegados a este punto —que se alcanza hacia 1977— los científicos sociales empleados para solucionar el problema de las drogas ilícitas empezaban a acercarse en número al de terapeutas y agentes represores dedicados al mismo fin. Podía decirse, en consecuencia, que se había logrado una armonía entre el gasto público destinado a cada área de investigación y tratamiento. Las instituciones podrían averiguar —al fin con precisión— cuáles eran las «tendencias y modalidades de uso» para drogas peligrosas.

2. Los resultados prácticos y su evaluación

Pero la red «epidemiológica» no logró construir «modelos matemáticos predictivos y explicativos», ni se acercó remotamente a las ambiciosas metas previstas. De hecho, produjo algunos años resultados bochornosos, derivados indudablemente de que estaba hecha para captar «epidemias» y no para investigar conceptos o realidades sociales. Así, por ejemplo, bastó que algunos fabricantes lanzasen al mercado la droga PCP —un veneno espectacular y barato— para que el conjunto del sistema de indicadores lanzase señales de alarma en todo indiscernibles de las emitidas por la heroína, cuando la PCP nunca será cosa distinta de una breve y muy minoritaria moda, o un

---

6.- *Drug Abuse Reporting Program.*
7.- *Therapeutic Communities.*
8.- *Ambulatory Therapies.*
9.- *Methadone Maintenance Programs.*
10.- *Treatment Outcome Prospective Study* («estudio supervisor sobre resultado de tratamiento»).
11.- *National Youth Polydrug Study* («estudio nacional multidroga sobre la juventud»).

adulterante para distintos psicofármacos. A la vez, otras drogas —como la marihuana o la cocaína— consumidas mil o cien mil veces más, prohibidas tan severamente como la heroína, y consideradas tan «epidémicas», apenas activaban el complejo sistema de alarma en un sentido u otro; de hecho, la marihuana sólo creó alguna «incidencia» con cargamentos envenenados, siendo por eso mismo casos atribuibles materialmente a otras drogas, como acabará sucediendo con casi todas las demás al consolidarse la era del sucedáneo. A nivel gnoseológico, el aparato no resultaba más eficaz que a nivel terapéutico las camas reservadas en hospitales públicos para el tratamiento de heroinómanos. La presunción de que teniendo una cama gratuita el sujeto iba a curarse equivalía a la presunción de que examinando los ingresos en hospitales por intoxicación iba a conocerse el espectro de los usuarios de drogas ilícitas.

Pronto cundió la idea de que «el coste de los sistemas de notificación y de los indicadores no parece justificar los resultados obtenidos»[12]. Ante las insuficiencias de todo tipo fue la propia Organización Mundial de la Salud quien quiso en 1981 anticiparse a las críticas con una declaración nada ambigua:

> «Los métodos utilizados hasta la fecha no incluyen evaluaciones de las posibles consecuencias sociales y de salud públicas aparejadas al consumo de drogas, ni son apropiados para hacerlo»[13].

En efecto, se había pedido a la ciencia social que investigase un fenómeno, aparentemente como podría haberse pedido a la química que examinase rocas recogidas en la superficie de la Luna, o a un equipo de oceanógrafos que analizara el nivel de salinidad de ciertas aguas. Pero la apariencia quedaba en apariencia, pues no sólo se prescindía

---

12.- Comas, 1986, pág. 69.

13.- *Ibíd.*, pág. 76.

de la ideología de los investigadores, sino que les era impuesta una muy determinada para poder trabajar en absoluto, descartándose previamente todo cuanto no fuese acorde con esa concepción. De ahí que en el propio seno de la OMS acabaran resonando las evidencias:

> «Separar cualquier aspecto de la respuesta terapéutica de sus determinantes y su contexto sociocultural equivale a considerar el tótem y el objeto fetiche como si fueran solamente objetos de arte abstracto [...]. Puede, en verdad, parecer extraordinario que se haya escrito tanto hasta la fecha sobre la sociología y la antropología del consumo de drogas y que, al mismo tiempo, se haya hecho tan poco para aplicar estas ciencias al estudio de los orígenes sociales y culturales de la respuesta terapéutica»[14].

Una materia sometida al tabú no puede ser tratada como cosa entre otras, y una cuestión estigmatizada abstractamente no puede abordarse como algo que se investiga concretamente. Las consecuencias de esta inconsecuencia básica aparecen de modo ubicuo. Por una parte hay manifiesta tendenciosidad en el registro de «episodios», pues —tras los incómodos datos acumulados en los primeros años— el abuso de tranquilizantes, por ejemplo, sólo es percibido en el sistema DAWN-CODAP-DARP-TOPS-NYPS cuando se toman sin receta, cosa del todo irrelevante a efectos de intoxicación. Por otra parte, se observan absurdos al nivel de la recogida de datos, pues «los cuestionarios hacen caso omiso de la íntima relación que existe entre el lenguaje y la estructura social»[15]; interrogan sobre conductas y preferencias farmacológicas como interrogan quienes hacen encuestas sobre uso de detergentes o series televisivas favoritas.

14.- G. Edwards y A. Arif; en Comas, 1986, pág. 76.

15.- Laraña, 1986, pág. 90.

Sin embargo, las incoherencias metodológicas provenían de una incoherencia sustancial, y los esfuerzos de quienes pretendieron salvar el sistema lanzándose a hacer trabajos de campo propiamente antropológicos, donde se reflejen sin parcialismo los criterios y valores de quienes toman drogas prohibidas[16], estaban sin duda abocados a quedarse sin subvención pública y apoyo institucional. La incoherencia sustantiva reside en que la cuestión a investigar se encuentra decidida ya, sin posibilidad alguna de que se modifiquen las pautas de acción y juicio en virtud de consideraciones racionales. Por tanto, el intento de construir «modelos predictivos y explicativos» constituye un simple modo de hablar, una retórica vacía. La contribución que la ciencia social o jurídica puede hacer aquí no es sino un *libre examen de las cosas*, como acontece con cualquier otra disciplina científica. Pero en este caso el libre examen de las cosas presenta limitaciones análogas a las que presentaba para un escolástico decidir sobre el movimiento o inmovilidad de la tierra: su solución no iba a encontrarla en estudios de física celeste, sino en una piadosa interpretación de pasajes bíblicos.

Yendo al fondo, el trabajo era suprimir el divorcio entre racionalidad y política, que al nivel farmacológico el Experto de la OMS llamaba disparidad entre «datos biológicos y medidas administrativas»[17]. Faltando eso faltarían por fuerza cualesquiera progresos en los ambiciosos objetos propuestos al comienzo. No puede, pues, extrañar que el curso de los años haya producido (incluso en sectores de la propia burocracia encargada de gestionarlas llamadas «investigaciones») una reacción crítica, cuando no la certeza de que ese preciso camino constituye una variante más en el complejo de profecías autoimpuestas iniciado en 1914 con la ley Harrison. Es manifiesto que al patrocinador de esos programas no le interesa *conocer* un estado de cosas —por ejemplo, cuántas personas consumen drogas

16.- Por ejemplo, el de Kaplan, 1986.
17.- Véase antes, pág. 728 - 729.

ilícitas sin «abusar» de ellas, o qué proporción del cuerpo social se opone a la orientación vigente, o cómo han llegado a arraigar los clichés establecidos en torno a ciertos psicofármacos—, sino *perpetuar* cierta perspectiva, que siempre tuvo mínima o nula relación con los postulados científicos.

Se diría que sólo le falta a ese convencimiento comprender que la ciencia nunca podrá justificar cruzadas, y que su verdadera incumbencia será en todo caso comprender el mecanismo gracias al cual fructifica la convocatoria de una u otra.

II. LA DOCTRINA DE NACIONES UNIDAS

La antes citada declaración oficial del Comité de Expertos de la OMS, reconociendo la invalidez científica de «los métodos utilizados hasta la fecha para evaluar las consecuencias sociales», no impidió que el Consejo económico y Social de la ONU aprobase diversos proyectos de resolución sobre «educación preventiva y participación comunal contra el abuso de drogas». Entre ellos destaca uno de 1985[18].

> «*Recomienda* que la eliminación del suministro ilícito y la demanda de drogas es el objetivo último de la comunidad de naciones. *Urge* a los Gobiernos a otorgar prioridad a programas que tiendan a […] suministrar información apropiada y sensato consejo con respecto al abuso de droga»[19].

Es algo anómalo impartir enseñanzas sobre aquello que no se quiere investigar. Pero la censura como institución tiene su fundamento en proteger el entendimiento *ajeno* ante ideas erróneas. Un año

---

18.- Aprobado en el trigésimo primer período de sesiones (10-20 de febrero)
19.- Doc. E/CN.7/1985/22, pág. 4.

más tarde esta campaña informativa se concretará en el lema para una conferencia internacional celebrada en la primavera de 1987[20].

Droga es no-vida y vida es no-droga, una ecuación insuperablemente rotunda, que se expone en las seis lenguas más habladas del mundo como «información apropiada y sensato consejo». El hecho de que lo incluido como *droga* incluya también medicinas, vehículos festivos y hasta sacramentos en algunas culturas no cambia nada, pues esas terapias, esas fiestas y esas ceremonias son meros rostros de la muerte.

Merece observarse también que a pesar de las radicales deficiencias observadas en el sistema de alertas «epidémicas», expuestas como acabamos de ver por los propios técnicos encargados de su puesta en práctica, el Consejo Económico y Social, así como la Asamblea General, declaran oficialmente en 1985 que «será preciso progresar en la investigación epidemiológica»[21]. Esto no se puede considerar más sorprendente que concebir como «objetivo último de la comunidad de naciones» una guerra contra las drogas. Pero dentro de la ONU ha crecido una vasta red burocrática que actualmente constituye la parte más activa de la organización, y la única no sometida a las graves restricciones presupuestarias que afectan a las demás dependencias, pues los programas relacionados con la alimentación, la cultura, el medio ambiente o el desarrollo industrial —atendidos por la FAO, la UNESCO, el PNUMA y la ONUDI, respectivamente— no han logrado parecer tan vitales a la comunidad internacional.

Mientras estos organismos contemplan su posible extinción y reducen cada año plantillas, un repaso a cualquier ejemplar de la *Carta de Información* editada por la División de Estupefacientes muestra que hay una media superior a las treinta conferencias y reuniones anuales relacionadas con drogas en distintos puntos de la tierra, y

---

20.- La Conferencia Internacional sobre el Uso Indebido y el Tráfico Ilícito de Drogas (CIUITID).

21.- Informe de la Junta Internacional de Fiscalización de Estupefacientes (1984), Economic and social council, Official Records, 1985, supl. 3, pág. 23.

sobre todo en la sede de la División (Viena). Vale como muestra, perfectamente anodina, un detalle del presupuesto 1986-1987 sobre cierto capítulo llamado «sesión especial de la Comisión de Estupefacientes», prevista para alguna semana donde «no coincida con otras reuniones», cuyos servicios de conferencia se cifran en 484.700 dólares[22], o el informe presentado por el Fondo de las Naciones Unidas para la Fiscalización del Uso Indebido de Drogas (FNUFUID):

> «En 1984 el FNUFUID patrocinó 37 proyectos en 22 países, así como veinte proyectos en la sede. El sustancial aumento de sus recursos le permitió iniciar programas de control de coca a gran escala en Bolivia, Colombia y Perú, así como incrementar su asistencia a países asiáticos [...]. Las subvenciones totales prometidas al FNUFUID durante los trece meses previos casi igualan las otorgadas durante los trece años previos [...]. Un observador[23] expresó su agradecimiento al gobierno italiano por su contribución de 52 millones de dólares para programas específicos en Bolivia, Colombia y Perú. Un representante[24] observó que era esencial un compromiso internacional concertado, a través de un creciente apoyo financiero. El Fondo necesita el máximo apoyo posible»[25].

Los principales organismos internacionales permanentes relacionados con drogas son la División de Estupefacientes, la Comisión de Estupefacientes, la Junta Internacional de Fiscalización de Estupefacientes, el Fondo de las Naciones Unidas para la Fiscalización del Uso Indebido de Drogas, el Comité de Expertos, la Subcomisión sobre Tráfico Ilícito de Drogas y Asuntos Conexos en el Cercano Oriente y en el Oriente Medio, la Organización Internacional de Po-

22.- Commission on Narcotic Drugs, *Report*, Official Records, 1985, U.N., pág. 73.
23.- El del MIDN (Movimiento Internacional de Defensa de los Niños).
24.- El de Estados Unidos.
25.- *Report of the U.N. Fund Drug Abuse Control*, E/CN.7/1985/22, págs. 32-34.

licía Criminal, la Oficina Pan-Árabe para Asuntos de Estupefacientes, la Oficina del Plan de Colombo y la Secretaría Permanente del Acuerdo Sudamericano sobre Drogas Estupefacientes y Sustancias Psicotrópicas.

Junto a los diversos Estados miembros, que tienen voz y voto en la Comisión de Estupefacientes, tienen voz y son invitados permanentes en ellas varias ONG (Organizaciones No Gubernamentales), agrupadas en dos categorías y dos listas. En la categoría I destacan el Consejo Internacional de Mujeres y el Congreso Mundial Musulmán. En la categoría II están, entre otras, la Alianza Bautista Mundial, la Junta Coordinadora de Asociaciones Judías, la Asociación Internacional de Clubs de Leones, la Sociedad Internacional de Defensa Social, la Asociación Mundial de Exploradores y Exploradoras, el Ejército de Salvación, la Oficina Internacional Católica para la Infancia y el Movimiento Internacional de Defensa de los Niños. Varias de estas personas jurídicas estuvieron ya agrupadas bajo la *Anti-Saloon League*, en los lejanos tiempos de la cruzada antialcohólica. En la Lista A sobresale la Asociación Internacional de Policía, y en la Lista B sólo figura la Federación Internacional de Asociaciones de Productores Farmacéuticos. Las ONG, asesores permanentes y «fuerzas vivas» de la ONU, pretenden evitar cualquier *sectarismo* en el enfoque de temas relacionados con la modificación química del ánimo.

Articuladas en torno a un comité con sede en Nueva York, estas organizaciones celebran periódicas reuniones, de las cuales la última —la Conferencia Interregional sobre la Participación de las ONG en la Prevención y Reducción de la Demanda de Drogas— tuvo lugar en Estocolmo durante el otoño de 1986. Sobre el grado de identificación y colaboración entre el sistema de la ONU y esos grupos habla una carta del Secretario General, Pérez de Cuéllar, donde declara que «sin el apoyo de las ONG resulta sencillamente imposible para las Naciones Unidas hacer frente a este problema planetario»[26].

26.- Division of Narcotic Drugs, *Information Letter*, 9-10-1985, pág. 6.

En los últimos años, el vasto complejo de organismos se ha dedicado de modo preferente a impartir cursillos y seminarios para instrucción de policías en técnicas represivas. Dentro de ellos, el plan más ambicioso consiste en las llamadas HONLEA —Reuniones Interregionales de Jefes de Organismos Nacionales de Represión del Uso Indebido de Drogas—, una iniciativa acogida con beneplácito por comisarios de todos los países miembros.

1. El mal permanente y el permanente progreso

Desde su germen —que fue el Comité Central para el Opio, creado en el seno de la antigua Sociedad de Naciones— hasta su actual florecimiento en organismos internacionales, interregionales y regionales, la doctrina de esta institución presenta un aterrador panorama para cada presente y una inquebrantable adhesión a los métodos del ayer como únicas soluciones. Sirve como muestra de lo primero el juicio de la Comisión de Estupefacientes en su 958 reunión:

> «El uso indebido de drogas ha alcanzado dimensiones sin precedentes. El cultivo, la producción y el tráfico afectan a muchos más países que en ningún momento anterior, y estas actividades invasoras, controladas a menudo por delincuentes internacionales, amenazan las economías, las instituciones legales y, en algunos casos, la propia seguridad de los Estados»[27].

Del mismo tenor es el documento llamado «Situación y tendencias en uso indebido y tráfico ilícito de drogas», que insiste sobre la falta de precedentes en el empeoramiento:

> «La mayoría de los representantes y observadores declararon que el uso indebido de drogas continuaba diseminándose por

---

27.- UN Comm. on Narc., *Report on the Thirty-first Session*, 15-2-1985, pág. 23.

la mayoría de las regiones. En algunos Estados había alcanzado dimensiones trágicas. Las pautas del uso indebido se estaban haciendo cada vez más complejas; las victimas del uso indebido combinaban a menudo diversas drogas estupefacientes y sustancias psicotrópicas. Las jóvenes víctimas del uso indebido se dirigían ahora directamente a la experimentación con drogas más potentes, incluyendo la heroína, sin entrar en el uso indebido a través de lo que se describió como droga "puente", el cáñamo. Se veían afectados más sectores de un número creciente de sociedades»[28].

También se dice allí, dos párrafos más adelante, que:

«Otros observadores y representantes indicaron el riesgo de creciente corrupción, y observaron que en algunas regiones los organismos encargados de reprimir corrían el peligro de ser abrumados por los recursos superiores de grupos organizados de traficantes. Estos últimos operaban a nivel internacional y estaban formados por los elementos más peligrosos de muchas sociedades».

La autoridad internacional no vacila en sus postulados de acción porque el asunto presente perspectivas de «seguir deteriorándose rápidamente [...] sin mostrar signos de mejora en la mayoría de las regiones»[29]. Al revés, «el sistema internacional de fiscalización funciona muy satisfactoriamente»[30], y «muchos representantes y observadores creen que un endurecimiento de las sanciones posee efectos disuasores»[31]. Entre ellos se encuentra, por ejemplo, que los niños vendan drogas por las calles —para los disuadidos adultos—,

---

28.- *Ibíd.*, pág. 41.

29.- ONU, E/CN.7/1985/22, pág. 36.

30.- *Informe de la JIFE para 1984*, Consejo Económico y Social, N.Y., 1985, pág. 23.

31.- *Ibíd.*, pág. 40.

o que se multiplique la pena de muerte sobre el planeta. Como un Heráclito moderno, la Comisión de Estupefacientes sólo ve armonía en las contradicciones; es la alarma ante los catastróficos resultados del sistema represivo lo que más ayuda a mantener intactas las esperanzas en él.

Además, las agoreras profecías no excluyen una confianza en que acaben teniendo éxito numerosas «contramedidas» cuando algunos representantes destacan los beneficios que el sistema en vigor produce para los traficantes, otros indican que «si bien esto resulta indudablemente cierto, podría ser prudente no dar publicidad al hecho»[32].

Como sostuvo la señora Tamar Oppenheimer, directora de la División de Estupefacientes —y en ciertas conferencias Oficial Encargada del Centro de Desarrollo Social y Asuntos Humanitarios—, «la plaga aumenta cada vez más, tanto en los países en desarrollo como en los países desarrollados, donde anteriormente la demanda era más alta»[33]. Pero, «tenemos la suerte de contar con un personal excepcionalmente dedicado y competente [...] que suministra instrumentos concretos para esta lucha cada vez más difícil, y estamos en los comienzos de un sustancial esfuerzo educativo e informativo, merced a la labor de esforzados funcionarios»[34]. La condición para que fructifique ese esfuerzo no es sino «un volumen mayor de recursos»[35].

Hablando en nombre de W. B. Buffum, Secretario General Adjunto de Asuntos Políticos y Asuntos (*sic*) de la Asamblea General, el discurso se cierra con un compromiso entre el terapeutismo y el prohibicionismo robusto:

«La amenaza del uso indebido y el tráfico ilícito de drogas nos enfrenta a problemas cada vez más graves, de una índole

---

32.- «Situación y tendencias en el uso indebido y tráfico ilícito», pág. 36.
33.- *Carta de Información*, marzo-abril 1985, pág. 5.
34.- *Ibíd.*, pág. 5.
35.- *Ibíd.*

cada vez más letal [...]. Los problemas a que nos enfrentamos están entre los más perniciosos, peligrosos y extendidos de los que experimenta la sociedad moderna. Los obstáculos que se oponen a su solución son ingentes. Sin embargo, tenemos la responsabilidad, especialmente para con sus víctimas inocentes, de fortalecer nuestra resolución y perseverar en la búsqueda de soluciones eficaces»[36].

Orgulloso de portar para la cruzada farmacrática el equivalente a la antorcha olímpica, el criterio de Naciones Unidas se presenta inclinado a una total intransigencia. Todo uso de ciertos psicofármacos —los de la Lista I— es automáticamente *abuse*, que los traductores de la organización vierten por «uso indebido». También es uso indebido el empleo de las drogas incluidas en las tres Listas restantes cuando se verifica sin obedecer exactamente la receta médica, o cuando el médico receta con generosidad. La meta es una existencia totalmente libre de «cualquier droga».

«La mayoría de los representantes y observadores deploraron cualquier tendencia hacia la permisividad o liberalización con respecto al uso indebido de cualquier droga en particular o tipo de drogas. Varios representantes destacaron que cualquier permisividad o liberalización era absolutamente ilógica, y sólo podría desembocar en la diseminación del uso indebido de drogas»[37].

El complejo de organizaciones internacionales tiene por evidente que cualquier intento de distinguir una *posesión* y *tráfico* resulta indefendible. Por una parte, «quienes trafican y hacen uso indebido de drogas suelen alegar que sólo las poseen para su uso personal y

---

36.- *Ibíd.*, pág.5.

37.- Commission on Narcotic Drugs, *Report on the Thirty-First Session*, doc. E/CN.7/1985/22, pág. 42-43.

escapan así del castigo»[38]. Por otra, los demás usuarios constituyen «víctimas inocentes», cuya cura constituye una irrenunciable responsabilidad de la ley y sus ejecutores. Esa dicotomía excluye terceros términos, ya que quienes consumen drogas sin ser traficantes ni caer en «toxicomanía» (*addiction*) merecen ser acusados de favorecimiento, pues «debieron obtenerlas de fuentes ilícitas y con su conducta estimulan a los traficantes»[39]. Por tanto, la mera tenencia debe producir una respuesta penal o psiquiátrica —mejor ambas— para el detentador.

III. La estrategia represiva y su evolución

Desde la rebelión que estalla al comienzo de los años sesenta, hacer cumplir las leyes sobre drogas ilícitas se parece poco al trabajo de mantener en el estigma a algunos desfavorecidos que viven en suburbios pobres. Incluye a una parte considerable de las clases medias y altas también, siendo un esfuerzo análogo en casi todo al que supuso la ilegalización del alcohol. Si la paz farmacrática se mantuvo con una exigua lista de drogas prohibidas y un largo catálogo de drogas autorizadas, reprimiendo a unos pocos marginales, la herencia de la rebelión abortada son centenares de fármacos prohibidos, y millones de personas que consumen uno o varios de ellos, dispares en muchas cosas aunque unidas por un rechazo a la tutela del Estado en este orden de cosas.

Cuando la desobediencia civil se contagió a todos los estratos sociales, con defensores tanto prácticos como teóricos, las fuerzas del orden se vieron puestas en la alternativa de respetar estrictamente la ley, condenándose a la ineficacia, o hacer una guerra «sucia» con algunas esperanzas, cuando no de triunfar al menos de mantener cier-

---

38.- *Ibíd.*, pág. 43.

39.- *Ibíd.*, pág. 43.

to control sobre la situación. De hecho, ese matiz venía de antiguo aquí, pues si ciertos crímenes —robo, violación, calumnia, lesiones, homicidio, etc.— son siempre rechazados por sus víctimas, hay otros —prostitución, juego ilícito, propaganda ilegal, herejía, objeción de conciencia, disidencia ideológica, etc.— cuyas reputadas víctimas no sólo no rechazan sino que solicitan y sufragan muy gustosamente.

Si el método para reprimir los crímenes del primer tipo es básicamente la denuncia del perjudicado o sus deudos, el método para luchar contra los segundos es básicamente la infiltración, completada por un juego de simulaciones que permite adelantarse a la acción condenada, y literalmente provocarla. Este procedimiento es el que hemos visto aplicar sistemáticamente en Estados Unidos desde 1914 contra médicos y farmacéuticos, usando falsos enfermos que en realidad eran policías disfrazados o colaboradores suyos.

1. La racionalización del mercado

Aunque el procedimiento no resultaba especialmente airoso, y generó críticas de toda índole, las brigadas de estupefacientes siguieron fieles a él durante décadas, haciendo caso omiso de la mala prensa y consolándose con la certeza de realizar un trabajo tan ingrato como imprescindible. Pero la infiltración pasó a ser difícil desde 1965 en adelante. Acostumbradas a controlar pequeños guetos, las policías se vieron cogidas por la espalda cuando la LSD y sus congéneres irrumpieron en la apacible distribución de consumidores legales e ilegales de drogas. En aquellos duros años, el hecho de arrestar a una media de quinientas mil personas anuales por marihuana parecía incluso contraproducente para la imagen pública del estamento policial. Sólo al declinar este período, en sociedades desencantadas de los ideales prohibicionistas pero ajenas por igual ya a los de la contracultura, volvió a vislumbrarse la posibilidad del control. Como antes, la alternativa era quedar a la espera de denuncias privadas, y permanecer casi por completo al margen del asunto, o intervenir con un sistema de delatores recompensados.

Sin embargo, la trama de informantes necesaria para seguir influyendo sobre mercaderes y usuarios planteaba un volumen de gasto enorme. Ahora la batalla no se libraba contra unas docenas de miles de personas, marcadas previamente por rasgos étnicos o de clase social, sino contra docenas de millones que provenían de casi cualquier extracción. Siquiera de modo provisional y reservado, era preciso admitir los pagos en especie, tanto como el concurso de aquellos individuos que con arreglo a eticidad se considerarían precisamente los más despreciables. Apoyaba esa línea la misma dinámica que durante la ley Seca hizo la vida imposible a destiladores independientes, despejando el camino a la consolidación de grandes *gangs*.

Pocos años más tarde, la mayoría de los países tenían establecido un impuesto informal —del 20 al 50 por 100— sobre las capturas logradas mediante colaboración. Adulterado y revendido, ese porcentaje constituye una parte destacada de las existencias reales en el mercado negro, siendo quizá el factor singular más determinante en el tránsito de la toxicomanía a la sucedaneomanía. El sistema del impuesto informal no sólo asegura el silencio de los expropiados (que siempre preferirán admitir una cantidad de droga inferior a la detentada), sino ventajas adicionales al nivel del control. Antes de funcionar así, se calculaba que sólo un cinco o diez por ciento de las drogas ilícitas circulantes eran detectadas, y por inercia o conveniencia a veces sigue manteniéndose lo mismo hoy. No obstante, como un correlato clandestino y mucho más eficaz que la red DAWN, la trama de colaboradores y colaboradores de estos es una tela de araña sensible a casi cualquier señal de mercancía o adquirentes, que si deja escapar algo no es por desconocimiento, sino por pactos o nuevos impuestos informales.

Contemplada globalmente, semejante racionalización del mercado ha producido un movimiento concentrador complejo, que si en un sentido criba al máximo los traficantes autorizados, por el otro tiende a reunir en los colaboradores y sus agentes de compraventa no ya una sino todas las drogas ilícitas, convirtiendo los antiguos negocios especializados en algo más próximo al bazar del perista. Sucedió así que los heroinómanos —primeros en avenirse a servir como lo que el argot policial llama «gusanos»— acabaron vendiendo también cocaína, derivados del cáñamo y cualquier otro fármaco ilegal en boga.

Son las necesidades específicas de este sector en cada país las que finalmente determinarán el nivel de adulteración de las sustancias ofrecidas por el mercado negro. Como muchas pasan por sus manos, servirían puro placebo de no ser porque la falta de psicoactividad —y la intoxicación debida a los sucedáneos— acabaría retrayendo la demanda. Aquí reside una de las claves para la escalada de envenamientos que se observa en los últimos años, cuando parece mantenerse estable el ritmo al que surgen nuevos usuarios de drogas prohibidas. La situación monopolística hace que los sucesivos escalones tiendan a maximizar el beneficio, mientras de modo paralelo a la adulteración se produce una búsqueda de sucedáneos eficaces. Las drogas ilícitas ya no son por eso la suma de una sustancia y un excipiente, sino vagos rastros de esa sustancia suplementados con otros fármacos psicoactivos, que muchas veces se adquieren en farmacias y droguerías.

En consecuencia, para hacer frente a las masas de ciudadanos desobedientes, y a sus antiguos proveedores, ha llegado a establecerse en cada país una especie de legión extranjera, reclutada entre los más puros desechos del cuerpo social, que si por una parte resulta eficaz por otra perpetúa en condiciones agravadas aquello contra lo cual lucha. Pero eso no es todo, porque la legión extranjera lleva consigo una específica oficialidad que es el nuevo *prohibition agent*, alguien adaptado a la condición y a las exigencias de la peculiar tropa puesta bajo su mando.

2. La fundación de DEA y CENTAC

El nuevo panorama produjo una floración de traficantes, amparados por la posibilidad de acuerdos con el estamento represor en países productores y consumidores. Unos eran latinoamericanos, otros europeos y otros asiáticos, aunque todos los notables tenían en común vínculos con redes de distribución en Estados Unidos. Y la evolución tuvo su correlato oficial en el surgimiento de algunos organismos específicos. Como consecuencia de fricciones cada vez más graves entre el *Custom Service* (cuerpo de aduanas) y la FBN surgió en 1973 la DEA o *Drug Enforcement Administration*, un gigante burocrático donde se fundieron competencias de ambos organismos. Desde sus comienzos la DEA empleó métodos del servicio secreto, incorporando agentes de la CIA en los cargos directivos. Tras hacer una repartición de Estados Unidos en regiones, lo restante de sus funcionarios se diseminó por los cinco continentes con pasaporte diplomático, como personal de embajada.

La estrategia del organismo —heredada de la FBN— seguía siendo estimular la colaboración. Con todo, una parte considerable pensaba que la colaboración era sólo el principio y que, en última instancia, el uso de agentes dobles sólo se justificaba como un instrumento para poder conspirar sistemáticamente contra los conspiradores. A la universal maquinación conducente al tráfico y consumo de drogas —la *Drug Conspiracy*— sólo cabía oponer maquinaciones equivalentes, orientadas a desenmascarar al enemigo, aunque permaneciese escondido en sus reductos. Era el paso de la «cruzada» a la «guerra total» contra las drogas, que se ejemplifica en la política de Nixon y retorna con Reagan. Fundamentalmente, parecía posible hacer que el enemigo saliera de sus reductos mediante cebos económicos, combinados con formas de chantaje. Poco después de crearse la DEA, desacuerdos entre el sector de represores clásicos y los de nuevo cuño llevaron al surgimiento de la Central Táctica o CENTAC, un ente semisecreto dedicado específicamente a la anti-maquinación[40]. Con este

---

40.- Diversas circunstancias llevaron a permitir que un incondicional prohibicionista, el escritor J.

organismo, pionero en su especie, obtienen carta de naturaleza para las drogas métodos típicos del contraespionaje.

a) La orientación del nuevo protector. Precisamente cuando está produciéndose esa especialización en el interior de la DEA, un magistrado alemán en excedencia voluntaria, profesor de derecho penal en la Universidad de Giessen, formula los reparos sustantivos que desde una perspectiva ética y jurídica sugieren tales procedimientos.

> «El último vástago de la policía —el agente disfrazado que actúa en la lucha contra la droga en sus propios ambientes— es uno de los instrumentos más cuestionables. En su actuación se pone claramente de manifiesto la semejanza entre el proceder de los policías y el de los delincuentes. Provisto con toda clase de privilegios (dinero abundante, documentación falsa, etc.), el policía infiltrado funciona como un conspirador, incitando directamente a otras personas a la comisión de actos delictivos. En otras ocasiones debe participar personalmente en esos actos delictivos, y cerrar los ojos en muchos asuntos graves para no perjudicar a sus colaboradores. Considerar que eso está justificado legalmente por un estado de necesidad, o por falta de otros medios legales, no es más que un intento de justificar algo ya puesto en marcha y muy rentable»[41].

Tales circunstancias son patentes para los propios especialistas en infiltración. Es interesante ver lo que opina sobre las corruptas policías latinoamericanas un activo agente de CENTAC:

Mills, tuviera acceso durante varios años al funcionamiento de CENTAC y acabara confeccionando un extensísimo reportaje sobre el particular, que constituye sin duda el mejor documento sobre las estrategias policiales contemporáneas. Precedido por la declaración de que «ningún nombre ha sido cambiado, ningún personaje se ha retocado, no se han inventado escenas ni diálogos», el libro de Mills representa el manifiesto de los *halcones* en la materia y puede, en consecuencia, considerarse completamente veraz por lo que respecta a sus valores y procedimientos.

41.- Kreuzer, 1975; en Behr, 1981, pág. 231.

«... nos escandalizamos por las cosas que hacen, aunque a ellos les escandalizan las que hacemos nosotros. Les escandaliza totalmente que Estados Unidos nos permita cometer el equivalente a delitos trabajando con infiltraciones. Esto supera por completo su capacidad de comprensión. De acuerdo con la regla napoleónica, que constituye la base de su legalidad, al trabajar infiltrados estamos cometiendo delitos, pues somos parte del crimen»[42].

El núcleo del problema es, por supuesto, la cuestión del fin y los medios. El Estado que se llama de derecho descansa sobre el principio de que son los medios quienes garantizan la legitimidad de los fines, y no a la inversa. Parece extraño que lo prohibido para un Primer Ministro o un Rey esté autorizado para funcionarios de rango muy inferior y, por lo mismo, más expuestos a abusos de poder. Sin embargo, Nixon fue cesado como presidente por el caso Watergate, una trama cuyas ilegalidades constituyen fruslerías si se comparan con las prácticas rutinarias de CENTAC, y las brigadas de otros países que han llegado a imitarlas. Allí el soborno, la extorsión, el pago con impunidad para delincuentes, la vigencia de impuestos en especie, la transigencia con distintos modos de tortura, el espionaje ilegal y demás procedimientos de guerra sucia son sencillamente consustanciales al desarrollo de cada operación.

Desde la perspectiva del historiador, la instauración generalizada de tales pautas tiene el interés de mostrar hasta qué punto los represores luchan ya contra un *crimen de pensamiento*. No se trata sólo de que los códigos acojan delitos como «apología de las drogas», sino de que mecanismos policíacos análogos sólo se encuentran sistemáticamente aplicados para luchar contra la disidencia ideológica. Aunque exista un enorme contrabando de tabaco y alcohol, por ejemplo, ningún fiscal propondría ni ningún tribu-

---

42.- *Cfr.* Mills, 1987, pág. 542.

nal aceptaría rehabilitar a asesinos porque ayudaron a descubrir un alijo de whisky o cigarrillos rubios. Si se trata de marihuana, en cambio, ese pacto parece razonable. Del mismo modo, ningún tribunal del siglo XVI o XVII admitía como testigos de cargo en una causa por estafa o asesinato a enemigos del reo, niños pequeños y delincuentes habituales; pero si era una causa por brujería esos testimonios se consideraban totalmente válidos. Por su propia naturaleza, en el crimen de pensamiento se borra la distinción entre supuesto culpable y culpable —el principio *in dubio pro reo*—, recayendo sobre el acusado la prueba de su inocencia, en vez de recaer sobre el acusador la prueba de su culpabilidad. Siglos más tarde, los procesos a desviados políticos como Koestler y London, reos de revisionismo, muestran que la mecánica permanece idéntica hasta en los detalles. Uno de los sistemas más ingeniosos para provocar el crimen ideológico fue puesto en práctica por los servicios de información de la Guardia Civil después de acabar la guerra española; disfrazados de maquis, ciertos agentes reclamaban pernoctar en casas de campesinos, y si éstos no acudían el día siguiente a denunciar el hecho en el cuartelillo —arrostrando las previsibles represalias— eran automáticamente acusados como cómplices, y en algunos casos ejecutados.

La transformación que se observa en la policía de estupefacientes desde mediados de los años setenta es adoptar técnicas antes exclusivas de la policía política y los servicios antisubversión. Transmutado en agente secreto, con licencias como las de 007, la suerte del nuevo detective es descrita lúcidamente por M. Pera, director de CENTAC:

«Cuando te comprometes en el trabajo de tender trampas es preciso mentir y engañar, porque el fin justifica los medios. La compensación está en que la prensa y la televisión te glorifican, con lo cual puedes dejar de lado tu mediocridad y meterte en el mundo criminal. Resulta muy atractivo para mucha gente. Se convierte en un medio de vida»[43].

El magistrado Kreuzer y el alto funcionario Pera están completamente de acuerdo sobre lo que implica hoy desempeñar funciones en una brigada de estupefacientes. Su desacuerdo concierne sólo al juicio último que les merece semejante necesidad. La DEA recluta a buena parte de su elite entre *marines* inmunes a escrúpulos formales, mientras los escrúpulos hicieron que Kreuzer abandonase la carrera judicial. Del sucesor de M. Pera en CENTAC —el *ex-marine* D. Quayle—, dijo su primera mujer que «quiere hacer del planeta un sitio mejor para nuestros hijos y para todos, porque es muy patriótico y sentimental»[44]. Según Quayle, lo único malo de su antecesor era ser excesivamente «timorato».

b) La naturaleza de los colaboradores. Cuando accedieron a la corona española, y al reino de Nápoles que entonces iba adherido a tal condición, los Borbones adoptaron una política expeditiva ante la fuerza de la Camorra en estos territorios; nombraron comisarios de policía a sus dirigentes, reservando el puesto de Prefecto Superior para el *capo* máximo.

A fin de sacar adelante su política de *entrapments*, el actual policía de estupefacientes recluta sujetos donde concurran varias circunstancias, entre las que destacan hallarse comprometidos previamente en delitos muy graves y la completa falta de lealtad. Si esa deslealtad no posee en principio la magnitud exigible, se aplican amenazas directas e indirectas de muerte y ruina económica, complementadas con dinero, privilegios de venta en régimen de monopolio y rehabilitación de los crímenes cometidos antes de ser «gusano».

El extenso atestado de J. Mills contiene una rica variedad de colaboradores, que abarcan desde simples contrabandista chantajea-

---

43.- *Cfr.* Mills, 1987, pág. 121.
44.- *Cfr.* Mills, 1987, pág. 715.

dos a expertos en carnicería humana. Por lo mismo, un problema recurrente de CENTAC para usar en juicio sus testimonios proviene precisamente de las condiciones en que se verificó su contratación. Ese fue, por ejemplo, el caso de M. Decker —confeso de una veintena de asesinatos—, a quien se otorgó un indulto incondicional, trabajo, casa y protección a cambio de servicios como delator. Según el agente R. Gorman,

> «le habíamos pagado ya 16.000 dólares, y nos preocupaba mucho que al declarar la defensa alegara que su testimonio había sido comprado»[45].

Un caso típico de esta índole, ocurrido recientemente en España, ha sido el de un jefe de comando en los GAL (Grupos Antiterroristas de Liberación), que asesinó a un ciudadano francés por confundirlo con un miembro de ETA (o sirviéndose de ello como pretexto para un ajuste privado de cuentas), y logró escapar a la acción de la justicia francesa con ayuda de información y documentos proporcionados por la policía española[46]. El asunto cabía dentro de lo previsible, de no ser porque sus cómplices y los archivos de varios juzgados pusieron de relieve que era ante todo un traficante de drogas, procesado varias veces y salvado siempre por la intervención de la Brigada General de Estupefacientes, que le presentaba como un valioso colaborador. Para redondear el cuadro, ese sujeto había escapado a Tailandia y estaba preso allí por intentar salir del país con algunos kilos de heroína.

Otras veces los colaboradores son miembros de cuerpos policiales en países distintos, que llevan a sus últimas consecuencias los procedimientos del agente infiltrado. A este grupo pertenecen hom-

---

45.- *Ibíd.*, pág. 836.

46.- V. R. de Azúa, «El conocimiento de las investigaciones policiales permite huir a un jefe de los GAL», *El País*, 6-5-1988, pág. 16, y J. G. Ibáñez, «El jefe de los GAL recibió un pasaporte falso para huir», *Ibíd.*, pág. 19.

bres como el coronel E. Ventura, adornado por un buen sentido del humor:

> «Atas a un hombre, le vendas los ojos, le llenas la boca con un trapo, sacudes unas botellas de algo espumoso y le pones un gollete en cada ventana de la nariz. Es un detector de mentiras excelente, tan eficaz como electrodos en los cojones. Así nos cuentan hasta las cosas que hicieron mañana»[47].

El superagente P. Gregory, contacto de Ventura con DA-CENTAC, no vacila en admitir que un alto porcentaje de los interrogados por sus especialistas mueren pronto. Sin embargo, aclara por qué el personaje le merece respeto.

> «No tengo problemas de ninguna especie con Ventura. Siempre ha sido un caballero. Usa lo que necesita para desempeñar su trabajo [...]. Es preciso comprenderle. Por lo que sé, nadie tiene más fuerza entre los altos funcionarios policiales de América Latina. Entiende el poder totalmente. Ha luchado contra lo peor: comunistas, prostitución, juego ilícito y drogas. Creo que es uno de los tipos más excelentes con los que he trabajado, aunque quizá no conozca a un ser humano más cruel»[48].

En sus diversas formas, la tortura constituye un ingrediente inexcusable de esta guerra. Unas veces se trata de tormento «mental» —cuando permanece en el terreno de las amenazas— y otras de tormento tradicional. En el supuesto más común, los agentes *undercover* pasan los sospechosos a alguna policía local para las primeras diligencias, que suelen ser tanto más contundentes cuanto más sobornables resulten esas fuerzas. El matiz colonial y el complejo

---

47.- *Cfr.* Mills, 1987, pág. 546.

48.- *Ibíd.*, pág. 535.

de valores en juego queda bien expuesto por la declaración de otro agente de la DEA al hablar de un cubano y una norteamericana encarcelados en Guadalajara por su personal iniciativa:

«Estoy seguro de que Sicilia-Falcón fue torturado, pero no es cosa mía, y nada podría importarme menos. Si fuera ciudadano americano la cosa sería diferente. Ya advertí a los federales mexicanos que a Joan Beck, su cómplice, nadie debía ponerle la mano encima, por ningún concepto. Algún día nos la llevaríamos a Estados Unidos, y no deseábamos que pudiese alegar malos tratos»[49].

3. Algunos esquemas operativos

Sobre el grado de sofisticación alcanzado por los procedimientos de *conspiracy* habla elocuentemente el llamado Agente 02 —el chino Lung Shing, hijo de Lung Yün, antiguo señor feudal de Yunán—, que vive como un príncipe del medievo en Hong-Kong, y conserva el ascendiente paterno sobre las llamadas guerrillas del Triángulo Dorado. Lung Shing es descrito como «un aristócrata de la vieja escuela, un hombre de honor y palabra, absolutamente legal», que por «tener acceso a los jefes de sindicatos criminales chinos resulta muy valioso no sólo para los servicios de información, sino para la DEA»[50]. Descendiendo de sus habituales enredos de la alta política, Lung decidió tender una trampa a cierto gángster despreciable por su «vulgaridad», que le había hecho un depósito de dos millones de dólares. En sus propias palabras:

«Le dije a ese tipo: "Mira, quiero ser muy claro. Me limito a presentarte a mi gente. Desde ese momento es cosa tuya. Se

---

49.- *Cfr.* Mills, 1987, pág. 538.

50.- *Ibíd.*, pág. 756.

trata de un negocio muy arriesgado. Si algo falla, no vengas a decirme que no te lo advertí".

Él dijo: "¡Entendido, entendido! Aunque caiga en prisión no os culparé de nada, Señor Lung. Tres veces me aconsejasteis no hacerlo".

Todo estaba funcionando fluidamente. Coordiné a varios yunaneses para que trajeran la droga. Pero no puedo pedir a mis gentes que traigan la droga a Bangkok sin algunas seguridades. ¿Qué pasaría si les coge la policía thai? Pero la DEA dice que la policía thai quiere coger a los míos también. Y yo dije: "Mirad, esta gente no está en el asunto por el lucro". Yo les *pedí* que produjesen el opio, a fin de que podáis atrapar al traficante. Ahora los tahi quieren agarrar ambos cabos. ¿Por qué no me pedís que produzca también 16 vírgenes? Esto es *demasiado*. Entonces me cuentan que prenderán al que haga la entrega sólo aparentemente, y que le dejarán marchar luego. Y bien, se lo digo a mi gente. No les gusta. Yo les dije: "Oh, sois tan quisquillosos". Ellos dicen: "Bueno, y ¿cuánto tiempo en la cárcel?" Les dije que un par de días. Ellos dijeron "O.K."».[51].

Entre los innumerables casos prácticos —interesante por representar el negativo de una conocida serie televisiva— se encuentra el proceso iniciado en Miami contra tres policías (A. de la Vega, A. Estrada y R. Rodríguez), a quienes se acusa de asesinar a tres contrabandistas para robarles cocaína por valor de unos siete millones de dólares[52]. Las investigaciones apuntan por ahora a una enrevesada trama, donde hay un cuarto y posterior asesinato en la persona de un típico hombre doble, que si por una parte introducía mercancía de un *gang* colombiano, por otra comerciaba en menor escala con ayuda de un grupo de agentes. Estas operaciones partían de comprar

---

51.- *Ibíd.*, págs. 757-758.

52.- *Cfr.* Eddy, Graham, Sabogal y Walden, 1987, págs. 64-80.

o vender cocaína en su discoteca, alertando a los policías para que interceptasen a los traficantes al entrar o al salir. Al parecer, todo fue bien hasta que sugirió a esos socios robar 400 kilos de cocaína de una embarcación enviada desde Colombia, pues alguien le acribilló a balazos, y depositó el cadáver a la puerta del establecimiento dentro de un gran cajón.

En Miami hubo casi un centenar de asesinatos semejantes en 1986, aunque existen allí 28 fuerzas de policía local distintas, y diez organizaciones federales, cada una de ellas con varios o muchos funcionarios dedicados exclusivamente a drogas. A decir verdad, hay tantos agentes, y tantos individuos que se disfrazan de tales para robar y extorsionar, que «las autoridades aconsejan a la gente no abrir la puerta a ningún policía sin comprobar con la comisaría local que, primero, es un policía auténtico y, segundo, que está allí en misión oficial»[53]. Evidentemente, la ciudad no tiene nada que envidiar hoy al Chicago de los años treinta, por motivos iguales a los de entonces.

Pero no hace falta ir a Miami para encontrar la problemática de los hombres dobles, y las paradojas evocadas por la nueva estrategia policial. Valga como muestra una noticia europea reciente:

«Miembros de la Guardia Urbana de Barcelona que patrullan en el distrito de Ciutat Vella han expresado su malestar por "la gran cantidad" de *camellos* que, al ser detenidos, se identifican como confidentes de la policía. El malestar ha tomado suficiente entidad para que el teniente de alcalde J. Torres haya ordenado a los mandos del cuerpo que planteen el caso ante los responsables de la policía [...]. En la Guardia Urbana también ha causado malestar la progresiva desactivación de un dispositivo especial de vigilancia destinado a combatir la delincuencia y el tráfico de droga en Ciutat Vella. De los 277 agentes que

---

53.- *Ibíd.*, pág. 74.

a mediados de 1986 pasaron a reforzar las unidades adscritas al distrito, sólo quedan en la actualidad 53»[54].

Como sucedió con la Camorra en tiempos borbónicos, no sólo el crimen sino su represión han acabado siendo el monopolio de ciertos criminales.

IV. PRIMEROS INDICIOS DE UN IMPERIO SUBTERRÁNEO

En enero de 1980 apareció muerto un banquero australiano, F. Nugan, copropietario de una institución con sucursales en los cinco continentes. Al principio pareció un caso de suicidio, y luego de asesinato. Su socio norteamericano, M. J. Hand —un ex-boina verde, laureado en Vietnam—, trató de calmar el revuelo y acabó desapareciendo del mapa hasta el día de hoy. El negocio de ambos era un *holding* de compañías —Nugan Hand Inc.— que al morir Nugan se declaró en quiebra fulminante, dejando en la miseria a muchos pequeños inversores, bastantes de ellos funcionarios civiles o militares americanos destinados fuera de su país (Australia, Tailandia, Arabia Saudí, Panamá, Filipinas, Singapur, etc.). En principio, parecía tratarse de una vulgar estafa hecha a personas que deseaban evadir impuestos, o hacer movimientos de divisas prohibidos por distintas legislaciones nacionales. Sin embargo, diversos indicios apuntaban a una red de servicios mucho más rentable, secreta y estratégica; estos datos acabaron sugiriendo la formación de dos comités oficiales nombrados por el gobierno australiano, a cuya investigación se unirían poco después equipos del *National Times* de Sydney y el *Wall Street Journal* de Nueva York[55].

54.- *El País*, Redacción, «Numerosos "camellos" de Barcelona aseguran ser confidentes policiales», 5-3-1988, pág. 23.

55.- Los datos que se reseñan a continuación pertenecen en su totalidad al libro de J. Kwitny (1987), corresponsal del *Wall Street Journal* y especialista en temas de seguridad nacional. Por su magnitud y

En efecto, había detalles extraños. Por ejemplo, las oficinas de Nugan Hand en la ciudad de Chiang Mai (Tailandia) —central planetaria del tráfico con opio y heroína hoy—, estaban en el mismo piso y compartían servicios (teléfono, despacho de correspondencia, etc.) con la oficina de la DEA allí. También fue extraña la conducta del FBI, pues sabiendo que este organismo disponía de un extenso dossier sobre el holding (151 páginas exactamente) el *National Times* solicitó una fotocopia del expediente; obligado por la *U.S. Freedom of Information Act*, aunque protegido por la legislación sobre secretos oficiales, el FBI remitió menos de diez páginas legibles: las demás estaban emborronadas con tinta negra y la notación B-1, sigla de materias cuya publicidad pondría en peligro «seguridad nacional o política exterior de los Estados Unidos». Gestiones análogas con las embajadas norteamericanas en Bangkok y Manila hallaron el mismo obstáculo. Meses más tarde, las comisiones oficiales y los liquidadores estaban de acuerdo en que las compañías ligadas al banco Nugan Hand llevaban una década realizando las siguientes actividades:

«1.- Negocios con personas que poseen conexiones probadas o sospechadas con drogas, sabiéndose que han contribuido a proporcionarles fondos en diversos países.

2.- Una intensa actividad bancaria en Florida [...] incluyendo una cuenta que fue intervenida por funcionarios del servicio de estupefacientes.

3.- Operaciones orientadas a transferir clandestinamente fondos de un país a otro.

4.- Activa implicación en negociaciones relativas al suministro de equipo militar a diversos países y personas, a quienes podría resultar difícil adquirir abiertamente semejante equipo.

---

meticulosidad, la obra de Kwitny es el equivalente a este específico campo al trabajo de J. Mills sobre CENTAC.

Junto a los indicios de relación entre el FBI y el Banco Nugan Hand, hay también pruebas circunstanciales y directas de conexión con la CIA y otros organismos norteamericanos vinculados a actividades de inteligencia[56]».

1. Los compañeros de viaje

Las investigaciones de la *Stewart Royal Commission*, la *South Wales Joint Task Force on Drug Trafficking*, el *National Times*, el *Wall Street Journal* y los síndicos de la quiebra proporcionan un abigarrado cuadro de personas que en un momento u otro, como inversores, mentores o simples titulares de negocios han tenido relación con Nugan Hand Inc.

Entre los primeros destacan Abe Saffron, llamado *Mr. Sin*, tenido por «personaje fundamental del crimen organizado en Australia», junto con otros quince traficantes de distintos países (algunos descubiertos con alijos de heroína próximos a la tonelada) y al famoso Terry Clark, jefe del sindicato exportador de opiáceos llamado *Mr. Asia*, que durante algún tiempo fue el hombre más buscado de la tierra por Interpol. Todos ellos compraron certificados de depósito de Nugan Hand, y que se sepa ninguno se quedó sin cobrar al producirse la suspensión de pagos. Una línea algo más tenue lleva a «Jimmy the Weasel» Fratiano y Francesco «Funzi» Tieri, *capos* de la Cosa Nostra americana.

Casualmente, el nexo que vincula a Fratianno y Tieri con el banco es sir Peter Abeles, magnate mundial del transporte terrestre, marítimo y aéreo (sus empresas facturan abiertamente unos dos mil millones de dólares anuales), que se relacionó con ellos para solucionar problemas con estibadores en Estados Unidos, y que había apoyado los primeros pasos de Nugan y Hand en Australia, al igual que sir Paul Strasser, equivalente de Abeles al nivel de petróleos e inmo-

---

56.- M. Woolard (síndico oficial), en Kwitny, 1987, págs. 345-346.

biliarias. Dentro del restringido círculo que recibió con beneplácito los proyectos germinales de Nugan y Hand debe incluirse también a Rupert Murdoch, conocido propietario de *media* periodísticos y televisivos. A este trío de amigos íntimos que son Abeles, Strasser y Murdoch debe añadirse en la época inicial el apoyo de D. K. Ludwig, que hacia 1970 era uno de los tres hombres más ricos del mundo (también con negocios de transporte), y a través del ex-cantante Pat Boone —empleado suyo— permitió a F. Nugan hacer sus primeros dólares en el campo inmobiliario.

Cuando el banco era ya una pujante realidad tuvo inversores no menos célebres como la hermana de Imelda Marcos, Elizabeth, y su marido L. P. Rocka (que pudieron retirar a tiempo un depósito de 3.500.000 dólares), y el sultán de Brunei. Un memorándum, salvado de la sistemática destrucción de archivos que siguió a la muerte de Nugan, dice: «Ofrecemos a su Alteza el Sultán una estructura bancaria y un sistema de depósitos que sólo él pueda controlar, sean cuales fueren los cambios en el Gobierno, junto con máxima seguridad para operaciones especiales»[57]. Podría no ser independiente de estos servicios la donación hecha por el sultán a la Contra nicaragüense en 1984 (10.000.000 de dólares), que fue aireada a propósito del «Irangate». También hay una curiosa relación de Nugan Hand Inc. con Mitchell WerBell, basada en el proyecto de transferir algunos millares de refugiados indochinos al Caribe a costa de varios gobiernos e instituciones humanitarias; propietario del más importante centro formativo para «contraterroristas» del planeta, en Powder Springs (Georgia), WerBell inventó la metralleta más pequeña del mundo —la Ingram, dotada de silenciador— y su sistemática colaboración con la CIA le sirvió para ser sobreseído en asuntos incómodos, como uno donde parece haber vendido ilegalmente algunos millares de ametralladoras a cierto particular[58].

57.- *Cfr.* Kwitny, 1987, pág. 274.

58.- *Ibíd.*, pág. 316.

Directamente relacionados con Nugan Hand Inc. se encuentran también otros tres personajes. Uno es Theodore Shackley, ex-director de operaciones clandestinas en la CIA, origen de la Contra cubana que luego se convertiría en principal mafia de la cocaína en Estados Unidos. Otro es Edwin Wilson, alto funcionario de la CIA y el servicio secreto de la Marina, hoy en prisión por múltiples delitos, entre ellos vender a Gadaffi equipo sofisticado de terrorismo (expertos en exterminio, bombas y armas de plástico, indetectables en aeropuertos, etc.), así como secretos militares, a cambio de 15.000.000 de dólares por lo menos; también ha sido acusado de muchos asesinatos que no han podido probarse, entre otros el de K. Mulcahy, el agente del servicio secreto que osó denunciarle y no tuvo mejor ocurrencia que dirigirse inicialmente a Shackley, socio de Wilson. El tercero es el general Richard Secord, jefe de ventas de equipo militar en el Pentágono desde 1978 a 1984, cesado tras un fraude donde su socio Thomas Clines confesó haber estafado al ejército americano 8.000.000 de dólares, aprovechando unos suministros bélicos a Egipto. A través del teniente coronel Oliver North —en nombre del Consejo de Seguridad Nacional, con el inevitable consentimiento de G. Bush— Secord fue encargado de organizar la conexión Irán-Contra nicaragüense inmediatamente después de abandonar el ejército, y en el desempeño de esa tarea dio renovadas muestras de patriotismo, reservándose en principio un 30 por 100 del valor de las operaciones; pero, para ser exactos, el porcentaje pudo ser algo mayor, pues sus socios y él cobraron a Irán 30.000.000 de dólares por armas que costaron 12.000.000 de dólares, y tras una serie de peripecias la Contra sólo percibió 3.500.000 de dólares. Shackley, Wilson y Secord llevaban tiempo siendo socios en asuntos «privados», y su relación explícita con Nugan Hand Inc. proviene de que el *holding* contribuyó por lo menos en una ocasión a enmascarar compraventas de equipo bélico con letras de cambio libradas por el banco como pago de manufacturas textiles.

2. Administradores y consejeros de la empresa

Esta lista de personas que invierten o de alguna manera contribuyen al funcionamiento del negocio tiene bastante de singular. Sin embargo, lo verdaderamente singular llega al conocer el equipo directivo de la empresa. El presidente de Nugan Hand en Hawai era el general Edwin F. Black, un militar especializado en contraespionaje que fue mano derecha de Allen Dulles y jefe de Richard Helms, ambos directores de la CIA posteriormente. Entre sus principales cargos se cuentan formar parte del selectísimo Consejo de Seguridad Nacional en tiempos de Eisenhower, ser jefe del primer cuerpo expedicionario americano en Vietnam, jefe luego de todos los efectivos estacionados en Tailandia y, finalmente, segundo jefe del alto estado mayor del Mando para el Pacífico.

El presidente de Nugan Hand en Manila era el general Leroy J. Manor, de aviación, «colaborador especial» en la junta de jefes de estado mayor del Pentágono para «contra-subversión y actividades especiales». En 1976 fue nombrado jefe supremo para el Mando del Pacífico, y contribuyó a redactar el acuerdo con Marcos sobre las bases militares en Filipinas. En una ocasión, hablando de Nugan Hand Inc., declaró: «Estoy tremendamente impresionado con la orientación misional que veo en esta organización»[59].

El presidente de Nugan Hand en Washington era el general Earle Cocke Jr., líder de la Legión Americana, héroe de guerra como sus otros dos colegas, si bien no especializado como ellos en «anti-insurgencia», sino en economía y relaciones mercantiles con el Tercer Mundo. Ex-director del Banco Internacional para la Reconstrucción y el Desarrollo, organizó reuniones de Frank Nugan con distintos altos funcionarios de la Casa Blanca, incluyendo al presidente Carter.

El director de Nugan Hand en Taiwan era Dale Holmgren, director también de una de las líneas aéreas de la CIA. Al hablar de la po-

---

59.- Manor, en Kwitny, 1987, pág. 191.

lítica de la heroína en el sudeste asiático hubo ocasión de examinar las «operaciones especiales» desempeñadas por estas líneas aéreas en el Triángulo Dorado, Saigón, Vientiane y Bangkok.

El gerente de Nugan Hand en Saigón era Robert Jantzen, director de la CIA en Vietnam hasta la retirada americana.

El presidente de Nugan Hand Inc. —esto es, del *holding* en su conjunto— era el almirante Earl P. Yates, ex-comandante del portaaviones nuclear *J. F. Kennedy*, luego jefe de planificación estratégica del Pentágono para Asia y el Pacífico. Yates fue —según los archivos del banco— el encargado de las gestiones con el Sultán de Brunei, y el que contribuyó decisivamente a introducir a otros altos jefes militares norteamericanos en la empresa.

Aparte de estos ilustres presidentes y directores de sucursales, Nugan Hand Inc. tenía dos consejeros y un abogado principal. Uno de los consejeros era Walter McDonald, ex-director de la división económica de la CIA. El otro era Guy Pauker, asesor personal de Kissinger (con Nixon) y luego de Brzezinsky (con Carter). El abogado era William Colby, ex-director general de la CIA. Se conserva una de las minutas enviadas por Colby a M. Hand poco después de morir Nugan, donde en nombre de su bufete (Reid & Prest, de Wall Street) le comunica que «la factura —45.684 dólares— representa un resumen de las actividades que hicimos para Frank y para ti estos últimos meses»[60]. Desde sus tiempos como boina verde, M. Hand fue un protegido de Colby, entonces jefe supremo en Saigón, y trabajó como agente contratado por la CIA en Vietnam y Laos, entrenando militarmente a los montañeses del Triángulo Dorado.

Es interesante hacer notar que en el cadáver de Nugan se halló un papel manuscrito, que el informe de la policía australiana considera «parte del envoltorio de una empanada de carne»[61]. Fue sin duda lo último que escribió, y sólo figuran allí dos nombres: «el diputado

---

60.- *Cfr.* Kwitny, 1987, pág. 71.

61.- *Ibíd.*, pág.21.

Bob Wilson y Bill Colby». El diputado Robert Wilson, representante por California, estuvo durante veintiséis años en el subcomité del Congreso para asuntos de inteligencia, y culminó su carrera política como Presidente del Comité del Congreso para Servicios Armados.

Requerido en múltiples ocasiones para que aclarase los misterios de Nugan Hand Inc., su equipo dirigente ha optado por alegar que desconocía la existencia de ilegalidad alguna en la empresa. Sólo al recibir las pruebas de imprenta del libro de J. Kwitny uno de ellos —el almirante Yates— aprovechó la oportunidad generosamente cedida por el autor de escribir a título de epílogo algo en su descargo. Tras exculparse personalmente durante siete páginas —la base es «yo no sabía nada»—, el último párrafo acepta responsabilidad por el reclutamiento de sus colegas militares y los demás altos funcionarios civiles incorporados al *staff de* Nugan Hand. Esas personas son llamadas, con mayúsculas, «los verdaderos patriotas», y según Yates:

> «No se ha demostrado que ninguno de ellos haya estado implicado en, o haya tenido conocimiento de cualquier tráfico de drogas, ventas ilegales de armas o blanqueo de dinero. Ninguno de los depósitos de sus clientes violó leyes sobre divisas o banca. Ninguno de LOS VERDADEROS PATRIOTAS se benefició materialmente de su asociación con Nugan Hand, y la única imprudencia de la que puede acusárseles es haber confiado en un colega.
>
> Mediante un razonamiento astutamente falaz, el señor Kwitny ha hecho criminales de algunas nobles y desdichadas víctimas. Reimprimiendo las mentiras, semi-verdades y distorsiones de periódicos izquierdistas, y de fuentes antiamericanas alimentadas por el comunismo, a propósito o involuntariamente ha servido los intereses de la Unión Soviética y el Servicio de Desinformación del KGB»[62].

62.- Yates, en Kwitny, pág. 397.

3. El caso del BCCI

Sin embargo, al menos parte de la clientela de Nugan Hand tenía ya un holding sustitutivo cuando aquel hizo aguas. En 1972 nacía el Banco Internacional de Crédito y Comercio (BCCI), una empresa llamada en principio a ser la primera potencia financiera del islam, con accionistas árabes como el jeque de Dubai y la familia real saudí, o pakistaníes como los hermanos Gokal, propietarios de la Compañía Naviera del Golfo. Si bien era un banco surgido y gestionado en Karachi, se constituyó en Luxemburgo con sede en Londres. Su fundador y líder, Agha Hassan Abedi, tuvo en la invasión soviética de Afganistán una ocasión excelente para potenciar su poder geopolítico.

Quince años más tarde el BCCI posee unas 400 filiales en más de 70 países, y representa el séptimo banco privado del orbe. Su capital nominal supera los 30.000 millones de dólares, y a lo largo del Tercer Mundo hace negocios espectaculares, por ejemplo otorgando créditos a cambio de convertirse en banquero único de las empresas nacionalizadas. Su influencia en Estados Unidos llega al extremo de poseer secretamente el control del First American Bankshares, el mayor banco de Washington, que detenta unas 300 sucursales desde Nueva York a Florida, y que tiene como cabeza a C. Clifford, ex ministro de la guerra y consejero personal de varios Presidentes.

Haría falta llegar al verano de 1991 para que este emporio sea tachado de «fraude podrido» por el gobernador del Banco de Inglaterra, R. Leigh-Pemberton, y para que —en una operación conjunta sin precedentes— queden clausuradas todas las oficinas del BCCI en Europa occidental y Estados Unidos. Lo embarazoso para el gobierno inglés es, con todo, que desde la primavera de 1990 conocía una auditoria de Price-Waterhouse —siendo entonces J. Major ministro de Finanzas— donde se calificaba de «completo caos» al holding. Semejante retraso (16 meses) permitió que se estafasen unos 10.000

millones de dólares a pequeños y medianos cuentacorrentistas, completando «una operación de saqueo mundial»[63]. El embarazo resulta todavía mayor para los ministros norteamericanos de Hacienda y Justicia, pues ya en 1984 parecían conocer sus actividades fraudulentas; según el semanario *Time*, al menos desde 1988 hay en prisiones de Estados Unidos media docena de directivos del BCCI, acusados de blanquear dinero proveniente de actividades criminales.

Sea como fuere, durante una semana todos los periódicos del mundo describen detalles del mayor escándalo financiero conocido. C. Kerry, senador por Massachussetts y presidente del subcomité del Congreso sobre terrorismo, estupefacientes y operaciones internacionales, dice tener testimonios jurados de que el Consejo Nacional de Seguridad usó el BCCI para desviar dinero de las operaciones Irán-Contra, y que la CIA tuvo cuentas en el banco para financiar operaciones secretas. Las declaraciones de Kerry —donde protesta por continuas obstrucciones del departamento de Justicia—, dieron pábulo a rumores sobre grandiosos sobornos hechos por los directivos del BCCI en Washington, casi todos refugiados hoy en Pakistán.

Menos dudas aún arroja la existencia de una «red negra» articulada en torno al BCCI, compuesta por millar y medio de empleados aproximadamente, que (reclutados a veces entre becarios de Universidades) recibían un año de instrucción en «psicología, principios del liderazgo, vigilancia electrónica, cifrado, descifrado y técnicas de interrogatorio, completada finalmente con entrenamiento en armas de fuego»[64]. Estos empleados se habrían dedicado durante más de una década a tráfico con armas, drogas y divisas, prostitución, extorsión, secuestro, espionaje y asesinatos a lo largo y ancho del mundo. No menos destacada habría sido su colecta de informaciones confidenciales, merced a la colaboración con déspotas en el expolio de sus respectivas naciones, pues a un elenco de cuentacorrentistas oscuros

---

63.- J. Beaty y S. G. Gwynne, «El banco más sucio», *El País*, 28-7-1991, Negocios, pág. 3.

64.- *Cfr*. Beaty y Gwynne, pág. 4.

el BCCI añadió personajes como Alan García, Daniel Ortega, Manuel Noriega, Adnan Kashogui, Imelda Marcos, barones sudamericanos de la cocaína, Sadam Hussein, la OLP, el terrorista Abu Nidal, la terrorista Jihad Islámica o países como Libia y Siria[65]. Las primeras investigaciones difundidas en Europa —que no han sido objeto de desmentido oficial— apuntaron a estrechos vínculos mercantiles del BCCI con todos los servicios secretos occidentales y no pocos del bloque oriental, especialmente con el espionaje israelí.

En la historia moderna de las drogas no faltan amigos comunes al Mossad y a la Jihad Islámica, o a Sadam Hussein y Clark Clifford. Por lo mismo, en vez de rasgarse las vestiduras ante estrategias de semejante nivel el historiador hará bien limitándose a precisar algunos detalles adicionales. La trayectoria del BCCI en España, donde llegó a tener 17 oficinas, muestra que en la creación de esa filial intervinieron —a título totalmente personal, como asesores remunerados— un ex ministro franquista y los ex ministros de Economía e Industria respectivamente con UCD[66]. Desde 1981 a 1991 el Banco de España y el Fondo de Garantía concedieron 21.400 millones de pesetas al BCCI en préstamos, algunos de ellos sin interés alguno, y la entidad quedó exenta del llamado coeficiente de recursos propios, medida de gracia que le permitió multiplicar su nivel de endeudamiento y su libertad de inversión. Naturalmente, esos privilegios no evitaron que el banco dejase arruinados a unos 20.000 cuentacorrentistas.

Ante este conjunto de hechos, la tentación es pensar qué nuevo banco gestiona desde 1991 intereses mundiales tan complejos, y tan ligados al comercio lícito e ilícito con drogas. Dudoso resulta que esa nueva entidad sea el Progressive Bank, recién creado como sustituto del BCCI por su fundador, Agha Hassan Abedi, en Karachi. Los resortes que hicieron posible la opulencia de Nugan Hanc Inc., Arms

---

65.- Cfr. J. Valenti Puig, «El BCCI apoyó el terrorismo internacional», *ABC*, 22-7-1991, pág. 33.

66.- Cfr. J. Rivera y C. Celaya, «El BCCI tiene un crédito de 1.500 millones al 0 por 100», *El País*, 7-8-1991, Economía, pág. 25.

Supermarket o el BCCI no necesitan repetir sede ni gerente oficial.

Por eso mismo, quizá convenga —en honor a la pura crónica— atender a dos evidencias. La primera es que la llamada «red negra» no ha sufrido golpe alguno tras la quiebra del BCCI; ese cataclismo para pequeños inversores significa —visto desde el otro lado— que la red ha obtenido una fuerte inyección de capital, y puede trabajar en lo sucedido con bancos todavía «limpios». La segunda evidencia es que esa quiebra acaparó titulares de la prensa mundial, pero tan sólo durante una semana. Medio año después, a principios de 1992, el tema ha desaparecido por completo de los *media*. Al parecer, a nadie —privado o público— le interesa ya que haya investigaciones sobre el tema, y que se establezcan de modo concluyente las responsabilidades del BCCI. Curiosamente, desde entonces no ha pasado ni un solo día sin que los *media* ofrezcan amplias secciones sobre guerra al narcotráfico.

15

Bosquejo de la situación mundial contemporánea

«El capital se vuelve audaz si la ganancia es adecuada. Con el 20 por 100 se torna vivaz; con el 50 por 100 positivamente temerario; con un 100 por 100 pisotea todas las leyes humanas, y por encima del 300 por 100 no existe crimen al que no se arriesgue, aunque le amenace el patíbulo»

T. S. DUNNUIG, *Sindicatos y huelgas.*

.

Para completar este cuadro sobre las últimas tendencias no es ocioso hacer un repaso al estado de cosas en distintos puntos del planeta, ahora atendiendo a continentes. Si en décadas previas iba observándose una convergencia de las problemáticas, al aproximarse el final de los años ochenta resulta manifiesto que todo el planeta presenta claros rasgos de homogeneización. La cruzada es incondicionalmente mundial, y aquello que acontece en un lugar guarda ya estrechas relaciones con lo que acontece en todos los otros.

I. EL CONTINENTE AMERICANO

La situación en América Latina sigue exhibiendo los rasgos descritos páginas atrás, con las políticas de represión selectiva que ya fueron expuestas. La producción artesanal y el pequeño tráfico han cedido por completo el terreno a poderosas organizaciones —como los cárteles de Medellín y Cali para la cocaína, o el ejército mexicano para la marihuana—, cuya impunidad no sólo se basa en la profesionalidad y recursos de sus jefes, sino en una densa trama de ramificaciones estrictamente políticas que sufragan aventuras de estabilización y desestabilización para distintos países.

Allí no son infrecuentes verdaderas batallas campales, como la que produjo un saldo de 21 soldados muertos cerca de Veracruz[1]. Al comenzar el verano de 1987 el barrio residencial de Surquillo, en Lima, se estremeció con la explosión de un laboratorio para el procesado de cocaína, que arrasó media docena de casas y comprometió de inmediato al general J. J. Zarato, mando supremo de la policía secreta[2]. Meses antes había perdido su cargo el ministro peruano del Interior, L. Percovich, por pruebas palmarias de colaboración con la mafia local y sobornos sistemáticos en su departamento. El asesinato del ministro colombiano Lara Bonilla, acontecido poco antes, mostraba que oponerse al gran tráfico resultaba todavía más peligroso. En Bolivia puede decirse que la producción y exportación de cocaína constituye un negocio sencillamente estatal ya desde los años del presidente Banzer[3]. Junto a los grandes productores, es seguro que por lo menos otros doce países del hemisferio sur (Argentina, Brasil, Belize, Chile, Costa Rica, Cuba, República Dominicana, Haití, Honduras, Jamaica, Nicaragua y Panamá) colaboran activamente —desde los más altos escalones gubernamentales— en asuntos relacionados con cocaína, heroína o marihuana[4].

Por una concatenación de circunstancias, Estados Unidos se encuentra con respecto a América Latina en una posición puntualmente paralela a la de China con el contrabando de opio que hacían

---

1.- *Cfr.* «Guerra contra narcotraficantes en México», Efe, *El País*, 4-11-1985, pág. 4.

2.- *Cfr.* J. Ibarz, «El tráfico de cocaína salpica cada vez más a los cuerpos policiales peruanos», *El Periódico*, 12-8-1987, pág. 5.

3.- Banzer accedió a la Presidencia en 1972. En 1976 firmó con H. Kissinger una «declaración conjunta sobre cooperación contra el tráfico de cocaína». De 1976 a 1977 la producción boliviana de cocaína aumentó un 75 por 100; *cfr.* Olmo, 1988, pág. 37. Desde 1985 hay acuerdos precisos para el blanqueo de los *cocadólares*, como atestiguan ciertas grabaciones de encuentros entre el poder militar (representado por el general M. Vargas Salinas), el político (representado por el senador A. Arce Carpio) y el económico (representado por el *capo* R. Suárez Gómez); *cfr.* M. Azcui, «Narcotráfico y política en Bolivia», *El País*, 13-1-1989, pág. 6.

4.- *Cfr.* Mills, 1987, pág. 1140.

portugueses, ingleses, holandeses, franceses y norteamericanos. Al mismo tiempo, los principales exportadores de cocaína y marihuana son aliados de Estados Unidos en otro orden de cosas, y contribuyen a pagar la factura de «contrainsurgencia» que el gigante septentrional mantiene en el hemisferio meridional; los narcomonstruos del cártel de Medellín, por ejemplo, son también los patriotas y amigos de la democracia que sufragan envíos a la Contra nicaragüense o *razzias* contra movimientos revolucionarios.

1. La política reaganiana

Tras el período contemporizador marcado por sus inmediatos predecesores, la llegada de Reagan a la Casa Blanca supuso un retorno a la «guerra contra la droga», y el «estado de emergencia nacional». Sus declaraciones son tan textualmente iguales a las de Nixon que el historiador se siente tentado a sospechar que hay una carpeta específica en la Casa Blanca provista con media cuartilla de consignas, repetidas cambiando levemente el orden de los párrafos en cualquier ocasión, y presentadas siempre como «nueva estrategia».

Como en tiempos de Nixon, pasa por nuevo elevar las penas, multiplicar el número de represores, multiplicar los privilegios para quienes hacen la guerra sucia, multiplicar los gastos del complejo industrial montado sobre el «abuso» de drogas y seguir con la escalada —selectiva— de chantajes o agresiones armadas a otro países. En 1985 el número de arrestos relacionados con drogas de la Lista I superó las 800.000 personas, y en 1986 rozó el millón. El presupuesto federal para represión (*law enforcement*) se ha seguido elevando, mientras el presupuesto para atención médica apenas supera la mitad del establecido en 1982[5].

Al llegar el segundo mandato presidencial de Reagan los desvelos del ejecutivo se han orientado a poner en práctica lo que quiso

---

5.- *Cfr.* Thomas, Beatty Moody y Thompson, 1986, pág. 27.

pero no pudo conseguir Nixon. Con un Congreso que le apoyaba, salvo raras excepciones, las metas fueron sacar adelante una intervención del ejército en funciones de policía, una suspensión de la inviolabilidad del domicilio sin orden de registro en casos de droga, un reconocimiento expreso del derecho de la policía a practicar operaciones de *entrapment* sobre cualquier persona, una validez de pruebas obtenidas ilegalmente cuando se trate de drogas, y tests de orina que detecten el uso de sustancias prohibidas por parte de funcionarios y empleados en general, determinándose que un resultado positivo producirá apercibimiento y un segundo resultado positivo la expulsión. En otras palabras, la cruzada reaganiana implica el más serio recorte propuesto por un Presidente al sistema de garantías establecido por la Constitución americana.

2. El llamamiento a la guerra civil

Al mismo tiempo, la difusión de *designer drugs* y marihuana de cultivo local ha trastocado el esquema clásico de una Norteamérica limpia en sí pero invadida por drogas provenientes del exterior. Junto a la tradicional cruzada contra razas degeneradas o «pueriles» de otros rincones de la tierra, se produce ahora una convocatoria en toda regla para perseguir al «enemigo interno». La Administración no vacila en sugerir a los ciudadanos que se persigan unos a otros, tomando como base sus preferencias en materia de ebriedad o automedicación. Tras provocar directamente el fenómeno del *crack* con sus medidas de restricción para acetona y éter, y desinformar sistemáticamente a la opinión pública sobre esta rentable cocaína del pobre, el Ejecutivo americano realiza un llamamiento a las armas contra el vecino, el pariente o el amigo, que obtiene excelente acogida en amplios sectores de la población.

El electoralismo mantiene mudos a quienes ocupan o aspiran a ocupar escaños en el Congreso, al igual que sucediera en tiempos de la ley Seca. Como lección de la historia, unos pocos senadores recuerdan que renunciar a un derecho civil conduce a renuncias sucesivas, desembocando invariablemente en tiranía, y que la mejor forma de conservar una Constitución basada sobre la libertad es defender las libertades de los otros tanto como las propias. Sin embargo, la Cruzada contra el Enemigo Interno —con esas precisas palabras y mayúsculas— marca el segundo centenario de la Constitución americana (1787). Según algunas encuestas, constituye para la mayoría del país algo «más urgente y necesario que la paz o la prosperidad». El testimonio de un periodista prestigioso indica hasta qué punto la histeria colectiva prospera en Estados Unidos:

«La guerra que ahora se pide es una guerra civil, que habrá de lucharse en el patio de la escuela o en la cocina, cuyas bajas pueden abarcar desde un malhechor en Miami hasta la más querida de las libertades civiles: una guerra salvaje dentro de la propia casa. Sin embargo, la guerra es urgente y necesaria. De repente todo el sistema parece envenenado por un mundo donde millones de conciudadanos buscan ávidamente la muerte»[6].

Los poderes públicos difunden constantemente *spots* en los medios de comunicación, donde aparecen fotografías de personas famosas (Jimmy Hendrix, Marilyn Monroe, Lenny Bruce, etc.), seguidas por el lema: «¿Qué tienen en común? Todos murieron por droga». La propaganda de la cruzada contra el enemigo interno produce una ecuación *droga-muerte-llamar policía* que no sólo se troquela en la mente de los adultos sino en la de los niños, indicando hasta qué punto la guerra civil puede ahondarse si sigue siendo financiada. El caso empezó en Nuevo México, donde dos niños, de 11 y 12 años, denunciaron ante la policía a sus padres por posesión de marihua-

---

6.- Rosenblatt, 1986, pág. 25.

na[7]. Luego sucedió que la joven Deanna Young, de 13 años, llevó a la cárcel a sus padres, denunciando que cultivaban marihuana en una maceta[8], y apenas un mes más tarde, el niño Michael Hilchey, de 10 años, contó a la policía que los suyos fumaban también esa droga.

> «"Es la octava denuncia de esta clase en los últimos tiempos, resultado de la enérgica campaña emprendida por el Gobierno federal", informó un portavoz policial de Clermont, en California»[9].

Junto a estos cruzados infantiles proliferan también los infieles infantiles, algunos inducidos al asesinato incluso. El joven R. Goeglein, de 16 años, puede ser ejecutado por matar de un tiro a un compañero de escuela de 18, policía con disfraz de traficante, que había llevado a la cárcel a amigos y familiares; sus dos cómplices, de la misma edad, recibirán cadena perpetua[10]. A este caso de Arizona —relacionado con marihuana— se añaden varios otros, como el de un muchacho negro de dieciséis años que también mató de un tiro al agente P. Dunbar, defendiendo la puerta de una «crack house» en Detroit[11]. Si se calcula que la política reaganiana ha producido incrementos del 2.000 al 4.000 por 100 en la delincuencia infantil desde 1980 al 1987, son de esperar bastantes más casos semejantes. Piadosos delatores infantiles, o diabólicos homicidas de la misma edad, es imposible no recordar en este contexto el muy activo papel jugado por los niños en la caza de brujas.

Lo curioso es que la puesta en pie de guerra formal del país fue decretada durante el verano de 1986, cuando los datos relativos a 1985 del NIDA (*National Institute on Drug Abuse*) sugerían que la

---

7.- *Cfr.* Thomas y otros, 1986, pág. 26.

8.- «Transition», *Newsweek*, 6-10-1986.

9.- «Gente», *El País*, 18-12-1986, pág. 72.

10.- *Cfr.* Sager, 1988, pág. 58.

11.- *Cfr.* Lamar, 1988, pág. 10.

demanda de cocaína ya no estaba en su cenit, y que había indicios de una leve reducción en el ritmo de incorporación de nuevos usuarios a otras drogas ilegales[12]. Sería quizá demasiado retorcido pensar que esas alarmantes señales aconsejaron hacer renovados llamamientos a la guerra civil. Pero cuesta considerar casualidad que cuando la Bolsa de Nueva York sufra la mayor caída de su historia dos encuestas —oficiales— exhiban al país mucho más preocupado por el uso de ciertas drogas que por la prosperidad económica.

Presentando la situación de rigurosa miseria que progresivamente aqueja a más sectores de la sociedad americana como consecuencia de hábitos farmacológicos, el Ejecutivo continúa con un tratamiento del problema que en realidad lo agrava, aunque permite maquillar el gigantesco despilfarro en gastos *defensivos* de toda índole como ineludible necesidad. Para el vitalicio «Estado de Seguridad Nacional» que es Norteamérica desde el fin de la Segunda Guerra, el capítulo droga no es ya un ingrediente importante sino absolutamente esencial. Lo que hacia fuera es Guerra de las Galaxias es hacia dentro Cruzada contra el Enemigo Interno. Una y otra cosa, fundidas en empresas como Arms Supermarket, el BCCI o Nugan Hand, justifican que los dueños de esa gran nación sean ahora personajes como O. North o G. Bush. Sólo un formalismo les hace comparecer ante comités senatoriales a título de implicados en asuntos turbios; como comentaba Gore Vidal en un artículo reciente, hace ya bastantes décadas que ellos —y no el Congreso— deciden los destinos.

3. La eficacia del esfuerzo represor

Jamás, pues, ha sido más generoso el dispendio para liquidar «la droga» en los Estados Unidos, incluso al precio de sembrar la discordia doméstica y una sistemática proliferación de falsedades. Sin embargo, algunas investigaciones de campo hechas con cierta se-

---

12.- *Cfr.* E. Thomas, 1986, pág. 27.

riedad muestran que la ecuación *droga-muerte-llamar policía* no es aún operativa en la juventud norteamericana actual. Al contrario, familiarizarse con distintos psicofármacos ilícitos forma parte del crecimiento habitual, y canaliza una diversificada serie de cosas:

> «La búsqueda de libertad y sensaciones, la manifestación de un impulso biológico hacia estados alterados de conciencia, el resultado de una predisposición psicológica a la escapada y la rebelión, un alivio del aburrimiento, una prueba de madurez, una diversión, y un medio para hacer amigos, para mantener la energía personal y para reducir el estrés»[13].

Además, junto al mercado negro habitual, controlado por mafias y confidentes, debe indicarse que en Estados Unidos un importante sector se autoabastece, cultivando plantas de marihuana y hongos psilocibios en su casa para uso propio. Salvo albures como la denuncia de un hijo, o ser objeto de vigilancia policíaca específica, esta franja de usuarios nunca llega a activar las redes oficiales y paraoficiales de alarma.

Por otra parte, la campaña contra la cocaína, «amenaza número 1 de América», ha producido resultados que se considerarían totalmente bochornosos si no fuesen totalmente rentables también para las fuerzas del orden. En enero de 1984 la cantidad circulante era de tales proporciones que los precios habían bajado dos tercios[14]. En enero de 1988 —con el ejército en funciones de aduanero e infinidad de policías dedicados a la búsqueda— los precios habían bajado otros dos tercios, situándose el kilo entre los treinta y los cincuenta mil dólares[15], cuando una década antes —en la «permisiva» época de Carter— valía cinco veces más. La droga entra con tanta facilidad, y

---

13.- Siegel, 1985, págs. 7-8.

14.- *Cfr.* Mills 1987, pág. 1124.

15.- *Cfr.* R. Duva, «Incautados en Barajas 70 kilos de cocaína», *El País*, 29-1-1988, pág. 22.

en volúmenes tales, que ha llegado a producirse lo en principio inconcebible: una saturación pura y simple del mercado. Como si fuese una cosecha desmesurada de cereales o leguminosas, los exportadores colombianos, peruanos y bolivianos padecen el rigor de precios cada vez más bajos para su artículo, y hace tiempo se han lanzado a la apertura de mercados europeos; en España, por ejemplo, durante los cuatro primeros meses de 1988 se decomisaron unas tres toneladas de la sustancia[16], cifra que dobla el total de decomisos realizados durante los últimos veinte años.

En Estados Unidos conviene desglosar el Enemigo Interno en dos grupos; uno corresponde a consumidores de sustancias incluidas en la Lista I, y otro a sustancias incluidas en las Listas II, III y IV. El primer enemigo lo es en mucha mayor medida, y según los cálculos del NIDA y otras fuentes sigue siendo considerable. Los consumidores regulares de heroína —o de lo llamado tal— se mantienen en una cifra próxima al medio millón, y los ocasionales en millón y medio. Se calcula que hay cinco millones de consumidores diarios de cocaína, y unos veinte ocasionales, así como millón o millón y medio de sujetos que usan *crack* o pasta base de cocaína[17]. Los fumadores asiduos de cáñamo rondan los quince millones, y los esporádicos se acercan al doble. Los psiquedélicos mayores tradicionales y los nuevos fármacos de esta familia (MDA, MDMA, etc.) muy rara vez se emplean cotidianamente, y tienen una clientela nada fácil de calcular, aunque pueden estar entre el millón y el millón y medio. Ateniéndonos a las evaluaciones más conservadoras, la suma de quienes emplean asiduamente fármacos de la Lista I se aproxima a los 12.000.000 de personas o, cosa idéntica, a un 5,4 por 100 de la población norteamericana total. Los ocasionales se acercan al 15 por 100. Hay, evidentemente, materia de sobra para una larga guerra interior.

16.- *Cfr. El País*, Redacción, «La droga estaba escondida en barriles de éter», 17-5-1988, pág. 25.

17.- *Cfr.* Thomas y otros, 1986, págs. 26-31.

Por lo que respecta a fármacos de las Listas II, III y IV no existen cifras oficiales, ni en general caen dentro de la inquietud pública, aunque sin duda doblan o triplican en usuarios regulares y ocasionales a los de las otras drogas. A juzgar por la red DAWN, las intoxicaciones agudas y los casos de muerte por sobredosis son mucho más frecuentes con este grupo de sustancias que con las de la Lista I. A tal punto llegó a ser escandaloso el contraste, que actualmente la red sólo se activa cuando no hay signos de que el intoxicado o muerto dispusiera de receta médica. Cuando es así pasa a formar parte del Enemigo Interno, mientras en otro caso no hay *drug abuse*, sino «episodio clínico». Faltan, pues, datos fiables sobre sobredosis con drogas de farmacia para estos últimos años. Por lo que respecta a la Lista I, en 1986 se contabilizaron 563 casos de muertes por *crack* y cocaína, y 577 por heroína, de las cuales una parte muy considerable debe atribuirse a adulterantes. Al tabaco se atribuyeron más de 300.000[18] y al alcohol 100.000; los casos de accidentes mortales y crímenes debidos a embriaguez etílica no se incluyen en la cifra, y pueden rondar los 300.000.

4. La fuga de capitales

El otro lado de la guerra a la droga aparece bien expuesto en un telegrama que cursó hace un par de años la sede de DEA a sus oficinas regionales en todo el mundo. El texto dice así:

« OPERACIÓN CASHFLOW:
LA OFICINA DE INTELIGENCIA ESTÁ COMPROMETIDA EN UN PROYECTO QUE PRETENDE IDENTIFICAR LA MAGNITUD Y LAS RAMIFICACIONES ESPECÍFICAS DEL FLUJO INTERNACIONAL DE DINERO RELACIONADO

18.- Cáculo del *Surgeon General* E. Koop; *cfr*. F. Basterra, «La máxima autoridad sanitaria de EE UU equipara a los fumadores con los heroinómanos», *El País*, 17-5-1988, pág. 32.

CON DROGAS. CÁLCULOS DE DIVERSOS ORGANISMOS INDICAN QUE LOS DÓLARES QUE ABANDONAN LOS ESTADOS UNIDOS PROVENIENTES DE BENEFICIOS Y PAGOS RELATIVOS A DROGAS ILÍCITAS PUEDEN SER UNA PARTE SIGNIFICATIVA DEL PRODUCTO NACIO- NAL BRUTO DEL PAÍS Y CREAR SERIAS IMPRECISIONES EN LOS DATOS SOBRE EL FLUJO INTERNACIONAL DE DIVISAS (BALANZA DE PAGOS)»[19].

Algunos meses después, quedaba listo un informe de la DEA y la CIA, coordinado por el Consejo de Seguridad Nacional. Este docu- mento tuvo la franqueza de admitir que muchas veces los beneficios se emplean para lograr el control de bancos y otras entidades de crédito, para financiar a «importantes grupos políticos», para en- riquecer a «personalidades políticas influyentes», y para sostener grupos paramilitares en el Sudeste asiático e «insurgencias» en La- tinoamérica. A su juicio, un 20 por 100 de los depósitos existentes en bancos suizos podría ser «dinero de droga». El valor global de las transacciones fue fijado en unos 300.000.000.000 de dólares[20], de los cuales gran parte se habrían pagado con moneda norteamerica- na. Dos años más tarde, en 1987, los últimos cálculos globales de la DEA hablan de medio billón de dólares.

Según el primer informe, esta bomba financiera crece a un ritmo de cuatro millones de dólares por hora. Como la heroína y la cocaína pesan menos que el papel moneda con el que se pagan, desde me- diados de los años setenta han surgido compañías especializadas en su transporte. Un joven ejecutivo llamado R. Rodríguez volaba cada semana desde Florida a Panamá con una media tonelada de dinero; cuando se le arrestó en Fort Lauderdale llevaba dos baúles cargados con 5.400.00 dólares cada uno, y una pesquisa hecha en su ordena-

---

19.- *Cfr.* Mills, 1987, pág. 1139.

20.- *Ibíd.*, pág. 1139.

dor mostró que en el último año había trasladado 250 millones más. Declaró ser «sólo uno en la muchedumbre de los especializados en el negocio»[21]. Los casos de Nugan Hand Inc. y el BCCI son variantes bastante más refinadas.

Aunque no sepamos a ciencia cierta el grado de integración alcanzado por sus distintos elementos, la cruzada prohibicionista ha hecho surgir lo que J. Mills llama el Imperio Subterráneo, con ramificaciones que alcanzan a los *gobiernos* de más de treinta países. Concretamente, la DEA habla de Afganistán, Argentina, Australia, Bahamas, Brasil, Belize, Birmania, Bolivia, Bulgaria, Chile, Colombia, Costa Rica, Cuba, Francia, Haití, Honduras, Italia, Jamaica, Kenya, Laos, Líbano, Libia, México, Nicaragua, Pakistán, Panamá, Paraguay, Perú, República Dominicana, Siria, Taiwan, Tailandia y Turquía. Otras muchas naciones se dedican a lavar el dinero proveniente del negocio o a repartirlo entre grupos terroristas y guerrillas. En esta trama no puede infravalorarse la intervención de la *Strategic Branch* de la CIA, que en público lo niega y en privado se justifica por la necesidad de buscar en esas aguas «los líderes de naciones sobre las que es preciso influir»[22]. Tras el *Irangate* sabemos que además de la CIA está implicado su selecto vástago, el NSC (Consejo de Seguridad Nacional).

Si prosigue el movimiento concentrador del mercado en cada vez menos manos —como es del todo manifiesto, y se deriva de las estrategias policiales— la asociación que pronto o tarde (quizá ya) empiece a coordinar el conjunto será, con diferencia, la principal fuente de poder económico del planeta, ya que ni los combustibles fósiles o nucleares ni el armamento poseen un margen comparable de beneficio. Todo cuanto cabe hoy poner en duda sobre el llamado Imperio Subterráneo es su *interrelación*, pues podría hallarse en una fase pareja a la de las sociedades secretas chinas que distribuían el

---

21.- *Ibíd.*, pág. 1131.
22.- *Ibíd.*, pág. 1142.

opio en su país durante el siglo XIX o los *gangs* que monopolizaban la producción y venta de alcohol en Estados Unidos desde 1920 a 1933. La experiencia indica que mientras el negocio fue floreciente las Familias se permitieron rencillas internas, pero enseña también que la disidencia se convirtió en un Sindicato perfectamente cohesionado tan pronto como estuvo en peligro la prohibición. Como aquellas mafias —aunque a escala muy superior— las actuales harán absolutamente todo cuanto esté en su mano para conservar las actuales leyes y estrategias (de hecho, procurarán endurecerlas, con el criterio comercialmente irreprochable de «excluir aficionados»). Declaraciones patéticas de emergencia nacional y guerra a la droga son desde su perspectiva pura retórica —eso sí, muy útil como cortina de humo—, cosa que sin ir más lejos acaba de mostrar la exportación y comercialización de fabulosas cantidades de cocaína en Estados Unidos.

Al igual que las Familias de los años veinte, las de los ochenta realizan destacados servicios en cuestiones sindicales, sociales y de alta política. Al igual que ellas, han llegado a pactos estables con las fuerzas policíacas, pagando y cobrando impuestos informales para el mantenimiento del *status quo*. Al igual que ellas también, se resistirán a admitir cualquier legalización no seguida por una ilegalización, que si en los años treinta tuvo por objeto la heroína, en los noventa podría consistir en el tabaco o los tranquilizantes. Si algo parece distinguir a las Familias actuales de las anteriores es que son ya completamente indiscernibles del aparato estatal mismo.

La llegada de Clinton ha moderado considerablemente el ardor antidroga de Reagan y Bush, aunque sin arriesgar reformas. Jocelyn Elders, su mano derecha en materia de Sanidad, declaró públicamente en 1994 que la *American Crusade* nunca se podría ganar, que el país debía acostumbrarse a convivir con las drogas, y que derogar la prohibición mejoraría la situación de los adictos, tanto como la seguridad del resto. La Casa Blanca se apresuró a declarar que la señora Elders había expuesto criterios exclusivamente personales, no suscritos por el resto del Gabinete; dos días después agentes de policía encontraron una bolsa con cocaína en el automóvil de un hijo de Elders, que acabó dimitiendo. La relativa permisividad de Clinton se sugiere en el hecho de reconocer que de joven fumó marihuana («aunque sin tragar el humo»).

En los últimos años, el fenómeno más notable ha sido un sostenido aumento en el suministro de drogas de diseño (tanto analgésicas como estimulantes y de estirpe psiquedélica), y un auge extraordinario en el cultivo de marihuana hidropónica o de interior, con sistemas de alta tecnología que optimizan el rendimiento. En 1995 la DEA calculó que la cosecha anual de este producto suponía unos cuatro billones de pesetas, más del doble que la cosecha de maíz. La cantidad de familias e individuos dedicados a esta rama agrícola resulta incalculable, pero en 1997 se bastaba ya para abastecer casi por completo una demanda tan gigantesca como la del país entero, ocasionando un claro perjuicio a los tradicionales exportadores mejicanos, panameños, colombianos, brasileños y paraguayos.

A diferencia de las drogas que requieren cultivos a cielo abierto (heroína, cocaína, opio, marihuana tradicional), las que empiezan a imponerse a partir de los años noventa se elaboran en *cocinas* domésticas y suponen una enérgica descentralización, tanto en la fase productiva como en la distributiva. El esquema de los ochenta, basado sobre grandes bandas, infiltradas en y por la policía, cede paso a la inventiva de químicos y botánicos independientes, que abastecen a consumidores indiscernibles de la ciudadanía «normal». Esto es un gran cambio, que repercute en varios planos.

En primer lugar, se observa un aumento vertiginoso en el número de publicaciones, tiendas de equipo y hasta congresos científicos dedicados a promover información sobre psicofarmacología, una rama del saber cada vez más cultivada por personas no adscritas al estamento terapéutico. En segundo lugar, el inmovilismo de la Administración federal y estatal ha tropezado recientemente con iniciativas populares como el plebiscito de California, el estado más poblado y rico de la Unión, que reclamando la *medical marihuana* —y venciendo democráticamente— inaugura un modo indirecto de acabar con la ilegalidad de esa droga.

Por último, cabe constatar que el abolicionismo no sólo ha alcanzado a los «radicales» del partido demócrata, sino a la cúpula del republicano; en enero de 1996 es Newton Gingrich —su portavoz en el Congreso— quien utiliza la National Review para declarar que la guerra antidroga arroja un balance ruinoso. Meses antes el magnate George Soros dota con diez millones de dólares a una fundación (el Alfred Lindesmith Institute), cuya expresa finalidad es el antiprohibicionismo, y cuyo primer acto es sufragar la campaña californiana a favor de la *medical marihuana*. Auspiciado por economistas de la escuela de Chicago —con Milton Friedman a la cabeza[23]—, el fin de la prohibición se propone por razones prácticamente idénticas a las que se esgrimieron en 1933 contra la ley Seca: en vez de suprimir o siquiera reducir sustancialmente el tráfico y el consumo de ciertas drogas, los gigantescos gastos sociales, policiales, judiciales y penitenciarios derivados de mantener la legislación vigente sólo han servido para infiltrar cada vez más la ilegalidad en las instituciones.

II. EL CONTINENTE ASIÁTICO

Cuando la situación norteamericana incide en las coordenadas de una guerra civil, instigada por el fundamentalismo religioso, la conveniencia política y el lucro, para los países afectos al uso de opio y cáñamo la situación resulta no menos catastrófica, aunque por distintas razones. Educadas en los principios de la cruzada occidental,

---

23.- Un hijo de Friedman murió por «sobredosis» de heroína, antes de decidirse él a promover la Drug Policy Foundation.

las autoridades médicas y sanitarias de estos países se ven sometidas a idénticas tensiones que las de un país europeo cualquiera (desmoralización, guerra sucia, inviolabilidad de los verdaderos traficantes, etc.), pero agravadas por la situación de miseria endémica, y por el hecho de combatir no sólo contra tradiciones milenarias sino contra el único medio de vida disponible para innumerables campesinos.

En la India, por ejemplo, donde tanto la religión brahmánica como la budista y la islámica ven con malos ojos el consumo de bebidas alcohólicas (y algunas sectas, como los sikh, condenan incondicionalmente el tabaco), aplicar las leyes internacionales sobre estupefacientes y sustancias psicotrópicas significa mantener un país que se acerca a los setecientos millones de habitantes en un estado de permanente sobriedad, cosa desconocida en los anales de la historia universal. Lo mismo acontece en Pakistán y Afganistán, y muchos otros países del sudeste asiático. Allí, tras vencer las moratorias previstas por la Convención Única de 1961 al empleo del opio y el cáñamo —que fueron veinticinco años— apenas comienza en muchas áreas la transición hacia la farmacopea y los vehículos occidentales de ebriedad. Como la farmacopea y los vehículos de ebriedad autóctonos han pasado a constituir enfermedades y crímenes, la situación tiene para el pueblo llano mucho de amargo desconcierto, cuando no de catástrofe personal, al irrumpir criterios de extraños en una esfera nunca rozada por las leyes penales.

El caso más interesante de la zona es quizá India misma, principal productor actual de opio crudo en el mundo, a quien la competencia de países que elaboran esta sustancia a partir de paja de adormidera (como Hungría, España y muy especialmente Australia) ha creado un grave problema de excedentes. Gran importador de hojas de coca y cocaína a principios de siglo, prototipo de cultura que concibe religiosamente la modificación química del ánimo, vimos ya que la península indostánica tiene una rica mitología vinculada a vehículos extraalcohólicos de ebriedad desde los primeros poemas védicos.

Vimos también que una fabulosa producción de opio durante todo el siglo XIX no produjo allí problemas conceptuables como «abuso». Considerando que el opio y el cáñamo son en muchas áreas una costumbre más arraigada que el vino en Borgoña o el tabaco en Virginia, varias veces milenaria, para el Gobierno la solución más viable era aplicar con laxitud sus compromisos con la ONU y seguir exportando opio crudo a otros países (destinado a transformarse en codeína fundamentalmente). Pero a ello no sólo se oponía una creciente producción de países mucho más desarrollados, que desplazaba su mercancía de las principales bolsas farmacéuticas, sino la tendencia a imponer narcóticos sintéticos como alternativa a los tradicionales alcaloides de la adormidera.

1. El fenómeno de la «heroinización»

Forzadas a alinearse con la cruzada farmacrática occidental, y presionadas para que acelerasen el cumplimiento de la normativa internacional, las autoridades promulgaron una legislación severamente represiva, que combinada con la acumulación de enormes excedentes de opio en bruto ha producido los resultados previsibles. En 1981 no había un solo caso de indio adicto a heroína tratado en centros clínicos públicos o privados[24]. En 1985, cuando las medidas legales empezaron a entrar en vigor, los datos de los hospitales indicaban que los nativos comenzaban a sustituir el jugo de adormidera por heroína, «siguiendo la misma progresión geométrica observada en otros países asiáticos»[25]. En 1986, ya bajo la amenaza de condenas a perpetuidad, se calcula que sólo en Delhi hay más de 100.000 heroinómanos[26], de los cuales el 80 por 100 son individuos con estudios secundarios completos y menores de treinta años[27], mientras para

24.- *Cfr.* Adityanjee, Saxena y Lal, 1985, pág. 19.

25.- *Ibíd.*, pág. 23.

26.- *Cfr.* Mazumdar, Burger, Liu y Miller, 1986, pág. 18.

27.- *Cfr.* Adityanjee y otros, 1985, pág. 19.

el conjunto del país la cifra puede calcularse conservadoramente en medio millón. En 1988 su número supera el millón.

Con bastantes menos habitantes, el vecino Pakistán tiene —según el ministro de Sanidad de Benazir Bhutto— unos dos millones, que imitan también las pautas occidentales y son alimentados por un ejército indígena de productores. Allí la situación es algo distinta, pues el país paga sus proyectos de tener bombas atómicas y sofisticados arsenales militares con un intenso cultivo clandestino de adormidera. Cuando las plantaciones no están bajo el control del gobierno, son defendidas por individuos a caballo entre el señor feudal con vocación autocrática y simples líderes campesinos, que intentan paliar la ruina de su pueblo. En cualquier caso, lo nuevo es que parecen haber eliminado al intermediario extranjero, encargándose de transformar por sí mismos la adormidera en heroína.

La «heroinización» del continente asiático acontece igualmente en el sudeste y el nordeste, zonas opiómanas en otros tiempos. Se calcula que Birmania produjo en 1986 unas 600 toneladas de opio, Laos unas 120 y Tailandia —mediante generosos subsidios norteamericanos a los campesinos— sólo 30 (aunque sus laboratorios transforman en morfina y heroína buena parte del producto de los países limítrofes). Por lo que respecta a Afganistán, se dice que la alta riqueza en alcaloides de su adormidera le permite producir anualmente 60 toneladas de heroína a pesar de la guerra, y en 1989 la cifra puede ser de 90[28]. A partir de 1987 Laos parece haber aumentado espectacularmente su producción, e incluso haber puesto en marcha un programa semioficial de cultivo y exportación.

El caso birmano es llamativo, pues desde 1974 está en vigor la pena de muerte para la producción, importación y exportación de estupefacientes, practicándose allí una política sistemática de exfoliación y destrucción de cosechas; desde 1983 son arrasadas median-

---

28.- *Cfr.* Mazumdar y otros, 1986, pág. 19; y E. Sciolino, «U. S. asks Afgghan rebels to curb opium crop», *International Herald Tribune*, 27-3-1989, pág. 2.

te fumigación aérea una media anual de cinco mil hectáreas de tierra cultivable[29], y a principios de 1987 el gobierno de Rangún recibió como regalo de Washington nueve millones de dólares del potente herbicida 2,4 D., con lo que espera multiplicar rápidamente las devastaciones. Por otra parte, la ley birmana permite recluir a cualquier persona sospechosa de consumo no registrada en algún centro de tratamiento, y mantenerla bajo cuidados psiquiátricos o penitenciarios sin límite temporal, hasta que se encuentre totalmente «rehabilitada». El psiquiatra jefe del centro principal de tratamiento, sito en Rangún, resumió así la situación:

> «Aunque el país deba todavía luchar una larga batalla contra el abuso de drogas, es claro que los esfuerzos de la lucha han mostrado ciertos resultados positivos [...]. Estadísticas hospitalarias recientes indican que hay una lenta reducción en las tasas de incremento de heroinómanos, si bien crecen de modo concomitante las tasas de incremento en el abuso de sustancias psicotrópicas como diacepam, metacualona y barbitúricos»[30].

Con toda evidencia, las medidas draconianas no suprimen el fenómeno. En Malasia, por ejemplo, donde la pena de muerte se aplica invariablemente a quien posea más de quince gramos de heroína, el gobierno calculó que en 1986 existían 110.000 heroinómanos[31]. Considerando que la población de este Estado ronda los doce millones de personas —una vigésima parte de la norteamericana—, la proporción de *junkies* resulta ser cuatro veces superior allí donde la mera posesión se castiga con el patíbulo. Lo mismo debe decirse de Tailandia, donde la pena es muerte o prisión perpetua en condi-

---

29.- *Cfr.* Khant, 1985, pág. 84.
30.- En Khant, 1985, pág. 88 y pág. 81.
31.- *Cfr.* Mazumdar, 1986, pág. 19.

ciones aterradoras, a pesar de lo cual había en 1986 medio millón de *junkies*, una cifra igual a la de Estados Unidos, cuando este país tiene cinco veces más habitantes que aquel.

Para entender tales paradojas podría alegarse que antes de entrar en vigor las medidas represivas Birmania, Malasia o Tailandia tenían todavía más heroinómanos, y que sólo con castigos extremos ha ido reduciéndose su número. Sin embargo, la llamada «heroinización» no es un fenómeno previo sino claramente posterior al endurecimiento de las penas, consecuencia manifiesta de ilegalizarse los usos tradicionales del opio. Hacia 1980, cuando empezaban a estar en vigor condenas capitales y de reclusión a perpetuidad, había en Asia una cantidad incomparablemente inferior de heroinómanos que en 1987. En Sri Lanka, por ejemplo, mientras se estudiaba aplicar la pena de muerte —establecida desde 1984— sólo habían sido hospitalizadas dos personas por consumo de heroína, mientras en 1985 los ingresos se contaban por centenares y «la heroína se encontraba con toda facilidad en la mayoría de los centros urbanos y zonas turísticas del país»[32].

Innecesario es decir que el endurecimiento de las penas ha producido una veloz escalada en el número de niños comprometidos en operaciones de venta, cosa habitual hoy en toda Asia.

Apoyado sobre políticas de represión selectiva, el fenómeno sólo parece explicable desde la perspectiva de un lucrativo negocio, hasta cierto punto análogo al puesto en marcha con la sustitución de coca por pasta base en América del Sur, o de cocaína por *crack* en Estados Unidos, cuya lógica es aprovechar la prohibición para ampliar el mercado de drogas ilegales a sectores económicos y grupos de edad antes inaccesibles. De hecho, constituye también un correlato de las drogas de diseño que prosperan en el mundo opulento, pues los contrabandistas y cultivadores del Tercer Mundo han pasado sencillamente a contar con químicos y laboratorios, en vez de limitarse a una

---

32.- *Cfr.* Mednis, 1985, págs. 25 y 28.

producción de materias primas vegetales. Disponer de los alcaloides supone enormes ventajas de almacenamiento y transporte, que en situación de clandestinidad compensan sobradamente los costos. Visto a grandes rasgos, es como si un continente afecto durante siglos al vino asimilara la erradicación de la vid produciendo aguardientes. Con llamativa lucidez comenta Chavalit Yodmanee —director supremo del control de drogas ilícitas en Tailandia— que:

«Luchar contra los estupefacientes es como apretar un gran globo. Cuando uno oprime cierta parte se dilata otra»[33].

Y con no menos llamativa franqueza comenta el coronel Viraj, uno de los militares tailandeses más destacados en la caza de traficantes:

«Cuando alguien me ofrece diez veces mi salario por mantener cerrados los ojos ¿cómo se supone que puedo seguir siendo honesto?»[34].

Aunque Japón no pertenezca para nada al marco del subdesarrollo, tampoco resulta ajeno del todo a algunas de las transformaciones características en esta zona. Refractario casi por completo a la oleada psiquedélica de los sesenta, en los setenta las autoridades declararon sentirse preocupadas por un aumento en el consumo de heroína y cocaína, que oficialmente se declara hoy «estabilizado». La inmensa mayoría de los casos de intoxicación aguda o crónica corresponden a drogas vendidas en las farmacias. Sin embargo, parece haber resucitado en el país el gusto por el estimulante anfetamínico, que tanto prendió durante la guerra y la postguerra. Se calcula que unas 300.000 personas abusan de este tipo de sustancias allí hoy. Según T. Ikumori, Comisario-jefe de estupefacientes, «ya no se trata sólo

---

33.- En Mazumdar, 1986, pág. 19.
34.- Ibíd., págs. 23-24.

de criminales; está empezando a alcanzar a la gente normal»[35]. En realidad, este tipo de drogas siempre ha sido patrimonio de gente «normal», como amas de casa aburridas o fatigadas, estudiantes soñolientos y caballeros deprimidos.

a) La picaresca del Triángulo Dorado. La agreste zona que delimitan las fronteras de Laos, Tailandia y Birmania está habitada por meos y yeos, pueblos montañeses muy pobres sometidos hoy a una situación de vasallaje. «Sus pequeñas aldeas», dice un viajero reciente, «son un oasis de pacífica armonía, donde se concede poca atención a la propiedad privada y la hospitalidad es realmente abrumadora»[36]. Cultivan la adormidera y fuman opio cuando se encuentran en la transición de la segunda a la tercera edad. Pero incluso esos individuos sólo extraen las pipas al caer la tarde, y su hábito no parece producirles efectos indeseables de ningún tipo.

Básicamente del opio y la marihuana producidos por meos y yeos viven dos grupos militares. Uno es el llamado Tercer Ejército del Kuomingtang, cuya cabeza oficial es el general yunanés Li Wen-huan, respaldado por suministros de Taiwan y, finalmente, norteamericanos. El otro grupo es el llamado Ejército Shan Unificado, cuyo jefe visible es el general Chang Chi-Fu, que adoptó ese nombre tras la estafa política padecida por los territorios orientales de Birmania[37] y tiene su principal valedor en Tailandia, tras de la cual se encuentran también los Estados Unidos. El origen de dicho «ejército» fueron también tropas del Kuomingtang, que huyendo de los comunistas ocuparon parte de la meseta Shan hacia 1950. Cuna del anticomunismo en una zona estratégica, estas guerrillas chinas con pomposos nombres son movidas por servicios secretos como peones en el tablero de su peculiar ajedrez.

35.- *Ibíd.*, pág. 23.

36.- Behr, 1981, pág. 155.

37.- Al constituirse la Unión Birmana, en 1948, se previó que los 32 Estados Shan podrían separarse si así lo deseaban. Pero ese derecho a la secesión fue suprimido después, provocando distintas rebeliones.

Ambos grupos practican una política de incondicional apoyo mutuo que los hace en última instancia indiscernibles. Cuando las tropas de Chang penetran en Birmania son Ejércitos Shan, y cuando cruzan la frontera tailandesa son Kuomingtang. Con las de Li sucede lo inverso. Las tropas de un general guardan los convoyes del otro, y tan pronto como conviene cambian de uniforme y bandera. El principal enemigo de Li sobre el papel —la Patrulla Fronteriza tailandesa— es reconocidamente «una organización creada, sufragada y controlada por la CIA»[38], que en periódicas operaciones ataca con helicópteros y napalm, pero no sin advertirlo previamente, para que el agredido del turno ponga a cubierto su estado mayor.

Es indudable que el Triángulo produce una considerable cantidad del opio ilegal distribuido para exportación —quizá unas 550 toneladas, o el 25 por 100 del conjunto[39]—, y es posible que los ancianos generales sean los mayores traficantes singulares del planeta. Li no sólo se dedica al opio, sino a una de las variedades más apreciadas de marihuana (los *thai sticks*), pues ha podido probarse que en 1982 vendió a un norteamericano 50 toneladas de esa mercancía[40], y nada hace suponer que fuese su único comprador. Sin embargo, es evidente también que siguen donde están porque juegan un papel en el precario equilibrio del sudeste asiático, tanto a nivel económico como político. La DEA no vacila en acusar a la CIA de su supervivencia, por más que en su juicio pese haber sido objeto de algunas bromas, como aquella donde se le timaron dos millones de dólares por quemar 26 toneladas de opio que no eran opio[41]. Los chinos son sutiles en el arte de la diplomacia, y ambos generales han sido sufragadores de distintas carreras políticas. Entre otras campañas electorales, financiaron la del premier tailandés Kriangsak Chamanand, como hacen en Latinoamérica ciertos generales y próceres dedicados a negocios análogos.

38.- Mills, 1986, pág. 787.

39.- *Cfr*. Behr, 1981, pág. 213. Pakistán y Afganistán producen bastante más, quizá el doble.

40.- *Cfr*. Mills, 1986, pág. 1095.

41.- *Ibíd*., págs. 779-780.

El temor a represalias —y las ventajas de mantener monopolios prácticos sobre la producción y el tráfico— hacen que las autoridades tailandesas pretexten una sincera adhesión a ideales prohibicionistas. Sin embargo, el sentimiento popular allí tiene otras bases. Con palabras que aplicadas a la cocaína o la marihuana podrían suscribir un mexicano, un colombiano o un boliviano, decía cierto tailandés a un periodista:

> «Se muere más a gusto con una sobredosis de heroína que de hambre. Los que se ganan la vida con la heroína están de nuestro lado. La delincuencia ligada al tráfico podemos considerarla una especie de tributo. Sé que esto no les suena convincente, pero así es como pensamos nosotros»[42].

También un escocés diría que se muere mejor de una borrachera que de hambre, y que los fabricantes de whisky están de su lado. Pero afortunadamente para él —y para Escocia— no sólo están libres del coste criminógeno, sino de los impuestos que reclaman gángsters y prefectos de policía a quienes elaboran vehículos extraalcohólicos de ebriedad.

III. ÁFRICA Y ORIENTE PRÓXIMO

Sería demasiado prolijo —y arriesgado, con la escasez de datos fiables— detallar el estado de cosas por países. Sin embargo, destacan tres regiones básicas formadas por los productores de haschisch, los de marihuana y los de adormidera.

El consumo de opio se ha reducido de modo considerable en Turquía e Irán, aunque sigan muriendo cientos de policías iraníes y turcos al año en combates con traficantes, y aunque a veces los de-

---

42.- En Behr, 1981, pág. 175.

legados de algunos países en la Comisión de Estupefacientes duden de que estos países hayan logrado realmente ganar su guerra al opio. Irán —que castiga con pena capital la posesión de heroína por encima de 30 gramos— lleva ahorcadas a 313 personas desde enero a marzo de 1989. Sí parece posible que el empleo tradicional de la sustancia sólo acontezca en guettos urbanos y zonas rurales aisladas. Pero el *status quo* parece muy precario, sobre todo ahora que Turquía ha vuelto a cultivar oficialmente adormidera —para «necesidades lícitas»—, pues buena parte de la heroína que se consume en países septentrionales de Europa proviene de trabajadores turcos, que producen un goteo regular de pequeñas cantidades. Junto a extraños fenómenos de regresión a fármacos pretéritos como el beleño o la mandrágora[43], las autoridades turcas se enorgullecen de que «las drogas no constituyen un problema social actualmente». Sea como fuere, a la escasez de opio ha acompañado un fenómeno de heroinización igual al de Extremo Oriente, así como un uso nativo de narcóticos y tranquilizantes sintéticos.

Por lo que respecta a los elaboradores de haschisch, Marruecos ha acabado siendo el principal proveedor europeo. Egipto y Turquía producen en mucha menor proporción que hace dos o tres décadas, y las variedades afganas y pakistanas rara vez llegan al Mediterráneo. En el valle de la Bekaa, compartido por Líbano y Siria, se producen al año unas 30 toneladas de opio y unas 500 de marihuana, pero en términos de haschisch ese volumen es muy pequeño. De ahí que la actividad en la kabilia marroquí de Ketama sea muy intensa. En 1987 los decomisos de haschisch hechos por la policía española rozaron las 60 toneladas (59.210 kg.), mientras diez años antes apenas alcanzaban una décima parte[44]. No es por eso exagerado suponer que Ketama —cuyo privilegio en lo relativo a seguir cultivando cáñamo data de una insurrección en la zona, reinando Muhammad V, padre

---

43.- *Cfr*. Tugrul, 1985, págs. 75-78.

44.- *Cfr*. ONU, Com. Est., doct. E/CN.7/ 1984 /13, pág. 68.

del actual rey— elabora unos dos millones de kilos anuales, y de material cada vez más degradado, como corresponde a la situación de monopolio práctico. Incluso cultivando cada metro de terreno, es dudoso que esa región pudiera agotar la demanda europea actual. Por otra parte, tal demanda parece provenir básicamente de las sucesivas generaciones de jóvenes, pues en Europa la droga tiene cada vez menos popularidad entre los usuarios de hace veinte años.

Quedan por mencionar los países de África central y meridional, en los cuales el cultivo de marihuana ha empezado a practicarse con fines de exportación, dada la alta calidad de las plantas. En Nigeria, por ejemplo, donde el tráfico puede castigarse con pena de muerte, una cuarta parte de los estudiantes declara haber probado el fármaco[45], aunque la actitud de sus progenitores hacia él sea tan rabiosamente opuesta a la costumbre como lo fuera en México durante los años cincuenta y sesenta, pues simboliza para esos grupos de edad una adhesión a los sectores más criminales. Otros países con un notable nivel exportador son Angola, Gabón y Zaire.

Puede servir como ejemplo de lo que acontece en esta amplia región el caso de Guinea Ecuatorial. En febrero de 1989 comprobé personalmente que la embajada española presionaba sin éxito al gobierno para obtener la libertad de cuatro marineros, encarcelados por «sospechas de fumar marihuana»; no se les encontraron existencias de ese fármaco, y las autoridades locales exigen una fianza de 50.000 dólares. Sin embargo, es innegable que hay grandes plantaciones de cáñamo en la zona continental del país, dedicadas a producir industrialmente *banga* de alta calidad, y es *vox populi* que lo no exportado a Estados Unidos y Europa se consume ante todo en círculos militares y policiales precisamente. Al igual que acontece en Birmania con el opio, o en Siria con el haschisch, el tema «droga» es tabú en sentido estricto; mostrar curiosidad por el asunto implica riesgos considerables.

45.- *Cfr.* Nevadomsky, 1985, págs. 34-35.

No es difícil obtener en África correos para el transporte al mercado europeo o americano, al igual que acontece con las poblaciones asiáticas o sudamericanas. Las perspectivas para esos correos son halagüeñas incluso aunque resulten detectados por aduanas de países ricos. En efecto, el sujeto tiene dos opciones: o bien logra cruzar los controles y colocar su mercancía, logrando a cambio de ello divisas que le pueden convertir en un prócer de su aldea o barrio natal o bien es capturado, y en ese caso la estancia en establecimientos penitenciarios europeos provoca el conocimiento de lenguas y costumbres, alimentación, servicios médicos gratuitos y hasta una instrucción imposible de obtener en sus lugares de origen. Como las cárceles europeas se encuentran sobresaturadas, ese tipo de reclusos son expulsados al cabo de dos o tres años, tras una temporada que enriquece su experiencia. Son condiciones tales las que han determinado el establecimiento de una importante «conexión» que traslada no sólo cáñamo sino heroína de Asia a África, y de allí a Europa.

Vías tales de aprendizaje son, desde luego, patéticas para un europeo o un norteamericano; pero bastante más patética aún es la situación para cientos de millones de personas en el llamado Tercer Mundo.

IV. La situación en Europa y el antiguo bloque soviético

Los países de Europa occidental se alinean de modo casi unánime con la línea de guerra civil preconizada por la Administración Reagan. La única excepción hoy es la liberal Holanda, donde una iniciativa parlamentaria ha llegado a plantear la posibilidad de un suministro legalizado de heroína, moción vetada por un informe del estamento médico precisamente; como cabía esperar, este país tiene los índices más altos de consumo para drogas de la Lista I, y los más bajos de intoxicaciones mortales y criminalidad relacionada con ellas. Los demás Estados prefieren aquello que A. Chalandon, Ministro de Justicia francés, llama «política de la represión primero y la prevención después». Justamente por eso, poseen una densa malla de vendedores-informantes, que si por una parte adultera mucho más las drogas por otra asegura su ubicua presencia. En este terreno, cualquier progreso al nivel del control implica automáticamente un aumento en el impuesto informal sobre incautaciones, con lo cual un mayor número de capturas quiere decir más existencias en poder de los hombres dobles. El mecanismo que asegura lo uno asegura al mismo tiempo lo otro.

En Europa occidental puede decirse que se están alcanzando los grados y actitudes de consumo propios de Estados Unidos hace cinco o diez años. En ciertos sectores —radicales, estudiantes, lumpen, veteranos de los sesenta, etc.— la mayoría de las drogas ilícitas carecen de estigma y se consumen en la medida de lo posible. Una parte no menos heterogénea por edad y poder adquisitivo se identifica con la cruzada. Es sumamente difícil calcular el volumen numérico de cada grupo, aunque en algunos países podría aproximarse a los porcentajes norteamericanos. En 1986, un programa televisivo español produjo un sorprendente resultado inicial; a la pregunta «¿legalizaría usted inmediatamente todas las drogas ilegales?», el 23 por 100 respondió de modo inicialmente afirmativo. Ese 23 por 100, que se redujo finalmente al 19 por 100, pareció entonces una victoria para los antiprohibicionistas. Pero una década después, en septiembre de 1997, otro programa televisivo español muy similar —aunque con más *rating*—, que preguntaba prácticamente lo mismo, comenzó con una proporción del 71 por 100 a favor del *sí*, y terminó cuatro horas después con un porcentaje del 64 por 100 favorable también al *sí*. Es previsible que esa amplia mayoría alcanzara niveles de escándalo si en vez de una pregunta demagógica («¿legalizaría inmediatamente todas las drogas?») se hubieran propuesto soluciones matizadas (por ejemplo: «¿apoyaría que se ensayasen criterios distintos de la prohibición?»).

De hecho, hay un llamativo desacuerdo entre miembros de la UE. Holanda y Suiza, que tienen los mejores sistemas asistenciales de Europa, han acabado aceptando un suministro de heroína pura a quien lo solicite —como pretenden desde 1995 las comunidades autónomas de Cataluña y Andalucía, aunque la Administración central obstaculice estas iniciativas—, y el gobierno portugués ha declarado oficialmente que la prohibición debería abolirse. Holanda es sin duda el ejemplo más incómodo, pues casi veinte años de venta legal de haschisch y marihuana no han creado más consumidores holandeses de esas drogas (al contrario, se observa una leve contracción del consumo), y una actitud permisiva ante las demás drogas ilícitas —combinada con centros que analizan gratuitamente las existencias del mercado negro— no sólo exhibe los menores porcentajes europeos de muertos por «sobredosis» (léase envenenamiento debido a adulterantes y sucedáneos), sino el menor porcentaje de adictos EP («extremadamente problemáticos»)[46]. Mucho más informados y abastecidos que la ciudadanía de cualquier otro país, los holandeses resultan ser también los usuarios menos insensatos. A ello se añade que el cultivo de cáñamo, los coffeeshops, y las tiendas dedicadas a vender equipo relacionado con la marihuana de interior, representan una muy saneada partida de ingresos para el país; a principios de 1998 el producto de esta rama de la actividad económica se acercaba en beneficios netos al rendimiento derivado de cultivar y comercializar flores, que es la principal renta agrícola de Holanda.

Juzgando a partir de lo que acontece en la calle, y de la opinión pública, España e Italia son países donde una solución como la holandesa podría ser bienvenida. Los *halcones* en esta materia son Inglaterra, Alemania y —muy especialmente— Francia. Aunque no la apliquen por igual, ni mucho menos, todos los países de la UE siguen una normativa común, que en lo básico acepta las directrices norteamericanas, inspiradoras a su vez de la Convención de Viena de 1988.

46.- Sobre el caso holandés, puede consultarse Escohotado, 1997, págs. 19-27.

Entre ellas se encuentran excepciones en la legislación sobre el secreto bancario, prisión y tratamiento forzoso para simples usuarios, impunidad para delatores, suspensión de garantías sobre inviolabilidad de domicilio, correspondencia y escuchas telefónicas en casos de personas relacionadas con drogas, mayores plazos para prescripción de delitos y condenas, extradición automática, etc. En definitiva, el delincuente farmacológico carecerá de los derechos atribuidos a los demás criminales, y será tratado como un terrorista[47].

1. El caso galo

El gobierno de J. Chirac ha resuelto que «el consumidor de drogas ilícitas es ante todo un criminal», a quien se ofrecen «cura o encarcelamiento»[48]. En caso de que las propuestas del ejecutivo sean acogidas por las cámaras legislativas, la pena por consumo quedará fijada en dos años de cárcel, y la mera posesión de cualquier sustancia incluida en los índices, sea cual fuere la cantidad, se reputará consumo. Calculando que aplicar semejante política podría multiplicar al cubo la población penal francesa, el ministro de Justicia sugiere crear «cárceles privadas» para los tratamientos de desintoxicación forzosa, que su asesor médico llama «campos para drogados»[49], evidentemente pensando en campos de concentración. Estas declaraciones coinciden exactamente en el tiempo con las de F. Hall, prefecto de la policía neoyorkina, que para hacer frente a las previsiones de sobresaturación penitenciaria derivable del plan Reagan sugirió «dejar de pensar en prisiones tradicionales, pues podemos acomodar a docenas de miles en barracones»[50].

47.- Propuesta de E. Suárez de Puga, embajador español ante los organismos internacionales de viena; cfr. «Tratar a traficantes como terroristas», *Diario 16*, 29-4-1985, pág. 23.

48.- Cfr. L. Bassets, «El Gobierno francés sigue el ejemplo norteamericano en la lucha contra la droga», *El País*, 25-9-1986, pág. 5.

49.- Cfr. Bassets, 1986, pág. 5.

50.- *Time*, Editorial, «Battle Strategies», 15-9-1986, pág. 35.

Considerable revuelo produjeron semanas más tarde las declaraciones de G. Apap, fiscal jefe de Valence, un hombre de sesenta años, al abrir el año judicial. Entre otras cosas, Apap dijo en su discurso:

> «Sin llegar a afirmar que la severidad creciente de la ley favorece la plaga, es al menos posible enunciar con pruebas que la severidad no aporta socorro alguno para contenerla, y que la prohibición no sirve para nada»[51].

La respuesta del ministro Chalandon y el jefe del gobierno Chirac fue proponer al presidente Mitterrand un inmediato traslado forzoso del funcionario. La negativa de éste fue interpretada por el conservador *Le Figaro* como «un grave riesgo para el Presidente, que parece ratificar un elogio a la droga»[52]. No se acaba de entender cómo el hecho de considerar inútil la prohibición —origen del conflicto— puede considerarse un «elogio de la droga»; pero en este terreno no se acaban de entender bastantes cosas, desde hace tiempo.

Más reciente, y significativa por corresponder a un gabinete socialista es la siguiente noticia:

> «El prestigioso cancerólogo y flamante ministro francés de Sanidad, L. Schwarzenberg, fue destituido ayer por el jefe del gobierno M. Rocard, como consecuencia de la polvareda levantada por unas declaraciones en las que se manifestaba partidario de la distribución hospitalaria de drogas a los toxicómanos, para evitar la delincuencia y los accidentes mortales por sobredosis o adulteración»[53].

51.- En L. Bassets, «Tormenta política porque un fiscal pide que se legalice la droga», *El País*, 6-10-1986, pág. 27.

52.- *Ibíd.*

53.- L. Bassets, «Rocard destituye al ministro de Sanidad por su política sobre la droga», *El País*, 8-7-1988, pág. 4.

2. El caso español

La ultima actitud oficial española sigue directrices análogas a las francesas, aunque todavía no ha propuesto campos de concentración para simples consumidores. Junto al draconiano endurecimiento de las penas, el Gobierno sugiere medidas que permitan a Hacienda confiscar cualesquiera bienes de los implicados en drogas. Como en España la jurisprudencia del Tribunal Supremo nunca se ha opuesto a mecanismos de *entrapment* policial, ni ha dudado en admitir pruebas obtenidas ilegalmente, la monopolización del mercado por hombres dobles no plantea ningún tipo de problema con la judicatura.

En la última conferencia internacional sobre estupefacientes, celebrada en Viena, el ministro de Sanidad —un economista— dijo que «el consumo y el tráfico ilegal de droga es una forma extrema de explotación del hombre por el hombre, por encima de las clases sociales»[54]. También expuso, precisamente como triunfo de las fuerzas del orden, que en los cinco primeros meses de 1987 los decomisos de heroína, cocaína y cáñamo doblaban las cifras de 1986 para el mismo período, y que casi lo mismo sucedía con 1986 respecto de 1985. El aserto produjo cierta sorpresa en alguno de los asistentes a la Conferencia, pues tradicionalmente —antes de comenzar la era del sucedáneo y generalizarse la política de represión selectiva— un aumento anual del 100 por 100 en las capturas se consideraba signo de gran crecimiento en el tráfico. Otros delegados, en cambio, acogieron con satisfacción esta manera de destacar la eficacia social, e hicieron apreciaciones semejantes en sus discursos. Un año después, sin duda tomando ejemplo del ministro español, el director de la División de Estupefacientes de la ONU, F. Ramos Galino, presentó como «alarmante aunque esperanzador», el hecho de que «durante la última década el decomiso de haschisch a nivel mundial se ha multi-

---

54.- *Cfr.* J. García, «García Vargas critica el apoyo del sistema bancario internacional al narcotráfico», *El País*, 19-6-1987, pág. 6.

plicado por seis, por siete en el caso de la heroína y por sesenta en el caso de la cocaína»[55].

Las declaraciones del ministro de Sanidad español, J. García Vargas, inauguraron también otras perspectivas en la presentación del asunto. Tras pronosticar «una lucha larga y poco brillante» —en el más puro estilo cronificatorio— declaró que:

> «Una legalización de las drogas es imposible sin alterar principios inspiradores y artículos concretos de todas las Constituciones occidentales»[56].

Al seguir el nacimiento de las leyes americanas sobre *narcotics* —origen indiscutible de todas las normas sobre estupefacientes— hemos hallado como una de sus características nucleares la *inconstitucionalidad* precisamente, declarada de modo expreso en más de una ocasión por los tribunales de ese país. Para prohibir el alcohol fue preciso hacer una enmienda a la Constitución, y sólo una estratagema claramente antijurídica permitió rehuir idéntico procedimiento para otros psicofármacos. Incluso hoy no existe una sola Constitución «occidental» que realmente defienda (sin contravenir otras varias cláusulas suyas) una tutela forzosa del Estado sobre vehículos de ebriedad, ni que prohíba la automedicación, aunque ambas cosas vengan siendo lo exigido de modo práctico por normas de rango inferior. Evidentemente, el ministro de Sanidad no sólo carece de formación médica sino jurídica, por más que esto sea lo ideal para evitar suertes como la de su colega francés Schwartzenberg o la del fiscal Apap.

a) El vaivén en las normas, y la nueva corrupción. El caso español es realmente ilustrativo. Cuando el partido socialista permane-

---

55.- En J. Delgado, «Como fuego por rastrojo», *El País*, 9-10-1988, pág. 16.

56.- En J. Delgado, «El ministro de Sanidad cree inmoral liberalizar el consumo de drogas», *El País*, 9-10-1988, pág. 16.

cía en la oposición, sus principales dirigentes —González, Guerra y Solana— no tuvieron reparo en admitir contactos positivos con el cáñamo[57], mientras E. Lamo de Espinosa, director general de Universidades, publicó varios artículos abogando por una total despenalización de las «drogas blandas». El móvil puramente electoralista de esta actitud se puso de manifiesto cuando un contrataque de los conservadores —estando ya en el poder el PSOE— vinculó un aumento de la «inseguridad ciudadana» con la actitud «permisiva» de la ley. Sensibilizado al peligro de definirse —y desde luego urgido por la embajada norteamericana— los socialistas giraron en redondo, hasta el extremo de que por primera vez en la historia del postfranquismo el Congreso de los diputados dio vía libre para procesar a uno de sus representantes por haber dicho que cierto alto cargo público usa ocasionalmente cocaína.

La evolución del artículo 344 del Código Penal ha sido reveladora. Basándose en la evidencia jurídica —que la última redacción hecha en tiempos de Franco (Ley 15-11-1971) no respetaba el principio de legalidad[58]— la reforma de 1983, llevada adelante por el PSOE, redujo las penas, despenalizó el consumo, distinguió drogas «duras» y «blandas» y suprimió las cláusulas abiertas de incriminación.

El proyecto de reforma de 1987, vigente desde el verano de 1988, exhibe un extraordinario endurecimiento en las condenas, y reintroduce cláusulas de incriminación abierta («los que de otro modo promuevan, favorezcan o faciliten el consumo»). Bastaron tres años para que el partido gobernante cambiara diametralmente su concepto sobre lo recto en materia penal. Ahora ya no parece contrario al principio de proporcionalidad entre delitos y penas poder castigar hasta con doce

---

[57].- *Cfr.* M. Sánchez, «El abogado de Tamames dice que puede probar que Yáñez esnifó cocaína», *Tiempo*, 7-3-1988, pág. 6.

[58].- Concretamente: 1) porque a la descripción de las conductas punibles el legislador añadía una cláusula de incriminación abierta («los que de otro modo promuevan, favorezcan o faciliten el uso»); 2) porque las penas (de seis a doce años, salvo excepciones) eran demasiado rigurosas; 3) porque se concedía un excesivo arbitrio al juzgador (permitiéndole elevar la condena a veinte años); y 4) porque no se determinaba nada sobre tenencia para el consumo; *cfr.* González, 1988, pág. 46.

años, como el franquismo, pues el nuevo 344 permite castigar hasta con veintitrés años y cuatro meses. Tampoco atenta contra el principio de legalidad restablecer el matiz de «norma en blanco» de la antigua redacción, pues se reinstaura literalmente el viejo texto, cambiando sólo la palabra *uso* por *consumo*. Ahora vuelve a existir la posibilidad de condenar por «apología», y por primera vez en la historia del ordenamiento jurídico español puede ser mucho más rentable matar a personas (y evitar así ser capturado con drogas) que aceptar la detención; las máximas penas previstas para el homicidio no alcanzan en ningún caso a las previstas para tráfico y producción de ciertas drogas.

Con unas Cortes dominadas por el electoralismo, donde sólo un diputado se opuso a la totalidad del nuevo artículo, el Gobierno dijo que con la reforma cumplía las peticiones de mayor «eficacia». En ningún momento entendió que las gentes podían estar pidiendo menos corrupción policial, y que acabara la política de represión selectiva, con casos tan flagrantes de cohecho judicial como la excarcelación del mafioso Bardellino. Pero atendiendo a los simples titulares de noticias publicadas en los últimos cuatro años por el periódico español de mayor tirada y prestigio cabe hacerse una idea. La enumeración no es exhaustiva, desde luego, pues bastantes días no leí el diario, y en otros me fue imposible recortar la información:

«—Un sargento de la Guardia Civil detenido con dos kilos de heroína»[59].

«—Cesa el Fiscal Antidroga por discrepancias con la policía»[60].

«—Un policía, detenido con un kilo de cocaína»[61].

«—Un ex-guardia civil robó droga en la Dirección General de la policía»[62].

59.- *El País*, Redacción, 12-9-1984, pág. 18.

60.- *El País*, Redacción, 29-11-1984, pág. 29.

61.- *El País*, 23-2-1985, pág. 20.

62.- *El País*, Efe, 5-3-1985, pág. 17.

«—La Policía Nacional investiga la supuesta implicación de agentes en negocios de droga»[63].

«—Interior abre una investigación sobre implicaciones de policías en el tráfico de estupefacientes»[64].

«—Detenido en Algeciras una policía con 25 kilos de hachisch»[65].

«—El sumario sobre la mafia policial incluye tráfico de drogas»[66].

«—La policía española pagaba a su confidente con cocaína»[67].

«—El jefe de los Gal, traficante de heroína, recibió un pasaporte falso para huir»[68].

«—Un confidente alemán de la policía en la Costa del Sol implica al gobernador de Sevilla»[69].

«—Un industrial cántabro denuncia corrupciones en el grupo antidroga de la Guardia Civil»[70].

«—El fiscal que firmó libertad de Bardellino, propuesto para un ascenso»[71].

«—El juez que dio la libertad al mafioso Bardellino recobrará sus funciones»[72].

«—El fiscal pide seis años de cárcel para un subcomisario por presunto tráfico de cocaína»[73].

«—Policías santanderinos trataron de ocultar cómo

63.- *El País*, 17-4-1985, pág. 21.

64.- J. E. Echevarría, *El País*, 10-10-1985, pág. 20.

65.- *El País*, Redacción, 11-12-1986, pág. 21.

66.- *El País*, Redacción, 2-3-1987, pág. 25.

67.- R. Moreno, *El País*, 3-7-1987, pág. 15.

68.- J. G. Ibáñez, *El País*, 6-5-1987, pág. 19.

69.- E. Roig, *El País*, 3-7-1987, pág. 14.

70.- J. Delgado, *El País*, 13-10-1987, pág. 24.

71.- Redacción, *El País*, 15-10-1987, pág. 17

72.- Redacción, *El País*, 2-12-1987, pág. 13

73.- A. T., *El País*, 16-2-1988, pág. 34.

abatieron a un supuesto traficante desarmado»[74].

«—Petición de cuatro años de cárcel para un policía por tráfico de cocaína»[75].

«—Un ex-guardia civil y un policía en la reserva detenidos al desarticular una banda de narcotraficantes en Cartagena»[76].

«—Varón Cobos vuelve a la carrera judicial cobrando 15 millones por salarios indebidos»[77].

«—Detenido un funcionario de prisiones por presunto tráfico de drogas»[78].

«—Detenida una oficial de los juzgados por presunto tráfico de drogas»[79].

«—Tres policías de Madrid, detenidos en Oviedo por supuesto tráfico de drogas»[80].

«—Detenido en Málaga un inspector de policía por presunto narcotráfico»[81].

«—La policía busca a un agente que robó a un joven la cartera y droga a punta de pistola»[82].

Si —según los cálculos policiales— uno de cada diez traficantes particulares es descubierto, en el caso de funcionarios públicos dedicados a la represión convendrá hablar de uno por cien. Cuando se trata de miembros de las brigadas dedicadas específicamente a estupefacientes —y en particular a operaciones de infiltración y doble juego— las probabilidades simplemente son nulas: existe dispensa. Haciendo las oportunas operaciones matemáticas, resulta que el

---

74.- J. García, *El País*, 3-4-1988, pág. 22.

75.- A. Torres, *El País*, 28-5-1988, pág. 30.

76.- P. Reverte, *El País*, 8-7-1988, pág. 21.

77.- EP., *El País*, 4-6-1988, pág. 31.

78.- Efe, *El País*, 1-8-1988, pág. 33.

79.- *Ibíd.*

80.- J. Cuartas, *El País*, 4-5-1989, pág. 24.

81.- E. B. C., *El País*, 11-5-1989, pág. 22.

82.- J. Duva, *El País*, 13-5-1989, pág. 26.

número de represores comprometidos podría ser elevado. Un historiador muy meticuloso ha actualizado esta enumeración de titulares sobre casos de corrupción hasta cubrir el periodo 1990-1995, mostrando —de paso— que cada uno de dichos supuestos se han multiplicado por diez aproximadamente[83].

En octubre de 1997, la Audiencia Nacional española condenaba a 15 guardias civiles de la Unidad Antidroga de la Guardia Civil (UCIFA) a 88 años de cárcel, entre ellos a su jefe, un coronel, «por haber formado una organización de narcotraficantes», según la sentencia, «que se dedicaba a vender drogas, pagar a confidentes con estas sustancias y provocar envíos desde Sudamérica con el fin de obtener méritos ilusorios».

3. El caso ruso

Por lo que respecta al bloque soviético, la situación parece haber experimentado cambios bruscos desde la llegada de la perestroika. Grandes productores mundiales de fármacos incluidos en las Listas II, III, y IV desde los años cincuenta, el *Boletín de los Estupefacientes* editado por Naciones Unidas abunda en artículos sobre abusos en la administración de sustancias psicotrópicas acontecidos en distintos países de Europa central y del este, que por referirse a drogas de farmacia no llamaban excesivamente la atención a nadie[84].

Pero en el otoño de 1986 la agencia Tass informó de que dos individuos, calificados como «drogadictos desesperados» habían querido secuestrar un avión de Aeroflot en la ciudad de Ufa, matando a cuatro pasajeros antes de ser abatidos por la policía. A partir de entonces el tema ha sido abundantemente abordado por la prensa y las autoridades soviéticas, aunque sin aludir a la posible influencia de su intervención militar en Afganistán. El país posee enormes territorios

---

83.- J. C. Usó, 1996, págs. 365-375.

84.- *Cfr.* APF, Praga, «Policías y médicos se muestran impotentes para combatir la droga en Checoslavaquia», *El País*, 10-12-1984, pág.8.

donde tradicionalmente crecen —cultivadas y sin cultivar— adormidera y cáñamo; buena parte del Asia central soviética y de Rusia meridional poseen plantaciones legales e ilegales, y hasta 1987 no estaba prohibido cultivar estas plantas en huertos domésticos.

A juicio del teniente general G. Alekseyev, encargado del asunto en sus perfiles policiales, el 80 por 100 de los consumidores de opio, haschisch y marihuana obtienen esas sustancias del propio campo ruso[85], y aunque no se hayan facilitado estadísticas oficiales sobre producción y número de usuarios se sospecha que de lo primero son responsables los *koljozes* o granjas colectivas de algunas repúblicas[86]. Destaca en este sentido la de Kazajistán, que posee las mayores extensiones de adormidera del país y la menor cosecha del opio crudo, al parecer debido a una sistemática recogida ilegal. Con este aluvión de noticias sobre un asunto antes inexistente ha podido saberse también que el opio posee un precio estable y muy alto en el mercado negro, mientras el haschisch, en cambio, posee un precio estable y considerablemente más bajo que en Europa occidental, pues ronda los 700 rublos por kilo (unos 1.200 dólares).

Todo esto no desmiente a quienes desde hace décadas vienen acusando a la Unión Soviética de fabricar parte de la heroína introducida en el «mundo libre». Más aún, circunstancias tan anómalas como la del Kazajistán pueden hacer pensar que por una ironía del destino el cartucho empieza a dispararse hacia dentro, y que parte del campesinado ha decidido consumir o comercializar por sí mismo algo antes cedido religiosamente al aparato estatal. Pero se trata de simples conjeturas, y lo manifiesto es que la Unión Soviética sigue los pasos preparatorios para convocar una cruzada farmacológica al estilo norteamericano. Si el teniente general Alekseyev declara que «la mayoría de los adolescentes son atraídos a la droga por excesivos debates sobre el asunto», proponiendo volver a viejas actitudes de re-

85.- *Cfr.* Efe, *La Vanguardia*, «URSS: los drogadictos ingresan en las cárceles por falta de centros», 26-10-1986, pág. 16.

86.- *Cfr.* Cooper y Strasser, 1986, pág. 22.

serva oficial, hombres más próximos a la renovación —como B. Yeltsin, secretario general del partido comunista de Moscú y dipsómano—, no vacilan en decir: «Cerramos nuestros ojos durante mucho tiempo, y nos avergonzaba hablar de ello; pero el abuso de drogas se está convirtiendo en un problema grave»[87]. *Trud*, el periódico de los sindicatos en Kazajistán, pretende que los drogadictos cometen más de la mitad de los delitos y todos los robos en viviendas, mientras los ambientes reputados cultos se lamentan de no haber creado a su debido tiempo «especialistas y centros terapéuticos», como en Occidente[88].

Aunque en la mayoría de las repúblicas integrantes de la URSS la mera posesión de estupefacientes se encuentra penada con dos o tres años de reclusión, entre los partidarios de la renovación parece reinar el criterio de no imponer castigos por el mero consumo, siempre que los consumidores se presenten voluntariamente a recibir tratamiento. El actual ministro de Sanidad, A. Potapov, ha dicho que por ahora «a diferencia de alcohólicos, los drogadictos no se benefician de una red de centros de desintoxicación y rehabilitación»[89].

En definitiva, el conjunto de las declaraciones presentan resonancias familiares para quien haya seguido paso a paso la cruzada en Estados Unidos. No faltan tampoco pinceladas dramáticas proporcionadas por madres de drogadictos, que reclaman cura para unos hijos considerados víctimas inocentes de traficantes sin escrúpulo, y cuyas quejas obtienen ahora amplio espacio en semanarios como *Literaturnaya Gazeta* o diarios como *Vechernaia Moskva*. Tras una época «dura», semejante a las primeras décadas de la cruzada americana, el terapeutismo parece abrirse camino con progresiva fuerza. Al igual que en los demás continentes, la cuestión tiene visos de convertirse en lo que Potapov llama un «grave problema crónico».

87.- *Ibíd.* pág. 22.

88.- *Cfr.* P. Bonet, «El problema de la droga sale a la luz en la URSS», *El País*, 30-9-1986, pág. 4.

89.- *Ibíd.*

Sin embargo, es de justicia reconocer que la Unión Soviética muestra también desde Gorbachov una flexibilidad desconocida en la postura reaganiana, y en la de los demás rectores del llamado «mundo libre». Según el manifiesto de la perestroika:

> «El pueblo trabajador nos recuerda constantemente la necesidad de intensificar nuestros esfuerzos por combatir el azote del alcohol, y hay incluso quien pretende una prohibición de ámbito nacional. Pero a eso contestamos: si queréis, introducid la prohibición en vuestra familia, en vuestro pueblo o en vuestro distrito [...]. Es imposible resolver esta cuestión con medidas administrativas».

Los extraordinarios acontecimientos históricos posteriores, que acabarán con la Unión Soviética —y con la guerra fría—, no han supuesto, al parecer, grandes cambios de orientación en este campo. Se trata de «un problema crónico», combatido con una normativa legal cada vez menos severa (por ejemplo, se considera «uso personal» y no «posesión para el tráfico» tener hasta medio kilo de haschisch), y de vez en cuando encontramos en la prensa alguna referencia global. Valga como muestra la siguiente:

> «Políticos, médicos, sociólogos y policías consideran que el consumo de droga adquiere ya en Rusia caracteres de pandemia, con más de un millón de adictos (10 millones si se cuenta a quienes inhalan sustancias como la cola), una cifra que puede multiplicarse por tres en un año. Desde 1992 se ha producido un aumento del 350 por 100. Todo ello supone una amenaza a la seguridad nacional a la que hay que responder con urgencia. Así se indica en el primer informe multidisciplinar sobre el problema, elaborado por el Consejo de Política Exterior y de Defensa (CPED), y presentado ayer en Moscú. El Consejo es

una entidad privada entre cuyos directivos figuran el líder liberal y ex candidato a la presidencia Grigori Yavlinski»[90].

V. El panorama de la nueva disidencia teórica

Los argumentos del derecho, la ciencia social, la medicina y la historia no han variado prácticamente desde los años sesenta, cuando las aportaciones de Lindesmith, Szasz y Becker, entre otros, expusieron de modo sistemático las alternativas al prohibicionismo, y diagnosticaron el curso futuro de la cruzada. Es superfluo, por eso, pasar revista a las numerosas reformulaciones que sus tesis han obtenido desde entonces en un amplio grupo de pensadores. En círculos propiamente científicos, la disidencia radical resulta tan hegemónica como lo es un asentimiento incondicionado a la cruzada en la clase política.

Puede decirse por eso que el diálogo de sordos ha llegado a su total exasperación. J. Lawn, director general de la DEA, mantiene que «las drogas no son malas porque son ilegales, sino ilegales porque son malas». El asesor especial de Reagan para estas cuestiones, I. MacDonald, mantiene que cualquier permisividad excitará «abuso de las esposas, abuso de los niños, incesto: todo esto crecerá»[91]. Por su parte, el toxicólogo H. Berger, presidente de la Sociedad Médica de Nueva York, vino a España para dar una conferencia y —apoyándose en una experiencia clínica de medio siglo— dijo:

> «La *heroína*, que constituye la droga por excelencia, es verdaderamente la menos peligrosa, y en estado puro se puede utilizar toda la vida sin estropear el organismo. La adicción no está en la sustancia sino en la persona. La cantidad no tiene nada

---

90.- *El País*, 4-3-98.
91.- En Church, 1988, págs. 24-25.

que ver, y aproximadamente un 16 por 100 de la población mundial es adictivo por constitución […]. Estoy convencido de que sus Cortes rechazarán lo que estoy diciendo, porque los legisladores tienen miedo a plantear el problema. Son ustedes quienes podrían solucionar las cosas presionando sobre ellos y sobre los políticos, para convencerles de la falacia que están defendiendo»[92].

Mirándolo desde otra perspectiva —originalmente puesta de relieve por Szasz— muchos sociólogos coinciden en afirmar que la política sobre drogas se ha convertido en un medio de colonización de los países desarrollados por los pobres, y en un cómodo expediente de represión y control interno, cuando no de simple distracción, que aparta la mirada pública de conductas mucho más lesivas para los intereses colectivos[93]. Para ser exactos, las objeciones teóricas a la cruzada se han multiplicado en puntual proporción al encarnizamiento de esta.

Por ejemplo, los planes sobre pruebas de orina han hallado en Estados Unidos una respuesta de indignación basada sobre diversos motivos, entre los que se cuenta la falta de fiabilidad de la mayoría de los tests baratos, que se equivocan hasta en un 20 por 100 de las veces, y no pueden detectar a usuarios de drogas ilícitas que se hayan abstenido de ellas durante dos o tres días. Pero ningún rechazo ha sido más frontal que el del sindicato de policía de Boston. Cuando el comisario jefe F. Roache se disponía a hacer tests sin previo aviso y al azar de su plantilla, los abogados de la unión le demandaron judicialmente por violar la cuarta Enmienda, paralizando la puesta en práctica de esos planes[94]. La cuarta Enmienda prescribe que «no

92.- *Cfr.* J. L. García «Un especialista mundial recomienda recetar drogas a los adictos», *Diario* 167-5-1985, pág. 30.

93.- *Cfr.* Efe, Quito, «Un congreso de criminólogos se inclina por la despenalización total en la lucha contra las drogas», *La Vanguardia*, 22-8-1985, pág. 14; también Hulsman, 1985, págs. 44-81.

94.- *Cfr. Time*, «The New Inquisition», Editorial, 15-10-1986, pág. 35

se violará el derecho del pueblo a la seguridad de sus personas, casas, documentos y efectos con pesquisas e incautaciones sin racional fundamento». No deja de ser llamativo, empero, que algo de lo cual está exenta la policía haya llegado a ser obligatorio no sólo en la Casa Blanca y otras dependencias gubernamentales, sino en empresas privadas.

A comienzos de 1988, el conjunto de factores examinados al hablar de la era Reagan ha desembocado en la más vigorosa reacción legalizadora de la década, que a los habituales profesores, médicos y abogados ha unido la voz de varios alcaldes. Como comienza diciendo una larga información de *Time*, «a medida que crece la frustración ante una política fracasada, la gente seria se pregunta ¿por qué no acabar con el crimen, y los beneficios, legalizando las drogas?»[95]. Los alcaldes piden un debate a nivel nacional sobre el asunto, y el más activo entre ellos es quizá el de Baltimore, K. Schmoke, un antiguo fiscal. «No conozco a ningún adolescente», dijo, «que obtenga dinero vendiendo licor, y lamento haber ganado miles de casos relacionados con drogas»[96]. Se unen a la propuesta algunos altos funcionarios de policía incluso —como J. McNamara, prefecto en el Silicon Valley—, pues a su juicio el esfuerzo de los últimos setenta años es «un largo y glorioso fracaso». A dichas voces se une la del premio Nobel de economía, M. Friedman, que sale al paso de las declaraciones del director de la DEA: «El daño causado por las drogas se debe básicamente a su ilegalización. Jamás se habría producido la epidemia de *crack* si la cocaína fuese legal»[97].

Dando un paso más, Ethan Nadelmann —profesor en Princeton y director de la fundación antiprohibicionista creada por George Soros—, insiste en que la legalización no se limitaría a evitar el crimen, la discordia social y el envenenamiento de las relaciones entre Esta-

---

95.- Church, 1988, pág. 20.
96.- *Ibíd*, pág. 22.
97.- *Ibíd*.

dos Unidos y muchos países, sino que sería el único modo de poner en marcha un programa eficaz contra el abuso de drogas. Sin contar con los impuestos sobre las distintas drogas, el simple ahorro de los diez mil millones de dólares gastados anualmente por el país en pura represión permitiría un verdadero esfuerzo educativo y terapéutico, cosa inédita hasta ahora por falta de fondos, no menos que por falta de buena fe[98].

No faltan, por último, quienes adoptan el punto de vista de L. Grinspoon, profesor de psiquiatría en Harvard, a cuyo juicio el peligro final de la cruzada está en el progresivo recorte de las garantías del ciudadano frente a la actuación de los poderes públicos[99]. Tal como en los años sesenta la cruzada se consideró opuesta al derecho de libertad religiosa y de conciencia en general, a mediados de los ochenta son ante todo los derechos a la intimidad personal y a la veracidad oficial lo que tiende a considerarse conculcado por ella.

En línea con estos criterios se encuentra también *The Economist*, según el cual «millones de jóvenes ven destruidas sus vidas por este negocio, que les impide el acceso sensato a una experiencia consustancial a su desarrollo […] poniéndoles en manos de gángsters y policías»[100].

Para terminar ese somero repaso a la última disidencia valen unos párrafos en clave de humor, escritos por uno de los grandes periodistas americanos contemporáneos.

El artículo escenifica el diálogo imaginario del autor con S. Barnaby, uno de los pocos senadores abiertamente contrarios a las medidas propuestas por Reagan.

«—¿Sabes —me dijo Barnaby— que la Cámara ha aprobado una ley admitiendo el derecho a emplear pruebas

---

98.- *Ibíd.*

99.- *Ibíd.*

100.- En R. M. de Rituerto, *«The Economist* pide la legalización del consumo y distribución de drogas»*, El País,* 4-2-1989, pág. 26.

obtenidas ilegalmente y sin una orden de registro, siempre que el agente hubiese actuado «de buena fe»?

—¿Y qué hay de insensato en eso? —pregunté.

—¿Quién sabe cuándo está actuando un poli «de buena fe»?

—Los polis siempre actúan de buena fe. Tuvieron las manos atadas durante años, porque no podían hacer lo que querían. Pero eso se está acabando. Como hemos comprobado que los registros e incautaciones ilegales funcionan en casos de droga, podemos prescindir definitivamente de órdenes de registro.

Barnaby dijo:

—Realmente crees eso ¿no es cierto?

—Yo lo veo así —repuse—. La gente de este país debe estar preparada para renunciar a algunas de sus libertades, especialmente en un año de elecciones. ¿Sabes quién es responsable de la crisis de la droga? La Constitución de los Estados Unidos. Ofrece tantas escapatorias, que cualquier traficante puede filtrarse sin necesidad de agachar la cabeza siquiera. El único modo de ganar la guerra contra la droga es modificar la Constitución, para que no siga proporcionando ayuda y comodidad a los mercachifles.

—Lo cual significa...

—Que debo informar al Pentágono sobre esta conversación.

—Pero ¿qué les dirás?

—Que eres permisivo con las drogas, que no quieres militares patrullando por nuestras calles, y que tienes reparos contra policías que te tiren abajo la puerta de buena fe»[101].

Catorce años antes había escrito A. Watts:

«Cuando se pide que los policías sean clérigos armados para hacer cumplir códigos de moralidad, todos los

101.- A. Buchwald, «Waging war an drugs», *International Herald Tribune*, 12-10-1986, pág. 24.

pecados se convierten en fuente de ganancias extremas para organizaciones criminales [...]. El cumplimiento de leyes suntuarias es tan tiránico como cualquiera de los excesos de la Santa Inquisición»[102].

VI. Los últimos eventos

Revisando esta Historia —al comienzo de 1992— veo que es posible añadir algunos datos, aunque su evolución permanezca básicamente inmodificada. La tendencia hacia 1988 era una mezcla de cronicidad con progresiva adulteración, sumada a una concentración del mercado ilícito en manos de organizaciones y hombres dobles, cosas que han venido manteniéndose. También caracterizaba al conjunto de los años ochenta un vigoroso crecimiento del gasto público en campañas de represión y propaganda, y el inicio de los noventa refuerza más aún tal rasgo.

En realidad, se diría que no hay un solo elemento nuevo en el gigantesco rompecabezas mundial creado por la *guerra a las drogas*. Salvo excepciones como Holanda y Suiza, casi todos los demás países del orbe piensan que la llamada guerra debe seguir idénticos derroteros, pase lo que pase y caiga quien caiga. Por otra parte, sigue pasando lo mismo, y caen aquí y allá pobres diablos, rarísima vez alguien distinto de un simple testaferro. Sin embargo, no será ocioso perfilar los últimos desarrollos, atendiendo a normas jurídicas, adhesión popular a la cruzada y distribución del consumo.

Las cifras más recientes sobre uso de drogas en Estados Unidos, publicadas por el NIDA (*National Institute on Drug Abuse*) en 1991[103], parten de cuestionarios que no consideran «uso de droga» el amparado por receta médica. Queda así en brumas el principal ori-

---

102.- Watts, 1980, pág. 383.

103.- *Cfr.* «Population Estimates of Lifetime and Current Drug Use», *NIDA Capsules*, Public Health Service, Rockville, 1991.

gen de estimulantes, sedantes, tranquilizantes, analgésicos y opiáceos sintéticos, que representan los psicofármacos-medicinas por contraposición a los psicofármacos-drogas. Con todo, verificamos que incluso sin receta médica —obteniendo estas sustancias en el mercado negro— se declaran consumidores de dichos productos «alguna vez» unos 42.000.000 de individuos (20 por 100 aproximadamente de la población americana total), y «regularmente» unos 3.000.000. Como resulta muy sencillo obtener tales sustancias del médico y el farmacéutico, la pregunta es qué proporción real de norteamericanos usa estimulantes, sedantes, tranquilizantes, analgésicos y opiáceos sintéticos. No parece exagerado suponer que cuando su disponibilidad deriva de receta médica vale —al revés— la cifra de consumidores sin receta, y que *al menos* 40 ó 50 millones de personas los emplea regularmente, mientras un número mucho menor los usa de modo ocasional.

Por lo que respecta al alcohol, un 83 por 100 de los norteamericanos han sido usuarios «alguna vez», y el 51 por 100 consume habitualmente; unos 5.000.000 de individuos entre 12 y 17 años se declaran usuarios asiduos. En el caso del tabaco, las proporciones respectivas son del 66 por 100 y el 27 por 100; unos 3.000.000 de individuos entre 12 y 17 años son usuarios asiduos. Por causas no explicadas, faltan en la enumeración el café y otras sustancias ricas en cafeína, aunque la proporción de adictos entre sus usuarios supera a la que hay entre alcohólicos y meros bebedores. Vale la pena recordar que para la legislación de Naciones Unidas ni el tabaco ni el alcohol ni la cafeína son «drogas» o «sustancias psicotrópicas», y que implica cierto atrevimiento por parte del NIDA incluir a las dos primeras en sus estadísticas.

En lo que respecta a sustancias satanizadas, una u otra forma de *Cannabis* ha sido usada por el 33 por 100 de la población total, y sigue siendo consumidores actuales algo más de 10.000.000. La cocaína ha sido empleada «alguna vez» por el 11 por 100 de la población, y regularmente por 1.600.000 personas; el *crack* ronda una décima parte de esa cifra en usuarios ocasionales, aunque alcanza 500.000 usuarios regulares. En el capítulo «alucinógenos» (que incluye LSD, mescalina, éxtasis, hongos visionarios, etc.) los usuarios ocasionales son unos 16.000.000, y los regulares algo más de medio millón. Curiosa resulta la alta incidencia de personas que emplean o han empleado «inhalantes» (pintura, pegamentos, etc.), pues supera los 12.000.000, y afecta sobre todo a los menores de 25 años.

La heroína, en cambio, que resulta conocida para millón y medio de personas, sólo la consumen de modo regular unas 48.000. El NIDA no precisa cuántos individuos están siendo mantenidos con metadona o buprenorfina, en programas de «rehabilitación y tratamiento». Es llamativo que el peligro apocalíptico para Estados Unidos sólo sea usado por el 0,004 por 100 de sus habitantes, y que no se consideren adictos —en el más riguroso sentido de la palabra— los cientos de miles de personas que reciben opiáceos sintéticos, puros y gratuitos, en dispensarios oficiales.

Sea como fuere, los gastos públicos para controlar el uso de drogas siguen subiendo, y en 1992 el presupuesto federal —independiente de los estatales y regionales— alcanza la cifra récord de 11.700 millones de dólares[104], que en su mayoría se destinan al «sistema de justicia criminal»[105]. Para los encargados de reprimir, las cifras del NIDA y otros centros de investigación a nivel del consumo carecen quizá de sentido. Muestra de ello es que calculan el valor de las distintas drogas en el mercado americano con independencia del número de personas que las usan. En 1991, por ejemplo, cifran en unos 9 billones de pesetas los stocks de marihuana (consumida por más de 10 millones de personas), en 17,5 los de cocaína (consumida por más de 1.600.000) y en 12,3 los de heroína (consumida por menos de 50.000)[106]. Eso significa

---

104.- *Cfr. National Drug Control Strategy*, Budget Summary, Federal Resource Priorities, pág. 1.

105.- *Ibíd.*, pág. 3.

106.- *Cfr.* What America Users Spend in Illegal Drugs, ONDCP Technical Paper, Washington D.C., 1991.

que el gramo de heroína vale allí unas 32 veces más que el de cocaína, cosa palmariamente falsa. Con todo, parece haber despertado el interés de distintas mafias, que ahora empiezan a roturar tierras de cultivo para la adormidera en América Latina.

Aleccionado por Estados Unidos y Naciones Unidas, lo demás del mundo sigue las tendencias expuestas antes, al bosquejar la situación por continentes. Con el apoyo de consumidores europeos, y nuevos países productores, la cosecha de hojas de coca sigue subiendo, y en 1991 la cantidad de cocaína producida rondaba las mil toneladas métricas —según la DEA—. Los productores de opio y heroína, que a principio de los años ochenta se concentraban en el sudeste asiático, se concentran hoy —tras la guerra de Afganistán— en el sudoeste, con Pakistán, Irán y Turquía a la cabeza[107]. Su entrada en Europa acontece cada vez más siguiendo la llamada ruta de los Balcanes, si bien llega también de África oriental y occidental, donde el llamado *brown sugar* (heroína poco refinada) es muy barato y abundante; en Kenia, hace apenas unos meses, he visto adquirir el gramo en la calle —solicitando el producto a un desconocido— a 10 dólares y sin demora.

Estas noticias son de dominio público, al igual que otras señales de alarma: que en Rusia los toxicómanos se han doblado en cinco años, que Polonia está elaborando colosales cantidades de anfetamina, que distintos laboratorios clandestinos proliferan por Europa occidental, que la juventud cultiva cada vez más marihuana en sus casas, etc. No se oye hablar para nada, en cambio, del negocio que supone vender a la parte menos industrializada del planeta cuotas cada vez mayores de la farmacopea sintética, así como vehículos cafeínicos, nicotínicos y etílicos de ebriedad.

Tampoco se airean datos sobre el resultado de políticas no adheridas al prohibicionismo; en Holanda, por ejemplo, menos del 10 por 100 de los enfermos de SIDA ha usado drogas ilegales, cosa notable

---

107.- *Cfr. Report*, International Narcotics Control Board, ONU, Viena, 1991, pág. 26.

considerando que en España, por ejemplo, un 65 por 100 de esos casos acontece entre usuarios de drogas ilegales[108]. La clara diferencia entre su país y otros se debe —según los responsables holandeses— a no obstaculizar la formación de una cultura farmacológica, imposible para países donde como en Estados Unidos y sus imitadores la política estatal está orientada a lograr que ciertas drogas sean tan míticas, caras y adulteradas como resulte posible.

Dentro de lo no mencionado por *media* e instituciones oficiales cabe, por último, incluir cambios en la actitud de los jóvenes. Ciertas drogas —las preferidas por el movimiento contra-cultural en los años sesenta— parecen volverse a buscar, y han aparecido grandes partidas de LSD, casi siempre no adulteradas y baratas, cuya potencia viene a ser por término medio bastante inferior a la habitual hace dos décadas. Innegable en Estados Unidos, donde declaran haber consumido fármacos de tipo visionario unos 4 millones de individuos menores de 25 años, el fenómeno se hace notar ahora también en Europa, especialmente en los países de la CE.

Más notable quizá que todos estos datos sean ciertas instituciones jurídicas nacidas a partir de 1991, como consecuencia de irse ratificando la Convención de Viena de 1988. Entre las nuevas figuras destaca la «técnica de entrega vigilada» (art.3), en cuya virtud la policía puede promover la circulación de drogas durante cierto tiempo, a fin de acumular la mayor cantidad de información posible sobre el mercado negro. También propuso la Convención que los Estados firmantes tipificaran como delito «la posesión y la adquisición» (allí donde no lo estuviesen ya); que prestasen apoyo material y aplicaran el perdón judicial a delatores por sus crímenes previos (si ayudaban a capturar alijos); y que las fuerzas policiales recibiesen un porcentaje de los bienes incautados a narcodelincuentes. Se completaba así la asimilación del sistema mundial al norteamericano.

108.- *Cfr. Report*, 1991, pág. 29.

El 19 de noviembre de 1991, con el apoyo de todas las fuerzas políticas, la Asamblea Nacional francesa aprobó una ley donde los aduaneros, policías y gendarmes quedan autorizados para «adquirir, transportar y poseer drogas en el ejercicio legitimo de sus tareas», y para dotar a los traficantes que debe capturar con «instrumentos jurídicos y medios de transporte, depósito y comunicaciones»[109], por «instrumentos jurídicos» se entienden creación de sociedades, apertura de cuentas bancarias y actividades conexas. Esta ley ha resultado providencial para amnistiar a seis aduaneros de Dijon y Lyon, condenados durante la primavera de 1991 por «adquisición, posesión, transporte y cesión de estupefacientes» (535 kilos de haschisch), condena que había provocado una huelga nacional de su gremio. Michel Charasse, ministro del Presupuesto, explicó la norma a los *media* diciendo:

> «En una guerra se tienen que hacer de vez en cuando cosas que no son rigurosamente conformes con el buen gusto de los salones mundanos»[110].

Primer país del mundo (con Chipre) en ratificar la Convención de 1988, España no ha querido quedarse atrás. El continuo bombardeo propagandístico, sumado a una sensación de completa ineficacia policial, ha producido también turbas linchadoras en diversas ciudades, unas veces compuestas por grupos de jóvenes dedicados a «cazar» drogadictos el fin de semana, y otras por vecinos de zonas donde ocurre el pequeño tráfico.

109.- En J. Valenzuela, París, «Una ley francesa faculta a la policía a provocar delitos para combatir las drogas», *El País*, 21-12-1991, pág. 28.
110.- *Ibíd.*, pág. 28.

16

Epílogo

«Los mayores progresos de la civilización se experimentan inicialmente como sus peores amenazas».

A. N. WHITEHEAD.

Aunque al comenzar el siglo no había un solo Estado que tuviese en vigor leyes represivas, en la actualidad más de veinte países —curiosamente, algunos entre los más destacados productores y distribuidores de materias primas— contemplan la pena de muerte como respuesta al comercio o la simple posesión de ciertos vegetales y compuestos químicos[1].

La cantidad de personas sometidas a reclusión penitenciaria o psiquiátrica por relacionarse con unos u otros se cuenta por millones cada año. Ninguna disidencia produce un número de víctimas comparable. Su tráfico compromete a niños y autoridades, funciona con imitaciones abyectas, causa la mayor parte de los crímenes y condenas, exige el exterminio de campesinos en tres continentes y parece recibir renovado oxígeno de los esfuerzos por asfixiarlo. Buena parte del planeta tiene vigente ya lo impensable en derecho —que la mera tenencia o consumo de algunas sustancias comporte penas iguales o superiores al homicidio—, pero la magnitud del castigo no

---

1.- Argelia, Bahrain, Birmania, Brunei, Corea del Sur, China, Egipto, Emiratos Árabes Unidos, Filipinas, Indonesia, Irán, Irak, Isla Mauricio, Jordania, Kuwait, Malasia, Singapur, Siria, Sri Lanka, Taiwán, Tailandia, Turquía, dos Estados de la unión norteamericana (Arizona y Florida). Nigeria derogó la pena capital para casos de droga en 1986.

suscita enmienda. Es el *mal* moderno, que muchos atribuyen a una imprevisible epidemia, sin precedentes en los anales del recuerdo, y otros a las condiciones creadas por una específica persecución, con precedentes en otras persecuciones, cuyas consecuencias fueron en buena medida análogas.

I. LOS CIMIENTOS DEL NUEVO ORDEN

Tradicionalmente, la ebriedad se desplegó en dos campos. Uno es la *fiesta*, profana o sacra, que ofrece a la vida un complemento análogo al del sueño, donde la tirantez y fatigas de la vigilia ceden su puesto a una relajación de los miembros, y al vuelo del sentimiento en imágenes libres de atadura; tan variados como las propias sociedades, los vehículos de ebriedad se tenían por cosas neutras en sí, como vasijas capaces de alojar ilimitados fluidos, y cuando la ebriedad no era festiva constituía siempre un ejercicio de *automedicación*, expuesto a los azares de la medicina en general, que unas veces cura, otras alivia y otras agrava a quien busca remediar así su estado.

Es la crónica de esta ebriedad —festiva o terapéutica— lo que vemos desplegarse prácticamente sin incidencias conflictivas desde los primeros recuerdos hasta el tercer tercio del siglo XX en todas las culturas *paganas*. Hubo algunos conflictos, pero conociendo ya sus circunstancias podemos trazar una frontera muy nítida entre prohibiciones localizadas (por lugar, tiempo y fármaco) y prohibición propiamente dicha, que por vocación es planetaria, indefinida e indiscriminada.

Signo de metamorfosis en las pautas de gobierno —que de poder retributivo se erige en poder «normalizador» (Foucault)—, la cruzada acompaña a un programa más amplio, orientado a intervenir de cerca sobre el tiempo libre y la intimidad. No es extraño que provoque conflictos, con un abigarrado cuadro de efectos colaterales, pues supone una profunda redefinición de necesidades, y tropieza con la misma inercia que cualquier otro cambio cualitativo en las estrategias de control social. La elección subjetiva de ebriedad (con una u otra droga) ha acontecido siempre, en todas partes, y ahora trata de imponerse como axioma que cualquier elección subjetiva es una enfermedad o un delito, cuando no ambas cosas.

1. La crisis religiosa

En sus orígenes concretos, la iniciativa prohibicionista constituye un asunto de clérigos *exclusivamente*; y no sólo un asunto de clérigos, sino algo calculado para «celebrar el segundo milenio de la égida cristiana». El enemigo secularizador crecía sin pausa, y la cruzada farmacológica fue un contraataque que reafirmaba las instituciones tradicionales en varios planos; por una parte, servía para actualizar lo más antiguo de la ortodoxia, el rechazo de Dioniso y sus afines paganos; por otra, otorgaba a las Iglesias una función en el seno de la modernidad, colaborando con el puro interés de la medicina. Básicamente, droga y perversión se fundirían de modo tan automático como en otro tiempo se fundieron magia y diablo. El brote agnóstico y la llamada «muerte de Dios» hallaron respuesta en el descubrimiento de nuevos demonios y nuevos exorcismos para ellos, justamente cuando parecía decaída la fe en los demonios y exorcismos antiguos.

Una vasta experiencia en convocatoria de guerras santas, externas e internas, aseguró también el debido equilibrio entre lo espiritual y lo material en la recién convocada. Brent y Crafts, próceres iniciales de la empresa, insistieron en «el interés de la prohibición para el comercio internacional», armonizándola con las nuevas metas coloniales; sus primeros progresos se apoyaron sobre una alianza entre los sectores más activos del *revival* puritano y los principales gremios terapéuticos norteamericanos, catapultados desde entonces a asumir en el nuevo aparato estatal un puesto de responsabilidad equivalente al asumido antes por las órdenes sagradas. Las asociaciones puritanas apoyaron la gran campaña contra los matasanos —en realidad, una batalla para suprimir el libre ejercicio de la medicina y la automedicación (cosas indiscernibles)— a cambio de que los colegios médicos y farmacéuticos apoyasen una condena general de la ebriedad y, fundamentalmente, una ilegalización de las bebidas alcohólicas, sincronizada con una ilegalización del juego y la prostitución.

A juzgar por el estado presente de las sectas que intervinieron en su lanzamiento, la guerra a las drogas fue un caso de victoria trascendente, como la de aquel guerrero que puso en fuga a sus enemigos ordenando que se atase su cadáver al caballo, lanza en ristre y cubierta la faz por el yelmo. Lo indiscutible ha sido su éxito. Todavía hoy, cuando tantos templos aparecen vacíos o semivacíos en las sociedades industriales avanzadas, muchos no practicantes pueden seguir sintiéndose fieles a lo nuclear de su antigua Iglesia con una postura intransigente en materia de psicofármacos. Y no pocas creencias decaídas parecen haber experimentado una revitalización trasladándose de esfera: donde se creyó que la masturbación produce ceguera, demencia y parálisis, se cree que ciertas drogas (o «la» droga) ciegan, enloquecen y paralizan; donde se creyó que la fornicación era una forma de traicionar a la pureza, se cree que «la droga» es una forma de defraudar a la razón; donde se creyó que el orgasmo era una inmundicia, sólo justificable en el matrimonio y con fines procreativos, se cree que ciertas ebriedades son una inmundicia, sólo justificable cuando las dispensa un médico para una finalidad terapéutica; donde parecieron sospechosos quienes buscaran «placeres», parecen sospechosos quienes buscan «euforias»; y donde la eutanasia se creyó un crimen de lesa majestad, se considera un crimen de lesa humanidad la autoadministración de ciertos tóxicos.

Sin rendirse en la batalla contra la emancipación sexual, aunque agobiado por reveses, el fundamentalismo luchó como en un segundo foso de su castillo contra el *laissez faire* farmacológico. Y no era la primera vez, pues ya en la caza de brujas el uso de ungüentos se había ligado con fantasías y prácticas voluptuosas. Luego ese nexo entre erotismo y fármacos no alcohólicos desapareció de la conciencia durante dos siglos, para acabar reapareciendo como una ecuación que conecta indisolublemente drogas y perversión sexual. El cuadro de Francken, *La cocina de* las *brujas*, se ha convertido en innumerables ilustraciones que narran la corrupción de jóvenes, perdidas por su insensata curiosidad. Buena parte de ellas representan a la variable droga en cuestión como un monstruo oscuro y gigantesco, con perfiles de dragón, que se cierne sobre incautos. Recordar cuáles fueron los escultores originales de ese dragón es oportuno ante el laico panorama actual, que sigue utilizando imágenes suministradas por un fundamentalismo cristiano en crisis, acogidas luego por el islámico y el judío.

La empresa lleva en sí el troquel indeleble de la cruzada o *jihad*, como guerra santa emprendida contra un enemigo que en esencia constituye un «infiel». De ahí que resulte tan frágil al nivel de la biología, cuando sus fundamentos teológicos se presentan como motivos de higiene científica. El *Index librorum prohibitorum* sólo se derogó, por expresa propuesta de la Congregación del Santo Oficio, cuando era inminente la promulgación del *Index farmacorum prohibitorum* que es el Convenio internacional de 1971 sobre sustancias psicotrópicas. Entre la promulgación del Índice y la del Convenio, durante un período que abarca siete siglos aproximadamente, se han sucedido muchos esfuerzos por descargar al adulto de la libertad aparejada a tener inteligencia propia, con los oportunos recursos para llevar a cabo un aprendizaje autónomo de lo real; todos ellos se basaron en protegerle a priori de un error u otro, y todos se articularon sobre la intimidación como argumento.

2. Los intereses estatales

En ese y otros órdenes, el Estado contemporáneo ha asumido los afanes eclesiásticos, alegando imperativos del progreso científico allí donde su predecesor se justificaba por mandatos divinos.

Insertado en su concreto presente, el control farmacológico no es un proyecto disociable del que potencia la propaganda como información fundamental y ubicua. Lo equivalente al poder farmacrático planetario es el procesado de noticias hecho por *mass media* que se concentran progresivamente en menos manos (tres o cuatro a lo sumo), donde la vieja censura es autocensura y la libertad de expresión depende del acceso o falta de acceso a esos cauces. En su orgánica unidad, ambas cosas se ligan muy estrechamente al Estado contemporáneo —llámese del Bienestar, Asistencial, Terapéutico o Social—, tanto en sus formas librecambistas como colectivistas. Este modelo de gestión atravesó una fase expansiva, transformando el Gobierno mínimo preconizado por los demócratas del siglo XVIII y el XIX en una alternativa particular de Gobierno máximo, organizada sobre mecanismos de teledirección que, por eficacia y economía, sustituyeron con ventaja a las previas disciplinas diseñadas para «instrucción» del pueblo.

Aunque novedosa, la pretensión de controlar el ánimo se entiende como efecto local de premisas más generales, orientadas a perpetuar una supervisión que el Estado moderno hereda del antiguo modelo de dominio, y aplica a condiciones de vida distintas. Efectivamente, en el mundo actual sobran alimentos y medios para proporcionar confortable acomodo e instrucción a todos sus habitantes. Como viene exponiendo hace tiempo el Club de Roma, ni el hambre ni la intemperie ni la incultura son hoy asuntos remotamente *necesarios*, al modo en que lo fueron durante milenios, sino mero efecto de factores que se reconducen al propio Estado actual y plutocracias anexas, cuya existencia suscita agujeros negros idénticos a los producidos por cortes imperiales de otras eras.

En el umbral de su liberación gracias a la tecnología, las sociedades se encuentran inmersas también en una empresa de sumisión a la
tecnología, amenazadora entre otras varias razones porque promueve una acelerada muerte del medio ambiente y la calidad de vida.
De acuerdo con la misma mecánica, algo en principio basado sobre
cambiantes modas para todos los gustos, como el consumismo, descansa de hecho sobre una férrea manipulación de los consumidores
por agencias especializadas en influjo subliminal y lavado de cerebro.
Desde esa perspectiva, que haya una ortodoxia —y una concomitante censura— en materia de sustancias psicoactivas es finalmente
inseparable de que haya una carrera armamentista, una feudal distribución de la carga tributaria en la mayoría de los países, un fraude
planetario en la composición de los alimentos, una manipulación
de los deseos, una edad de oro para el gangsterismo o una pródiga
movilización de recursos públicos para provocar *dineromanía*. En
efecto, un ansia compulsiva de dinero es el lubricante perfecto para
la maquinaria instalada; como el asno se ve inducido al movimiento
por la esperanza de morder una zanahoria colgada a algunos centí-
metros de su belfo, los humanos son movidos por ambiciones dine-
rarias que en la inmensa mayoría de los casos quedarán insatisfechas.

Pero si la ortodoxia en materia de drogas no es una decisión
aislable de otras decisiones políticas y económicas contemporáneas,
aparentemente desvinculadas de ella, su expreso fin es una homoge-
neidad de hábitos que se presenta como premisa de «integración» social. Esto no es nuevo. Las exigencias uniformizadoras —básicas para
el orden y funcionamiento de cuerpos armados y sacerdotales— han
sido impuestas por toda suerte de poderes establecidos, y repudiadas
también —ya desde la vieja Grecia— como verdadero beneficio para
la sociedad civil. Resumiendo esa línea dijo Jefferson que la uniformidad de criterio no es más deseable para los ciudadanos que la de
nariz o mentón, y que el resultado de las coerciones en un terreno
como el intelecto subjetivo sólo ha sido dividir a los hombres en una

masa de imbéciles y otra masa de hipócritas. Vale la pena observar que eso no siempre resulta indeseable, si en vez de la perspectiva del ciudadano se adopta la del gobernante.

Buscando el preciso gozne sobre el que gira la exigencia de uniformidad farmacológica topamos enseguida con un mecanismo aparentemente ajeno al curso del tiempo, universal, definible como localización y transferencia de la impureza.

3. El ritual purificador

Al examinar pestes morales del pasado —y específicamente la guerra contra la brujería desatada en los umbrales de la Edad Moderna— quedó en suspenso su conexión con la actual cruzada farmacológica. Aunque desde el siglo XIV al XVIII un considerable porcentaje de los perseguidos fuesen personas relacionadas con «plantas malignas y ungüentos», el desfase entre aquello que magistrados civiles como Bodino llamaban *drogue* y conceptos precisos sobre toxicología obligaba a aplazar el juicio, siquiera hasta concluir el análisis de la conexión real entre toxicología y legalidad actualmente. Una vez examinado este aspecto, parece imposible —ante la masa de evidencias— negar que entre datos científicos y medidas políticas hay actualmente una desconexión comparable a la que caracterizó aquellos siglos.

Pero eso no es todo. El primer crimen histórico contra la salud pública fue el culto dionisíaco en la Roma republicana, gracias a cuya represión pudo gestarse el senadoconsulto que introdujo —como «defensa del Estado»— el fin de las libertades públicas. Fuente de abominables (e indemostrados) crímenes, la *voluptas vini* no sólo representó un mal que se mantuvo exactamente tanto como su persecución; fue también un modo subrepticio pero eficaz de introducir normas y procedimientos extraños al derecho clásico, aunque económicos para un poder progresivamente volcado hacia lo policíaco.

Gracias a ella pudo institucionalizarse un sistema de denuncia libre, secreta y remunerada, idéntico al puesto en práctica después por las inquisiciones religiosas, que se prolongaría en inquisiciones políticas y sociales.

Los móviles, procedimientos y soluciones que se han arbitrado para combatir distintas pestes morales exhiben una marcada convergencia, aunque milenios separen unas iniciativas de otras. El mecanismo es un sacrificio ritual de apestados, que pone en marcha una dinámica de realimentación. De ahí que las cruzadas contra cada uno de esos fenómenos hayan provocado siempre grandes exacerbaciones en los mismos. Caracteriza a ese tipo de curas que el éxito y el fracaso no sean nunca hechos unívocos o, en otras palabras, que el verdadero éxito resida en cronificar y ampliar al máximo la calamidad. La cruzada contra la brujería tuvo como manifiesto efecto conseguir que fenómenos muy minoritarios observados en el sur de Francia y Sajonia pasasen a ser plaga ubicua en toda Europa; consolidado el inquisidor como oficio, sobre un aparato cuyos intereses objetivos coincidían con el fomento de la demonomanía, cuanto más se extremaron los abusos sumariales del procedimiento más aspirantes fueron apareciendo al estatuto de apóstatas. Pero los sectores por entonces en crisis —la nobleza rural y el clero— fortalecieron posiciones con la cruzada, presentándose ante sus descontentos vasallos como únicos baluartes capaces de frenar la irrupción generalizada de Satán.

Que el fracaso sea el éxito, o viceversa, tiene su correlato en dos fenómenos que también acompañan siempre estos ejercicios colectivos de purificación propia por liquidación de otro. Uno es que el «mal» —*voluptas vini*, demonomanía, lecturas de textos prohibidos, automedicación, etc.— cesa como por ensalmo al cesar su persecución; las brujas, por ejemplo, dejaron de arruinar campos y ciudades tan pronto como se apaciguó el fervor de sus cazadores, y los rusos dejaron de beber café como enloquecidos cuando tragar semejante líquido ya no comportó serios riesgos de perder nariz y orejas. El otro fenómeno es que las convocatorias de descontaminación proyectiva crean y alimentan un síndrome de falsa conciencia, caracterizado por el hecho de que unos asumen la etiqueta activamente («identificación con el agresor», observada por ejemplo en Auschwitz o Treblinka, donde algunos judíos se convirtieron en vanguardia teórica de las SS, o tantos casos de brujería fantaseada, como el descrito por Dreyer en *Dies Irae*) y otros pasivamente (el delirio persecutorio simple, donde vagos pretextos de defensa lanzan a un ataque concreto).

Hay en la mente humana una propensión ancestral a la cura proyectiva —el sacrificio llamado antes del modelo A, sostenido sobre chivos expiatorios—, y por más que la experiencia histórica acumule casos pavorosos para nuestra sensibilidad, casi todas las épocas se han aferrado a alguno como tabla de salvación. En la Alemania hitleriana, por ejemplo, unos estaban de acuerdo en hacer jabón con los judíos y otros proponían simplemente expropiar sus bienes; prácticamente nadie —aparte de los propios amenazados— osó decir que el «problema» alemán con los judíos no era su existencia, sino la pretensión de salvar al mundo tomando algún tipo de medida penal con ellos. Lo mismo puede decirse de otras etnias, profesiones, confesiones, asociaciones y obras de arte o pensamiento estigmatizadas como impuras a lo largo de los siglos, cuyo exterminio ofreció provecho a bastantes y renovada legitimidad a distintos regímenes roídos por la decadencia.

a) La circularidad del proceso. La autoridad de hecho ha venido capitalizando en beneficio propio no una, sino toda suerte de pestes morales. Sus rentas inmediatas son una peculiar concepción de la realidad, donde las instituciones encargadas de declarar y remediar la plaga parecen mesías, a quienes deben concederse poderes omnímodos para evitar la rápida fulminación del cuerpo social. Como al comienzo semejante cosa dista de ser evidente, la autoridad en cuestión se aplica de modo especial a obtener un asentimiento de los propios apestados, ofreciendo perdón y hasta recompensas a quienes confirmen su discurso. La confirmación es tan esencial para obtener credibilidad que borra automáticamente cualquier crimen.

En el siglo XVI y el XVII la fórmula era declararse brujo arrepentido, presto a colaborar en la caza de brujos contumaces. En el XX la fórmula es declararse toxicómano arrepentido, aspirante a los servicios de rehabilitación e inserción previstos por cada localidad, o bien toxicómano no arrepentido pero colaborador de la policía en la caza de otros; nada importa que esa persona se mantenga luego abstinente, o que se trate de un asesino o un ladrón habitual, pues lo excluido por principio es la posibilidad de usar con mesura alguna droga ilícita, sin que ello represente un perjuicio manifiesto para el propio sujeto o para cualquier otra persona, tal como en el siglo XVI lo excluido por principio era dedicarse a la hechicería sin ofender a Dios, secar la leche en los senos maternos de la vecindad y asesinar a niños de pecho para hacerse caldos.

Comentando el proceso de brujería instruido contra un joven y avispado indio zuñi, decidido a admitir los cargos de pacto con potencias mágicas y fingirse arrepentido como mejor solución, un etnólogo observaba que «al construir progresivamente el personaje impuesto, el adolescente consiguió transformarse de amenaza a la seguridad física del grupo en garante de su coherencia mental»[2]. Gracias a su colaboración, «la brujería y las ideas a ella ligadas escaparon a su modo penoso de existir en la conciencia, como conjunto difuso de sentimientos y representaciones mal formuladas, para encarnarse en ser de experiencia»[3]. Del mismo modo convierte el toxicómano arrepentido en ser de experiencia a la toxicomanía, arrancándola de un conjunto difuso de sentimientos y representaciones mal formuladas; de ahí que no pocas legislaciones actuales contemplen la posibi-

---

2.- Lévi-Strauss, 1968, pág. 158.

3.- *Ibíd.*, pág. 157.

lidad de suspender condenas por delitos contra las personas o la propiedad cuando el delincuente alegue ser drogadicto y estar dispuesto a someterse a tratamiento, mientras prevén penas de prisión para quienes simplemente consuman drogas ilícitas, sin verse implicados en agresión alguna contra personas o cosas.

En esencia, los institutos encargados de curar pestes morales capitalizan la influencia misma, como derecho a intervenir por medios coactivos en esferas antes ajenas a coacción. Puesto que esas pestes coinciden con momentos donde se experimenta la inminencia de grandes cambios, declarar la epidemia y poner en práctica cuarentenas permite manipular el cuanto de innovación que colectivos determinados piden y admiten en cada fase de su desarrollo. Pero la historia escrita —y la antropología comparada en el caso de culturas ágrafas— muestran que el cuanto de innovación admitido por las sociedades es máximo donde abundan la solidaridad, el libre examen y la justicia —o, si se prefiere, un aprecio por el amor y el conocimiento como naturalezas indisociables—, y mínimo allí donde esas cosas brillan por su ausencia. Dicho de otro modo, los cambios se asimilan serenamente en colectivos integrados, y paranoidemente en los integrados de modo precario o compulsivo. Para unos es sinónimo de vitalidad y progreso lo que para otros es símbolo de morbidez e infección.

Las cuarentenas aplicadas para combatir algún tipo de peste moral pasada probaron unánimemente su eficacia por el enorme número de infecciosos que descubrieron y exterminaron. Todavía hoy un sector de la dogmática católica, por ejemplo, está convencido de que la caza de brujas respondió a un brote de satanismo popular, frenado con medidas severas aunque necesarias. Décadas o siglos después, casi tan unánimemente, cunde el convencimiento de que ese número nació de un atropello padecido por el concepto de «plaga», cuando —en vez de ceñirse a fenómenos como la filoxera o el tifus— pudo aplicarse a alternativas en la concepción del mundo. Allí donde las diferencias de parecer amenazan como el virus del sida, el remedio es siempre una absoluta uniformidad, cosa difícil que explica masacres tenidas al principio por inevitables, y luego por lamentables. La fría razón considera más posible que alguien sea descubierto haciendo tratos con Satán cuando existe una fe oficial en semejante ídolo, y cuando a ello se añade un ejército de personas incitadas por la perspectiva de expropiar, en beneficio propio, los bienes de cualquier satanista; andando el tiempo, hay bastantes posibilidades también de que ciertos sujetos se consideren a sí mismos satanistas, y de que muchos otros anden revueltos ante la perspectiva de sufrir sus prodigiosas maldades.

II. El orden de los argumentos

La experiencia vivida con drogas psicoactivas en distintos tiempos y lugares ofrece un banco de datos sobre el modo en que ha influido sobre su producción y consumo el hecho de ser prohibidas, legales o ajenas a cualquiera de estos estatutos. Bajo esa luz conviene repasar ahora el cuadro de razones expuesto por el prohibicionismo farmacológico.

1. El argumento objetivo

La base para intervenir coactivamente sobre el entendimiento ajeno es que sustancias determinadas provocan embrutecimiento moral e intelectual, siendo por eso mismo «estupefacientes». Lo característico de este argumento fue basarse en cuerpos químicos precisos, y por ello conviene distinguir un argumento antiguo y otro moderno.

El antiguo mantuvo que eran estupefacientes unos pocos compuestos químicos (opio, morfina y cocaína hasta 1935), cuyo uso discrecional debía desaconsejarse, por ser bendición en manos de «médicos y científicos» y maldición en manos de «adictos». La Convención Única de 1961 amplió el número de tales compuestos, aunque siguieron siendo una cifra insignificante comparada con la de sustancias psicoactivas naturales y producidas por laboratorios. Como hasta mediados de los años sesenta seguía siendo sencillo obtener en farmacias variantes tan activas como los fármacos controlados —cuando no mucho más—, la vigencia de un régimen parejo produjo un pequeño mercado negro a la vez que un floreciente mercado blanco, no sólo de alcohol y otras drogas vendidas en supermercados sino de anfetaminas, barbitúricos, opiáceos sintéticos, meprobamato, benzodiacepinas, etc.

La argumentación objetiva antigua entró en crisis cuando toxicólogos de todo el mundo coincidieron en declarar insostenible el concepto oficial de estupefaciente, y el propio Comité de Expertos de la OMS se desentendió de él por considerarlo «acientífico». Nadie pudo precisar en términos biológicos, neurológicos o psicológicos por qué se llamaban estupefacientes ciertas sustancias, y por qué no eran consideradas del mismo modo otras. Fue en este momento —mientras los estupefacientes oficiales tenían muy escasa demanda, aunque se perfilaba ya en el horizonte la amenaza psiquedélica— cuando cristalizó el argumento objetivo ulterior o moderno, que legitimaría una continuidad de la antigua política aumentando su indefinición.

En efecto, según el antiguo argumento los llamados estupefacientes eran medicinas de administración muy delicada, que sólo ciertas personas podrían dispensar o investigar. Luego se convirtieron en sustancias siempre indeseables, ya superadas por los progresos en la química de síntesis, que en ningún caso podrían quedar libradas al criterio de médicos y científicos. Su concepto pasó a ser estrictamente ético-legal, reflejado en un sistema de elencos o Listas que marcaban la transición del simple control previo a la prohibición ulterior. En adelante, las leyes no necesitarían —ni en el período de deliberaciones previas ni en sus exposiciones de motivos— aclarar farmacológicamente cosa alguna; verbigracia: por qué el alcohol, las anfetaminas o los barbitúricos eran artículos de alimentación o medicinas, mientras la marihuana y la cocaína eran artículos criminales. Puesto que eso conllevaba un elemento de arbitrariedad, la solución última y todavía vigente fue declarar que todos los Estados debían velar por el estado anímico de sus ciudadanos, controlando cualesquiera sustancias con efectos sobre su sistema nervioso. Nació así el concepto de «psicotropo», a la vez que se disparaba la producción y consumo de los estupefacientes tradicionales, pues sus análogos sintéticos eran ya «sustancias psicotrópicas» que sólo podían obtenerse en farmacias con receta médica.

a) Las objeciones. El argumento objetivo en general, antiguo o moderno, tropieza en primer término con la idea científica del *fármaco*, que no proyecta determinaciones morales sobre cuerpos químicos, por considerarlos cosas neutras en sí, beneficiosas o perniciosas dependiendo de sus usos subjetivos.

En segundo lugar, hay circularidad en la forma antigua y moderna de exponer el argumento. Al comienzo se dijo que ciertas sustancias son muy útiles en manos de personas competentes —y se admitió su «empleo médico y científico»—, mientras a la vez se creaban dificultades casi insuperables para que ese personal especializado dispusiera de ellas. Luego, cuando terapeutas e investigadores reclamaron su derecho, se opuso que dichas sustancias eran drogas inútiles para la medicina o la ciencia, por existir ya productos sintéticos mucho mejores. Por último, cuando algún médico insiste hoy en que se le expliquen técnicamente las ventajas de los fármacos sintéticos (por ejemplo, por qué es mejor metadona que opio) se vuelve a la premisa inicial, esto es, que los tradicionales serían muy útiles, e incluso mejores, si pudieran prevenirse abusos en su dispensación. Como no hay modo «técnico» de probar que son drogas inútiles, se alega que son peligrosas, y como no hay modo de hacer valer la peligrosidad ante un diplomado en toxicología se alega que son inútiles. Una línea pareja de raciocinio se llama en castellano cuento de la buena pipa.

En tercer lugar, el argumento objetivo prescinde de que una droga no es sólo cierto cuerpo químico, sino algo esencialmente determinado por una etiqueta ideológica y unas condiciones de acceso a su consumo. Hacia 1910, los usuarios norteamericanos de opiáceos naturales eran personas de segunda y tercera edad, casi todas bien integradas a nivel familiar y profesional, ajenas a incidencias delictivas; hacia 1980 son en buena parte adolescentes, que incumplen todas las expectativas familiares y profesionales, cuyo hábito justifica un porcentaje muy alto de los delitos cometidos al año. ¿Han cambiado los opiáceos, o más bien han cambiado los sistemas de acceso a esas sustancias? Lo mismo cabe decir de las sobredosis involuntarias: ¿cuántos usuarios de heroína o cocaína murieron por intoxicación *accidental* mientras el fármaco fue de venta libre, y cuántos han perecido desde su ilegalización?, ¿puede achacarse a cosa distinta del derecho vigente la inundación del mercado por sucedáneos mucho más baratos y tóxicos que sus originales, como el *crack* o los fentanilos?

Por mucho que estos y otros efectos quieran presentarse como desgracias imprevisibles, surgidas fortuitamente al defender la moralidad y la salud pública, el argumento objetivo se apoya en pasar por alto que las condiciones adheridas a la satisfacción de un deseo determinan decisivamente sus características. La realidad sociológica en materia de drogas es una consecuencia, y no una premisa, de su *status* legal. Cuando se escamotea el efecto de la condición sobre lo condicionado todo queda a merced de profecías autocumplidas, como la de aquel astrólogo inglés que tras adivinar cierto incendio futuro tomó la precaución de prender personalmente el fuego, a la hora y en el lugar ordenado por los astros.

Usando categorías biológicas, o simplemente lógicas, no es sostenible —en cuarto lugar— que el usuario de drogas ilícitas sea un toxicómano («maníaco consumidor de venenos»), mientras el usuario de drogas lícitas constituye un «bebedor» o un «fumador». Sin embargo, esta incoherencia permite mantener un negocio propiamente imperial a nivel planetario, que se exhibe sin el menor recato en todo el Tercer Mundo. Esos territorios son sometidos a extorsiones políticas, a devastaciones botánicas y a la persecución de sus campesinos porque producen la materia prima de los principales agentes psicoactivos ilícitos, una materia que mata a occidentales a miles de millas de distancia; al mismo tiempo, es allí donde se venden en masa hoy los agentes psicoactivos lícitos, desde tabaco y alcohol a estimulantes y sedantes patentados, con una propaganda dirigida a fulminar cualquier competencia de sus fármacos tradicionales. Allí el tabaco —desde luego, norteamericano— es cinco a diez veces más barato que en el sector «civilizado» del mundo —aunque el dentífrico o las sulfamidas valgan el triple—, y no lleva adherida la leyenda de que puede perjudicar la salud; allí también el *Valium* y las demás benzodiacepinas se venden por cartones de envases, si el comprador lo desea, indicando sus prospectos que no son drogas sino decentes medicinas.

2. El argumento de autoridades

La política vigente se apoya también en el peso específico de sus propugnadores, distribuido en un grupo de eminencias y una masa de personas innominadas (Mayoría Moral, o Silenciosa). Se alega que no podrían equivocarse los líderes más respetados del mundo y una abrumadora mayoría de ciudadanos.

En efecto, a principios de siglo apoyaron la Prohibición —ante todo la del alcohol— destacados representantes del fundamentalismo religioso, cuya bandera fue asumida luego por agencias policiales, políticas y financieras. Hoy es casi imposible encontrar un prelado, general, banquero o estadista hostil al prohibicionismo, y entre quienes sostienen con mayor elocuencia sus premisas se encuentran jefes antiguos y modernos, desde el obispo de Brent o el supercomisario Anslinger a los presidentes Nixon, Reagan y Bush, la señora Thatcher o el imán Jomeini.

Por lo que respecta al hombre de la calle, un gran número de personas cree sinceramente en «la» droga como ente real, y se defenderá de semejante cosa como de un atracador o un asesino. Si en un platillo de la balanza ponemos a los que apoyan la Prohibición, y en otro a quienes querrían derogarla, parece desde luego muy posible que los primeros superen a los segundos, aunque no sea sencillo determinar en qué proporción; los sondeos nunca se han aplicado a investigar este preciso extremo con el rigor exigible para acercarse a estimaciones objetivas. El hecho de que en algunos países la disidencia farmacológica (haber usado alguna vez una droga ilícita) se aproxime a una cuarta parte de la población —como acontece en Estados Unidos y Holanda, por ejemplo— no significa que los disidentes se opongan a la Prohibición en general, y tampoco excluye que sí se opongan a ella quienes sólo han usado drogas lícitas. Lo innegable es que el asunto preocupa seriamente a la población, y que esta inquietud es interpretada en medios oficiales como apoyo expreso al régimen en vigor.

a) **Las objeciones**. Al argumento de que no podrían equivocarse los líderes más eminentes del mundo y una abrumadora mayoría de las personas cabe oponer dos reparos básicos.

Por lo que respecta a la autoridad de los líderes, no es la única, y si desde Anslinger a Jomeini o Bush los políticos apoyan unánimemente la cruzada actual, se observa también que la rechazan de modo no menos unánime quienes representan la autoridad del pensamiento o, en otras palabras, que no hay una sino *dos* autoridades en abierto conflicto. Tanto como apoyaron la prohibición destacados

próceres, se opusieron a ella destacados representantes de las ciencias
y las artes, cuyos criterios se prolongaron en grupos de resistencia activa o pasiva. Si en un platillo de la balanza ponemos a los primeros,
y en el otro platillo a los segundos, tan abrumadora es la suprema-
cía del brillo institucional en unos como la del brillo intelectual en
otros. Es tan difícil encontrar un prelado, un general, un banquero
o un estadista hostil al prohibicionismo como un solo gran jurista,
sociólogo o escritor que lo apoye. Entre los preconizadores de la cultura farmacológica hallamos una larga secuencia, desde Teofrasto y
Galeno hasta Huxley y Bateson, pasando por Paracelso, Sydenham,
Coleridge, James y Freud. Y, para ser exactos, la disparidad entre ambas corrientes recuerda la polémica a propósito de la brujería, donde
a un lado estaban humanistas como Pomponazzi, Bruno, Cardano,
Laguna y Porta, mientras formaban un frente común de salvación
pública hombres de credos tan dispares como Calvino, Bonifacio
VII, Tenebrero y Melanchton.

Por lo que respecta a la autoridad del hombre de la calle, la historia enseña hasta qué punto ha sido receptivo a convocatorias de
descontaminación, y lo muestra bombardeado por la propaganda
con clichés como la llamada «espiral del estupefaciente», en cuya virtud basta acercarse a fármacos prohibidos para caer en la adicción
y el crimen. Puesto que el ciudadano de a pie no tiene datos fiables
sobre la frecuencia con que esto acontece, atendamos un momento
al asunto.

Uno de cada 16 iniciados a la heroína ha requerido alguna vez
atenciones médicas; los otros 15 viven su vida —habituados o no, la
mayoría no habituados— sin alertar a las redes «epidemiológicas».
Con la cocaína la proporción puede multiplicarse por cien o más,
pues mueren menos personas por sobredosis de verdadera cocaína al
año que debido a tiroteos relacionados con su tráfico. Tratándose del
cáñamo y sus derivados, sencillamente no se conocen casos de ingresos en hospitales pidiendo tratamiento de desintoxicación; lo mis-

mo puede decirse (al menos durante la última década) de los demás fármacos visionarios. Promediando los casos de verdadero abuso y envenenamiento con estos fármacos de la Lista I, considerados «superpeligrosos», resulta que a pesar de la etiqueta demonizadora algo como el 0,01 por 100 de los toxicómanos en sentido legal —usuarios de ciertas drogas sin receta médica— ha caído y cae en la llamada espiral del estupefaciente. Como en algunos países ese 0,01 por 100 afecta al 20 o 25 por 100 de la población *total*, basta de sobra para producir directa o indirectamente un alto porcentaje de los delitos cometidos contra las personas o las cosas. Con todo, para la inmensa mayoría de los demás «toxicómanos» consumir o no una droga de la Lista I es un asunto ceremonial y lúdico, rara vez místico, apenas distinto de ir al casino, celebrar una fiesta o visitar un museo, sin efectos psicosomáticos discernibles de tomar una o varias copas.

La ecuanimidad de los *media* se mide calculando las veces que aparece descrito en ellos este 99,99 por 100, y las veces que es descrito el 0,01 por 100 restante. Para más claridad, calculemos con qué frecuencia al narrar la vida de ese 0,01 por 100 se describen el cliché satanista, los fuertes desembolsos económicos, el peligro de envenenamiento con sucedáneos y la necesaria frecuencia de círculos criminales como elementos influyentes en el abuso farmacológico o la conducta delictiva. Los *media* se alimentan, qué duda cabe, del escándalo como noticia idónea; pero eso no explica su elección de tema, pues mucho más escandaloso sería describir el autocontrol que vienen mostrando cientos de millones de personas, a pesar del clima imperante y sus muy reales peligros. La realidad censurada es este segmento del mundo que sencillamente no acata la prohibición, sin sentirse justificado para hacer mal a otro por el coste de un hábito, ni entrar en las ceremonias que el represor ofrece para presentar sus actos como pura benevolencia. Mientras semejante parte del mundo siga ausente de los televisores y la prensa diaria, es absurdo suponer que el hombre de la calle posee elementos de juicio para resolverse sobre ventajas y desventajas de la Prohibición. Por otra parte, no faltan sorpresas aquí y allá, como un programa de máxima audiencia en Cataluña que a principios de este año (1989) promovió un debate; jurados elegidos al azar escucharon los alegatos de prohibicionistas y abolicionistas, decidiéndose por 11 a 2 en favor de una total despenalización. Como era de prever, poco después los periódicos presentaban encuestas donde el 97 por 100 de los ciudadanos apoyaban el endurecimiento de las medidas represivas para tráfico y consumo de drogas ilícitas.

3. El argumento conjetural

Desde sus comienzos, la conciencia prohibicionista ha recurrido a una tercera forma de razonar, según la cual todo cambio de la política vigente dispararía el consumo de las drogas ilegales hasta extremos apenas conjeturables. Sirve de ejemplo una Carta al Director que publicó hace algún tiempo el diario de mayor tirada en lengua castellana: «La despenalización acabará con la mafia, sin duda, y con la criminalidad ligada al consumo de drogas […] cuando todos seamos heroinómanos»[4]. Sin llegar a declaraciones tan comprometedoras sobre lo que haría el voluntariamente reprimido en caso de no existir represión obligatoria, los poderes públicos afirman que un porcentaje «mucho mayor» de personas serían adictas a alguno de los psicofármacos prohibidos.

Se trata, en definitiva, del principal argumento no teológico de la cruzada, que por eso mismo merece la mayor atención.

a) **Los testimonios históricos**. Quien haya recorrido esta prolija crónica sobre el uso de distintos psicofármacos en diferentes culturas quizá piense que las repercusiones derivadas de despenalizar el consumo de una droga antes prohibida no necesitan *conjeturarse*.

4.- *El País*, 28-3-1983, pág. 13.

En China, la legalización del opio redujo del 160 por 100 al 5 por 100 la tasa de incremento en las importaciones. El consumo siguió creciendo para alimentar la tolerancia creciente de los habituados antiguos, pero no en la proporción necesaria para reclutar nuevos adeptos, o siquiera para conservar a todos los previos; con la legalidad desapareció la fascinación del paraíso prohibido, tanto como el acicate comercial para la promoción, y los individuos recobraron un sentido crítico enturbiado por tutelas incapacitantes. Por lo que respecta a Estados Unidos, la vuelta del alcohol a la legalidad se acordó porque había causado corrupción burocrática, injusticia, hipocresía, envenenamiento con alcohol metílico, grandes cantidades de nuevos delincuentes y la fundación del crimen organizado, sin reducir más de un 30 por 100 el consumo de bebidas etílicas.

A la inversa ¿qué efectos produjo la ilegalización de algo antes legal? Las consecuencias de la iniciativa china con respecto al opio y la americana con respecto al alcohol fueron ya examinadas. Cuando el mate, por razones teológicas, fue prohibido en Paraguay su consumo en la población nativa y entre españoles alcanzó proporciones jamás vistas antes o después. Cuando ciertos untos y decocciones pasaron a ser prueba de tratos con Satán, usando como puente la voluptuosidad, decenas de miles de europeos acabaron sentenciados a la hoguera por brujos, sin que tres siglos de inquisición produjeran enmienda. Cuando Murad III y Murad IV decretaron penas de desmembramiento para quien se relacionara con el tabaco, el comercio de este bien en Asia Menor experimentó un vigoroso impulso. Cuando se ilegalizaron los opiáceos naturales y la cocaína, su consumo se mantuvo bajo mínimos mientras hubo una oferta de drogas equivalentes en farmacia; pero estalló al restringirse la disponibilidad de sus análogos sintéticos, y hoy alimenta un negocio de tráfico superior al de las diez primeras multinacionales juntas.

Por último ¿qué aconteció con las drogas dejadas al margen de la promoción publicitaria, tanto como de la prohibición? Aunque justificaron incinerar en vida a tantas brujas, ciertas solanáceas y sus principios activos (atropina y escopolamina) son fármacos alucinógenos, productores también de estupefacción en grado eminente, pero no forman parte de los estupefacientes en sentido legal, y no generan hoy incidencias criminales ni el más mínimo interés colectivo. Mientras en China el consumo ilegal de opio minó las instituciones y provocó pavorosas catástrofes, en la India un consumo legal de opio muy superior (medido por habitantes y año) no provocó un predominio de usos abusivos en detrimento de los moderados, y fue compatible con las buenas costumbres hasta hace muy poco, cuando el país se vio obligado a poner en práctica tratados internacionales que le condenan a sufrir una «heroinización» de los jóvenes, tributo a fenómenos producidos en Norteamérica tres décadas antes. Aunque en Estados Unidos, Japón y Escandinavia (donde se encontraban prohibidas) había ejércitos de *speed freaks* delirantes, que se inyectaban botes enteros de anfetamina cada pocas horas, en España la total disponibilidad de estas drogas en farmacia —complementada con el asentimiento del médico familiar y los progenitores— no causó abusos en la inmensa mayoría de los casos, por más que la incidencia de uso se acercara al 65 por 100 de todos los universitarios en 1964. Aunque el éter y el cloroformo causaron sensación desde fines del siglo pasado, y sean los narcóticos por excelencia, con intensas propiedades adictivas, sus usos lúdicos declinaron de modo espontáneo sin necesidad de prohibición, y hoy puede obtenerlos por litros quien ponga algo de interés en ello. Aunque los barbitúricos —sustancias apenas menos adictivas que la heroína— fueron mercancías vendidas libremente durante décadas para inducir sueño en todo el mundo, y usados como cajón de sastre (solos o combinados con anfetamina) por infinidad de médicos, el número de barbiturómanos nunca sobrepasó el 0,5 por 100 de la población. Aunque la cultura egipcia y la mesopotámica —continuadas por la grecorromana— consumieron opio con notable generosidad, esa costumbre no produjo un solo caso de opiomanía registrada en sus anales.

En resumen, la historia enseña que ninguna droga desapareció o dejó de consumirse debido a su prohibición. Enseña también que mientras subsista una prohibición hay mucha más tendencia a consumos irracionales. A la luz de lo vivido en distintas épocas y países, un sistema de autocontrol se instaura —con éxito ya a medio plazo— tan pronto como cesa el sistema de heterocontrol o tutela oficial. No es por eso acorde con la experiencia que disponer libremente de una droga (incluso promocionada con mentiras, como ha sucedido con casi todas en su lanzamiento) cree conflictos sociales e individuales comparables con los que provocó y provoca su prohibición. No es siquiera sostenible, a nivel histórico, que la disponibilidad de una droga aumente el número de *adictos* a ella; la Ley Seca puso en claro que los alcohólicos no disminuyeron, y que sólo dejaron de beber —o redujeron su consumo— parte de los bebedores moderados; esto es: quienes no necesitan un régimen de abstinencia forzosa para controlarse.

Puestos en relación, estos datos sugieren que los seres humanos poseen poderes autónomos de discernimiento. Sugieren también que se dejan obnubilar por etiquetas adheridas a las cosas, velándose lo que ellas y ellos respectivamente son.

4. El argumento jerárquico

Junto al argumento objetivo, el de autoridades y el conjetural, la ley y la propaganda vigente exhiben una variante del consejo bíblico que dice: «el amor al amo es el principio de la sabiduría». Se trata de confiar en el poder coactivo como educador, que a su vez hace del voluntarismo un norte perpetuo. El refrán de que *quien manda, manda, y cartucho en el cañón*, define la actitud de un poder como el farmacrático, aparentemente volcado sobre pretextos como la intrínseca malignidad de ciertas cosas, el peso de sus próceres y prosélitos o una pesadilla soñada a título de futuro, pero que en última instancia recomienda al ciudadano obedecer. No es por esa cuestión de mandar una cosa u otra, sino de mandar con firmeza, asegurándose de que los obedientes reciban su premio con el castigo de los desobedientes.

La esencia del argumento jerárquico es que lo indeseable se combate con penas, y que definir lo indeseable corresponde en cada caso a quien manda. De ahí que el resultado tenga mucho de inesencial, pues lo decisivo es conservar el principio normativo mismo. Aplicada a drogas, esta orientación no pretende disuadir a quienes consumen las prohibidas —aunque así lo parezca— sino a los demás; y a tal fin arbitra un sistema tan ineficaz para unos como eficaz para otros, fieles a esas costumbres llamadas de toda la vida.

a) **El límite de la coacción**. El argumento jerárquico parece contradicho por las objeciones al conjetural, aunque es fruto de una construcción que funciona en muchos campos distintos de los psicofármacos. ¿Serán las jóvenes más prudentes si son obligadas a estar en casa a las nueve de la noche en vez de más tarde, y si son atadas a la pata de la cama o golpeadas cuando transgredan semejante regla? Esto parece *educación* a muchos progenitores, y hasta prevención idónea del sexo premarital, como conducta justificada por ser costumbre de toda la vida. No obstante, la probabilidad de que métodos análogos eviten la preñez o produzcan verdadero respecto por la autoridad familiar se aproxima a cero, mientras le acercan al infinito las probabilidades de que creen rebeldía, doblez y un número igual o mayor de embarazos premaritales, pues la copulación puede hacerse tanto antes como después de las nueve, y es más inconsciente mientras reine una ideología fundamentalista.

En el caso de las drogas no se trata de horarios sino de expendedurías, pero ni los perseguidores más acérrimos han logrado reducir su oferta en el mercado negro; precisamente ellos lograron elevar al cubo los riesgos higiénicos para el ciudadano, el lucro para cierto hampa y la desmoralización en los encargados de velar por la justicia. Pensados para provocar escasez en el abastecimiento de cocaína, ocho años de guerra sin cuartel a esa droga durante los mandatos de Reagan tuvieron su desconcertante reflejo en una saturación del mercado, gracias a la cual el usuario puede adquirir el producto cinco veces más barato que en tiempos de los permisivos Ford y Carter; lo mismo puede decirse hoy de la heroína en España, la LSD en Alemania o el XTC en Inglaterra. Si desconfiamos del recurso al látigo para evitar el embarazo precoz de nuestras hijas ¿hay razones para confiar en él como pedagogía farmacológica?

La respuesta del argumento jerárquico es afirmativa, entre otras cosas porque cree en las virtudes pedagógicas de encadenar a hijas díscolas. Su lógica no depende de resultados en general. Que haya más o menos usuarios delirantes de drogas, que resulten manipulados y envenenados involuntariamente, que los efectos consistan en doblez o violenta rebeldía, son cosas en última instancia episódicas. Justamente la división del cuerpo social en una masa de obedientes, una masa de hipócritas y un sector de rebeldes asegura que podrá seguir reinando aquella autoridad desnuda llamada por los ancestros *merum imperium*, fuerza bruta.

5. El argumento del hecho consumado

Si en algún foro público un defensor de la Prohibición agota esas razones, dice de inmediato que ningún país puede cambiar de política en este campo sin traicionar compromisos internacionales ratificados. Como la decisión de mantenerse en el camino actual fue tomada por la comunidad de naciones, sólo ella podrá alterarla. Y como los organismos internacionales encargados de velar por la aplicación de esos acuerdos son unánimes en defender la línea más dura, está fuera de cuestión cualquier iniciativa orientada hacia otras direcciones.

a) **Las objeciones**. La cruzada farmacrática fue el invento de un solo país —coincidente de modo puntual con su ascenso al estatuto de superpotencia planetaria—, que se exporto al Tercer Mundo mediante una política de sobornos y amenazas. Las naciones del bloque occidental y soviético adoptaron el modelo cuando no sufrían problemas sociales o individuales derivados de drogas, y cuando la iniciativa norteamericana —vista a distancia— parecía algo exclusivamente humanitario. Una vez creado el problema, todos los gobiernos comprendieron las distintas rentas políticas y económicas que se derivaban de mantener la cruzada.

Si, en efecto, ningún país ha decidido denunciar sus tratados, eso no obsta para que al menos una treintena hayan estatalizado la producción, el refinado o el transporte de distintas drogas ilícitas. La banca de los países más ricos se encuentra comprometida a fondo con el lavado de dinero proveniente de narcotráfico, y es un hecho que el propio patrocinador de la cruzada, Estados Unidos, controla a través de su CIA parte importante de la cocaína americana y la heroína proveniente del Sudeste Asiático, por razones según parece ligadas a hacer fluida la venta de su armamento y pagar la factura mundial de «contrainsurgencia». Dentro de un enjambre de noticias aparecidas últimamente sobre manipulación de la banca por traficantes de drogas —o de traficantes por banqueros— destaca el escándalo que ha costado su puesto a la ministra de Justicia suiza, E. Kopp, y el del fiscal general y jefe del servicio secreto suizo, R. Gerber. La trama incluye a *capos* libaneses del terrorismo y se centra en una compañía de inversiones con sede en Zurich —la Sakarchi Trading A. G.—, que parece haber lavado unos cien mil millones de dólares en los últimos dos años[5]. Quizá lo más interesante sea que uno entre los principales

---

5.- *Cfr.* C. Dickett y R. Parry, 1989.

compradores de efectivo en Sakarchi Trading desde 1981 haya sido la CIA, incluyendo una factura muy reciente por valor de 25 millones, empleada para financiar a los guerrilleros afganos, notorios productores de opio y morfina base[6].

Pero estas irregularidades no contradicen el argumento del hecho consumado tanto como una consideración detenida de la propia ley internacional, cuya letra admite reformas. Todos los Convenios y Tratados reconocen «usos médicos y científicos» de cualquier psicofármaco, todos mantienen que su objetivo es el gran tráfico, y todos otorgan alto valor a «campañas de información y prevención». Por consiguiente, no serían incumplidos poniendo en práctica tres medidas:

1.- Hacer efectivos —y no sólo potencialmente— y accesibles a terapeutas y científicos, para usos médicos y experimentales, *todos* los psicofármacos descubiertos, asegurándose de que laboratorios competentes los elaboren con las debidas exigencias de pureza. Evitar los posibles abusos de dispensadores y fabricantes lícitos no parece un problema comparable al de evitar cosa pareja en el caso de dispensadores y fabricantes ilícitos[7].

2.- Dirigir efectiva y no sólo teóricamente la acción penal sobre el gran tráfico, tomando medidas que se concentren en la corrupción de los cuerpos armados y en las conexiones de servicios secretos con el asunto[8].

3.- Asegurarse de que la información en el campo de las drogas

---

6.- *Ibíd.*, pág. 38.

7.- Por ejemplo, cabría establecer que los terapeutas no recetaran sin un detenido examen del cliente, ni obtuviesen emolumentos superiores a los derivados del recetar fármacos sin psicoactividad. Los científicos habrían de presentar proyectos detallados de investigación, quedando a juicio del departamento al que se encuentren incorporados sugerir modificaciones. Libres de aceptar o no a pacientes y voluntarios, los médicos e investigadores serían así responsables de cualquier perjuicio causado por desatención o incompetencia, como el cirujano por una operación mal hecha o el internista por no haber estudiado a fondo unos síntomas. En cuanto a los laboratorios, por ejemplo, cabría establecer que no hicieran publicidad ni produjeran sin control, ajustándose los precios de cada sustancia a algún baremo justo.

8.- En muchos países —si no en casi todos— esto parece imposible sin trasladarlas actuales plantillas de estupefacientes a destinos distintos dentro del cuerpo, y poner en su lugar a inspectores y comisarios de otras brigadas, suprimiendo también el gremio de informantes-revendedores.

merezca su nombre, ofreciendo datos farmacológicos en vez de far-
macomitologías contraproducentes[9].

Coordinar estos discretos pasos —u otros parecidos— podría en
poco tiempo ser más útil para remediar delirios e intoxicaciones individuales que gigantomaquias como la famosa *Estrategia Federal Contra las
Drogas*, cuyo efecto inmediato ha sido el lanzamiento del *crack*. La alternativa es ir preparando el tránsito hacia modos secularizados de tratar
el asunto, o seguir exacerbando dinámicas de guerra civil crónica y cura
por chivo expiatorio. Arriesgando la ira de una parte de Norteamérica,
pero sin necesidad de denunciar el derecho internacional vigente, todo
país puede ensayar políticas de ilustración en vez de políticas orientadas al oscurantismo. Una vez admitido esto, es previsible que cualquier
equipo de magistrados, médicos y científicos sociales elegidos exclusivamente por su prestigio profesional, impuestos a fondo en la materia
y refractarios a presiones extrañas llegue en poco tiempo a un acuerdo
sobre reformas concretas, del tipo antes sugerido o distintas, pero con
posibilidades reales de aliviar en vez de agravar el problema. Hay varios precedentes de acuerdo siguiendo estas líneas, como dictámenes de
sucesivas comisiones asesoras de la Presidencia norteamericana, o los
aún insuperados informes de la *National Comission on Marihuana and
Drug Abuse* (1973-1974). Si hasta hoy sus propuestas han sido sistemáticamente desoídas es porque la sencillez técnica y la corrección jurídica
no compensan arriesgar otros compromisos.

III. La batalla por la mente humana

El disidente farmacológico parece anclado a una insatisfacción ante
el tipo de existencia propuesto como realidad y salud, bifurcada en

---

9.- Por ejemplo, especificando para *todas* las drogas psicoactivas (legales e ilegales), los siguientes
puntos: a) dosis activa y dosis letal media (por kilo de peso); b) factor específico de tolerancia; c)
dosis y tiempo mínimo requerido para que la privación induzca síndrome abstinencial; d) efectos
orgánicos y psicológicos más habituales de dosis pequeñas, medias y altas para cada sustancia; e)
contraindicaciones específicas; f) modos de tratar inmediatamente intoxicaciones agudas o trances
paranoicos; g) forma de detectar adulteración, y toxicidad de los sucedáneos más habituales en cada
momento y lugar.

dos líneas básicas; unos pretenden huir de esa existencia, a pesar de considerarla real, y otros pretenden huir de ella por considerarla irreal, de manera que si los primeros usan drogas ilícitas para escapar hacia una irrealidad los segundos las usan para escapar hacia una realidad propiamente dicha. Los primeros son el sector más visible y reducido en número, que ha introyectado los principios de la cruzada, y tan periódica como infructuosamente acude a servicios de rehabilitación. Los segundos, menos espectaculares y mucho más numerosos, encarnan la disidencia en sentido estricto: consumen drogas moderada o inmoderadamente, pero no se identifican con el universo de símbolos y soluciones propuesto por la cruzada.

Como los psicofármacos ilícitos se reconducen a satisfacer una demanda de serenidad, energía o excursión por dimensiones inhabituales del ánimo, su oferta potencial se diversifica en tales cauces, y no admite el dogmatismo de una finalidad. Al mismo tiempo, hay algo común en esa oferta, y muy rara vez aparece expuesto sin unilateralidad —sin alabar unos psicofármacos y denigrar otros— el alcance del cambio previsible bajo un régimen distinto.

Parece evidente que el fin de la prohibición contribuiría a pacificar la vida civil, como sucediera al derogarse la ley Seca. Los policías dejarían de recurrir al chantaje; los hampones se arruinarían, y los delatores profesionales dejarían de ser instrumento nuclear de la justicia, a la vez que cómplices de los verdaderos mafiosos. Miles de personas dejarían de morir física o civilmente cada día. Cesarían las sobredosis accidentales, y la transparencia ocuparía el lugar de la encubierta estafa en cada esquina y farmacia. Puede añadirse que la criminalidad callejera se recortaría radicalmente, y que sin prohibición sería posible ofrecer un racional cuidado al porcentaje de individuos que siempre será adicto de esto o lo otro, hoy acosado por la ley y explotado por la ilegalidad.

Son efectos nada indeseables. Pero al abordar la pacificación convendría llevarla al individuo mismo, al hombre normal y corriente, que si en nombre del Desarrollo arriesga chernobiles, mareas negras y otras catástrofes naturales —muchas veces tan sólo porque el lucro de unos pocos lo quiere—, podría con más motivos y mejores esperanzas arriesgar un incremento de libertad y responsabilidad, atreviéndose a intervenir en su vida psíquica con los medios prácticamente inagotables que les ofrece la química, o al menos permitírselo a quienes piensan de otra manera. Esta fue la actitud del siglo XIX, y ante un fenómeno claramente cronificado como el actual la alternativa no es un mundo con o sin drogas, sino un uso más o menos racional de tales sustancias.

¿Sería preferible que hubiese un solo tipo de vino y un solo tipo de aguardiente, o más bien una enorme variedad de mostos y licores? ¿Pierden o ganan las personas con esta diversidad? Responder la pregunta no es ocioso para empezar a plantearse si lo sensato será mantener las otras drogas bajo un manto de tinieblas, o más bien sentar las bases de una *cultura* en su elaboración y consumo. El buen aguardiente y el buen vino no sólo son mucho más deseables por paladar y efecto, sino mucho más sanos; que su consumo se inicie casi siempre en el hogar, de modo gradual y acompañado por consejos precisos, sin alarmismos ni panegíricos, contribuye a que sólo sean alcohólicos los predestinados a ello por constitución o circunstancias ulteriores, aunque la descomunal promoción publicitaria de alcoholes —y su venta a menores de edad en lugares públicos— enturbie las etapas del aprendizaje.

1. Los riesgos de una cultura farmacológica

En la conveniencia de un aprendizaje correcto —que los antiguos llamaban *familiarización*— con los psicofármacos disponibles han coincidido los médicos durante milenios (en realidad hasta lanzarse al asalto de la automedicación) por motivos sencillos, que la actual cruzada considera abominables pero no logra refutar convincentemente. En vez de ese aprendizaje propone como virtud la más perfecta ignorancia, sin que los adheridos al consejo perciban el parentesco de su actitud con la de quien prefiere no alfabetizarse para rehuir lecturas dañinas.

Efectivamente, el descubrimiento de la imprenta amenazó con extender al vulgo algo reservado a unos pocos, sembrando la mente popular de peligrosos extravíos. Pero quienes monopolizaban la letra escrita entonces temían como extravío fundamental un aumento en el sentido crítico del pueblo, y por eso empezó prohibiéndose cualquier literatura religiosa en lengua vulgar. A despecho de las apariencias, una actitud racional ante los descubrimientos hechos por la química amenaza con algo paralelo: ciudadanos más selectivos en cuanto a pasatiempos, menos robotizados por el sistema de estímulos, símbolos y valores que actualmente sustituyen a los viejos credos: en definitiva, ciudadanos con un sentido crítico potenciado por el hecho mismo de acceder autónomamente, sin usuras, a los recursos que la ciencia y el ingenio humano habilitaron para obtener analgesia, estimulación y viaje hacia dimensiones infrecuentes de la conciencia[10].

Lícitos o ilícitos, los psicofármacos ofrecen perspectivas de modular el ánimo en el límite de sus fuerzas: dolor, temor, abatimiento, falta de horizontes, crispación nerviosa, dificultades de comunicación, traumas sexuales, procesos de aprendizaje, reorientación de disposiciones indeseadas, sondeo de estratos psíquicos sumergidos, misticismo, creatividad, eutanasia... En realidad, abren un campo casi inabarcable por su propia amplitud, donde —sin duda— las equivocaciones graves se pagan con imbecilización, envenenamiento y recortes de la propia libertad. Considerando las diferencias in-

---

10.- La publicidad vive de absorber y reconducir la libido de sus receptores (libido en sentido amplio, como impulso amoroso-intelectual), y se apoya en un ánimo-tipo, adaptado a las condiciones habituales del psiquismo; cualquier alteración de esos parámetros —por aumento en la insensibilidad al dolor, en el tono energético o en la potencia visionaria— representa una variable capaz de interferir en la recepción prevista del estímulo y conlleva, por tanto, una posible amenaza de menor influencia para el emisor de los mensajes.

dividuales, no ofrece duda que las oportunidades de mayor control pueden desembocar en un control menor, o en puro descontrol; pero —como prueban los hechos— las probabilidades de lo segundo son cualitativamente superiores bajo un régimen de prohibición. Si quien siente curiosidad hacia un psicofármaco accede a él por cauces análogos a los de quien quiere acercarse a un conocimiento, su experiencia tiene más probabilidades también de ser objetiva y —por lo mismo— útil; la opción no está en el acceso o falta de acceso a una droga ilícita, sino en obtenerla así o ya adherida a los ritos del mercado negro, y esto lo muestran igualmente los hechos, comparando el tipo de adicto a la heroína hacia 1920 con el que ha ido imponiéndose a partir de la prohibición.

Es de mayor interés observar que si bien la prohibición ha afectado hondamente las ideas sobre distintas drogas, no ha afectado (más bien potenciado) su naturaleza genérica de bien económico, sujeto a pautas comerciales comunes. El explícito motivo alegado en las conferencias de La Haya (1912-1914) para controlar opio, morfina y cocaína era que, por su propia naturaleza, no deberían ser objeto de promoción publicitaria como una marca de zapatos o un perfume, ni distribuidos de modo irresponsable. El criterio tenía visos de sensatez, y por eso mismo obtuvo el asentimiento de algunas naciones. Sin embargo, aquello que los próceres morales norteamericanos pretendían era acabar borrando de la faz terráquea ciertas drogas (e, inevitablemente, potenciar el *marketing* de otras), con lo cual ha acabado resultando algo muy distinto. En Lagos y Hong Kong, en Los Angeles y Copenhage, en México y en Sidney, tener acceso a una droga ilícita depende tan sólo de tener dinero o estar dispuesto a revenderla en caso contrario, como acontece con cualquier otra mercancía.

Salvo los enriquecidos por el tráfico, sospecho que los demás hombres coincidimos en preferir que las sustancias psicoactivas no estén gobernadas por especuladores, a quienes guían sólo estímulos de lucro; pocos, en cambio, parecen darse cuenta de que nada apoya tanto la especulación con las drogas como mantener el mercado dividido en blanco y negro. Que haya unanimidad en lo primero, y no en lo segundo, puede explicarse por la vigente distinción entre estupefacientes, medicinas honradas y cosas de supermercado (alcohol, café, tabaco, etc.), un ejercicio de crudo maniqueísmo que salva sus conflictos con la farmacología y la lógica apelando a la fuerza del derecho penal. Como la fábrica que decide hacerse autocompetencia, ofreciendo a unos Coca-Cola y a otros Pepsi-Cola, gracias a un gigantesco mercado negro florece un mercado blanco más gigantesco aún. ¿Acaso están dispuestos los gobiernos a no especular con psicofármacos, como inevitablemente especulan al cobrar fuertes impuestos formales a los lícitos, e informales a los ilícitos? ¿Hay siquiera uno realmente dispuesto a esforzarse para que dejen de ser puras *mercancías*?

2. Los riesgos de una incultura farmacológica

En 1953, disertando ante un selecto auditorio en la Universidad de Princeton, el director de la CIA entonces, Allen Dulles, justificó las generosas dotaciones para investigar con armas químicas —y la contratación de varios criminales de guerra nazis a tales fines— por los progresos soviéticos en ese campo. Quizá sin percibir la enormidad de su declaración, mencionó entonces «cuán siniestra ha llegado a ser la guerra por conquistar la mente de los hombres»[11]. Pero la cruzada, especialmente a partir de Yalta, constituye una parte importante de la batalla por conquistar la mente de los hombres, y debe a Goebbels tanto la meta como muchos procedimientos. Aunque los contendientes quieran presentarse como capitalistas y comunistas, víctimas y traficantes, lo que se dirime es la capacidad del estado de cosas para mantenerse inmodificado, justamente gracias a sutiles o groseros sistemas de condicionamiento mental.

11.- En Lee y Schlain, 1985, pág. 27.

El credo que durante la guerra fría tomó el relevo del fundamentalismo en Norteamérica fue la escuela conductista, con su tesis de que cualquier hombre puede ser adaptado a un medio, si se ponen en juego los oportunos «refuerzos». El conductismo proponía prescindir de vaciedades como espíritu o análisis del subconsciente, y concentrarse en la implantación de reflejos que produjeran automáticamente el comportamiento deseable en cada caso, ofreciendo así el tipo específico de servicios acorde con el espíritu de los nuevos tiempos. En otras épocas el gobierno exigía tributos, reclutas para sus guerras, reverencia ante los símbolos del poder y, algo después, ortodoxia en materia de libros e ideas. Sólo al surgir sociedades articuladas en torno a la fascinación que provocan estímulos audiovisuales, apoyados sobre técnicas de reflejo condicionado, la ortodoxia en materia de libros e ideas ha dejado de entenderse necesaria, convirtiéndose en un esfuerzo de control sobre sustancias con actividad sobre el sistema nervioso. Ensordecido entre mil ecos simultáneos, y estrangulado por medios de información que le obligan a estandarizarse, el libre pensamiento dejó hace tiempo de ser una amenaza; la amenaza es cualquier agente que descondicione a nivel inmediato, o siquiera estorbe la prevista asimilación de los mensajes: cualquier competencia al nivel del puro influjo. Tras apoyarse sobre mecanismos de presión externa, la gran apuesta del poder contemporáneo es mandar desde *dentro*, como controlador cerebral. Y si no ha hallado peor ni más ubicuo enemigo en esa empresa que ciertas drogas es porque él mismo pretende influir sobre la conciencia con la misma inevitabilidad de una droga.

Por lo demás, el pueblo siempre ha consumido opios metafóricos bien distintos del simple jugo de adormidera, y es discutible que la fascinación obtenida con los actuales recursos publicitarios pudiera verse estorbada por el libre uso de casi todas las drogas actualmente ilícitas; bastaría quizá cambiar algunas imágenes y lemas, modificar el ritmo persuasivo. Si la democracia no descubre antídotos, nunca faltarán nuevos peligros absolutos que justifiquen seguir vendiendo protección, con la mezcla de benévolas intenciones y latentes amenazas ensayada tan fructíferamente durante milenios. Pero en el específico caso de las drogas psicoactivas impide comprenderlo una combinación de arrogancia e intereses mercantiles, coronada por el terror a paladear la propia medicina en formas no metafóricas. Además, es probablemente cierto que algunos psicofármacos —los nucleares del complot pagano— son refractarios a la mentira en muchas formas, y no por otro motivo distintos servicios secretos coincidieron en destacar su valor como «drogas de la verdad».

Sea como fuere, el predominio de clichés paranoicos sobre planteamientos desapasionados olvida que el catálogo de fármacos disponibles tiene su origen en trabajos de innumerables investigadores, dirigidos casi siempre por la intención de aliviar las desdichas y penurias humanas. De ahí que sea un patrimonio de la Humanidad como las obras de arte e ingeniería legadas por el pasado. Impidiendo un acceso gradual y sensato a sus frutos, el legislador ha querido convertir ese patrimonio en planetaria e imprevisible calamidad, y si por ahora obtiene éxito no es sin potenciar la hipocresía y la estupidez, instigando supersticiones y formas de purificación que finalmente descansan sobre la virtud salutífera del sacrificio expiatorio.

Eso no obsta para que aprender a utilizar las drogas existentes —tomando medidas para pulir las capaces de ayudarnos, y cortar la producción de aquellas expresamente ideadas para perjudicar— sea una *obra de civilización*, que si en un sentido puede compararse con el reparto justo de una herencia, en el otro equivale a un progreso de la verdad comparable al fin de la censura sobre publicaciones, ideas o partidos políticos. Como se ha dicho, la verdad —aquello que las cosas son— se defiende muy bien por sí misma; sólo la convertimos en un tullido, incapaz de subsistir sin las muletas de alguna censura, cuando singulares o colegiados tiranos encadenan a dogmas la experiencia del mundo.

a) En el reino de lo insustancial. Lejos de perseguir políticas civilizadoras, vemos a los Estados aumentar presupuestos para acelerar la producción de armas químicas, no pocas veces psicoactivas[12]. Fingiendo consideraciones humanitarias, ejercitan una ambición abonada por el fenómeno que E. Fromm llamó *miedo a la libertad*, característica que distingue a los contemporáneos de sus abuelos y explica un buen número de instituciones vigentes. Tras siglos de luchar por distintos derechos civiles en la esfera religiosa y política, dos disuasorias guerras mundiales y una tensa postguerra han instalado a la ciudadanía en un acomodaticio consumismo. Sobre él crece la pretensión de tutelar perpetuamente al adulto en materia de ebriedades, amparada por un *Welfare State* que se articula sobre métodos de influencia —análogos en tantos sentidos— a la acción de un fármaco sobre el tejido nervioso.

Pero si la meta consiste en conquistar la mente de los hombres, es también cierto que la concreta existencia adjudicada hoy a individuos y grupos no puede esquivar desgarradoras contradicciones, cuyo espontáneo desarrollo conspira a favor de la cultura, y contra la barbarie farmacológica. Basada la vida sobre el consumo masivo de evanescencias y trivialidades, quienes gestionan los colectivos contemporáneos tienen razones para temer una ampliación de la conciencia subjetiva tanto como los carceleros para temer que sus presos les abandonen por vía de suicidio. De ahí que las cuerdas, tan útiles en muchos aspectos, sean cosas excluidas del lícito comercio en penitenciarías, y que ciertas drogas —tan útiles también en muchos aspectos— sean cosas excluidas del comercio lícito en las actuales sociedades civiles. No se trata de que haya maquiavélicos jerarcas ocupados específicamente en mantener a las personas absortas con

---

12.- Es el caso, por ejemplo, del superalucinógeno conocido técnicamente como BZ (Benzilato de quinuclidinil), Un obsequio de Hoffman-La Roche al *Army Chemical Corps* americano, que empezó administrándose (sin pedir su consentimiento, desde luego) a unos dos mil ochocientos soldados propios, y luego se lanzó en forma de fumigación sobre un número indeterminable de vietnamitas como arma de «contrainsurgencia». Dos memorandos secretos de la CIA, desclasificados recientemente, revelan planes específicos para usar BZ con norteamericanos «en caso de grave desobediencia civil», *cfr*. Lee y Schlain, 1985, págs. 41-43.

la vida privada de famosos, sometiéndose a graves humillaciones públicas para ganar una fruslería en algún concurso televisivo, comprando etiquetas en las rebajas como rumia el ganado su pienso, o cumpliendo el ritual de payasadas exigible para mostrarse identificado con lo último que se promueve como moda y pasatiempo. Hay en toda estructura compleja mecanismos que trabajan —sin necesidad de expreso acuerdo— por conservar la situación alcanzada.

Se trata de que —por la cualidad misma del presente— las drogas con psicoactividad son las sustancias más visibles de un mundo básicamente desustanciado, en rápida transición hacia algo incierto, que trata por todos los medios de huir hacia delante. Lo que ofrece como sustancial son insustancialidades, sucedáneos de las cosas que existen en y por sí mismas, no ya en este terreno sino en casi todos. Globalmente, a lo fabricado ha sucedido lo prefabricado, a lo clásico la vanguardia, al ser el mero estar, como corresponde a momentos de agudo cambio. Que el fenómeno del sucedáneo se note tanto en el caso de las drogas indica sólo que por su naturaleza de verdaderas sustancias concentran lo más deseado y lo más aborrecido, lo más ofertado y lo más escamoteado, la ambivalencia de una vida montada sobre la innecesariedad de elementos antes considerados necesarios, y sobre la inevitabilidad de otros tradicionalmente evitables.

La saturación del espacio operada en las megápolis actuales, con satisfacciones cada vez más estereotipadas para compensar la progresiva deshumanización del medio, es quizá el factor singular con máximo peso en la resistencia —sorprendentemente tenaz— que se opone al prohibicionismo farmacológico, porque al recorte en la posibilidad de movimiento exterior el urbanícola contemporáneo responde con intentos de ensanchar el espacio interno. Así, en el reino del simulacro que Montale llamó «humanidad estereofónica», las sustancias con acción sobre el ánimo han llegado a encarnar los residuos del arcaico misterio natural, la *physis* que rompe el dualismo del sujeto y el objeto, el alma y la carne, el espíritu y la realidad inmediata. En esa misma medida, simbolizan aquello que todavía se opone a la manipulación sin estorbos que el Estado terapéutico considera premisa de «gobernabilidad».

IV. UNA CONCLUSIÓN PRECARIA

Si los adultos no reclaman como derecho inalienable la auto-medicación, y el de conocer por vías sensatas todas las formas descubiertas para alterar la conciencia, la farmacracia impondrá cada vez más sus intereses particulares como bien común. No sólo seguirá potenciando el consumo de las drogas legales, sino promoviendo otras (las más adaptadas a un esquema de idiocia-conformidad) a título de salud pública. Esto comenzó a suceder hace ya tiempo con opiáceos sintéticos, tranquilizantes, neurolépticos o cafeína, y es una realidad en relación con la metadona, una miserable cárcel química distribuida hoy coactivamente, como terapia para un tipo de adicto que inventó la propia prohibición. Del mismo modo que los individuos se hallan indefensos ante una psiquiatría volcada sobre procedimientos y fármacos capaces de inducir efectos análogos a la lobotomización, administrados ala fuerza si se considera oportuno, las sociedades se hallan inermes ante políticas que estimulan el delirio paranoico en detrimento de la reflexión, y que no mañana sino hoy mismo amparan un *soma* —con las características del anticipado por Huxley en *Brave New World*— como honesta medicina para no-toxicómanos. En 1985, sabiendo que unos seiscientos millones de personas usaban diariamente *Valium* y otras benzodiacepinas, el delegado norteamericano en la Comisión Internacional de Estupefacientes —apoyado por varios colegas, delegados de los países más ricos— propuso mantener esos narcóticos en régimen de venta libre, sin exigencia de receta médica. ¿Podría una liberalidad semejante, tan inusual en los delegados norteamericanos, estar relacionada con intereses mercantiles? ¿O con un concepto verdaderamente embrutecedor de la ebriedad?

Una serie de azares han hecho que redacte estas líneas finales en Santo Domingo, donde los periódicos andan revueltos con el estado de caos provocado en Haití por el cese del coronel Himmler Rebu, jefe de la guardia pretoriana del presidente P. Avril, acusado por la DEA de narcotráfico. La columna de tribunales informa sobre la condena de un individuo a 20 años de cárcel por posesión de gramo y medio de cocaína, y el obispo de la capital declara ese mismo día que «los jueces se muestran demasiado clementes con la epidemia»[13]. Nadie ignora aquí que la mafia dominicana es una de las hegemónicas hoy en Nueva York, donde controla parte importante del tráfico de cocaína, y en esta isla los usuarios adquieren el producto por «cuartillas» (cuartos de onza, o 6,5 gramos) a un precio de 500 pesos (75 dólares) el lote. No es aconsejable dedicarse al negocio sin apoyos militares, y abundan policías secretos disfrazados de traficantes, que ofrecen cocaína a incautos en discotecas y lugares parejos; aceptar un «pase» —también llamado «jalar»— arriesga entre 5 y 10 años de cárcel, si bien la sentencia definitiva no se dicta nunca antes de exprimir a fondo el patrimonio del acusado, con promesas de comprar a fiscales y jueces.

Se diría que situaciones semejantes no pueden durar, y al mismo tiempo que son demasiado lucrativas para *no* durar. En 1988, gracias a la nueva legislación que permite incautar aviones, barcos y otros vehículos donde se hayan descubierto siquiera «rastros» de drogas ilícitas, el *Custom Service* americano ingresó 1.000.000.000 de dólares, una minucia en comparación con los botines de la DEA, pero más del doble de su presupuesto anual[14].

Es difícil no coincidir con A. Watts en su diagnóstico: del mismo modo que ciertas enfermedades derivan directamente de los reme-

---

13.- Redacción. «Importantes declaraciones de Monseñor López Rodríguez», *El Listín Diario*, 16-4-1989, págs. 1 y 22.

14.- *Cfr*, S. Waldman, M. Miller y R. Sandza, 1989, pág. 25.

dios arbitrados para curarlas, el actual «problema mundial de drogas» deriva de las medidas aplicadas para combatirlo. A lo cual podría añadirse otra cosa: que mejore el problema en vez de empeorar no entraña dificultad *técnica*, sino un compromiso con la buena fe. La buena fe exige dirimir la oposición entre el deseo de exterminar a los usuarios de ciertas drogas y el deseo de ayudarlos.

Alegando obedecer el mandato de la legalidad se lleva a cabo lo primero, pero la letra del derecho vigente preconiza también lo segundo. Aquí reside la ambigüedad a despejar, una ambigüedad profundamente enraizada en las propias leyes y en la conducta de los gobiernos. Por mucho fariseísmo y retórica que se añadan al asunto, el exterminio y la ayuda no son compatibles. Ser generosos con quienes se convierten en victimas de sí mismos no se armoniza con un aparato represor dedicado a crear víctimas en sentido estricto, gente perseguida por la ley. Al mismo tiempo, nada se ha revelado tan útil en tiempos inciertos como disponer de ambigüedades tales, con impurezas vivientes que piden alternativamente ayuda y liquidación; pronto acaban siendo auxiliadas por la liquidación, y liquidadas por el auxilio.

1. Vencedores y vencidos

Sigue siendo fácil conseguir que los hombres se dividan en bandos antagónicos, por razones que no provienen de su verdadera conveniencia. El bombardeo publicitario es una forma de hipnosis cada vez más eficaz, y la cruzada terapéutica constituye un objeto intensamente promovido a ese nivel. No sería extraño que, coincidiendo con el alivio de la guerra fría mundial, los medios empleados en sostenerla acabaran siendo usados para alimentar esta nueva encarnación del apocalipsis. Cientos de miles de funcionarios y un formidable complejo financiero penden de su perpetuación. Apoyado sobre una desvirtuación de la democracia, hay también un viejo sistema de gobierno, inmodificado en sus cimientos, que administra los asuntos comunes escindiendo y contraponiendo, hasta delegar en pequeños desdichados el peso visible de la amenaza al bien común.

Como mostró Foucault, antes de inventarse la cárcel había delincuentes, pero no un gremio estable —la delincuencia— que tras el oportuno aprendizaje sería convertido en el principal colaborador de las nuevas fuerzas policiales. Antes de que el Estado inventase manicomios, hospicios, reformatorios, asilos y clínicas de rehabilitación para adictos había también seres delirantes, huérfanos, jóvenes díscolos, vagabundos y ebrios habituales; pero la beneficencia privada no les sometía a etiquetamiento ni ponía en marcha un aparato realimentador para sus respectivas situaciones. Eran individuos necesitados de corrección en unos casos y de ayuda en otros, nunca minorías amenazadoras que podrían usarse como cobayas para experiencias. Fue el sostenido crecimiento en la burocracia, a partir de la revolución industrial, lo que convirtió al antiguo enemigo del Príncipe, ajusticiado atrozmente a la vista de todos, en una miríada de sujetos que quizá no eran culpables de una falta o delito preciso, pero sí de omitir la «normalidad» y que por eso mismo pedían ser reeducados científicamente. El aparato público se convirtió de ese modo en custodio de una media —el comportamiento *normal*— que «naturaliza» el poder legal de castigar y «legaliza» el poder técnico de disciplinar[15]. Transmutado el viejo poder taliónico en poder nivelador, los nuevos señores multiplicaron con elegancia sus prerrogativas, pues «mezclando sin pausa el arte de rectificar con el derecho a reprimir rebajaron el nivel a partir del cual se vuelve natural y aceptable ser castigado»[16]. Más ambiciosa que los demás experimentos normalizadores, la cruzada farmacrática parece haber evocado también más resistencia.

La pretensión de esta historia ha sido ofrecer al lector un conjunto de materiales para que forme su propio juicio. No me siento

15.- Foucault, 1976, pág. 309.

16.- *Ibíd.*, pág. 310.

imparcial, aunque he tratado de ser objetivo. En su fuero interno, cada cual llegará a conclusiones tanto más ecuánimes cuanto más tomen en cuenta el contraste entre el esfuerzo por lograr influencia y el esfuerzo por comprender, entre la propaganda y el razonamiento. En el calor de los debates sólo parece inconmovible la pregunta relativa al provecho (*cui bono*?), que Hobbes sugería como regla de oro para explicarlos actos políticos. ¿Quién depende en mayor medida de que se mantenga el estado de cosas? ¿Para quiénes sería ruinoso un retorno a formas antiguas de entender la ebriedad, o a formas propiamente nuevas? Unos mantienen que lo arruinado sería la sociedad civil en su conjunto, incapaz de resistir las tentaciones ofrecidas por un mercado abierto. Otros alegan que las únicas víctimas serían el aparato montado sobre la represión/rehabilitación y los grandes traficantes, elemento que al aumentar de volumen han ido haciéndose cada vez menos discernibles. Una paradoja, patética o irónica —según se mire—, hace que los intereses del cuerpo social coincidan puntualmente con los de sus envenenadores.

Como la sociedad costea por una parte la represión, y por otra enriquece a los mercaderes de drogas ilícitas, lo cierto es que paga dos veces: una por la protección ante el vicio y otra por el vicio mismo. Se trata de un doble impuesto, aunque no haya sido votado expresamente en Parlamentos. El perímetro de credibilidad disponible para la cruzada depende, pues, de hasta qué punto pueda seguir presentándose una fuente de lucro y poder sobre los demás como altruismo de unos motivado por satanismo de otros.

Con todo, hay en el hombre contemporáneo algo capaz de defender la Prohibición, incluso reconociendo en ella una empresa no desinteresada política ni mercantilmente, ineficaz y, en ultima instancia, destructiva para la solidaridad social. Ese algo es miedo a sí propio y a los otros, que admite censores para el estado de ánimo como otrora los admitió para ritos o ideas. Al fin y al cabo, del miedo y los atajos para obtener su alivio provienen la mayoría de las adicciones a una u otra droga. Quien teme por hijos y allegados se teme primero a sí mismo, lo sepa o no, y teme el peso de la responsabilidad que por fuerza se derivaría de sondear libremente su interior, con ayuda de cosas tan aptas para curar como para enfermar o matar, para ampliar la conciencia como para desatar una fiera sospechada en secretos pliegues de la propia mente. Mientras un hombre como E. Jünger, vigoroso y creativo hasta su muerte a los 102 años, experimento con toda suerte de psicofármacos por «una mezcla de sed de aventuras y conocimiento» pues «esa investigación es una de las grandes experiencias humanas»[17], un porcentaje importante de los humanos —ayudado por los clarines de la cruzada y sus propias condiciones de vida— contempla esa posibilidad con el mismo pánico que sentía el cristiano del siglo XVI ante los untos brujeriles.

Los extremos se tocan en la empresa de guerrear contra la «droga», y no sólo porque coinciden los intereses objetivos del emporio montado sobre la represión con los del gran tráfico. Se tocan también porque quienes temen convertirse en delirantes consumidores de drogas —y proyectan ese temor sobre otros— son ante todo los más «normales», aquellos aparentemente identificados sin dificultad con el reino de lo insustancial, la dineromanía y las preprogramadas aventuras. Como un psiquiatra que reclamara camisa de fuerza y electroshock para no cometer disparates, es esa reserva de valores morales, cordura y adaptación satisfactoria a la realidad quien exige que desaparezcan los vehículos de suicidio, metafóricos o reales. Confiesa así una vocación de destruirse en cuanto estén disponibles eutanásicos dulces, por no decir lo tedioso de sus normalizados goces.

2. El valor de un síntoma

La cruzada ha llegado lejos, y los gobiernos se han comprometido muy profundamente en ella. Si los colegios médicos y las magistra-

---

17.- Jünger, 1974, págs. 15 y 500.

turas osaran hoy sugerir su irracionalidad, bastantes pensarían que esas corporaciones les habían engañado sistemáticamente, creando un monstruo artificioso, o bien —cosa más previsible— que habían sido comprados por el narcotráfico. Pocos tendrían presente que eso implica el fin del narcotráfico mismo, y quizá el principio de una era caracterizada por la cultura farmacológica, donde *todas* las sustancias con acción sobre el psiquismo humano podrían empezar a ser cosas que merecen un régimen no dominado por consideraciones de mera rentabilidad económica.

Hoy por hoy, el mercado está cómodamente dividido en blanco y negro, la capitalización política de la cruzada florece en diversificados protectores, y los potenciales dementes encuentran en alguno de los bandos un providencial acomodo. Resulta así que el más moderado realismo se confunde con la utopía, y la utopía —el triunfo de la cruzada— con el realismo. Hay demasiada angustia y demasiado dinero invertido en el nuevo infierno para que conmuevan los crímenes aparejados a su establecimiento. En los umbrales del siglo XXI, cuando pies humanos han dejado huella sobre la Luna y una imagen puede ser enviada a todos los confines de la Tierra con la energía producida por un copo de nieve al caer, se diría que ni los hombres saben vivir ni los gobiernos administrar sin el espectro agobiante de algún averno.

No es ajeno a ello que regentes y vasallos hayan escuchado siempre con especial atención el consejo de curarse en salud liquidando a otro, cuyo exterminio lava los pecados del mundo, y prepara el ingreso de los muertos en algún paraíso para resucitados. Epicuro sigue teniendo por eso algo de intrínsecamente abominable, pues dijo que no debemos temer el acto de la muerte —ni dejarnos extorsionar por distintos marchantes de Campos Elíseos—, sino únicamente los perjuicios que, en vida, nos cause nuestra propia falta de virtud. En el momento actual, descreído para tantas cosas, muchos creen en venenos del alma y los identifican con ciertos alcaloides, como último reducto donde se mantiene incólume el abismo entre agua bendita y puchero de la bruja, aderezado por un frágil barniz de ciencia. Podemos preguntarnos entonces qué sucumbirá antes: la fe en el infierno o la ecuación droga-infierno. Pero la historia sugiere con abundantes ejemplos cuánto más probable es lo segundo —la aparición de nuevos objetos intrínsecamente diabólicos— en un ciclo de periódicas amenazas combatidas/fomentadas por equipos de tutela que aparecen providencialmente y que llegado el momento desaparecen sigilosos. La cruzada contra la brujería no acabó con decretos, sino entre susurros. Un día aparecieron seres más amenazadores aún para la «integración» social, y el cortejo del sabbat desapareció por las veredas de remotas montañas.

Será preciso esperar sin demasiada esperanza el día en que todos los hombres comprendan lo infernal mismo como proyección de sus actos más viles, conscientes de que si ese momento llegara quedaríamos redimidos de guerras santas para el futuro. Credos religiosos e ideologías laicas no vacilan en acusar a otros credos e ideologías de falsedad, aparentemente porque aceptan recibir el mismo trato. Y tan cierto como que todos están en su derecho de criticar a todos, lo es que ninguno debería poder convertir ese derecho en la salvaje práctica de castigar penalmente las opiniones del alguno. Entiendo que semejante principio es un pilar del sentido común y la justicia, escrito espontáneamente en el corazón de todos los humanos. Aunque el curso del acontecer histórico lo muestre tantas veces anulado y limitado, cualquier iniciativa pareja ha tenido a la larga el mismo conflicto con el orden natural de las cosas que una multiplicación hecha violando las reglas aritméticas. Cuando el resultado de esa multiplicación sirve para seguir operando, el primer error crece hasta acabar haciéndose descomunal y, en última instancia, evidente a los ojos de todos. Pero no sin antes sembrar el proceso de cálculos falsos, que en los anales aparecen representados por distintas masacres.

A mi juicio, es esto lo que viene aconteciendo con la cruzada por defender a la fuerza la salud mental ajena. Sin embargo, el contemporáneo «problema de drogas» sólo se entiende como *síntoma* de un conflicto por ahora permanente, transfigurado bajo diferentes rostros en el curso de los siglos. Las atrocidades de todo tipo que la actual cruzada legitima no deberían hacer perder de vista aquello que tiene de «cotidianeidad» al nivel de la historia universal, donde desde los comienzos recordados pugnan dos conceptos sobre el sentido de la vida humana, y especialmente de su existencia social. Por una parte, el dilema es elogio de la diferencia frente a uniformidad impuesta, autocontrol frente a control ajeno. Por otra parte es reino de los difuntos que se contrapone a horizontes abiertos, emancipación que se contrapone a colonización del entendimiento. En último análisis, batallan los azares de la libertad contra las seguridades ofrecidas a cambio de su ausencia.

Por lo que respecta a su inmediatez legal, no sería quizá inútil traer a colación unas palabras de Adriano, emperador de Roma en su etapa más serena y próspera, durante el breve lapso donde —como dijo Flaubert— habían muerto los dioses antiguos y todavía no se alzaba en el horizonte el Dios posterior, dejando así un espacio para que floreciese lo meramente humano:

«Toda ley demasiado transgredida es mala; corresponde al legislador abrogarla o cambiarla, a fin de que el desprecio en que ha caído esa ordenanza insensata no se extienda a leyes más justas. Me propuse la prudente eliminación de leyes superfluas, y la firme promulgación de un pequeño cuerpo de decisiones prudentes. Parecía llegado el momento de reevaluar todas las antiguas prescripciones, en interés de la humanidad»[18].

18.- En Yourcenar, 1981, pág. 97.

Bibliografía

AARONSON, A. y OSMOND, H. (eds.), *Psychedelics*, Hogarth Press, Londres, 1971.

AARONSON, S., «*Paspalum* spp. and *Claviceps paspali* in ancient and modern India», *Jour. of Ethnopharm.*, 24(2,3): 345-348, 1988.

ABERLE, The Peyote Religion among the Navaho, *Aldine, Londres, 1966.*

ABRAMSON, H. (ed.), *The use of LSD in Psychotherapy*, Josiah Nacy Foundation Pub., Nueva York, 1960.

—, «LSD», Proceedings, Josiah Macy Foundation, 22-24 abril 1959.

—, «Lysergic acid diethylamide (LSD-25) antagonists II. Development of tolerance in man to LSD-25 by prior administration of MLD41 (1-methyl-*d*-lysergic acid diethylamide)», *Arch. of Neurol. and Psych.*, 79: 201-207, 1958.

ACKERNECHT, J., «Natural Diseases and Rational Treatment in Primitive Medicine», *British Jour. Med. Hist.*, XIX, 1946.

ACOSTA, J. DE, Historia natural y moral de las Indias, *Sevilla, 1590.*

ADAMSON, S. y METZNER, R., «The nature of the MDMA experience and its role in healing, psychotherapy, and spiritual practice», *ReVision: The Journal of Consciousness and Change*, 10(4): 59-72, 1988.

ADLER, S. y ABRAMSON, P., «Getting High on "Ecstasy"», *Newsweek*, 15-4, 1985.

ADOVASIO, J. M. y FRY, G. S., «Prehistoric psychotropic drug use in Northeastern Mexico and trans-Pecos Texas», *Econ. Bot.*, 30-1-1976.

AGUAR, O., *Drogas y fármacos de abuso*, Consejo General de Colegios Oficiales de Farmacia, Madrid, 1982.

AGUEEV, M., *Novela con cocaína*, Seix Barral, Barcelona, 1984.

ALBAUGH, B. J. y ANDERSON, P. O., «Peyote in the treatment of alcoholism among American Indians», *Am. Jour. of Psych.*, 131: 1247-1251, 1974.

ALLEGRO, J., *The Sacred Mushroom and the Cross*, Hadder-Stoughton, Londres, 1970.

ALLES, G., «Chemical Structure and Physiological Action of Mescaline [...]», *Neuropharmacology*, J. Macy, Nueva York, 1959.

—, «Some relations between chemical structure and physiological action of mescaline and related compounds», en Abramson, H. A. (comp.), *Neuropharmacology.*, Josiah Macy Jr. Foundation, Nueva York, 1959.

ALPERT, R., LEARY, T. y Metzner R., The Psychedelic Experience: A Manual Based on the Tibetan Book of Dead, *University Books, Nueva York, 1964.*

AMARINGO P. y LUNA, L. E., Ayahuasca Visions: The Religious Iconography of a Peruvian Shaman, *North Atlantic Books, Berkeley, 1991.*

AMERICAN BAR ASSOCIATION & AMERICAN MEDICAL ASSOCIATION (eds.), *Drug Addiction: Crime or Disease*, Indiana Univ. Press, Bloomington, 1977.

ANCEL, M., *La pena capital*, ONU, Ginebra, 1968.

ANDREWS, G. y VINKENOOG, S., *El libro de la yerba*, Anagrama, Barcelona, 1977.

ANDRUS, B. C, *I was the Nüremberg Jailer*, Coward-McCann, Nueva York, 1970.

ANON, *Alcohol and Health. Sixth Special Report to the U. S. Congress*, Department of Health and Human Services, National Institute on Drug Abuse, Rockville, MD, 1987.

ANSLINGER, H. J. y TOMPKINS, W. F., *Traffic in Narcotics*, Funk & Wagnalls, Nueva York, 1953.

—, y GREGORY, J. D., *The Protectors*, Farrar, Nueva York, 1961.

ANTOLÍN RATO, M., «LOS psiquedélicos reconsiderados», *El viejo topo*, 29-2-1979.

ANTONIL, G. C., *Mama Coca*, Hassle Free Press, Londres, 1978.

APARICIO, O., *Drogas y toxicomanías*, Editora Nacional, Madrid, 1972.

ARIAS BONET, J. A., «Los "agentes in rebus": Contribución al estudio de la policía en el Bajo Imperio», *Anuario de Historia del Derecho Español*, Madrid, 1957.

ARMAND-PRÉVOST, J., *Opium, monnaie forte*, La Table Ronde, París, 1982.

ARNAO, G., *Rapporto sulle droge*, Feltrinelli, Milán, 1966.

—, Cocaina: historia, efetti, culture, esperienze, *Feltrinelli, Milán, 1980.*

ARPINO, PIERO, Haschisch. Cannabis indica. Notizie storiche, chimiche, fisiologiche e terapeutiche, *UTET, Turín, 1909.*

ARTELT, W., «Studien zur Geschichte der Begriffe Heilmittel und Gift», *Stud. zur Gesch. der Mediz.*, Leipzig, 1937.

ASHLEY, R., *Cocaine, its History, Uses and Effects*, Warner Books, Nueva York, 1976.

AYRAULT, P., L'ordre, formalité et instruction judiciaire, *1576.*

BAKALAAR, J. y GRINSPOON, L., La cocaína: una droga y su evolución social, *Hacer, Barcelona, 1982.*

—, *Marihuana Reconsidered*, segunda edición corregida, Harvard University Press, Cambridge, MA., 1977.

—, *Psychedelic Drugs Reconsidered*, Basic Books, Nueva York, 1979.

—, *Marihuana, the Forbidden Medicine*, Yale University Press, New Haven, CT., 1993.

BAKER, E. F. W., SORLUSH, L., STORM, T. y SMART, R. G., «A Controlled study of lysergide in the treatment of alcoholism», *Quart. Jour. Stud. Alcohol.*, 27, 1966.

BALL, J. C., Journal of Criminal Law, Criminology and Police Science, *56, 2, 1965.*

BALSDON, J., *Los romanos*, Gredos, Madrid, 1966.

BALUZE, E., Capitularia regum francorum, *París, 1877.*

BARATTA, A., «Introducción a la criminología de la droga», *Comunidad y droga*, 3, 1988.

BARBIER, A., «La codeïne», *Bull. Gén. de Thérap.*, 6, 141, 1834.

BAREA, A., *La ruta*, Plaza y Janés, Espluges de Llobregat, 1986.

BARGER, G., *Ergot and Ergotism*, Gurney and Jackson, Londres, 1931.

BARRON, F., JARVIK, M. E. y BUNNELL, S., «Hallucinogenic Drugs», *Scient. Am.*, 210, 1964.

BASELGA, E., *Los drogadictos*, Guadarrama, Madrid, 1972.

—, «Las drogas», en *Gaceta Médica* (n.º extr), Bilbao, 1974, Goti Iturriaga, J. L. (ed.).

BASLER, R. P. (ed.), *The Collected Works of Abraham Lincoln*, Rutgers Univ. Press, N. Jersey, 1953.

BATESON, G., Vers une écologie de l'esprit, *Seuil, París, 1980.*

BAUDELAIRE, Ch., *Les paradis artificiels*, Garnier-Flammarion, París, 1963.

BAYER, R., «Heroin decriminalization and the ideology of tolerance», *Law and Soc. Rev.*, 12, 1978.

BAYLE, C., *El Dorado Fantasma*, Reus, Madrid, 1930.

BEAL, J. H., «The Senate Amendments to the Harrison Bill», *Jour. of the Am. Pharm. Ass.*, 3, 1914.

BEALE, H. K., Th. Roosevelt and the Rise of America to World Power, *Hopkins Press, Baltimore, 1956.*

BEARD, G., American Nervousness: Its Causes and Consequences, *Putnam, Nueva York, 1881.*

BEAUMONT, G. y de TOCQUEVILLE, A., The Penitentiary System of the United States, *Filadelfia, 1835.*

BECKER, H., Outsiders. Studies in the Sociology of Deviation, *Free Press, Nueva York, 1963.*

BEECHER, H. K. y SMITH, G. M., «Amphetamine sulfate and athletic performance. I. Objective effects», *Jour. Am. Med. Ass.*, 170: 542, 1959.

BEER, A. G., «Beiträge zur Pharmakologie des extrapyramidalen Systems. II. Mitteilung: Die Wirkung des Harmins bei Katzen ohne Neocortex», *Arch. für Exper. Path. und Pharm.*, 193: 393-407, 1939.

BEHR, H. G., *La droga, potencia mundial*, Planeta, Barcelona, 1981.

BEJEROT, N., *Addiction and Society*, Thomas, Springfield (Ill.), 1970.

BENAVENTE «MOTOLINIA», T. de, *Historia de los indios de Nueva España*, Alianza Editorial, Madrid, 1988.

BENDER, L., «Children's reactions to psychotominetic drugs», en D. D. Efron, *Psychotomimetic Drugs*, Raven Press, 1970.

BENDER, L. y SANKAR, D. V. S., «Chromosome damage not found in leukocytes of children treated with LSD-25», *Science* 159, enero 1968.

BENÍTEZ, F., *Historia de un chamán cora*, FCE, México, 1970.

—, *Los Hongos Alucinantes*, Ediciones Era, México, 1964.

—, *En la Tierra Mágica del Peyote*, Ediciones Era, México, 1968.

BENJAMIN, W., *Haschisch*, Taurus, Madrid, 1975.

BENN, G. (trad. R. Metzner), «Provoked life: An essay on the anthropology of the ego», *The Psychedelic Review* 1:47-54, 1963. Original de 1949: «Provoziertes Leben», en *Ausdruckswelt, Essays und Aphorismen*, Limes Verlag, Wiesbaden.

BENNET, A., «Drug abuse: Who and Why?», *Jour. of the Indiana State Med. Ass.*, 64, 1971.

BENTLEY, W. H., «Erithroxylon in the Opium and Alcohol Habits», *Detroit Ther. Gaz.*, I, 9, 1880.

BERG, R. H., «Warning: stay clear of THC», *Look.*, 15-4-1969.

BERGER, F. M. y DAVIS, D. R. A., *All About Drugs*, Nelson, Nueva York, 1970.

—, «The Effect of Anti-Anxiety Tranquillizers in the Behavior of Normal Persons», en *Psychopat. of the Norm. Hum.*, W. O. Evans y N. S. Kline (eds.), Ch. Thomas, Springfield (Ill.), 1969.

BERINGER, K., «Über ein neues, auf das extra-pyramidal-motorische System wirkendes Alkaloid (Banisterin)», Der Nervenärzt, 1: 265-275, 1928.

—, y WILMANNS, K., «Zur Harmin-Banisterin-Frage» *Deut. Medizi. Wochens.* 55:2081-2086. 1929.

BERINGER, L., «Experimentelle Psychosen durch Mescalin», *Deut. Psych.-Vers.*, Erlangen, 1922.

BERISTAIN, A., El delincuente en el Estado Social de Derecho, *Reus, Madrid, 1971.*

—, «Las drogas y su legislación en España», *Rev. Gen. Leg. Jur.,* 67, 24, 1973.

—, Medidas penales en derecho contemporáneo, *Reus, Madrid, 1974.*

BERNAYS, J., Zwei Abhandlungen über die aristotelische Theorie des Drama, *Berlín, 1880.*

BERNFELD, S., «LOS estudios de Freud sobre la cocaína», *Intern. Jour. of Psychoan.,* 1951.

BERNFIEL, L., Valium, the Story of a Boom, *Nueva York, 1973.*

BERTRAND, I., *La sorcellerie,* París, 1912.

BEWLEY, T., «Barbiturate Addiction», *Bull. of Narcotics,* XVIII, 4, 1966.

BIANCHI, H., *Storie delle Religioni,* Ed. Torinese, Turín, vol. III, 1957.

BIBRA, E. F. VON, *Die Narkotischen Genussmittel und der Mensch,* Verlag von Wilhem Schmid, Nüremberg, 1855.

BIDEZ, J., *Les mages helleuisés,* París, 1938.

BIGWOOD, J., «STP and MDA: The love drug and other psychedelic amphetamines», *Head,* diciembre 1977.

BISHOP, E. S., «Morphinism and its treatment», *Jour. Am. Med. Ass.,* 58, 1912.

—, «An analysis of narcotic drug addiction», *N. Y. Med. Jour.,* 58, 1913.

—, «Some fundamental considerations on the problem of drug addiction», *Jour. Am. Med. Ass.,* 21, 1915.

—, «The narcotic addict, the physician and the law», *Med. Econ.,* 4, 1916.

BLACK, P. (ed.), *Drugs and the Brain,* Johns Hopkins Press, Baltimore, 1969.

BLAIR, T., «Habit indulgence in certain cactaceous plants», *Jour. Am. Med. Ass.,* 76, 1921.

BLÁZQUEZ-MIGUEL, J., *La Inquisición en Castilla-La Mancha,* Pub. Univ. de Córdoba, Madrid, 1986.

BLEWETT, D., «The psychedelics in group therapy», en Aaronson y Osmond (eds.), 1971.

BLOCK, A. A. y MCCOY, A. W. (COMPS.), War on Drugs: Studies in the Failure of US Narcotics Policy, *Westview Press, Oxford, 1992.*

BLUM, R., Utopiates: The Use and Users of LSD-25, *Tavistock, Londres, 1965.*

BODINO, J., De la démonomanie des sorciers, *París, 1580.*

BOGUET, H., *An Examen of Witches, Drawn from various trials...*, Rodker, Londres, 1929; original de 1602.

BOLLACK, J. y WISMANN, H., *Héraclite ou la séparation*, Minuit, París, 1972.

BORDIER, A., Dictionnaire encyclopédique des sciences médicales, *Masson, París, 1876.*

BORHEGY, S. F., «Pre-Columbian pottery mushrooms from Mesoamerica», *Am. antiq.*, 28, 1963.

BRADEN, W., «LSD and the press», en Aaronson, B. y H. Osmond (comps.), *Psychedelics: The Uses and Implications of Hallucinogenic Drugs*, Doubleday/Anchor, Garden City, N. Jersey, 1970, pp. 400-418.

BRAJA LAL MUKERJEE, «The Soma Plant», *Jour. of the Roy. Asiat. Soc.*, 1921.

BRAU, J. L., *Historia de la droga*, Bruguera, Barcelona, 1973.

BRAUCHITSCH, H., Deut. Mediz. Wochenschr., *86, 1961.*

BRAVO, F. y BUZETA, M., Diccionario geográfico, estadístico e histórico de las Islas Filipinas, *Peña, Madrid, 1850.*

BRECHER, E. M., *Licit and Illicit drugs*, Little-Brown, Boston, 1972.

BROASTEAD, M., *Oh Sex Education!*, Signet, Nueva York, 1971.

BROMBERG, W., «Marihuana and Crime», *Am. Jour. of Psych.*, 91, 1934.

BROUGH, J., «Soma and Amanita Muscaria», Bull. of the School of Oriental and African Studies, *1971.*

BROWN, J. K. M., Street Drugs in the United States and Europe, *Stockton, California, 1978.*

—, «Pacific Information Service on street drugs», *Street Drugs in the United States*, 6, 1-2, 1978, Stockton, California.

BUCK, R. W., «Toxicity of *Amanita Muscaria*», *Jour. Am. Med. Ass.*, 185 (8): 663-664, 1963.

BUCKMAN, J. y LING, T. M., Lysergic Acid (LSD 25) and Ritalin in the Treatment of Neurosis, *Lambarde Press*, Londres, 1963.

BUDAVARI, S. *ET AL.* (comp.), *The Merck Index: An Encyclopedia of Chemicals, Drugs and Biologicals*, 11.a edición, Merck & Co., Rahway, N. Jersey, 1989.

BURKHARDT, J., La cultura del Renacimiento en Italia, *Iberia*, Madrid, 1946.

BURROUGHS, W., *Junkie*, Ace Books, Nueva York, 1952.

—, «Letter from a master addict to dangerous drugs», *Brit. Jour. of Addiction*, enero 1957.

—, «Points of distinction between sedative and consciousness-expanding drugs», en Solomon (ed.), 1969.

—, *The Job*, Grove Press, Nueva York, 1964.

—, *The Naked Lunch*, Olympia Press, París, 1959.

—, *The Soft Machine*, Grove Press, Nueva York, 1961.

—, *The Ticket that Exploded*, Grove Press, Nueva York, 1962.

—, *Dead Fingers Talk*, Calder & Boyars Ltd., Londres, 1963.

—, *Nova Express*, Grove Press, Nueva York, 1964.

—, *Exterminator!*, The Viking Press, Nueva York, 1966.

BURROW, T., «The Proto-Indoaryans», *Jour. of the Roy. Asiat. Soc.*, Londres, 1973.

BURTON, R. F., *Las 1001 noches según Burton*, Siruela, Madrid, 1985.

BUSCH, H. A. y JOHNSON, W. C., «"LSD-25" as an Aid in Psychotherapy», *Dis. Nerv. Syst.*, 11, 1950.

BUTLER, W. P., «How one American city is meeting the public health problems of narcotic drug addiction», *Am. Med.*, 8, 1922.

BUTTERFIELD, L. H. (ed.), *Letters of Benjamin Rush*, Princeton Univ. Press, Princeton, 1951.

BUZETA, M. y BRAVO, F., Diccionario geográfico, estadístico e histórico de las Islas Filipinas, *Peña*, Madrid, 1850.

BYCK, R. (ed.), *Escritos sobre la cocaína*, Anagrama, Barcelona, 1980.

CAILLOIS, R., *L'homme et le sacré*, Gallimard, París, 1950.

CALCEDO ORDÓÑEZ, A., «Uso, abuso y dependencia de los psicoestimu-lantes», *Rev. de Psiq. y Psicol. Méd.*, 516, 1970.

CAMPBELL, H., «The pathology and treatment of morphine addiction», *Brit. Jour. Inebriety*, 20, 1923.

CAMPORESI, P. (trad. de D. Gentilcore), *Bread of Dreams: Food and Fanta-sy in Early Modern Europe*, University of Chicago Press, Chicago (Ill.), 1989. Publicado originalmente en 1980 como *Il Pane Salvaggio*, Il Mulino, Bolonia.

CANADIAN GOVERNMENT COMMISION OF INQUIRY (1970), The Non-Medical Use of Drugs: Interin Report, *Penguin, Harmonsworth, 1971.*

CARDANO, J., Hieronymi Cardani mediolanensis medicina, de subtilitate li-bri, *Basilea, 1611.*

CÁRDENAS, J., Problemas y secretos maravillosos de las Indias, *Alianza, Ma-drid, 1988.*

CARNICERO ESPINO, J., *Curso monográfico sobre drogas nocivas*, Altamira Rotopress, Madrid, 1969.

CARO BAROJA, J., *Las brujas y su mundo*, Alianza Editorial, Madrid, 1966.

—, El Señor Inquisidor y otras vidas por oficio, *Alianza Editorial, Madrid, 1970.*

—, Inquisición, brujería y criptojudaísmo, *Ariel, Barcelona, 1970.*

CARROLI, E. y JOSEPHSON, E., Drug Use: Epidemiological and Sociological Approach, *Hemisphere, Nueva York, 1974.*

CASSINELLI, E., *Historia de la locura*, J. Gil, Madrid, 1924.

CASTANEDA, C, The Teachings of don Juan: A Yaqui Way of Knowledge, *Univ. of California Press, Berkeley, 1968.*

CASTILLO, J., «La función social del castigo: el caso de la prohibición legal del consumo de drogas», *Rev. Esp. de Invest. Sociol.*, 34, 1984.

CATLIN, G. E. G., *Liquor Control*, Butterworth, Londres, 1931.

CERADINI, G., «Relazione di alcuni effeti dell' haschisch», *Ann. Chim. Appl. Med.*, 52, 1864.

CERVERA, S., *La droga: un signo de nuestro tiempo*, Prensa Española, Madrid, 1975.

CHAGNON, N. A., *Yanomamö: The Fierce People*, Holt, Rinehart and Winston, Nueva York, 1968.

—, *ET AL.*, «Yanomanö Hallucinogens», *Current Anthropology*, 12, 1971.

CHAILÉ-LONG, C., «Why China Boycotts Us», *The World Today*, marzo 1906.

CHANUT, A. J., Le régime de l'opium en droit international, *O. Caen, París, 1938.*

CHAYET, N. L., «Social and legal aspects of LSD usage», en DeBold y R. C. Leaf (comp.), LSD, *Man and Society*, Wesleyan University Press, Middletown, CT. 1967.

CHEEK, F. E. y HOLSTEIN, C. M., «LSD-25 dosage levels, groups differences and social interaction», *Jour. Nerv. Ment. Dist.*, 153-6-1988.

CHEIN, I., The road to Heroin: Narcotics, Delinquency and Social Policy, *Basic Books, Nueva York, 1964.*

CHIN, W. Y. y KENG, H., *An Illustrated Dictionary of Chinese Medicinal Herbs*, CRCS Publications, Sebastopol, California, 1992.

CHING-HONG, WU, «A Study of References to the Philipines in Chineses Sources», *Philipp. Soc. and Hum. Rev.*, 1959.

CHO, A. K., «Ice: A new dosage form of an old drug», *Science*, 249: 631-634, 1990.

CHOPRA, G. S. y CHOPRA, P. S., *Bull. of Narcotics*, XVII, 2, 1965.

CHRISTIANSEN, A. *ET AL.*, «Changes in spider webs brought about by mescaline, psilocybin and an increase in body weight», *Jour. of Pharm.*, 136: 31-37, 1962.

CHURCH, G. J., «Thinking the unthinkable», *Time*, 30-6-1988.

CIEZA DE LEÓN, P., Segunda parte de las crónicas del Perú, *1550.*

CIGNOLI, F., «Los polvos de Dover», *El Monitor de la Farm. y la Terap.*, 1532, 1951.

CIRAC ESTOPAÑÁN, S., Los procesos de hechicería en la Inquisición de Castilla la Nueva, *CSIC, Madrid, 1942.*

CIRUELO, P., *Reprobación de supersticiones*, Glosa, Barcelona, 1977.

CLARK, A. J., «Flying ointments», en Murray, M. A., *The Witch-Cult in West-*

ern Europe: A Study in Anthropology, Clarendon Press, Oxford, 1921.

CLARK, D. y NARASHIMA, N., «Experimental studies on marihuana», *Am. Jour. Psych.* 125.

CLARK, J., «Psilocybin: The use of psilocybin in a prison setting», en Aaronson, B. y H. Osmond (comps.), *Psychedelics: The uses and Implications of Hallucinogenics, Drugs*, Doubleday/Anchor, Garden City, N. Jersey, 1970.

CLARK, W. H., Chemical Ecstasy: Psychedelic Drugs and Religion, *Sheed & Ward, Nueva York, 1969.*

CLARKE, G., «Veronalism», *The Lancet*, I, 1904.

CLASTRES, P., *La société contre l'État*, Minuit, París, 1974.

CLINARD, M. B., Anomie and Deviant Behavior: A Discussion and Critique, *F. P. Glencoe, Nueva York, 1964.*

CLOSS, A., «Das Religiöse im Schamanismus», *Kairos*, II, 1960.

CLOTTES, J. y LEWIS-WILLIAMS, D., *Les chamanes de la prehistoire*, Seuil, París, 1996.

CLOWARD, R. A. y OHLIN, L. E., Delinquency and Opportunity: A Theory of Delinquent Gangs, *The Free Press, Nueva York, 1968.*

COCTEAU, J., *Opium, Journal d'une desintoxication*, Delamain et Boutelleau, París, 1930.

COHEN, A. E., *Delinquent Boys. The Culture of the Gang*, The Free Press, Nueva York, 1955.

COHEN, S., *The Beyond Within: The LSD Story*, Atheneum, Nueva York, 1966.

—, *Historia del LSD*, Cuadernos para el Diálogo, Madrid, 1969.

—, y DITMAN, K., «Adverse effects of LSD: A Survey», *Jour. Am. Med. Ass.*, 181, 22, 1962.

COHN-BENDIT, D., La revolución y nosotros, que la quisimos tanto, *Anagrama, Barcelona, 1987.*

COLLI, G. Y MONTINARI, *M., F. Nietzsche: Sämtlicche Werke*, Berlín, 1988, 15 vols.

COLLINS, R., Sociological Insight: An introduction to Non-Obvious Sociology, *Oxford Univ. Press, Nueva York, 1983.*

COMAS, D., «La medida de la incidencia, prevalencia y problemas causados por las drogas», *Rev. Esp. Inv. Sociol.*, 34, 1986.

—, «La sociedad de consumo y las drogas», *Historia 16*, mayo 1987.

COMITE DANIELS, *The Illicit Narcotics Traffic*, Senate Rept. n.º 1440, 84 con-gr., 2.a ses., 1956.

COMMISSION ON NARCOTIC DRUGS, Implementation of the Internacional Treaties, *doc. E/CN. 7/1986/5.*

—, *Report*, Official Records, 1985, U. N., Nueva York, 1985.

—, Report on the Thirty-first Session, *U. N., Nueva York, 1985.*

—, Inf. sobre el 8.º período extraordinario de sesiones, *doc. E/CN.7/1784/13.*

COMMONS, J. C. y COLS., History of Labor in the United States, *Nueva York, 1921.*

CONNELL, Ph., «Use and Abuse of Amphetamines», *The Practitioner*, junio 1968.

CONRAD III, B., *Absinthe: History in a Bottle*, Chronicle Books, San Francis-co, 1988.

COOKE, M. C, *The Seven Sisters of Sleep*, Londres, 1860. Reimpresión facsímil de 1989 de Quaterman Publications, Lincoln, MA.

COOPER, N. y STRASSER, S., «The Moscow Mainline», *Newsweek*, 6-10-1986.

COSTANTINI, E. S., «El uso de alucinógenos de origen vegetal por las tribus indígenas del Paraguay actual», Cuadernos Científicos CEMEF, 4: 35-48, 1975.

COURY, Ch., «The Basic Principies of Medicine in the Primitive Mind», Mus. Helvet, XI, 1967.

COVIÁN Y JUNCO, V, Memoria elevada al Gobierno de S. M., Reus, Madrid, 1921.

COX, P. A. y S. A. BANACK (comps.), Islands, Plants and Polynesians: An In-troduction to Polynesian Ethnobotany, *Dioscorides Press, Portland, Or., 1991.*

CRAFTS, W. S., Memorandum Concerning International Restraint in the Tra-ffic in Intoxicants analong Aboriginal Races, *Int. Ref. Bur., Washington, D. C, 1907.*

—, *ET AL.*, Intoxicating Drinks and Drugs in All Lands and Times, *Int. Ref. Bur., Washington, D.C., 1900.*

CRECRAFT, H. J. y RASOR, W. F. *Jour. Am. Med. Ass.*, 157, 654, 1955.

CROISSANT, J., *Aristotle et les Mystères*, Albin, París, 1923.

CROMBIE, A. C, *Historia de la ciencia*, Alianza Editorial, Madrid, 1983, 2 vols.

DAHMS, J. H., *The Prosecution of John Wyclyf*, Yale Univ. Press, New Haven, 1952.

DALLY, P., Chemotherapy of Psychiatric Disorders, *Logos Press, 1967.*

DANA, C. L., «Early Neurologists in the United States», *Jour. Am. Med. Ass.*, 90, 1928.

DAVIES, R. W, «Pólice work in Roman times», *History Today*, 18, Londres, 1968.

DAVIS, D. R. A. y BERGER, F. M., *All About Drugs*, Nelson, Nueva York, 1970.

DAVIS, E. W., *The Serpent and the Rainbow*, Warner Books, Nueva York, 1985.

DAVIS, J. M. y SCHLEMMER, R. F., «The amphetamine psychosis» en Caldwell, J. (comp.), *Amphetamines and Related Stimulants: Chemical, Biological, Clinical, and Sociological Aspects*, CRC Press, Boca Ratón, Fl., 1979.

DEAN, W. y MORGENTHALER, J., *Smart Drugs and Nutrients*, B&J, Santa Cruz, California, 1991.

DE HERRERA, A., Historia general de los hechos de los castellanos en las islas y tierra firme del Mar Océano, *Madrid, 1730.*

DE JULIÁN, A., Disertación sobre hayo o coca en la perla de la América, *Lima, 1787.*

DE LA SERNA, J., Tratado de las Idolatrías, Supersticiones, Dioses, Ritos, Hechicerías y Otras Costumbres Gentílicas de las Razas Aborígenes de México, *Ediciones Fuente Cultural, México, 1953.*

DE MARTIUS, «Beiträge zur Kenntnis der Gattung Erythroxylon», *Abhandl. d. Ath.-Phys. Kl. Acad. d. Wiss.*, Múnich, 1840.

DE QUINCEY, Th., *Confesiones de un inglés comedor de opio*, Alianza Editorial, Madrid, 1984.

—, *Suspiria de profundis*, Alianza Editorial, Madrid, 1985.

DE ROPP, R. S., *Drugs and the Mind*, Grove Press, Nueva York, 1960.

DE SOLIER, R., *Curandera: Les Champignons Halluginogènes*. Jean-Jacques Pauvert, Montreuil, Francia, 1965.

DELAY, J. *ET AL.*, «Premiers essais de la psilocybine en psychiatrie», *Neuro-Psychopharmacology*, vol. I, Elsevier, Amsterdam, Holanda, 1959.

DEL CASTILLO, J., Pharmacopea universalis, *1622.*

—, *ET AL.*, «Marijuana, absinthe and the central nervous system», *Nature*, 253: 365-366,1975.

DELAY, J. *ET AL.*, «Premiers essais de la psilocybine en psychiatrie» *Neuro-Psychopharmacology* Vol. 1, Elsevier, Amsterdam, Holanda, 1959.

DELLA PORTA, G., Magia naturalis, sive de miraculis rerum naturalium, *Colonia, 1562.*

DENIKER, O. (ed.), *Neuropsychopharmacology*, Princeton Univ. Press, Princeton, 1950.

DERNBURG, E. A., LUCE, J. y SMITH, D. E., «Love needs care: Haight-Ashbury dies», *New Society*, 16,1975.

DICKETT, C. y PARRY, R., «Scandal in Switzerland», *Newsweek*, 27-4-1989, p. 39.

DIGESTO, Aranzadi, Pamplona, 1975.

DISHOTSKY, N. I. *ET AL.*, «LSD and genetic damage», *Science*, 172: 431, 1971.

DITMAN, K. y COHEN, S., «Adverse effects of LSD: A Survey», *Jour. Am. Med. Ass.*, 181, 22, 1962.

DOBKIN DE RÍOS, M., *Hallucinogens: Cross-Cultural Perspectives*, Univ. of New México Press, Alburquerque, 1984.

—, Visionary Vine: Hallucinogenic Healing in the Peruvian Amazon, *Chandler Publishing Co., San Francisco, 1972.*

—, «Una teoría transcultural del uso de los alucinógenos de origen vegetal», *Cuadernos Científicos CEMEF*, 4: 17-34, 1975. Publicado también en 1977, *América Indígena* 37 (2).

—, *Amazon Healer: The Life and Times of an Urban Shaman*, Prism Press,

Bridport, UK, Unity Press, Lindfield, Australia, 1992.

DODDS, E. R., *Los griegos y lo irracional*, Alianza Editorial, Madrid, 1980.

DOUGLAS, M., *Símbolos naturales*, Alianza Editorial, Madrid, 1978.

DOWNING, J. J., «Attitude and behavior change through psychedelic drug use», en C. T. Tart (ed.), 1969.

DOYLE, A. CONAN, *The Sign of the Four*, Clarkson, Nueva York, 1967.

DREISBACH, R. H. *ET AL.* «Caffeine withdrawal headache», *Jour. of Lab. and Clin. Medicine*, 28, 1212, 1943.

DRIVER, G. y MILES, J. C., *Babylonian Laws*, Oxford Univ. Press, Oxford, 1955.

DUKE, J. A., *Medicinal Plants of the Bible*, Trado-Medic Books, Owerri, Nueva York y Londres, 1983.

—, *ET AL.*, «Nutritional Value of Coca», *Bot. Mus. Leaflets*, Harvard Univ., 24 (6), 1975.

DUMEZ, A. G. y KOLB, L., *The Prevalence and Trend of Drug Adiction in the U. S.*, Public Health Service, GPO, Washington D. C, 1924.

DUMEZ, J., «Some Facts Concerning Drug Addiction», *Records of the Public Health Service*, National Archives, 14-6-1921, n.º 2.123.

DUMÉZIL, G., *Le Festin D'Inmortalité*, Annales du Musée Guimet, París, 1924.

DUPORT, A., «Discours a la Constituante», *Archives Parlamentaires*, vol. X, 1789.

DURAND, Ch., «Psyquiatrie», *Encycl. Médico-chirurgicale*, A 10, 1955.

DURKHEIM, É., Las reglas del método sociológico, *D. Jorro, Madrid, 1912.*

DUVALL, H., LOCKE, B. y BRILL, L., «Follow-up Study of Narcotic Drug Addicts Five Years After Hospitalization», *Public Health Reports*, 78, 1963.

EDDY, P., GRAHAM, M., SABOGAL, H. y WALDEN, S., «Miami, capital de la droga», *Cambio 16*, 9-7-1987.

EDWARDS, G. y ARIF, A., Los problemas de la droga en el contexto sociocultural, *OMS Ginebra, 1981.*

EFRON, D. D, *Psychotomimetic Drugs*, Raven Press, Londres, 1970.

EFRON, D. H. *ET AL.*, (comps.), *Ethnopharmacologic Search for Psychoactive Drugs* (Public Health Service Publications n.º 1645), U. S. Government Printing Office, Washington D. C., 1967.

EISNER, B., *Ecstasy: The MDMA Story*, Ronin Publications Inc., Berkeley, California, 1989.

ELGOOD, C, «La medicina del antiguo Irán», en P. Laín (ed.), 1972, vol. I.

ELIADE, M., Le chamanisme et les tecniques archaiques de l'extase, Payot, París, 1968.

—, Le yoga: inmortalité et liberté, *Payot, París, 1968.*

—, Historie des idées et croyances religieuses, *Payot, París, 1980.*

—, Brujería, ocultismo y otras modas culturales, *Paidós, Buenos Aires, 1997.*

ELLIS, H., «Mescal: A new artificial paradise», *The Contemp. Rev.*, 1878, y *Smithsonian Institution Annual Report for 1898*, U. S. Government Printing Office, Washington D.C., 1898b, pp. 537-548.

ELMI, A. S., «The chewing of khat in Somalia», *Journal of Ethnopharmacology*, 8(2): 163-176, 1983.

ELOY, N. F. J., Dictionnaire historique de la médicine, *Mons, Bruselas, 1778.*

EMBODEN, W. A., «Ritual Use of Cannabis Sativa», en P. Furst (ed.), 1972.

—, *Narcotic Plants,* The Macmillan Co., Nueva York, 1972.

ERLENMEYER, A., «Über die Wirkung des Cocain bei der Morphiumentziehung», *Centralblatt d. Nervenheilkunde*, 8, 1885.

—, «Über cocainsucht», *Deut. Medizin.-Zeitung, 7,* 1986.

ESCOHOTADO, A., *Historias de familia,* Anagrama, Barcelona, 1978.

—, «La creación del problema: 1909-1919», *Rev. Esp. Inv. Sociol.,* 34, 1986.

—, La cuestión del cáñamo, una propuesta constructiva sobre haschisch y marihuana, *Anagrama, Barcelona, 1997.*

ESSIG y AINSLIE, *Jour. Am. Med. Ass.,* 164, 1382, 1957.

ESTEVE, J., Nicandri Colophonii poetae et medici antiquissimi clarisimique Theriaca, *Valencia, 1552.*

EVANS, W. O. y KLINE, N. S., *Psychopathology of the Normal Humane*, Ch. Thomas, Springfield (Ill.), 1969.

EWING, J. y HAIZLIP, T., *Am. Jour. of Psych.*, 114, 835, 1958.

EYSENCK, H. J., *Crime and Personality*, Routledge-Kegan Paul, Londres, 1964.

FABER, REGINIER y CHÉRAMY, *Leçons de Toxicologie*, Hermann et Cie., París, 1922.

FAYET DE SOUZA, N., «Análise da legislaçao brasileira a respeito do tráfico de emtorpecentes», *Fórum de debates sobre o uso e tráfico de substancias que causam dependéncia física o psíquica*, Porto Alegre, 1971.

FELICE, PH. DE, *Poisons sacrés, ivresses divines, Albin, París, 1936.*

FERGUSON, M., The Aquarian Conspiracy. A Personal and Social Transformation in the 1980's, *Paladin, Granada, 1983.*

FERNÁNDEZ DE OVIEDO, G., *Historia general y natural de las Indias*, 1535, reed., Real Academia de la Historia, Madrid, 1851.

FIDDLE, S., The Addict Culture and Movement Into and Out of Hospitals, *U. S. GPO, Washington, D.C., 1963.*

FINLEY, J. B., *Memorials of Prison Life*, Cincinnati, 1851.

FIRTH, R., *Tikopia Ritual and Belief*, Mac Gibbon & Kee, Londres, 1965.

FISHER, D. D., UNGERLEIDER, J. T., y FULLE, M., «Dangers of LSD», *Jour. Am. Med. Ass.*,9, 1966.

FLACELIÉRE, R., «Le fonctionnement de l'Oracle de Delphes au temps de Plutarque», *Annales de l'École des Hautes Études a Gand (Etudes dArchéologie Grecque)*, 2, 1938.

FOLCH, G., «LOS láudanos, fórmulas magistrales centenarias», *Rev. Gal. Acta*, vol. II, 1949.

FONT QUER, P., *El Dioscórides renovado*, Labor, Barcelona, 1982.

FORBES, R. J., *Short History of the Art of Distillation.* E. J. Brill, Leiden, Holanda, 1948.

FORT, J., *The Pleasure Seekers*, Bobbs-Merrill, Nueva York, 1969.

—, *La sociedad adicta*, Laia, Barcelona, 1981.

FOSSIER, A. E., «The Marihuana Menace», *New Orleans Med. & Surg. Jour.*, 84, 1931.

FOSTER, H. HUBBARD (Jr.), «Health and Safety Laws», *Encyc. Brit.*, vol. VIII.

FOUCAULT, M., *Vigilar y castigar*, Siglo XXI, Madrid, 1978.

FRANCISCO VÁZQUEZ, P., *Curso monográfico sobre drogas nocivas*, Altamira Rotopress, Madrid, 1969.

FRAZER, J. G., *La rama dorada*, FCE, México, 1944.

FREEDMAN, D. X., «On the use and abuse of LSD», *Arch. Gen. Psych.*, 18, 1968.

FREUD, S., *Escritos sobre la cocaína*, Anagrama, Barcelona, 1980.

—, «Beiträge zur Kenntniss der Cocawirkung», *Wiener Medizin. Wochensch.*, XXXV, 1885.

—, «Bemerkungen über Morphiumsucht und Cocaïnsucht», *Wiener Medizin. Wochensch.*, XXXVII, 1887.

—, «*Über Coca*», Centralblatt, f. d. Therapie, *7, 1884.*

FRIEDLANDER, I., *The Whirling Dervishes*, Collier Books, Nueva York, 1975.

FRY, G. S. y ADOVASIO, J. M., «Prehistoric psychotropic drug use in Northeastern Mexico and trans-Pecos Texas», *Econ. Bot.*, 30-1-1976.

FUERO JUZGO, *Latín y castellano*, Real Academia Española, Madrid, 1815.

FULLE, M., FISHER, D. D. y UNGERLEIDER, J. T., «Dangers of LSD», *Jour. Am. Med. Ass.* 9,1966.

FURST, P., LOS alucinógenos y la cultura, FCE, México, 1980.

—, *Mushrooms: Psychedelic Fungi*, Chelsea House Publishers, Nueva York, 1986.

GAINES, B., «LSD: Hollywood's status-symbol drug», *Cosmopolitan*, noviembre 1963.

GALMANN, R., «Commodity output, 1839-1899», en *Trends in the American Economy in the XIXth Century*, Univ. Press, Princeton, 1961.

GAMELLA, J. y MARTÍN, E., *Las rentas de anfión*, Dept. Anthropology Univ. of California, Santa Bárbara, 1991.

GANSZYNIEK, J., «Kyphi», en Pauly-wissowa, vol. XV, 1.

GARCÍA, D., «La droga como elemento cultural», *Historia 16*, 133, 1987.

GARCÍA ANDÚJAR, A., *Curso monográfico sobre drogas nocivas*, Altamira Rotopress, Madrid, 1969.

GARCÍA MÉNDEZ, E., «Drogas: ¿Qué política criminal para Argentina?», *Poder y Control*, 2, 1987.

GARCILASO, Inca, *Comentarios reales*, 1609-1617.

GARRISON, J., Historia de la medicina, Madrid, 1922.

GARZA, M. DE LA, Sueño y alucinación en el mundo náhuatl y maya, *Univ. Nac. Autónoma de México, 1990.*

GASKINS, S., Amazing Dope Tales and Haight Street Flashbacks, *Book Pub. Co., Sommenton, 1980.*

GEERTZ, C, Essai d'anthropologie religieuse, *Gallimard, París, 1972.*

GERARD, D. L. y KORNETSKY, C., *Psychiatric Quarterly*, 29, 1955.

GERBAULT, J. M., *Les drogues du bonheur*, Hachette, París, 1975.

GIBBINGS, R. J. y MARSHMANN, J. A., «A note on the composition of illicit drugs», *Ontario Med. Jour.*, septiembre 1970.

GIEDION, S., *The Eternal Present*, I: The Beginnings of Art, Nueva York, 1962.

GIL, L., Los antiguos y la inspiración poética, *Guadarrama, Madrid, 1967.*

—, «La medicina en el período pretécnico de la cultura griega», en Laín Entralgo (ed.), 1982.

—, Therapeia. La medicina popular en el mundo clásico, *Guadarrama, Madrid, 1969.*

GILHODES, C, The Kachins, their Religion and Mythology, *Calcuta, 1922.*

GILMAN, A. y GOODMAN, L. S., *The Pharmacological Basis of Therapeutics*, Macmillan, Nueva York, 1970.

GIMBUTAS, M., *The Prehistory of Eastern Europe*, M. Nijhoff, La Haya, 1956.

—, *Ancient Symbolism in Lithuanian Folk Art* (Memoirs of the American Folklore Society, n.º 49), American Folklore Society, Philadelphia, 1958.

—, The Gods and Goddesses of Old Europe, 7000 to 3500 B.C.: Myths, Legends and Cult Images, *University of California Press, Berkeley, California, 1974.*

GINSBERG, A., «First manifiesto to end the bringdown», en Solomon (ed.), 1969.

GIRARD, R., *El chivo expiatorio,* Anagrama, Barcelona, 1986.

GLATT, M. M., «Los barbitúricos», *Bol. de los Est,* 1962.

GODARD, A., *La pitié antique,* París, 1925.

GOLDSMITH, M., The eTrail of Opium. The Eleventh Plague, *Londres, 1939.*

GOLDSTEIN, A., Comments on the Drug Abuse Problem. In the Challenge of Life, *Birkhaüser, Basilea, 1972.*

—, *ET AL.,* «Psychotropic effects of caffeine in man», *Clin. Pharm. and Therapeutics,* 10, 1969.

GOLIOGHTLY, B. H. y STAFFORD, P. G, *LSD: The Problem-Solving Psychedelic,* Award Books, Nueva York, 1967.

GOLOWIN, S., Die Magie der Verbotenen Marchen: Von Hexendrogen und Feenkräutern, *Merlin Verlag, Hamburgo, 1973.*

GÓMEZ DE LA SERNA, R., *El caballero del hongo gris,* Salvat, Barcelona, 1970.

GONZÁLEZ, C, «Política criminal y drogodependencias», *Comunidad y drogas,* 3, 1988.

GONZÁLEZ DURO J., *Grupos marginados y peligrosidad social,* Campo Abierto Ed., Madrid, 1977.

GONZÁLEZ MORADO, A. y ROF CARBALLO, J., «Experiencias clínicas con la dietilamida del ácido lisérgico», *Bol. Inst. Pat. Med.,* 13-10/1956.

GOODE, E., «Marihuana and sex», *Evergreen,* 66, 1969.

GOODMAN, L. S. y GILMAN, A., *The Pharmacological Basis of Therapeutics,* Macmillan, Nueva York, 1970.

GORDON, M., «Tranquillizers», *Encycl. Brit.,* 18, 1980.

GOTTLIEB, J. y SPANOS, N. P., «Ergotism and the Salem witch trials», *Science,* 194: 1390-1394, 1976.

GRAPOW, H. y VON DEINES, H., *Wörterbuch der Aegyptischen Drogennamen,* Akad Verlag, Berlín, 1954.

GRAVES, R., *Los dos nacimientos de Dionisos*, Seix Barral, Barcelona, 1980.

—, *Los mitos griegos*, Alianza Editorial, Madrid, 1985.

GREEDEN, J. E, «Anxiety or caffeinism. A diagnostic dilemma», *Am. Jour. of Psych.*, 131(10): 1089-1092, 1974.

GREEN, E. M., «Psychoses Among Negroes: A Comparative Study», *Jour. of Nerv. and Mental Dis.*, 41, 1911.

GREER, G., «MDMA: A psychoactive Drug with a schizophrenic reputation», *New Focus*, 8/9/1985.

GREGORY, J. D. y ANSLINGER, H. J., *The Protectors*, Farrar, Nueva York, 1961.

GRINSPOON, L. y BAKALAAR, J., La cocaína: una droga y su evolución social, *Hacer, Barcelona, 1982.*

—, *Marihuana Reconsidered*, segunda edición corregida, Harvard University Press, Cambridge, MA., 1977.

—, *Psychedelic Drugs Reconsidered*, Basic Books, Nueva York, 1979.

—, *Marihuana, the Forbidden Medicine*, Yale University Press, New Haven, CT., 1993.

GROF, S., Realms of the Human Unconscious: Observations from LSD Research, *The Viking Press (An Esalen Book), Nueva York, 1975.*

—, y HALIFAX, J., *The Human Encounter with Death*, Dutton, Nueva York, 1977.

GROSS, M. L., *The Brain Watchers*, New American Library, Nueva York, 1963.

GUARESCHI, I., Commentario della Farmacopea Italiana e del medicamenti in generale, *UTE, Turín, 1897.*

GUBERN, R., *La caza de brujas en Hollywood*, Anagrama, Barcelona, 1987.

GUILLY, P., «Le Club des Haschischiens», *Encéphale*, 2, 1950.

GUTIÉRREZ-NORIEGA, C, «El cocaísmo y la alimentación en el Perú», *Anales de la Facultad de Medicina*, 31, 1948.

GUZMÁN, G., «Sinopsis de conocimientos sobre los hongos alucinatorios mexicanos», *Bol. de la Soc. Bot. de México*, 24, 1959.

HALBACH, H., «Pharmakopsychologie-Neuropsychopharmakologie», I, 4, 1968.

HALIFAX, J., Shamanic Voices: A Survey of Visionary Narratives, *E. P. Dutton, Nueva York, 1979.*

HAMMOND, W. A., «Remarks on Cocaine and the So-Called Cocaine Habit», *Jour. Nerv. and Ment. Dis.,* 13, 1886, y *Virginia Med. Month.,* XI, 1887.

—, «Coca: Its Preparations and Their Therapeutical Qualities with some Remarks on the So-Called "Cocaine Habit"», *Trans. Med. Soc. of Virginia,* 1887.

HANSEN, J., Quellen und Untersuchungen zur Geschichte des Hexenwahns und der Hexenverfolgung in Mittelalter, *Georgi, Bonn, 1901.*

HARNER, M., *Hallucinogens and Shamanism,* Oxford Univ. Press, Nueva York, 1972.

—, «The Role of hallucinogenic plants in European witchcraft», en *Hallucinogens and Shamanism,* Oxford Univ. Press, Nueva York, 1972.

HARRIS, M., *Vacas, cerdos, guerras y brujas,* Alianza Editorial, Madrid, 1985.

HARTNALL y MICHELSON, «Controled Comparison of Injected Heroin Addiction», IV Nat. Conf. on Drug-abuse, San Francisco, Calif. 5/7/1977.

HARTWICH, C, Die Menschlichen Genubmittel: Ihre Herkunft, Verbreitung, Geschichte, Anwendung, Bestandteile und Wirkung, *Chr. Herm. Tauschnitz, Leipzig, 1911.*

HAYFORD, C. W., «Lin Tse-Hsü», *Encycl. Brit.,* vol. XX.

HEER, F., The Intellectual History of Europe, *Anchor, Nueva York, 1968.*

HEFTER, A., «Ueber Cactenalkaloïde (II. Mittheilung)», *Berichte der Deut. Chemi. Gesell.,* 29:216-227,1898.

HEGEL, G. W. F., Enzyclopädie des philosophischen Wissenchaften, *Frommann, Stuttgart, 1927.*

—, *Theologische Jugendschriften,* Minerva, Frankfurt, 1907 (1966).

—, Leçons sur la philosophie de l'histoire, *Vrin, París, 1964.*

HEIM, R., *Ees champignons toxiques et hallucinogènes,* Societé Nouvelle des Éditions Boubée, París, 1978.

HEIM, R. y WASSON, R. G., Ees champignons hallucinogènes du Mexique. Études ethnologiques, taxinomiques, biologiques, physiologiques et chimiques, *Archives du Muséum National d'Histoire Naturelle, Series 7, vol. VI, París, 1958(9).*

HEINE-GELDERIN, R. VON, «Cultural Connections between Asia and Pre-Colombian America», *Anthropos*, 1950.

HELMER, J., *Drugs and Minority Oppression*, The Seabury Press, Nueva York, 1975.

HERCE, E, *La medicina humorística*, Lepori y Viale, Madrid, 1925.

HERER, J., The Emperor Wears no Clothes — Hemp and the Marijuana Conspiracy, *Hemp Publishing, Los Angeles, 1990.*

HERNÁNDEZ, E, De historia plantarum Novae Hispaniae, *Salamanca, 1650.*

—, De nanácatl seu fungorum genere, *Ibarra, Madrid, 1790.*

HILL, E., «Anti-Oriental agitation and the rise of working-class racism», *Society*, 2, 1973.

HILLEBRANDT, A., *Vedische Mythologie*, Breslau, 1891.

HIMMELSBACH, C. K., *Public Health Reports*, 165, Washington D. C, 1937.

HOBSON, A., Drug Addiction: A Malignant Racial Cancer, *1933.*

HOFFER, A., «Treatment of alcoholism with psychedelic therapy», en Aaronson y Osmond (eds.), 1971.

—, y OSMOND, H., *The Hallucinogens*, Academic Press, Nueva York, 1967.

HOFMANN, A., *LSD*, Gedisa, Barcelona, 1980.

—, *Die Mutterkornalkaloide*, F. Enke Verlag, Stuttgart, 1964.

—, «Teonanacatl and ololiuhqui: Two ancient magic drugs of Mexico», *Bulletin on Narcotics*, 23(1): 3-14, 1971.

—, *EinsichtenvAusblicke*, Sphinx Verlag, Basel, 1986.

—, RUCK, C. A. P. y WASSON, R. G., *El camino a Eleusis*, Fondo de Cultura, México, 1980.

—, y SCHULTES, R.E, *Plantas de los dioses*, Fondo de Cultura, México, 1982.

—, OTT, J. y SCHULTES, R. E., *Teonanácatl*, Swan, San Lorenzo de El Escorial, 1985.

HOFSCHLAEGER, A., «Die Entstehung der primitiven Heilmethoden und ihre organische Weiterentwicklung», *Arch. Gesch. Mediz.*, 1909.

HOGE, W., «The other Cary Grant», *New York Times Magazine*, 3 de julio 1977, pp. 14 y ss.

HOLDEN, C, «Legal drugs: The view from neuroscience», *Science*, 247: 919,1990.

HOLLAND, L. B. «The mantic mechanism of Delphi», *Am. Jour. Archaeol*, 3, 1933.

HOLLINGSHEAD, M., *The Man Who Turned On the World*, Blond & Briggs, Londres, 1973.

HOLSTEIN, C. M. y CHEEK, F. E., «LSD-25 dosage levels, groups differences and social interaction», *Jour. Nerv. Mènt. Dist.*, 153-6-1988.

HOROWITZ, M., «Interview: Albert Hofmann», *High Times*, julio 1976.

—, Phantastica: Rare and Important Psychoactive Drug Literature —1700 to the Present, *William and Victoria Dailey, Los Angeles, 1979.*

—, y *PALMER, C,* Shaman Woman, Mainline Lady: Women's Writings on the Drug Experience, *William Morrow and Co., Nueva York, 1982.*

HOUSTON, J. y MASTERS, R. E. L., *The Varieties of Psychedelic Experience*, Dell. Pub. Co., Nueva York, 1966.

HOWARDS, S., «The Inside Story of Dope in this Country», *Hearst's International*, II, 1923.

HOWARD-JONES, N., «A critical study of the origins and early development of hypodermic medication», *Jour. Hist. Med.*, 2, 1947.

HU, S. Y. *ET AL.*, *An Ennumeration of the Chinese Materia Medica*, The Chinese University Press, Hong Kong, 1980.

HUARD, P. y WONG, M., «La medicina china», en Laín Entralgo (ed.), 1972.

HUBBARD, A., «The use of LSD-25 in the treatment of alcoholism and other psychiatric problems», *Quart. J. Stud. Alcohol*, 1965.

HUBBARD, D, «Some Fallacies Regarding Narcotic Drug Addiction», *Jour. Am. Med-Ass.*, 74, 1920.

HUIZINGA, J., *El otoño de la Edad Media*, Revista de Occidente, Madrid,

1962.

HULSMAN, L., Drug Policy as a Source of Drug Problems and a Vehicle of Colonization, *Kaplan, Kooyman y Sengers, Rotterdam, 1985.*

HUMBOLDT, A. VON y BONPLAND, A., Personal Narrative of Travels to the Equinoccial Regions of America, *Henry G. Bohn, Londres, 1852-1853.*

HUME, E., «Sniffing paint gets man 2-years jail term», *Ithaca Journal,* 11/12/1982.

HUXLEY, A., *Island,* Chatto & Windus, Londres, 1962.

—, *Collected Essays,* Chatto & Windus, Londres, 1960.

—, *Los demonios de Loudun,* Planeta, Barcelona, 1972.

—, *Las puertas de la percepción,* Edhasa, Barcelona, 1977.

—, *Moksha,* Edhasa, Barcelona, 1982.

—, «A Treatise on Drugs», *Fall Mall Magazine,* 3, 1932.

ISBELL, H., «Cronic intoxication with barbiturates», *Arch. Neur. Psych.,* 64, 1950, y *Med. Clin. of North America,* 34, 2, 1950.

IVERSEN, L. L., «Química del cerebro», en *El Cerebro,* Libros de Investigación y Ciencia, Labor, Barcelona, 1980.

JACKSON, D. y SMART, R. G., The Yorkville Subculture: A Study of the Life Styles and Interactions of Hippies and Non-Hippies, *Addiction Research Fundation, Toronto, 1969.*

JACQUES, J. H., The Mushroom and the Bride: A Believer's Examination and Refutation of J. M. Allegro's Book: The Sacred Mushroom and the Cross, *Citadel Press, Derby, 1970.*

JAFAYA, I. B. N., «Antología poética», Ayuntamiento de Valencia, Valencia, 1986.

JAGOR, T, *Travels in the Philippines,* Chapman y Hall, Londres, 1875.

JAMES, E. O., *Historia de las religiones* (ed.), Vergara, Barcelona, 1963.

JAMES, W., The Varieties of Religious Experience, *Longman, Nueva York, 1902.*

JANIGER, O., «The use of hallucinogenic agents in psychiatry», *California Clinicians,* 55: 251-259, 1959.

JARVIK, M. E., «The drug dilemma: Manipulating the demand», *Science*, 250, 1990.

JEFFERSON, Th., *The Complete Jefferson*, S. K. Padover (ed.), libraries Press, Freeport, Nueva York, 1969.

—, Autobiografía y otros escritos, *Tecnos, Madrid, 1987.*

JENNESS, D., *Prehistoric Culture Waves from Asia to America*, Ann. Rep. of the Smithsonian Inst., Washington D. C, 1941.

JENSEN, A. E., Mythes et cultes chez les peuples primitifs, *Payot, París, 1954.*

JESCHECK, H. H., «La reforma del Derecho penal alemán», *Anuario de Derecho Penal*, XXV, II, sept.-dic. 1972.

JOHNSEN, G., «Three-years experience with the use of LSD as an aid in psychoterapy», *Acta Psychiatr. Scand.*, supl. 180.

JOHNSON, D, *Indian Hemp, a Social Menace*, Johnson, Londres, 1952.

—, *The Hallucinogenic Drugs*, C. Johnson, Londres, 1953.

JOHNSON, W. C. y BUSCH, H. A., «"LSD-25" as an Aid in Psychotherapy», *Dis. Nerv. Syst.*, 11, 1950.

JOHNSTON, J. F., *The Chemistry of Common Life*, Appleton, Nueva York, 1855.

JONES, E., *The Life and Works of Sigmund Freud*, Basic Books, Nueva York, 1953.

JOSEPHSON, E. y CARROLI, E., Drug Use: Epidemiological an Sociological Approach, *Hemisphere, Nueva York, 1974.*

JUNG, C. G., Essays on a Science of Mythology: the Myths of the Divine Child and the Mysteries of Eleusis, *Schocken, Nueva York, 1977.*

JÜNGER, E., *Besucht auf Godenholm*, Kolstermann, Frankfurt Mein, 1952.

—, Approches, drogues et ivresse, *Gallimard, París, 1974.*

KAHN, J., «The universal drink», *New Yorker*, 21/2/1959.

KAISER, G., Jugendrecht und Jugendkriminalität, *Beltz, Basilea, 1973.*

KAMM, H., «They shot Opium smugglers in Iran, but...», *New York Times Magazine* 11/2-1973.

KAPLAN, C. D., The Theory of Referral Chains for Cocaine Networks, *EEC, Luxemburgo, 1986.*

KAPLAN, H. J., «Psychoses Associated with Marihuana», *New York Med. Jour.*, 71, 1971.

KAPLAN, J., *Marihuana: The New Prohibition*, Pocket Books, Nueva York, 1976.

KASS, A., RETTERSTÖL, N. y SIRNES, T., *Bull. of Narcotics*, XI, 3, 1959.

KAST, E. C., «A Concept of Death», en Aaronson y Osmond (eds.), 1971.

KAST, E. C. y COLLINS, V. C, «Lysergic and diethylamide as an analgesis agent», *Anaesthesia and Analgesia*, 43, 1964.

KAYMAKSALAN, C., Consejo de Europa, *Comité de Salud Pública*, doc. CESP, 2/2/1979.

KELLER, M., «Alcohol consumption», *Encycl. Brit.*, vol. I.

KENDLER, H. H., «Tranquilizers», *Encycl. Brit.*, 18.

KENNEDY, J. E., *Message from the President: Mental Illness and Retardation*, House Doc. n.º 58, 88th Congress, 1st sess., 5/2/1963.

KENNEDY, J. G., The Flower of Paradise: The Institutionalized Use of the Drug Qat in North Yemen, *Dordrecht, 1987.*

KERENYI, K., *Eleusis, Archetypal Image of Mother and Daughter*, Bollingen Series, LXV, Nueva York, 1967.

KESEY, K., Alguien voló sobre el nido del cuco, *Anagrama, Barcelona, 1986.*

—, *A veces un gran impulso*, Argos, Barcelona, 1977.

—, *La caja del diablo*, Seix Barral, Barcelona, 1987.

KESSEL, N. y WALTON, H., *Alcoholism*, Penguin, Baltimore, 1965.

KHANT, U., «Measures to prevent and reduce drug abuse among young people in Burma», *Bull. on Narcotics*, XXXVII, 1985.

KING, R., «Narcotic Drug Laws and Enforcement Fallacies», *Law and Contemporary Problems*, invierno 1957.

KITTRIE, N. N., The Right to be Different: Deviance and Control Therapy, *Penguin, Baltimore, 1971.*

KLINE, N. S. y EVANS, W. O., *Psychopathology of the Normal Humane*, Ch. Thomas, Springfield (Ill.), 1969.

KLUMPP, Th. G., Eighth Annual Conference Report, *INEOA, 1969.*

KOHN, T. T. B., «Drug Abuse and Community Response in Singapore», *Int. Jour. Crim. Penology*, II, febrero 1974.

KOLB, L., *Use of Narcotics in the USA*, Hearings before the Committee on Printing, 3/6/1924, 68th, Congress, lst. Ses., GOP, Washington, D. C.

—, *Drug Addiction: A Medical Problem*, Th. Springfield (Ill.), 1962.

—, «Drug Addiction: A Study of Some Medical Cases», *Arch. of Neurol. and Psych.*, 20, 1928.

—, y DUMEZ, A. G., *The Prevalence and Trend on Drug Addiction in the U. S.*, Public Health Service, GPO, Washington, D. C., 1924.

—, y HIMMELSBACH, C. K., «A Critical View of Withdrawal Treatments», *Public Health Reports*, supl. 128 (GPO), 1938.

KORNETSKY, C. y GERARD, D. L., *Psychiatric Quaterly*, 29, 1955.

KOZEL, N., Epidemiology of Heroin, 1964-1968, *NIDA, Rockville, 1985.*

KRAEMER y SPRENGER, *Malleus Malleficarum*, Pushkin Press, Londres, 1938.

KRIEG, M. B., Green Medicine: The Search of the Plants, *Bantam, Nueva York, 1966.*

KUIPER, F. B. J., «Soma and Amanita muscaria», *Indo-lranian Jour.*, XII, 1970.

KUTLER, S. I., The American Inquisition: Justice and Injustice in the Cold War, *Hill and Wang, Nueva York, 1982.*

KWITNY, J., The Crimes of Patriots: A True Tale of Dope, Dirty Money and the CIA, *Norton, Nueva York, 1987.*

LA BARRE, W., *The Peyote Cult*, Yale Univ. Press, New Haven, 1938.

—, «Old and New World Narcotics», *Econom. Bot.*, 24, 1970.

LA BARRE, W. y LABIN, S., «Églises de drogués», *Monde et Vie*, 194, agosto 1969.

LA GUARDIA, The Marihuana Problem in the City of New York, *Catell, Lancaster (Penn.), 1944.*

LAGUNA, A., Dioscórides Anazarbeo, acerca de la materia medicinal y de los venenos mortíferos, *Salamanca, 1570.*

LAGUNA, S., «Éxtasis, paraíso mortal», *Dunia*, 1/5/1987.

LAÍN ENTRALGO, P., *La medicina hipocrática*, Alianza Editorial, Madrid, 1982.

—, *La Droga* (Congr. Int. Ciencias del Hombre), Seminarios y Ediciones, Madrid, 1974.

—, *Historia de la Medicina* (ed.), Salvat, Barcelona, 1972.

LAKOUX, J., *The Rock Paintings of Tassili*, World Publishing Co., Cleveland, 1963.

LAMAR, J. V., «Kids who sell crack», *Times*, 9/5/1988.

LAMBERT, A., «Address of the President Elect», *Jour. Am. Med. Ass.*, 71, 1919.

LAMO DE ESPINOSA, E., «Contra la nueva prohibición: los límites del Derecho Penal en materia de consumo y tráfico de estupefacientes», *Bol. Inf. Min. Just.*, 1.303, 25/2/1983.

LANDIS, B., «Hooked: The madness in methadone maintenance», Village Voice, 5/4 /1988.

LARA PEINADO, F., *Mitos sumerios y acadios*, Editora Nacional, Madrid, 1982.

—, *El código de Hammurabi*, Editora Nacional, Madrid, 1984.

LARAÑA, E., «Las drogas como problema social», *Rev. Esp. Inv. Sociol.*, 36, 1986.

LARKIN, T. J. y SCHMIDT, A. M., «Therapeutic Drugs», *Medical and Health Annual, Encycl. Brit*, 1979.

LARSON, P. ET AL., Tobacco: Experimental and Clinical Studies: A Comprehensive Account of the World Literature, *Williams & Wilkins, Baltimore, 1961.*

LATIMER, D. y GOLDBERG, J., *Flowers in the Blood: The Story of Opium*, Franklin Watts, Nueva York, 1981.

LAUBENTHAL, F. (ed.), *Sucht und Missbrauch*, G. Thieme Verlag, Stuttgart, 1864.

LAURIE, P., *Las drogas*, Alianza Editorial, Madrid, 1969.

LEA, H. C, *Materials Toward a History of Witchcraft*, Univ. of Pennsylvania Press, Filadelfia, 1939.

LEANDER, J., Un tratado sobre el tabaco, panacea universal, *Lyon, 1636.*

LEARY, T., METZNER R. y ALPERT, R., The Psychedelic Experience: A Manual Based on the Tibetan Book of the Dead, *University Books, Nueva York, 1964.*

—, *Psychedelic Prayers*, Poet's Press, Nueva York, 1966.

—, *High Priest*, World, Cleveland, 1968.

—, *The Politics of Ecstasy*, Palladin, Nueva York, 1970.

—, *Flashbacks*, Tarcher, Los Angeles, 1983.

—, «The Religious Experience: Its Production and Interpretation», *Psych. Rev.*, 3, 1964.

—, «XTC: The drug of the 80's», *Chic*, julio 1985.

—, ALPERT, R. y METZNER, R., «Reactions to psylocibin administred in supportive environment», *Jour. Ment. Nerv. Dis.*, 137, 1963.

—, WEIL, G. M. y METZNER, R., *The Psychedelic Reader*, Seacaucus, Citadel Press, N. Jersey, 1965.

LEBOT, V. *ET AL.*, *Kava: The Pacific Drug*, Yale University Press, New Haven, 1992.

LEE, M. A. y SCHLAIN, B., Acid Dreams: The CIA, LSD and the Sixties Rebellion, *Grove Press, Nueva York, 1985.*

LEGAROUX, A., «L'Extasy frappe Paris», *Actuel*, 12, 1986.

LEIGH, J., An Experimental Enquiry into the Properties of Opium, *Filadelfia, 1686.*

LEMERE, F., Arch. of Neurol. and Psych., *76, 205, 1956.*

LENNARD, H. H. *ET AL.*, «Methadone Treatment», *Science*, 179, 16/3/1973.

LEÓN PORTILLA, M., *EOS antiguos mexicanos*, Fondo de Cultura Económica, México, 1961.

LEONCIO, U., *El vuelo mágico*, Plaza, Barcelona, 1971.

LEONG, G., WAX, T. y ADLER, K., *Pharm. Rev.*, 12, 1960.

LEVACK, B. P., *La caza de brujas en la Europa moderna*, Alianza Editorial, Madrid, 1995.

LÉVI-STRAUSS, C., *Antropología estructural*, Rivadavia, Buenos Aires, 1968.

—, Las estructuras elementales del parentesco, *Paidós, Buenos Aires, 1969.*

—, *Mitológicas*, II, Fondo de Cultura Económica, México, 1970.

—, *El pensamiento salvaje*, Fondo de Cultura Económica, México, 1970.

LEVINE, J., «LSD-A clinical overview», en P. Black (ed.), 1969.

LEVINSTEIN, L., «Über Morphiumsucht», *Deut. Mediz. Wochenschr.*, 5, 1879.

LEWIN, L., *Phantastica*, Payot, París, 1970.

—, «Referal: Phamacologie und Toxicologie», *Berliner Klin. Wochenschr.*, 18/5/1885.

—, «Inhalations-Anästhesika», *Die Nebenwir. der Arzei.*, 67, 1893.

—, «Anhalonium», *Pharm. Zeitung*, 41, 1885.

LEWIS, C. S., «The Humanitarian Theory of Punishment», *Res Judicatae*, 6, 1953.

LEWIS-WILLIAMS, D. y CLOTTES, J., *Ees chamanes de la prehistoire*, Seuil, París, 1996.

LHOTE, H., *The Search for the Tassili Frescoes*, E. P. Dutton, Nueva York, 1959.

LIDZ, C. W. y WALKER, A. L., *Heroin, Desvíame and Morality*, Sage, Beverly Hills, 1980.

LIGHT, A. B. *ET AL.*, *Opium Addiction*, American Medical Association, Chicago, 1929.

LILLY, J. C, *The Mind of the Dolphin*, Doubleday, Nueva York, 1971.

—, Programming and Metaprogramming in the Human Biocomputer, *Whole Earth Catalog Menlo Park, California, 1976.*

—, *El centro del ciclón*, Martínez Roca, Barcelona, 1981.

LINDBLAD, R. A., «Estudio sobre el movimiento de padres contra el uso indebido de drogas en los Estados Unidos de América», *Bol. de los Estupefacientes*, XXV, 33, 1983.

LINDESMITH, A., *Opiate Addiction*, Principia Press, Indiana, 1947.

—, *The Addict and the Law*, Indiana Univ. Press, Bloomington, 1965.

—, Anomie and Deviant Behavior: A Discussion and Critique, *The Free Press of Glencoe, Nueva York, 1964.*

—, *Drug Addiction: Crime or Disease*, Indiana Univ. Press, Bloomington, 1961.

—, «The Drug Addict as Pyscopath», *Am Social. Rev.*, 12, 1940.

—, «Anomie and Drug Addiction», en M. B. Clinard (ed.), 1964.

LING, T. M. y BUCKMAN, J., Lysergic Acid (LSD 25) and Ritalin in the Treatment of Neurosis, *Lambarde Press, Londres, 1963.*

LIPP, F. J., *The Mixe of Oaxaca: Religion, Ritual and Healing*, University of Texas Press, Austin, 1991.

—, *y REIS, S. VON,* New Plant Sources for Drugs and Foods from the New York Botanical Garden Herbarium, *Harvard University Press, Cambridge, MA., 1982.*

LOGRE, B. J., *Toxicomanies*, Stock, París, 1924.

LOWES, P. D., The Genesis of International Narcotic Control, *Droz, Ginebra, 1966.*

LOWY, B., «New records of mushrooms stones from Guatemala», *Mycology*, 63, 1971.

LOZANO CÁMARA, L, *Tres tratados árabes sobre el Cannabis indica*, Instituto de Cooperación con el Mundo Árabe, Madrid, 1990.

LUCE, J., DERNBURG, E. A. y SMITH, D. E., «Love needs care: Haight-Ashbury dies», *New Society*, 16, 1975.

LUDLOW, F. H., The Hasheesh Eater: Being Passages from the Life of a Pythagorean, *Harper & Bros., Nueva York, 1857.*

LUNA, L. E. y AMARINGO P., Ayahuasca Visions: The Religious Iconography of a Peruvian Shaman, *North Atlantic Books, Berkeley, 1991.*

MABILEAU, J., Rev. Int. Pol. Criminelle, *20, 189, 1965.*

MABLY, G. de, *De la législation*, Oeuvr. Compl., 1789, t. IX.

MACHAUT, G., «Jugement du roi de Navarre», en *Oeuvres*, Société Anciens Textes Français, París, 1908.

MACHT, D. I., «History of Opium», *Jour. Am. Med. Ass.*, 1915.

MACLEAN, J. R., MACDONALD, B. C., BYRNE, U. P. y HUBBARD, A. L., «The use of LSD in the treatment of alcoholism and other Problems», *Quart. Jour. of Studies on Alcoholism*, 22, 1961.

MADRUEÑO, M. y SERRANILLOS, M. G., «Contribución al estudio del opio en España», *Farmacognosia*, I, 1942.

MAGDOFF, H., «Colonialism», *Encycl. Brit.*, 4.

MANTEGAZZA, P., *Sulle virtu igieniche e medicinale della Coca*, Milán, 1859. Reimpr. *Le virtù della coca. Il mate*, Soc. It. per lo Studio degli Stati di Coscienza, Rovereto, 1998.

—, Quadri della natura humana. Feste et ebbrezza, *Bernardoni-Brigola, Milán, 1871.*

MARCHERPA, P., Trattato di farmacología e farmacognosia, *Hoepli, Milán, 1994.*

MARCOVITZ, E. y MYERS, H. J., «Marihuana Users», *War Medicine*, 6, 1944.

MARCUSE, H., One-Dimensional Man: Studies in Ideology of Advanced Industrial Societies, *Beacon Press, Boston, 1964.*

—, *Cultura y Sociedad*, Sur, Buenos Aires, 1967.

—, *Vers la libération*, Minuit, París, 1969.

—, Eros and Civilisation. A. Philosophical Inquiry into Freud, *Beacon Press, Boston, 1955.*

MARGLIN, F. A., The Wives of the GodKing: The Rituals of the Devadasis of Puri, *Oxford University Press, Oxford, 1985.*

MARGOLIUTH, D. S., *Islamismo*, Labor, Barcelona, 1926.

MARIANI, A., *Coca and its Therapeutic Application*, J. N. Jaros, Nueva York, 1890.

—, La coca et la cocaïne, *París, 1885.*

MARKHAM, C, Travels in Peru and India, *Londres, 1862.*

MARKS, J., *The Manchurian Candidate*, Times Books, Nueva York, 1979.

MARQUES, R., «*Opio*», La Actualidad. Seman. de Med., Farm. y Ciencias Aux., *Valencia, enero 1859.*

MARSHALL, E., «A war on drugs with real troops?», *Science*, 241, 1988.

—, «Drug wars: Legalization gets a hearing», *Science*, 241, 1988.

—, «The drug of champions», *Science* 242, 1988.

MARSHALL, J., Drug Wars: Corruption, Counterinsurgency and Covert Operations in the Third World, *Cohan & Cohan, San Francisco, 1991.*

—, y SCOTT, P. D., *Cocaine Politics: Drugs, Armies and the CIA in Central America*, University of California Press, Berkeley, 1991.

MARSHMANN, J. A. y GIBBINGS, R. J., «A note on the composition of illicit drugs», *Ontario Med. Jour.*, septiembre 1970.

MARTÍN, R. T. «The role of coca in the history, religion and medicine of South American Indians», *Econ. Botany*, 24, 1970.

MARTÍNEZ HIGUERAS, J., *Legislación sobre drogas*, Tecnos, Madrid, 1987.

MARWICK, M., *Witchcraft and Sorcery*, Penguin, Harmondsworth, 1970.

—, «Witchcraft», *Encycl. Brit.*, 19.

MASAKI, T., en OMS, Série des Rapports Techniques, *102, 1956.*

MASSIGNON, L., Essai sur les origines du lexique technique de la mystique musulmane, *París, 1922.*

MASTERS, R. E. L. y HOUSTON, J., *The Varieties of Psychedelic Experience*, Dell. Pub. Co., Nueva York, 1966.

—, «Toward and individual psychedelic psychotherapy», en Aaronson y Osmond (eds.), 1971.

MATO REBOREDO, J. M., *Curso monográfico sobre drogas nocivas*, Altamira Rotopress, Madrid, 1969.

MATOSSIAN, M. K., *Poisons of the Past: Molds, Epidemics and History*, Yale University Press, New Haven, CT., 1989.

MATTHIESSEN, P., *At Play in the Fields of the Lord*, Signet Books, Nueva York, 1967.

—, *The Snow Leopard*, Viking, Nueva York, 1979.

MATTHYSSE, S. y SNYDER, S. H., *Opiate Receptor Mechanisms*, MIT Press, Cambridge, MA,1975.

MATTISON, J. B., «Cocaine Poisoning», *Med. and Surg. Reporter*, 65, 1891.

MAURER, D. y VOGEL, V., *Narcotics and Narcotic Addiction*, Ch. Thomas, Springfield (Ill.), 1954.

MAZUMDAR, S., Burger, W., LIU, M. y MILLER, M., «Asia's drug epidemic», *Newsweek*, 6/10/86.

MCCOY, A., The Politics of Heroin in Southeast Asia, *Harper, Nueva York, 1973.*

MCCOY, A. W. y BLOCK, A. A. (COMPS.), *War on Drugs: Studies in the Failure of US Narcotics Policy*, Westview Press, Oxford, 1992.

MCDONALD, A. H., «La Roma prerrevolucionaria», en J. Balsdon, 1966.

MCKENNA, T. K., *The Archaic Revival*, Harper, Nueva York, 1991.

—, *El manjar de los dioses*, Paidós, Barcelona, 1993.

MCKINLEY, J. y STICKGOLD, A., «Drugs'78», *Playboy*, 4, 1978.

MEDICAL RECORD, «The Growing Enslavement of the Profession of Medicine», Editorial, 99, 1921.

MEDICAL WORLD, «Penalties Imposed by the Harrison Antinarcotic Law», Editorial, 33,1915.

MEDNIS, N., «Heroin addiction among young people: a new development in Sri Lanka», *Bull. on Narcotics*, XXXVII, 2-3, 1985.

MELLADO, M. A., «La droga del amor triunfa en España», *Tiempo*, 5/1/1987.

MELOSSI, D., y PAVARINI, M., *Cárcel y fábrica*, Siglo XXI, Madrid, 1987.

MENNINGER, K., *The Crime of Punishment*, Viking Press, Nueva York, 1968.

MERK, W., «Kunstliches Cocain», *Berich. der Chem. Gessel*, XVIII, Berlín, 1885.

MERTON, R. K., *Social Theory and Social Structure*, Free Press, Nueva York, 1965.

METZNER, R., *The Ecstatic Adventure*, Macmillan, Nueva York, 1968.

—, *ALPERT, R. y LEARY, T.*, The Psychedelic Experience: A Manual Based on the Tibetan Book of the Dead, *University Books, Nueva York, 1964.*

—, WEIL, G. M. y LEARY, T., *The Psychedelic Reader*, Seacaucus, Citadel Press, N. Jersey, 1965.

—, y ADAMSON, S. R., «The nature of the MDMA experience and its role in healing, psychotherapy, and spiritual practice», *ReVision: The Journal of Consciousness and Change*, 10(4): 59-72, 1988.

MEULI, H., «Scythica», *Hermes*, 70, 1935.

MEUNG DE, J., Roman de la Rose, *1277.*

MICHAUX, H., *Miserable miracle*, Rocher, Mónaco, 1956.

—, *L'Infini turbulent*, Mercure de France, París, 1957.

—, Las grandes pruebas del espíritu, *Tusquets, Barcelona, 1985.*

MICHELSON y HARTNALL, «Controled Comparison of Injected Heroin Addiction», IV Nat. Conf. on Drug-abuse, San Francisco, Calif. 5/7/1977.

MIDELFORT, E., *Witch Hunting in Southwestern Germany*, Stanford Univ. Press, Stanford,1972.

MILLER, J., Memories of General Miller in the service of the Republic of Peru, *Londres, 1828.*

MILLER, M., WALDMAN, S. y SANDIZA, R., «Turf wars in the federal bureaucracy», *Newsweek*, 10/4/1989.

MILLS, J., *The Underground Empire*, Doubleday, Nueva York, 1987.

MINISTRY OF HEALTH AND FAMILY WELFARE, Expert Committee Report on Drug Abuse in India, *Nueva Delhi, 1977.*

MINOR, J. L., «The use of cocaine», *New York Record*, 7/2/1885.

MISES, L. VON, *Human Action: A Treatise on Economics*, Yale Univ. Press, New Haven, 1949.

MITCHELL, W., «The effects of Anhalonium Lewini (the mescal button)», *British Med. Jour.*, 1896.

MOHAN ADITYANJEE, D., SAXENA, A. y LAI, S., «Changing trends in heroin abuse in India», *Bull. on Narcotics*, XXXVII, 2-3, 1985.

MOLLER, K. O., *Stimulantia*, H. P. Leopolds Uitgeversmy N. V, Gravenhage, 1951.

MOMMSEN, K. O., *Historia de Roma*, Góngora, Madrid, 1876.

MONARDES, N., Historia medicinal de las cosas que se traen de las Indias Occidentales que sirven al uso de la medicina, *Sevilla, 1574. Reimpr. como* Herbolaria de Indias, *Redacta, México, 1990.*

MONGE, «The need for studying the problem of coca-leaf chewing», *Bull. on Narcotics*, 4, 1952.

MONTAGU, A., *The Drug Takers*, Time-Life Books, Nueva York, 1965.

—, «The long search for euphoria», *Reflections*, mayo-junio, 1966.

MONTAIGNE, M., *Essais*, Gallimard, París, 1965.

MONTESQUIEU, Ch. L., BARÓN DE, *L'Esprit des Lois*, Barrillot, Ginebra, 1784.

—, *Lettres persanes*, Garnier-Flammarion, París, 1964.

MORALES, E., *Cocaine: White Gold Rush in Peru*, Univ. of Arizona Press, Tucson, 1989.

MOREAU DE TOURS, J., *Du haschisch et de l'aliénation mentale*, Fortin, Masson et Cie, París, 1845.

MOREJÓN, A., Historia bibliográfica de la medicina española, *Madrid, 1842.*

MORGENTHALER, J. y DEAN, W., *Smart Drugs and Nutrients*, B&J, Santa Cruz, California, 1991.

MORIMOTO, K., «Le problème de l'abus des amphétamines», *Bull, on Narcotics*, 7-9, 1957.

MORRIS, N., «Paraquat kills», *Newsweek*, 30-10/1985.

MORTIMER, W. G., The History of Coca, «Divine Plant» of the Incas, *J. A. Vail, Nueva York, 1901.*

MUNKACSI, B., «Pilz und Rausch», *Kelei Szemble*, Budapest, 1907.

MURRAY, G., *The Rise of the Greek Epic*, Clarendon, Oxford, 1924.

MURRAY, M., *The Witch-Cult in Western Europe*, Oxford Univ. Press, Londres, 1921 (1962).

MUSTO, D. F., The American Disease: Origins of Narcotic Control, *Yale Univ. Press, New Haven, 1973.*

—, «An Historical Perspective», *Vilanova Law Review,* mayo, 1975.

—, «Sherlock Holmes and Sigmund Freud», *Jour. Am. Med. Ass.,* 1094, 1966.

MYERS, H. J. y MARCOVITZ, E., «Marihuana Users», *War Medicine,* 6, 1944.

MYLONAS, G. E., *Eleusis and the Eleusinian Mysteries,* Princeton Univ. Press, Princeton, 1961.

NADELMANN, E. A., «Isn't it time to legalize drugs?», *Boston Sunday Globe,* octubre 1989, n°20.

—, «Drug Prohibition in the United States: Costs, consequences, and alternatives», *Science* 245, 1989.

NAGAHAMA, M., «Toxicomanie et mesures répresives dans le Japon après la S.G.M.», *Bull. des Est.,* XX, 3, 1968.

NAGAKAWA, Y., «La medicina en el antiguo Japón», en Laín Entralgo (ed.), 1972.

NARANJO, C, «Etnofarmacología de las plantas psicotrópicas de América», *Terapia,* 1969.

NARD, Editorial, «Have a laugh with us», *Jour. of the Nard,* 1913.

NARR, K. J., «Bärenzeremoniell und Schamanismus in der Alteren Steinzeit Europas», *Saeculum,* X, 3, 1959.

NATIONAL COMMISSION ON MARIHUANA AND DRUG ABUSE, *Marihuana. A Signal of Misunderstanding,* New American Library, Nueva York, 1974.

NEVADOMSKY, J. J., «Drug use among Nigerian University students: prevalence of self-reported use and attitudes to use», *Bull. on Narcotics,* XXXVII, 22-3-1985.

NEW FOCUS, «MDMA: A psychoactive drug with a schizophrenic reputation», Editorial, 1985.

NIDER, J., *Fornicarius,* Helmstädt, 1692.

NIEMANN, A., «Über eine neue organische Base in den Cocablätern», *Viertel Jahr. f., Practische Pharm,* Göttingen, 1860.

NIETZSCHE, F., *Gesamelte Werke*, Colli-Montinari (eds.), vol. 11, *Nachgelassene Fragmente*.

—, *El nacimiento de la tragedia*, Ed. Andrés Sánchez Pascual, Alianza Editorial, Madrid, 1997.

NILSSON, M. P., *A History of Greek Religion*, Clarendon Press, Oxford, 1925.

—, Historia de la religiosidad griega, *Gredos, Madrid, 1969.*

NIN, A., *The Diary of Anaïs Nin*, Harcourt, Nueva York, 1966.

NYNALD, J. DE, De la lycanthropie, transformation et extase des sorciers, *París, 1615.*

NORDLAND, R. y PARRY, R., «Guns for drugs?», *Newsweek*, 23-5-1988.

NORMAN, E. H., «Mass Hysteria in Japan», *Far Eastern Survey*, 14, 1945.

NORMAN, P., *Shout*, Warner Books, Nueva York, 1981.

NORRIS, G. W., «A case of cocaine habit of three months duration», *Philadelphia Med. Jour.*, 1,1901.

NYSWANDER, M., *The Drug Addict as a Patient*, Grunne & Stratton, Nueva York, 1956.

O'CALLAGHAN, S., *Les chemins de la drogue*, Trevise, París, 1969.

ÖDMAN, S., «An Attempt to explain the Berserk-Raging of Ancient Nordic Warriors through Natural History», *Kungliga Vetenscap AK*, Estocolmo, 1784.

OHLIN, L. E. y CLOWARD, R. A., Delinquency and Opportunity: A Theory of Delinquent Gangs, *The Free Press, Nueva York, 1968.*

OLMO, R. DEL, «La casa oculta de la droga», *Poder y Control*, 2, 1987.

OPPÉ, A. P., «The Chasm at Delphi», *Jour. Hell. Stud.*, 24, 1904.

ORFALI, S. y POTTER, B. A., Drug Testing at Work: A Guide for Employers and Employees, *Ronin Publishing Co., Berkeley, 1990.*

OSMOND, H. y SMYTHIES, J., «Schizophrenia: A new aproach», *Jour. of Ment. Science*, 98, abril 1952.

OSSENFORT, W. F., *Dallas Med. Jour.*, 43, 1957.

OTT, J., *The Cacahuatl Eater*, Vashon, Washington, 1985.

—, *Hallucinogenic Plants of North America* (Psycho-Mycological Studies), Wingbow Press, Berkeley, 1976.

—, *Pharmacotheon: Entheogenic Drugs, their Plant Sources and History*, Natural Products, Washington, 1993; versión castellana publicada por Libros de La Liebre de Marzo, Barcelona, 1996.

—, *Pharmacophilia or the Natural Paradises*, Natural Products, Washington, 1997.

—, *Ayahuasca Analogues: Pangean Entheogens*, Natural Products Co., Kennewick, WA., 1994.

—, HOFMANN, A. y SCHULTES, R. E., *Teonanácatl*, Swan, San Lorenzo de El Escorial, 1985.

—, y WASSON, R. G., «Carved "disembodied eyes" of Teotihuacan», *Harvard Botanical Museum Leaflets*, 29, 4, 1983. Reimpreso en Wasson *ET AL.*, 1986, *Persephone's Quest: Entheogens and the Origins of Religion*, Ethnomycological Studies n.° 10, Yale University Press, New Haven.

OTTO, W., *Dionysos*, Bloomington, Londres, 1933.

—, «The meaning of the Eleusinian Mysteries», *Papers from the Eranos Yearbook*, 1955.

OWEN, E., British Opium Policy in China and India, *Archon, Londres, 1968.*

PADOVER, S. K. (ed.), *The Complete Jefferson*, Librairies Press, Free-port, Nueva York, 1969.

PAGANI, S. (seudónimo de G. Samorini), *Funghetti*, Nautilus, Turín, 1993.

PAHNKE, W. N., «Drugs and Mysticism: An Analysis of the Relationship between Psychedelic Drugs and Mystical Consciousness», *Int. Jour. Psych.*, 8, 1966.

—, «The psychedelic mystical experience in the human encounter with death», *Harvard Theol. Rev.*, 62, 1964.

—, y RICHARDS, W. A., «Implications of LSD and experimental mysticism», en Tart, C. T. (comp.).

—, *ET AL.*, «Psychedelic therapy (utilizing LSD) with cancer patients» *Jour. of Psychedelic Drugs*, 3(1): 63-75, 1970.

—, *ET AL.*, «The experimental use of psychedelic (LSD) psychotherapy», *Jour.*

Am. Med. Ass., 212: 1856-1863, 1970.

PALMER, C. y HOROWITZ, M., Shaman Woman, Mainline Lady: Women's Writings on the Drug Experience, *William Morrow and Co., Nueva York, 1982.*

PARRY, R. y NORDLAND, R., «Guns for drugs?», *Newsweek*, 23-5-1988.

PAULO, O PAULUS, *Sententiae,* en el Digesto o Derecho de Pandectas justiniano.

PAULY-WISSOWA, Realencyclopädie der Classischen Altertumwissenchaften, *1839.*

PAVARINI, M. y MELOSSI, D, *Cárcel y fábrica*, Siglo XXI, Madrid, 1987.

PAZ, O., *Corriente alterna*, Siglo XXI, México, 1967.

PELLENS y TERRY, C. E., *The Opium Problem*, Commision on Drug Addiction, U. S. GPO, Washington, 1928.

PENDELL, D. A., Pharmako/Poeia: Plant Powers, Poisons, and Herbcraft, *Mercury House, San Francisco, 1994.*

PEREIRA, J., The Elements of Materia Medica and Therapeutics, *Carson, Filadelfia, 1854.*

PÉREZ DE BARRADAS, J., Plantas mágicas americanas, *CSIC, Madrid, 1957.*

PERRY, P, On the Bus: The Complete Guide to the Legendary Trip of Ken Kesey, the Merry Pranksters and the Birth of the Counterculture. *Plexus, Londres, 1990.*

PEYRONA, J. P., *La droga como delito*, Maisal, Madrid, 1973.

PHALEN, J. M., «The Marihuana Bugaboo», *The Military Surgeon*, 1942.

PHILLIP, H., «Das Gift des Kirke», *Gymnasium*, 7, 1959.

PHILIPPINES COMMISSION, *8th Annual Report*, Bureau of Insular Affairs, War Department, 1907.

PICHOIS, C, Intr. a *Les paradis artificiels*, de Ch. Baudelaire, Livres de Poche, París, 1966.

PICHON, G., *Le morphinisme*, Doin, París, 1890.

PIEL, G., «U. S. Treasury Fears Rising Post-War Addiction», *Life*, 119/7/1943.

PING-CHIAKUO, «Yunnan», *Encycl. Brit.*, 19.

POLLI, G., «Experimenti sugli effeti dell' haschisch ad alta dose», *Ann. Chim. Appl. Med.*, 30, 1860.

PÖPPIG, E., Reise in Chile, Perú und auf dem Amazonen Strohme wahrend der jahre 1827-1832, *Leipzig, 1836.*

POROT, A. y POROT, M., *Les toxicomanies*, Que sais-je, París, 1953.

PORTO-BOMPIANI, *Diccionario literario*, Muntaner, Barcelona, 11 vols., 1959.

POTTER, B. A. y ORFALI, S., Drug Testing at Work: A Guide for Employers and Employees, *Ronin Publishing Co., Berkeley, 1990.*

POUND, R., «The limits of effective legal action», *Pennsylvania Bar Ass. Reports*, XXII, 1916.

PRESCOTT, W., *History of the Conquest of Peru*, Kirk, Filadelfia, 1848.

PRESIDENTS COMMISSION, Narcotics and Druge Abuse, U. S. G. P. O., Washington D. C, 1967.

PREY WILLIAMS, G., *Decade of Drunkeness*, Christian Economic and Social Research Fundation, Londres, 1965.

PUGA, M., «El indio y la Coca», *Cuadernos Americanos*, 1951.

QAZILBASH, N. A., «Ephedra of the Rig Veda», *Phamarceutical Jour.*, 1960.

QUER, J., Flora española o Historia de las plantas que se crían en España, *Madrid, 1784.*

QUINN, T., «The Congressional response to the international drug problem», *Int. Yearbook of Drug Add.*, II, 1974.

RADCLIFFE-BROWN, A. R., *The Andamian Islanders*, Cambridge Univ. Press, Cambridge, 1933.

RAFFAUF, R. F. y HOFMANN, A., The Healing Forest: Medicinal and Toxic Plants from the Norwest Amazonia, *Dioscorides Press, Portland, OR., 1990.*

RASOR, W. F. y CRECRAFT, H. J., *Jour. Am. Med. Ass.*, 157, 654, 1955.

RÄTSCH, C, Indianische Heilkräuter: Tradition und Anwendung, *Diederichs, Köln, Alemania, 1987.*

—, *(comp.),* Gateway o Inner Space: Sacred Plants, Mysticism and Psychotherapy —A Festschrift in Honor of Albert Hofmann, *Prism Press, Bridport, 1989.*

—, The Dictionary of Sacred and Magical Plants, *Prism Press, Bridport, 1992.*

RAUWOLFEN, L., Eigentliche Beschreibung der Raisz in die Morgenländer, *1582.*

REICHEL-DOLMATOFF, G., *El chamán y el jaguar*, Siglo XXI, México, 1978.

—, Amazonian Cosmos: The Sexual and Religious Symbolism of the Tukano Indians, *University of Chicago Press, Chicago (Ill.), 1971.*

—, *Beyond the Milky Way: Hallucinatory Imagery of the Tukano Indians* (Latin American Center Publications, UCLA Latín American Studies, vol. 42), University of California Press, Los Angeles, 1978.

REIS, S. VON y LIPP, F. J., New Plant Sources for Drugs and Foods from the New York Botanical Garden Herbarium. *Harvard University Press, Cambridge, MA., 1982.*

REKO, B. P., «De los nombres botánicos Aztecas», *El México Antiguo*, 1(5): 113-157, 1919.

REMY, N., *Daemonolatreia*, Schenk, Colonia, 1596.

RIEDLINGER, T. (ed.), The Sacred Mushroom Seeker, Essays for R. Gordon Wasson, *Dioscórides Press, Portland, 1990.*

RIMBAUD, A., *Obra Completa*, Ediciones 29, Barcelona, 1977.

RISI, P., Observations sur les matières de jurisprudence criminelle, *1768.*

ROBICSEK, F., The Smoking Gods: Tobacco in Maya Art, History and Religion, *University of Oklahoma Press, Norman, OK., 1978.*

ROBINSON, C. D, «A proposal for a heroin maintenance in New York City: The Limits of Reform Strategy», *Contemporary Crisis*, 1/1978, 12, n.º 1.

ROEBUCK, B., «The Negro Drug Addict as an Offender Type», *Jour. of Crim. Law and Polit. Science*, 3, 1962.

ROF CARBALLO, J. y GONZÁLEZ MORADO, A., «Experiencias clínicas con la dietilamida del ácido lisérgico», *Bol. Inst. Pat. Med.*, 13-10/1956.

ROFFMAN, R. A., *Marijuana as Medicine*, Madrona Publishers, Seattle, WA., 1982.

ROJAS ZORRILLA, F. DE, *Comedias escogidas de F. de Rojas Zorrilla*, Biblioteca de Autores Españoles, Madrid, 1947.

42225251152525

ROMANÍ ALFONSO, O., «La institucionalización del "yonqui"», en *La toxicomanía*, Espaxs, Barcelona, 1986.

ROOT, E., *E. Root Papers*, Library of Congress, 1903.

ROOTMAN, I. y HUGHES, P. H., Abus des drogues: systèmes de notifications, *OMS, Ginebra, 1983.*

ROSEMAN, B., *LSD: The Age of Mind*, Wilshire Book Co., Hollywood, California, 1966.

ROSEN, W. y WEIL, A. T., *Chocolate to Morphine: Understanding Mind-Active Drugs*, Houghton-Mifflin, Boston, MA., 1983.

ROSENBERG, S. S. (ed.), Alcohol and Health: Report from the Secretary of Health, Education and Welfare, *Scribner's, Nueva York, 1972.*

ROSENBLATT, R., «The Enemy Within», *Time*, 15/9/1986.

ROSENBOHM, A., Halluzinogene Drogen im Schamanismus: Mythos und Ritual im Kulturellen Vergleich, *Dietrich Reimer Verlag, Berlín, 1991.*

ROSENTHAL, F., The Herb. Haschisch versus Medieval Moslim Society, *Brill, Leiden, 1971.*

ROTH, C, Los judíos secretos. Historia de los marranos, *Altalena, Madrid, 1979.*

ROUECHÉ, B., *The Neutral Spirit: Portrait of Alcohol*, Little-Brown, Nueva York, 1960.

RUBINGTON, E. y WEINBERG, M., *Deviance. The Interactionist Perspective*, MacMillan, Nueva York, 1978.

RUCK, C. A. P., «The wild and the cultivated: Wine in Eurípides' Bacchae», *Jour. of Ethnopharm*, 5(3): 231-270, 1982. Reimpreso en Wasson, R. G. *ET AL., Persefone's Quest: Entheogens and the Origins of Religion*, Ethnomycological Studies n.º 10, Yale University Press, New Haven, 1986.

—, HOFMANN, A. y WASSON, R. G., *El camino a Eleusis*, Fondo de Cultura, México, 1980.

RUEDA GARCÍA, Curso monográfico sobre drogas nocivas, *Altamira Rotopress, Madrid.*

RUIZ DE ALARCÓN, H., *Tratado de las supersticiones...*, Fuente Cultural, México, 1953.

RUIZ-OCARA, C., MARTÍ-TUSQUETS y GONZÁLEZ MONCLÚS, E., «Psicosis lisérgica», *Rev. Psiq. Psicol. Méd.*, 2/6/1956.

RUSH, B., *Letters*, Princeton Univ. Press, Princeton, 1951.

RUTTENBERG, J. A. y LUKE, J. L. «Heroin-related deaths: New epidemiological insights», *Science*, 226, 1984.

SABBAG, R., *Ciego de nieve*, Anagrama, Barcelona, 1985.

SAFFORD, W. E., «An Aztec Narcotic», *Jour. of Heredity*, 66, 1915.

—, «Peyote, the narcotic mescal button of the Indians», *Jour. Am. Med. Ass.*, 77(16): 1278-1279, 1921 c.

SAGE, E. T., «Medicine in the Romance of Petronius», *Am. Jour. Med. Hist.*, VII, 1936.

SAGER, M., «The death of a high school Narc», *Rolling Stone*, 2-6-1988.

SAHAGÚN DE, F. B., Historia general de las cosas de nueva España, *Alianza Editorial, Madrid, 1988.*

SAHAKIAN, W. S., «Psychology, History of», *Encycl. Brit*, XV.

SALERNO y TOMPKINS, W. F., *The Crime Confederation*, Funk & Wagnalls, Nueva York, 1973.

SAMORINI, G., «The oldest representations of hallucinogenic mushrooms in the world (Sahara Desert, 9000-7000 b. p.)», *Integration: Zeitshrift für Geistbewegende Pflanzen und Kultur* 2&3, 1992.

—, «L'albero-fungo di Plaincourault», *Eleusis*, 8, 1997.

—, *«Adam and Eve and iboga»,* Integration: Zeitschrift für Geistbewegende Pflanzen und Kultur, 4, 1994.

—, *L'Erba di Carlo Erba*, Nautilus, Turín, 1996.

SÁNCHEZ ALBORNOZ, C, *La España musulmana*, El Ateneo, Buenos Aires, 1946.

SANDIZA, R., MILLER, M. y WALDMAN, S., «Turf wars in the federal bureaucracy», *Newsweek*, 10/4/1989.

SANDMEYER, E. C, *The Anti-Chinese Movement in California*, Univ. of Illinois Press, Springfield, 1939.

SARRO BURBANO, R., «Fármacos y psiquiatría», *Med. Clin.*, 26, 3, 1956.

SAVAGE, C, «LSD, alcoholism and trascendence», en Salomon (ed.), 1968.

—, KURLAND, A. A., UNGE, S. y SHAFFER, J. W., «Therapeutic Applications of LSD», en P. Black (ed.), 1969.

SCHÄRF, R., «La figura de Satán en el Antiguo Testamento», en C. G. Jung, *Simbología del espíritu*, FCE, México, 1962.

SCHAUMANN, O., *Angewandte Chemie*, 66, 1954.

SCHEIDT, J. VON, «Sigmund Freud und das Kokain», *Psyche*, 27, 1940.

SCHENK, G., *The Book of Poisons*, Rinehart, Nueva York, 1965.

SCHLAIN, B. y LEE, M. A., Acid Dreams: The CIA, LSD and the Sixties Rebellion*, Grove Press, Nueva York, 1985.*

SCHMIDT, A. M. y LARKIN, T. J., «Therapeutic Drugs», *Medical and Health Annual, Encycl. Brit.*, 1979.

SCHNETZLER, J. P., «Effects des chimiotérapies psychiatriques dans le comportement sexuel», *Actualités de Thér. Psych.*, 24, 1967.

SCHOELL, F. A., *Histoire des États-Unis*, Payot, París, 1965.

SCHOER, A., *De opi natura et uso*, Erfurt, 1693.

SCHOFIELD, M., *The Strange Case of Pot*, Penguin, Harmondsworth, 1971.

SCHULTES, R. E., «The plant kingdom and hallucinogens», *Bull. of Narcotics*, 1969-1970.

—, «The aboriginal therapeutic uses of lophophora Williamsi», *Cact. and Succ. Jour.*, vol. 12, 1944.

—, «The botanical and chemical distribution of hallucinogens», *Annual Review of Plant Physiology*, 21, 1970.

—, «Peyote and Plants used in the peyote ceremony», *Botanical Museum Leaflets*, Harvard University, 1937.

—, *Hallucinogenic Plants*, Golden Press, Nueva York, 1976.

—, y HOFMANN, A., *Plantas de los dioses*, Fondo de Cultura Económica, México, 1970.

—, HOFMANN, A. y OTT, J., *Teonanácatl*, Swan, San Lorenzo de El Escorial, 1985.

—, y HOFMANN, A., *The Botany and Chemistry of Hallucinogens*, C. C. Thomas, Springfield (Ill.), 1980.

—, *y RAFFAUF, R. F.,* The Healing Forest: Medicinal and Toxic Plants from the Norwest Amazonia, *Dioscorides Press, Portland, OR., 1990.*

SCHULTZ, M. G., «The "Strange Case" of Robert Louis Stevenson», *Jour. Am. Med. Ass.*, 216, 1971.

SCHUR, E., *Narcotic Addiction in Britain and America*, Indiana Univ. Press, Bloomington, 1962.

—, *Crimes without Victims*, Prentice Hall, Londres, 1965.

SCOTT, P. D. y MARSHALL, J., *Cocaine Politics: Drugs, Armies and the CIA in Central America*, University of California Press, Berkeley, 1991.

SEGARRA, J., *Las drogas*, n.º extraordinario de la Gaceta Médica, Ed. Mensajero, 1974, en Gori Iturriaga (ed.).

SENDER, R., *Crónica del alba*, Destino, Barcelona, 1973.

SERNA DE LA, J., Manual de ministros indios para el conocimiento de sus idolatrías, *1625.*

SERRANILLOS, M. G. y MADRUEÑO, M., «Contribución al estudio del opio en España», *Farmacognosia*, I, 1942.

SERTÜRNER, F., «Auszüge aus Briefen aus Herausgeber Säure in Opium», *Jour. der Pharm.*, 13, 1805.

—, «Über das Morphium, eine neue salzfähige Gundlage, und die Mekonsäure, als Hauptbestandteile des Opium», *Annalen der Physik*, 25, 1817.

SHAFER, J., «Designer drugs», *Science*, 3, 1985.

SHARON, D., Wizard of the Four Winds: A Shaman's Story, *The Free Press, Nueva York, 1978.*

SHLEIFFER, H. (comp.), *Sacred Narcotic Plants of the New World Indians.* Hafner Press, Nueva York, 1974.

—, *(comp.),* Narcotic Plants of the New World: An Anthology of Texts from Ancient Times to the Present, *Lubrecht & Cramer, Monticello, Nueva York, 1979.*

SHOU-YI, B., *Breve historia de China*, Ed. Internacionales, Pekín, 1984.

SHULGIN, A. T. y SHULGIN, A., *PIHKAL: A Chemical Love Story*, Transform Press, Berkeley, 1991.

SIEGEL, R. K., «New Trends in Drug Use among Youth in California», *Bull. on Narcotics*, vol. XXXVII, abril-sep. 1985.

—, «Hallucinations», *Scientific American*, 237(4): 132-140, 1977.

—, Fire in the Brain: Clinical Tales of Hallucination. *Dutton, Nueva York, 1992.*

—, y WEST, L. J. (comps.), *Hallucinations —Behavior, Experience and Theory*, John Wiley & Sons, Nueva York, 1975.

SIGERIST, E., *Los grandes médicos*, Ave, Barcelona, 1949.

—, «Laudanum in the works of Paracelsus», *Bull. Hist. Med.*, IX, 1941.

SIKER, E. S., «Narcotics and narcotic antagonists», *Encycl. Brit.*, 12.

SILER, F. J. *ET AL.*, «Marihuana Effects», *The Military Surgeon*, 73, 1933.

SILVERSTONE, T. y WELLS, B., «Clinical psychopharmacology of amphetamine and related compounds», en Caldwell, J. (comp.), *Amphetamines and Related Stimulants: Chemical, Biological, Clinical and Sociological Aspects*, CRC Press, Boca Raton, FL., 1979.

SIMANCAS DE, D., *Autobiografía*, Nueva Biblioteca de Autores Españoles, Madrid, 1950.

SIMMEL, G., Sociología, Estudios sobre las formas de socialización, *Nuevos hechos, Nuevas ideas, Madrid, 1927.*

SIMÓN, P., Noticias históricas de las conquistas de tierra firme en las Indias Occidentales, *Bogotá, 1982.*

SINCLAIR, A., Era of Excess: A Social History of the Prohibition Movement, *Harper, Nueva York, 1964.*

—, Field and Clinical Survey of the Mental Health of the Indigenes of the Territory of Papua New Guinea, *W. S. Nicholas, Port Moresby, Nueva Guinea, 1957.*

SINGER, R., «Hongos alucinógenos», *Boletín de la Academia Nacional de Ciencias* (Argentina), 1959, 41: 31-46.

SKOLNICK, H., «Coertion to Virtue: the Enforcement of Morals», *South. California Law Rev.*, 41, 1968.

SLACK, C. Q., Timothy Leary, the Madness of the Sixties and Me, *Wyden, Nueva York, 1974.*

SLOTKIN, J. S., *The Peyote Religion*, Free Press, Nueva York, 1956.

SMALL, L. F., ET AL., Studies on Drug Addiction. With special Reference to Chemical Structures of Opium Derivatives and Allied Synthetic Substances and their Physiological Action, *U. S. Government Printing Office, Washington D. C, 1938.*

SMART, R. G. y JACKSON, D., The Yorkville Subculture: A Study of the Life Styles and Interactions of Hippies and Non-Hippies, *Addiction Research Fundation, Toronto, 1969.*

SMART, R. G., STORM, T., BAKER, E. F. W. y SORLUSH, L., «A Controlled study of lysergide in the treatment of alcoholism», *Quart. Jour. Stud. Alcohol,* 27, 1966.

SMITH, D. E., LUCE, J. y DERNBURG, E. A., «Love needs care: Haight-Ashbury dies», *New Society,* 16, 1975.

SMITH, G. M., y BEECHER, H. K., «Amphetamine sulfate and athletic performance. I. Objective effects», *Jour. Am. Med. Ass.,* 170, 1959.

SMITH, P. B., *Chemical Glimpses of Reality,* Ch. Thomas, Springfield, 1972.

SMYTHIES, J. y OSMOND, H., «Schizophrenia: A new aproach», *Jour. of Ment. Silence,* 98, abril 1952.

SNYDER, S. H. y MATTHYSSE, S., *Opiate Receptor Mechanisms,* MIT Press, Cambridge, MA, 1975.

SNYDER, S. H. *ET AL.,* «DOM (STP); a new hallucinogenic drug, and DOET: Effects in normal subjects», *Am. Jour. of Psych.,* 125, 1968.

—, «DOET (2,5-dimethoxy-4-ethylamphetamine) and DOM (STP) (2,5-dimethoxy-4-methylamphetamine), new psychotropic agents: Their effects in man», en Efron, D. H. (comp.), *Psychotomimetic Drugs,* Raven Press, Nueva York, 1970.

SNYDER, S. H., «Los receptores de los opiáceos», en *El Cerebro,* Libros de Investigación y Ciencia, Labor, Barcelona, 1980.

SOLDÁN, R., Soldan's Geschichte der Hexenprozesse. Neu Bearbeitet von Dr. Heinrich Heppe, *Stuttgart, 1889.*

SOLOMON, G., *The Marihuana Papers* (ed.), Signet, Nueva York, 1968.

—, LSD: The Conciousness-Expanding-Drug *(ed.), Putnam, Boston, 1964.*

SOLOWAY, I. H., «Methadone and the culture of addiction», *Jour. of Psyche-delic Drugs*, 6, 1974.

SONNENREICH, M. R., «Discussion of Final Report of the National Commission on Marihuana and Drug Abuse», *Vilanova Law Review*, 18, 1973.

SORIA, J., «Sobre la anfetamina en psquiatría», *Act. Lus-Esp. Neurol. y Psiq.*, 1954.

SORLUSH, L., STORM, T., SMART, R. G. y BAKER, E. F. W., «A Controlled study of lysergide in the treatment of alcoholism», *Quart. Jour. Stud. Alcohol*, 27, 1966.

SPANOS, N. P. y GOTTLIEB, J., «Ergotism and the Salem witch trials», *Science*, 194, 1976.

SPENCER, H., *El origen de las profesiones*, Iberia, Madrid, 1932.

SPINA, B., Quaestio de strigibus, *Venecia, 1523.*

SPINKS, G. S., *Psychology and Religion*, Methuen, Londres, 1962.

SPRENGER, K., Historia de las plantas, *1813.*

SPRENGER y KRAEMER, *Malleus Malleficarum*, Pushkin Press, Londres, 1938.

STACE, W. T., *Mysticism and Philosophy*, Lippincott, Nueva York, 1960.

STAFFFORD, P, «La pureza del ácido», O *Globo*, 1979.

STAFFORD, P. G. y GOLIOGHTLY, B. H., *LSD: The Problem-Solving Psyche-delic*, Award Books, Nueva York, 1967.

STAMETS, P., *Psilocybe Mushrooms and their Allies*, Homestead Book Co., Seattle, 1978.

STEIER, W., «Mohn», en Pauly-wissowa, XXII.

STEINER, W. G., «Drug Problems», *Encyc. Brit.*, V.

STEVENS, J., *Storming Heaven*, Palladin, Londres, 1987.

STEVENSON, M. C, *The Zuñi Indians*, 23rd Annual Report, Bureau of American Ethnology, Smithsonian Institution, Washington D. C, 1905.

STEWART, F. E., «Cigars and cigarettes of coca leaves», *Philadelphia Med. Times*, 7/9 /1885.

STEWART, O. C., *Peyote Religion: A History*, University of Oklahoma Press, Norman, OK., 1987.

STICKER, G., «Pharmakologie und Toxicologie bei den Hellenen», *Arch. Gesch. Mediz.*, XXXI, 1938.

STICKGOLD, A. y MCKINLEY, J., «Drugs'78», *Playboy*, 4, 1978.

STORM, T., SMART, R. G., BAKER, E. F. W. y SORLUSH, L., «A Controlled study of lysergide in the treatment of alcoholism», *Quart. Jour. Stud. Alcohol*, 27, 1966.

STRASSER, S. y COOPER, N., «The Moscow Mainline», *Newsweek*, 6-10-1986.

STRONG, J., Our Country: Its Present Crisis and Its Possible Future, *1899.*

STUART MILL, I., *On Freedom*, Londres, 1859.

SUSINI, J., *Secrets de la drogue*, Hachette, París, 1964.

SUZUKI, C, «History of China», *Encycl. Brit.*, IV.

SZASZ, Th. S., The Manufacture of Madness: A Comparative Study of the Inquisition and the Mental Health Movement, *Harper, Nueva York, 1961.*

—, *The Therapeutic State*, Prometheus Books, Buffalo, Nueva York, 1974.

—, *Ceremonial Chemistry*, Doubleday, Nueva York, 1974.

—, *La teología de la medicina*, Tusquets, Barcelona, 1981.

—, *Ideologia y enfermedad mental*, Amorrortu, Buenos Aires, 1976.

—, Our Right to Drugs: The Case for a Free Market, *Greenwood Press, Nueva York, 1992.* Nuestro derecho a las drogas, *Anagrama, 1994.*

—, «The protocols of the learned experts on heroin», *Libertarían Review*, julio, 1981.

TAFFIN, A., «Comment on rêvait dans les temples d'Esculape», *Bull. de la Ass. G. Budé*, 1960.

TART, C. T. (ed.), *Altered States of Conciousness*, Wiley & Sons, Londres, 1969.

—, «Work with marihuana: 2. Sensations», *Psychol. Today*, 4, 1971.

TAYLOR, A. H., *Diplomacy and the Narcotic Traffic, 1900-1939*, Duke Univ. Press, Durham, Nueva York, 1969.

TAYLOR, N., «The story of marihuana», en D. Solomon (ed.), 168.

—, *Flight from Reality*, Duell, Sloan and Pierce, Nueva York, 1949. Reimpreso en 1966 como *Narcotics: Nature's Dangerous Gifts*. Dell Publishing Co., Nueva York.

TEIGEN, A., *Bull. on Narcotics*, XVI, 4, 1964.

TEMKIN, O., «Beiträge zur archaischer Medizin», *Kiklos*, III, 1930.

TERRY, C. E. y PELLENS, *The Opium Problem*, Commision on Drug Addiction, U. S. GPO, Washington, 1928.

THOMAS, E., BEATTY, J., MOODY, J. y THOMPSON, D, «America's Crusade», *Time*, 15/9/1986.

THOMPSON, H., «Addenda», en *Phantastica*, de L. Lewin, Payot, París, 1970.

THOMSON, A., «Assyrian Medical Texts», *Proc. Roy. Soc. Med.*, 1924-1926.

THORNTON, G. R. *ET AL.*, «The effects of benzedrine and caffeine upon performance in certain psychomotor tasks», *Jour. of Abnorm. Psychol*, 34: 96-113, 1939.

THURNWALD, R., Banero Society: Social Organization and Kinship System of a Tribe in the Interior of New Guinea, *Memories of the American Anthropological Association, 1916.*

—, «Bánero Society, Social Organization and Kisnhip System of a Tribe in the interior of New Guinea», *Mem. of the Am. Anthrop. Ass.*, vol. 2, 4, 1916.

TJIO, J. H. *ET AL.*, «LSD and chromosomes: A controlled experiment», *Jour. Am. Med. Ass.*, 210, 1969.

TIME, «The New Inquisition», Editorial, 15/9/1986.

TISSOT, J., L'imagination: ses bienfaits et ses égarements, surtout dans le domaine du merveilleux, *París, 1868.*

TOCQUEVILLE, A. DE, *La democracia en América*, Alianza Editorial, Madrid, 1980.

—, *y BEAUMONT, G.,* On the Penitentiary System of the United States, *Filadelfia, 1835.*

TOMPKINS, W. F. y SALERNO, *The Crime Confederation*, Funk & Wagnalls, Nueva York, 1973.

—, y ANSLINGER, H. J., *Traffic in Narcotics*, Funk & Wagnalls, Nueva York, 1953.

TORRES, C. M. *ET AL.*, «Snuff Powders from pre-Hispanic San Pedro de Atacama: Chemical and contextual analysis», *Current Anthropology*, 32(5): 640-649.

TOWNS, C. B., *Habits that Handicap, and the Remedy*, Century, Nueva York, 1915.

TREBACH, A. S., *The Heroin Solution*, Yale University Press, New Haven, 1982.

TROCCHI, A., *Cain's Book*, Calder, Londres, 1963.

TSCHUDI, J. J. VON, Reise in Brasilien, aus den Jahren 1839-1842, *Saint Gallen, 1840.*

TUGRUL, L., «Abuse of henbane by children in Turkey», *Bull. on Narcotics*, XXXVII, 2-3, 1985.

UNÁNUE, H., *Mercurio Peruano*, XL, Lima, 1794.

UNGER, S., «LSD and psychotherapy: a bibliography of the English language literature», en D. Solomon (ed.), 1968.

UNGERLEIDER, J. T., FISHER, D. D. y FULLE, M., «Dangers of LSD», *Jour. Am, Med. Ass.*, 9, 1966.

UNITED KINGDOM MINISTRY OF HEALTH, Inter-Departmental Committee on Drug Addiction, *Report, 1961.*

UNSDRI (U. N. Social Defence Research Institute), *Correlating Drug Abuse and Related Crime*, F. Palomi, Roma, 1984.

UREÑA, R. (ed.), Fuero de Cuenca, *Madrid, 1935.*

U. S. SENTENCING COMMISSION, Supplementary Report on the Initial Sentencing Guidelines and Policy Statements, *Washington, D. C, 1987.*

USÓ ARNAL, J. C., «Sobre los orígenes del "problema de la droga" en España», *Ateneo de Castellón*, 4,1991.

—, Drogas y cultura de masas: España, 1895-1995, *Taurus, Madrid, 1996.*

VAILLANT, G. E., «A Twelve Year Follow-Up of New Narcotic Addicts: the Relation of Treatment to Outcome», *Am. Jour. of Psych.*, 122, 1965.

VAMBERY, A. «Sittenbilder aus den Morgeländer», en Pauly-Wissova, XV, I.

VAMBERY, A., Sittenbilder aus dem Morgeländer, *Berlín, 1766.*

VAN DYKE, C. y BYCK, R., «Cocaína», *Investigación y Ciencia*, 68, 1982.

VANCE, M. A., *ET AL.*, «Drug decriminalization», *Science*, 246, 1989.

VARENNE, G., *El abuso de las drogas*, Guadarrama, Madrid, 1973.

VÁZQUEZ DE ESPINOSA, A., *Compendio y Descripción de las Indias Occidentales*, (Smithsonian Miscellaneous Collections, vol. 108), Smithsonian Institution, Washington, D.C., 1948.

VÁZQUEZ MONTALBÁN, M. *ET AL.* (eds.), *Imágenes y recuerdos; 1919-1930*, Difusora Intern., Barcelona, 1977.

VERGA, A., «Lettera sull' haschisch», *Gazzeta Medica di Milano*, 25-6-1847.

VETACURT, A., de, *Teatro mexicano*, México, 1698; reed. facsímil Porrúa, México, 1971.

VINKENOOG, S. y ANDREWS, G., *El libro de la yerba*, Anagrama, Barcelona, 1977.

VOGEL, V. y MAURER, D., *Narcotics and Narcotic Addiction*, Ch. Thomas, Springfield p.),1954.

WACHTEL, N., Los vencidos: los indios del Perú frente a la conquista española, *Alianza Editorial, Madrid, 1976.*

WALD, P. M., HUTT, P. B. y DELONG, J. V. (ed.), *Dealing with Drug Abuse: A Report to the Ford Fundation*, Praeger, Nueva York, 1972.

WALDMAN, S., MILLER, M. y SANDIZA, R., «Turf wars in the federal bureaucracy», *Newsweek*, 10/4/1989.

WALDROP, M. M., «NIDA aims to fight drugs with drugs», *Science*, 245, 1989.

WALKER, A. L. y LIDZ, C. W., *Heroin, Desviance andMorality*, Sage, Beverly Hills, 1980.

WALTON, H. y KESSEL, N., *Alcoholism*, Penguin, Baltimore, 1965.

WASSERSTROM, R. A., *Morality and Law*, Wadsworth, California, 1971.

WASSON, R. G., M. Sabina and her Mazatec Mushroom Velada, *Harcourt, Nueva York, 1974.*

—, y WASSON, V., *Mushrooms, Rusia and History*, Pantheon Books, Nueva York, 1975.

—, HOFMANN, A. y RUCK, C. A. P., *El camino a Eleusis*, FCE, México, 1980.

—, y WASSON, V, *Soma, Divine Mushroom of Inmortality*, Harcourt, Nueva York, 1964.

—, «The hallucinogenic fungi of Mexico», *Botanic Mus. Leaflets*, Harvard Univ., 19, 1961.

—, «Lightning-bolt and mushrooms: An essay in early cultural exploration», en *For Roman Jakobson: Essays on the Occasion of his Sixtieth Birthday*. Mouton and Co., La Haya, Holanda, 1956.

—, «Seeking the magic mushroom», *Ufe*, 13 mayo 1957, 42(19): 100 y ss.

—, «The divine mushroom: Primitive religion and hallucinatory agents», *Proceedings of the American Philosophical Society*, 102(3), 1958.

—, *A Separate Reality*. Economic Botany, 26(1), 1972. Reseña sobre Castaneda 1971. Cfr. reseñas de *The Teachings of Don Juan* (Castaneda, 1968), *Economic Botany*, 23(2), 1969; *Journey to Ixtlan* (Castaneda, 1972), *Economic Botany*, 27(2), 1973; y *Tales of Power* (Castaneda, 1974), *Economic Botany*, 28(3), 1974. «Wasson reviews Castaneda», *Head*, noviembre 1977.

—, *El Hongo Maravilloso: Teonanácatl. Micolatría en Mesoamérica, Fondo de Cultura Económica, México, 1983.*

—, «Persephone's Quest», en Wasson, R. G. *et al, Persephone's Quest: Entheogens and the Origins of Religion*, Ethnomycological Studies n.º 10, Yale University Press, New Haven, CT., 1986.

—, y OTT, J., «Carved "disembodied eyes" of Teotihuacan», *Botanic Mus. Leaflets*, Havard Univ. 29/4/1983.

—, *y HEIM, R.*, Les champignons hallucinogenes du Mexique. Études ethnologiques, taxonomiques, biologiques, physiologiques et chimiques, *Archives du Muséum National d'Histoire Naturelle, Series 7, vol. VI, París, 1958(9).*

WATTS, A., The Joyous Cosmology: Adventures in the Chemistry of Consciousness, *Vinagre, Nueva York, 1962.*

—, *Memorias*, Kairós, Barcelona, 1980.

—, «Psychedelics and religious experience», en Aaronson, B. y H. Osmond (comps.), *Psychedelics: The Uses and Implications of Hallucinogenic Drugs*, Doubleday/Anchor, Garden City, N. Jersey, 1970, pp. 131-145.

WEBER, M., Ensayos sobre sociología de la religión, *Taurus, Madrid, 1987, vol. II.*

WEDDELL, H. A., *«Notice sur la Coca»*, Mémoires de la Societé Impériale et Centrale d'Agriculture, *París, 1853.*

WEIL, A. T. (comp.), «Drugs and the mind», *The Harvard Review* I (4): 3-5, 1963.

—, The Natural Mind: A New Way of Looking at Drugs and the Higher Conspiciousness, *Houghton-Mifflin, Boston, MA, 1972.*

—, Natural Health, Natural Medicine: A Comprehensive Mannual for Wellness and Self-Care, *Houghton-Mifflin, Boston, MA., 1990.*

—, y ROSEN, W., Chocolate to Morphine: Understanding Mind-Active Drugs, *Houghton-Mifflin, Boston, MA., 1983.*

WEIL, G. M., METZNER, R. y LEARY, T., *The Psychedelic Reader*, Seacaucus, Citadel Press, N. Jersey, 1965.

WEILS, B., *Psychedelic Drugs*, Penguin, Londres, 1973.

WELL, A. T., «Coca leaf as a therapeutic Agent», *Am. Jour. of Drugs and Alcohol Abuse*, 5,1,1978.

WELLS, B. y SILVERSTONE, T., «Clinical psychopharmacology of amphetamine and related compounds», en Caldwell, J. (comp.), *Amphetamines and Related Stimulants: Chemical, Biological, Clinical and Sociological Aspects*, CRC Press, Boca Raton, FL., 1979.

WENDEL, *Opiologia*, 1668.

WEST, L. J. y Siegel, R. K., (comps.), *Hallucinations —Behavior, Experience and Theory*, John Wiley & Sons, Nueva York, 1975.

WIER, J. DE, Histoires, disputes et discours des illusions et impostures des diables, des magiciens infâmes et empoisonneurs, *Bibliotèque Diabolique, París, 1885.*

WILLIAMS, J. B. (ed.), *Narcotics and Hallucinogens*, Glencoe, Los Angeles, 1967.

WILSON, R., Drugs and Pharmacy in the Life of Georgia, *Foot & Davis, Atlanta, 1959.*

WILSON, W., *W. Wilson Papers*, Library of Congress, Washington D. C.

WILSON, W. M. (ed.), *Adolescent Drug Dependence*, Pergamon, Londres, 1968.

WINCKLER, W., De opio tratactus, *1635.*

WINICK, C., «Marihuana Use by Young People», en H. Harms (ed.), 1965.

WISE, D., *The Invisible Government*, Nueva York, 1864.

WISMANN, H. y BOLLACK, J., *Héraclite ou la séparation*, Minuit, París, 1972.

WOLFF, Y., *Gaseosa de ácido eléctrico*, Júcar, Madrid, 1978.

WONG, M. y HUARD, P., «La medicina china», en Laín Entralgo (ed.), 1972.

WOOD, G., *A Treatise on Therapeutics and Pharmacology or Materia Medica*, Lippincott, Filadelfia, 1886.

WOODS, J. H. y DOWNS, D. A., «The psychopharmacology of cocaine», en *Drug Use in America*, National Commission on Marihuana and Drug Abuse, Washington D. C., U.S., 1973.

WRIGHT, H., *Importation and use of Opium*, Hearings., 61th Congress, 2nd. Sess., U. S., Washington, 1912.

YOUNG, J., *The Drugtakers: the Social Meaning of Drug Use, Palladin, Londres, 1972.*

—, *The Toadstool Millionaries*, Princeton Univ. Press, Princeton, New Jersey, 1961.

YOURCENAR, M., *Memorias de Adriano*, Edhasa, Barcelona, 1981.

ZABRISKIE, A. C., *Bishop Brent: A Crusader for Christian Unity, Westminster, Filadelfia, 1948.*

ZAEHNER, R. C., *Mysticism, Sacred and Profane: An Inquiry into Some Varieties of the Religious Experience, Oxford University Press, Londres, 1957.*

—, *Zen, Drugs and Mysticism*, Vintage Press, Nueva York, 1972.

ZAQQAQ, IBN-AL, «Poesías», Inst. Hispano-Árabe de Cultura, Madrid, 1956.

ZARCO, R. M., «A Short Story of Narcotic Drug Addiction in the Philippines, 1521-1959», *Histor. Bull. of Philipines*, III, 4, 1959.

ZDRAVOMISLOV, B. *ET AL.*, *Derecho penal soviético*, Parte general, Temis, Bogotá, 1970.

ZINBERG, N. E., «Narcotics in the U. S.: A brief history», *The Harvard Review* I(4), 1963.

—, *Alternate States of Consciousness*, The Free Press, Nueva York, 1977.

—, *Drug, Set and Setting: The Basis for Controlled Intoxicant Use, Yale University Press, New Haven, 1984.*

ZÚÑIGA CISNEROS, M., *Historia de la medicina*, Edime, Caracas, 1977.

Made in the USA
Columbia, SC
12 December 2022

73621465R00393